OECD ENVIRONMENTAL DATA

DONNÉES OCDE SUR L'ENVIRONNEMENT

COMPENDIUM 1997

ORGANISATION FOR ECONOMIC CO-OPERATION AND DEVELOPMENT
ORGANISATION DE COOPÉRATION ET DE DÉVELOPPEMENT ÉCONOMIQUES

ORGANISATION FOR ECONOMIC CO-OPERATION AND DEVELOPMENT

ORGANISATION DE COOPÉRATION ET DE DÉVELOPPEMENT ÉCONOMIQUES

Pursuant to Article 1 of the Convention signed in Paris on 14th December 1960, and which came into force on 30th September 1961, the Organisation for Economic Co-operation and Development (OECD) shall promote policies designed:

- to achieve the highest sustainable economic growth and employment and a rising standard of living in Member countries, while maintaining financial stability, and thus to contribute to the development of the world economy;
- to contribute to sound economic expansion in Member as well as non-member countries in the process of economic development; and
- to contribute to the expansion of world trade on a multilateral, non-discriminatory basis in accordance with international obligations.

The original Member countries of the OECD are Austria, Belgium, Canada, Denmark, France, Germany, Greece, Iceland, Ireland, Italy, Luxembourg, the Netherlands, Norway, Portugal, Spain, Sweden, Switzerland, Turkey, the United Kingdom and the United States. The following countries became Members subsequently through accession at the dates indicated hereafter: Japan (28th April 1964), Finland (28th January 1969), Australia (7th June 1971), New Zealand (29th May 1973), Mexico (18th May 1994), the Czech Republic (21st December 1995), Hungary (7th May 1996), Poland (22nd November 1996) and the Republic of Korea (12th December 1996). The Commission of the European Communities takes part in the work of the OECD (Article 13 of the OECD Convention).

En vertu de l'article 1er de la Convention signée le 14 décembre 1960, à Paris, et entrée en vigueur le 30 septembre 1961, l'Organisation de Coopération et de Développement Économiques (OCDE) a pour objectif de promouvoir des politiques visant :

- à réaliser la plus forte expansion de l'économie et de l'emploi et une progression du niveau de vie dans les pays Membres, tout en maintenant la stabilité financière, et à contribuer ainsi au développement de l'économie mondiale ;
- à contribuer à une saine expansion économique dans les pays Membres, ainsi que les pays non membres, en voie de développement économique ;
- à contribuer à l'expansion du commerce mondial sur une base multilatérale et non discriminatoire conformément aux obligations internationales.

Les pays Membres originaires de l'OCDE sont : l'Allemagne, l'Autriche, la Belgique, le Canada, le Danemark, l'Espagne, les États-Unis, la France, la Grèce, l'Irlande, l'Islande, l'Italie, le Luxembourg, la Norvège, les Pays-Bas, le Portugal, le Royaume-Uni, la Suède, la Suisse et la Turquie. Les pays suivants sont ultérieurement devenus Membres par adhésion aux dates indiquées ci-après : le Japon (28 avril 1964), la Finlande (28 janvier 1969), l'Australie (7 juin 1971), la Nouvelle-Zélande (29 mai 1973), le Mexique (18 mai 1994), la République tchèque (21 décembre 1995), la Hongrie (7 mai 1996), la Pologne (22 novembre 1996) et la République de Corée (12 décembre 1996). La Commission des Communautés européennes participe aux travaux de l'OCDE (article 13 de la Convention de l'OCDE).

© OECD/OCDE 1997

Les permissions de reproduction partielle à usage non commercial ou destinée à une formation doivent être adressées au Centre français d'exploitation du droit de copie (CFC), 20, rue des Grands-Augustins, 75006 Paris, France, Tél. (33-1) 44 07 47 70, Fax (33-1) 46 34 67 19, pour tous les pays à l'exception des États-Unis. Aux États-Unis, l'autorisation doit être obtenue du Copyright Clearance Center, Service Client, (508)750-8400, 222 Rosewood Drive, Danvers, MA 01923 USA, or CCC Online: http://www.copyright.com/. Toute autre demande d'autorisation de reproduction ou de traduction totale ou partielle de cette publication doit être adressée aux Éditions de l'OCDE, 2, rue André-Pascal, 75775 Paris Cedex 16, France.

Permission to reproduce a portion of this work for non-commercial purposes or classroom use should be obtained through the Centre français d'exploitation du droit de copie (CFC), 20, rue des Grands-Augustins, 75006 Paris, France, Tel. (33-1) 44 07 47 70, Fax (33-1) 46 34 67 19, for every country except the United States. In the United States permission should be obtained through the Copyright Clearance Center, Customer Service, (508)750-8400, 222 Rosewood Drive, Danvers, MA 01923 USA, or CCC Online: http://www.copyright.com/. All other applications for permission to reproduce or translate all or part of this book should be made to OECD Publications, 2, rue André-Pascal, 75775 Paris Cedex 16, France.

FOREWORD

The Organisation for Economic Co-operation and Development, in carrying out its task of promoting economic development in Member countries, is concerned with the qualitative and quantitative aspects of economic growth. The OECD's programme of work relating to environmental matters focuses on the interdependence between the economy and the environment and emphasises the importance of sustainable development.

In the Recommendations adopted on 31 January 1991 by the OECD Council, and approved by Environment Ministers, Member country governments agreed to ensure the development of objective, reliable and comparable environmental statistics and information at international level. The OECD Environmental Data Compendium, published every two years, responds to this objective.

The Group on the State of the Environment contributed, with data and expert advice, to the elaboration of the present document, which is published on the responsibility of the Secretary-General of the OECD.

AVANT - PROPOS

L'Organisation de Coopération et de Développement Économiques, dans son effort pour promouvoir le développement économique des pays Membres, se préoccupe à la fois des aspects qualitatifs et quantitatifs de la croissance économique. Le programme de travail de l'OCDE sur l'environnement s'intéresse particulièrement à l'interdépendance entre l'économie et l'environnement et met l'accent sur l'importance d'un développement durable.

Dans la Recommandation adoptée le 31 janvier 1991 par le Conseil de l'OCDE et approuvée par les ministres de l'Environnement, les gouvernements des États Membres ont convenu d'assurer le développement au niveau international, d'informations et de statistiques objectives, fiables et comparables sur l'environnement. Le Compendium OCDE de données sur l'environnement, publié tous les deux ans, répond à cet objectif.

Le Groupe sur l'État de l'environnement a contribué, au moyen de données, de son expertise et de ses conseils, à l'élaboration de ce document qui est publié sous la responsabilité du Secrétaire général de l'OCDE.

TABLE OF CONTENTS
TABLE DES MATIÈRES

1. Introduction	1. Introduction

PART I. THE STATE OF THE ENVIRONMENT (pressures and conditions)	**PARTIE I. L'ÉTAT DE L'ENVIRONNEMENT (pressions et conditions)**
2. Air	2. Air
3. Inland waters	3. Eaux intérieures
4. Land	4. Sols
5. Forest	5. Forêts
6. Wildlife	6. Faune et flore
7. Waste	7. Déchets
PART II. SECTORAL TRENDS OF ENVIRONMENTAL SIGNIFICANCE	**PARTIE II. TENDANCES SECTORIELLES AYANT UNE IMPORTANCE POUR L'ENVIRONNEMENT**
8. Energy	8. Énergie
9. Transport	9. Transports
10. Industry	10. Industrie
11. Agriculture	11. Agriculture
PART III. MANAGING THE ENVIRONMENT	**PARTIE III. GÉRER L'ENVIRONNEMENT**
12. General data	12. Données générales
Annex 1: References	Annexe 1 : Références
Annex 2: Abbreviations	Annexe 2 : Abréviations
List of the Members of the OECD Group on the State of the Environment	Liste des Membres du Groupe de l'OCDE sur l'État de l'Environnement

INTRODUCTION

1. INTRODUCTION

BACKGROUND

Environmental information and reporting are important activities of the governments of OECD Member countries. They are a way of responding to public demands for environmental information, and they assist in the implementation, development and harmonisation of environmental policies. They also help to incorporate environmental concerns in decision making, to promote sustainable development at national and international level and to evaluate national environmental performance.

On the occasion of the ministerial meeting of the OECD Environment Committee held in Paris in 1991, the governments of the Member countries agreed to ensure through appropriate co-ordination the development of objective, reliable and comparable environmental statistics and information at international level. This was further reinforced in February 1996 at the ministerial meeting of the OECD Environment Policy Committee, where Ministers asked the OECD to "*further develop its work on environmental indicators, in particular in the context of environmental performance reviews, in order to allow effective international comparison by policy-makers*".

THE COMPENDIUM

The Compendium of Environmental Data is a regular OECD publication that appears every two years. It aims at presenting the best internationally available data on the environment and related areas. The Compendium has been published since 1985.

The 1997 Compendium includes updated, revised and new data, which replace those published in earlier editions. It is a unique tool for mobilising and harmonising environmental data at international level. It provides the basic data sets for the OECD work on environmental indicators and is an indispensible information base for the OECD environmental performance reviews.

DATA TREATMENT PROCESS

Environmental data used and published by the OECD result from a biennial data collection and treatment process. Most of the information in this Compendium consists of data collected from Member and Partner countries by means of a joint OECD/Eurostat questionnaire, initially developed by the OECD Group on the State of the Environment. This questionnaire has been sent eight times to Member countries (November 1981, July 1984, March 1986, February 1988, February 1990, February 1992, February 1994, and February 1996). It was revised in 1990/91 within the framework of joint OECD/Eurostat meetings with the participation of the UN Economic Commission for Europe in Geneva.

The data production cycle covers several phases:

- compilation and treatment of countries' replies, including:
  - their comparison and completion with other national and international data; and
  - internal data analysis and quality assurance;
- preparation of draft tables, related technical notes, and questions for clarification on data definitions and consistency;
- external data quality assurance, in close communication with Member countries, which are invited to review the draft tables as well as related notes and questions for clarification;
- further review and updating of the draft tables based on countries' comments, and preparation of the final data sets;
- publication and use in OECD work.

The data collection and treatment for European Union and EFTA countries are done jointly by the OECD and Eurostat Secretariats. The aims of this work are to progressively improve the quality of the collected data, to arrive at harmonised statistics at the international level and to improve data relevance for international work.

INTRODUCTION

OECD DATA COLLECTION AND TREATMENT CYCLE

```
OECD Secretariat                                    Member and Partner countries
         ──────────── Questionnaire ────────────►
         ◄─────────── Country replies ────────────
    ┌──────────────────┐
    │ Data treatment   │
    │  and analysis    │
    │    (internal     │
    │ quality assurance)│
    └────────┬─────────┘
             ▼
    ┌──────────────────┐
    │ Draft tables and │
    │   questions for  │
    │   clarification  │
    └──────────────────┘
         ──────── External data quality assurance ────►
         ◄────────────────────────────────────────────
    ┌──────────────────┐
    │     Further      │
    │    treatment     │
    │   and analysis   │
    └────────┬─────────┘
             ▼
       Publication
     Use in OECD work
```

In executing the task of data collection and treatment, the co-operation of environmental administrations and statistical services within Member countries has been invaluable and this Compendium would not exist without it. Our sincere thanks are therefore extended to all concerned. Supplementary data have been drawn from international sources, within the OECD itself and other international organisations. Data received up to 15 May 1997 were taken into account. Only those countries for which sufficient data were available are included in this publication.

No attempt has been made to suggest interpretations in presenting the data. This is a deliberate choice. The data take on their full meaning only when interpreted by readers familiar with the subject.

GEOGRAPHICAL COVERAGE

Data presented in this publication cover OECD Member countries and the Slovak Republic, which co-operates with the OECD through the Partners in Transition Programme. Where possible, regional and world totals are displayed in tables.

The Member countries of the OECD are Canada, Mexico, the United States, Australia, Japan, Korea, New Zealand, Austria, Belgium, the Czech Republic, Denmark, Finland, France, Germany, Greece, Hungary, Iceland, Ireland, Italy, Luxembourg, the Netherlands, Norway, Poland, Portugal, Spain, Sweden, Switzerland, Turkey and the United Kingdom. The Commission of the European Communities also takes part in the work of the OECD.

"Germany" refers to the country after unification — i.e. it includes eastern and western Germany. Where possible, regional totals (OECD Europe, European Union, OECD) have been calculated using Germany as a whole. Totals including western Germany only are marked with an asterisk. (More generally, asterisks indicate that the notes contain information qualifying individual country data or totals.)

COMPENDIUM STRUCTURE

Figure 1 presents the conceptual framework within which the OECD core set of environmental data is organised.

Sections 2 to 7 of this Compendium relate to the state of the environment itself, including direct pressures on the environment (i.e. emissions of pollutants, use of water resources) and related environmental conditions. Sections 8 to 11 relate to activities generating pressures on the environment: energy, transport, industry, agriculture. The last part includes general information, data on expenditure, and lists of international conventions and of major natural disasters.

INTRODUCTION

Figure 1 Framework of the OECD Core Set of environmental data

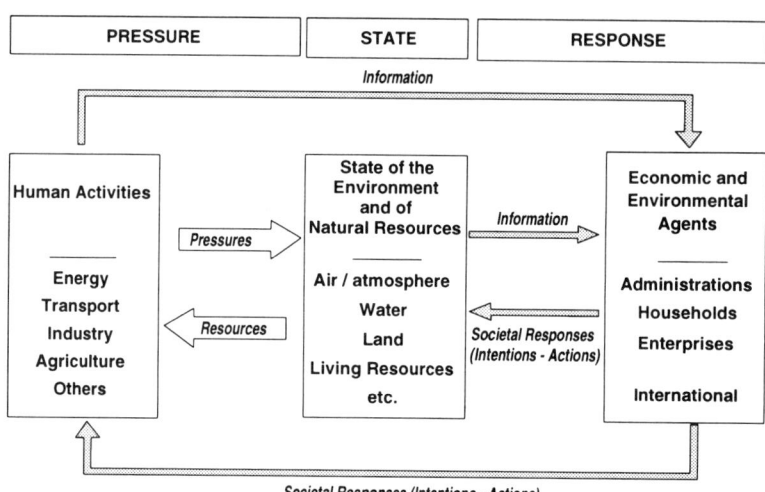

Societal Responses (Intentions - Actions)

SELECTED EXTRACTS FROM OECD COUNCIL RECOMMENDATIONS AND OTHER TEXTS

1979 OECD Council Recommendation on Reporting on the State of the Environment:

... *recommends that Member countries:*

- *intensify efforts to improve scientific knowledge, information, <u>statistics and indicators</u> on the state of the environment, in order to contribute to the evaluation of the state of the environment, of activities that have an impact on the environment, and of environmental policies themselves,*

... *instructs the Environment Committee:*

- *to promote and facilitate the exchange of experience and information among Member countries concerning the development and use of environmental statistics and indicators, ... in order to support Member countries' activities in this field;*
- *to continue the efforts to develop comparable environmental indicators and information formats which might be used in the preparation of reports on the state of the environment, ... in order to arrive at a <u>core set of comparable environmental information</u> for OECD Member countries.*

1985 Declaration on "Environment: Resource for the Future" adopted by the governments of OECD Member countries:

Member countries will "further develop, exchange and publish <u>internationally comparable data</u> on environmental conditions and promote more accurate projections in order to improve the basis for environmental management and provide <u>better and more timely information</u> to the public".

1991 OECD Council Recommendation on Environmental Indicators and Information:

... <u>*recommends that Member countries:*</u>

- *intensify their efforts by various means, including through strengthening institutions and financial arrangements, to improve statistics, indicators and information on the environment;*
- *improve the <u>quality and comparability of existing statistics</u>, including official statistics; develop new statistics to <u>fill gaps</u> in information concerning environmental pressures and conditions; and develop cost-effective methods and techniques of environmental monitoring and data collection;*
- *reinforce their co-operation within OECD with a view to improving environmental indicators and information.*

... *instructs the Environment Committee:*

- *to ensure through appropriate co-ordination the development of <u>objective, reliable and comparable environmental statistics</u> and information at international level;*
- *to further develop core sets of reliable, readable, measurable and policy-relevant environmental indicators in order to contribute to better measuring environmental performance, with respect to environmental quality, environmental goals and international agreements; better integrating environmental concerns in sectoral policies.*

Press release of the 1996 OECD Environment Policy Committee meeting at ministerial level:

*Ministers urged the OECD to further develop its work on environmental indicators, in particular in the context of environmental performance reviews, in order to allow **effective international comparison** by policy-makers.*

1. INTRODUCTION

LE CONTEXTE

Faire rapport sur l'état de l'environnement et produire des informations sur l'environnement sont des activités importantes des gouvernements des pays Membres de l'OCDE. C'est une façon de répondre aux demandes d'information sur l'environnement qui émanent du public et d'aider à mettre en oeuvre, à élaborer et à harmoniser les politiques d'environnement. Cela aide aussi à intégrer les préoccupations relatives à l'environnement dans la prise de décision, à promouvoir le développement durable aux niveaux national et international, et à évaluer les performances environnementales des pays.

Les Gouvernements des pays Membres ont convenu à l'occasion de la réunion ministérielle du Comité de l'Environnement de l'OCDE à Paris en 1991 d'assurer par une coordination appropriée l'obtention, au niveau international, d'informations et de statistiques sur l'environnement qui soient objectives, fiables et comparables. Cet objectif fut renforcé en février 1996 à l'occasion de la réunion ministérielle du Comité de l'Environnement de l'OCDE. Les ministres ont invité l'OCDE *"à développer ses travaux sur les indicateurs d'environnement, en particulier dans le contexte des examens de performances environnementales, afin de permettre aux décideurs de procéder à d'utiles comparaisons internationales."*

LE COMPENDIUM

Le compendium de données sur l'environnement est une publication régulière de l'OCDE qui paraît tous les deux ans. Elle vise à présenter les meilleures données de base disponibles au niveau international en matière d'environnement et de sujets connexes. Le compendium est publié depuis 1985.

Le compendium 1997 inclut des données mises à jour, révisées et nouvelles qui remplacent celles publiées dans les éditions précédentes. Il présente un outil unique pour harmoniser et mobiliser des données environnementales au plan international. Il founit ainsi les données de base pour les travaux de l'OCDE sur les indicateurs d'environnement et constitue une base d'informations indispensables aux examens des performances environnementales.

LE TRAITEMENT DES DONNÉES

Les données sur l'environnement, utilisées et publiées par l'OCDE, proviennent d'un processus de collecte et de traitement biannuel. La plus large part des informations contenues dans ce compendium sont des données recueillies au moyen du questionnaire conjoint OCDE/Eurostat, initialement élaboré par le Groupe de l'OCDE sur l'État de l'Environnement. Ce questionnaire a déjà été envoyé huit fois aux pays Membres (novembre 1981, juillet 1984, mars 1986, février 1988, février 1990, février 1992, février 1994, et février 1996). Il a été révisé en 1990/1991 dans le cadre de réunions conjointes OCDE, Eurostat, avec la participation de la Commission Economique pour l'Europe des Nations Unies de Genève.

Le cycle de production des données se déroule en plusieurs étapes:

- compilation et traitement des réponses fournies par les pays comprenant:
    - la comparaison avec d'autres données nationales et internationales, l'ajout de compléments d'informations issus de ce rapprochement;
    - l'analyse des données et l'assurance qualité interne de leur traitement;
- préparation d'une version préliminaire des tableaux et notes techniques associées, la rédaction de questions de clarification sur les définitions et la cohérence des informations;
- assurance qualité externe des données en étroite collaboration avec les pays Membres, ces derniers sont invités à examiner et commenter la première version des tableaux, à clarifier les questions en suspens;
- révision et mise à jour finale en fonction des commentaires fournis par les pays;
- publication des données et leur utilisation pour les travaux de l'OCDE.

La collecte et le traitement des données pour les pays de l'Union Européenne et de l'EFTA sont effectués conjointement par les secrétariats de l'OCDE et d'Eurostat. Le but de ce travail est d'améliorer progressivement la qualité des données collectées, pour harmoniser les statistiques au niveau international et améliorer leur pertinence pour les travaux internationaux.

INTRODUCTION

CYCLE DE COLLECTE ET DE TRAITEMENT DES DONNEES OCDE

```
Secrétariat          Questionnaire              →
de l'OCDE         ←  réponses des pays
                     Traitement
                     et analyse
                     des données
                     (assurance
                     qualité interne)
                          ↓
                     Tableau préliminaires
                     et questions de
                     clarification          →   Pays
                     assurance qualité          Membres
                     externe                    et
                                                Partenaires
                     Traitement
                     et analyse            ←
                     supplémentaires
                          ↓
                     Publication
                     Utilisation dans les
                     travaux de l'OCDE
```

Dans l'effort de collecte et de traitement des données, la coopération des services statistiques et des administrations concernés des pays Membres a été précieuse et sans elle ce compendium n'existerait pas. Qu'ils soient sincèrement remerciés ici. Des données complémentaires ont été collectées de sources internationales, de l'OCDE même, et d'autres organisations internationales. Les chiffres ont été pris en compte jusqu'au 15 mai 1997.

Les données sont présentées sans interprétation. Cela est délibéré. Elles prennent tout leur sens lorsqu'elles sont interprétées par des utilisateurs habitués à ces sujets.

COUVERTURE GÉOGRAPHIQUE

Les données présentées dans cette publication couvrent les pays Membres de l'OCDE et la République Slovaque qui coopère avec l'OCDE dans le cadre du programme "Partenaires en transition". Le monde et les régions du monde sont présentés à chaque fois que cela est possible.

Les pays Membres de l'OCDE sont le Canada, le Mexique, les États-Unis, le Japon, la Corée, l'Australie, la Nouvelle-Zélande, l'Autriche, la Belgique, la République Tchèque, le Danemark, la Finlande, la France, l'Allemagne, la Grèce, la Hongrie, l'Islande, l'Irlande, l'Italie, le Luxembourg, les Pays-Bas, la Norvège, la Pologne, le Portugal, l'Espagne, la Suède, la Suisse, la Turquie et le Royaume-Uni. La Commission des Communautés Européennes participe aussi aux travaux de l'OCDE.

Le terme "Allemagne" concerne ici le pays après la réunification, c.à.d. la partie occidentale et la partie orientale. Dans les tableaux le calcul des totaux régionaux (OCDE Europe, Union Européenne, et OCDE) prend en compte l'Allemagne dans son ensemble à chaque fois que cela est possible. Les totaux qui incluent l'Allemagne occidentale seulement sont marqués d'un astérisque. Plus généralement, les précisions relatives aux données ou totaux sont signalées par ce symbole.

STRUCTURE DU COMPENDIUM

La figure 1 présente le cadre conceptuel selon lequel est organisé le corps central de données de l'OCDE sur l'environnement.

Les sections 2 à 7 du compendium concernent l'état de l'environnement lui-même, y compris les pressions directes qui s'excercent sur lui (p. ex. émissions de polluants, utilisation des ressources en eau) et les sections 8 à 11 concernent des activités générant des pressions sur l'environnement : le secteur de l'énergie, les transports, l'industrie, l'agriculture. La dernière partie comprend des données générales, des données sur les dépenses et des listes de conventions internationales et de catastrophes naturelles.

INTRODUCTION

Figure 1 Structure du corps central de données OCDE sur l'environnement

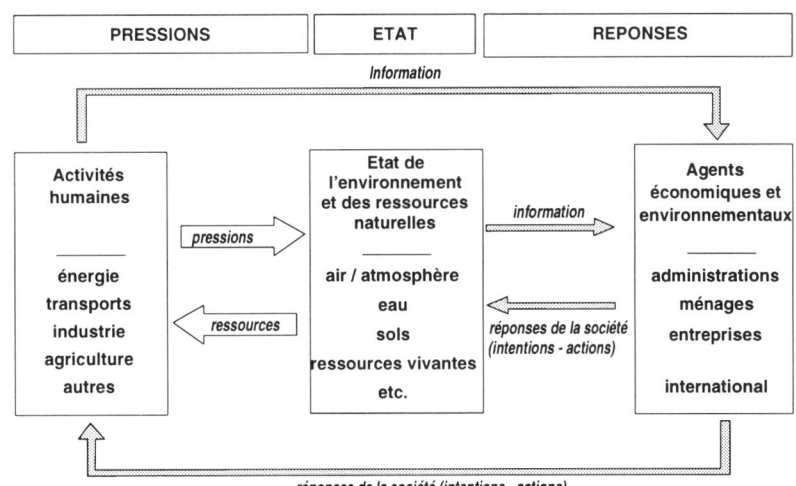

EXTRAITS DES RECOMMANDATIONS DU CONSEIL ET D'AUTRES TEXTES DE L'OCDE

Recommandation de 1979 du Conseil de l'OCDE relative aux rapports sur l'état de l'environnement:

... recommande aux pays Membres:
- d'intensifier leurs efforts pour améliorer la connaissance scientifique, l'information, _les statistiques et les indicateurs_ concernant l'état de l'environnement, de manière à contribuer à l'évaluation: de l'état de l'environnement, des activités qui ont un impact sur l'environnement, des politiques de l'environnement elle mêmes,

... charge le Comité de l'environnement:
- de promouvoir et de faciliter l'échange d'expériences et d'informations entre pays Membres concernant le développement et l'utilisation des statistiques et indicateurs de l'environnement, ... de façon à appuyer l'action des pays Membres dans ce domaine;
- de poursuivre les efforts visant à élaborer des indicateurs comparables de l'environnement et des cadres d'information qui pourraient être utilisés dans l'établissement de rapports sur l'état de l'environnement, ... de façon à parvenir à _un noyau d'informations comparables sur l'environnement_ pour les pays Membres de l'OCDE.

Déclaration de 1985 sur "L'environnement: Ressource pour l'avenir"
adoptée par les gouvernements des pays Membres de l'OCDE:

Les pays Membres vont "favoriser l'obtention, l'échange et la publication _de données comparables au plan international_ à propos de la situation de l'environnement et promouvoir l'établissement de prévisions plus précises en vue d'améliorer les principes de gestion de l'environnement et de fournir au public _une information meilleure et plus rapide_".

Recommandation de 1991 du Conseil de l'OCDE sur les indicateurs et les informations concernant l'environnement:

... recommande que les pays Membres:
- intensifient leurs efforts, y compris en renforçant des institutions et des dispositifs financiers, pour améliorer les statistiques, les indicateurs et les informations concernant l'environnement;
- améliorent la _qualité et la comparabilité des statistiques existantes_, y compris les statistiques officielles; mettent au point de nouvelles statistiques pour _combler des lacunes_ dans les informations concernant l'état de l'environnement et les pressions qui s'exercent sur lui; et élaborent des méthodes et des techniques d'un bon rapport coût-efficacité pour la surveillance de l'environnement et la collecte des données;
- renforcent leur coopération au sein de l'OCDE en vue d'améliorer les indicateurs d'environnement et les informations sur l'environnement.

... charge le Comité de l'environnement:
- d'assurer par une coordination appropriée l'obtention, au niveau international, d'informations et de _statistiques sur l'environnement qui soient objectives, fiables et comparables;_
- de continuer à mettre au point des ensembles d'indicateurs d'environnement qui soient fiables, lisibles, mesurables et pertinents pour les politiques d'environnement afin de contribuer à mieux mesurer les performances du point de vue de l'environnement en termes de qualité de l'environnement, d'objectifs d'environnement et d'accords internationaux; mieux intégrer les questions d'environnement dans les politiques sectorielles

Communiqué de presse de la réunion de 1996 du Comité des politiques d'environnement de l'OCDE au niveau ministériel:

Les Ministres ont invité l'OCDE à développer ses travaux sur les indicateurs d'environnement, en particulier dans le contexte des examens de performances environnementales, afin de permettre aux décideurs de procéder _à d'utiles comparaisons internationales_.

PART I   PARTIE I

2. AIR

2. AIR

	LIST OF TABLES		LISTE DES TABLEAUX
2.1	Total emissions of traditional air pollutants	2.1	Emissions totales de polluants traditionnels
2.2A	Emissions of SOx by source	2.2A	Emissions de SOx par source
2.2B	Emissions of NOx by source	2.2B	Emissions de NOx par source
2.2C	Emissions of particulates by source	2.2C	Emissions de particules par source
2.2D	Emissions of CO by source	2.2D	Emissions de CO par source
2.2E	Emissions of VOC by source	2.2E	Emissions de COV par source
2.3A	Emissions of CO2 from energy use	2.3A	Emissions de CO2 par l'utilisation d'énergie
2.3B	Emissions of CO2 by source	2.3B	Emissions de CO2 par source
2.3C	Emissions of greenhouse gases	2.3C	Emissions de gaz à effet de serre
2.4A	Concentrations of SO2	2.4A	Concentrations en SO2
2.4B	Concentrations of NO2	2.4B	Concentrations en NO2
2.4C	Concentrations of particulates	2.4C	Concentrations en particules
2.5	Concentrations in acid precipitation	2.5	Concentrations des précipitations acides

AIR 2

INTRODUCTION

This section contains quantitative information regarding air as a natural resource and is intended to provide an understanding of the state of the environment and its trends with respect to emissions of various air pollutants from human activities, ambient air quality and intensities of acid precipitations.

The tables provide selected information on:

a) traditional air pollutants:
- emission data are based upon the best available engineering estimates for a given period; they concern man-made emissions of sulphur oxides (SOx), nitrogen oxides (NOx), particulate matter (Part.), carbon monoxide (CO) and volatile organic compounds (VOC);
- ambient levels represent measured concentrations; they concern sulphur dioxide (SO2), nitrogen dioxide (NO2) and suspended particulates;

b) international and global air pollution:
- acid precipitation;
- carbon dioxide (CO2) and other greenhouse gases (e.g. methane, nitrous oxide, CFCs).

The share of human activities as a source in total emissions of traditional air pollutants varies depending on the type of pollutant; most SOx emissions are man-made whereas CO and NOx emissions are mainly of natural origin.

Several important environmental concerns are not covered; data available at international level remain unsufficient. These are:

- pollution by toxic substances e.g. toxic metals, organic compounds and fibres;
- population and area exposed to air pollutants;
- effects of air pollutants on human health and on the environment;
- indoor air pollution.

Major international agreements related to air pollution are presented in the section on general data.

INTRODUCTION

La présente section contient des informations quantitatives concernant l'atmosphère en tant que ressource naturelle. Elle vise à permettre une meilleure compréhension de l'état de l'environnement et de son évolution en ce qui concerne les émissions de différents polluants atmosphériques dues aux activités humaines, les niveaux de qualité de l'air ambiant et l'intensité des précipitations acides.

Les tableaux présentent des informations sélectionnées sur :

a) les polluants atmosphériques traditionnels :
- les données sur les émissions sont basées sur les meilleures estimations d'ingénieur disponibles pour une période de temps donnée ; elles concernent les émissions anthropiques d'oxydes de soufre (SOx), d'oxydes d'azote (Nox), de particules (Part.), de monoxyde de carbone (CO) et de composés organiques volatils (COV) ;
- les données sur la qualité de l'air ambiant sont des concentrations mesurées ; elles concernent le dioxyde de soufre (SO_2), le dioxyde d'azote (NO_2) et les particules en suspension ;

b) la pollution atmosphérique à l'échelle internationale et globale :
- les précipitations acides ;
- le dioxyde de carbone (CO_2) et d'autres gaz à effet de serre (p.ex. méthane, oxyde nitreux, CFCs).

La part que prennent les activités humaines dans l'émission totale des polluants classiques est plus ou moins grande suivant le type de polluant ; la presque totalité des émissions de SOx est d'origine anthropique alors que pour le CO et les NOx les sources sont principalement naturelles.

Certains sujets de préoccupation importants ne sont pas abordés, les données disponibles au niveau international restant insuffisantes. Is s'agit de:

- la pollution par des substances toxiques comme les métaux, les composés organiques et les fibres;
- l'exposition des populations et des territoires aux polluants atmosphériques ;
- l'incidence des polluants atmosphériques sur la santé humaine et sur l'environnement ;
- la pollution de l'air en intérieur.

Les principaux accords internationaux concernant la pollution de l'air sont présentés dans la section sur les données générales.

AIR 2.1

EMISSIONS OF TRADITIONAL AIR POLLUTANTS
ÉMISSIONS DE POLLUANTS TRADITIONNELS

Table 2.1 shows total man-made emissions of traditional air pollutants for the most recent year available, as well as related per capita and per unit of GDP values.

Data refer to sulphur oxides (SOx) and nitrogen oxides (NOx), given as quantities of SO2 and NO2, carbon monoxide (CO), particulates (Part.) and volatile organic compounds (VOC).

Traditional air pollutants play a major role in local and regional air pollution and affect human health and the environment more generally.

The reader should note that the details of estimation methods for emissions such as emission factors and reliability, extent of sources and pollutants included in estimation, etc., may differ from one country to another. Caution should be exercised when interpreting these tables. Attention should be given to the footnotes accompanying the tables.

Le tableau 2.1 montre les émissions totales de polluants classiques dues aux activités humaines pour l'année la plus récente, ainsi que les valeurs par habitant et par unité de PIB.

Les données concernent les oxydes de soufre (SOx) et les oxydes d'azote (NOx) exprimées en quantités de SO2 et de NO2, le monoxyde de carbone (CO), les particules (Part.) et les composés organiques volatils (COV).

Les polluants atmosphériques traditionnels jouent un rôle important dans la pollution de l'air locale et régionale et affectent la santé humaine et l'environnement en général.

Le lecteur devra noter que les méthodes d'estimation peuvent différer d'un pays à l'autre, par ex. en ce qui concerne les facteurs d'émission et leur fiabilité, les sources et les polluants pris en compte, etc.. Il convient d'être prudent dans l'interprétation de ces tableaux et de tenir compte des notes associées aux tableaux.

AIR

2.1

TOTAL EMISSIONS OF TRADITIONAL AIR POLLUTANTS (a), mid-1990s
ÉMISSIONS TOTALES DE POLLUANTS TRADITIONNELS (a), milieu des années 90

		Total emissions/Émissions totales (1 000 tonnes)					Per capita emissions/Émissions par habitant (kg/cap.)					Emissions per unit of GDP/Émissions par unité de PIB (kg/1 000 US$) (d)				
		SOx	NOx	CO	Part. (b)	VOC (c)	SOx	NOx	CO	Part. (b)	VOC (c)	SOx	NOx	CO	Part. (b)	VOC (c)
Canada	*	2668	1995	10075	1650	2701	91.2	68.2	344.4	56.4	92.3	4.8	3.6	18.0	2.9	4.8
Mexico/Mexique	*	1600	1400	2300	400	500	17.5	14.8	25.2	4.4	5.5	3.1	2.8	4.5	0.8	1.0
USA/Etats Unis	*	16619	19758	77697	2853	20338	63.1	75.1	295.2	10.8	77.3	2.5	3.0	11.8	0.4	3.1
Japan/Japon	*	876	1476	..	177	..	7.1	11.9	..	1.4	..	0.4	0.6	..	0.1	..
Korea/Corée	*	1532	1152	1109	406	..	34.0	25.5	24.6	9.0	..	3.0	2.2	2.1	0.8	..
Australia/Australie	*	2150	2129	15045	..	1777	119.1	119.4	843.4	..	99.6	6.7	6.8	48.3	..	5.7
N.Zealand/N.Zélande	*	41	206	511	42	262	11.5	57.5	142.7	11.7	73.2	0.8	4.0	9.8	0.8	5.0
Austria/Autriche	*	64	175	1475	38	412	8.0	21.7	183.3	4.9	51.2	0.4	1.2	10.1	0.3	2.8
Belgium/Belgique		252	359	1339	27	335	24.9	35.5	132.4	2.7	33.1	1.4	2.0	7.6	0.2	1.9
Czech R./R. Tchèque	*	1091	412	874	201	286	105.6	39.9	84.6	19.5	27.7	12.2	4.6	9.8	2.2	3.2
Denmark/Danemark		148	251	655	..	161	28.3	48.0	125.3	..	30.8	1.5	2.6	6.7	..	1.6
Finland/Finlande		96	263	424	49	158	18.8	51.5	83.0	9.6	30.9	1.2	3.3	5.2	0.6	2.0
France		1010	1494	9008	211	2156	17.4	25.8	155.6	3.6	37.2	0.9	1.4	8.5	0.2	2.0
Germany/Allemagne		2995	2210	6738	755	2136	36.8	27.1	82.8	9.3	26.2	2.1	1.6	4.8	0.5	1.5
w.Germany/All. occ.		874	1766	5501	380	1783	13.3	26.8	83.5	5.8	27.1	0.7	1.4	4.3	0.3	1.4
Greece/Grèce	*	510	338	1480	..	243	50.6	33.5	146.7	..	24.1	5.2	3.5	15.2	..	2.5
Hungary/Hongrie		705	182	739	149	150	68.9	17.8	72.2	14.6	14.7	11.4	3.0	12.0	2.4	2.4
Iceland/Islande		8	23	23	..	7	30.3	85.4	86.1	..	26.2	1.7	4.8	4.9	..	1.5
Ireland/Irlande	*	166	116	344	105	179	46.1	32.2	95.6	30.0	49.7	3.1	2.2	6.5	2.5	3.4
Italy/Italie	*	1424	2117	9089	501	2590	25.0	37.2	159.9	8.8	45.6	1.5	2.2	9.3	0.5	2.6
Luxembourg		8	20	101	..	16	19.4	48.4	244.6	..	38.7	0.7	1.7	8.8	..	1.4
Netherl./Pays Bas	*	148	540	911	36	361	9.6	34.9	58.9	2.3	23.4	0.6	2.0	3.4	0.1	1.3
Norway/Norvège		35	222	829	25	378	8.0	51.1	190.7	5.7	86.9	0.4	2.4	9.1	0.3	4.1
Poland/Pologne		2605	1120	1610	1337	769	67.6	29.0	42.0	34.6	19.9	14.4	5.8	9.7	6.9	4.0
Portugal		258	256	1092	..	223	26.1	25.9	110.3	..	22.5	2.5	2.5	10.6	..	2.2
Spain/Espagne		2062	1223	4801	..	1196	52.8	31.3	122.8	..	30.6	4.2	2.5	9.7	..	2.4
Sweden/Suède	*	94	362	1046	40	446	10.6	40.9	118.2	4.7	50.4	0.6	2.4	7.0	0.3	3.0
Switzerland/Suisse		34	136	510	19	211	4.9	19.3	72.2	2.7	29.9	0.2	0.9	3.4	0.1	1.4
Turkey/Turquie	*	..	512	..	..	..	..	9.3	..	..	..	..	2.1	..	..	..
UK/Royaume Uni		2360	2293	5478	234	2257	40.3	39.1	93.5	4.0	38.5	2.4	2.3	5.6	0.2	2.3
N. Amer./Amér. N.	*	20900	23200	90100	..	..	54.6	60.6	235.3	..	..	2.8	3.1	12.0	..	..
OECD/OCDE Europe	*	17700	14600	50600	..	..	35.2	29.1	100.7	..	..	2.5	2.1	7.3	..	..
EU/UE-15		11600	12000	44000	..	..	31.3	32.3	118.6	..	..	1.9	2.0	7.2	..	..
OECD/OCDE	*	43200	42700	160100	..	..	40.1	39.7	148.8	..	..	2.4	2.4	9.0	..	..

Notes:
a) Man-made emissions. Data refer to 1995 or to the latest available year from 1992 on, except as noted. For detailed footnotes, please refer to the tables on air emission trends by source.
b) The size of the particulates being measured varies from country to country; please refer to the notes of the table on particulate emissions.
c) Emissions of non-methane VOCs.
d) GDP at 1991 prices and purchasing power parities.
CAN) SOx: SO2 only. VOC: Total VOCs.
MEX) Provisional Secretariat estimates based on data from several sources.
USA) SOx: SO2 only.
JPN) SOx, Part.: 1989 data. NOx, CO: 1990 data.
KOR) SOx: SO2 only.
AUS) SOx: rough Secretariat estimate based on a study by the Department of Primary Industries and Energy of Australia.
NZL) Estimates based on study from Auckland University.
AUT) Part.: 1991 data.
CZE) SOx: SO2 only.
GRC) 1990 data.
ISL) SOx: SO2 only.
IRL) Part.: 1990 data.
ITA) Part.: 1990 data.
NLD) VOC: includes CH4 from fuel combustion.
SWE) Part.: 1990 data.
TUR) NOx: 1989 data.
TOT) Rounded figures; include Secretariat estimates.

Notes:
a) Emissions anthropiques. 1995 ou la dernière année disponible depuis 1992, sauf indication contraire. Pour les notes détaillées, veuillez consulter les tableaux sur l'évolution des émissions atmosphériques par source.
b) La taille des particules mesurées varie d'un pays à l'autre; veuillez consulter les notes sur le tableau des émissions de particules.
c) Emissions de COV autres que le méthane.
d) PIB aux niveaux de prix et parités de pouvoir d'achat de 1991.
CAN) SOx: SO2 seulement. COV: COV totaux.
MEX) Estimations provisoires du Secrétariat fondées sur des données de différentes sources.
USA) SOx: SO2 seulement.
JPN) SOx, Part.: données 1989. NOx, CO: données 1990.
KOR) SOx: SO2 seulement.
AUS) SOx: estimation du Secrétariat fondée sur une étude du ministère australien des Industries Primaires et de l'Energie.
NZL) Estimations fondées sur une étude de l'université d'Auckland.
AUT) Part.: données 1991.
CZE) SOx: SO2 seulement.
GRC) Données 1990.
ISL) SOx: SO2 seulement.
IRL) Part.: données 1990.
ITA) Part.: données 1990.
NLD) COV: incluent le CH4 issu des combustions.
SWE) Part.: données 1990.
TUR) NOx: données 1989.
TOT) Chiffres arrondis; incluent des estimations du Secrétariat.

Source: OECD/OCDE

AIR

2.2A/2B/2C/2D/2E

TRENDS IN EMISSIONS OF TRADITIONAL AIR POLLUTANTS
TENDANCES DES ÉMISSIONS DE POLLUANTSATMOPSHERIQUES TRADITIONNELS

The following tables provide information on trends in man-made emissions of traditional air pollutants for selected countries and by source. The figures refer to the major categories of emission sources for these pollutants: mobile sources (motor vehicles, etc.) and stationary sources, which include power stations, fuel combustion (industrial, domestic, etc.), industrial processes (pollutants emitted in manufacturing); and miscellaneous sources such as waste incineration, agricultural burning, etc.

- Sulphur oxides (SOx) exert a pressure on human health; they also contribute to acid deposition and thus have negative effects on aquatic ecosystems and buildings and may have negative effects on crops and forests. Data are given as quantities of SO2.

- Nitrogen oxides (NOx) emissions mainly stem from the burning of fossil fuels at high temperatures. Nitrogen oxides play an important role in the production of photochemical oxidants and of smog, and contribute, together with SOx, to acid precipitation. They are of concern because of their negative effects both on human health and on the environment. Data are given as quantities of NO2.

- Particulate matter contributes significantly to visibility reduction and, as a carrier of toxic metals and other toxic substances, exerts pressures on human health.

- Carbon monoxide (CO) can cause adverse health effects, in particular because it interferes with the absorption of oxygen by red blood cells.

- Volatile organic compounds (VOC) are considered, along with NOx, to be the main precursors of photochemical air pollution.

The reader should note that the definitions of sources as well as the measurement methods may vary from country to country. When interpreting these tables, attention should also be given to the footnotes.

Les tableaux suivants montrent l'évolution des émissions anthropiques de polluants classiques, pour des pays sélectionnés. Les données portent sur les grandes catégories d'émetteurs de ces polluants : sources mobiles (véhicules à moteur, etc.), et sources fixes qui comprennent les centrales de production d'énergie, l'utilisation de combustibles (industrie, ménages, etc.), les procédés industriels (émissions liées à la fabrication de produits à partir de matières premières), et d'autres sources telles que l'incinération des déchets, les brûlis agricoles etc.

- Les oxydes de soufre (SOx) mettent en danger la santé humaine; ils participent aux dépôts acides et ont ainsi des effets néfastes sur les écosystèmes aquatiques et les bâtiments. Ils peuvent aussi avoir des effets négatifs sur les cultures et les forêts. Les données sont exprimées en quantités de SO2.

- Les oxydes d'azote (NOx) proviennent principalement de la combustion à haute température de combustibles fossiles. Ils jouent un rôle important dans la formation d'oxydants photochimiques et de smog et contribuent ensemble avec les SOx aux précipitations acides. Ils sont préoccupants en raison de leurs effets néfastes pour la santé des hommes et pour l'environnement. Les données sont exprimées en quantités de NO2.

- Les particules contribuent considérablement à la réduction de la visibilité et, en tant que supports à des métaux toxiques et autres substances toxiques, elles mettent en danger la santé humaine.

- Le monoxyde de carbone (CO) peut avoir des effets néfastes pour la santé, en particulier parce qu'il perturbe l'absorption de l'oxygène par les globules rouges.

- Les composés organiques volatiles (COV) sont avec les NOx les principaux précurseurs de la pollution photochimique de l'atmosphère.

Le lecteur devra noter que les définitions des sources de pollution ainsi que les méthodes de mesure peuvent varier d'un pays à l'autre. Dans l'interprétation de ces tableaux, il convient de tenir compte des notes en bas de page.

2.2A AIR

EMISSIONS OF SOx (a), by source, 1980-1995
ÉMISSIONS DE SOx (a), par source, 1980-1995

	Total emissions / émissions totales (1000 tonnes)												Change since 85/ Evolution depuis 85
	1980	1985	1986	1987	1988	1989	1990	1991	1992	1993	1994	1995	(b) (%)
Canada *													
Mobile s./S. mobiles	137	123	122	126	131	131	133	136	138	133	137	..	11.4
Road/Routier	..	39	41	45	47	48	51	52	53	55	56	..	43.6
Other/Autres	..	84	81	81	84	83	82	84	85	78	81	..	-3.6
Stationary s./S. fixes	4506	3055	2752	3014	3100	3062	3172	3180	3028	2902	2531	..	-17.2
Power st./C. éléctr.	768	633	642	664	718	704	690	653	672	597	561	..	-11.4
Combustion	608	337	351	358	373	373	361	370	371	387	407	..	20.8
Industrial/Industrielle	..	292	306	314	326	323	311	322	321	337	357	..	22.3
Other/Autres	..	45	45	44	47	50	50	48	50	50	50	..	11.1
Ind. proc./Proc. ind.	3127	2078	1752	1985	2002	1978	2114	2150	1979	1911	1556	..	-25.1
Miscellaneous/Divers	3	7	7	7	7	7	7	7	7	7	7	..	-
Total	4643	3178	2874	3141	3231	3193	3305	3316	3166	3035	2668	..	-16.0
USA/Etats-Unis *													
Mobile s./S. mobiles	632	662	679	699	731	760	759	758	772	721	530	541	-18.4
Road/Routier	473	474	478	488	501	517	518	517	525	469	273	276	-41.8
Other/Autres	159	188	200	211	230	243	241	241	248	252	257	265	40.5
Stationary s./S. fixes	22869	20412	19680	19445	19814	19911	19593	19262	19037	18799	18563	16079	-21.2
Power st./C. éléctr.	15848	14763	14244	14256	14506	14713	14422	14323	13988	13781	13419	10898	-26.2
Combustion	3558	3400	3381	3384	3421	3365	3357	3181	3267	3212	3291	3307	-2.8
Industrial/Industrielle	2677	2875	2827	2783	2822	2799	2818	2644	2723	2669	2748	2763	-3.9
Other/Autres	881	525	554	601	599	566	539	537	544	544	543	544	3.5
Ind. proc./Proc. ind.	3423	2203	2010	1757	1824	1785	1763	1711	1737	1760	1802	1828	-17.0
Miscellaneous/Divers	40	46	45	48	63	47	50	47	46	45	51	46	1.6
Total	23501	21074	20359	20144	20545	20670	20351	20020	19810	19520	19094	16619	-21.1
Japan/Japon *													
Mobile s./S. mobiles	..	..	..	..	..	..	..	..	..	..	..	..	..
Road/Routier	119	..	151	..	..	199	..	..	..	..	..	..	..
Other/Autres	..	..	..	..	..	..	..	..	..	..	..	..	..
Stationary s./S. fixes	1158	795	684	..	..	677	718	..	..	..	..	..	..
Power st./C. éléctr.	347	201	173	..	..	192	..	..	..	..	..	..	..
Combustion	791	561	493	..	..	459	..	..	..	..	..	..	..
Industrial/Industrielle	736	525	467	..	..	425	..	..	..	..	..	..	..
Other/Autres	55	36	26	..	..	34	..	..	..	..	..	..	..
Ind. proc./Proc. ind.	..	..	..	..	..	..	..	..	..	..	..	..	..
Miscellaneous/Divers	20	33	18	..	..	26	..	..	..	..	..	..	..
Total	1277	..	835	..	..	876	..	..	..	..	..	..	..
Korea/Corée *													
Mobile s./S. mobiles	..	76	89	81	135	133	189	200	233	234	276	314	313.2
Road/Routier	..	..	..	..	..	..	77	89	99	46	34	39	..
Other/Autres	..	..	..	..	..	..	112	111	134	188	242	275	..
Stationary s./S. fixes	..	1276	1152	960	1266	1313	1422	1398	1381	1337	1327	1218	-4.6
Power st./C. éléctr.	..	423	307	170	217	239	280	295	305	339	330	337	-20.4
Combustion	..	853	845	790	1049	1074	1142	1103	1076	998	997	881	3.3
Industrial/Industrielle	..	487	471	431	675	737	806	788	803	798	833	733	50.5
Other/Autres	..	366	374	359	374	337	336	315	273	200	164	148	-59.6
Ind. proc./Proc. ind.	..	..	..	..	..	..	..	..	..	..	..	..	..
Miscellaneous/Divers	..	..	..	..	..	..	..	..	..	..	..	..	..
Total	..	1352	1241	1041	1401	1446	1611	1598	1614	1571	1603	1532	13.3
Austria/Autriche *													
Mobile s./S. mobiles	14	12	..	5	6	6	7	7	7	8	10	10	-16.7
Road/Routier	14	10	..	5	5	6	6	..	7	8	8	8	..
Other/Autres	..	..	..	..	..	..	..	..	..	0.3	1.5	1.7	..
Stationary s./S. fixes	383	182	..	147	116	87	83	77	69	63	49	54	-70.1
Power st./C. éléctr.	90	50	..	25	15	17	16	16	16	18	4	6	..
Combustion	235	94	..	90	80	52	53	47	52	45	31	34	..
Industrial/Industrielle	168	55	..	52	50	36	47	..	35	29	12	14	..
Other/Autres	67	39	..	37	30	24	22	..	16	16	19	20	..
Ind. proc./Proc. ind.	56	38	..	32	21	19	15	14	..	..	13	13	..
Miscellaneous/Divers	1.4	..	..	..	..	..	..	..	0.5	0.1	1.4	1.4	..
Total	397	195	..	152	122	93	90	84	76	71	58	64	-66.9
Belgium/Belgique *													
Mobile s./S. mobiles	..	..	..	..	..	..	15	..	..	..	17	..	..
Road/Routier	..	..	..	..	..	..	14	..	..	..	16	..	..
Other/Autres	..	..	..	..	..	..	0.3	..	..	..	0.3	..	..
Stationary s./S. fixes	..	..	..	..	..	..	305	..	..	..	236	..	..
Power st./C. éléctr.	..	..	..	..	..	..	95	..	..	..	83	..	..
Combustion	..	..	..	..	..	..	146	..	..	..	112	..	..
Industrial/Industrielle	..	..	..	..	..	..	109	..	..	..	78	..	..
Other/Autres	..	..	..	..	..	..	37	..	..	..	34	..	..
Ind. proc./Proc. ind.	..	..	..	..	..	..	61	..	..	..	39	..	..
Miscellaneous/Divers	..	..	..	..	..	..	3	..	..	..	2	..	..
Total	828	400	377	367	354	325	320	324	304	294	252	..	-36.9

AIR 2.2A

EMISSIONS OF SOx (a), by source, 1980-1995
ÉMISSIONS DE SOx (a), par source, 1980-1995

	1980	1985	1986	1987	1988	1989	1990	1991	1992	1993	1994	1995	Change since 85/ Evolution depuis 85 (b) (%)
Czech R./R. Tchèque *													
Mobile s./S. mobiles	30	21	..	..	11	..	8	6	6	6	6	7	-66.7
Road/Routier	27	19	..	..	9	..	6	4	4	4	5	6	-68.4
Other/Autres	3	2	..	..	2	..	2	2	2	2	1	1	-50.0
Stationary s./S. fixes	2227	2256	..	..	2055	..	1868	1770	1532	1413	1266	1084	-52.0
Power st./C. éléctr.	..	..	..	..	1259	..	956	..	..	731	668	636	..
Combustion	..	..	..	..	725	..	847	..	..	637	558	412	..
Industrial/Industrielle	..	..	..	..	443	..	426	..	..	..	..	..	..
Other/Autres	..	..	..	..	282	..	421	..	..	..	..	..	..
Ind. proc./Proc. ind.	..	..	..	..	71	..	62	58	49	45	40	36	..
Miscellaneous/Divers	..	..	..	..	..	..	..	..	..	..	..	..	..
Total	2257	2277	2177	2164	2066	1998	1876	1776	1538	1419	1270	1091	-52.1
Denmark/Danemark *													
Mobile s./S. mobiles	21	27	23	22	21	21	20	21	16	14	13	10	-64.1
Road/Routier	7	11	7	7	7	5	5	5	4	2	2	2	-84.8
Other/Autres	14	16	15	15	14	16	14	16	13	12	11	8	-49.8
Stationary s./S. fixes	428	312	260	228	221	171	164	222	174	143	143	138	-55.7
Power st./C. éléctr.	216	167	168	150	157	127	119	175	130	100	103	104	-37.6
Combustion	205	139	87	74	60	40	38	41	37	35	32	31	-77.9
Industrial/Industrielle	92	61	45	38	34	24	24	26	24	23	22	19	-69.4
Other/Autres	113	78	42	36	26	16	14	15	13	12	10	12	-84.6
Ind. proc./Proc. ind.	7	7	6	5	3	3	8	6	7	7	8	3	-53.8
Miscellaneous/Divers	..	..	..	..	..	..	..	..	..	..	..	..	..
Total	449	339	283	251	242	191	184	243	190	156	155	148	-56.4
Finland/Finlande *													
Mobile s./S. mobiles	13	10	10	10	9	9	8	7	7	6	4	4	-60.0
Road/Routier	9	7	7	7	6	6	5	5	5	4	2	2	-71.4
Other/Autres	4	3	3	3	3	3	3	2	2	2	2	2	-33.3
Stationary s./S. fixes	571	372	321	318	293	235	252	187	134	117	110	92	-75.3
Power st./C. éléctr.	230	94	72	78	67	68	81	62	45	45	44	34	..
Combustion	237	188	162	166	145	108	122	82	52	45	41	37	..
Industrial/Industrielle	192	170	145	145	129	94	107	70	42	37	34	30	..
Other/Autres	45	18	17	21	16	14	15	12	10	8	7	7	..
Ind. proc./Proc. ind.	104	90	87	74	81	59	49	43	37	26	25	22	..
Miscellaneous/Divers	..	..	..	..	..	..	..	..	..	..	..	..	..
Total	584	382	331	328	302	244	260	194	141	124	115	96	-74.9
France *													
Mobile s./S. mobiles	126	107	114	120	130	139	170	176	182	186	176	..	64.3
Road/Routier	..	..	..	..	..	..	145	152	158	161	155	..	..
Other/Autres	..	..	..	..	..	..	25	25	24	25	21	..	..
Stationary s./S. fixes	3222	1344	1217	1141	1016	1142	1128	1199	1058	936	835	..	-37.9
Power st./C. éléctr.	1222	408	309	271	231	379	344	447	332	237	190	..	-53.6
Combustion	1488	631	605	575	482	454	630	599	568	556	519	..	..
Industrial/Industrielle	1065	369	342	334	267	267	514	467	449	436	414	..	..
Other/Autres	423	262	263	241	215	187	116	131	119	120	105	..	..
Ind. proc./Proc. ind.	302	194	190	188	191	181	111	112	113	101	87	..	..
Miscellaneous/Divers	210	111	113	107	113	127	43	41	45	41	39	..	..
Total	3348	1451	1331	1261	1146	1281	1298	1376	1240	1121	1010	..	-30.4
Germany/Allemagne *													
Mobile s./S. mobiles	..	..	..	..	..	..	106	77	71	69	63	..	..
Road/Routier	..	..	..	..	..	..	77	62	59	57	51	..	..
Other/Autres	..	..	..	..	..	..	29	15	12	12	12	..	..
Stationary s./S. fixes	..	..	..	..	..	..	5220	4095	3365	3084	2932	..	..
Power st./C. éléctr.	..	..	..	..	..	..	2809	2475	2190	1967	1876	..	..
Combustion	..	..	..	..	..	..	2186	1530	1090	1032	971	..	..
Industrial/Industrielle	..	..	..	..	..	..	1274	930	669	592	572	..	..
Other/Autres	..	..	..	..	..	..	912	600	421	440	399	..	..
Ind. proc./Proc. ind.	..	..	..	..	..	..	225	90	85	85	85	..	..
Miscellaneous/Divers	..	..	..	..	..	..	..	..	..	..	..	..	..
Total	..	..	..	..	..	..	5326	4172	3436	3153	2995	..	..
w. Germany/All. occ. *													
Mobile s./S. mobiles	87	66	70	68	56	59	62	64	60	59	54	..	-18.2
Road/Routier	67	52	56	56	46	48	51	54	51	50	45	..	-13.5
Other/Autres	20	14	14	12	10	11	11	10	9	9	9	..	-35.7
Stationary s./S. fixes	3077	2301	2158	1836	1159	883	823	844	818	811	820	..	-64.4
Power st./C. éléctr.	1879	1506	1398	1154	530	334	295	316	313	312	323	..	-78.6
Combustion	1088	699	665	589	538	459	443	445	427	421	419	..	-40.1
Industrial/Industrielle	750	467	428	396	369	323	309	295	281	269	275	..	-41.1
Other/Autres	338	232	237	193	169	136	134	150	146	152	144	..	-37.9
Ind. proc./Proc. ind.	110	96	95	93	91	90	85	83	78	78	78	..	-18.8
Miscellaneous/Divers	..	..	..	..	..	..	..	..	..	..	..	..	..
Total	3164	2367	2228	1904	1215	942	885	908	878	870	874	..	-63.1

2.2A AIR

EMISSIONS OF SOx (a), by source, 1980-1995
ÉMISSIONS DE SOx (a), par source, 1980-1995

	1980	1985	1986	1987	1988	1989	1990	1991	1992	1993	1994	1995	Change since 85/ Evolution depuis 85 (b) (%)
Hungary/Hongrie *													
Mobile s./S. mobiles	49	21	19	18	19	16	16	13	13	8	7	7	-66.8
Road/Routier	..	..	..	..	..	..	..	..	..	7	7	6	..
Other/Autres	..	..	..	..	..	..	..	..	..	1	1	1	..
Stationary s./S. fixes	1584	1383	1343	1268	1199	1086	994	900	814	750	734	697	-49.6
Power st./C. éléctr.	688	526	547	549	475	449	435	421	456	442	437	446	-15.2
Combustion	523	471	453	383	379	329	290	220	193	152	166	137	-70.9
Industrial/Industrielle	485	442	426	355	354	304	268	204	182	140	154	123	-72.1
Other/Autres	38	29	27	27	26	25	22	16	11	12	12	14	-51.9
Ind. proc./Proc. ind.	37	46	45	44	44	35	18	16	10	10	9	8	-82.5
Miscellaneous/Divers	336	340	298	292	301	273	251	243	155	145	122	107	-68.5
Total	1633	1403	1362	1285	1218	1102	1010	913	827	757	741	705	-49.8
Iceland/Islande *													
Mobile s./S. mobiles	0.5	1.4	1.7	1.5	1.6	1.9	2.3	2.8	3.0	2.9	2.8	3.0	117.6
Road/Routier	-	0.2	0.2	0.2	0.2	0.2	0.3	0.3	0.2	0.3	0.3	0.3	27.1
Other/Autres	0.4	1.2	1.5	1.3	1.4	1.6	2.0	2.6	2.7	2.7	2.6	2.7	134.9
Stationary s./S. fixes	8.1	6.2	5.6	5.7	6.9	6.5	6.0	4.5	5.1	5.8	5.2	5.1	-17.3
Power st./C. éléctr.	-												
Combustion	0.8	3.2	2.9	2.9	3.6	3.1	3.0	2.2	2.8	3.1	2.5	2.5	-21.6
Industrial/Industrielle	0.8	2.9	2.8	2.7	3.1	2.6	2.6	1.8	2.5	2.8	2.3	2.3	-23.1
Other/Autres	..	0.2	0.1	0.2	0.5	0.5	0.3	0.3	0.3	0.3	0.2	0.2	-2.5
Ind. proc./Proc. ind.	1.6	3.1	2.7	2.8	3.3	3.4	3.0	2.3	2.3	2.7	2.7	2.7	-12.9
Miscellaneous/Divers	5.6												
Total	8.6	7.6	7.4	7.3	8.6	8.4	8.2	7.3	8.1	8.7	8.0	8.1	7.1
Ireland/Irlande *													
Mobile s./S. mobiles	5	4	7	7	7	..	6	..	..	7	..	..	66.1
Road/Routier	..	..	..	..	..	..	..	..	..	..	..	..	..
Other/Autres	..	..	..	..	..	..	..	..	..	..	..	..	..
Stationary s./S. fixes	217	137	156	166	146	..	172	..	..	150	..	..	9.3
Power st./C. éléctr.	102	39	80	95	71	..	103	..	..	87	..	..	121.6
Combustion	113	95	74	69	72	..	68	..	..	62	..	..	-35.1
Industrial/Industrielle	79	55	35	40	44	..	38	..	..	30	..	..	-46.3
Other/Autres	35	40	39	29	28	..	30	..	..	32	..	..	-19.4
Ind. proc./Proc. ind.	..	..	..	..	..	..	..	..	..	..	..	..	..
Miscellaneous/Divers	2	2	2	2	2	..	1	..	..	1	..	..	-74.2
Total	222	141	163	173	152	162	178	179	161	157	177	166	17.6
Italy/Italie *													
Mobile s./S. mobiles	154	124	134	138	145	153	151	151	121	..	..	..	..
Road/Routier	..	80	85	93	99	104	103	102	73	..	..	..	..
Other/Autres	..	44	49	45	46	50	48	49	48	..	..	..	..
Stationary s./S. fixes	3057	1609	1618	1752	1766	1732	1527	1420	1303	..	..	..	..
Power st./C. éléctr.	1511	783	829	1001	1028	970	768	696	608	..	..	..	..
Combustion	1546	732	688	648	632	649	649	616	596	..	..	..	..
Industrial/Industrielle	..	547	520	486	495	529	552	529	520	..	..	..	..
Other/Autres	..	184	168	162	137	120	97	87	76	..	..	..	..
Ind. proc./Proc. ind.	..	92	97	100	103	110	107	104	96	..	..	..	..
Miscellaneous/Divers	..	3	4	4	4	4	4	4	4	..	..	..	..
Total	3211	1733	1752	1890	1911	1885	1678	1571	1424	..	..	..	..
Luxembourg *													
Mobile s./S. mobiles	2	1	..	..	..	..	..	..	..	..	..	..	..
Road/Routier	..	..	..	..	..	..	..	..	..	..	..	..	..
Other/Autres	..	..	..	..	..	..	..	..	..	..	..	..	..
Stationary s./S. fixes	22	16	..	..	..	..	..	..	..	..	..	..	..
Power st./C. éléctr.	1	3	..	..	..	..	..	..	..	..	..	..	..
Combustion	13	5	..	..	..	..	..	..	..	..	..	..	..
Industrial/Industrielle	..	..	..	..	..	..	..	..	..	..	..	..	..
Other/Autres	..	..	..	..	..	..	..	..	..	..	..	..	..
Ind. proc./Proc. ind.	8	8	..	..	..	..	..	..	..	..	..	..	..
Miscellaneous/Divers	..	..	..	..	..	..	..	..	..	..	..	..	..
Total	24	17	14	14	12	12	14	..	..	15	13	8	-52.9
Netherl./Pays-Bas *													
Mobile s./S. mobiles	33	27	30	31	32	29	31	31	32	31	31	31	14.8
Road/Routier	15	11	13	15	15	12	13	14	14	14	14	14	27.3
Other/Autres	17	16	16	16	17	17	18	18	18	17	17	17	6.3
Stationary s./S. fixes	451	232	232	231	216	179	174	165	139	130	115	117	-49.6
Power st./C. éléctr.	194	62	64	62	63	43	45	35	29	23	17	18	-71.0
Combustion	178	108	108	114	104	92	91	93	77	74	70	71	-34.3
Industrial/Industrielle	157	96	96	102	95	84	83	86	68	69	65	67	-30.2
Other/Autres	21	12	12	12	9	8	8	7	9	5	5	4	-66.7
Ind. proc./Proc. ind.	79	62	61	56	49	44	38	37	33	30	26	27	-56.5
Miscellaneous/Divers	..	..	..	..	..	..	..	..	..	3	2	1	..
Total	489	261	263	262	247	208	204	195	170	160	145	148	-43.3

AIR 2.2A

EMISSIONS OF SOx (a), by source, 1980-1995
ÉMISSIONS DE SOx (a), par source, 1980-1995

	Total emissions / émissions totales (1000 tonnes)												Change since 85/ Evolution depuis 85
	1980	1985	1986	1987	1988	1989	1990	1991	1992	1993	1994	1995	(b) (%)
Norway/Norvège *													
Mobile s./S. mobiles	16	19	19	19	16	14	11	10	8	7	5	5	-70.7
Road/Routier	5	4	5	5	4	4	4	3	3	3	2	2	-44.5
Other/Autres	11	14	14	14	12	10	8	6	5	4	3	3	-78.8
Stationary s./S. fixes	124	79	72	55	51	45	42	35	28	28	29	29	-62.9
Power st./C. éléctr.	..	..	..	1	1	1	1	1	1	1	1	1	..
Combustion	65	31	28	23	19	14	11	9	7	6	7	6	-80.5
Industrial/Industrielle	..	24	21	17	15	10	8	7	6	5	6	5	-79.1
Other/Autres	..	7	6	6	5	4	3	2	1	1	1	1	-85.4
Ind. proc./Proc. ind.	59	47	44	31	30	31	31	26	20	21	21	22	-53.0
Miscellaneous/Divers	..	0.2	0.2	0.2	0.2	0.2	0.2	0.2	0.2	0.2	0.2	0.2	-18.5
Total	140	97	91	74	67	59	53	45	37	35	34	35	-64.4
Poland/Pologne													
Mobile s./S. mobiles	..	..	100	100	110	110	110	90	90	50	50	..	..
Road/Routier	..	..	..	..	..	..	..	..	..	..	..	..	..
Other/Autres	..	..	..	..	..	..	..	..	..	..	..	..	..
Stationary s./S. fixes	..	..	4200	4100	4070	3800	3100	2905	2730	2675	2555	2316	..
Power st./C. éléctr.	..	..	..	..	..	..	..	..	..	..	..	..	..
Combustion	..	..	..	..	..	..	..	..	..	..	..	..	..
Industrial/Industrielle	..	..	..	..	..	..	..	..	..	..	..	..	..
Other/Autres	..	..	..	..	..	..	..	..	..	..	..	..	..
Ind. proc./Proc. ind.	..	..	..	..	..	..	..	..	..	..	..	..	..
Miscellaneous/Divers	..	..	..	..	..	..	..	..	..	..	..	..	..
Total	4100	4300	4300	4200	4180	3910	3210	2995	2820	2725	2605	..	-39.4
Portugal *													
Mobile s./S. mobiles	11	7	7	9	9	..	17	18	19	20	21	..	..
Road/Routier	7	..	..	..	..	..	14	15	16	17	18	..	..
Other/Autres	4	..	..	..	..	..	3	3	3	3	3	..	..
Stationary s./S. fixes	255	192	227	210	196	..	266	272	326	270	237	..	..
Power st./C. éléctr.	92	85	120	83	72	..	175	185	234	177	150	..	..
Combustion	88	84	86	107	103	..	80	76	81	82	75	..	..
Industrial/Industrielle	88	83	85	106	102	..	76	72	76	77	70	..	..
Other/Autres	..	1	1	1	1	..	4	4	5	5	5	..	..
Ind. proc./Proc. ind.	76	23	22	20	21	..	11	11	11	11	12	..	..
Miscellaneous/Divers	..	..	..	..	..	..	..	..	..	..	..	..	..
Total	266	199	234	218	205	..	283	290	345	290	258	..	..
Spain/Espagne *													
Mobile s./S. mobiles	..	..	..	..	..	..	120	121	122	123	..	..	..
Road/Routier	57	67	73	52	61	..	70	69	70	68	..	..	1.0
Other/Autres	..	..	..	..	..	..	50	52	52	55	..	..	..
Stationary s./S. fixes	..	2124	..	..	..	..	2144	2102	2072	1939	..	..	-8.7
Power st./C. éléctr.	1728	1635	1404	1367	..	..	1464	1444	1431	1288	..	..	-21.2
Combustion	..	329	..	..	..	..	605	591	580	560	..	..	..
Industrial/Industrielle	..	263	..	..	..	..	506	500	480	483	..	..	..
Other/Autres	56	66	61	58	64	..	99	91	100	77	..	..	..
Ind. proc./Proc. ind.	..	160	168	168	..	..	38	43	44	59	..	..	..
Miscellaneous/Divers	..	..	..	..	..	..	38	24	17	32	..	..	..
Total	2663	2191	1961	1903	1587	1950	2268	2223	2194	2062	..	..	-5.9
Sweden/Suède *													
Mobile s./S. mobiles	44	39	..	40	..	40	37	27	26	25	24	24	-38.5
Road/Routier	12	8	..	8	..	8	8	4	4	3	2	2	-75.0
Other/Autres	32	31	..	32	..	32	29	23	22	22	22	22	-29.0
Stationary s./S. fixes	464	227	..	189	..	120	99	85	78	76	72	70	-69.2
Power st./C. éléctr.	101	64	..	45	..	18	16	15	14	13	14	12	-81.3
Combustion	227	95	..	77	..	52	38	27	21	23	22	22	-76.8
Industrial/Industrielle	143	53	..	45	..	32	22	18	13	15	14	15	-71.7
Other/Autres	84	42	..	32	..	20	16	9	8	8	8	7	-83.3
Ind. proc./Proc. ind.	137	68	..	66	..	50	45	43	43	40	36	35	-48.5
Miscellaneous/Divers	..	..	..	..	..	..	..	..	..	..	..	..	..
Total	508	266	272	229	224	160	136	112	103	101	97	94	-64.7
Switzerland/Suisse													
Mobile s./S. mobiles	9	6	..	..	..	..	5	4	4	4	3	3	-58.9
Road/Routier	6	4	..	..	..	..	3	3	3	3	2	2	-59.4
Other/Autres	3	2	..	..	..	..	1	1	1	1	1	1	-57.9
Stationary s./S. fixes	107	64	..	..	..	..	38	37	34	30	28	32	-50.1
Power st./C. éléctr.	2	1	..	..	..	..	2	2	3	1	1	1	-6.0
Combustion	87	57	..	..	..	..	26	26	23	22	20	24	-57.2
Industrial/Industrielle	41	22	..	..	..	..	11	11	8	8	7	10	-56.4
Other/Autres	46	35	..	..	..	..	15	15	15	14	13	15	-57.7
Ind. proc./Proc. ind.	6	6	..	..	..	..	6	5	5	4	4	4	-34.8
Miscellaneous/Divers	12	6	..	..	..	..	4	4	4	3	3	3	-58.1
Total	116	76	69	63	56	50	43	41	38	33	31	34	-54.8

2.2A AIR

EMISSIONS OF SOx (a), by source, 1980-1995
ÉMISSIONS DE SOx (a), par source, 1980-1995

	1980	1985	1986	1987	1988	1989	1990	1991	1992	1993	1994	1995	Change since 85 / Evolution depuis 85 (b) (%)
UK/Royaume-Uni *													
Mobile s./S. mobiles	143	121	122	115	123	130	130	129	133	129	134	120	-0.8
Road/Routier	42	44	50	46	54	60	63	58	61	59	63	51	15.9
Other/Autres	101	77	72	69	69	70	67	71	72	70	71	69	-10.4
Stationary s./S. fixes	4915	3646	3820	3813	3726	3592	3627	3457	3345	3049	2581	2240	-38.6
Power st./C. éléctr.	3007	2627	2722	2830	2729	2640	2722	2534	2428	2089	1759	1583	-39.7
Combustion	1852	983	1063	951	964	920	875	894	892	934	796	633	-35.6
Industrial/Industrielle	1285	654	731	673	725	706	683	699	706	735	632	510	-22.0
Other/Autres	567	329	332	278	239	214	192	195	186	199	164	123	-62.6
Ind. proc./Proc. ind.	35	26	24	22	23	22	19	18	14	12	12	12	-53.8
Miscellaneous/Divers	21	10	11	10	10	10	11	11	11	14	14	12	20.0
Total	5058	3767	3942	3928	3849	3722	3757	3586	3478	3178	2715	2360	-37.4
Slovak Rep./R. Slovaque													
Mobile s./S. mobiles	..	..	..	..	..	..	4	..	..	2	3	..	..
Road/Routier	..	..	..	..	..	..	3	..	2	2	3	..	..
Other/Autres	..	..	..	..	..	..	1.3	..	..	0.2	0.3	..	..
Stationary s./S. fixes	..	..	..	..	..	..	539	441	378	323	235	..	..
Power st./C. éléctr.	..	..	..	..	..	..	243	..	..	145	105	..	..
Combustion	..	..	..	..	..	..	283	..	..	..	..	..	..
Industrial/Industrielle	..	..	..	..	..	..	166	..	..	..	..	..	..
Other/Autres	..	..	..	..	..	..	117	..	..	77	53	..	..
Ind. proc./Proc. ind.	..	..	..	..	..	..	11	..	..	..	..	..	..
Miscellaneous/Divers	..	..	..	..	..	..	1.3	..	..	0.2	..	..	..
Total	780	613	604	614	589	573	543	446	380	325	238	..	-61.2

Notes:
a) Data refer to man-made emissions only.
b) Refers to percentage change with respect to the latest available year. Data before 1993 were not taken into account.
CAN) SO₂ only.
USA) SO₂ only.
JPN) 1990 data are provisional. Industrial fuel combustion includes industrial processes.
KOR) SO₂ only. Decrease of emissions from power stations in 1987 is due to the strengthening of sulphur content standards. Emissions from stationary sources exclude industrial processes.
AUT) SO₂ only. Break in time series in 1992 and 1994. 1992-93 data for industrial fuel combustion include industrial processes.
BEL) 1980-89 and 1991-93 data are from UNECE.
CZE) SO2 only. 1990-93 emissions from mobile sources include emissions from special mobile sources used in agriculture, forestry and the building industry. Since 1994 mobile sources refer to the transport sector only.
DNK) The Danish inventory is based on diesel and gasoline sales in Denmark. 1995 data are estimates based on CORINAIR method.
FIN) Emissions from international aviation and marine bunkers are excluded. Break in time series in 1992, which concerns mostly the disaggregation; series for total emissions is fairly reliable.
FRA) 1993-94 data are provisional. Change in estimation methodology in 1990. Before 1990 industrial fuel combustion includes agriculture. Miscellaneous: data previous to 1990 refer to emissions from energy transformation; data after 1990 refer to extraction and distribution of fossil fuels and to treatment and disposal of waste.
DEU) 1993-94 data are provisional. The estimation methodology changed in 1991.
wDEU) 1993-94 data are provisional.
HUN) SO₂ only. 1995 data are provisional.
ISL) SO₂ only. 1985-95: calculated in accordance with IPCC 1993 methodology.
IRL) 1989, 1991-92 and 1994-95 data are from UNECE. 1995 data are provisional. Emissions from industrial processes are excluded.
ITA) Break in time series in 1985 due to a change in estimation methodology. Before 1985, industrial processes are excluded.
LUX) 1990-95 data are from UNECE.
NLD) Estimation methodology changed in 1992.
NOR) Ocean transport and national aircraft abroad are excluded. Before 1985 fuel combustion includes emissions from power stations and miscellaneous sources.
PRT) Break in time series in 1990. Before 1990 data refer to SO₂ only and emissions from other mobile sources refer to air transport only.
ESP) 1980 figure for total emissions is a Secretariat estimate. Break in time series in 1985 and 1990 (CORINAIR 85 and 90). 1986-89 data for total emissions are from UNECE.
SWE) 1986 and 1988 data are from UNECE.
UKD) SO₂ only.

Source: OECD/OCDE

Notes:
a) Les données se réfèrent aux émissions anthropiques uniquement.
b) Les données se réfèrent aux variations en pourcentage selon la dernière année disponible. Les données antérieures à 1993 n'ont pas été considérées.
CAN) SO₂ seulement.
USA) SO₂ seulement.
JPN) Les données 1990 sont provisoires. La combustion industrielle inclut les procédés industriels.
KOR) SO₂ seulement. La diminution des émissions des centrales électriques en 1987 est due au renforcement des normes sur le soufre. Les émissions des sources fixes excluent les procédés industriels.
AUT) SO₂ seulement. Rupture de série en 1992 et 1994. Les chiffres 1992-93 pour la combustion industrielle incluent les procédés industriels.
BEL) Les données 1980-89 et 1991-93 proviennent de la CEE-NU.
CZE) SO₂ seulement. 1990-93: les émissions des sources mobiles incluent celles des sources mobiles spéciales de l'agriculture, la sylviculture et l'industrie du bâtiment. Depuis 1994, les sources mobiles se réfèrent aux transports uniquement.
DNK) L'inventaire danois est fondé sur les ventes de diesel et d'essence au Danemark. Les données 1995 sont des estimations fondées sur la méthode CORINAIR.
FIN) Les émissions de l'aviation internationale et des soutages maritimes sont exclues. Rupture de série en 1992 qui concerne principalement la désagrégation. Les séries pour les émissions totales sont assez fiables.
FRA) Les données 1993-94 sont provisoires. La méthode d'estimation a été changée en 1990. Avant 1990: la combustion industrielle inclut l'agriculture. Divers: avant 1990 les données concernent les émissions dues à la transformation d'énergie; à partir de 1990 les données se réfèrent à l'extraction et à la distribution des combustibles fossiles, au traitement et à l'élimination des déchets.
DEU) Les données 1993-94 sont provisoires. La méthode d'estimation a été changée en 1991.
wDEU) Les données 1993-94 sont provisoires.
HUN) SO₂ seulement. Les données 1995 sont provisoires.
ISL) SO₂ seulement. 1985-95: calculé selon la méthode d'estimation IPCC 1993.
IRL) Les données 1989, 1991-92 et 1994-95 proviennent de la CEE-NU. Les données 1995 sont provisoires. Les procédés industriels sont exclus.
ITA) Rupture de série en 1985 due à un changement de méthode d'estimation. Avant 1985, les procédés industriels sont exclus.
LUX) Les données 1990-95 proviennent de la CEE-NU.
NLD) 1992: changement de la méthode d'estimation.
NOR) Les transports en mer et les avions nationaux à l'étranger sont exclus. Combustion: les données 1980-1984 incluent les émissions des centrales électriques et des sources diverses.
PRT) Rupture de série en 1990. Avant 1990: SO₂ seulement et les données relatives aux autres sources mobiles concernent les transports aériens seulement.
ESP) Le chiffre 1980 pour les émissions totales est une estimation du Secrétariat. Rupture de série en 1985 et 1990 (CORINAIR 85 et 90). Les données 1986-89 pour les émissions totales proviennent de la CEE-NU.
SWE) Les données 1986 et 1988 proviennent de la CEENU.
UKD) SO₂ seulement.

AIR 2.2B

EMISSIONS OF NOx (a), by source, 1980-1995
ÉMISSIONS DE NOx (a), par source, 1980-1995

	Total emissions / émissions totales (1000 tonnes)												Change since 85/ Evolution depuis 85
	1980	1985	1986	1987	1988	1989	1990	1991	1992	1993	1994	1995	(b) (%)
Canada													
Mobile s./S. mobiles	1297	1280	1261	1301	1329	1296	1253	1211	1182	1173	1169	..	-8.7
Road/Routier	..	772	762	789	783	757	731	697	660	644	625	..	-19.0
Other/Autres	..	508	499	512	546	539	522	514	522	529	544	..	7.1
Stationary s./S. fixes	662	764	788	822	879	884	853	783	775	807	826	..	8.1
Power st./C. éléctr.	238	221	227	237	256	259	252	249	245	241	238	..	7.7
Combustion	358	375	392	400	434	433	420	362	356	382	395	..	5.3
Industrial/Industrielle	..	314	331	342	372	368	355	298	291	316	329	..	4.8
Other/Autres	..	61	61	58	62	65	65	64	65	66	66	..	8.2
Ind. proc./Proc. ind.	48	123	125	134	139	142	134	129	120	131	137	..	11.4
Miscellaneous/Divers	18	45	45	51	50	49	47	43	46	53	56	..	24.4
Total	1959	2044	2049	2123	2208	2180	2106	1994	1957	1980	1995	..	-2.4
USA/Etats-Unis													
Mobile s./S. mobiles	10019	9819	9571	9358	9594	9549	9372	9226	9367	9521	9768	9617	-2.0
Road/Routier	7821	7339	7052	6941	6950	6969	6793	6689	6750	6813	6960	6899	-6.0
Other/Autres	2198	2480	2519	2417	2644	2580	2579	2537	2617	2708	2808	2718	9.6
Stationary s./S. fixes	11101	10920	10703	10967	11832	11518	11528	11342	11360	11595	11697	10141	-7.1
Power st./C. éléctr.	6372	6274	6268	6466	6831	6901	6819	6793	6781	7052	6984	5655	-9.9
Combustion	3897	3557	3410	3419	3563	3578	3599	3533	3580	3559	3568	3487	-1.9
Industrial/Industrielle	3225	2911	2780	2779	2891	2911	2954	2880	2918	2900	2908	2846	-2.2
Other/Autres	672	646	630	640	671	668	646	652	663	659	660	641	-0.7
Ind. proc./Proc. ind.	506	726	708	681	698	692	693	680	693	705	724	709	-2.3
Miscellaneous/Divers	326	363	317	400	740	346	418	336	306	279	421	289	-20.4
Total	21120	20738	20274	20324	21426	21067	20900	20568	20727	21116	21465	19758	-4.7
Japan/Japon *													
Mobile s./S. mobiles													
Road/Routier	803	623	622	631	651	662	650	..	..	..	..	..	..
Other/Autres													
Stationary s./S. fixes	819	699	662	..	..	777	826	..	..	..	..	..	..
Power st./C. éléctr.	234	187	172	..	..	200	..	..	..	..	..	..	..
Combustion													
Industrial/Industrielle	542	463	438	..	..	516	..	..	..	..	..	..	..
Other/Autres	15	13	14	..	..	17	..	..	..	..	..	..	..
Ind. proc./Proc. ind.													
Miscellaneous/Divers	28	36	38	..	..	44	..	..	..	..	..	..	..
Total	1622	1322	1284	..	..	1439	1476	..	..	..	..	..	..
Korea/Corée *													
Mobile s./S. mobiles	..	552	620	709	809	934	536	446	566	645	674	606	..
Road/Routier	..	..	..	..	..	..	413	435	467	472	495	519	..
Other/Autres	..	..	..	..	..	..	123	11	99	173	179	87	..
Stationary s./S. fixes	..	171	162	128	170	188	390	432	501	542	517	546	..
Power st./C. éléctr.	..	76	61	22	54	65	129	152	202	191	129	137	..
Combustion	..	95	101	106	116	123	261	280	299	351	388	409	..
Industrial/Industrielle	..	44	48	52	60	70	203	222	234	289	330	345	..
Other/Autres	..	51	53	54	56	53	58	58	65	62	58	65	..
Ind. proc./Proc. ind.													
Miscellaneous/Divers													
Total	..	723	782	837	979	1122	926	878	1067	1187	1191	1152	..
Australia/Australie *													
Mobile s./S. mobiles	..	..	..	..	504	491	480	456	436	432	421	..	..
Road/Routier													
Other/Autres													
Stationary s./S. fixes	..	..	..	..	1695	1742	1773	1774	1703	1730	1709	..	..
Power st./C. éléctr.	..	..	..	..	..	..	..	..	..	..	489	..	..
Combustion	..	..	..	..	776	832	866	873	867	897	418	..	..
Industrial/Industrielle	..	..	..	..	..	..	..	..	..	..	325	..	..
Other/Autres	..	..	..	..	..	..	..	..	..	..	93	..	..
Ind. proc./Proc. ind.													
Miscellaneous/Divers	..	..	..	..	919	910	907	901	836	833	801	..	..
Total	..	..	..	..	2198	2233	2253	2231	2138	2161	2129	..	..
Austria/Autriche *													
Mobile s./S. mobiles	142	155	..	155	154	153	152	148	132	125	112	109	-29.4
Road/Routier	141	149	..	149	148	..	145	..	112	119	96	92	..
Other/Autres	1	2	..	2	3	..	3	..	20	6	16	17	..
Stationary s./S. fixes	104	90	..	79	72	68	70	68	69	57	62	66	-26.9
Power st./C. éléctr.	20	23	..	15	12	12	12	12	12	9	7	8	..
Combustion	48	40	..	43	36	32	34	33	54	47	29	32	..
Industrial/Industrielle	37	30	..	30	30	..	25	..	40	35	12	14	..
Other/Autres	11	9	..	12	10	..	10	..	14	12	17	18	..
Ind. proc./Proc. ind.	30	27	..	21	20	24	23	23	..	..	19	19	..
Miscellaneous/Divers	6	..	..	..	..	..	..	..	3	1	7	7	..
Total	246	245	..	234	226	221	221	216	201	182	174	175	-28.5

AIR

2.2B

EMISSIONS OF NOx (a), by source, 1980-1995
ÉMISSIONS DE NOx (a), par source, 1980-1995

	1980	1985	1986	1987	1988	1989	1990	1991	1992	1993	1994	1995	Change since 85/ Evolution depuis 85 (b) (%)
Belgium/Belgique *													
Mobile s./S. mobiles	..	..	..	..	..	..	194	..	..	..	205	..	..
Road/Routier	..	..	..	..	..	..	190	..	..	..	201	..	..
Other/Autres	..	..	..	..	..	..	4	..	..	..	4	..	..
Stationary s./S. fixes	..	..	..	..	..	..	149	..	..	..	154	..	..
Power st./C. éléctr.	..	..	..	..	..	..	58	..	..	..	58	..	..
Combustion	..	..	..	..	..	..	78	..	..	..	88	..	..
Industrial/Industrielle	..	..	..	..	..	..	62	..	..	..	73	..	..
Other/Autres	..	..	..	..	..	..	16	..	..	..	15	..	..
Ind. proc./Proc. ind.	..	..	..	..	..	..	9	..	..	..	5	..	..
Miscellaneous/Divers	..	..	..	..	..	..	3	..	..	..	3	..	..
Total	442	325	317	331	345	357	343	354	354	340	359	..	10.4
Czech R./R. Tchèque *													
Mobile s./S. mobiles	..	..	..	..	..	..	167	134	144	134	199	193	..
Road/Routier	..	..	..	..	..	..	142	114	125	118	182	178	..
Other/Autres	..	..	..	..	..	..	25	20	19	16	17	15	..
Stationary s./S. fixes	..	..	..	..	..	..	575	591	554	440	236	219	..
Power st./C. éléctr.	..	..	..	..	..	..	..	..	..	126	81	79	..
Combustion	..	..	..	..	..	..	..	..	..	..	153	138	..
Industrial/Industrielle	..	..	..	..	..	..	..	..	..	..	..	..	..
Other/Autres	..	..	..	..	..	..	..	..	..	..	..	..	..
Ind. proc./Proc. ind.	..	..	..	..	..	..	8	9	8	6	2	2	..
Miscellaneous/Divers	..	..	..	..	..	..	..	..	..	..	..	..	..
Total	937	831	826	816	858	920	742	725	698	574	435	412	-50.4
Denmark/Danemark *													
Mobile s./S. mobiles	138	153	159	155	156	159	163	163	163	159	156	140	-8.3
Road/Routier	79	91	95	93	93	94	99	97	97	95	93	84	-8.0
Other/Autres	59	62	64	62	63	65	64	66	66	64	63	57	-8.7
Stationary s./S. fixes	143	147	159	154	143	120	113	157	115	119	120	110	-24.9
Power st./C. éléctr.	102	110	122	118	110	89	83	124	82	86	90	90	-17.9
Combustion	38	32	32	31	27	25	24	26	25	26	23	18	-44.9
Industrial/Industrielle	18	14	15	14	13	12	12	13	13	13	12	11	-24.1
Other/Autres	20	18	17	17	14	13	12	13	12	13	11	7	-61.1
Ind. proc./Proc. ind.	3	5	5	5	6	6	5	7	8	7	8	1	-88.0
Miscellaneous/Divers	..	..	..	..	..	..	..	..	..	..	..	2	..
Total	281	300	318	309	299	279	276	321	277	278	277	251	-16.4
Finland/Finlande *													
Mobile s./S. mobiles	179	186	189	193	198	202	201	195	189	184	179	171	-8.1
Road/Routier	136	143	147	150	155	159	158	152	146	141	137	130	-9.1
Other/Autres	43	43	42	43	43	43	43	43	43	43	42	41	-4.7
Stationary s./S. fixes	116	89	88	95	95	99	99	95	94	98	103	92	3.4
Power st./C. éléctr.	..	..	..	..	..	..	..	..	44	48	49	41	..
Combustion	..	..	..	..	..	..	..	..	49	49	52	49	..
Industrial/Industrielle	..	..	..	..	..	..	..	..	40	41	43	40	..
Other/Autres	13	9	8	9	7	7	7	8	9	8	9	9	-
Ind. proc./Proc. ind.	..	..	..	..	..	..	..	..	1	1	2	2	..
Miscellaneous/Divers	..	..	..	..	..	..	..	..	..	..	..	..	..
Total	295	275	277	288	293	301	300	290	283	282	282	263	-4.4
France *													
Mobile s./S. mobiles	..	..	..	..	..	..	1167	1184	1199	1175	1132	..	..
Road/Routier	860	910	950	980	1040	1057	1038	1055	1073	1046	1018	..	11.9
Other/Autres	..	..	..	..	..	..	129	129	126	129	113	..	..
Stationary s./S. fixes	786	490	446	428	407	431	418	449	419	369	362	..	-26.1
Power st./C. éléctr.	287	134	100	89	81	112	106	148	122	77	75	..	-44.1
Combustion	302	196	190	184	169	164	254	245	240	236	226	..	..
Industrial/Industrielle	207	111	103	101	89	87	165	147	143	136	132	..	..
Other/Autres	95	85	87	83	80	77	89	98	97	100	93	..	..
Ind. proc./Proc. ind.	170	144	140	139	141	141	31	29	29	27	29	..	..
Miscellaneous/Divers	27	16	15	16	17	14	27	27	28	29	33	..	..
Total	1646	1400	1396	1408	1447	1488	1585	1632	1618	1544	1494	..	6.7
Germany/Allemagne *													
Mobile s./S. mobiles	..	..	..	..	..	..	1489	1451	1383	1336	1283	..	..
Road/Routier	..	..	..	..	..	..	1223	1207	1155	1099	1046	..	..
Other/Autres	..	..	..	..	..	..	266	244	228	237	237	..	..
Stationary s./S. fixes	..	..	..	..	..	..	1151	1058	974	939	927	..	..
Power st./C. éléctr.	..	..	..	..	..	..	587	568	512	488	488	..	..
Combustion	..	..	..	..	..	..	530	464	439	428	416	..	..
Industrial/Industrielle	..	..	..	..	..	..	354	295	272	254	254	..	..
Other/Autres	..	..	..	..	..	..	176	169	167	174	162	..	..
Ind. proc./Proc. ind.	..	..	..	..	..	..	34	26	23	23	23	..	..
Miscellaneous/Divers	..	..	..	..	..	..	..	..	..	..	..	..	..
Total	..	..	..	..	..	..	2640	2509	2357	2275	2210	..	..

AIR 2.2B

EMISSIONS OF NOx (a), by source, 1980-1995
ÉMISSIONS DE NOx (a), par source, 1980-1995

	1980	1985	1986	1987	1988	1989	1990	1991	1992	1993	1994	1995	Change since 85/ Evolution depuis 85 (b) (%)
w. Germany/All. occ. *													
Mobile s./S. mobiles	1278	1343	1386	1371	1341	1308	1282	1243	1182	1135	1083	..	-19.4
Road/Routier	1076	1141	1182	1179	1150	1108	1080	1052	993	935	883	..	-22.6
Other/Autres	202	202	204	192	191	200	202	191	189	200	200	..	-1.0
Stationary s./S. fixes	1339	1197	1160	1056	965	838	680	711	680	676	683	..	-42.9
Power st./C. éléctr.	800	762	730	661	588	484	335	352	316	315	326	..	-57.2
Combustion	496	408	404	371	356	334	329	345	351	348	344	..	-15.7
Industrial/Industrielle	353	271	261	238	235	228	220	220	215	206	210	..	-22.5
Other/Autres	143	137	143	133	121	106	109	125	136	142	134	..	-2.2
Ind. proc./Proc. ind.	43	27	26	24	21	20	16	14	13	13	13	..	-51.9
Miscellaneous/Divers	..	..	..	..	..	..	..	..	..	..	..	..	
Total	2617	2540	2546	2427	2306	2146	1962	1954	1862	1811	1766	..	-30.5
Greece/Grèce *													
Mobile s./S. mobiles	137	..	..	..	..	..	217	..	..	..	..	..	..
Road/Routier	..	120	..	..	..	..	141	..	..	..	..	..	..
Other/Autres	..	..	..	..	..	..	76	..	..	..	..	..	..
Stationary s./S. fixes	80	188	..	..	..	..	121	..	..	..	..	..	..
Power st./C. éléctr.	..	146	..	..	..	..	65	..	..	..	..	..	..
Combustion	..	10	..	..	..	..	49	..	..	..	..	..	..
Industrial/Industrielle	..	8	..	..	..	..	46	..	..	..	..	..	..
Other/Autres	..	2	..	..	..	..	4	..	..	..	..	..	..
Ind. proc./Proc. ind.	..	28	..	..	..	..	4	..	..	..	..	..	..
Miscellaneous/Divers	..	4	..	..	..	..	4	..	..	..	..	..	..
Total	217	308	..	..	..	..	338	..	..	..	..	..	..
Hungary/Hongrie *													
Mobile s./S. mobiles	111	111	115	118	119	117	116	98	94	92	94	92	-16.7
Road/Routier	..	..	..	..	..	..	..	..	..	81	83	81	..
Other/Autres	..	..	..	..	..	..	..	..	..	11	11	11	..
Stationary s./S. fixes	162	152	149	147	139	130	122	105	89	92	93	90	-40.8
Power st./C. éléctr.	73	65	66	63	55	50	48	39	41	46	46	44	-32.7
Combustion	40	35	34	34	33	30	27	22	18	18	19	17	-50.7
Industrial/Industrielle	30	26	26	25	25	23	20	17	15	14	16	14	-45.9
Other/Autres	10	9	8	8	8	8	7	5	3	3	3	3	-65.1
Ind. proc./Proc. ind.	23	23	23	23	23	23	21	19	10	10	10	9	-60.7
Miscellaneous/Divers	25	29	26	28	28	27	26	25	20	19	18	20	-31.5
Total	273	263	264	265	258	246	238	203	183	184	187	182	-30.7
Iceland/Islande *													
Mobile s./S. mobiles	12	15	16	17	18	18	19	20	22	22	22	22	47.7
Road/Routier	2	2	3	3	3	3	3	3	3	3	3	3	16.7
Other/Autres	10	12	14	15	15	16	16	17	18	19	19	19	53.9
Stationary s./S. fixes	1.8	1.2	1.2	1.2	1.4	1.2	1.2	1.1	1.1	1.1	1.2	1.2	-0.1
Power st./C. éléctr.	-	-	-	-	0.1	-	-	0.1	-	-	-	-	..
Combustion	..	1.1	1.1	1.1	1.2	1.0	1.0	0.9	0.9	1.0	1.1	1.1	..
Industrial/Industrielle	0.6	0.6	0.6	0.6	0.7	0.6	0.6	0.4	0.5	0.6	0.6	0.5	..
Other/Autres	1.1	0.5	0.4	0.4	0.5	0.5	0.4	0.5	0.4	0.4	0.5	0.5	..
Ind. proc./Proc. ind.	..	-	-	-	-	-	-	-	-	-	-	-	..
Miscellaneous/Divers	..	-	-	-	-	-	-	-	0.1	-	-	-	..
Total	14	16	17	19	19	20	21	21	23	23	23	23	44.0
Ireland/Irlande *													
Mobile s./S. mobiles	35	36	..	..	..	..	49	..	..	57	..	..	60.9
Road/Routier	..	..	..	..	..	..	..	..	..	..	..	..	..
Other/Autres	..	..	..	..	..	..	..	..	..	..	..	..	..
Stationary s./S. fixes	48	50	..	..	..	..	67	..	..	65	..	..	31.7
Power st./C. éléctr.	27	29	..	..	..	..	46	..	..	47	..	..	60.3
Combustion	12	15	..	..	..	..	17	..	..	16	..	..	8.9
Industrial/Industrielle	8	8	..	..	..	..	11	..	..	9	..	..	7.1
Other/Autres	4	7	..	..	..	..	7	..	..	7	..	..	11.0
Ind. proc./Proc. ind.	..	..	..	..	..	..	..	..	..	..	..	..	..
Miscellaneous/Divers	8	6	..	..	..	..	3	..	..	3	..	..	-53.9
Total	83	85	100	115	122	127	116	119	125	123	117	116	36.3
Italy/Italie *													
Mobile s./S. mobiles	753	925	1000	1047	1121	1207	1232	1261	1327	..	..	..	..
Road/Routier	..	734	776	829	873	924	945	973	1035	..	..	..	..
Other/Autres	..	191	224	219	249	283	287	289	292	..	..	..	..
Stationary s./S. fixes	832	664	680	735	714	813	815	828	790	..	..	..	..
Power st./C. éléctr.	403	285	301	349	356	411	409	390	362	..	..	..	..
Combustion	..	335	334	341	343	357	362	395	386	..	..	..	..
Industrial/Industrielle	..	270	269	275	281	295	301	330	323	..	..	..	..
Other/Autres	..	65	65	65	63	62	61	65	63	..	..	..	..
Ind. proc./Proc. ind.	..	11	12	12	12	12	12	11	11	..	..	..	..
Miscellaneous/Divers	..	33	33	33	33	33	32	32	31	..	..	..	..
Total	1585	1589	1680	1782	1865	2019	2047	2090	2117	..	..	..	..

2.2B AIR

EMISSIONS OF NOx (a), by source, 1980-1995
ÉMISSIONS DE NOx (a), par source, 1980-1995

	1980	1985	1986	1987	1988	1989	1990	1991	1992	1993	1994	1995	Change since 85/ Evolution depuis 85 (b) (%)
Luxembourg *													
Mobile s./S. mobiles	12	14	..	..	..	..	..	..	..	..	..	..	..
Road/Routier	..	..	..	..	..	..	..	..	..	..	..	..	..
Other/Autres	..	..	..	..	..	..	..	..	..	..	..	..	..
Stationary s./S. fixes	11	8	..	..	..	..	..	..	..	..	..	..	..
Power st./C. éléctr.	2	..	..	..	..	..	..	..	..	..	..	..	..
Combustion	6	4	..	..	..	..	..	..	..	..	..	..	..
Industrial/Industrielle	..	..	..	..	..	..	..	..	..	..	..	..	..
Other/Autres	..	..	..	..	..	..	..	..	..	..	..	..	..
Ind. proc./Proc. ind.	3	4	..	..	..	..	..	..	..	..	..	..	..
Miscellaneous/Divers	..	..	..	..	..	..	..	..	..	..	..	..	..
Total	23	22	..	..	..	..	23	..	..	25	23	20	-9.1
Netherl./Pays-Bas *													
Mobile s./S. mobiles	349	344	352	356	372	372	361	364	359	345	339	340	-1.2
Road/Routier	269	262	269	274	286	283	273	274	272	258	252	252	-3.8
Other/Autres	79	82	83	82	86	88	88	90	86	86	88	89	8.5
Stationary s./S. fixes	239	239	243	250	238	227	228	223	217	216	198	200	-16.3
Power st./C. éléctr.	83	80	87	83	87	77	73	68	68	64	60	61	..
Combustion	126	127	125	137	123	123	125	131	130	116	108	110	..
Industrial/Industrielle	77	74	72	83	82	82	83	85	78	72	69	70	..
Other/Autres	49	53	53	54	41	41	42	46	52	44	39	40	..
Ind. proc./Proc. ind.	29	29	29	28	28	26	24	21	16	13	11	11	..
Miscellaneous/Divers	2	2	2	2	2	2	2	2	2	23	19	18	..
Total	584	578	588	599	601	590	575	575	566	561	537	540	-6.6
Norway/Norvège *													
Mobile s./S. mobiles	148	189	201	203	189	182	179	181	172	177	169	171	-9.8
Road/Routier	57	74	81	86	86	85	82	78	78	81	74	73	-0.4
Other/Autres	90	115	120	117	103	97	97	102	94	96	95	97	-15.8
Stationary s./S. fixes	44	40	41	45	46	47	48	44	44	48	53	52	28.4
Power st./C. éléctr.	..	0	1	1	1	1	1	1	1	1	1	1	163.8
Combustion	35	15	17	17	16	13	14	13	12	14	15	14	-4.7
Industrial/Industrielle	..	12	13	13	13	10	11	10	10	12	13	12	-1.5
Other/Autres	..	3	4	4	3	3	3	2	2	2	3	2	-17.3
Ind. proc./Proc. ind.	9	12	10	10	11	11	10	8	7	8	9	8	-27.5
Miscellaneous/Divers	..	14	13	16	19	22	23	23	23	25	28	28	107.6
Total	192	229	242	248	235	229	227	225	216	225	222	222	-3.1
Poland/Pologne													
Mobile s./S. mobiles	..	460	460	360	490	480	480	395	400	420	420	..	-8.7
Road/Routier	..	..	..	..	..	..	..	..	..	..	..	..	..
Other/Autres	..	..	..	..	..	..	..	..	..	..	..	..	..
Stationary s./S. fixes	..	1040	1050	1170	1060	1000	800	810	730	700	685	..	-34.1
Power st./C. éléctr.	..	..	..	..	..	..	..	..	..	..	..	..	..
Combustion	..	..	..	..	..	..	..	..	..	..	..	..	..
Industrial/Industrielle	..	..	..	..	..	..	..	..	..	..	..	..	..
Other/Autres	..	..	..	..	..	..	..	..	..	..	..	..	..
Ind. proc./Proc. ind.	..	..	..	..	..	..	..	..	..	..	..	..	..
Miscellaneous/Divers	..	..	..	..	..	..	..	..	..	..	..	..	..
Total	1229	1500	1510	1530	1550	1480	1280	1205	1130	1120	1105	1120	-25.3
Portugal *													
Mobile s./S. mobiles	106	57	62	71	77	..	133	142	149	152	157	..	..
Road/Routier	75	..	..	..	..	..	109	118	125	127	130	..	..
Other/Autres	31	..	..	..	..	..	24	24	24	25	27	..	..
Stationary s./S. fixes	59	39	48	45	45	..	84	87	96	86	99	..	..
Power st./C. éléctr.	19	14	21	16	16	..	50	53	62	52	64	..	..
Combustion	13	13	14	16	15	..	30	29	29	29	30	..	..
Industrial/Industrielle	13	13	14	16	15	..	27	26	26	26	26	..	..
Other/Autres	..	..	..	..	..	..	3	3	3	3	4	..	..
Ind. proc./Proc. ind.	27	12	13	13	15	..	4	5	5	5	5	..	..
Miscellaneous/Divers	..	..	..	..	..	..	..	..	..	..	..	..	..
Total	165	96	110	116	122	..	217	229	245	238	256	..	..
Spain/Espagne *													
Mobile s./S. mobiles	..	..	..	..	..	..	724	750	769	754	..	..	..
Road/Routier	407	454	484	521	577	..	513	524	539	528	..	..	16.3
Other/Autres	..	..	..	..	..	..	211	226	230	226	..	..	..
Stationary s./S. fixes	..	395	..	..	..	..	452	476	481	469	..	..	18.8
Power st./C. éléctr.	258	258	253	253	..	..	231	242	258	253	..	..	..
Combustion	..	56	..	..	..	..	195	206	197	189	..	..	..
Industrial/Industrielle	..	40	..	..	..	..	174	184	174	167	..	..	..
Other/Autres	12	16	17	18	18	..	21	22	23	22	..	..	..
Ind. proc./Proc. ind.	..	81	80	83	..	..	14	14	12	10	..	..	..
Miscellaneous/Divers	..	..	..	..	..	..	12	14	14	16	..	..	..
Total	945	849	..	..	..	..	1176	1226	1250	1223	..	..	..

AIR 2.2B

EMISSIONS OF NOx (a), by source, 1980-1995
ÉMISSIONS DE NOx (a), par source, 1980-1995

	Total emissions / émissions totales (1000 tonnes)												Change since 85/ Evolution depuis 85
	1980	1985	1986	1987	1988	1989	1990	1991	1992	1993	1994	1995	(b). (%)
Sweden/Suède													
Mobile s./S. mobiles	313	..	..	..	..	..	..	..	316	308	303	294	..
Road/Routier	177	..	..	..	..	..	..	..	159	151	146	135	..
Other/Autres	136	..	..	..	..	..	..	..	157	157	157	158	..
Stationary s./S. fixes	135	..	..	..	..	..	..	..	68	70	69	68	..
Power st./C. éléctr.	26	..	..	..	..	..	..	..	14	14	14	12	..
Combustion	70	..	..	..	..	..	..	..	42	45	45	48	..
Industrial/Industrielle	42	..	..	..	..	..	..	..	18	19	18	20	..
Other/Autres	28	..	..	..	..	..	..	..	12	11	10	9	..
Ind. proc./Proc. ind.	38	..	..	..	..	..	..	..	24	26	27	28	..
Miscellaneous/Divers	..	..	..	..	..	..	..	..	..	..	..	..	..
Total	448	..	..	..	..	..	..	..	384	378	372	362	..
Switzerland/Suisse													
Mobile s./S. mobiles	125	135	..	..	..	..	122	117	113	108	104	98	-27.4
Road/Routier	109	116	..	..	..	..	100	94	89	84	80	74	-36.3
Other/Autres	16	19	..	..	..	..	23	23	24	24	24	24	25.9
Stationary s./S. fixes	45	44	..	..	..	..	44	43	41	38	36	37	-14.0
Power st./C. éléctr.	0	0	..	..	..	..	1	1	2	1	1	2	433.3
Combustion	36	35	..	..	..	..	33	32	29	27	26	26	-23.7
Industrial/Industrielle	22	19	..	..	..	..	16	16	14	13	12	12	-34.6
Other/Autres	14	16	..	..	..	..	16	16	16	15	14	14	-10.8
Ind. proc./Proc. ind.	2	1	..	..	..	..	1	1	0	0	0	0	-71.4
Miscellaneous/Divers	7	7	..	..	..	..	10	10	9	9	9	9	25.0
Total	170	179	176	174	171	169	166	161	153	145	140	136	-24.0
UK/Royaume-Uni													
Mobile s./S. mobiles	1159	1316	1365	1475	1567	1671	1644	1646	1582	1495	1418	1335	1.4
Road/Routier	854	1023	1081	1199	1287	1374	1350	1349	1286	1209	1139	1062	3.8
Other/Autres	305	293	284	276	280	297	294	297	296	286	279	273	-6.8
Stationary s./S. fixes	1257	1138	1170	1186	1177	1250	1252	1157	1133	1050	1001	958	-15.8
Power st./C. éléctr.	747	659	686	703	685	773	781	680	669	579	527	496	-24.7
Combustion	436	382	385	379	389	372	365	370	357	356	353	341	-10.7
Industrial/Industrielle	330	273	273	272	284	273	266	262	252	249	250	240	-12.1
Other/Autres	106	109	112	107	105	99	99	108	105	107	103	101	-7.3
Ind. proc./Proc. ind.	11	13	13	13	9	9	8	7	6	5	5	2	-84.6
Miscellaneous/Divers	63	84	86	91	94	96	98	100	101	110	116	119	41.7
Total	2416	2454	2535	2659	2744	2919	2897	2801	2716	2546	2420	2293	-6.6
Slovak Rep./R. Slov.													
Mobile s./S. mobiles	..	..	..	..	..	..	68	..	55	53	53	..	..
Road/Routier	..	..	..	..	..	..	56	..	46	46	47	..	..
Other/Autres	..	..	..	..	..	..	12	..	9	6	5	..	..
Stationary s./S. fixes	..	..	..	..	..	..	159	..	137	131	120	..	..
Power st./C. éléctr.	..	..	..	..	..	..	55	..	..	59	50	..	..
Combustion	..	..	..	..	..	..	66	..	..	49	67	..	..
Industrial/Industrielle	..	..	..	..	..	..	54	..	..	39	58	..	..
Other/Autres	..	..	..	..	..	..	12	..	..	9	9	..	..
Ind. proc./Proc. ind.	..	..	..	..	..	..	14	..	..	20	..	..	..
Miscellaneous/Divers	..	..	..	..	..	..	6	..	..	4	3	..	..
Total	..	197	..	197	..	227	227	212	192	184	173	..	-12.2

Notes: see next page / voir page suivante.

2.2B   AIR

Notes: (Table 2.2B)

- a) Data refer to man-made emissions only.
- b) Refers to percentage change with respect to the latest available year. Data before 1993 were not taken into account.
- JPN) Industrial fuel combustion includes ind. processes. 1990 data are provisional.
- KOR) NO2 only. Break in time series in 1990 due to a change in the emission coefficient of industrial fuel combustion.
- AUS) Data are from Australia's National Greenhouse Gas Inventory. 1988-93 data for fuel combustion include power stations. Miscellaneous: includes emissions from control burning of savannahs which amounted to 788.8 kt/y in 1994.
- AUT) Break in time series in 1992. 1992-93 data for industrial fuel combustion include industrial processes. 1980 miscellaneous: Secretariat estimate.
- BEL) 1980-89 and 1991-93 data are from UNECE.
- CZE) Mobile sources: the estimation methodology changed in 1994. Emissions from mobile sources refer to transport only.
- DNK) The Danish inventory is based on diesel and gasoline sales in Denmark. 1995 data are estimates based on CORINAIR method.
- FIN) Emissions from international aviation and marine bunkers are excluded. Break in time series in 1992, which concerns mostly the disaggregation; series for total emissions is fairly reliable.
- FRA) 1993-94 data are provisional. Change in estimation methodology in 1990. Total emissions before 1990: Some agriculture related emissions are excluded, e.g. from fertiliser and slurry, which are estimated at 700kt/y. Before 1990 industrial fuel combustion includes agriculture. Miscellaneous: data previous to 1990 refer to emissions from energy transformation; data after 1990 refer to extraction and distribution of fossil fuels and to treatment and disposal of waste.
- DEU) 1993-94 data are provisional.
- wDEU) 1993-94 data are provisional.
- GRC) Miscellaneous data include waste and nature.
- HUN) 1995 data are provisional.
- ISL) 1985-95: calculated in accordance with IPCC 1993 methodology. 1980 data for industrial fuel combustion include industrial processes.
- IRL) Emissions from industrial processes are not included.
- ITA) Break in time series in 1985 due to a change in estimation methodology. Before 1985, industrial processes are excluded.
- LUX) 1990-95 data are from UNECE.
- NLD) Estimation methodology changed in 1992/93.
- NOR) Ocean transport and national aircraft abroad are excluded. Before 1985 data for fuel combustion include power stations and miscellaneous sources.
- PRT) Break in time series in 1990. Before 1990 emissions from other mobile sources refer to air transport only.
- ESP) 1980 figure for total emissions is a Secretariat estimate. Break in time series in 1985 and 1990 (CORINAIR 85 and 90).

Source: OECD/OCDE

Notes: (Tableau 2.2B)

- a) Les données se réfèrent aux émissions anthropiques uniquement.
- b) Les données se réfèrent aux variations en pourcentage selon la dernière année disponible. Les données antérieures à 1993 n'ont pas été considérées.
- JPN) Les données relatives à la combustion industrielle incluent les procédés industriels. Les données 1990 sont provisoires.
- KOR) NO, seulement. Rupture de série en 1990 due au changement de coefficient des émissions de la combustion industrielle.
- AUS) Les données proviennent de l'inventaire national australien des gaz à effet de serre. Combustion: Les données 1988-93 incluent les émissions des centrales électriques. Divers: les données incluent les émissions du brûlage contrôlé des savanes estimées à 788.8 kt/an en 1994.
- AUT) Rupture de série en 1992. Les chiffres 1992-93 pour la combustion industrielle incluent les procédés industriels. 1980 divers: estimations du Secrétariat.
- BEL) Les données 1980-89 et 1991-93 proviennent de la CEE-NU.
- CZE) Sources mobiles: la méthode d'estimation a été changée en 1994. Sources mobiles: concernent les transports seulement.
- DNK) L'inventaire danois est fondé sur les ventes de diesel et d'essence au Danemark. Les données 1995 sont des estimations fondées sur la méthode CORINAIR.
- FIN) Les émissions de l'aviation internationale et des soutages maritimes sont exclues. Rupture de série en 1992 qui concerne principalement la désagrégation. Les séries pour les émissions totales sont assez fiables.
- FRA) Les données 1993-94 sont provisoires. La méthode d'estimation a été changée en 1990. Avant 1990: les émissions totales excluent certaines émissions à caractère agricole (e.g. engrais, lisier, etc.) estimées à 700 kt/an. Avant 1990: la combustion industrielle inclut l'agriculture. Divers: avant 1990 les données concernent les émissions dues à la transformation d'énergie; à partir de 1990 les données se réfèrent à l'extraction et à la distribution des combustibles fossiles, au traitement et à l'élimination des déchets.
- DEU) Les données 1993-94 sont provisoires.
- wDEU) Les données 1993-94 sont provisoires.
- GRC) Divers: inclut les émissions naturelles et celles des déchets.
- HUN) Les données 1995 sont provisoires.
- ISL) 1985-95: calculé selon la méthode d'estimation IPCC 1993. 1980: les données relatives à la combustion industrielle incluent les procédés industriels.
- IRL) Les procédés industriels sont exclus.
- ITA) Rupture de série en 1985 due à un changement de méthode d'estimation. Avant 1985, les procédés industriels sont exclus.
- LUX) Les données 1990-95 proviennent de la CEE-NU.
- NLD) Changement de la méthode d'estimation en 1992/93.
- NOR) Les transports en mer et les avions nationaux à l'étranger sont exclus. Combustion: les données 1980-84 incluent les émissions des centrales électriques et des sources diverses.
- PRT) Rupture de série en 1990. Avant 1990: les données relatives aux autres sources mobiles concernent les transports aériens seulement.
- ESP) Le chiffre 1980 pour les émissions totales est une estimation du Secrétariat. Rupture de série en 1985 et 1990 (CORINAIR 85 et 90).

AIR   2.2C

EMISSIONS OF PARTICULATES (a), by source, 1980-1995
ÉMISSIONS DE PARTICULES (a), par source, 1980-1995

	\multicolumn{12}{c}{Total emissions / émissions totales (1000 tonnes)}	Change since 85/ Evolution depuis 85
	1980	1985	1986	1987	1988	1989	1990	1991	1992	1993	1994	1995	(b) (%)
Canada													
Mobile s./S. mobiles	98	117	116	123	130	131	133	133	137	139	142	..	21.4
Road/Routier	..	76	..	..	..	..	81	..	..	..	..	..	..
Other/Autres	..	35	..	..	..	..	37	..	..	..	..	..	..
Stationary s./S. fixes	1809	1326	1298	1375	1402	1427	1408	1371	1376	1434	1508	..	13.7
Power st./C. éléctr.	148	100	..	..	..	..	94	..	..	..	..	..	..
Combustion	163	278	..	..	..	..	..	..	..	..	..	..	..
Industrial/Industrielle	..	114	..	..	..	..	115	..	..	..	..	..	..
Other/Autres	..	163	..	..	..	..	188	..	..	..	..	..	..
Ind. proc./Proc. ind.	1216	910	..	..	..	..	1004	..	..	..	..	..	..
Miscellaneous/Divers	282	312	..	..	..	..	335	..	..	..	..	..	..
Total	1907	1443	1414	1498	1532	1558	1541	1504	1513	1573	1650	..	14.3
USA/Etats-Unis *													
Mobile s./S. mobiles	659	663	661	644	686	671	662	650	655	649	664	633	-4.6
Road/Routier	360	329	323	327	335	333	324	317	311	291	291	276	-16.2
Other/Autres	298	334	338	317	351	338	338	333	344	358	373	357	6.9
Stationary s./S. fixes	5271	2774	2666	2573	2642	2623	2328	2312	2355	2309	2320	2220	-20.0
Power st./C. éléctr.	797	257	261	258	253	248	256	225	224	243	237	234	-9.2
Combustion	1421	1139	1028	953	1003	1009	721	753	783	703	697	587	-48.5
Industrial/Industrielle	616	224	221	217	221	220	219	214	215	213	216	217	-3.1
Other/Autres	805	915	806	737	782	788	502	539	568	490	481	370	-59.6
Ind. proc./Proc. ind.	2498	557	555	544	556	550	545	528	537	548	565	572	2.6
Miscellaneous/Divers	554	820	822	818	830	816	806	806	810	815	821	828	0.9
Total	5929	3437	3327	3217	3328	3294	2990	2962	3010	2958	2984	2853	-17.0
Japan/Japon *													
Mobile s./S. mobiles	..	..	..	..	..	..	..	..	..	..	..	..	..
Road/Routier	..	..	52	..	..	69	..	..	..	..	..	..	..
Other/Autres	..	..	..	..	..	..	..	..	..	..	..	..	..
Stationary s./S. fixes	..	..	100	..	..	108	..	..	..	..	..	..	..
Power st./C. éléctr.	..	..	13	..	..	14	..	..	..	..	..	..	..
Combustion	..	..	73	..	..	81	..	..	..	..	..	..	..
Industrial/Industrielle	..	..	67	..	..	77	..	..	..	..	..	..	..
Other/Autres	..	..	6	..	..	4	..	..	..	..	..	..	..
Ind. proc./Proc. ind.	..	..	..	..	..	..	..	..	..	..	..	..	..
Miscellaneous/Divers	..	..	14	..	..	13	..	..	..	..	..	..	..
Total	..	..	152	..	..	177	..	..	..	..	..	..	..
Korea/Corée													
Mobile s./S. mobiles	..	21	23	29	32	36	77	79	101	94	100	98	366.7
Road/Routier	..	..	..	..	..	..	67	71	87	77	80	83	..
Other/Autres	..	..	..	..	..	..	10	8	14	17	20	15	..
Stationary s./S. fixes	..	321	318	323	356	350	343	352	291	296	328	308	-4.0
Power st./C. éléctr.	..	108	107	100	108	108	67	106	107	133	165	138	27.8
Combustion	..	213	211	223	248	242	276	246	184	163	163	170	-20.2
Industrial/Industrielle	..	92	85	99	127	136	175	162	168	148	151	158	71.7
Other/Autres	..	121	126	124	121	106	101	84	16	15	12	12	-90.1
Ind. proc./Proc. ind.	..	..	..	..	..	..	..	..	..	..	..	..	..
Miscellaneous/Divers	..	..	..	..	..	..	..	..	..	..	..	..	..
Total	..	342	341	352	388	386	420	431	392	390	428	406	18.7
Austria/Autriche													
Mobile s./S. mobiles	..	..	..	..	..	..	..	..	..	..	..	..	..
Road/Routier	12	12	12	12	12	13	13	13	..	..	..	..	..
Other/Autres	..	..	..	..	..	..	..	..	..	..	..	..	..
Stationary s./S. fixes	67	46	30	33	28	26	26	25	..	..	..	..	..
Power st./C. éléctr.	10	8	2	2	2	..	2	..	..	..	..	..	..
Combustion	29	33	17	17	15	..	15	..	..	..	..	..	..
Industrial/Industrielle	12	..	6	6	5	..	4	..	..	..	..	..	..
Other/Autres	17	..	11	11	10	..	11	..	..	..	..	..	..
Ind. proc./Proc. ind.	24	..	11	11	10	..	9	..	..	..	..	..	..
Miscellaneous/Divers	..	..	..	..	..	..	..	..	..	..	..	..	..
Total	79	58	42	45	40	39	39	38	..	..	..	..	..
Belgium/Belgique													
Mobile s./S. mobiles	..	..	..	..	..	..	..	..	..	..	..	..	..
Road/Routier	..	..	..	..	..	..	3	..	..	..	8	..	..
Other/Autres	..	..	..	..	..	..	..	..	..	..	..	..	..
Stationary s./S. fixes	..	..	..	..	..	..	21	..	..	..	19	..	..
Power st./C. éléctr.	..	..	..	..	..	..	7	..	..	..	4	..	..
Combustion	..	..	..	..	..	..	8	..	..	..	9	..	..
Industrial/Industrielle	..	..	..	..	..	..	3	..	..	..	5	..	..
Other/Autres	..	..	..	..	..	..	5	..	..	..	4	..	..
Ind. proc./Proc. ind.	..	..	..	..	..	..	5	..	..	..	6	..	..
Miscellaneous/Divers	..	..	..	..	..	..	1	..	..	..	..	..	..
Total	..	..	..	..	..	..	24	..	..	..	27	..	..

2.2C AIR

EMISSIONS OF PARTICULATES (a), by source, 1980-1995
ÉMISSIONS DE PARTICULES (a), par source, 1980-1995

	1980	1985	1986	1987	1988	1989	1990	1991	1992	1993	1994	1995	Change since 85/ Evolution depuis 85 (b) (%)
Czech R./R. Tchèque *													
Mobile s./S. mobiles	..	..	..	..	..	..	8	8	8	8	8	7	..
Road/Routier	..	..	..	..	..	..	7	7	7	7	7	6	..
Other/Autres	..	..	..	..	..	..	1	1	1	1	1	1	..
Stationary s./S. fixes	..	..	..	..	..	..	623	584	493	437	357	194	..
Total	1267	1015	988	951	840	673	631	592	501	441	365	201	-80.2
Denmark/Danemark *													
Mobile s./S. mobiles	3	4	4	4	..	..	..	..	..	..	14	..	..
Road/Routier	..	..	..	..	..	..	5	..	5	5	5	..	..
Other/Autres	..	..	..	..	..	..	..	..	..	..	9	..	..
Stationary s./S. fixes	..	..	..	..	..	..	..	..	..	..	..	..	..
Total	..	..	..	..	..	..	..	..	..	..	..	..	..
Finland/Finlande *													
Mobile s./S. mobiles	13	15	15	15	16	16	16	15	15	14	13	13	-13.3
Road/Routier	9	11	11	11	12	12	12	11	11	10	9	9	-18.2
Other/Autres	4	4	4	4	4	4	4	4	4	4	4	4	-
Stationary s./S. fixes	..	67	65	61	60	61	60	57	46	42	40	36	-46.3
Power st./C. éléctr.	..	..	..	..	..	..	..	..	5	5	5	4	..
Combustion	..	..	..	..	..	..	..	..	28	26	23	21	..
Industrial/Industrielle	..	..	..	..	..	..	..	..	..	..	..	..	..
Other/Autres	..	..	..	..	..	..	..	..	13	11	12	11	..
Ind. proc./Proc. ind.	..	4	4	4	3	3	3	3	..	..	..	..	..
Miscellaneous/Divers	..	..	..	..	..	..	..	..	..	..	..	..	..
Total	..	82	80	76	76	77	76	72	61	56	53	49	-40.2
France *													
Mobile s./S. mobiles	..	..	..	..	..	..	..	..	..	..	..	..	..
Road/Routier	40	46	51	57	64	67	73	77	81	89	93	..	102.2
Other/Autres	..	..	..	..	..	..	..	..	..	..	..	..	..
Stationary s./S. fixes	396	250	220	203	189	174	161	158	144	124	118	..	-52.8
Power st./C. éléctr.	105	50	34	23	18	21	14	18	15	9	9	..	-82.0
Combustion	64	42	40	37	32	29	22	23	21	19	17	..	-59.5
Industrial/Industrielle	39	23	21	20	16	15	11	11	11	9	9	..	-60.9
Other/Autres	25	19	19	17	16	14	11	12	10	10	8	..	-57.9
Ind. proc./Proc. ind.	214	149	137	134	130	122	122	114	105	93	89	..	-40.3
Miscellaneous/Divers	13	9	9	9	9	2	3	3	3	3	3	..	-66.7
Total	436	296	271	260	253	240	234	236	225	212	211	..	-28.7
Germany/Allemagne *													
Mobile s./S. mobiles	..	..	..	..	..	..	69	69	66	64	64	..	..
Road/Routier	..	..	..	..	..	..	41	44	44	42	42	..	..
Other/Autres	..	..	..	..	..	..	28	25	22	22	22	..	..
Stationary s./S. fixes	..	..	..	..	..	..	1955	1088	754	723	691	..	..
Power st./C. éléctr.	..	..	..	..	..	..	477	317	203	182	173	..	..
Combustion	..	..	..	..	..	..	766	360	221	213	195	..	..
Industrial/Industrielle	..	..	..	..	..	..	447	186	102	88	81	..	..
Other/Autres	..	..	..	..	..	..	319	174	119	125	114	..	..
Ind. proc./Proc. ind.	..	..	..	..	..	..	431	151	130	130	130	..	..
Miscellaneous/Divers	..	..	..	..	..	..	281	260	200	198	193	..	..
Total	..	..	..	..	..	..	2024	1157	820	787	755	..	..
w. Germany/All. occ. *													
Mobile s./S. mobiles	45	48	50	51	50	50	50	52	51	49	49	..	2.1
Road/Routier	30	34	36	37	36	36	35	38	37	35	35	..	2.9
Other/Autres	15	14	14	14	14	14	15	14	14	14	14	..	-
Stationary s./S. fixes	628	490	445	415	394	363	352	348	330	330	331	..	-32.4
Power st./C. éléctr.	128	89	65	55	42	23	23	24	24	24	25	..	-71.9
Combustion	104	81	75	69	58	46	43	45	43	43	43	..	-46.9
Industrial/Industrielle	40	31	29	28	23	15	13	13	12	11	12	..	-61.3
Other/Autres	64	50	46	41	35	31	30	32	31	32	31	..	-38.0
Ind. proc./Proc. ind.	222	156	144	130	133	133	125	119	110	110	110	..	-29.5
Miscellaneous/Divers	174	164	161	161	161	161	161	160	153	153	153	..	-6.7
Total	673	538	495	466	444	413	402	400	381	379	380	..	-29.4
Hungary/Hongrie *													
Mobile s./S. mobiles	19	11	6	6	12	6	6	11	10	12	13	12	11.1
Road/Routier	..	..	..	..	..	..	..	..	..	12	12	11	..
Other/Autres	..	..	..	..	..	..	..	..	..	0	1	1	..
Stationary s./S. fixes	566	481	458	406	396	270	199	187	150	145	143	137	-71.5
Power st./C. éléctr.	232	131	123	87	86	44	34	24	23	21	21	21	-84.0
Combustion	51	45	43	43	39	36	28	24	19	19	20	19	-57.6
Industrial/Industrielle	44	36	35	34	32	27	20	17	14	12	14	12	-66.9
Other/Autres	7	9	8	8	7	9	8	7	5	6	6	7	-17.6
Ind. proc./Proc. ind.	195	197	198	180	173	100	51	60	52	50	48	47	-76.1
Miscellaneous/Divers	88	108	94	96	98	90	86	80	56	55	55	50	-53.8
Total	586	492	464	412	408	276	205	198	160	157	155	149	-69.7

AIR 2.2C

EMISSIONS OF PARTICULATES (a), by source, 1980-1995
ÉMISSIONS DE PARTICULES (a), par source, 1980-1995

	Total emissions / émissions totales (1000 tonnes)												Change since 85/ Evolution depuis 85
	1980	1985	1986	1987	1988	1989	1990	1991	1992	1993	1994	1995	(b) (%)
Ireland/Irlande													
Mobile s./S. mobiles	8	10	9	9	9	..	10	..	..	..	..	..	..
Road/Routier	..	..	..	..	..	..	..	..	..	..	..	..	..
Other/Autres	..	..	..	..	..	..	..	..	..	..	..	..	..
Stationary s./S. fixes	86	107	93	97	91	..	95	..	..	..	..	..	..
Power st./C. éléctr.	11	12	..	13	..	..	..	..	..	..	..	..	..
Combustion	75	95	..	85	..	..	..	..	..	..	..	..	..
Industrial/Industrielle	2	1	1	1	1	..	3	..	..	..	..	..	..
Other/Autres	73	94	82	83	77	..	80	..	..	..	..	..	..
Ind. proc./Proc. ind.	..	..	..	..	..	..	..	..	..	..	..	..	..
Miscellaneous/Divers	..	..	..	..	..	..	..	..	..	..	..	..	..
Total	94	117	102	106	100	..	105	..	..	..	..	..	..
Italy/Italie *													
Mobile s./S. mobiles	170	147	162	172	185	199	199	..	..	..	..	..	..
Road/Routier	..	144	159	169	182	196	196	..	..	..	..	..	..
Other/Autres	..	3	3	3	3	3	3	..	..	..	..	..	..
Stationary s./S. fixes	263	298	278	296	306	302	302	..	..	..	..	..	..
Power st./C. éléctr.	63	60	55	62	67	58	58	..	..	..	..	..	..
Combustion	..	21	21	19	19	17	17	..	..	..	..	..	..
Industrial/Industrielle	..	9	7	7	7	7	7	..	..	..	..	..	..
Other/Autres	..	12	13	12	12	10	10	..	..	..	..	..	..
Ind. proc./Proc. ind.	..	177	175	180	182	191	191	..	..	..	..	..	..
Miscellaneous/Divers	..	40	27	35	38	36	36	..	..	..	..	..	..
Total	433	445	440	468	491	501	501	..	..	..	..	..	..
Netherl./Pays-Bas *													
Mobile s./S. mobiles	7	6	6	6	6	6	6	6	6	6	6	6	-1.7
Road/Routier	5	4	4	4	4	4	4	4	4	4	4	4	-4.7
Other/Autres	2	2	2	2	2	2	2	2	2	2	2	2	12.5
Stationary s./S. fixes	..	..	..	..	..	..	..	..	..	..	32	30	..
Power st./C. éléctr.	..	..	..	..	..	..	..	..	..	..	1	1	..
Combustion	..	..	..	..	..	..	..	..	..	..	17	15	..
Industrial/Industrielle	..	..	..	..	..	..	..	..	..	..	9	7	..
Other/Autres	..	..	..	..	..	..	..	..	..	..	8	8	..
Ind. proc./Proc. ind.	..	..	..	..	..	..	..	..	..	..	12	11	..
Miscellaneous/Divers	..	..	..	..	..	..	..	..	..	..	2	2	..
Total	..	..	..	..	..	..	..	..	..	..	37	36	..
Norway/Norvège *													
Mobile s./S. mobiles	5	8	9	9	7	7	7	7	7	7	7	7	-8.4
Road/Routier	3	3	4	4	4	4	4	4	4	5	4	4	21.9
Other/Autres	3	4	5	5	3	3	3	3	3	3	3	3	-32.6
Stationary s./S. fixes	19	13	14	14	13	14	15	14	13	16	18	18	34.8
Power st./C. éléctr.	..	..	..	0	0	0	0	0	0	0	0	0	..
Combustion	19	13	14	14	13	14	15	13	13	15	18	18	33.2
Industrial/Industrielle	..	1	1	1	1	2	2	2	2	2	2	2	61.8
Other/Autres	..	12	13	13	12	12	13	12	11	14	16	16	30.8
Ind. proc./Proc. ind.	..	..	..	..	..	..	..	..	..	..	..	..	..
Miscellaneous/Divers	..	..	..	..	0	..	-	-	-	-	0	0	..
Total	24	21	22	22	21	21	22	20	20	23	25	25	19.3
Poland/Pologne *													
Mobile s./S. mobiles	..	..	..	..	..	..	..	27	28	27	28	29	..
Road/Routier	..	..	..	..	..	..	..	..	..	..	..	..	..
Other/Autres	..	..	..	..	..	..	..	..	..	..	..	..	..
Stationary s./S. fixes	..	..	..	..	2650	2400	1950	1680	1580	1495	1395	1308	..
Power st./C. éléctr.	..	..	..	..	780	740	570	470	420	345	260	193	..
Combustion	..	..	..	..	..	..	..	..	..	..	..	..	..
Industrial/Industrielle	..	..	..	..	1220	1130	860	690	640	630	625	625	..
Other/Autres	..	..	..	..	..	..	..	..	..	..	..	..	..
Ind. proc./Proc. ind.	..	..	..	..	..	..	..	..	..	..	..	..	..
Miscellaneous/Divers	..	..	..	..	650	530	520	520	520	520	490	490	..
Total	..	..	..	..	..	..	..	1707	1608	1522	1423	1337	..
Switzerland/Suisse													
Mobile s./S. mobiles	6	5	..	..	..	..	5	5	5	5	5	5	-7.1
Road/Routier	3	3	..	..	..	..	3	3	2	2	2	2	-22.4
Other/Autres	2	3	..	..	..	..	3	3	3	3	3	3	10.8
Stationary s./S. fixes	31	23	..	..	..	..	19	18	17	16	15	14	-36.6
Power st./C. éléctr.	-	-	..	..	..	..	0.1	0.1	0.2	-	-	0.1	..
Combustion	8	7	..	..	..	..	4	4	3	3	3	3	-48.6
Industrial/Industrielle	5	4	..	..	..	..	3	2	2	2	2	2	-39.7
Other/Autres	4	3	..	..	..	..	1	1	1	1	1	1	-59.7
Ind. proc./Proc. ind.	15	10	..	..	..	..	9	9	8	8	7	7	-28.1
Miscellaneous/Divers	8	6	..	..	..	..	6	6	5	5	4	4	-38.8
Total	37	28	..	..	..	..	24	23	22	21	20	19	-30.5

2.2C AIR

EMISSIONS OF PARTICULATES (a), by source, 1980-1995
ÉMISSIONS DE PARTICULES (a), par source, 1980-1995

	Total emissions / émissions totales (1000 tonnes)												Change since 85/ Evolution depuis 85
	1980	1985	1986	1987	1988	1989	1990	1991	1992	1993	1994	1995	(b) (%)
UK/Royaume-Uni *													
Mobile s./S. mobiles	62	61	..	..	..	..	74	75	73	71	70	66	8.9
Road/Routier	53	56	..	..	..	..	67	68	66	64	63	59	6.1
Other/Autres	9	5	..	..	..	..	7	7	7	7	7	7	40.0
Stationary s./S. fixes	280	241	..	..	..	..	195	196	190	192	178	167	-30.7
Power st./C. éléctr.	58	42	..	..	..	..	39	39	39	40	36	34	-19.0
Combustion	158	135	..	..	..	..	93	94	88	89	79	70	-48.1
Industrial/Industrielle	60	45	..	..	..	..	46	46	44	45	44	42	-6.4
Other/Autres	98	90	..	..	..	..	47	48	44	44	35	28	-68.9
Ind. proc./Proc. ind.	63	63	..	..	..	..	63	63	63	63	63	63	-
Miscellaneous/Divers	1	1	..	..	..	..	..	..	..	..	..	..	..
Total	342	301	..	..	..	..	269	271	263	263	248	234	-22.4
Slovak Rep./R. Slov.													
Mobile s./S. mobiles	..	..	..	..	..	..	..	..	..	..	..	..	..
Road/Routier	..	..	..	..	..	..	..	..	..	3	3	3	..
Other/Autres	..	..	..	..	..	..	..	..	..	..	..	..	..
Stationary s./S. fixes	..	347	356	352	308	320	299	229	177	143	87	..	-74.9
Total	..	..	..	..	..	..	..	..	..	..	..	..	..

Notes:
a) Data refer to man-made emissions only.
b) Refers to percentage change with respect to the latest available year. Data before 1993 were not taken into account.
USA) Data refer to PM10. Emissions from fugitive dust, prescribed burning and other fires are excluded (these emissions amounted to 37 328 kt/y in 1995).
JPN) Emissions from industrial processes and from mobile sources other than road transport are excluded.
CZE) Mobile sources: 1990-93 data include emissions from special mobile sources used in agriculture, forestry and the building industry; after 1994 data refer to the transport sector only. Stationary sources: emissions from small combustion sources are updated every 5 years; the drop in the series in 1995 reflects gradual changes from those sources over the 5 year period.
DNK) Break in time series in 1990. The Danish inventory is based on diesel and gasoline sales in Denmark.
FIN) Emissions from international aviation and marine bunkers are excluded. The estimation methodology changed in 1992. 1980-91 data for mobile sources are Secretariat estimates. 1992-95 data for fuel combustion include industrial processes.
FRA) Data for stationary sources include agriculture. Total emissions exclude mobile sources other than road transport. 1993-94 data are provisional.
DEU) 1993-94 data are provisional.
wDEU) 1993-94 data are provisional.
HUN) Data refer to PM10. 1995 data are provisional. Data for miscellaneous emissions refer to public heating and public services.
ITA) The methodology for mobile sources changed in 1985. 1980 data for stationary sources and total emissions exclude industrial processes.
NLD) Data have been revised and refer to PM10.
NOR) Data refer to PM10. Ocean transport and national aircraft abroad are excluded. Before 1985 fuel combustion includes emissions from power stations and miscellaneous sources.
POL) Mobile sources exclude marine shipping. Data for industrial fuel combustion include industrial processes.
UKD) Data refer to PM10.

Source: OECD/OCDE

Notes:
a) Les données se réfèrent aux émissions anthropiques uniquement.
b) Les données se réfèrent aux variations en pourcentage selon la dernière année disponible. Les données antérieures à 1993 n'ont pas été considérées.
USA) Les données se réfèrent aux particules de diamètre inférieur à 10 microns. Les émissions de "fugitive dust", brûlage contrôlé et autres feux sont exclues (elles s'élevaient à 37 328 kt/an en 1995).
JPN) Sources mobiles concernant les transports routiers uniquement. Les émissions des procédés industriels sont exclues.
CZE) Sources mobiles: les données 1990-93 incluent les émissions des sources mobiles spéciales de l'agriculture, la sylviculture et l'industrie du bâtiment; après 1994 les données se réfèrent aux transports uniquement. Sources stationnaires: les émissions des petites sources de combustion sont mises à jour tous les 5 ans; la baisse des séries en 1995 indique les changements progressifs de ces émissions sur 5 ans.
DNK) Rupture de série en 1990. L'inventaire danois est fondé sur les ventes de diesel et d'essence au Danemark.
FIN) Les émissions de l'aviation internationale et des soutages maritimes sont exclues. Changement de méthode d'estimation en 1992. Les données 1980-91 relatives aux sources mobiles sont des estimations du Secrétariat. Les données 1992-95 relatives à la combustion incluent les procédés industriels.
FRA) Les données relatives aux sources fixes incluent l'agriculture. Les émissions totales excluent les émissions des sources mobiles sauf transports routiers. Les données 1993-94 sont provisoires.
DEU) Les données 1993-94 sont provisoires.
wDEU) Les données 1993-94 sont provisoires.
HUN) Les données se réfèrent aux particules de diamètre inférieur à 10 microns. Les données 1995 sont provisoires. Les données pour les émissions diverses se réfèrent au chauffage urbain et aux services publics.
ITA) La méthodologie pour les sources mobiles a été changée en 1985. Les données 1980 relatives aux sources fixes et émissions totales excluent les émissions des procédés industriels.
NLD) Les données ont été révisées et se réfèrent aux particules de diamètre inférieur à 10 microns.
NOR) Les données se réfèrent aux particules de diamètre inférieur à 10 microns. Les transports en mer et les avions nationaux à l'étranger sont exclus. Combustion: les données 1980-84 incluent les émissions des centrales électriques et des sources diverses.
POL) Les données relatives aux sources mobiles excluent les embarquements maritimes. Les données relatives à la combustion industrielle incluent les procédés industriels.
UKD) Les données se réfèrent aux particules de diamètre inférieur à 10 microns.

AIR 2.2D

EMISSIONS OF CO (a), by source, 1980-1995
ÉMISSIONS DE CO (a), par source, 1980-1995

	Total emissions / émissions totales (1000 tonnes)												Change since 85/ Evolution depuis 85
	1980	1985	1986	1987	1988	1989	1990	1991	1992	1993	1994	1995	(b) (%)
Canada													
Mobile s./S. mobiles	7757	8255	8195	8286	8156	7761	7361	7024	6728	6631	6485	..	-21.4
Road/Routier	..	6527	6485	6550	6403	6008	5647	5353	5008	4931	4787	..	-26.7
Other/Autres	..	1727	1710	1736	1753	1753	1714	1671	1718	1700	1699	..	-1.6
Stationary s./S. fixes	2516	3290	3216	3423	3530	3414	3253	3115	3206	3490	3591	..	9.1
Power st./C. éléctr.	21	53	54	58	63	67	66	68	72	76	78	..	47.2
Combustion	834	773	780	701	748	714	772	748	718	750	742	..	-4.0
Industrial/Industrielle	..	96	100	104	112	110	108	108	108	115	118	..	22.9
Other/Autres	..	677	680	597	636	604	664	640	610	635	624	..	-7.8
Ind. proc./Proc. ind.	608	1186	1108	1195	1273	1208	1079	1072	1096	1191	1209	..	1.9
Miscellaneous/Divers	1053	1279	1274	1469	1447	1425	1336	1227	1320	1472	1562	..	22.1
Total	10273	11545	11411	11709	11686	11175	10612	10137	9930	10119	10075	..	-12.7
USA/Etats-Unis *													
Mobile s./S. mobiles	83742	82640	79226	77458	77639	73092	70308	69560	67821	68467	70299	67356	-18.5
Road/Routier	71561	70206	66540	64638	64484	59921	57025	56314	54304	54615	56094	53184	-24.2
Other/Autres	12181	12434	12686	12820	13154	13171	13283	13246	13518	13852	14204	14172	14.0
Stationary s./S. fixes	13557	14244	13258	12530	13069	13113	10866	11042	11349	10852	10926	10341	-27.4
Power st./C. éléctr.	287	265	264	272	284	290	285	286	284	292	295	294	11.0
Combustion	6797	7434	6584	6042	6404	6461	4308	4573	4797	4201	4136	3298	-55.6
Industrial/Industrielle	664	607	590	589	607	610	614	605	610	607	609	609	0.3
Other/Autres	6132	6826	5994	5453	5797	5851	3694	3968	4187	3594	3527	2689	-60.6
Ind. proc./Proc. ind.	4633	4739	4625	4490	4690	4726	4691	4589	4659	4735	4857	5086	7.3
Miscellaneous/Divers	1840	1806	1785	1725	1691	1637	1581	1594	1608	1624	1638	1663	-7.9
Total	97298	96884	92484	89987	90708	86205	81174	80602	79170	79319	81225	77697	-19.8
Korea/Corée													
Mobile s./S. mobiles	..	272	315	373	455	574	1099	1048	1088	1000	962	959	252.6
Road/Routier	..	..	..	..	..	..	1063	1047	1061	950	911	936	..
Other/Autres	..	..	..	..	..	..	36	1	27	50	51	23	..
Stationary s./S. fixes	..	1089	1134	1106	1079	956	892	712	542	291	194	150	-86.2
Power st./C. éléctr.	..	8	6	5	6	7	8	9	12	14	17	25	212.5
Combustion	..	1081	1127	1101	1073	948	884	703	530	277	177	125	-88.4
Industrial/Industrielle	..	30	29	28	33	36	28	21	22	16	16	17	-43.3
Other/Autres	..	1051	1098	1073	1040	912	856	682	508	261	161	108	-89.7
Ind. proc./Proc. ind.	..	..	..	..	..	..	..	..	..	..	..	..	..
Miscellaneous/Divers	..	..	..	..	..	..	..	..	..	..	..	..	..
Total	..	1361	1149	1479	1534	1530	1991	1760	1630	1291	1156	1109	-18.5
Australia/Australie *													
Mobile s./S. mobiles	..	..	..	..	5440	5163	5199	4620	4113	3944	3522	..	..
Road/Routier	..	..	..	..	..	..	..	..	..	..	..	..	..
Other/Autres	..	..	..	..	..	..	..	..	..	..	..	..	..
Stationary s./S. fixes	..	..	..	..	12990	12914	12906	12836	11934	11939	11523	..	..
Power st./C. éléctr.	..	..	..	..	..	..	..	..	..	..	44	..	..
Combustion	..	..	..	..	798	832	857	868	861	909	888	..	..
Industrial/Industrielle	..	..	..	..	..	..	..	..	..	..	104	..	..
Other/Autres	..	..	..	..	..	..	..	..	..	..	784	..	..
Ind. proc./Proc. ind.	..	..	..	..	..	..	..	..	..	..	..	..	..
Miscellaneous/Divers	..	..	..	..	12192	12082	12049	11968	11073	11030	10591	..	..
Total	..	..	..	..	18431	18076	18105	17456	16048	15882	15045	..	..
Austria/Autriche *													
Mobile s./S. mobiles	754	638	629	575	534	489	444	412	348	294	375	352	-44.9
Road/Routier	754	635	684	572	532	442	..	..	..	292	363	339	-46.6
Other/Autres	..	..	..	..	..	..	..	..	..	2	12	13	..
Stationary s./S. fixes	882	1010	1038	1110	1044	1116	1129	1091	1066	1032	1050	1123	11.2
Power st./C. éléctr.	5	5	5	5	6	4	..	..	8	9	1	1	..
Combustion	..	452	443	581	583	610	..	..	1025	993	506	519	..
Industrial/Industrielle	263	12	12	11	11	10	..	..	220	221	7	7	..
Other/Autres	551	440	431	570	572	600	..	..	805	772	499	512	..
Ind. proc./Proc. ind.	..	49	48	47	40	39	..	..	..	..	538	597	..
Miscellaneous/Divers	63	..	..	..	..	..	..	..	32	30	6	6	..
Total	1636	1648	1667	1685	1578	1605	1573	1503	1414	1326	1425	1475	-10.5
Belgium/Belgique													
Mobile s./S. mobiles	..	..	..	..	..	..	978	..	..	..	971	..	..
Road/Routier	..	..	..	..	..	..	976	..	..	..	966	..	..
Other/Autres	..	..	..	..	..	..	2	..	..	..	4	..	..
Stationary s./S. fixes	..	..	..	..	..	..	147	..	..	..	368	..	..
Power st./C. éléctr.	..	..	..	..	..	..	3	..	..	..	2	..	..
Combustion	..	..	..	..	..	..	112	..	..	..	293	..	..
Industrial/Industrielle	..	..	..	..	..	..	19	..	..	..	194	..	..
Other/Autres	..	..	..	..	..	..	93	..	..	..	99	..	..
Ind. proc./Proc. ind.	..	..	..	..	..	..	17	..	..	..	55	..	..
Miscellaneous/Divers	..	..	..	..	..	..	16	..	..	..	18	..	..
Total	..	..	..	..	..	..	1126	..	..	..	1339	..	..

2.2D AIR

EMISSIONS OF CO (a), by source, 1980-1995
ÉMISSIONS DE CO (a), par source, 1980-1995

	Total emissions / émissions totales (1000 tonnes)												Change since 85/ Evolution depuis 85
	1980	1985	1986	1987	1988	1989	1990	1991	1992	1993	1994	1995	(b) (%)
Czech R/R. Tchèque *													
Mobile s./S. mobiles	..	375	..	..	277	210	288	231	273	254	285	266	-29.1
Road/Routier	..	..	..	..	223	157	267	216	256	238	267	248	..
Other/Autres	..	..	..	..	54	53	21	15	17	16	18	18	..
Stationary s./S. fixes	..	524	..	..	460	674	767	871	772	713	741	608	16.0
Power st./C. éléctr.	..	..	..	..	..	..	25	..	..	18	14	13	..
Combustion	..	..	..	..	..	..	..	..	..	..	723	592	..
Industrial/Industrielle	..	..	..	..	..	..	..	..	..	..	..	..	..
Other/Autres	..	..	..	..	..	..	..	..	..	..	..	..	..
Ind. proc./Proc. ind.	..	..	..	..	..	..	83	81	71	66	4	3	..
Miscellaneous/Divers	..	..	..	..	..	..	..	..	..	..	..	..	..
Total	894	899	740	738	737	884	1055	1102	1045	967	1026	874	-2.8
Denmark/Danemark *													
Mobile s./S. mobiles	504	519	525	521	529	524	549	563	545	519	520	441	-15.1
Road/Routier	476	491	497	493	500	495	521	536	517	491	441	380	..
Other/Autres	28	27	28	28	28	29	28	28	28	28	79	61	..
Stationary s./S. fixes	139	190	195	202	194	186	186	201	206	202	188	214	12.8
Power st./C. éléctr.	3	3	3	3	3	2	3	4	3	3	23	49	..
Combustion	135	185	190	197	190	182	182	195	201	197	163	165	..
Industrial/Industrielle	13	9	9	10	9	7	7	7	7	6	6	3	..
Other/Autres	122	176	181	187	181	175	175	188	194	191	157	162	..
Ind. proc./Proc. ind.	1	1	2	1	1	1	1	2	2	2	2	..	..
Miscellaneous/Divers	..	..	..	..	..	..	..	..	..	..	..	..	..
Total	643	709	719	723	723	710	735	764	751	721	708	655	-7.6
Finland/Finlande *													
Mobile s./S. mobiles	..	..	..	..	..	..	439	..	369	349	331	320	..
Road/Routier	386	382	384	390	400	410	405	373	350	330	314	303	-20.7
Other/Autres	..	..	..	..	..	..	..	..	19	19	17	17	..
Stationary s./S. fixes	..	..	..	..	..	..	120	..	109	108	113	116	..
Power st./C. éléctr.	..	..	..	..	..	..	..	..	4	5	6	7	..
Combustion	..	..	..	..	..	..	..	..	95	93	97	97	..
Industrial/Industrielle	..	..	..	..	..	..	..	..	35	41	40	44	..
Other/Autres	..	..	..	..	..	..	..	..	60	52	57	53	..
Ind. proc./Proc. ind.	..	..	..	..	..	..	..	..	10	10	10	12	..
Miscellaneous/Divers	..	..	..	..	..	..	..	..	..	..	..	..	..
Total	660	..	..	..	..	..	556	..	478	457	444	424	..
France *													
Mobile s./S. mobiles	8100	7400	7200	7100	6900	6700	7324	7218	6826	6304	5734	..	..
Road/Routier	4136	4303	4437	4380	..	..	6812	6709	6318	5796	5236	..	..
Other/Autres	3964	3097	2763	2720	..	..	512	509	508	508	498	..	..
Stationary s./S. fixes	1216	999	956	936	921	975	3412	3367	3387	3303	3274	..	..
Power st./C. éléctr.	21	9	7	6	6	8	21	36	35	33	29	..	..
Combustion	177	146	143	132	125	116	2490	2459	2444	2387	2377	..	..
Industrial/Industrielle	22	13	12	12	10	10	598	557	555	499	517	..	..
Other/Autres	155	133	131	120	115	106	1892	1902	1889	1888	1860	..	..
Ind. proc./Proc. ind.	1015	842	804	796	788	849	668	641	676	651	637	..	..
Miscellaneous/Divers	3	2	2	2	2	2	232	232	233	233	231	..	..
Total	9316	8399	8156	8036	7821	7675	10736	10585	10213	9607	9008	..	..
Germany/Allemagne *													
Mobile s./S. mobiles	..	..	..	..	..	..	6739	5801	5146	4640	4136	..	..
Road/Routier	..	..	..	..	..	..	6487	5593	4962	4457	3953	..	..
Other/Autres	..	..	..	..	..	..	252	208	184	183	183	..	..
Stationary s./S. fixes	..	..	..	..	..	..	4004	3245	2780	2738	2602	..	..
Power st./C. éléctr.	..	..	..	..	..	..	130	121	114	106	105	..	..
Combustion	..	..	..	..	..	..	3163	2456	2051	2021	1889	..	..
Industrial/Industrielle	..	..	..	..	..	..	871	775	745	705	716	..	..
Other/Autres	..	..	..	..	..	..	2292	1681	1306	1316	1173	..	..
Ind. proc./Proc. ind.	..	..	..	..	..	..	684	645	599	597	595	..	..
Miscellaneous/Divers	..	..	..	..	..	..	27	23	16	14	13	..	..
Total	..	..	..	..	..	..	10743	9046	7926	7378	6738	..	..
w. Germany/All. occ. *													
Mobile s./S. mobiles	7812	6392	6502	6378	6103	5723	5388	4786	4293	3932	3509	..	-45.1
Road/Routier	7527	6151	6266	6159	5902	5525	5203	4626	4143	3782	3359	..	-45.4
Other/Autres	285	241	236	219	201	198	185	160	150	150	150	..	-37.8
Stationary s./S. fixes	3194	2583	2419	2234	2181	2153	2038	2090	2017	2024	1992	..	-22.9
Power st./C. éléctr.	44	44	44	44	44	44	45	48	49	49	51	..	15.9
Combustion	2377	1875	1754	1587	1494	1466	1388	1439	1405	1412	1378	..	-26.5
Industrial/Industrielle	1260	863	811	692	725	764	698	687	685	655	670	..	-22.4
Other/Autres	1117	1012	943	895	769	702	690	752	720	757	708	..	-30.0
Ind. proc./Proc. ind.	772	663	620	602	642	643	605	602	562	562	562	..	-15.2
Miscellaneous/Divers	1	1	1	1	1	..	..	1	1	1	1	..	-
Total	11006	8975	8921	8612	8284	7876	7426	6876	6310	5956	5501	..	-38.7

AIR

2.2D

EMISSIONS OF CO (a), by source, 1980-1995
ÉMISSIONS DE CO (a), par source, 1980-1995

	Total emissions / émissions totales (1000 tonnes)												Change since 85/ Evolution depuis 85
	1980	1985	1986	1987	1988	1989	1990	1991	1992	1993	1994	1995	(b) (%)
Hungary/Hongrie *													
Mobile s./S. mobiles	309	270	284	299	308	328	323	487	490	452	437	426	57.7
Road/Routier	..	..	..	..	..	..	..	..	..	448	434	422	..
Other/Autres	..	..	..	..	..	..	..	..	..	3	4	4	..
Stationary s./S. fixes	710	661	669	617	656	559	444	426	346	344	337	313	-52.6
Power st./C. éléctr.	37	32	33	30	32	26	21	20	19	19	18	19	-40.4
Combustion	20	18	17	17	17	15	12	10	9	8	9	8	-54.3
Industrial/Industrielle	18	16	16	15	15	13	11	9	8	7	8	7	-54.8
Other/Autres	2	2	2	2	2	2	1	1	1	1	1	1	-50.0
Ind. proc./Proc. ind.	500	430	450	400	430	355	275	258	250	240	250	230	-46.5
Miscellaneous/Divers	153	182	169	170	177	162	136	138	78	77	60	56	-69.2
Total	1019	931	953	916	964	887	767	913	836	796	774	739	-20.6
Iceland/Islande *													
Mobile s./S. mobiles	29	19	21	23	24	24	24	24	25	25	25	23	17.6
Road/Routier	27	14	15	17	18	18	19	19	19	19	19	17	18.8
Other/Autres	2	5	5	6	6	6	6	6	6	6	6	6	14.1
Stationary s./S. fixes	0	1	1	1	1	1	1	1	1	1	1	1	-60.4
Power st./C. éléctr.	-	-	-	-	-	-	-	-	-	-	-	-	-
Combustion	..	-	-	-	-	-	-	-	-	-	-	-	-
Industrial/Industrielle	0	-	-	-	-	-	-	-	-	-	-	-	-
Other/Autres	0	-	-	-	-	-	-	-	-	-	-	-	-
Ind. proc./Proc. ind.	..	..	..	..	..	..	..	..	..	..	..	..	..
Miscellaneous/Divers	..	1	1	1	1	1	1	1	1	1	1	0	-64.3
Total	29	21	22	24	25	25	26	26	26	26	26	23	12.3
Ireland/Irlande *													
Mobile s./S. mobiles	420	355	337	337	317	..	308	315	..	317	..	..	-10.8
Stationary s./S. fixes	77	101	107	105	102	..	123	113	..	100	..	..	-1.1
Power st./C. éléctr.	2	3	15	19	18	..	3	3	..	3	..	..	..
Combustion	75	98	..	..	..	..	80	80	..	67	..	..	..
Industrial/Industrielle	1	1	1	1	1	..	1	1	..	0	..	..	..
Other/Autres	75	97	92	86	84	..	80	80	..	67	..	..	..
Ind. proc./Proc. ind.	..	..	..	..	..	..	..	..	..	..	..	..	..
Miscellaneous/Divers	..	..	..	..	..	..	39	30	..	30	..	..	..
Total	497	456	444	442	419	..	431	428	403	416	333	344	-24.6
Italy/Italie *													
Mobile s./S. mobiles	4990	6073	6021	6091	6023	6140	6111	6317	6334	..	..	..	..
Road/Routier	..	5347	5320	5396	5311	5412	5363	5631	5691	..	..	..	..
Other/Autres	..	726	701	695	712	728	748	686	643	..	..	..	..
Stationary s./S. fixes	497	2888	2900	2886	2858	2898	2795	2789	2756	..	..	..	..
Power st./C. éléctr.	29	24	23	21	21	23	24	23	23	..	..	..	..
Combustion	..	687	697	714	680	673	666	682	695	..	..	..	..
Industrial/Industrielle	..	428	400	429	399	425	414	395	387	..	..	..	..
Other/Autres	..	259	296	285	281	248	252	287	309	..	..	..	..
Ind. proc./Proc. ind.	..	533	502	476	506	538	497	474	469	..	..	..	..
Miscellaneous/Divers	..	1644	1679	1675	1651	1664	1607	1609	1568	..	..	..	..
Total	5487	8960	8921	8978	8881	9037	8905	9105	9089	..	..	..	..
Luxembourg *													
Total	..	240	..	..	..	..	171	..	..	219	145	101	-57.9
Netherl./Pays-Bas *													
Mobile s./S. mobiles	1151	956	907	849	842	798	708	635	621	567	551	540	-43.5
Road/Routier	1118	923	874	816	809	764	675	601	587	533	516	505	-45.3
Other/Autres	32	33	33	33	34	34	33	34	34	34	35	35	6.1
Stationary s./S. fixes	462	441	428	425	418	416	400	396	328	384	360	371	-15.9
Power st./C. éléctr.	2	1	2	2	2	2	2	2	4	7	13	13	..
Combustion	146	164	155	149	147	146	144	145	..	224	215	222	..
Industrial/Industrielle	105	123	116	111	115	114	113	110	115	126	115	120	..
Other/Autres	41	41	39	38	32	32	31	35	18	98	100	102	..
Ind. proc./Proc. ind.	212	175	171	171	182	179	176	176	104	114	103	110	..
Miscellaneous/Divers	1	3	3	3	3	3	3	3	..	39	29	27	..
Total	1616	1392	1338	1278	1265	1212	1108	1029	947	951	911	911	-34.6
Norway/Norvège *													
Mobile s./S. mobiles	750	807	851	852	836	780	762	728	702	662	644	607	-24.7
Road/Routier	689	713	746	749	732	710	691	658	632	591	572	535	-25.0
Other/Autres	61	94	105	104	103	70	71	70	70	70	72	72	-23.0
Stationary s./S. fixes	157	178	178	184	184	191	198	173	167	191	221	222	24.9
Power st./C. éléctr.	..	0	0	0	0	0	0	0	0	0	1	0	113.5
Combustion	126	118	120	122	119	123	133	119	115	141	166	166	41.0
Industrial/Industrielle	..	5	4	6	5	7	7	7	6	7	7	7	49.2
Other/Autres	..	113	115	116	114	117	126	113	109	134	160	159	40.7
Ind. proc./Proc. ind.	31	57	56	58	61	63	60	49	46	44	48	50	-12.8
Miscellaneous/Divers	..	3	3	3	4	4	5	5	5	5	6	6	109.7
Total	907	984	1029	1036	1020	971	960	901	870	853	864	829	-15.8

2.2D AIR

EMISSIONS OF CO (a), by source, 1980-1995
ÉMISSIONS DE CO (a), par source, 1980-1995

	Total emissions / émissions totales (1000 tonnes)												Change since 85/ Evolution depuis 85
	1980	1985	1986	1987	1988	1989	1990	1991	1992	1993	1994	1995	(b) (%)
Portugal													
Mobile s./S. mobiles	..	..	..	..	..	..	626	657	698	675	646	..	..
Road/Routier	..	..	..	..	..	..	614	645	686	663	632	..	..
Other/Autres	..	..	..	..	..	..	12	12	12	12	14	..	..
Stationary s./S. fixes	..	..	..	..	..	..	460	446	453	453	446	..	..
Power st./C. éléctr.	..	..	..	..	..	..	2	2	3	2	2	..	..
Combustion	..	..	..	..	..	..	447	436	437	437	429	..	..
Industrial/Industrielle	..	..	..	..	..	..	330	316	317	317	310	..	..
Other/Autres	..	..	..	..	..	..	117	120	120	120	119	..	..
Ind. proc./Proc. ind.	..	..	..	..	..	..	11	8	13	14	15	..	..
Miscellaneous/Divers	..	..	..	..	..	..	..	..	..	..	..	..	..
Total	..	..	..	..	..	..	1086	1103	1151	1128	1092	..	..
Spain/Espagne *													
Mobile s./S. mobiles	..	..	..	..	..	..	2723	2808	2858	2852	..	..	..
Road/Routier	2828	2769	2822	2856	2966	..	2613	2690	2738	2739	..	..	-1.1
Other/Autres	..	..	..	..	..	..	110	118	120	113	..	..	..
Stationary s./S. fixes	..	..	..	..	..	..	2027	2013	1929	1949	..	..	..
Power st./C. éléctr.	..	..	..	..	..	..	16	18	20	19	..	..	..
Combustion	..	..	..	..	..	..	1297	1299	1254	1260	..	..	..
Industrial/Industrielle	..	..	..	..	..	..	407	424	384	394	..	..	..
Other/Autres	..	..	..	..	..	..	890	875	870	866	..	..	..
Ind. proc./Proc. ind.	..	..	..	..	..	..	248	232	205	233	..	..	..
Miscellaneous/Divers	..	..	..	..	..	..	466	464	450	437	..	..	..
Total	..	..	..	..	..	..	4750	4821	4787	4801	..	..	..
Sweden/Suède *													
Mobile s./S. mobiles	..	..	..	..	..	..	..	..	..	..	..	..	..
Road/Routier	1430	1200	..	..	1350	..	..	..	..	..	..	..	..
Other/Autres	..	..	..	..	..	..	..	..	..	..	..	..	..
Stationary s./S. fixes	20	..	..	..	..	..	..	..	..	..	..	..	..
Power st./C. éléctr.	1	..	..	..	..	..	..	..	..	..	..	..	..
Combustion	5	..	..	..	..	..	..	..	..	..	..	..	..
Ind. proc./Proc. ind.	18	..	..	..	..	..	..	..	..	..	..	..	..
Miscellaneous/Divers	..	..	..	..	..	..	..	..	..	..	..	..	..
Total	1450	..	..	..	1500	..	1347	1312	1275	1236	1058	1046	..
Switzerland/Suisse													
Mobile s./S. mobiles	1108	847	..	..	..	..	597	556	515	475	448	410	-51.6
Road/Routier	991	740	..	..	..	..	500	458	416	375	347	308	-58.4
Other/Autres	117	107	..	..	..	..	97	98	99	100	101	102	-4.7
Stationary s./S. fixes	167	143	..	..	..	..	110	109	105	103	101	100	-30.3
Power st./C. éléctr.	-	-	..	..	..	..	0	0	0	0	0	0	..
Combustion	128	111	..	..	..	..	82	82	80	79	78	78	-30.3
Industrial/Industrielle	36	25	..	..	..	..	18	17	16	16	16	15	-39.0
Other/Autres	92	86	..	..	..	..	65	65	64	64	63	62	-27.7
Ind. proc./Proc. ind.	21	16	..	..	..	..	14	13	12	11	11	10	-35.0
Miscellaneous/Divers	18	16	..	..	..	..	14	14	13	13	12	11	-27.8
Total	1280	990	933	877	820	764	707	665	620	578	549	510	-48.5
UK/Royaume-Uni													
Mobile s./S. mobiles	5607	5776	5863	6046	6294	6558	6381	6384	6098	5687	5325	4895	-15.3
Road/Routier	4598	4858	4966	5163	5396	5685	5544	5513	5211	4829	4472	4112	-15.4
Other/Autres	1009	918	897	883	898	873	837	871	887	858	853	783	-14.7
Stationary s./S. fixes	1318	1240	1251	1204	1128	1076	995	986	892	715	647	582	-53.1
Power st./C. éléctr.	312	269	287	296	286	281	294	297	300	259	240	232	-13.8
Combustion	665	621	613	555	488	440	396	420	382	398	346	288	-53.6
Industrial/Industrielle	79	79	78	80	87	82	78	78	76	72	70	66	-16.5
Other/Autres	586	542	535	475	401	358	318	342	306	326	276	222	-59.0
Ind. proc./Proc. ind.	..	..	..	..	..	..	..	..	..	..	..	..	..
Miscellaneous/Divers	341	350	351	353	354	355	305	269	210	58	61	62	-82.3
Total	6923	7015	7114	7251	7421	7632	7377	7370	6991	6402	5973	5478	-21.9
Slovak Rep./Rép. Slov. *													
Mobile s./S. mobiles	..	..	..	..	..	..	145	..	..	152	185	..	..
Road/Routier	..	..	..	..	..	..	140	..	140	149	183	..	..
Other/Autres	..	..	..	..	..	..	5	..	..	3	2	..	..
Stationary s./S. fixes	..	..	..	..	..	..	318	..	..	257	227	..	..
Power st./C. éléctr.	..	..	..	..	..	..	9	..	..	5	4	..	..
Combustion	..	..	..	..	..	..	..	..	..	..	..	..	..
Industrial/Industrielle	..	..	..	..	..	..	116	..	..	155	162	..	..
Other/Autres	..	..	..	..	..	..	..	..	..	93	58	..	..
Ind. proc./Proc. ind.	..	..	..	..	..	..	19	..	..	..	..	..	..
Miscellaneous/Divers	..	..	..	..	..	..	..	..	..	4	2	..	..
Total	..	339	345	345	353	544	462	313	343	408	411	..	21.1

Notes: see next page/voir page suivante

AIR

2.2D

Notes (Table 2.2D):

a) Data refer to man-made emissions only.
b) Refers to percentage change with respect to the latest available year. Data before 1993 were not taken into account.
USA) Emissions from fugitive dust, prescribed burning and other fires are excluded (these emissions amounted to 5 154 kt/y in 1995).
AUS) Data are from Australia's National Greenhouse Gas Inventory. 1988-93 data for fuel combustion include power stations. Miscellaneous: includes emissions from control burning of savannahs which amounted to 10 357 kt/y in 1994.
AUT) Change of estimation methodology in 1994. 1980, 1985-86 and 1992 data for stationary sources and total emissions are Secretariat estimates. 1980 and 1992-93 data for industrial fuel combustion include industrial processes. 1980 miscellaneous: Secretariat estimate.
CZE) Mobile sources: 1990-93 data include emissions from special mobile sources used in agriculture, forestry and the building industry; after 1994 data refer to the transport sector only. The estimation methodology for emissions from industrial processes changed in 1994.
DNK) The Danish inventory is based on diesel and gasoline sales in Denmark. Data exclude emissions from coal storage (estimated at 36 kt/y in 1994). Change of estimation methodology in 1994, which concerns mostly the disaggregation; series for total emissions is fairly reliable. 1995 data are estimates based on CORINAIR.
FIN) Emissions from international aviation and marine bunkers are excluded. Break in time series in 1992, which concerns mostly the disaggregation; series for total emissions is fairly reliable.
FRA) 1993-94 data are provisional. Change in estimation methodology in 1990. Before 1990 industrial fuel combustion includes agriculture. Miscellaneous: data after 1990 refer to treatment and disposal of waste.
DEU) 1993-94 data are provisional.
HUN) 1980-93 data for stationary sources and 1980-90 data for industrial processes are estimates.
ISL) Emissions from industrial processes are excluded. The estimation methodology changed in 1982. 1985-95: calculated in accordance with IPCC 1993 methodology.
IRL) Break in time series in 1990. 1992 and 1994-95 data are from UNECE. 1995 data are provisional. Emissions from industrial processes are not included.
ITA) Break in time series in 1985 due to a change in estimation methodology. Before 1985, industrial processes are excluded.
LUX) Data are from UNECE.
NLD) Estimation methodology changed in 1992-93. 1995 data are provisional.
NOR) Ocean transport and national aircraft abroad are excluded. Before 1985 fuel combustion includes emissions from power stations and miscellaneous sources.
ESP) Break in time series in 1990 (CORINAIR 90).
SWE) 1988 figure for total emissions is a Secretariat estimate. 1990-95 data are from UNECE.
SLO) 1991 data are Secretariat estimates.

Source: OECD/OCDE

Notes (Tableau 2.2D):

a) Les données se réfèrent aux émissions anthropiques uniquement.
b) Les données se réfèrent aux variations en pourcentage selon la dernière année disponible. Les données antérieures à 1993 n'ont pas été considérées.
USA) Les émissions de "fugitive dust", brûlage contrôlé et autres feux sont exclues (elles s'élevaient à 5 154 kt en 1995).
AUS) Les données proviennent de l'inventaire national australien des gaz à effet de serre. Combustion: les données 1988-93 incluent les émissions des centrales électriques. Divers: les données incluent les émissions du brûlage contrôlé des savanes estimées à 10 375 kt/an en 1994.
AUT) Changement de méthode d'estimation en 1994. Les données 1980, 1985-86 et 1992 relatives aux sources fixes et aux émissions totales sont des estimations du Secrétariat. Les données 1980 et 1992-93 pour la combustion industrielle incluent les procédés industriels. 1980 divers: estimations du Secrétariat.
CZE) Sources mobiles 1990-93, les données incluent les émissions des sources mobiles spéciales de l'agriculture, la sylviculture et l'industrie du bâtiment; après 1994, les données se réfèrent aux transports uniquement. La méthode d'estimation pour les émissions des procédés industriels a changé en 1994.
DNK) L'inventaire danois est fondé sur les ventes de diesel et d'essence au Danemark. Les données excluent les émissions du stockage de charbon (estimées à 36 kt en 1994). Changement de méthode d'estimation en 1994 qui concerne principalement la désagrégation; les séries pour les émissions totales sont assez fiables. Les données 1995 sont des estimations fondées sur la méthode CORINAIR.
FIN) Les émissions de l'aviation internationale et des soutages maritimes sont exclues. Rupture de série en 1992 qui concerne principalement la désagrégation; les séries pour les émissions totales sont assez fiables.
FRA) Les données 1993-94 sont provisoires. La méthode d'estimation a été changée en 1990. Avant 1990: la combustion industrielle inclut l'agriculture. Divers : à partir de 1990 les données se réfèrent au traitement et à l'élimination des déchets.
DEU) Les données 1993-94 sont provisoires.
HUN) Les données 1980-93 relatives aux sources fixes et les données 1980-90 relatives aux procédés industriels sont des estimations.
ISL) Les émissions des procédés industriels sont exclues. La méthode d'estimation a été changée en 1982. 1985-95: calculé selon la méthode d'estimation IPCC 1993.
IRL) Rupture de série en 1990. Les données 1992 et 1994-95 proviennent de la CEE-NU. Les données 1995 sont provisoires. Les procédés industriels sont exclus.
ITA) Rupture de série en 1985 due à un changement de méthode d'estimation. Avant 1985, les procédés industriels sont exclus.
LUX) Les données proviennent de la CEE-NU.
NLD) Changement de la méthode d'estimation en 1992-93. Les données 1995 sont provisoires.
NOR) Les transports en mer et les avions nationaux à l'étranger sont exclus. Combustion: les données 1980-1984 incluent les émissions des centrales électriques et des sources divers.
ESP) Rupture de série en 1990 (CORINAIR 90).
SWE) Le chiffre 1988 pour les émissions totales est une estimation du Secrétariat. Les données 1990-95 proviennent de la CEE-NU.
SLO) Les données 1991 sont des estimations du Secrétariat.

EMISSIONS OF VOC (a), by source, 1980-1995
ÉMISSIONS DE COV (a), par source, 1980-1995

	Total emissions / émissions totales (1000 tonnes)												Change since 85/ Evolution depuis 85
	1980	1985	1986	1987	1988	1989	1990	1991	1992	1993	1994	1995	(b) (%)
Canada *													
Mobile s./S. mobiles	1026	899	897	915	904	850	804	747	700	685	666	..	-25.9
Road/Routier	..	471	490	510	520	574	632	574	526	510	490	..	4.0
Other/Autres	..	428	407	405	378	276	172	173	174	175	176	..	-58.9
Stationary s./S. fixes	1073	1882	1883	1904	1980	1966	2025	1993	1974	2026	2035	..	8.1
Power st./C. éléctr.	6	2	2	2	2	2	2	2	2	2	3	..	50.0
Combustion	92	279	274	245	267	243	265	252	241	254	251	..	-10.0
Industrial/Industrielle	..	10	11	11	12	12	11	11	11	12	12	..	20.0
Other/Autres	..	269	263	234	255	231	254	241	230	242	239	..	-11.2
Ind. proc./Proc. ind.	572	766	725	768	841	833	831	821	826	838	839	..	9.5
Solvents/Solvants	..	275	277	280	283	286	290	291	292	294	295	..	7.3
Miscellaneous/Divers	403	560	605	609	587	602	637	627	613	638	647	..	15.5
Total	2099	2781	2780	2819	2884	2816	2829	2740	2674	2711	2701	..	-2.9
USA/Etats-Unis *													
Mobile s./S. mobiles	9841	10328	9900	9539	9431	8432	8141	7821	7467	7538	7853	7581	-26.6
Road/Routier	8146	8506	8050	7690	7521	6524	6218	5896	5508	5536	5807	5538	-34.9
Other/Autres	1695	1822	1849	1849	1910	1908	1923	1925	1959	2001	2046	2043	12.1
Stationary s./S. fixes	12620	12566	12279	12348	12788	12702	12299	12261	12449	12474	12646	12758	1.5
Power st./C. éléctr.	40	29	31	31	33	34	33	32	32	33	33	32	8.2
Combustion	912	1395	1236	1132	1201	1210	802	854	896	783	771	612	-56.1
Industrial/Industrielle	142	122	121	119	123	122	122	123	122	122	122	123	0.5
Other/Autres	769	1273	1116	1013	1078	1089	679	732	773	661	648	489	-61.6
Ind. proc./Proc. ind.	3215	2292	2310	2295	2394	2378	2397	2391	2411	2420	2445	2490	8.7
Solvents/Solvants	5973	5170	5104	5210	5393	5411	5420	5369	5471	5585	5727	5800	12.2
Miscellaneous/Divers	2479	3680	3598	3681	3766	3668	3647	3615	3640	3653	3671	3823	3.9
Total	22461	22894	22178	21887	22219	21134	20439	20082	19917	20012	20499	20338	-11.2
Australia/Australie *													
Mobile s./S. mobiles	..	..	..	..	683	666	664	611	567	550	522	..	..
Road/Routier	..	..	..	..	..	..	..	..	..	..	..	..	..
Other/Autres	..	..	..	..	..	..	..	..	..	..	..	..	..
Stationary s./S. fixes	..	..	..	..	1248	1259	1297	1296	1252	1264	1255	..	..
Power st./C. éléctr.	..	..	..	..	..	..	..	..	..	..	7	..	..
Combustion	..	..	..	..	192	197	202	207	212	219	215	..	..
Industrial/Industrielle	..	..	..	..	..	..	..	..	..	..	10	..	..
Other/Autres	..	..	..	..	..	..	..	..	..	..	205	..	..
Ind. proc./Proc. ind.	..	..	..	..	1	2	8	8	9	10	10	..	..
Solvents/Solvants	..	..	..	..	158	164	167	160	157	161	166	..	..
Miscellaneous/Divers	..	..	..	..	897	897	920	921	875	874	857	..	..
Total	..	..	..	..	1931	1924	1962	1906	1820	1813	1777	..	..
Austria/Autriche *													
Mobile s./S. mobiles	138	149	..	148	142	136	131	129	116	107	76	71	..
Road/Routier	..	..	..	..	140	134	129	..	114	105	72	66	..
Other/Autres	..	..	..	..	2	2	2	..	2	2	5	5	..
Stationary s./S. fixes	236	263	..	291	290	297	299	292	287	282	340	342	..
Power st./C. éléctr.	1	1	..	1	1	1	1	1	1	1	0	0	..
Combustion	66	75	..	96	92	100	101	101	104	101	62	64	..
Industrial/Industrielle	..	..	..	..	..	..	..	..	3	3	1	1	..
Other/Autres	66	75	..	96	92	100	101	101	101	98	61	63	..
Ind. proc./Proc. ind.	31	30	..	29	28	27	27	33	12	12	13	13	..
Solvents/Solvants	100	118	..	126	130	130	130	124	122	120	132	132	..
Miscellaneous/Divers	40	40	..	40	40	40	40	34	48	48	132	132	..
Total	374	412	..	439	432	433	430	421	403	388	416	412	..
Belgium/Belgique													
Mobile s./S. mobiles	..	..	..	..	..	..	167	..	..	..	174	..	..
Road/Routier	..	..	..	..	..	..	164	..	..	..	170	..	..
Other/Autres	..	..	..	..	..	..	4	..	..	..	4	..	..
Stationary s./S. fixes	..	..	..	..	..	..	195	..	..	..	161	..	..
Power st./C. éléctr.	..	..	..	..	..	..	0	..	..	..	0	..	..
Combustion	..	..	..	..	..	..	10	..	..	..	12	..	..
Industrial/Industrielle	..	..	..	..	..	..	3	..	..	..	5	..	..
Other/Autres	..	..	..	..	..	..	7	..	..	..	8	..	..
Ind. proc./Proc. ind.	..	..	..	..	..	..	37	..	..	..	35	..	..
Solvents/Solvants	..	..	..	..	..	..	90	..	..	..	83	..	..
Miscellaneous/Divers	..	..	..	..	..	..	58	..	..	..	30	..	..
Total	..	..	..	..	..	..	363	..	..	..	335	..	..

AIR 2.2E

EMISSIONS OF VOC (a), by source, 1980-1995
ÉMISSIONS DE COV (a), par source, 1980-1995

	1980	1985	1986	1987	1988	1989	1990	1991	1992	1993	1994	1995	Change since 85/ Evolution depuis 85 (b) (%)
Czech R./R. Tchèque *													
Mobile s./S. mobiles	..	43	..	..	..	..	63	63	63	63	80	76	..
Road/Routier	..	..	..	..	..	..	56	56	56	56	63	60	..
Other/Autres	..	..	..	..	..	..	7	7	7	7	17	16	..
Stationary s./S. fixes	..	232	..	..	..	..	372	335	296	275	230	210	..
Power st./C. éléctr.	..	10	..	..	..	..	5	5	4	4	4	4	..
Combustion	..	33	..	..	..	..	66	65	54	52	68	53	..
Industrial/Industrielle	..	23	..	..	..	..	..	..	..	..	..	..	..
Other/Autres	..	10	..	..	..	..	..	..	..	..	..	..	..
Ind. proc./Proc. ind.	..	42	..	..	..	..	115	113	96	84	27	28	..
Solvents/Solvants	..	140	..	..	..	..	185	151	141	135	131	125	..
Miscellaneous/Divers	..	7	..	..	..	..	1	1	1	..	..	..	..
Total	..	275	..	..	..	..	435	398	359	338	310	286	..
Denmark/Danemark *													
Mobile s./S. mobiles	97	100	101	101	102	101	106	106	104	98	99	80	-19.7
Road/Routier	86	89	90	89	90	89	94	95	93	87	80	68	-24.1
Other/Autres	12	11	11	12	11	12	11	11	11	11	19	13	15.3
Stationary s./S. fixes	8	11	12	12	65	59	66	67	67	66	65	81	..
Power st./C. éléctr.	..	..	..	..	..	..	..	1	1	1	1	2	..
Combustion	7	10	11	11	11	10	10	11	11	11	10	10	..
Industrial/Industrielle	1	1	1	1	1	1	1	1	1	1	1	1	..
Other/Autres	6	9	10	10	10	9	9	10	10	10	9	1	..
Ind. proc./Proc. ind.	..	1	1	1	1	1	1	1	1	1	1	10	..
Solvents/Solvants	..	..	..	..	54	48	42	42	42	41	41	40	..
Miscellaneous/Divers	..	..	..	..	..	..	13	12	12	12	12	19	..
Total	105	111	112	112	167	160	169	170	167	160	163	161	..
Finland/Finlande *													
Mobile s./S. mobiles	..	..	..	..	..	..	..	..	59	57	54	53	..
Road/Routier	45	50	52	54	57	59	59	56	53	51	49	48	-4.0
Other/Autres	..	..	..	..	..	..	..	..	6	6	5	5	..
Stationary s./S. fixes	..	..	..	..	..	..	..	..	116	107	109	105	..
Power st./C. éléctr.	..	..	..	..	..	..	..	..	..	..	..	..	..
Combustion	..	..	..	..	..	..	..	..	42	36	40	36	..
Industrial/Industrielle	..	..	..	..	..	..	..	..	1	..	1	..	..
Other/Autres	..	..	..	..	..	..	..	..	41	36	39	36	..
Ind. proc./Proc. ind.	..	..	..	..	..	..	..	..	10	10	10	10	..
Solvents/Solvants	..	..	..	..	..	..	..	..	64	61	59	59	..
Miscellaneous/Divers	..	..	..	..	..	..	..	..	..	..	..	..	..
Total	163	181	..	210	208	..	209	..	175	164	163	158	-12.7
France *													
Mobile s./S. mobiles	..	..	..	..	..	..	1292	1251	1228	1143	1064	..	..
Road/Routier	..	..	..	..	..	..	1170	1132	1108	1024	963	..	..
Other/Autres	..	..	..	..	..	..	122	119	120	120	101	..	..
Stationary s./S. fixes	..	..	..	..	..	..	1112	1089	1080	1053	1092	..	..
Power st./C. éléctr.	..	..	..	..	..	..	1	2	2	1	1	..	..
Combustion	..	..	..	..	..	..	222	222	221	221	220	..	..
Industrial/Industrielle	..	..	..	..	..	..	7	7	6	6	6	..	..
Other/Autres	..	..	..	..	..	..	214	215	215	215	214	..	..
Ind. proc./Proc. ind.	..	..	..	..	..	..	100	99	99	100	100	..	..
Solvents/Solvants	..	..	..	..	..	..	636	609	602	575	621	..	..
Miscellaneous/Divers	..	..	..	..	..	..	154	158	156	156	149	..	..
Total	..	..	..	..	..	..	2404	2340	2308	2197	2156	..	..
Germany/Allemagne *													
Mobile s./S. mobiles	..	..	..	..	..	..	1482	1170	1011	860	742	..	..
Road/Routier	..	..	..	..	..	..	1404	1103	952	795	677	..	..
Other/Autres	..	..	..	..	..	..	78	67	59	65	65	..	..
Stationary s./S. fixes	..	..	..	..	..	..	1672	1578	1493	1430	1394	..	..
Power st./C. éléctr.	..	..	..	..	..	..	10	10	9	9	9	..	..
Combustion	..	..	..	..	..	..	126	93	77	78	71	..	..
Industrial/Industrielle	..	..	..	..	..	..	14	12	11	11	11	..	..
Other/Autres	..	..	..	..	..	..	112	81	66	67	60	..	..
Ind. proc./Proc. ind.	..	..	..	..	..	..	156	143	136	136	136	..	..
Solvents/Solvants	..	..	..	..	..	..	1160	1134	1090	1090	1090	..	..
Miscellaneous/Divers	..	..	..	..	..	..	220	198	181	117	88	..	..
Total	..	..	..	..	..	..	3154	2748	2504	2290	2136	..	..

EMISSIONS OF VOC (a), by source, 1980-1995
ÉMISSIONS DE COV (a), par source, 1980-1995

	Total emissions / émissions totales (1000 tonnes)												Change since 85/ Evolution depuis 85
	1980	1985	1986	1987	1988	1989	1990	1991	1992	1993	1994	1995	(b) (%)
w. Germany/All. occ. *													
Mobile s./S. mobiles	1001	992	1017	1002	969	908	849	756	681	625	556	..	-44.0
Road/Routier	943	933	963	951	920	858	800	711	637	575	506	..	-45.8
Other/Autres	58	59	54	51	49	50	49	45	44	50	50	..	-15.3
Stationary s./S. fixes	1521	1455	1439	1425	1403	1387	1363	1341	1304	1251	1227	..	-15.7
Power st./C. éléctr.	9	7	6	6	6	6	7	7	7	7	7	..	-
Combustion	51	55	52	51	46	43	43	46	47	49	46	..	-16.4
Industrial/Industrielle	12	11	10	10	10	10	10	10	10	10	10	..	-9.1
Other/Autres	39	44	42	41	36	33	33	36	37	39	36	..	-18.2
Ind. proc./Proc. ind.	156	112	112	108	109	108	111	111	109	109	109	..	-2.7
Solvents/Solvants	1130	1110	1090	1075	1050	1050	1030	1020	990	990	990	..	-10.8
Miscellaneous/Divers	175	171	179	185	192	180	172	157	151	96	75	..	-56.1
Total	2522	2447	2456	2427	2372	2295	2212	2097	1985	1876	1783	..	-27.1
Greece/Grèce *													
Mobile s./S. mobiles	62	..	..	..	..	..	..	..	..	..	..	..	..
Road/Routier	..	115	..	..	..	..	138	..	..	..	..	..	..
Other/Autres	..	..	..	..	..	..	..	..	..	..	..	..	..
Stationary s./S. fixes	68	58	..	..	..	..	105	..	..	..	..	..	..
Power st./C. éléctr.	..	1	..	..	..	..	1	..	..	..	..	..	..
Combustion	..	1	..	..	..	..	-	..	..	..	..	..	..
Industrial/Industrielle	..	1	..	..	..	..	..	..	..	..	..	..	..
Other/Autres	..	0	..	..	..	..	..	..	..	..	..	..	..
Ind. proc./Proc. ind.	..	4	..	..	..	..	22	..	..	..	..	..	..
Solvents/Solvants	..	28	..	..	..	..	82	..	..	..	..	..	..
Miscellaneous/Divers	..	24	..	..	..	..	0	..	..	..	..	..	..
Total	130	173	..	..	..	..	243	..	..	..	..	..	..
Hungary/Hongrie *													
Mobile s./S. mobiles	..	..	..	..	91	..	..	73	68	73	71	72	..
Road/Routier	..	..	..	..	..	..	..	..	..	..	..	..	..
Other/Autres	..	..	..	..	..	..	..	..	..	..	..	..	..
Stationary s./S. fixes	..	..	..	..	115	..	..	71	68	70	72	78	..
Power st./C. éléctr.	..	..	..	..	1	..	..	1	1	1	1	1	..
Combustion	..	..	..	..	..	..	..	..	..	..	..	19	..
Industrial/Industrielle	..	..	..	..	10	..	..	7	6	6	9	7	..
Other/Autres	..	..	..	..	..	..	..	..	..	..	..	12	..
Ind. proc./Proc. ind.	..	..	..	..	10	..	..	7	6	6	3	4	..
Solvents/Solvants	..	..	..	..	79	..	..	45	43	46	41	38	..
Miscellaneous/Divers	..	..	..	..	25	..	..	18	18	17	18	16	..
Total	215	232	263	228	205	205	205	144	136	143	143	150	-35.3
Iceland/Islande *													
Mobile s./S. mobiles	4	3	3	3	4	4	4	4	4	4	4	4	24.5
Road/Routier	4	2	2	2	3	3	3	3	3	3	3	3	23.1
Other/Autres	0	1	1	1	1	1	1	1	1	1	1	1	28.5
Stationary s./S. fixes	1	3	3	3	3	3	3	4	3	3	3	3	20.5
Power st./C. éléctr.	..	-	-	-	-	-	-	-	-	-	-	-	..
Combustion	..	..	..	..	..	..	..	..	..	..	..	..	..
Industrial/Industrielle	..	..	..	..	..	..	..	..	..	..	..	..	..
Other/Autres	..	..	..	..	..	..	..	..	..	..	..	..	..
Ind. proc./Proc. ind.	..	..	..	..	..	..	..	..	..	..	..	..	..
Solvents/Solvants	1	3	3	3	3	3	3	4	3	3	3	3	20.4
Miscellaneous/Divers	..	..	..	..	..	..	..	..	..	..	..	..	..
Total	5	5	6	6	6	6	6	7	7	6	7	7	22.6
Ireland/Irlande *													
Mobile s./S. mobiles	35	24	..	..	..	..	63	..	..	69	..	..	..
Road/Routier	..	..	..	..	..	..	..	..	..	..	..	..	..
Other/Autres	..	..	..	..	..	..	..	..	..	..	..	..	..
Stationary s./S. fixes	45	39	..	..	..	..	134	..	..	133	..	..	..
Power st./C. éléctr.	0	-	..	..	..	..	0	..	..	0	..	..	..
Combustion	13	17	..	..	..	..	8	..	..	7	..	..	..
Industrial/Industrielle	0	1	..	..	..	..	0	..	..	0	..	..	..
Other/Autres	12	17	..	..	..	..	8	..	..	7	..	..	..
Ind. proc./Proc. ind.	..	..	..	..	..	..	..	..	..	..	..	..	..
Solvents/Solvants	..	..	..	..	..	..	..	..	..	..	..	..	..
Miscellaneous/Divers	32	22	..	..	..	..	125	..	..	126	..	..	..
Total	79	64	..	..	..	..	197	200	199	202	175	179	..

AIR 2.2E

EMISSIONS OF VOC (a), by source, 1980-1995
ÉMISSIONS DE COV (a), par source, 1980-1995

	\multicolumn{12}{c}{Total emissions / émissions totales (1000 tonnes)}	Change since 85/ Evolution depuis 85
	1980	1985	1986	1987	1988	1989	1990	1991	1992	1993	1994	1995	(b) (%)
Italy/Italie													
Mobile s./S. mobiles	..	1023	1029	1068	1085	1136	1145	1206	1256	..	..	..	..
Road/Routier	..	838	846	884	895	933	948	1002	1057	..	..	..	..
Other/Autres	..	185	184	184	190	203	197	204	199	..	..	..	..
Stationary s./S. fixes	..	1260	1289	1324	1345	1382	1354	1351	1335	..	..	..	..
Power st./C. éléctr.	..	3	3	4	4	4	4	4	4	..	..	..	..
Combustion	..	33	35	34	34	31	31	34	35	..	..	..	..
Industrial/Industrielle	..	12	11	11	10	10	10	10	10	..	..	..	..
Other/Autres	..	21	24	23	23	21	21	24	26	..	..	..	..
Ind. proc./Proc. ind.	..	91	96	100	107	104	102	104	102	..	..	..	..
Solvents/Solvants	..	480	490	511	530	571	555	550	552	..	..	..	..
Miscellaneous/Divers	..	653	665	674	671	671	661	660	642	..	..	..	..
Total	..	2282	2318	2392	2430	2518	2498	2557	2590	..	..	..	..
Luxembourg *													
Mobile s./S. mobiles	5	8	..	..	..	..	..	..	..	..	..	..	..
Stationary s./S. fixes	6	12	..	..	..	..	..	..	..	..	..	..	..
Total	11	20	..	..	..	..	19	..	..	18	18	16	-20.0
Netherl./Pays-Bas *													
Mobile s./S. mobiles	253	228	222	215	217	208	194	177	171	159	155	150	-34.2
Road/Routier	242	217	212	204	206	197	184	166	161	148	144	139	-35.9
Other/Autres	11	11	11	11	11	11	10	11	11	11	11	11	4.8
Stationary s./S. fixes	333	281	275	278	271	271	237	237	250	207	227	211	-24.9
Power st./C. éléctr.	0	0	0	0	0	0	..	..	1	1	3	..	..
Combustion	29	29	29	32	27	26	26	29	..	14	13	..	..
Industrial/Industrielle	7	6	6	8	7	6	6	7	8	3	3	..	..
Other/Autres	22	23	23	24	20	20	20	22	9	11	10	..	..
Ind. proc./Proc. ind.	117	107	100	96	95	90	89	82	109	115	89	..	..
Solvents/Solvants	125	120	124	129	132	133	133	133	..	77	122	..	..
Miscellaneous/Divers	27	22	21	18	16	16	16	15	..	..	..	..	..
Total	595	516	505	500	495	486	439	419	427	366	385	361	-30.0
Norway/Norvège *													
Mobile s./S. mobiles	85	99	105	108	106	105	103	100	97	95	92	88	-11.0
Road/Routier	67	76	82	85	85	84	82	78	76	74	71	67	-11.9
Other/Autres	19	23	23	23	21	21	21	21	21	21	21	21	-8.2
Stationary s./S. fixes	89	137	150	154	147	174	195	198	226	256	273	289	111.5
Power st./C. éléctr.	..	0	0	0	0	0	0	0	0	0	0	0	268.0
Combustion	33	9	9	9	10	10	10	9	9	11	13	13	40.3
Industrial/Industrielle	..	1	1	1	2	1	2	1	2	2	2	2	55.2
Other/Autres	..	8	8	8	8	8	9	8	8	9	11	11	38.5
Ind. proc./Proc. ind.	..	12	11	12	12	16	19	18	20	20	22	24	107.1
Solvents/Solvants	56	54	53	47	42	42	46	43	43	42	47	45	-17.3
Miscellaneous/Divers	..	62	76	85	85	106	119	128	153	182	190	208	234.0
Total	174	236	255	262	253	279	299	298	323	351	365	378	59.9
Poland/Pologne *													
Mobile s./S. mobiles	384	379	388	376	381	400	357	371	372	327	367	316	-3.2
Road/Routier	310	304	310	299	302	317	281	292	290	262	296	270	-2.6
Other/Autres	74	75	78	77	79	83	76	79	82	65	71	46	-5.3
Stationary s./S. fixes	652	632	641	638	645	616	474	462	433	430	453	453	-28.3
Power st./C. éléctr.	11	12	13	13	13	13	12	12	12	12	11	13	-8.3
Combustion	281	271	265	269	266	258	233	235	222	232	258	246	-4.8
Industrial/Industrielle	47	41	40	39	39	37	30	29	27	27	25	11	-39.0
Other/Autres	234	230	225	230	227	221	203	206	195	205	233	235	1.3
Ind. proc./Proc. ind.	79	72	80	80	83	81	67	60	60	59	57	65	-20.8
Solvents/Solvants	281	277	283	276	283	264	162	155	139	127	127	129	-54.2
Miscellaneous/Divers	..	..	..	..	..	..	..	..	..	..	..	..	..
Total	1036	1011	1029	1014	1026	1016	831	833	805	757	820	769	-18.9
Portugal *													
Mobile s./S. mobiles	51	53	59	58	62	..	87	91	97	94	89	..	..
Road/Routier	44	..	..	..	..	..	81	85	91	88	83	..	..
Other/Autres	8	..	..	..	..	..	6	6	6	6	6	..	..
Stationary s./S. fixes	41	81	86	90	94	..	131	131	133	133	134	..	..
Power st./C. éléctr.	0	1	2	1	2	..	..	..	..	..	..	..	..
Combustion	0	4	5	5	5	..	14	15	15	15	15	..	..
Industrial/Industrielle	0	4	5	5	5	..	4	4	4	4	4	..	..
Other/Autres	..	..	..	..	..	..	10	11	11	11	11	..	..
Ind. proc./Proc. ind.	4	17	18	19	19	..	25	24	25	25	26	..	..
Solvents/Solvants	36	52	55	58	60	..	84	84	84	84	84	..	..
Miscellaneous/Divers	..	7	7	8	8	..	8	8	9	9	9	..	..
Total	92	134	145	149	156	..	218	222	230	227	223	..	..

EMISSIONS OF VOC (a), by source, 1980-1995
ÉMISSIONS DE COV (a), par source, 1980-1995

	Total emissions / émissions totales (1000 tonnes)												Change since 85/ Evolution depuis 85
	1980	1985	1986	1987	1988	1989	1990	1991	1992	1993	1994	1995	(b) (%)
Spain/Espagne *													
Mobile s./S. mobiles	..	..	..	..	..	..	488	514	534	539	..	..	..
Road/Routier	404	407	442	472	513	..	450	473	492	499	..	..	..
Other/Autres	..	..	..	..	..	..	38	41	42	40	..	..	..
Stationary s./S. fixes	..	..	..	..	..	..	645	673	673	657	..	..	..
Power st./C. éléctr.	14	17	17	17	17	..	10	10	11	10	..	..	..
Combustion	..	..	..	..	..	..	70	69	69	69	..	..	..
Industrial/Industrielle	..	..	..	..	..	..	11	12	12	12	..	..	..
Other/Autres	10	17	17	17	19	..	59	57	57	57	..	..	..
Ind. proc./Proc. ind.	..	48	52	51	54	..	134	134	141	136	..	..	..
Solvents/Solvants	312	275	266	269	275	..	309	332	320	312	..	..	..
Miscellaneous/Divers	20	21	22	24	26	27	122	128	132	130	..	..	..
Total	760	1265	882	922	955	..	1133	1187	1207	1196	..	..	-5.5
Sweden/Suède *													
Mobile s./S. mobiles	..	..	..	..	225	..	200	..	186	..	..	..	..
Road/Routier	..	..	..	..	185	..	163	..	149	..	..	..	..
Other/Autres	..	..	..	..	39	..	37	..	37	..	..	..	..
Stationary s./S. fixes	..	..	..	..	361	..	331	..	316	..	..	..	..
Power st./C. éléctr.	..	..	..	..	2	..	2	..	3	..	..	..	..
Combustion	..	..	..	..	156	..	149	..	143	..	..	..	..
Industrial/Industrielle	..	..	..	..	6	..	6	..	6	..	..	..	..
Other/Autres	..	..	..	..	150	..	143	..	137	..	..	..	..
Ind. proc./Proc. ind.	..	..	..	..	135	..	118	..	112	..	..	..	..
Solvents/Solvants	..	..	..	..	43	..	43	..	44	..	..	..	..
Miscellaneous/Divers	..	..	..	..	24	..	19	..	14	..	..	..	..
Total	..	..	..	..	586	..	531	..	502	..	461	446	..
Switzerland/Suisse													
Mobile s./S. mobiles	147	140	..	..	..	..	102	94	86	78	71	63	-55.0
Road/Routier	133	126	..	..	..	..	88	80	72	64	57	49	-61.3
Other/Autres	14	14	..	..	..	..	14	14	14	14	14	14	3.6
Stationary s./S. fixes	177	185	..	..	..	..	191	180	170	161	155	148	-19.8
Power st./C. éléctr.	-	-	..	..	..	..	-	-	-	-	-	-	..
Combustion	4	4	..	..	..	..	3	3	3	3	3	3	-28.6
Industrial/Industrielle	1	1	..	..	..	..	1	1	1	1	1	1	-
Other/Autres	4	4	..	..	..	..	3	3	3	2	2	2	-34.3
Ind. proc./Proc. ind.	10	8	..	..	..	..	13	14	14	14	14	14	67.1
Solvents/Solvants	131	141	..	..	..	..	143	135	129	123	118	113	-19.9
Miscellaneous/Divers	32	31	..	..	..	..	31	28	24	22	20	18	-41.2
Total	324	324	318	311	305	298	292	274	256	239	226	211	-34.9
UK/Royaume-Uni													
Mobile s./S. mobiles	896	952	983	1028	1079	1131	1104	1094	1042	962	887	811	-14.8
Road/Routier	759	820	854	900	951	1004	978	967	912	836	761	690	-15.9
Other/Autres	137	132	129	128	128	127	126	127	130	126	126	121	-8.3
Stationary s./S. fixes	1440	1489	1504	1524	1564	1549	1519	1487	1451	1451	1466	1447	-2.8
Power st./C. éléctr.	3	2	2	3	3	3	3	3	3	4	4	5	150.0
Combustion	121	113	118	103	87	78	70	71	66	65	54	47	-58.4
Industrial/Industrielle	18	19	18	18	19	18	18	17	16	16	15	15	-21.1
Other/Autres	103	94	100	85	68	60	52	54	50	49	39	32	-66.0
Ind. proc./Proc. ind.	349	337	337	337	341	345	346	349	349	345	345	335	-0.6
Solvents/Solvants	681	684	688	716	767	780	761	729	699	704	705	700	2.3
Miscellaneous/Divers	286	353	359	365	366	343	339	335	334	333	358	360	2.0
Total	2335	2439	2488	2550	2643	2680	2623	2582	2493	2414	2354	2257	-7.5
Slovak R./R. Slovaque													
Mobile s./S. mobiles	..	..	..	..	..	..	42	..	..	42	..	..	..
Road/Routier	..	..	..	..	..	..	..	..	37	40	41	..	..
Other/Autres	..	..	..	..	..	..	..	..	..	..	..	..	..
Stationary s./S. fixes	..	..	..	..	..	..	106	..	..	74	..	..	..
Power st./C. éléctr.	..	..	..	..	..	..	11	..	..	11	..	..	..
Combustion	..	..	..	..	..	..	..	..	..	..	..	..	..
Industrial/Industrielle	..	..	..	..	..	..	..	..	..	..	..	..	..
Other/Autres	..	..	..	..	..	..	..	..	..	..	..	..	..
Ind. proc./Proc. ind.	..	..	..	..	..	..	38	..	..	30	..	..	..
Solvents/Solvants	..	..	..	..	..	..	39	..	..	23	..	..	..
Miscellaneous/Divers	..	..	..	..	..	..	17	..	..	10	..	..	..
Total	..	..	..	..	..	..	149	..	..	117	..	..	..

AIR 2.2E

Notes (Table 2.2E):

a) Man-made emissions of VOCs other than methane (CH4).
b) Refers to percentage change with respect to the latest available year. Data before 1993 were not taken into account.
CAN) Total VOCs.
USA) Emissions from fugitive dust, prescribed burning and other fires are excluded (estimated at 309 kt/y in 1995).
AUS) Data are from Australia's National Greenhouse Gas Inventory. 1988-93 data for fuel combustion include power stations. Miscellaneous: includes emissions from control burning of savannahs which amounted to 608 kt/y in 1994.
AUT) Includes Secretariat estimates. Break in time series in 1992 and 1994.
CZE) Mobile sources: 1990-93 data include emissions from special mobile sources used in agriculture, forestry and the building industry; after 1994 data refer to the transport sector only. The estimation methodology for emissions from industrial processes changed in 1994.
DNK) The Danish inventory is based on diesel and gasoline sales in Denmark. 1995 data are estimates based on CORINAIR method. Data before 1988 exclude emissions from the use of solvents. Data before 1990 exclude emissions from miscellaneous sources.
FIN) 1987 and 1990 data are from UNECE. Emissions from international aviation and marine bunkers are excluded. The estimation methodology changed in 1992. Solvents: includes miscellaneous sources.
FRA) 1993-94 data are provisional. Non-industrial fuel combustion includes agriculture.
DEU) 1993-94 data are provisional.
wDEU) 1993-94 data are provisional.
GRC) Break in time series between 1980 and 1985. 1985 data are from CORINAIR 85 and 1990 data are from CORINAIR 90.
1985-90 data for mobile sources refer to road transport only. Stationary sources exclude emissions from the extraction and distribution of fossil fuels.
HUN) 1980-90 data are estimates except for 1986, which is from UNECE. 1995 data are provisional.
ISL) 1985-95: calculated in accordance with IPCC 1993 methodology. 1980: Solvents included in stationary sources refer to white spirits only.
IRL) Emissions from industrial processes are not included. Changes in the estimation methodology between 1980 and 1990. 1991-92 and 1994-95 data are from UNECE.
LUX) Total VOCs. 1990-95 data are from UNECE.
NLD) Includes CH4 emissions from mobile and stationary fuel combustion. Change in the estimation methodology in 1993. 1995 data for stationary sources and total emissions are from UNECE.
NOR) Ocean transport and national aircraft abroad are excluded. Before 1985, data for fuel combustion include power stations, industrial processes and miscellaneous sources.
POL) Data for non-industrial fuel combustion includes fuel distribution. Percentage change refers to 1985-94 period. Mobile sources: break in the time series in 1995.
PRT) Since 1986, data include emissions from sludge treatment. Break in time series in 1990.
ESP) Break in time series in 1990 (CORINAIR 90). Stationary sources:1980-89 exclude industrial fuel combustion; 1980 exclude industrial processes. 1985-88 and 1991-93 data for total emissions are from UNECE.
SWE) Total VOCs. Industrial processes include the industrial use of solvents. 1994-95 data are from UNECE.

Source: OECD/OCDE

Notes (Tableau 2.2E):

a) Émissions anthropiques de COV autres que le méthane (CH4).
b) Les données se réfèrent aux variations en pourcentage selon la dernière année disponible. Les données antérieures à 1993 n'ont pas été considérées.
CAN) COV totaux.
USA) Les émissions de "fugitive dust", brûlage contrôlé et autres feux sont exclues (elles s'élevaient à 309 kt en 1995).
AUS) Les données proviennent de l'inventaire national australien des gaz à effet de serre. Combustion: les données 1988-93 incluent les émissions des centrales électriques. Divers: les données incluent les émissions du brûlage contrôlé des savanes estimées à 608 kt/an en 1994.
AUT) Inclut des estimations du Secrétariat. Rupture de séries en 1992 et 1994.
CZE) Sources mobiles: 1990-93: les données incluent les émissions des sources mobiles spéciales de l'agriculture, la sylviculture et l'industrie du bâtiment. Après 1994, les données se réfèrent aux transports uniquement. La méthode d'estimation pour les émissions des procédés industriels a changé en 1994.
DNK) L'inventaire danois est fondé sur les ventes de diesel et d'essence au Danemark. Les données 1995 sont des estimations fondées sur la méthode CORINAIR. Les données d'avant 1988 excluent les émissions dues à l'utilisation de solvants. Celles d'avant 1990 excluent les émissions des sources diverses.
FIN) Les données 1987 et 1990 proviennent de la CEE-NU. Les émissions de l'aviation internationale et des soutages maritimes sont exclues. Changement de méthode d'estimation en 1992. Solvants: inclut des sources diverses.
FRA) Les données 1993-94 sont provisoires. La combustion non-industrielle inclut l'agriculture.
DEU) Les données 1993-94 sont provisoires.
wDEU) Les données 1993-94 sont provisoires.
GRC) Rupture de série entre 1980 et 1985. Les données 1985 proviennent de CORINAIR 85 et les données 1990 de CORINAIR 90. Sources mobiles: les données1985-90 concernent les transports routiers uniquement. Sources fixes: les données excluent les émissions dues à l'extraction et à la distribution des combustibles fossiles.
HUN) Les données 1980-1990 sont des estimations sauf celle de 1986 qui provient de la CEE-NU. Les données 1995 sont provisoires.
ISL) 1985-95: calculé selon la méthode d'estimation IPCC 1993. 1980: les solvants compris dans les sources fixes se rapportent au white spirit seulement.
IRL) Les procédés industriels sont exclus. Changements de méthode d'estimation entre 1980 et 1990. Les données 1991-92 et 1994-95 proviennent de la CEE-NU.
LUX) COV totaux. Les données 1990-95 proviennent de la CEE-NU.
NLD) Inclut les émissions mobiles et fixes de CH4 dues à la combustion. Changement de méthode d'estimation en 1993. Les données 1995 pour les sources fixes et les émissions totales proviennent de la CEE-NU.
NOR) Les transports en mer et les avions nationaux à l'étranger sont exclus. Avant 1985, les données concernant la combustion incluent les procédés industriels, les centrales électriques et des sources diverses.
POL) Les données concernant la combustion non-industrielle incluent la distribution des combustibles. La variation de pourcentage se réfère à 1985-94. Sources mobiles: rupture de série en 1995.
PRT) Depuis 1986, les données incluent les émissions issues du traitement des boues. Rupture de série en 1990.
ESP) Rupture de série en 1990 (CORINAIR 90). Sources fixes: les données 1980-1989 excluent la combustion industrielle; 1980: excluent les procédés industriels. Les données 1985-88 et 1991-93 pour les émissions totales proviennent de la CEE-NU.
SWE) COV totaux. Les procédés industriels incluent l'utilisation industrielle des solvants. Les données 1994-95 proviennent de la CEE-NU.

EMISSIONS OF GREENHOUSE GASES
ÉMISSIONS DE GAZ A EFFET DE SERRE

The following tables present data on man-made emissions of major greenhouse gases.

The addition of man-made greenhouse gases to the atmosphere disturbs the balance of the earth's radiative energy budget. This may lead to an increase in the earth's surface temperature and to related effects on climate, sea level rise and world agriculture. CO_2, CFCs, N_2O and CH_4 account for a major proportion of the global warming potential. CO_2 is the gas that contributes the largest share.

Table 2.3A presents trends in emissions of CO_2 from energy use. Emission estimates are based on data for total primary energy supply (excluding international marine bunkers) and refer to fossil fuel combustion. Oil and gas for non-energy purposes and the use of biomass fuels are excluded. Peat is included. Calculations have been made according to the methodology developed by the Intergovernmental Panel on Climate change (IPCC). They are based on the same emission coefficients for all countries, and they do not include CO_2 emissions from other human activities (e.g. cement production).

Table 2.3B shows changes in energy-related emissions of CO_2 by source: mobile sources, bunkers, industry, energy transformation, and other.

Table 2.3C presents man-made emissions of major greenhouse gases for the latest year available. Data refer to total emissions of CO_2 (emissions from energy use and industrial processes, i.e. cement production), CH_4 (methane emissions from solid waste, livestock, mining of hard coal and lignite, rice paddies, agriculture and leaks from natural gas pipelines), CFCs (based on consumption of CFCs) and nitrous oxide (N_2O).

When interpreting these data, it should be kept in mind that they refer to gross direct emissions. See also footnotes below the tables.

Les tableaux suivants présentent des données sur les émissions anthropiques des principaux gaz à effet de serre.

L'addition humaine de gaz à effet de serre à l'atmosphère perturbe l'équilibre du budget d'énergie radiative de la terre. Cela peut entraîner une augmentation de la température de surface de la terre et avoir des effets sur le climat, le niveau des mers et l'agriculture mondiale. Ensemble, les CFC, le CH_4, le N_2O et le CO_2 sont responsables d'une majeure partie du potentiel de réchauffement. Le CO_2 est le gaz qui contribue la plus grande part.

Le tableau 2.3A présente les tendances des émissions de CO_2 dues à l'utilisation de l'énergie. Les émissions ont été estimées sur la base des approvisionnements totaux en énergie primaire (non compris les soutages marins internationaux) et concernent la combustion de combustibles fossiles. Le pétrole et le gaz utilisés à des fins non énergétiques et la biomasse ne sont pas inclus. La tourbe est incluse. Les calculs ont été faits selon la méthologie élaboré par le Groupe d'experts intergouvernemental sur l'évolution des climats (GIEC). Ils utilisent les mêmes coefficients d'émissions pour tous les pays, et ne comprennent pas les émissions de CO_2 provenant d'autres activités humaines telles que la production de ciment.

Le tableau 2.3B présente les variations des émissions de CO_2 dues à l'énergie, par source : sources mobiles, soutages marins, industrie, transformation de l'énergie et autres.

Le tableau 2.3C présente les émissions anthropiques de gaz à effet de serre pour la dernière année disponible. Les données concernent les émissions totales de CO_2 (émissions provenant de l'utilisation de l'énergie et des procédés industriels, i.e. production du ciment), de CH_4 (émissions de méthane provenant des déchets solides, du bétail, de l'exploitation minière de charbon et de lignite, des rizières, et des fuites des conduites de gaz naturel), des CFC (émissions basées sur la consommation de CFCs) et d'oxyde nitreux (N_2O).

En interprétant ces informations, il faut tenir compte du fait qu'il s'agit d'émissions brutes et directes. Voir également les notes en bas des tableaux.

AIR 2.3A

CO_2 EMISSIONS FROM ENERGY USE (a), 1980-1995
ÉMISSIONS DE CO_2 DUES A L'UTILISATION D'ÉNERGIE (a), 1980-1995

million tonnes/millions de tonnes

	Emissions / Emissions (a)												Marine bunkers/ Soutages marins (b)
	1980	1985	1986	1987	1988	1989	1990	1991	1992	1993	1994	1995	1995
Canada	435	405	402	417	436	454	431	427	438	443	456	471	2.0
Mexico/Mexique	250	280	270	283	286	305	308	320	328	328	345	328	1.9
USA/Etats-Unis	4778	4633	4608	4782	4957	5035	4908	4899	4961	5128	5178	5229	86.0
Japan/Japon	917	910	909	902	982	1018	1065	1084	1097	1087	1138	1151	19.4
Korea/Corée	126	158	165	173	199	208	232	255	277	304	324	353	14.5
Australia/Australie	215	224	226	239	242	261	265	265	270	282	282	286	2.7
N.Zealand/N.Zélande	18	23	22	23	24	25	25	26	28	27	28	29	1.1
Austria/Autriche	59	56	56	57	54	56	59	64	57	57	58	60	0.0
Belgium/Belgique	127	105	106	106	107	110	109	117	117	113	117	117	12.4
Czech R./R. Tchèque	167	169	174	170	167	160	157	141	138	127	123	120	0.0
Denmark/Danemark	63	63	62	62	58	52	53	63	57	59	64	61	5.1
Finland/Finlande	59	52	54	60	54	55	54	56	50	54	61	54	1.0
France	486	386	369	371	360	377	378	397	374	367	347	362	8.0
Germany/Allemagne	1084	1033	1034	1030	1023	998	982	950	911	897	887	884	6.5
Greece/Grèce	49	59	56	61	65	72	72	73	75	74	77	77	11.3
Hungary/Hongrie	81	79	77	77	74	71	68	66	60	61	57	58	0.0
Iceland/Islande	2	2	2	2	2	2	2	2	2	2	2	2	0.1
Ireland/Irlande	27	28	30	31	31	31	33	33	33	33	35	35	0.4
Italy/Italie	376	362	364	383	387	406	409	416	416	406	402	424	7.6
Luxembourg	12	10	10	9	10	10	11	11	11	12	11	9	0.0
Netherlands/Pays-Bas	159	150	154	157	158	159	161	170	168	172	175	179	35.8
Norway/Norvège	31	29	34	32	29	33	31	32	32	34	34	34	2.2
Poland/Pologne	449	459	465	481	448	428	350	347	346	347	330	336	0.6
Portugal	26	27	30	31	33	41	42	43	47	46	47	51	1.5
Spain/Espagne	196	190	189	190	195	212	216	225	234	222	236	247	10.1
Sweden/Suède	73	62	62	58	60	56	53	52	52	53	56	56	3.3
Switzerland/Suisse	42	42	44	42	42	41	44	45	45	43	44	42	0.1
Turkey/Turquie	73	99	108	118	116	126	138	141	144	149	147	160	0.6
UK/Royaume-Uni	594	568	579	589	585	572	584	592	584	566	563	565	7.7
N. America/Amérique N.	5463	5317	5280	5482	5679	5793	5647	5647	5727	5899	5979	6027	90
OECD/OCDE Europe	4235	4032	4059	4119	4057	4069	4010	4036	3953	3895	3872	3934	114
EU/UE-15	3390	3153	3155	3197	3179	3209	3218	3262	3185	3131	3134	3180	111
OECD/OCDE	10975	10664	10661	10937	11183	11375	11244	11312	11352	11494	11623	11780	242
Non-OECD/Non OCDE Europe	437	337	346	356	491	482	446	376	338	327	299	316	3.9
Africa/Afrique	423	563	581	613	632	619	624	654	637	629	674	693	26.3
Asia/Asie	769	984	1069	1124	1209	1302	1389	1469	1554	1658	1735	1837	57.0
P.Rep.China/Rép.Pop.Chine	1482	1871	1984	2115	2248	2337	2374	2461	2522	2661	2820	3007	8.2
Former USSR/Ex-URSS	3324	3534	3607	3727	3803	3764	3629	3597	3242	2956	2564	2456	0.3
Latin America/Amérique Latine	582	574	607	641	659	668	666	704	715	731	763	807	25.4
Middle East/Moyen Orient	371	533	563	595	630	661	651	668	725	776	794	817	47.2
Total non-OECD/non OCDE	7388	8396	8757	9173	9673	9833	9779	9928	9733	9738	9649	9933	168.3
World/Monde	18362	19060	19419	20110	20856	21208	21023	21240	21085	21231	21272	21713	410.0

Notes:
a) Anthropogenic CO_2 emissions from energy use only. Oil held in international marine bunkers is presented separately. Oil and gas for non-energy purposes and the use of biomass fuels are excluded. Peat is included.
b) International marine bunkers represent quantities delivered to seagoing ships of all flags, including warships and fishing vessels. Quantities are assigned to the countries in which bunker deliveries were made.

Notes :
a) Emissions anthropiques de CO_2 issues de l'utilisation de l'énergie. Le pétrole détenu dans les soutages marins internationaux est présenté séparément. Le pétrole et le gaz utilisés à des fins non énergétiques et la biomasse ne sont pas inclus. La tourbe est incluse.
b) Les soutages marins sont les quantités livrées aux navires (y compris les navires de guerre et les bateaux de pêche), quel que soit leur pavillon. Les quantités sont attribuées aux pays auxquels sont délivrés ces soutages.

Source: IEA-OECD/AIE-OCDE

AIR

CO2 EMISSIONS BY SOURCE (a), 1980-1995
ÉMISSIONS DE CO2 PAR SOURCE (a), 1980-1995

million tonnes/millions de tonnes

	Transport/ Transports (b)		Bunkers/ Soutages (c)		Energy transformation/ Transformation de l'énergie (d)		Industry/ Industrie (e)		Other/ Autres (f)	
	1980	1995	1980	1995	1980	1995	1980	1995	1980	1995
Canada	129.6	140.4	4.7	2.0	97.5	136.8	107.5	99.3	89.6	87.4
Mexico/Mexique	71.5	101.3	1.0	1.9	76.2	114.4	56.7	76.3	23.3	33.3
USA/Etats-Unis	1,251.5	1,579.8	89.3	86.0	1,747.9	2,268.8	940.7	651.2	697.9	623.0
Japan/Japon	160.3	251.9	36.9	19.4	311.2	393.3	310.7	317.6	126.0	170.2
Korea/Corée	15.6	77.4	0.3	14.5	27.5	95.6	36.8	111.7	46.7	78.4
Australia/Australie	51.7	73.0	3.5	2.7	99.5	138.9	51.5	51.4	11.1	13.5
N.Zealand/N.Zélande	7.3	12.8	1.1	1.1	3.0	3.4	4.5	5.2	2.7	2.9
Austria/Autriche	13.0	18.1	0.0	0.0	11.0	15.1	17.7	12.7	16.1	13.0
Belgium/Belgique	17.2	25.5	7.6	12.4	33.8	25.5	42.2	33.0	33.3	30.8
Czech R./R. Tchèque	7.1	7.9	0.0	0.0	42.8	71.2	103.2	31.1	11.4	10.1
Denmark/Danemark	10.7	14.0	1.3	5.1	26.5	31.3	8.1	5.5	18.8	9.0
Finland/Finlande	8.9	12.3	1.9	1.0	19.6	23.5	15.8	14.1	11.5	8.0
France	94.9	136.7	12.6	8.0	122.7	45.0	137.2	88.8	119.5	96.5
Germany/Allemagne	137.8	185.3	11.1	6.5	425.0	358.5	258.4	160.0	252.9	192.4
Greece/Grèce	11.9	19.5	2.7	11.3	19.6	39.4	10.2	9.6	5.9	8.1
Hungary/Hongrie	7.4	7.4	0.0	0.0	29.3	23.7	22.1	8.9	21.7	16.7
Iceland/Islande	0.6	0.8	0.0	0.1	0.0	0.0	0.5	0.5	0.7	0.8
Ireland/Irlande	5.2	7.7	0.2	0.4	8.6	13.6	5.7	4.2	7.2	8.9
Italy/Italie	73.6	112.4	13.2	7.6	120.0	147.3	98.7	85.9	81.3	76.1
Luxembourg	1.5	4.0	0.0	0.0	-0.8	0.1	10.0	3.4	1.5	1.4
Netherlands/Pays-Bas	25.4	37.1	29.6	35.8	46.4	61.5	38.1	35.3	46.3	41.4
Norway/Norvège	9.3	12.3	0.9	2.2	3.2	9.6	11.0	7.4	5.4	3.7
Poland/Pologne	21.3	24.6	2.7	0.6	241.3	181.1	77.6	68.0	103.1	60.8
Portugal	7.7	14.7	1.3	1.5	6.6	21.8	8.1	9.8	2.8	4.2
Spain/Espagne	48.1	78.7	5.1	10.1	68.3	87.4	56.8	47.3	19.9	24.6
Sweden/Suède	17.3	22.3	2.7	3.3	9.8	10.6	21.8	13.6	26.6	10.1
Switzerland/Suisse	12.5	18.2	0.0	0.1	1.5	1.2	8.6	5.2	19.3	18.7
Turkey/Turquie	16.8	36.3	0.0	0.6	14.3	50.7	23.5	38.7	17.4	31.6
UK/Royaume-Uni	98.9	140.0	7.6	7.7	258.3	201.3	108.1	92.8	119.8	112.4
N. America/Amérique N.	1,452.7	1,821.5	95.0	89.9	1,921.6	2,520.0	1,104.9	826.9	810.8	743.7
Australia/Australie-NZ	59.0	85.8	4.6	3.8	102.5	142.2	56.0	56.6	13.8	16.4
OECD/OCDE Europe	647.1	936.0	100.5	114.3	1,508.0	1,419.6	1,083.5	776.0	942.4	779.4
EU/UE-15	572.2	828.4	96.9	110.7	1,175.5	1,081.9	837.0	616.1	763.4	636.9
OECD/OCDE	2,334.6	3,172.5	237.3	241.8	3,870.8	4,570.8	2,591.9	2,088.7	1,939.6	1,788.1
Non-OECD/Non OCDE Europe	32.9	29.7	0.6	3.9	131.9	168.8	162.2	75.5	88.1	31.9
Africa/Afrique	91.0	117.7	16.7	26.3	170.0	349.2	124.1	121.8	45.2	85.8
Asia/Asie	146.8	360.0	22.6	57.0	230.2	820.0	291.6	534.3	80.6	132.1
P. Rep.China/Rép.Pop.Chine	83.1	166.5	0.0	8.2	397.0	1,176.0	673.0	1,401.9	320.9	467.7
Former USSR/Ex-URSS	351.8	167.0	14.2	0.3	1,329.8	1,217.1	999.4	443.4	597.4	576.3
Latin America/Amérique Latine	192.1	287.0	25.3	25.4	156.1	215.3	146.9	186.9	68.8	102.6
Middle East/Moyen Orient	88.9	166.2	34.9	47.2	121.0	370.3	97.3	126.8	49.0	179.1
Total non-OECD/non OCDE	986.7	1,294.1	114.2	168.3	2,530.5	4,316.7	2,494.6	2,890.5	1,250.0	1,575.5
World/Monde	3,321.3	4,466.6	351.5	410.0	6,401.3	8,887.5	5,086.5	4,979.2	3,189.7	3,363.6

Notes:
a) Anthropogenic CO₂ emissions from energy use only. Oil and gas for non-energy purposes and the use of biomass fuels are excluded. Peat is included.
b) Includes transport in the industry sector and covers road, railway, air, internal navigation, transport of materials by pipeline and non-specified transport.
c) Oil held in international marine bunkers. Quantities are assigned to the countries in which bunker deliveries were made.
d) Electricity and heat plants, refineries.
e) Refineries excluded.
f) Agriculture, commerce, residential sectors non specified.

Source: OECD-IEA/OCDE-AIE

Notes :
a) Émissions anthropiques de CO2 issues de l'utilisation de l'énergie. Le pétrole et le gaz utilisés à des fins non énergétiques et la biomasse ne sont pas inclus. La tourbe est incluse.
b) Englobe les transports dans le secteur industriel et couvre les transports routiers, ferroviares et aériens ainsi que la navigation intérieure, le transport par conduites et les transports non spécifiés.
c) Le pétrole détenu dans les soutages marins internationaux. Les quantités sont attribuées aux pays auxquels sont délivrés ces soutages.
d) Centrales électriques, raffineries.
e) Non compris les raffineries.
f) Agriculture, commerce, résidentiel non spécifiés.

AIR 2.3C

EMISSIONS OF GREENHOUSE GASES (a), mid 1990s
ÉMISSIONS DE GAZ À EFFET DE SERRE (a), milieu des années 90

1 000 tonnes

		CH_4	CFCs (b)	N_2O	CO_2 emissions/Émissions de CO_2		
					from energy use/ de l'utilisation d'énergie (c)	from ind. processes/ des procédés industriels (d)	Total CO_2
Canada		3522	5	108	470795	7148	477943
Mexico/Mexique		3641	6	16	327558	11621	339179
USA/Etats-Unis	*	28116	60	469	5228519	34944	5263463
Japan/Japon	*	1312	23	57	1150938	56000	1206938
Korea/Corée	*	1400	10	..	353098	21248	374346
Australia/Australie		5302	4	82	285989	7293	293282
N.Zealand/N.Zélande		1635	0.3	47	29305	2671	31976
Austria/Autriche		608	0.9	4	59980	5580	65560
Belgium/Belgique		631	2	32	117123	10000	127123
Czech Rep./Rép Tchèque		733	0.7	22	120396	4170	124566
Denmark/Danemark		430	-	11	60531	1311	61842
Finland/Finlande		245	0.3	18	54400	900	55300
France		2744	5.0	174	362022	6600	368622
Germany/Allemagne	*	4849	2	219	884410	25000	909410
Greece/Grèce	*	342	3	14	76618	5890	82508
Hungary/Hongrie	*	586	0.9	8	57773	1723	59496
Iceland/Islande		21	-	1	2337	425	2762
Ireland/Irlande	*	812	1.0	26	34859	1827	36686
Italy/Italie	*	4004	17	116	423820	27716	451536
Luxembourg	*	7	-	1	8937	275	9212
Netherlands/Pays-Bas		1141	0.9	59	178829	2000	180829
Norway/Norvège		469	-	14	34156	7200	41356
Poland/Pologne		1841	2	50	336106	15000	351106
Portugal	*	225	3	11	50884	4000	54884
Spain/Espagne		2310	7	94	246979	15611	262590
Sweden/Suède		245	0.2	9	56116	4490	60606
Switzerland/Suisse		313	0.3	12	41962	2620	44582
Turkey/Turquie		417	3	1	160498	13820	174318
UK/Royaume-Uni	*	3817	17	95	564836	9178	574014
North America/Amérique N.	*	35300	71	600	6026900	53700	6080600
OECD/OCDE Europe	*	26800	66	1000	3933600	165300	4098900
EU15/UE15	*	22400	60	900	3180300	120400	3300700
OECD/OCDE	*	71700	175	1800	11779800	306200	12086000
Non-OECD/OCDE Europe	e)	10200	5	..	316300	11100	327400
Africa/Afrique	e)	21000	12	..	692500	26900	719400
Asia+Middle East/Asie+Moy. Orient	e)	86600	23	..	2654200	103900	2758100
P. Rep.China/Rép.Pop.Chine	e)	47000	8	..	3006800	151400	3158200
Former USSR/Ex-URSS	e)	27300	44	..	2456100	55000	2511100
Latin America/Amérique Latine	e)	22300	9	..	807400	31300	838700
Total Non-OECD/OCDE	e)	214400	101	..	9933300	379600	10312900
World/Monde	*	286100	280	..	21713100	685800	22398900

Notes:
a) 1995 or latest available year from 1990 on, except as noted.
b) Total apparent consumption of CFCs controlled by the Montreal Protocol.
c) 1995 IEA-OECD data, excluding international marine bunkers.
d) All emissions from industrial processes, except those from fuel combustion. Some figures, from WRI, include estimates of emissions from cement production, based on world data for cement manufacturing and on IPCC emission factors.
e) Rounded figures. CH_4 and CFCs: 1991 WRI estimates. CO_2 from ind. processes: 1992 WRI estimates.
USA) CO_2 from ind. processes: 1992 WRI estimate.
JPN) N_2O: 1994 Secretariat estimate.
KOR) CH_4: 1991 WRI estimate. CO_2 from ind. processes: 1992 WRI estimate.
DEU) CH_4 and CO2 from ind. processes: provisional 1994 data.
GRC) CFCs: 1991 WRI estimate.
HUN) CH_4: estimated value for 1990.
IRL) CFCs: 1991 WRI estimate.
ITA) CFCs: 1991 WRI estimate.
LUX) CH_4, CFCs and CO_2 from ind. processes: 1989 WRI estimates.
PRT) CFCs: 1991 WRI estimate.
UKD) CFCs: 1991 WRI estimate.
TOT) Rounded figures, which include estimates.

Notes :
a) 1995 ou la dernière année disponible depuis 1990, sauf indication contraire.
b) Consommation apparente totale de CFCs contrôlés par le protocole de Montréal.
c) Données AIE-OCDE 1995, excluent les soutages marins internationaux.
d) Toutes les émissions de procédés ind. sauf les émissions de combustion. Certains chiffres provenant du WRI, sont des estimations d'émissions provenant de la production de ciment. Ils se fondent sur la production mondiale de ciment, et sur les facteurs d'émission IPCC.
e) Chiffres arrondis. CH_4 et CFCs: estimations du WRI pour 1991. CO_2 des procédés ind.: estimations du WRI pour 1992.
USA) CO_2 des procédés ind.: estimation du WRI pour 1992.
JPN) N_2O: estimation du Secrétariat pour 1994.
KOR) CH_4: estimation du WRI pour 1991. CO_2 des procédés ind.: estimation du WRI pour 1992.
DEU) CH_4 et CO_2 des procédés ind.: données 1994 provisoires.
GRC) CFCs: estimation du WRI pour 1991.
HUN) CH_4: données estimées pour 1990.
IRL) CFCs: estimation du WRI pour 1991.
ITA) CFCs: estimation du WRI pour 1991.
LUX) CH_4, CFCs et CO_2 des procédés ind.: estimations du WRI pour 1989.
PRT) CFCs: estimation du WRI pour 1991.
UKD) CFCs: estimation du WRI pour 1991.
TOT) Chiffres arrondis. Incluent des estimations.

Source: OECD/OCDE, UNFCCC/CCCCNU, UNEP/PNUE, WRI

CONCENTRATIONS OF AIR POLLUTANTS
CONCENTRATIONS EN POLLUANTS DE L'AIR

The next set of tables provides trends in concentrations of SO2, NO2 and suspended particulates at national level and for selected cities. Whenever possible, concentrations from background stations are provided in addition to the urban concentrations. Composite averages of the annual mean concentrations presented as values relative to a base year are calculated over the number of sites for each year. In addition, the measurement method and the number of stations (which varies significantly from city to city) are provided.

These data give an indication of <u>trends in ambient air quality</u> at national level and in cities. The national trend is defined as the trend in the urban areas, where the monitors are typically located in areas of high concentration. With respect to city trends, the following two factors place a restriction on the examination of this information if generalisations are to be made to an entire city:

- often only one site is available for trend purposes;
- in some cities the number of trend sites will change significantly from one year to the next. In general, one site is not sufficient when trying to assess citywide trends. While no firm rule exists, five or more sites are recommended as a minimum number from which to derive such trend information, assuming a distribution of sites that represents multiple areas of a city.

In general the reader should be extremely cautious when interpreting these tables, especially because of the large differences in the number of monitoring sites used in the calculation of citywide averages. In many cases a comparison between cities is not advisable. Further, the variation in the number of sites may also introduce a bias of some kind on the trend within an individual city. Finally, it should be borne in mind that sometimes monitoring is carried out only at sites where there is a severe problem, leading to a bias towards higher concentrations. For additional explanations the reader is referred to footnotes.

Le groupe de tableaux suivant présente l'évolution des concentrations de SO2, NO2, et de particules en suspension au niveau national et pour des villes sélectionnées. Chaque fois que cela est possible, les concentrations de stations représentant la pollution de fond sont fournies en sus des concentrations urbaines. Les moyennes composées des concentrations moyennes annuelles sont calculées sur l'ensemble des sites d'une même ville, et présentées par rapport à une année de base. Les méthodes de mesure et le nombre des stations de mesure (qui varient beaucoup d'une ville à l'autre) sont également indiqués.

Ces données fournissent une indication sur <u>l'évolution de la qualité de l'air ambiant</u> au niveau national et dans les villes. L'évolution nationale est définie comme étant l'évolution dans les zones urbaines où les stations de surveillance sont habituellement situées dans des zones à concentration élevée. En ce qui concerne l'évolution dans les villes, les données ne peuvent pas être généralisées pour une ville dans son ensemble, et leur analyse est limitée par les deux facteurs suivants :

- les tendances sont parfois calculées à partir de chiffres disponibles pour un seul site ;
- dans certaines villes, le nombre de sites utilisés pour le calcul des tendances change beaucoup d'une année à l'autre. En général, un seul site ne suffit pas pour aboutir à des tendances significatives sur l'ensemble d'une ville. Bien qu'il n'existe aucune règle stricte, cinq sites ou plus semblent être un minimum recommandable pour le calcul de telles tendances, en faisant l'hypothèse que la répartition des sites recouvre les diverses zones de la ville.

En général, le lecteur devrait être extrêmement prudent lors de l'interprétation de ces tableaux, en particulier parce qu'il existe de grandes différences dans le nombre de sites de surveillance utilisés pour calculer les concentrations moyennes pour les villes. Dans de nombreux cas, il n'est pas recommandé de comparer les villes. Les différences dans le nombre de sites risquent également d'introduire un biais dans l'évolution au sein d'une seule ville. Enfin, on gardera à l'esprit que la qualité de l'air n'est parfois surveillée que pour des sites où se posent des problèmes graves, conduisant ainsi à une distorsion vers les niveaux élevés de concentrations. Pour tout détail complémentaire, le lecteur se reportera aux notes de bas de page.

AIR 2.4A

CONCENTRATIONS OF SO2, 1980-1995
CONCENTRATIONS EN SO2, 1980-1995

Cat. (a)	City or area/ Ville ou région	Measurement method/ Méthode de mesure	No. Stn.	1985 base reference/ année de base (ug/m3)	1980	1981	1982	1983	1984	1985	1986	1987	1988	1989	1990	1991	1992	1993	1994	1995
	Canada *																			
N	National	* Coul./P.fluor.c	58-65	16.0	163	132	132	99	115	100	100	81	100	100	100	75	81	88	..	..
A	Montreal	UV Fluor.	7	14.0 (1988)	..	..	..	..	..	..	..	..	100	136	107	71	86	71	..	..
B	Hamilton	UV Fluor.	3	25.0 (1988)	..	..	..	..	..	..	..	..	100	124	96	96	88	92	..	..
C	Vancouver	UV Fluor.	4	16.0 (1988)	..	..	..	..	..	..	..	..	100	94	125	81	75	88	..	..
B.G.	Dorset	Coul./P.fluor.c	1	2.6	..	..	..	..	..	100	100	100	100	..	192	..	..	..	..	..
	Mexico/Mexique																			
B	Mexico, D.F.	..	5	162.8 (1988)	..	..	..	..	..	..	..	..	100	88	95	103	88	39	45	..
	USA/Etats-Unis *																			
N	National	..	212	24.4	122	115	108	105	107	100	99	96	97	94	88	86	80	78	76	62
A	New York	..	13	32.7	109	114	103	97	104	100	92	94	100	97	87	83	74	65	65	50
A	Los Angeles	..	6	15.7	116	115	116	104	121	100	87	77	76	57	46	46	43	40	43	43
B	Steubenville	..	2	52.2	120	109	109	103	111	100	106	108	111	122	116	103	88	..	..	..
B	Chicago	..	5	25.3	122	106	107	113	105	100	92	87	85	89	80	76	66	63	63	57
C	Denver	..	2	16.5	141	157	132	152	126	100	99	105	105	90	91	101	108	100	90	70
C	Washington	..	6	22.4	147	139	129	114	119	100	114	113	117	126	105	107	104	104	101	82
B.G.	Dunn Co.	* ..	1	4.0	68	80	128	93	88	100	93	73	80	80	80	73	80	88	93	88
	Japan/Japon *																			
N	National	Conduct. c.	23	17.0	118	118	118	100	100	100	100	100	100	100	100	100	82	83	83	..
A	Tokyo	Conduct. c.	20-16	29.0	176	159	159	107	100	100	90	90	79	90	100	100	79	64	64	..
B	Kawasaki	Conduct. c.	7-8	26.0	142	142	119	112	112	100	100	100	100	112	112	100	88	60	70	..
C	Kanazawa	Conduct. c.	8-6	17.0	135	118	118	118	118	100	82	82	82	82	82	82	82	83	67	..
B.G.	..	Conduct. c.	8	11.0	127	127	127	127	127	100	127	127	127	127	127	127	100	100	100	..
	Korea																			
A	Seoul	UV Fluor.	20	146.7	168	154	102	91	118	100	96	100	111	100	91	77	63	41	34	30
A	Pusan	UV Fluor.	7	123.1	123	130	138	109	106	100	89	83	94	100	83	81	70	60	49	49
B	Taegu	UV Fluor.	5	102.2	97	118	100	118	103	100	110	141	133	123	105	105	103	94	97	79
B	Kwangju	UV Fluor.	3	52.4	45	105	120	145	130	100	100	70	95	105	85	85	85	70	65	50
C	Taejeon	UV Fluor.	3	86.5	70	88	91	85	91	100	82	79	103	106	88	85	67	61	64	51
C	Incheon	UV Fluor.	3	136.2	50	83	64	71	108	100	102	108	108	125	85	79	69	40	42	44
	Australia/Australie *																			
A	Melbourne	* UV Fluor.	3-5	10.5	..	..	..	25	125	100	100	125	150	150	325	399	..	..	..	..
B	Wollongong	Pulsed fluor.	2	20.0	75	95	85	100	100	100	60	60	65	85	75	70	96	..	..	..
B	Port Kembla	Pulsed fluor.	1	20.0	50	85	65	50	45	100	60	70	70	80	110	95	238	..	..	..
	N.Zeal./N.Zélande *																			
A	Auckland	Acidimetry	1	3.2 (1986)	719	491	247	228	138	..	100	78	94	63	59	63	147	134	..	..
A	Christchurch	* Fluorescence	3-1	18.9	167	135	132	128	108	100	131	..	..	14	29	26	32	5	..	..
	Austria/Autriche																			
A	Wien	..	14	23.0 (1989)	..	..	..	..	..	..	..	..	..	100	87	100	65	78	65	61
B	Linz	..	7	43.0	..	..	74	72	79	100	72	70	35	26	21	26	23	23	16	16
C	Graz	..	5	21.0 (1991)	..	..	..	..	..	..	..	..	..	..	..	100	81	76	57	57
	Belgium/Belgique																			
N	National	UV Fluor.	5	46.0	109	115	93	102	122	100	93	65	61	..	57	54	57	52	48	52
A	Bruxelles	UV Fluor.	8-6	39.0	110	118	82	90	115	100	95	67	69	..	69	64	62	56	46	51
B	Antwerpen	UV Fluor.	12-8	42.0	150	157	121	133	124	100	100	74	74	..	76	76	79	76	64	60
C	Liège	UV Fluor.	7-3	43.0	130	107	84	79	107	100	86	56	51	..	53	53	44	42	40	40
B.G.	Sig.D.Bot.-Liège	UV Fluor.	1	20.0	40	90	75	55	95	100	90	60	50	..	55	65	60	55	50	55
	Czech R./R. Tchèque *																			
N	National	UV Fluor.	590	63.0	76	92	100	83	84	100	92	97	68	75	59	70	48	52	37	33
A	Praha	UV Fluor.	27	88.0	86	90	103	85	75	100	77	84	73	68	51	73	51	59	45	36
A	Brno	UV Fluor.	16	52.0	58	75	73	67	69	100	87	77	52	60	44	46	29	33	23	25
B	Usti Nad Labem	UV Fluor.	11	89.0	90	96	110	88	85	100	106	102	78	103	67	80	46	57	40	37
B	Ostrava	UV Fluor.	8	64.0	97	100	88	81	75	100	89	97	77	89	70	73	47	59	52	42
C	Hradec Kralove	UV Fluor.	4	50.0	164	108	100	96	74	100	48	78	76	100	66	64	36	38	28	40
C	Olomouc	* UV Fluor.	7	35.0	..	..	71	54	100	100	109	100	86	100	91	134	86	111	63	71
B.G.	Kosetice	UV Fluor.	1	21.0 (1986)	..	..	..	..	..	..	100	90	105	86	100	133	86	67	57	62
	Denmark/Danemark *																			
A	Köbenhavn	* KOM Imp. F.	6-1	26.0	119	69	88	96	100	100	73	..	81	77	66	72	54	46	33	28
C	Ålborg	KOM Imp. F.	1	23.0	..	..	91	87	109	100	74	61	61	52	52	52	31	29	20	15
B.G.	Tange	KOM Imp. F.	1	6.2	177	123	145	100	129	100	97	85	71	52	58	61	53	50	32	31
	Finland/Finlande *																			
A	Helsinki	* UV Fluor./Cuol.	2	29.0	110	103	86	83	90	100	69	79	83	55	52	48	24	24	24	14
B	Tampere	* UV Fluor./Thorin	2-1	25.0	224	212	224	148	120	100	64	68	44	24	28	28	<20	<20	<20	<20
B	Oulu	* UV Fluor./Cuol.	3-1	12.0	217	167	125	108	92	100	75	75	67	50	50	42	33	33	33	17
C	Turku	* UV Fluor./Thorin	1	30.0	..	253	177	180	83	100	83	120	83	67	53	43	30	30	23	20
B.G.	Sodankylä	* Thorin/Ion C.	1	4.3	135	121	74	60	86	100	81	84	77	49	60	65	33	33	23	26
	France																			
N	National	* UV Fluor.	120	27.0 (1988)	..	..	..	..	..	..	..	..	100	104	93	93	81	74	..	..
A	Paris	* UV Fluor.	7-40	28.0 (1990)	..	..	..	..	..	..	..	..	..	..	100	89	71	54	50	..
B	Rouen	UV Fluor.	3-9	29.0 (1990)	..	..	..	..	..	..	..	..	..	..	100	117	114	110	100	..
C	Nantes	UV Fluor.	4-7	12.0 (1990)	..	..	..	..	..	..	..	..	..	..	100	133	108	92	83	..
B.G.	Donon	UV Fluor.	..	8.0 (1990)	..	..	..	..	..	..	..	..	..	..	100	88	75	63	25	..

CONCENTRATIONS OF SO2, 1980-1995
CONCENTRATIONS EN SO2, 1980-1995

Cat. (a)	City or area/ Ville ou région	Measurement method/ Méthode de mesure	No. Stn.	1985 base reference/ année de base (ug/m3)	1980	1981	1982	1983	1984	1985	1986	1987	1988	1989	1990	1991	1992	1993	1994	1995
	Germany/Allemagne *																			
N	National	* ..	12	118.0	110	88	91	80	90	100	87	89	57	61	46	47	33	27	19	15
A	Berlin	* ..	39	67.0	134	115	122	100	99	100	97	113	76	91	72	67	48	39	30	27
A	München	..	5	28.0	125	121	121	114	86	100	96	96	57	61	54	46	43	43	36	29
B	Gelsenkirchen	..	1	87.0	109	95	90	84	85	100	84	75	45	41	33	38	34	31	25	21
B	Leipzig	..	1	377.0	59	54	56	52	79	100	77	77	52	55	27	37	27	21	11	9
C	Frankfurt	..	4	78.0	85	113	90	79	74	100	72	72	38	31	29	32	24	21	18	14
C	Freiburg	..	1	30.0	..	100	167	67	100	100	100	100	57	63	57	43	33	27	20	20
B.G.	Neuglobsow	..	1	23.0	100	74	100	74	83	100	96	83	43	52	35	..	26	30	22	22
B.G.	Deuselbach	..	1	18.0	94	89	89	78	94	100	83	78	33	33	28	39	28	22	17	17
	Greece/Grèce *																			
A	Athens	* Pulsed fluor.	5	26.5	..	..	..	..	..	100	134	127	151	186	149	171	187	147	..	..
	Hungary/Hongrie																			
A	Budapest	UV Fl./W.Gaeke	43	42.0	149	149	123	90	155	100	75	46	30	42	34	41	62	70	94	92
B	Miskolc	UV Fluor.	8	48.5	141	104	133	79	76	100	76	83	56	38	59	109	108	58	74	70
B	Pécs	UV Fluor.	10	42.0	115	125	123	110	124	100	92	91	52	73	88	87	45	40	74	79
C	Debrecen	UV Fluor.	11	38.0	109	117	113	79	96	100	83	96	62	78	67	72	74	118	..	..
C	Györ	UV Fluor.	7	27.5	151	127	107	91	84	100	140	110	64	67	71	66	143	101	107	81
B.G.	K-Puszta	UV Fluor.	1	25.4	100	46	43	34	46	100	60	87	40	32	21	35	13	14	10	..
	Iceland/Islande *																			
A	Reykjavik	* UV Fluor.	1	3.8 (1990)	..	..	..	..	..	..	..	..	..	..	100	84	55	90	129	118
B.G.	EMEP Station	..	1	0.8	..	..	..	..	..	100	88	43	115	68	55	23	18	15	18	15
	Ireland/Irlande *																			
A	Dublin	* ..	15	35.0	134	194	126	143	..	100	119	106	63	60	60	51	49	56	..	..
B	Cork	* ..	6	14.0	193	..	..	..	..	100	171	171	129	71	57	79	64	86	..	..
B.G.	AGHADA,Cork	..	1	7.0 (1987)	171	..	..	..	..	..	..	100	114	71	29	..	..	..	..	..
	Italy/Italie *																			
A	MILANO	* UV p. fluor c.	5	90.8	214	203	150	135	122	100	111	73	105	72	51	62	39	34	..	..
	Luxembourg *																			
N	National	UV Fluor.	3	22.0 (1988)	..	..	..	..	..	..	..	..	100	145	127	150	141	123	105	86
A	Luxembourg	UV Fluor.	2	27.0 (1988)	..	..	..	..	..	..	..	..	100	135	119	135	122	111	93	74
B	Es.	UV Fluor.	1	12.0 (1988)	..	..	..	..	..	..	..	..	100	192	175	225	225	167	158	150
B.G.	El/Vi	UV Fluor.	2	9.0 (1988)	..	..	..	..	..	..	..	..	100	156	144	200	167	122	100	111
	Netherl./Pays Bas *																			
N	National	UV Fluor.	8	29.4 (1986)	110	123	95	94	..	..	100	70	58	57	58	..	..	..	..	..
A	Amsterdam	UV Fluor.	10	15.8	159	163	135	124	124	100	86	86	89	70	63	..	..	..	..	..
B	RIJNMOND-Rott.	UV Fluor.	10	33.5	132	133	117	110	113	100	..	87	87	72	72	..	..	..	..	..
C	Den Haag	..	1	19.0 (1987)	158	..	..	..	..	..	..	100	89	84	84	..	..	..	..	..
B.G.	..	UV Fluor.	8	16.3	117	139	97	106	119	100	111	70	65	56	62	..	..	..	..	..
	Norway/Norvège *																			
N	National	* Thorin/H2O2	35-26	15.1	139	125	101	99	103	100	93	78	65	61	60	56	55	43	..	..
A	Oslo	* Thorin/H2O2	2	15.0	237	210	135	103	108	100	83	85	..	..	48	52	55	55	..	..
B	Porsgrunn	Thorin/H2O2	1	12.0	96	125	58	75	112	100	100	125	67	83	41	38	21	..	..	..
C	Kristiansand	Thorin/H2O2	1	9.0	128	116	133	161	139	100	111	111	100	73	66	56	44	33	..	..
B.G.	..	Ion Chrom.	6	1.3	92	126	55	92	112	100	123	115	108	54	69	62	46	46	39	39
	Poland/Pologne *																			
N	National		196	36.0 (1990)	..	..	..	..	..	..	..	..	..	..	100	100	83	83	61	58
A	Lódz	* Colorimetry	19-12	48.0	96	81	85	79	94	100	88	90	67	65	56	73	54	54	44	44
B	Chorzów	Colorimetry	1	104.0	..	77	82	80	87	100	136	87	128	79	60	62	99	95	38	37
C	Warszawa	* Colorimetry	8-6	54.0	87	96	85	76	59	100	54	50	43	44	35	35	28	39	26	30
B.G.	Suwalki/P.Borecka	* Thorin	1	12.4	71	53	56	56	61	100	95	89	79	44	50	73	31	38	39	36
	Portugal *																			
A	Lisboa	* UV Fluor.	7	28.0	121	143	118	129	96	100	107	100	79	93	71	82	125	75	32	29
B	Barreiro	UV Fluor.	7	54.0	252	213	133	122	119	100	93	93	100	83	57	20	22	17	11	19
C	Porto	UV Fluor.	2	18.0	167	122	144	94	78	100	172	161	317	394	300	433	..	189	83	83
B.G.	SINES (Mte. Velho)	..	1	3.0 (1987)	..	..	..	..	..	..	..	100	133	167	233	167	267	200	267	167
	Spain/Espagne *																			
A	Madrid	* UV Fluor.	14-10	87.0 (1987)	..	..	..	..	..	..	..	100	105	..	64	61	54	45	41	..
B	Bilbao	* Thorin	7-5	52.0 (1986)	..	..	..	..	..	..	100	119	119	102	96	115	73	40	46	..
C	Santander	Thorin	4-1	14.0 (1986)	..	..	..	..	..	..	100	86	114	93	186	214	221	..	..	..
B.G.	..	..	1	28.7 (1986)	..	..	..	..	..	..	100	..	..	..	38	24	..	..	41	..
	Sweden/Suède *																			
A	Göteborg	UV Fluor.	5-3	22.0	109	132	86	68	95	100	77	86	59	41	41	32	27	23	23	27
B	Stockholm	* UV Fluor.	5-2	21.0	200	205	143	90	129	100	110	86	100	57	38	33	24	24	19	24
C	Sundsvall	UV Fl.c./DOAS	1	22.0 (1986)	164	136	95	127	91	..	100	109	59	59	18	18	14	23	18	18
B.G.	Rorvik	Filter-pack/ic	1	7.6	121	87	111	74	84	100	92	76	74	71	47	45	32	32	26	29
	Switzerl./Suisse *																			
A	Zurich	UV Fluor. c.	1	50.0	..	86	98	96	92	100	76	60	54	46	36	38	32	26	22	22
B	Basel	UV Fluor. c.	1	36.0	106	83	106	100	86	100	92	44	47	50	39	36	31	25	19	19
C	Dübendorf	UV Fluor. c.	1	35.0	89	77	89	71	74	100	71	80	51	49	34	37	29	23	17	20
B.G.	Payerne	UV Fluor. c.	1	10.0	110	120	90	80	60	100	90	80	60	50	40	40	30	30	20	20

AIR 2.4A

CONCENTRATIONS OF SO2, 1980-1995
CONCENTRATIONS EN SO2, 1980-1995

Cat. (a)	City or area/ Ville ou région	Measurement method/ Méthode de mesure	No. Stn.	1985 base reference/ année de base (ug/m3)	1980	1981	1982	1983	1984	1985	1986	1987	1988	1989	1990	1991	1992	1993	1994	1995
	Turkey/Turquie *																			
A	Ankara	* H2O2/Conduct.	7-8	132.0	158	166	195	117	106	100	93	119	197	117	129	95	..	55	42	42
B	Kocaeli	H2O2	2-4	47.0	..	..	..	..	..	100	183	277	362	353	413	349	326	198	166	187
B	Istanbul	H2O2	12-17	125.0	..	..	..	..	..	100	146	132	148	168	193	225	198	163	118	96
C	Eskisehir	H2O2	1	129.0	..	..	..	..	..	100	95	119	111	132	133	140	149	129	135	96
C	Samsun	H2O2	1-2	79.0	..	..	..	..	..	100	..	141	132	154	167	154	86	89	79	58
	UK/Royaume-Uni *																			
N	National		155-184	41.0	112	117	120	117	110	100	100	95	88	85	88	80	73	68	59	..
A	London	Acid. Titr. c./UV Fl.	11	42.0	167	162	145	117	119	100	107	93	93	88	93	76	67	..	..	..
B	Newcastle	Acid. Titr. c.	1	40.0	173	165	188	100	100	100	95	148	90	90	75	78	78	55	55	..
C	Bristol	Acid. Titr. c.	1	39.0	113	169	108	133	136	100	100	74	44	62	51	51	51	46	46	..
B.G.	Little Horkesley	Acid. Titr. c.	1	32.0	88	69	56	63	84	100	53	34	31	25	22	22	16	..	..	..
	Slov. R./R.Slov. *																			
N	National	*	12	53.0	115	..	..	..	..	100	92	79	60	77	55	58	..	..	48	47
A	Bratislava	West, Gaeke	7	44.0	86	..	..	..	..	100	95	95	64	61	48	48	..	..	..	..
B	Prievidza-Disctrict	West, Gaeke	4	65.0	131	169	123	92	92	100	105	112	85	65	49	51	..	..	..	..
B	Banska Bystrica	UV Fluor.	1	31.0 (1994)	..	..	..	..	..	..	..	..	..	..	..	..	..	..	100	87
C	Kosice	West, Gaeke	9	30.0	103	..	..	..	..	100	107	100	97	100	83	90	..	..	..	..
B.G.	Chopok	*	1	5.04	124	98	90	80	89	100	92	60	57	69	78	80	..	..	58	48

Notes:
a) Categories: N - country network, national trend; A - city in which a notable portion (5-10%) of national population is concentrated; B - industrial city in which a significant number of inhabitants is considered to be exposed to the worst level of pollution in 1980; C - city with residential and service functions and with intermediate pollution level; B.G. - selected station(s), representing background pollution.
CAN) Measurement temperature : - 15.6°. National trend comparable over ten years only.
USA) Urban areas are designated Consolidated Metropolitan Statistical Areas B.G. Dunn is a county level.
JPN) Fiscal year, commencing 1st April. Operating temperature 20°C.
AUS) Melbourne: number of monitoring stations increased during series from 3 (1983) to 5 (1991).
NZL) Christchurch: change in measurement method in 1989. Reduction in number of monitoring sites from 3 to 1 in 1989.
CZE) Olomouc: data for 1982-83 refer to one station only.
DNK) Köbenhavn: break in time series in 1987.
FIN) Helsinki: change in measurement method in 1987 and 1988. Tampere: reduction of sites from 2 to 1 in 1995; the annual average has been under detection level since 1992. Oulu: reduction of sites from 3 to 1 and change of measurement method in 1991. Turku: change in measurement method in 1990. Sodankylä: number of measurements per year ranges from 24 to 36.
FRA) 1994 data are provisional. National: refers to urban, industrial and rural sites with valid measurement stations. Paris: refers to Paris agglomeration.
DEU) Data referring to one station only represent intermediate pollution level. National: composite average of 12 cities. Berlin: up to 1989 data cover West Berlin only (average of 31 stations); from 1990 data refer to the average of 36-39 stations in the whole of Berlin.
GRC) Athens: four monitoring sites in 1985 and 1992.
ISL) Reykjavik: 1990 data refer to the mean concentrations for the months 09 to 12.
IRL) Dublin and Cork: data are Secretariat estimates.
ITA) Milano: four monitoring sites in 1988 and six in 1991.
LUX) 1988 data refer to the sampling period July-December.
NLD) Fiscal year, commencing 1st April.
NOR) Fiscal year, commencing 1st April. Data refering to one station only represent intermediate pollution level. National: stations gradually reduced from 1980 to 1990. Oslo: mean pollution level of St Olavs plass and Bryn skole.
POL) Lódz and Warszawa: 1990-95 data refer to less monitoring stations. Suwalki/Puszca Borecka: in 1993 the Suwalki station was replaced by a station in Puszca Borecka; both are in the same region (North-East).
PRT) Lisboa: in 1992 six UV Fluor. stations were incorporated.
ESP) The number of monitoring stations differs from year to year. Madrid and Bilbao: data refer to city centre.
SWE) Monitoring period from October to March, except for B.G. Stockholm: the number of monitoring stations changed during the series. Sundsvall: data refer to city centre; change of measurement method in 1990 (and location changed to 20 metres above ground instead of 12 metres).
TUR) Ankara: change in measurement method in 1987.
UKD) Fiscal year, commencing 1st April. Measurement method follows the British Standard 1747 Part. 3. Data referring to one station only represent intermediate pollution level.
SLO) National data refer to the arithmetic mean of 9 regions. Chopok: change in measurement method in 1987.

Source: OECD/OCDE

Notes :
a) Catégories : N - réseau du pays, évolution nationale; A - ville englobant une part notable (5 à 10%) de la population nationale; B - ville industrielle où un nombre notable d'habitants est exposé aux niveaux les plus élevés de pollution en 1980; C - ville à dominante résidentielle et de service et d'un niveau moyen de pollution; B.G. - station(s) sélectionnée(s) pour être représentative(s) de la pollution de fond.
CAN) Mesures faites à 15.6 degrés en dessous de zéro. Évolution nationale: données comparables sur 10 ans seulement.
USA) Sites urbains: "Consolidated Metropolitan Statistical Areas". B.G. Dunn: niveau représentatif du comté.
JPN) Année fiscale, commençant le 1er avril. Température de fonctionnement de 20 degrés Celsius.
AUS) Melbourne: le nombre de stations de mesures a augmenté au cours du temps de 3 en 1983 à 5 en 1991.
NZL) Christchurch: changement de méthode de mesure en 1989. Réduction du nombre de stations de mesures de 3 à 1 en 1989.
CZE) Olomouc: les données 1982-83 proviennent d'une station seulement.
DNK) Köbenhavn: rupture de série en 1987.
FIN) Helsinki: changement de méthode de mesure en 1987 et 1988. Tampere: réduction du nombre de stations de mesures de 2 à 1 en 1995; la moyenne annuelle se situe au-dessous du niveau de détection depuis 1992. Oulu: réduction du nombre de stations de mesures de 3 à 1 et changement de méthode de mesure en 1991. Turku: changement de méthode de mesure en 1990. Sodankylä: nombre de mesures annuelles variant de 24 à 36.
FRA) Les données 1994 sont provisoires. National: les données se réfèrent à l'ensemble des zones urbaines, industrielles et rurales qui disposent de stations de mesures validées. Paris: les données se réfèrent à l'agglomération.
DEU) Les données provenant d'une seule station représentent un niveau de pollution intermédiaire. National: les données se réfèrent à la moyenne de 12 villes. Berlin: données jusqu'en 1989: Berlin ouest uniquement (moyenne de 31 stations); données depuis 1990: Berlin (moyenne de 36-39 stations).
GRC) Athènes: 4 stations de mesures en 1985 et 1992.
ISL) Reykjavik 1990: moyenne des mois 09 à 12.
IRL) Dublin et Cork: les données sont des estimations du Secrétariat.
ITA) Milan: 4 stations de mesures en 1988, 6 en 1991.
LUX) Les données 1988 couvrent la période de juillet à décembre.
NLD) Année fiscale, commençant le 1er avril.
NOR) Année fiscale, commençant le 1er avril. Les données provenant d'une seule station représentent un niveau de pollution intermédiaire. National: le nombre de stations a été progressivement réduit entre 1980 et 1990. Oslo: niveau de pollution moyen des stations St Olavs plass et Bryn skole.
POL) Lódz et Warszawa: les données 1990-95 se réfèrent à un nombre inférieur de stations de mesures. Suwalki/Puszca Borecka: la station de Suwalki a été remplacée par la station de Puszca Borecka en 1993; les deux stations sont dans la même région (Nord-Est).
PRT) Lisboa: six stations de mesures (méthode UV Fluor.) ont été incorporées en 1992.
ESP) Le nombre de stations de mesures varie d'une année sur l'autre. Madrid et Bilbao: les données concernent le centre ville.
SWE) Période de surveillance d'octobre à mars, excepté pour B.G. Stockholm: le nombre de stations de mesures a changé au cours du temps. Sundsvall: les données concernent le centre ville; changement de méthode de mesure et de localisation (20 mètres au-dessus du sol au lieu de 12 mètres) en 1990.
TUR) Ankara: changement dans la méthode de mesure en 1987.
UKD) Année fiscale, commençant le 1er avril. Méthode de mesure selon la norme britannique 1747 Partie 3. Les données provenant d'une seule station représentent un niveau de pollution intermédiaire.
SLO) Les données nationales se réfèrent à la moyenne arithmétique de neuf régions. Chopok: changement dans la méthode de mesure en 1987.

AIR

CONCENTRATIONS OF NO2, 1980-1995
CONCENTRATIONS EN NO2, 1980-1995

Cat. (a)	City or area/ Ville ou région	Measurement method/ Méthode de mesure	No. Stn.	1985 base reference/ année de base (ug/m3)	1980	1981	1982	1983	1984	1985	1986	1987	1988	1989	1990	1991	1992	1993	1994	1995
	Canada *																			
N	National *	Chem.	34-47	41.0	115	106	106	101	110	100	100	95	98	105	98	90	83	85	..	..
A	MONTREAL	Chem.	3	48.0 (1988)	..	..	..	..	..	..	..	..	100	108	108	98	73	88	..	..
B	HAMILTON	Chem.	2	46.0 (1988)	..	..	..	..	..	..	..	..	100	100	83	89	80	83	..	..
C	VANCOUVER	Chem.	3	51.0 (1988)	..	..	..	..	..	..	..	..	100	94	92	94	92	73	..	..
C	OTTAWA	Chem.	1-2	45.0 (1986)	..	..	..	..	..	..	100	109	104	113	96	93	93	89	..	..
B.G.	DORSET	Chem.	1	11.3	..	..	..	..	166	100	66	34	34	..	35	..	..	..	..	..
	Mexico/Mexique																			
B	MEXICO, D.F.	..	5	227.5 (1986)	..	..	..	..	..	..	100	60	72	71	74	69	73	69	57	..
	USA/Etats-Unis *																			
N	National	Chem.	76	46.2	107	105	103	101	102	100	102	100	102	98	94	94	89	87	92	89
A	NEW YORK	Chem.	3	53.2	107	105	114	115	107	100	103	114	112	101	101	102	97	100	101	92
A	LOS ANGELES	Chem.	12	86.2	110	110	106	100	98	100	99	92	101	99	90	92	85	80	88	87
B	CHICAGO	Chem.	2	59.1	..	95	102	97	99	100	93	89	95	98	84	77	88	88	95	96
C	DENVER	Chem.	2	68.2	102	101	116	109	99	100	104	94	93	..	..	..	90	76	80	80
C	WASHINGTON	Chem.	4	56.8	99	99	94	95	98	100	103	96	91	83	93	89	88	90	92	81
B.G.	MERCER Co.	* Chem.	4	7.0	99	103	91	86	87	100	120	96	91	90	96	93	97	97	110	109
	Japan/Japon *																			
N	National	Saltzman	23	27.0	100	100	100	100	100	100	100	107	107	107	107	115	107	121	121	..
A	TOKYO	Saltzman	20-16	62.0	116	106	110	106	103	100	100	110	113	113	113	119	113	106	106	..
B	KAWASAKI	Saltzman	7-8	62.0	85	85	82	106	110	100	106	110	110	110	113	119	116	100	100	..
C	KANAZAWA	Saltzman	7-5	25.0	160	100	100	100	100	100	92	100	100	108	100	108	100	108	100	..
B.G.	..	Saltzman	8	14.0	100	100	100	100	100	100	100	114	100	114	114	129	114	114	114	..
	Korea/Corée																			
A	SEOUL	Chem.	20	63.9	..	165	165	168	85	100	97	97	97	79	88	97	91	94	94	94
A	PUSAN	Chem.	7	45.1	..	..	..	..	125	100	100	100	79	100	79	96	96	104	100	113
B	TAEGU	Chem.	5	45.1	..	..	..	..	300	100	100	100	96	71	75	88	125	100	96	117
B	KWANGJU	Chem.	3	28.2	..	..	..	..	..	100	120	113	93	73	93	87	80	113	161	133
C	TAEJEON	Chem.	3	54.5 (1987)	..	..	..	..	..	..	..	100	110	117	66	62	48	48	66	72
C	INCHEON	Chem.	3	35.7	..	..	..	..	74	100	284	179	169	132	111	158	179	158	153	126
	Australia/Australie																			
C	CANBERRA	Chem.	1	67.7	..	..	..	..	..	100	97	115	61	103	97	112	..	..	..	..
	N. Zealand/N. Zél.																			
A	AUCKLAND	Chem.	1	24.4 (1987)	..	..	..	..	..	..	..	100	102	80	110	47	95	64	..	..
A	CHRISTCHURCH	Chem.	1	12.5 (1989)	..	..	..	..	..	..	..	..	..	100	114	90	135	94	..	..
	Austria/Autriche																			
A	WIEN	..	12	50.0 (1989)	..	..	..	..	..	..	..	..	..	100	88	82	78	82	76	84
B	LINZ	..	7	60.0	..	..	..	..	..	100	100	75	72	72	72	67	62	63	50	42
C	GRAZ	..	5	40.0 (1990)	..	..	..	..	..	..	..	..	..	..	100	110	95	90	88	85
	Belgium/Belgique																			
N	National	Chem. c.	5	54.0	98	96	100	98	111	100	89	89	98	..	94	85	78	63	76	78
A	BRUXELLES	Chem. c.	4-6	52.0	121	100	96	119	100	100	98	88	94	..	94	87	77	63	88	92
B	ANTWERPEN	Chem. c.	2-1	46.0	104	109	104	100	117	100	96	89	109	..	100	85	93	91	96	107
C	LIÈGE	Chem. c.	1	51.0	82	80	98	92	112	100	96	84	98	..	94	94	76	75	80	69
B.G.	SIG.D.BOT.-Liège	Chem. c.	1	45.0	189	100	73	136	102	100	100	84	84	..	36	44	42	31	22	29
	Czech R./R. Tchèque *																			
N	National	Chem.	335	44.0	..	89	102	100	102	100	95	89	77	82	86	84	70	77	68	73
A	PRAHA	Chem.	19-25	76.0	..	63	63	103	142	100	107	71	61	62	91	91	74	79	86	91
A	BRNO	Chem.	7-10	35.0	..	..	..	..	91	100	94	94	89	97	80	80	66	74	89	80
B	USTI NAD LABEM *	Chem.	10-11	73.0	..	77	75	70	81	100	86	85	44	48	38	48	41	42	41	48
B	OSTRAVA	Chem.	10-12	65.0	..	..	..	80	134	100	100	103	77	100	95	78	63	72	69	68
C	HRADEC KRALOVE	Chem.	3-4	61.0	..	..	..	..	85	100	79	72	89	70	67	102	62	82	48	59
C	OLOMOUC	Chem.	7	29	..	..	..	..	75.9	100	100	103	76	59	79	100	103	97	114	141
B.G.	KOSETICE	Chem.	1	11.0	..	..	136	100	91	100	91	127	82	73	64	73	45	145	91	73
	Denmark/Danemark *																			
A	KÖBENHAVN	* Chem.	3-1	58.0 (1988)	..	..	138	122	97	110	102	..	100	96	84	90	90	76	81	93
C	ÅLBORG	Chem.	1	40.0	..	..	78	103	105	100	105	98	125	113	93	103	95	98	93	88
	Finland/Finlande *																			
A	HELSINKI	* Chem.	2	39.0 (1988)	..	..	..	..	..	..	..	..	100	100	108	103	105	103	95	90
B	OULU	* Chem.	2	26.0 (1991)	..	..	..	..	..	..	..	..	..	..	..	100	104	100	100	92
C	TURKU	* Chem.	1	44.0 (1991)	..	..	..	..	..	..	..	..	..	..	..	100	91	91	89	84

OECD Environmental Data 1997

Données OCDE sur l'environnement 1997

AIR 2.4B

CONCENTRATIONS OF NO2, 1980-1995
CONCENTRATIONS EN NO2, 1980-1995

Cat. (a)	City or area/ Ville ou région	Measurement method/ Méthode de mesure	No. Stn.	1985 base reference/ année de base (ug/m3)	1980	1981	1982	1983	1984	1985	1986	1987	1988	1989	1990	1991	1992	1993	1994	1995
	France *																			
N	National *	Chem.	31	36.0 (1988)	..	..	..	..	..	..	..	..	100	117	111	114	111	100	..	..
A	PARIS	Chem.	6-19	49.0 (1990)	..	..	..	..	..	..	..	..	..	..	100	108	110	116	..	..
B	ROUEN	Chem.	3-6	29.0 (1990)	..	..	..	..	..	..	..	..	..	..	100	190	152	131	..	..
C	NANTES	Chem.	3-4	50.0 (1990)	..	..	..	..	..	..	..	..	..	..	100	92	90	84	..	..
B.G.	DONON	Chem.	..	8.0 (1990)	..	..	..	..	..	..	..	..	..	..	100	125	100	113	..	..
	Germany/Allemag.ne *																			
N	National *	..	11	51.0	..	..	82	92	96	100	98	108	96	100	86	94	84	78	78	76
A	BERLIN *	..	5-21	42.0	83	79	95	86	90	100	90	110	107	102	76	81	76	71	69	62
A	MÜNCHEN	..	5	57.0	54	72	72	86	100	100	111	105	93	104	104	105	91	88	98	93
B	GELSENKIRCHEN	..	1	56.0	155	..	109	91	88	100	114	125	114	93	79	86	80	75	75	70
B	LEIPZIG	..	1	30.0	80	..	90	97	90	100	133	187	130	137	97	..	110	120	..	160
C	FRANKFURT	..	6	49.0	..	..	..	..	..	92	100	102	100	110	110	124	106	98	98	92
C	FREIBURG-MITTE		1	40.0	..	75	50	100	125	100	100	100	80	83	70	83	70	58	53	68
B.G.	DEUSELBACH	..	1	13.0	92	92	85	92	100	100	92	100	85	85	77	77	69	69	62	62
B.G.	NEUGLOBSOW		1	8.0 (1987)	..	..	..	..	..	..	..	100	113	138	88	..	100	100	88	100
	Greece/Grèce *																			
A	ATHENS *	Chem.	5	55.8	..	..	..	..	..	100	108	107	122	136	115	116	114	100	..	..
	Hungary/Hongrie																			
A	BUDAPEST	Chem./Saltz.	43	29.6	156	149	150	107	107	100	122	91	84	133	125	149	167	179	160	172
B	MISKOLC	Chem.	8	27.9	260	133	105	74	84	100	99	124	105	95	100	94	119	115	103	107
B	PÉCS	Chem.	10	52.5	95	91	89	91	86	100	91	108	101	104	103	84	73	78	39	38
C	DEBRECEN	Chem.	11	39.1	109	117	113	83	97	100	86	106	87	86	100	90	92	65	77	..
C	GYÖR	Chem.	7	31.4	144	117	118	122	141	100	187	149	139	121	111	104	173	131	124	89
B.G.	K-PUSZTA	Saltzman	1	9.8	70	70	61	76	92	100	98	93	99	85	89	74	..	..	..	61
	Iceland/Islande *																			
A	REYKJAVIK	Chem.	1	14.8 (1990)	..	..	..	..	..	..	..	..	..	..	100	114	118	157	174	281
	Italy/Italie *																			
B	MILANO	* Chem. c.	3	212.3	..	81	94	108	89	100	101	148	119	140	127	117	117	..	..	..
	Luxembourg *																			
N	National	Chem.	2-3	34.0 (1988)	..	..	..	..	..	..	..	..	100	141	150	153	129	121	118	126
A	LUXEMBOURG *	Chem.	1	37.0 (1988)	..	..	..	..	..	..	..	..	100	154	181	170	138	127	132	151
B	ESCH/ALZETTE	Chem.	1	31.0 (1988)	..	..	..	..	..	..	..	..	100	126	116	123	100	103	90	94
B.G.	EL/VI	Chem.	2	11.0 (1988)	..	..	..	..	..	..	..	..	100	173	164	155	118	100	73	91
	Netherl/Pays Bas *																			
N	National	Chem. c.	5	41.7	102	107	98	109	111	100	108	108	112	109	103	..	..	..	..	..
A	AMSTERDAM	Chem. c.	5	45.4	88	96	100	95	89	100	113	124	124	128	128	..	..	..	..	..
B	RIJNMOND-Rott.	Chem. c.	3	42.7	94	111	107	120	104	100	119	108	128	108	122	..	..	..	..	..
C	DEN HAAG	Chem. c.	1	41.0	107	..	..	..	..	100	110	110	110	110	115	..	..	..	..	..
B.G.	..	Chem. c.	4	26.0	86	107	89	94	103	100	94	86	85	85	92	..	..	..	..	..
	Norway/Norvège *																			
N	National	TGS abs. sol.	8	59.0 (1986)	..	..	..	..	..	..	100	94	98	82	97	82	84	97	..	..
A	OSLO	* TGS abs. sol.	1	63.5 (1987)	..	..	..	..	..	..	..	100	111	97	93	77	80	84	63	68
B	DRAMMEN	* TGS abs. sol.	1	72.5 (1986)	..	..	..	..	..	..	100	93	102	89	100	89	89	103	..	..
C	BERGEN	TGS abs. sol.	1	51.0 (1986)	..	..	..	..	..	..	100	94	86	93	116	96	92	125	..	..
B.G.	..	TGS abs. sol.	6	1.9 (1989)	..	..	..	..	..	..	..	..	..	100	100	84	68	63	68	63
	Poland/Pologne *																			
N	National	Saltzman	107	36.0 (1990)	..	..	..	..	..	..	..	..	..	..	100	94	86	89	86	81
A	LÓDZ	* Saltzman	4-3	53.0	91	92	94	91	96	100	96	113	98	108	111	98	77	83	87	81
B	CHORZÓW	* Saltzman	6-1	138.0	..	46	64	123	94	100	78	83	101	87	92	67	80	49	22	21
C	WARSZAWA	* Saltzman	3-2	67.0	..	..	..	78	99	100	75	73	106	124	94	73	69	79	48	48
B.G.	SUWALKI	* Griess	4	14.8	..	..	..	..	..	100	67	86	64	69	64	78	84	47	..	..
	Portugal *																			
A	LISBOA	* Sod.Ars./Chem.	1-11	27.0 (1986)	104	111	111	126	104	..	100	44	96	122	122	115	156	181	163	193
B	BARREIRO	Chem.	4	18.0 (1991)	..	..	..	..	..	..	..	..	..	..	..	100	100	111	167	161
C	PORTO	Chem.	2	16.0 (1991)	..	..	..	..	..	..	..	..	..	..	..	100	169	206	213	238
B.G.	SINES (Mte. Velho)	Chem.	1	6.0 (1987)	..	..	..	..	..	..	..	100	50	33	50	100	150	67	33	33
	Spain/Espagne *																			
A	MADRID	* Chem.	6-14	92.0 (1990)	..	..	..	..	..	..	..	..	..	..	100	86	87	79	78	..
B	VALLADOLID	Chem.	6-7	70.0 (1991)	..	..	..	..	..	..	..	..	..	..	..	100	77	60	70	..
C	TORRELAVEGA	Chem.	1	28.0 (1991)	..	..	..	..	..	..	..	..	..	..	..	100	89	93	100	..

AIR

CONCENTRATIONS OF NO2, 1980-1995
CONCENTRATIONS EN NO2, 1980-1995

Cat. (a)	City or area/ Ville ou région	Measurement method/ Méthode de mesure	No. Stn.	1985 base reference/ année de base (ug/m3)	1980	1981	1982	1983	1984	1985	1986	1987	1988	1989	1990	1991	1992	1993	1994	1995
	Sweden/Suède	*																		
A	GÖTEBORG	Chem. c.	1-3	43.0	116	161	65	63	79	100	95	67	84	63	77	74	74	67	67	74
B	STOCKHOLM	* Chem. c.	2	45.0	..	76	96	91	98	100	89	82	80	80	73	78	64	60	60	64
C	SUNDSVALL	* DOAS	1	38.0 (1986)	..	..	137	116	..	..	100	97	100	116	84	84	89	87	84	79
B.G.	RORVIK	Impr. glass./FIA	1	8.3	..	..	120	99	99	100	94	92	92	88	87	98	99	86	70	86
	Switzerland/Suisse																			
A	ZURICH	Chem. c.	1	60.0	..	98	100	97	92	100	97	98	96	96	82	80	75	68	67	65
B	BASEL	Chem. c.	1	47.0	..	68	113	115	94	100	81	77	87	95	87	77	66	66	55	62
C	DÜBENDORF	Chem. c.	1	51.0	100	100	102	106	98	100	92	78	76	88	82	76	65	65	61	65
B.G.	PAYERNE	Chem. c.	1	21.0	..	..	..	..	..	100	110	105	95	105	86	110	90	86	76	81
	Turkey/Turquie																			
A	ANKARA	Chem.	2	58.0 (1993)	..	..	..	..	..	..	..	..	..	..	..	..	..	100	86	79
C	ESKISEHIR	Saltzman	1	25.0 (1989)	..	..	..	..	..	..	..	..	..	100	88	32	24	24	24	28
	UK/Royaume-Uni																			
A	LONDON	Chem. c.	1	61.0	107	110	134	123	138	100	110	123	110	116	113	134	123	107	107	107
C	STEVENAGE	Chem. c.	1	48.0	71	71	79	79	88	100	83	108	96	100	100	96	88	83	..	..
	Slov. R./R. Slov.																			
N	National	..	12	27.2 (1994)	..	..	..	..	..	..	..	..	..	..	..	..	..	..	100	72
A	BRATISLAVA	Saltzman	7	25.0	..	..	72	104	96	100	104	112	100	104	116	108	..	..	..	..
B	RUZOMBEROK	Saltzman	1	30.0	..	..	..	..	..	100	93	63	67	33	47	80	..	..	..	..
B	PRIEVIDZA-District	Saltzman	2	17.0	..	..	..	..	..	100	153	135	135	88	94	124	..	..	..	..
B	BANSKA-BYSTRICA	Chem.	1	45.0 (1994)	..	..	..	..	..	..	..	..	..	..	..	..	..	..	100	71
B	ZILMA-OKRUZNA	Chem.	1	44.0 (1994)	..	..	..	..	..	..	..	..	..	..	..	..	..	..	100	95
C	KOSICE	Chem.	1	36.0 (1994)	..	..	..	..	..	..	..	..	..	..	..	..	..	..	100	61
B.G.	CHOPOCK	..	1	3.2	..	..	213	132	116	100	104	117	119	101	119	148	..	..	156	131

Notes:
a) Categories: N - country network, national trend; A - city in which a notable portion (5-10%) of national population is concentrated; B - industrial city in which a significant number of inhabitants is considered to be exposed to the worst level of pollution in 1980; C - city with residential and service functions and with intermediate pollution level; B.G. - selected station(s), representing background pollution.
CAN) Measurement temperature: - 15.6°. National: trend comparable over ten years only.
USA) Urban areas are designated Consolidated Metropolitan Statistical Areas. B.G. Mercer is a county level.
JPN) Fiscal year, commencing 1st April. Operating temperature 20°C.
CZE) Data refer to NOx. Usti Nad Labem: 1983 one station only.
DNK) Köbenhavn: break in the time series in 1987.
FIN) Reference temperature 20°C. Helsinki: data refer to traffic sites near city centre. Oulu: data refer to average of city centre and suburban sites. Turku: data refer to city centre.
FRA) 1994 data are provisional. National: refers to urban, industrial and rural sites with valid measurement stations.
DEU) Data referring to one station only represent intermediate pollution level. National: composite average of 11 cities. Berlin: up to 1989 data cover West Berlin only; from 1990 data refer to the average of 21 stations in the whole of Berlin.
GRC) Athens: four monitoring sites in 1989.
ISL) Reykjavik: measuring station located near a busy street corner and unusually close to traffic in 1995.
ITA) Milano: data refer to annual 98th percentile of average hourly concentrations
LUX) 1988 data refer to the sampling period July-December. Luxembourg: data refer to city centre.
NLD) Fiscal year, commencing 1st April.
NOR) Monitoring period from October to March, except for B.G. Oslo: data refer to St. Olavsplass/Nardahl Bruns st. Drammen: heavy traffic area.
POL) Lódz, Chorzów and Warszawa: 1990-95 data refer to fewer monitoring stations. Suwalki: measuring station was closed in 1993.
PRT) Lisboa: data after 1988 refer to a different station and methodology; data after 1991 refer to more than one station.
ESP) The number of monitoring stations differs from year to year. Madrid: data refer to city centre.
SWE) Monitoring period from October to March, except for B.G. Stockholm: Change of one station in 1988. Sundsvall: data refer to city centre; change in measurement method in 1990.

Notes :
a) Catégories : N - réseau du pays, évolution nationale; A - ville englobant une part notable (5 à 10%) de la population nationale; B - ville industrielle où un nombre notable d'habitants est exposé aux niveaux les plus élévés de pollution en 1980; C - ville à dominante résidentielle et de service et d'un niveau moyen de pollution; B.G. - station(s) sélectionnée(s) pour être représentative(s) de la pollution de fond.
CAN) Mesures faites à 15.6 degrés en dessous de zéro. Évolution nationale: données comparables sur 10 ans seulement.
USA) Sites urbains: "Consolidated Metropolitan Statistical Areas". B.G. Mercer: niveau représentatif du comté.
JPN) Année fiscale, commençant le 1er avril. Température de fonctionnement de 20 degrés Celsius.
CZE) Les données se réfèrent à NOx. Usti Nad Laben 1983: une station seulement.
DNK) Köbenhavn: rupture de série en 1987.
FIN) Température de référence de 20 degrés Celsius. Helsinki: les données concernent des sites où la circulation est intense près du centre ville. Oulu: moyenne des sites du centre ville et des sites suburbains. Turku: les données concernent le centre ville.
FRA) Les données 1994 sont provisoires. National: les données se réfèrent à l'ensemble des zones urbaines, industrielles et rurales qui disposent de stations de mesures validées.
DEU) Les données provenant d'une seule station représentent un niveau de pollution intermédiaire. National: moyenne de 11 villes. Berlin: données jusqu'en 1989: Berlin ouest uniquement; données depuis 1990: Berlin (21 stations).
GRC) Athènes: 4 stations de mesures en 1989.
ISL) Reykjavik: station de mesure située près d'un carrefour à circulation intense; circulation exceptionnellement intense en 1995.
ITA) Milano: 98e percentile annuel des concentrations horaires moyennes.
LUX) Les données 1988 couvrent la période de juillet à décembre. Luxembourg: les données concernent le centre ville.
NLD) Année fiscale, commençant le 1er avril.
NOR) Période de surveillance d'octobre à mars, excepté pour B.G. Oslo: les données se réfèrent à St. Olavsplas/Nardahl Bruns st. Drammen: zone de traffic intense.
POL) Lódz, Chorzów et Warszawa: les données 1990-95 se réfèrent à un nombre inférieur de stations de mesures. Suwalki: station de mesures fermée en 1993.
PRT) Lisboa: les données depuis 1989 proviennent d'une autre station et sont fondées sur une autre méthode de mesure; les données depuis 1992 concernent plus d'une station.
ESP) Le nombre de stations de mesures varie d'une année sur l'autre. Madrid: les données concernent le centre ville.
SWE) Période de surveillance d'octobre à mars, excepté pour B.G. Stockholm: changement d'une station en 1988. Sundsvall: les données concernent le centre ville; changement de méthode de mesure en 1990.

Source: OECD/OCDE

AIR 2.4C

CONCENTRATIONS OF PARTICULATES, 1980-1995
CONCENTRATIONS EN PARTICULES, 1980-1995

Cat. (a)	City or area/ Ville ou région	Measurement method/ Méthode de mesure	No. Stn.	1985 base reference/ année de base (ug/m3)	1980	1981	1982	1983	1984	1985	1986	1987	1988	1989	1990	1991	1992	1993	1994	1995
	Canada *																			
N	National *	..	85	43.0	156	136	120	111	107	100	100	112	102	102	91	91	84	84	..	..
A	MONTREAL	Gravimetry	6	46.0 (1988)	..	..	..	..	..	..	..	..	100	102	80	83	83	74	..	..
B	HAMILTON	Gravimetry	2	81.0 (1988)	..	..	..	..	..	..	..	..	100	99	89	83	70	68	..	..
C	VANCOUVER	Gravimetry	8	35.0 (1988)	..	..	..	..	..	..	..	..	100	100	91	94	91	83	..	..
	Mexico/Mexique																			
B	MEXICO, D.F.	..	5	619.0	86	89	87	85	93	100	95	68	73	94	127	148	89	71	45	..
	USA/Etats-Unis *																			
N	National	Hi-Vol/Grav.	213	34.7 (1988)	..	..	..	..	..	..	..	..	100	99	91	90	82	79	80	78
A	NEW YORK	Hi-Vol/Grav.	13	30.7 (1988)	..	..	..	..	..	..	..	..	100	97	96	99	80	78	89	78
A	LOS ANGELES	Hi-Vol/Grav.	13	58.3 (1988)	..	..	..	..	..	..	..	..	100	100	88	87	73	70	68	70
B	CHICAGO	Hi-Vol/Grav.	10	37.6 (1988)	..	..	..	..	..	..	..	..	100	100	97	86	84	81	91	85
C	DENVER	Hi-Vol/Grav.	6	34.5 (1988)	..	..	..	..	..	..	..	..	100	100	86	85	87	102	87	76
C	WASHINGTON, DC	Hi-Vol/Grav.	2	31.4 (1988)	..	..	..	..	..	..	..	..	100	115	84	87	75	76	69	73
B.G.	Fargo Moorhead, ND *	Hi-Vol/Grav.	1	21.1 (1988)	..	..	..	..	..	..	..	..	100	98	101	89	100	84	83	83
	Japan/Japon *																			
N	National	B-ray absorp.	38	38.0	113	113	111	95	108	100	111	111	105	105	111	108	103	100	103	..
A	TOKYO	L.Scatt/B-ray	7	53.0	91	98	96	89	98	100	109	111	94	104	102	111	96	85	92	..
B	KAWASAKI	L.Scatt/B-ray	8	41.0	..	..	117	112	115	100	117	124	117	117	124	129	127	132	127	..
C	KANAZAWA	L.Scatt/B-ray	1	15.0	147	140	147	147	100	100	147	173	167	153	153	153	147	133	153	..
B.G.	..	B-ray absorp.	1	30.0	127	90	117	103	117	100	87	113	87	100	100	107	117	117	123	..
	Korea *																			
A	SEOUL	B-ray absorp.	19	216.0	..	..	..	..	97	100	85	81	83	69	69	56	45	41	36	39
A	PUSAN	B-ray absorp.	7	184.0	..	..	..	..	124	100	105	107	116	97	76	73	61	52	53	51
B	TAEGU	B-ray absorp.	5	190.0	..	..	..	..	118	100	74	77	82	67	71	57	63	55	49	38
B	KWANGIN	B-ray absorp.	3	159.0	..	..	..	..	83	100	84	66	63	73	69	63	65	47	40	40
C	TAEJEON	B-ray absorp.	3	175.0 (1987)	..	..	..	..	..	..	..	100	102	68	66	50	30	30	33	39
C	INCHEON	B-ray absorp.	3	194.0	..	..	..	..	83	100	84	84	84	78	88	74	53	52	48	48
	Australia/Australie																			
A	SYDNEY	EPA Hi-Vol S.	1	38.8	93	67	70	95	83	100	..	..	..	..	..	..	71	..	..	..
B	WOLLONGONG	EPA Hi-Vol S.	1	7.2	69	72	79	79	79	100	117	78	74	88	76	..	..	..	..	..
C	MELBOURNE	EPA Hi-Vol S.	1	44.1	..	..	..	..	..	100	94	103	99	98	98	95	..	..	..	..
C	CANBERRA	EPA Hi-Vol S.	1	53.0	..	158	157	160	113	100	96	100	83	74	74	58	53	51	..	..
	N. Zealand./N. Zél. *																			
A	AUCKLAND	* Hi-Vol/Grav.	4-6	32.0	118	118	129	105	94	100	103	98	101	87	77	79	73	76	..	..
A	CHRISTCHURCH	* Hi-Vol/Grav.	4-3	52.8	117	110	115	101	84	100	92	88	92	70	54	62	77	77	..	..
C	HAMILTON	Hi-Vol/Grav.	1	42.9	..	..	..	..	75	100	79	69	60	59	50	47	47	49	..	..
	Austria/Autriche																			
A	WIEN	..	7	51.0 (1989)	..	..	..	..	..	..	..	..	..	100	84	108	96	114	90	92
B	LINZ	..	7	71.0	..	..	130	128	120	100	90	83	69	77	73	83	65	62	52	48
C	GRAZ	..	5	50.0 (1991)	..	..	..	..	..	..	..	..	..	..	..	100	106	96	98	90
	Belgium/Belgique																			
N	National	Nephelometry	5	103.0	102	108	87	98	108	100	82	71	81	..	79	70	68	63	64	78
A	BRUXELLES	Nephelometry	3	92.0	170	182	103	112	121	100	102	85	96	..	101	90	85	86	63	85
B	ANTWERPEN	Nephelometry	2	98.0	105	109	102	97	134	100	91	72	80	..	83	74	77	79	93	77
C	LIEGE	Nephelometry	2-1	84.0	113	108	108	113	113	100	95	88	96	..	92	99	80	71	65	98
B.G.	SIG.D.BOT.-Liège	Nephelometry	1	99.0	80	88	93	86	160	100	85	72	87	..	80	86	69	60	56	71
	Czech R./R.Tchèque *																			
N	National	Grav./Radiom.	275	91.0	62	95	104	88	101	100	102	98	80	87	77	78	62	66	60	53
A	PRAHA	Radiometry	24	140.0	97	104	97	93	86	100	88	77	51	53	46	54	51	58	51	42
A	BRNO	Gravimetry	10	77.0	87	91	104	87	95	100	104	90	84	92	79	81	66	73	66	65
B	USTI NAD LABEM	Radiometry	11	140.0	101	117	133	103	92	100	101	87	71	83	74	69	49	49	48	38
B	OSTRAVA	Radiometry	14	126.0	94	87	106	81	102	100	100	93	79	87	80	79	63	68	59	52
C	HRADEC KRALOVE *	Vibration	2	85.0	..	78	93	84	87	100	92	93	74	84	65	75	56	47	32	47
C	OLOMOUC	* Radiometry	3	77.0	..	..	127	114	113	100	105	100	90	99	95	97	71	68	71	51
B.G.	KOSETICE	Grav./Radiom.	1	25.0 (1993)	..	..	..	..	..	..	128	80	84	116	116	108	100	96	92	72
	Denmark/Danemark *																			
A	KÖBENHAVN	Gravimetry	3-1	64.0	..	..	89	81	97	100	89	..	123	117	103	108	116	109	77	95
C	ÅLBORG	Gravimetry	1	98.0	..	..	84	73	93	100	94	82	79	80	72	73	60	65	47	57
	Finland/Finlande *																			
A	HELSINKI	* Hi-Vol/Grav.	2	67.0 (1986)	104	87	99	100	100	..	100	94	103	101	88	78	75	66	60	60
B	TAMPERE	* Hi-Vol/Grav.	1	117.0 (1987)	..	81	100	..	..	..	..	100	91	91	73	99	86	93	83	82
B	OULU	* TEOM	2	21.0 (1991)	..	..	..	..	..	..	..	..	..	..	..	100	86	86	81	71
C	TURKU	* Hi-Vol/Grav.	1	93.0	..	..	..	..	112	100	100	110	96	92	89	84	89	69	69	65
B.G.	SODANKYLÄ	* Low-Vol/Grav.	1	6.2	132	111	90	89	137	100	98	105	105	79	90	..	..	..	..	..
	France *																			
N	National	* B-ray/Reflect.	40	29.0 (1986)	..	..	..	..	..	..	100	97	83	100	97	97	86	..	..	..
A	PARIS	B-ray/Reflect.	8-17	49.0	104	102	96	94	96	100	94	94	95	69	63	80	67	47	37	..
B	ROUEN	* B-ray/Reflect.	4-10	25.0	100	108	108	84	68	100	72	120	108	116	124	112	104	68	76	..
C	NANTES	B-ray/Reflect.	8-12	19.0	74	79	58	84	74	100	95	95	..	..	174	137	111	89	105	..

CONCENTRATIONS OF PARTICULATES, 1980-1995
CONCENTRATIONS EN PARTICULES, 1980-1995

Cat. (a)	City or area/ Ville ou région	Measurement method/ Méthode de mesure	No. Stn.	1985 base reference/ année de base (ug/m3)	1980	1981	1982	1983	1984	1985	1986	1987	1988	1989	1990	1991	1992	1993	1994	1995
	Germany/Allemagne *																			
N	National	* ..	10	54.0	..	..	96	85	91	100	98	107	94	107	85	94	83	81	74	70
A	BERLIN	* ..	43	124.0	79	61	69	89	97	100	101	77	73	77	56	57	49	48	41	40
A	MÜNCHEN	..	5	53.0	89	64	64	98	89	100	104	121	91	109	89	113	104	96	85	85
B	GELSENKIRCHEN	..	1	76.0	134	..	134	87	95	100	97	118	88	109	82	91	79	76	78	75
B	LEIPZIG	* ..	1	113.0 (1989)	..	..	..	..	..	..	..	..	..	100	68	71	58	55	51	47
C	FRANKFURT	..	4	64.0	..	..	..	..	..	100	92	103	81	81	72	75	75	67	55	56
C	FREIBURG-MITTE	..	1	8.0	..	88	113	100	100	100	138	175	338	463	413	513	425	400	338	300
B.G.	DEUSELBACH	..	1	38.0	103	92	116	100	103	100	97	92	68	82	82	76	61	61	58	58
B.G.	NEUGLOBSOW	..	1	36.0	86	86	122	89	106	100	103	117	108	111	75	..	83	78	72	75
	Greece/Grèce *																			
A	ATHENS	* Black Smoke	6	94.6	..	..	..	..	..	100	87	92	73	56	51	42	50	67	..	..
	Hungary/Hongrie *																			
A	BUDAPEST	* B-ray absorp.	8	68.0 (1992)	..	..	..	..	..	..	..	..	..	..	..	..	100	103	105	92
B	MISKOLC	* B-ray absorp.	1	42.0 (1994)	..	..	..	..	..	..	..	..	..	..	..	..	..	..	100	101
	Iceland/Islande *																			
A	REYKJAVIK	* Grav./Radiom.	1	33.0 (1987)	..	..	..	..	..	..	..	100	106	79	72	83	..	..	69	72
	Ireland/Irlande*																			
A		OECD B. S.	13	45.0	76	..	..	..	..	100	131	118	118	96	58	..	..	..	..	..
B	DUBLIN	OECD B. S.	6	33.0	67	..	..	..	..	100	91	130	139	91	124	..	..	..	..	..
B.G.	AGHADA, Cork	OECD B. S.	1	10.0 (1987)	..	..	..	..	..	..	..	100	50	30	50	..	..	..	..	..
	Italy/Italie																			
A	ROMA	..	3-4	140.4 (1980)	..	..	..	..	..	..	..	..	115	99	..	65	57	52	..	..
A	MILANO	B-ray absorp. c.	3	133.3	99	119	102	97	78	100	109	110	102	74	58	84	74	58	..	..
B	TORINO	..	5-4	159.0	113	102	91	98	103	100	99	106	112	106	103	103	87	95	..	..
C	PIACENZA	..	3-4	109.0	69	85	82	71	72	100	100	95	107	88	79	..	..	..	..	..
	Luxembourg *																			
N	National	Reflectometry	2	55.0 (1988)	..	..	..	..	..	..	..	..	100	102	71	80	73	73	44	49
A	LUXEMBOURG	Reflectometry	1	58.0 (1988)	..	..	..	..	..	..	..	..	100	112	72	69	67	74	40	45
B	ESCH/ALZETTE	Reflectometry	1	52.0 (1988)	..	..	..	..	..	..	..	..	100	90	67	90	77	69	46	54
	Netherl./Pays Bas *																			
A	AMSTERDAM	EPA Hi-Vol S.	5	64.0	103	104	98	99	101	100	83	70	67	64	63	..	..	..	..	..
B	RIJNMOND-Rott.	EPA Hi-Vol S.	2	62.0	103	103	94	93	102	100	87	80	81	82	82	..	..	..	..	..
	Norway/Norvège *																			
N	National	* Reflectometry	35-28	22.5	104	99	84	87	99	100	89	81	91	78	80	60	60	78	..	..
A	OSLO	* Reflectometry	2	27.8	105	113	112	118	113	100	95	96	..	..	94	..	68	53	..	..
B	PORSGRUNN	* Reflectometry	1	17.5	169	135	111	123	137	100	111	80	126	89	103	100	94	..	..	..
C	KRISTIANSAND	* Reflectometry	1	16.0	116	103	88	..	106	100	103	109	88	91	81	75	69	59	..	..
	Poland/Pologne *																			
N	National	* Black Smoke	179	44.0 (1990)	..	..	..	..	..	..	..	..	..	..	100	105	89	80	61	59
A	LODZ	* Black Smoke	19-12	74.0	73	58	70	65	73	100	81	85	65	50	49	68	62	62	47	38
B	CHORZOW	* ..	1	287.0	..	113	108	91	102	100	92	90	78	78	83	76	70	57	38	43
C	WARSZAWA	* Black Smoke	8-7	75.0	64	51	83	57	59	100	81	79	65	63	64	64	55	51	57	59
	Portugal *																			
A	LISBOA	* B rad.	1	63.0	265	295	268	175	106	100	108	35	32	..	33	..	..	114	119	97
B	BARREIRO	Hi-Vol/Grav.	5	188.0 (1986)	..	..	..	..	..	..	100	84	74	66	52	43	55	35	52	53
C	PORTO	* Black Smoke	8	22.5	214	241	227	230	101	100	107	98	..	58	67	80	67	..	..	..
B.G.	SINES (Mte. Velho)	..	1	6.0 (1987)	..	..	..	..	..	..	..	100	450	383	550	567	767	450	533	500
	Spain/Espagne *																			
A	MADRID	* B-ray absorp.	13-10	56.0 (1987)	..	..	..	..	..	..	..	100	109	..	73	73	75	..	..	..
B	BILBAO	* Black Smoke	7-5	67.0 (1986)	..	..	..	..	..	..	100	119	121	116	96	78	67	61	69	..
C	SANTANDER	Black Smoke	4-1	40.0 (1986)	..	..	..	..	..	..	100	90	100	118	103	70	30	..	..	..
	Sweden/Suède *																			
A	GÖTEBORG	Reflectometry	3-2	8.0	113	188	100	100	125	100	100	100	88	88	113	88	63	75	88	113
B	STOCKHOLM	Reflectometry	3-1	13.0	92	115	100	100	115	100	131	131	62	85	69	69	62	54	46	69
B.G.	RORVIK	Reflectometry	1	5.0	142	76	120	72	108	100	100	100	100	80	80	80	40	60	60	40
	Switzerland/Suisse *																			
A	ZURICH	Hi-Vol/Grav.	1	50.0	..	92	100	98	102	100	100	92	76	90	76	82	74	72	66	62
B	BASEL	Hi-Vol/Grav.	1	50.0	..	..	104	94	88	100	110	86	76	89	76	82	70	66	66	60
C	DÜBENDORF	Hi-Vol/Grav.	1	52.0	..	81	90	92	88	100	88	75	90	71	79	69	63	56	54	..
B.G.	PAYERNE	Hi-Vol/Grav.	1	45.0	73	78	82	89	87	100	100	89	71	82	76	76	69	67	60	60
	Turkey/Turquie *																			
A	ANKARA	* B-ray absorp.	6-8	57.0	147	153	223	154	98	100	174	193	216	179	181	146	..	140	107	100
A	IZMIR	Black Smoke	6-8	72.0 (1987)	..	..	..	..	..	..	..	100	131	149	107	110	207	139	113	..
B	ISTANBUL	Black Smoke	13-17	41.0	..	..	..	..	..	100	115	198	249	285	288	317	224	215	166	161
B	KOCAELI	Black Smoke	2-4	52.0	..	..	..	..	..	100	..	146	142	150	204	173	175	152	158	119
C	ESKISEHIR	Black Smoke	1	46.0	..	..	..	..	..	100	113	120	122	133	94	80	109	91	113	128
C	SAMSUN	Black Smoke	1-2	33.0	..	..	..	..	..	100	94	152	136	118	167	152	88	97	79	82

AIR 2.4C

CONCENTRATIONS OF PARTICULATES, 1980-1995
CONCENTRATIONS EN PARTICULES, 1980-1995

Cat. (a)	City or area/ Ville ou région	Measurement method/ Méthode de mesure	No. Stn.	1985 base reference/ année de base (ug/m3)	1980	1981	1982	1983	1984	1985	1986	1987	1988	1989	1990	1991	1992	1993	1994	1995
	UK/Royaume-Uni	*																		
N	National	..	155-184	21.0	100	119	110	114	100	100	100	95	90	81	81	76	67	62	52	..
A	LONDON	Reflectometry	11	15.0	140	160	133	133	120	100	100	107	127	99	107	113	93	..	..	..
B	NEWCASTLE	Reflectometry	1	22.0	127	136	114	114	95	100	86	109	91	95	100	95	86	86	64	..
C	BRISTOL	Reflectometry	1	16.0	88	113	94	138	138	100	88	75	69	69	56	56	44	50	38	..
B.G.	LITTLE HORKESLEY	Black Smoke	1	8.0	113	125	100	113	113	100	88	100	113	88	100	..	..	..	..	..
	Slov. R./R. Slov.	*																		
N	National		12	70.0 (1989)	..	..	..	..	..	..	..	..	..	100	77	76	..	..	81	75
A	BRATISLAVA	* Gravimetry	7-1	53.0	170	..	..	..	..	100	128	187	160	183	175	125	..	..	115	117
B	PRIEVIDZA-District	Gravimetry	4	78.0	103	103	128	77	90	100	90	81	77	87	63	74	..	..	..	..
C	KOSICE	* Gravimetry	6-1	60.0	150	150	167	133	117	100	100	103	93	120	95	73	..	..	120	118
B.G.	CHOPOCK		1	16.0	..	..	..	..	..	100	100	131	119	138	88	116	..	..	..	..

Notes:
a) Categories: N - country network, national trend; A - city in which a notable portion (5-10%) of national population is concentrated; B - industrial city in which a significant number of inhabitants is considered to be exposed to the worst level of pollution in 1980; C - city with residential and service functions and with intermediate pollution level; B.G. - selected station(s), representing background pollution.
CAN) Measurement temperature : - 15.6°. Particulates bigger than 75 μm. National: trend comparable over ten years only.
USA) Particulates smaller than 10 μm (standard adopted in 1987). Urban areas are designated Consolidated Metropolitan Statistical Areas. B.G. Fargo is a designated Metropolitan Statistical Area.
JPN) Fiscal year, commencing 1st April. Particulates smaller than 10 μm.
KOR) Particulates smaller than 100 μm.
NZL) Particulates smaller than 50 μm. Auckland: change in number of monitoring sites from 4 to 5 in 1982 and from 5 to 6 in 1993. Christchurch: reduction in number of monitoring sites from 4 to 3 in 1989.
CZE) Data refer to TSP except for Hradec Kralove, which refers to PM10 from 1995. Olomouc: 1982-83 only one station.
DNK) Particulates smaller than 25 μm.
FIN) Helsinki: data refer to TSP; and to city centre; break in time series in 1985. Tampere: data refer to TSP; and to city centre; break in time series in 1983-86. Oulu: data refer to PM10. Turku: data refer to TSP; and to city centre. Sodankylä: particulates smaller than 5 μm; monitoring terminated after 1990.
FRA) Data refer to black smoke. 1994 data are provisional. National: urban sites only. Rouen: change in estimation methodology in 1993.
DEU) Data referring to one station only represent intermediate pollution level. National: composite average of 10 cities. Berlin: number of monitoring stations and data up to 1992 refer to West Berlin; 1993-95 figures refer to Berlin as a whole. Leipzig: the decrease in particulate concentrations from 1990 is due to the economic changes as a result of the German unification process.
GRC) Athens: five monitoring sites from 1985 to 1987 and four in 1993.
HUN) Measuring stations are located 5-10 m away from the road in busy areas. Sampling is made during rush hours (6 hours every second week). Budapest and Miskolc: data refer to TSP measured as PM10.
ISL) Data refer to PM10. Measuring station located near a busy street corner.
IRL) Data refer to black smoke.
LUX) 1988 data refer to the sampling period July-December.
NLD) Fiscal year, commencing 1st April. Sampling is 24 hours every 3 days.
NOR) National, Porsgrunn and Kristiansand: measurement months are February, May, August, and November; particulates smaller than 20 μm. National: stations gradually reduced since 1980. Oslo: mean pollution level of St Olavs plass and Bryn skole stations.
POL) National: data refer to black smoke. Lódz and Warzawa: data refer to black smoke; 1990-95 data refer to fewer monitoring stations. Chorzów: data refer to TSP.
PRT) Lisboa: network was restructured in 1991-92; black smoke stations were stopped; 1993-94 data refer only to a new station (PM10). Porto: data refer to black smoke.
ESP) The number of monitoring stations differs from year to year. Madrid and Bilbao: data refer to city centre.
SWE) Monitoring period from October to March, except for B.G. Particulates smaller than 6 μm.
CHE) Data refer to TSP.
TUR) Data refer to black smoke except for Ankara. Ankara: since 1987 data refer to PM10; black smoke method was used previously.
UKD) Data refer to black smoke. Fiscal year, commencing 1st April. Measurement method follows the British Standard 1747. Data referring to one station only represent intermediate pollution level.
SLO) Bratislava and Kosice: change in estimation methodology and number of stations in 1994.

Source: OECD/OCDE

AIR

CONCENTRATIONS IN ACID PRECIPITATION
CONCENTRATIONS DES PRÉCIPITATIONS ACIDES

The following table shows concentrations in acid precipitation for selected areas. Trend figures for pH, SO4-- and NO3- are presented as well as the number of measurement stations.

Sulphur and nitrogen oxides can undergo chemical transformation in the atmosphere, forming acids and acid salts and returning to the earth as acid precipitation. Therefore, SO4-- and NO3- are characteristic indicators concerning this issue, while pH values are a direct indicator of acidity in rainwater.

The interpretation of this table should take into account differences in the methods of measurement and in the calculation of mean concentrations as reflected in the footnotes

Le tableau suivant montre les concentrations des précipitations acides pour des zones sélectionnées. L'évolution du pH et de la concentration en SO4-- et en NO3- est présentée ainsi que le nombre de postes de mesures.

Les oxydes de soufre et d'azote peuvent subir des transformations chimiques dans l'atmosphère, constituer des acides et des sels acides et retomber sur le sol sous forme de précipitations acides. C'est pourquoi le SO4-- et le NO3- sont des indicateurs caractéristiques de ce problème. Le pH est un indicateur direct de l'acidité de l'eau de pluie.

Dans l'interprétation de ce tableau, il faut tenir compte des différences dans les méthodes de mesure et dans le calcul des concentrations moyennes telles qu'elles sont reflétées dans les notes de bas de page.

AIR 2.5

CONCENTRATIONS IN ACID PRECIPITATION, selected areas, 1980-1995
CONCENTRATIONS DES PRÉCIPITATIONS ACIDES, régions sélectionnées, 1980-1995

Countries and areas/ Pays et régions	No. Stn.	pH					SO_4^{--} (mg/l)					NO_3^- (mg/l)				
		1980	1985	1990	Latest	year (a)	1980	1985	1990	Latest	year (a)	1980	1985	1990	Latest	year (a)
Canada *																
Great Lakes	4	4.40	4.23	4.33	4.44	(1995)	3.61	2.65	2.36	1.80	(1995)	2.59	2.24	1.87	2.00	(1995)
Low. Can. Shield	4	4.40	4.29	4.45	4.53	(1995)	2.26	2.20	1.71	1.24	(1995)	1.26	1.74	1.46	1.38	(1995)
East coast	4	4.40	4.50	4.67	4.72	(1995)	2.18	1.17	0.87	0.60	(1995)	0.97	0.76	0.62	0.57	(1995)
B.G. ..	5	5.10	5.00	4.98	4.86	(1995)	1.30	0.60	0.71	0.68	(1995)	0.76	0.54	0.66	0.82	(1995)
Mexico/Mexique																
Mexico City	1	..	..	5.24	4.80	(1995)	..	..	12.50	2.40	(1995)	..	..	0.68	0.92	(1995)
Japan/Japon *																
National	23	..	..	4.70	4.93	(1994)	..	..	1.94	1.84	(1994)	..	..	1.04	0.91	(1993)
Tokyo	1	..	4.90	5.20	5.00	(1994)	..	2.30	4.01	2.78	(1993)	..	1.20	2.99	2.46	(1993)
B.G. ..	1	4.90	4.80	4.70	4.80	(1994)	1.11	1.74	1.80	1.77	(1994)	0.62	0.80	0.80	1.15	(1994)
Korea/Corée																
Seoul	1	..	5.50	5.00	5.80	(1995)	..	..	..	..		..	..	..	..	
Pusan	3	..	5.10	5.20	5.20	(1995)	..	..	..	..		..	..	..	..	
Taegu	3	..	5.40	5.70	5.70	(1995)	..	..	..	..		..	..	..	..	
N.Zeal./N.Zél. *																
Kelburn/Wellington *	1	5.12	5.36	..	..		4.47	3.14	1.58	..		0.24	0.11	0.11	..	
Lauder	1	..	5.76	5.56	5.44	(1993)	..	1.94	0.31	0.14	(1993)	..	0.15	0.14	0.09	(1993)
Austria/Autriche *																
Illimitz *	1	4.47	..	..	5.57	(1995)	6.03	..	..	1.09	(1995)	2.83	..	..	0.48	(1995)
St. Koloman	..	..	..	..	4.57	(1995)	..	..	..	0.58	(1995)	..	..	..	0.46	(1995)
Achenkirch	..	..	..	..	5.12	(1995)	..	..	..	0.44	(1995)	..	..	..	0.43	(1995)
Belgium/Belgique *																
Bruxelles	1	..	5.26	5.12	..		..	6.51	5.70	..		..	3.10	3.76	..	
Offagne	1	5.96	5.61	4.47	..		5.13	4.62	3.51	..		5.30	2.92	2.57	..	
Czech R./R.Tchèque *																
Praha-Libus	1	..	..	4.77	4.41	(1995)	..	..	6.16	4.23	(1995)	..	..	3.91	2.90	(1995)
Hradec Kralove	1	..	4.25	4.31	4.48	(1995)	..	6.23	5.61	3.24	(1995)	..	3.43	3.80	2.22	(1995)
Svratouch *	1	4.28	4.39	4.29	4.44	(1995)	4.97	6.87	4.34	2.89	(1995)	2.93	3.65	2.78	2.07	(1995)
Kosetice *	1	..	4.31	4.36	4.46	(1995)	..	6.89	3.34	2.49	(1995)	..	3.27	2.57	2.05	(1995)
Denmark/Danemark *																
B.G. Tange	1	4.43	4.48	4.41	4.69	(1995)	2.93	3.92	3.18	2.68	(1995)	1.73	3.03	2.25	2.36	(1995)
Finland/Finlande *																
Uto, Ahtari, Virolahti *	3	4.63	4.46	4.54	4.56	(1995)	4.12	3.67	2.51	2.12	(1995)	..	2.56	2.08	1.90	(1995)
France																
National	13	..	..	5.07	5.15	(1994)	..	..	2.01	1.53	(1994)	..	..	1.33	1.24	(1994)
Revin	1	..	..	4.98	5.18	(1994)	..	..	1.98	1.65	(1994)	..	..	1.73	1.59	(1994)
Donon	1	..	..	5.00	4.94	(1994)	..	..	1.50	1.59	(1994)	..	..	1.33	1.55	(1994)
Abbeville	1	..	..	4.81	4.93	(1994)	..	..	2.46	1.83	(1994)	..	..	1.42	1.37	(1994)
B.G. Le Casset	1	..	..	5.42	5.31	(1994)	..	..	1.23	0.99	(1994)	..	..	0.88	0.89	(1994)
Germany/Allemagne																
B.G. Deuselbach	1	..	4.36	4.64	4.75	(1995)	..	3.33	2.18	1.70	(1995)	..	2.49	1.90	1.72	(1995)
Greece/Grèce																
Patission	1	..	..	4.70	..		..	..	7.70	..		..	..	2.83	..	
B.G. ..	1	..	..	4.86	..		..	..	9.20	..		..	..	2.30	..	
Hungary/Hongrie																
B.G. K-Puszta	1	5.09	5.11	4.97	4.90	(1995)	5.93	7.55	3.81	3.97	(1995)	2.44	2.49	2.87	2.30	(1995)
Iceland/Islande *																
B.G. EMEP station *	1	4.92	5.41	5.41	5.50	(1995)	3.30	4.44	2.85	1.35	(1995)	..	..	..	0.19	(1995)
Italy/Italie *																
Pallanza *	1	4.20	4.25	4.25	4.31	(1993)	5.24	3.36	3.22	4.09	(1993)	2.98	2.42	3.60	2.91	(1993)
L.Toggia *	1	..	5.06	4.84	5.44	(1993)	..	1.78	0.91	1.55	(1993)	..	0.81	0.93	0.93	(1993)
Milano Brera *	1	..	..	4.26	4.69	(1993)	..	..	5.09	3.53	(1993)	..	..	3.72	2.92	(1993)
Petralia *	1	..	..	5.79	..		..	..	3.41	..		..	..	1.30	..	
Netherl./Pays-Bas *																
National *	9	4.46	4.71	4.70	..		6.16	5.43	4.70	..		3.08	2.81	2.50	..	
Rynmond	4	4.34	4.76	..	..		7.65	7.16	..	..		..	3.34	..	..	
Limburg	6	5.04	5.02	5.00	..		8.06	7.29	6.40	..		4.24	3.44	4.10	..	
Norway/Norvège *																
Birkenes	1	4.16	4.24	4.37	4.47	(1995)	3.69	2.94	2.13	1.59	(1995)	2.52	2.57	2.08	2.13	(1995)
Skreadalen	1	4.54	4.48	4.61	4.75	(1995)	1.44	1.77	1.17	0.90	(1995)	0.93	1.42	1.02	1.06	(1995)
Treungen	1	4.23	4.33	4.37	4.48	(1995)	2.64	2.04	1.89	1.50	(1995)	1.64	1.73	1.86	1.95	(1995)
B.G. .. *	7	4.33	4.36	4.48	4.58	(1995)	2.40	2.31	1.65	1.34	(1995)	1.40	1.74	1.40	1.37	(1995)
Poland/Pologne *																
Sudety *	1	..	3.89	4.20	4.30	(1995)	..	10.48	7.79	3.41	(1995)	..	5.18	5.58	3.45	(1995)
B.G. Suwalki *	1	4.45	4.53	4.27	4.64	(1993)	5.36	5.54	4.67	3.32	(1993)	2.39	2.67	2.48	2.08	(1993)
B.G. Puszcza Borecka *	1	..	..	..	4.46	(1995)	..	..	..	2.50	(1995)	..	..	..	2.00	(1995)

OECD Environmental Data 1997 — *Données OCDE sur l'environnement 1997*

2.5 AIR

CONCENTRATIONS IN ACID PRECIPITATION, selected areas, 1980-1995
CONCENTRATIONS DES PRÉCIPITATIONS ACIDES, régions sélectionnées, 1980-1995

Countries and areas/ Pays et régions	No. Stn.	pH				SO4-- (mg/l)				NO3- (mg/l)			
		1980	1985	1990	Latest year (a)	1980	1985	1990	Latest year (a)	1980	1985	1990	Latest year (a)
Portugal *													
B.G. Braganca	1	6.22	5.30	5.60	5.50 (1994)	1.60	1.00	0.74	0.31 (1994)	0.21	0.30	0.17	0.22 (1993)
B.G. Sines (Mte. Velho)	..	..	..	5.60	5.50 (1994)	..	..	0.82	1.52 (1994)	..	..	0.33	0.14 (1993)
Spain/Espagne *													
Logroño	1	..	..	6.26	6.63 (1994)			1.77	1.41 (1994)	..	..	0.76	0.53 (1994)
Roquetas	1	..	..	6.42	6.83 (1994)			1.54	2.88 (1994)	..	..	0.94	2.52 (1994)
San Pablo	1	..	..	6.18	6.08 (1994)			1.18	1.23 (1994)	..	..	0.56	0.39 (1994)
Sweden/Suède													
Rorvik	1	4.20	4.20	4.30	4.40 (1995)	4.14	4.29	3.75	2.73 (1995)	3.03	3.49	2.79	2.44 (1995)
Göteborg	1	..	4.40	4.43	4.91 (1995)	..	10.60	4.60	4.13 (1995)	..	6.50	3.70	1.90 (1995)
Switzerland/Suisse													
Dübendorf	1	..	4.39	4.62	4.82 (1995)	..	2.76	1.86	1.44 (1995)	..	1.77	1.68	1.57 (1995)
Payerne	1	..	4.75	4.93	5.10 (1995)	..	2.22	1.92	1.10 (1995)	..	1.55	1.59	1.34 (1995)
Turkey/Turquie													
Antalya	1	..	..	..	5.04 (1995)	..	..	..	6.80 (1995)	..	..	..	2.45 (1995)
B.G. Ankara/Çubuk	1	..	..	..	6.89 (1994)	..	..	..	5.37 (1994)	..	..	..	2.66 (1994)
UK/Royaume-Uni													
Inverpolly	1	4.70	5.30	4.96	4.96 (1994)	1.30	0.91	0.48	0.43 (1994)	0.37	0.56	0.37	0.56 (1994)
Eskdalemuir	1	4.24	4.72	4.62	4.76 (1994)	2.50	1.49	1.50	1.34 (1994)	1.24	0.93	0.93	1.18 (1994)
Slovak R./R. Slov.													
Bratislava	1	4.19	4.44	4.90	5.30 (1995)	13.29	9.06	8.13	.. ..	3.78	3.92	4.05	.. ..
Chopock	1	4.18	4.30	4.43	4.70 (1995)	5.58	5.52	5.97	.. ..	1.85	2.24	2.60	.. ..

Notes:
a) Data refer to the latest available year from 1993 on.
CAN) All monitoring sites are in eastern Canada in areas of high acid deposition. Sampling protocols for all constituents were upgraded in 1984.
JPN) Sampling protocols for all constituents were upgraded in 1984.
NZL) Kelburn/Wellington: monitoring terminated in April 1992. SO4-- reduction largely due to increased sensitivity of analysis method.
AUT) Illmitz: station is used in the EMEP network and is located in an area where the influence of local sources is as small as possible; data are averages referring to the sampling periods. October-March and April-September.
BEL) SO4-- and NO3- data originally expressed in mgS/l and mgN/l; data are weighted by the amount of rainfall.
CZE) Data based on monthly sampling. Svratouch: weekly sampling. Means weighted over by the amount of rainfall. Svratouch and Kosetice are background sites and are used in the EMEP monitoring network.
DNK) Tange: measurement station is used in the EMEP monitoring network and is located in an area where the influence of local sources is as small as possible.
FIN) Uto, Ahtari, Virolahti: mean values weighted by the amount of precipitation; all measurement stations are used in the EMEP monitoring network.
ISL) Measurement station is used in the EMEP network and is located in an area where the influence of local sources is as small as possible; data are averages referring to the sampling periods October-March and April-September. NO3- data use based on bulk daily sampling.
ITA) Pallanza: subalpine station in northern Italy. L. Toggia: remote alpine station. Milano Brera: urban station in Po Valley. Petralia: rural station in southern Italy.
NLD) Data refer to the sampling period April-March. National: 1990 data refer to January-December.
NOR) All values are precipitation weighted means and the SO4-- values are corrected for sea-salt. All single monitoring sites are background (rural) stations. B.G.: precipitation weighted mean calculated for 7 Norwegian background stations.
POL) Data from WMO/BAPMON and EMEP networks. Sudety: south-west mountainous region. Suwalki and Puszcza Borecka: north-east region.
PRT) Measurement stations are used in the EMEP monitoring network and are located in an area where the influence of local sources is as small as possible; data are averages referring to the sampling periods October-March and April-September.
ESP) Data from BAPMON-EMEP network.

Source: OECD/OCDE, EMEP

Notes:
a) Les données se réfèrent à la dernière année disponible depuis 1993.
CAN) Tous les sites de surveillance sont situés dans l'est du Canada dans des zones de dépots acides élevés. Les protocoles d'échantillonnage ont été revisés pour tous les constituants en 1984.
JPN) Les protocoles d'échantillonnage ont été revisés pour tous les constituants en 1984.
NZL) Kelburn/Wellington: mesures arrêtées en avril 1992. SO4--: la réduction fait suite à une modification de la méthode d'analyse.
AUT) Illmitz: la station de mesure fait partie du réseau de surveillance EMEP et se situe dans une région où l'influence des sources locales est la plus faible possible; les données sont des moyennes basées sur les périodes de mesure octobre à mars et avril à septembre.
BEL) Données SO4-- et NO3- exprimées à l'origine en mgS/l et mgN/l; données pondérées par la quantité de pluie.
CZE) Données fondées sur un échantillage mensuel. Svratouch: échantillonnage hebdomadaire. Moyennes pondérées par la quantité de pluie. Svratouch et Kosetice sont représentatives de la pollution de fond et font partie du réseau de surveillance EMEP.
DNK) Tange: la station de mesure fait partie du réseau de surveillance EMEP et se situe dans une région où l'influence des sources locales est la plus faible possible.
FIN) Uto, Ahtari, Virolahti: moyennes pondérées par la quantité de pluie; toutes les stations de mesure font partie du réseau de surveillance EMEP.
ISL) La station de mesure fait partie du réseau de surveillance EMEP et se situe dans une région où l'influence des sources locales est la plus faible possible; les données sont des moyennes basées sur les périodes de mesure octobre à mars et avril à septembre. NO3-: données fondées sur un échantillonage en masse journalier.
ITA) Pallanza: station subalpine dans le nord de l'Italie. L. Toggia: station alpine isolée. Milano Brera: station urbaine dans la vallée du Po. Petralia: station rurale dans le sud de l'Italie.
NLD) Les données couvrent la période de mesure avril-mars. National: les données pour 1990 couvrent la période janvier à décembre.
NOR) Moyennes pondérées par la quantité de pluie. SO4--: valeurs corrigées du sel marin. Les stations uniques sont des stations de fond rurales. B.G.: moyenne pondérée calculée sur 7 stations de fond.
POL) Les données sont des chiffres des réseaux WMO/BAPMON et EMEP. Sudety: région montagneuse du sud-ouest. Suwalki et Puszcza Borecka: région nord-est.
PRT) Les stations de mesures font partie du réseau de surveillance EMEP et se situent dans une région où l'influence des sources locales est la plus faible possible; les données sont des moyennes fondées sur les périodes de mesure octobre à mars et avril à septembre.
ESP) Les données sont des chiffres du réseau BAPMON-EMEP.

PART I PARTIE I

3. INLAND WATERS

3. EAUX INTÉRIEURES

LIST OF TABLES | LISTE DES TABLEAUX

3.1A Estimates of renewable freshwater resources
3.1B Freshwater abstractions by source
3.1C Freshwater abstractions by major use

3.2A Population connected to sewerage
3.2B Population connected to public waste water treatment plants
3.2C Sewage sludge production and disposal

3.3   Water quality of selected rivers
    3.3A Dissolved oxygen
    3.3B Biochemical oxygen demand
    3.3C Nitrates
    3.3D Phosphorus
    3.3E Ammonium
    3.3F Lead
    3.3G Cadmium
    3.3H Chromium
    3.3I Copper

3.4   Water quality of selected lakes
    3.4A Total phosphorus
    3.4B Total nitrogen

3.1A Estimation des ressources en eaux douces renouvelables
3.1B Prélèvements d'eaux douces par source
3.1C Prélèvements d'eaux douces par usage majeur

3.2A Population raccordée aux réseaux d'assainissement
3.2B Population raccordée à une station publique d'épuration des eaux usées
3.2C Production et élimination de boues d'épuration

3.3   Qualité des eaux de rivières sélectionnées
    3.3A Oxygène dissous
    3.3B Demande biochimique en oxygène
    3.3C Nitrates
    3.3D Phosphore
    3.3E Ammonium
    3.3F Plomb
    3.3G Cadmium
    3.3H Chrome
    3.3I Cuivre

3.4   Qualité des eaux de lacs sélectionnés
    3.4A Phosphore total
    3.4B Azote total

INLAND WATERS

INTRODUCTION

Inland water resources are one of the four components of the natural environment, with air, land and living resources. The present section aims at taking stock of available water resources in Member countries, and at showing the changes in water use and water quality.

The tables presented in this section give information concerning:

a) the use of inland water resources:
    - available freshwater resources and water abstractions from ground and surface waters, particularly for public water supplies, irrigation, industrial uses and the cooling of electric power plants;

b) the state of inland water resources:
    - pollution of rivers;
    - pollution of lakes;

c) the management of inland water resources:
    - waste water treatment facilities.

Other important topics are not covered by these data. These are mainly topics on which few data are as yet available and where the statistical treatment requires a more long-term effort. They include: pollution discharged to inland waters, drinking water quality, performance of water treatment plants, the state of groundwater stocks, wetlands and their role in the water cycle; and other uses of water such as recreation and leisure activities, transport and wildlife related uses.

Irrigation data are given in the section on agriculture. International conventions related to water pollution are presented in the section on general data.

3   EAUX INTÉRIEURES

INTRODUCTION

Les ressources en eaux intérieures font référence à l'une des quatre composantes de l'environnement naturel à côté de l'air, des sols et des matières vivantes. Le but de cette section est de faire un bilan des ressources en eau disponibles dans les pays Membres et de mettre en évidence l'évolution de l'utilisation et de la qualité de l'eau.

Les tableaux présentés dans cette section fournissent des informations concernant :

a)   l'utilisation des ressources en eaux intérieures :
- les ressources en eau douces disponibles et les prélèvements d'eau de surface et d'eau souterraine, en particulier pour l'alimentation en eau des ménages, l'irrigation, les usages industriels et le refroidissement des centrales électriques ;

b)   l'état des ressources en eaux intérieures :
- la pollution des rivières ;
- la pollution des lacs ;

c)   la gestion des ressources en eaux intérieures :
- les équipements de traitement des eaux usées.

D'autres sujets importants ne sont pas couverts par ces données. Il s'agit principalement de sujets pour lesquels les données restent peu disponibles et dont le traitement statistique nécessite des efforts à plus long terme. Ce sont par exemple: les rejets de polluants dans les eaux intérieures, la qualité des eaux potables, l'état de fonctionnement des stations de traitement des eaux, l'état des eaux souterraines, les zones humides et leur rôle dans le cycle de l'eau ; les autres usages de l'eau, tels que les activités de récréation et de loisir, les transports et les usages liés à la faune et à la flore sauvages.

Les données sur l'irrigation se trouvent dans la section sur l'agriculture. Les conventions internationales concernant la pollution de l'eau sont présentées dans la section sur les données générales.

INLAND WATERS

USE OF FRESHWATER RESOURCES
UTILISATION DES RESSOURCES EN EAUX DOUCES

The following tables take stock of available freshwater resources in OECD countries and show changes in the use of these resources over time.

Freshwater resources, particularly their renewable component (i.e. available for abstraction), are essential to the development of human life and economic activities.

Water abstraction is a major pressure on freshwater resources, particularly from public water supplies, irrigation, industrial processes and cooling of electric power plants. It has significant implications for issues of quantity and quality of water resources.

Table 1A presents long term annual averages of renewable freshwater resources and their various flows (precipitation, evapotranspiration, inflows from neighbouring countries, outflows to neighbouring countries or to the sea). The "renewable resources" total aggregates the quantity of water received from precipitation net of evapotranspiration, and from inflowing rivers from neighbouring countries.

Tables 1B and 1C show freshwater abstractions by source (surface and groundwater) and by major uses. Water abstractions refer to water taken from ground or surface water sources and conveyed to the place of use. If the water is returned to a surface water source, abstraction of the same water by the downstream user is counted again in compiling total withdrawal.

When interpreting these tables, it should be borne in mind that the definitions and estimation methods employed by Member countries may vary considerably, as mentioned in the notes. The irrigation table in the agriculture section provides additional information.

Les tableaux suivants font un bilan des ressources en eau douces disponibles dans les pays de l'OCDE et mettent en évidence l'évolution de leur utilisation dans le temps.

Les ressources en eau douce et plus particulièrement leur composante renouvelable (donc disponible pour prélèvement) sont essentielles au développement de la vie humaine et des activités économiques.

Les prélèvements d'eau exercent une pression majeure sur les ressources en eaux intérieures, en particulier à cause des réseaux publics d'eau, de l'irrigation, des processus industriels et du refroidissement des centrales électriques. Ils jouent un rôle important dans la quantité et la qualité des ressources en eau.

Le tableau 1A présente les moyennes annuelles à long terme des ressources en eau douce renouvelables, de même que les différents flux d'eau constituant la ressource (précipitations, évapotranspiration, apports d'eau des pays voisins, évacuation d'eau vers les pays voisins ou vers la mer). Les "ressources renouvelables" comprennent la quantité d'eau des précipitations moins l'évapotranspiration, plus la quantité d'eau importée par les rivières de pays voisins.

Les tableaux 1B et 1C présentent les prélèvements d'eau douce par source (eau de surface et eau souterraine) et par usages majeurs. Le prélèvement d'eau correspond à l'eau retirée des sources de surface ou souterraines et transportée à son lieu d'usage. Si cette eau est par la suite retournée dans une source d'eau de surface, le prélèvement de la même eau par un utilisateur situé en aval est compté à nouveau dans l'évaluation du prélèvement total.

Lors de l'interprétation de ces tableaux, on gardera à l'esprit que les définitions et les méthodes d'évaluation employées par les pays Membres peuvent différer considérablement, comme indiqué dans les notes. Le tableau irrigation dans la section agriculture donne des informations supplémentaires.

EAUX INTÉRIEURES

ESTIMATES OF RENEWABLE (a) FRESHWATER RESOURCES, long term annual average
ESTIMATION DES RESSOURCES EN EAUX DOUCES RENOUVELABLES (a), moyenne annuelle à long terme

billion/ milliards m^3

	Precipitation/ Précipitations (1)	Evapo-transpiration (2)	Internal resources/ Ressources internes (1-2)	Inflow (b)/ Apport (b) (3)	Total renewable/ Total renouvelable (1-2)+(3)	Outflow (c)/ Évacuation (c)
Canada	4930	2190	2740	52	2792	..
Mexico/Mexique	1522	1064	458	49	507	352
USA/Etats-Unis	6440	3980	2460	18	2478	..
Japan/Japon	661	226	435	-	435	..
Korea/Corée	127	44	83	..	..	70
Australia/Australie	3252	2900	352	-	352	350
N. Zealand/N. Zélande	537	210	327	-	327	326
Austria/Autriche	98	43	55	29	84	84
Belgium/Belgique	27	15	12	4	17	8
Czech Rep./Rép. Tchèque	55	39	15	1	16	16
Denmark/Danemark	29	23	6	-	6	..
Finland/Finlande	222	115	107	3	110	110
France *	450	270	180	11	191	150
Germany/Allemagne	282	175	107	71	178	178
Greece/Grèce	112	65	47	14	61	45
Hungary/Hongrie	58	52	6	114	120	120
Iceland/Islande	200	30	170	-	170	170
Ireland/Irlande	81	32	49	3	52	40
Italy/Italie	296	129	167	8	175	155
Luxembourg	2.0	1.1	0.9	0.7	1.6	1.6
Netherlands/Pays-Bas *	30	20	11	80	91	86
Norway/Norvège	458	76	382	11	393	393
Poland/Pologne	193	138	55	8	63	63
Portugal	82	45	37	35	72	68
Spain/Espagne	335	219	116	-	116	81
Sweden/Suède	328	150	178	-	178	178
Switzerland/Suisse *	60	20	40	13	53	54
Turkey/Turquie	501	274	227	7	234	186
UK/Royaume-Uni	264	119	145	2	147	..
Slovak Rep./Rép. Slovaque *	37	24	13	70	83	83
N. America/Amérique N. *	12900	7200	5700	..	..	..
OECD/OCDE Europe *	4200	2000	2200	..	..	..
EU/UE-15 *	2600	1400	1200	..	..	..
OECD/OCDE *	21600	12700	8900	..	..	..

Notes:
a) Renewable water resources: net result of precipitation minus evapotranspiration (internal) plus inflow (total). This definition excludes any effect of (absence of) storage capacity, and it represents, therefore, the maximum available quantity of fresh water over an average year.
b) Inflow: water flows from neighbouring countries. Includes underground flows of surface waters.
c) Outflow: water flows to other countries and to the sea. Includes underground flows of surface waters.
FRA) Excludes underground flows of surface waters.
NLD) Excludes underground flows, estimated at 2 billion m3.
CHE) Difference between total renewable resources and outflow due to inclusion of glaciers melting (-250 million m3/year).
SLO) Excludes underground flows of surface waters (representing 946 million m3).
Totals) Rounded figures.

Source: OECD/OCDE, World Resources Institute, BRGM

Notes:
a) Ressources renouvelables en eau: résultat net de la valeur des précipitations moins l'évapotranspiration (ressources internes) plus l'apport d'eau qui entre dans un pays (total renouv.). Cette définition exclut tout effet de (absence de) capacité de stockage, et elle représente, donc, la quantité maximale d'eaux douces disponible pour une année moyenne.
b) Apport: écoulements d'eau importés des pays voisins. L'écoulement soutairrain des eaux de surface est inclus.
c) Evacuation: écoulements d'eau exportés vers des pays voisins ou vers la mer. L'écoulement souterrain des eaux de surface est inclus.
FRA) Exclut l'écoulement souterrain des eaux de surface.
NLD) Exclut l'écoulement souterrain (estimé à 2 milliards de m3).
CHE) La différence entre les ressources renouvelables et l'évacuation est due à l'inclusion de la fonte des glaciers (-250 millions de m3/an).
SLO) Exclut l'écoulement souterrain des eaux de surface (c.à.d. 946 millions de m3).
Totaux) Chiffres arrondis.

INLAND WATERS 3.1B

FRESHWATER ABSTRACTIONS BY SOURCE, 1980 - 1995
PRÉLÈVEMENTS D'EAUX DOUCES PAR SOURCE, 1980 - 1995

	Per capita/ par habitant (m³/capita)	as % of resources/ en % des ressources	Total abstractions/ Prélèvement total (million m³)				Surface water/ Eaux de surface (million m³)				Groundwater/ Eaux souterraines (million m³)			
	(b)	(a) (b)	1980	1985	1990	1995 (c)	1980	1985	1990	1995 (c)	1980	1985	1990	1995 (c)
Canada *	1600	1.6	37594	42383	45096	..	36733	41486	44059	..	861	897	1037	..
Mexico/Mexique *	780	14.5	56000	..	..	73674	39370	..	..	48574	16630	23500	24453	25100
USA/Etats-Unis	1880	18.9	517720	467335	468620	..	402750	366095	358790	..	114970	101240	109830	..
Japan/Japon *	720	20.8	88200	88495	90083	90497	75450	75150	76561	76922	12750	13345	13522	13575
Korea/Corée *	530	..	17510	18580	20600	23700	..	..	..	21222	..	..	..	2478
Australia/lie *	840	4.3	10900	14600	..	15055	..	12360	..	..	..	2240	..	..
N. Zeal./N. Zél. *	570	0.6	1200	1900	..	2000	..	..	..	..	..	..	..	..
Austria/Autriche *	280	2.7	2190	2120	2360	2250	1055	1005	930	870	1135	1115	1430	1380
Belgium/Belgique	..	..	9030	..	..	..	8251	..	..	..	778	..	..	..
Czech R./R.Tchèque	240	15.8	3365	3440	3396	2520	2820	2873	2787	2024	545	567	609	496
Denmark/Danemark *	170	14.8	1205	..	1173	887	120	..	..	..	1085	..	1173	887
Finland/Finlande *	480	2.2	3700	4000	2347	2437	3510	3680	2087	2193	190	320	240	244
France *	700	21.3	35104	34898	38287	40641	29400	28725	32170	34645	5704	6173	6117	5996
Germany/Allem. *	580	26.0	42206	41216	46272	..	35344	34225	39180	..	6862	6991	7092	..
Greece/Grèce	..	..	5040	..	..	..	3470	..	..	..	1570	..	..	..
Hungary/Hongrie *	610	5.2	4805	6267	6263	6259	3551	4880	5236	5272	1254	1386	1027	987
Iceland/Islande *	610	0.1	100	103	164	164	5	8	14	14	95	95	150	150
Ireland/Irlande *	330	2.3	1070	..	..	1176	945	..	..	951	125	..	..	225
Italy/Italie *	990	32.2	56200	52000	56200	..	..	40000	..	..	..	12000	..	..
Luxembourg *	140	3.4	..	67	59	57	..	22	32	28	..	45	27	29
Netherl./Pays-Bas *	520	8.6	9197	9302	7806	..	8190	8231	6757	..	1007	1071	1049	..
Norway/Norvège *	..	..	..	2025	..	..	..	1620	..	..	..	405	..	..
Poland/Pologne *	310	19.2	14184	15453	14248	12066	11899	13076	11928	10078	2285	2377	2320	1988
Portugal *	730	10.1	..	..	7288	..	..	4233	..	..	..	3065	..	..
Spain/Espagne *	850	28.7	39920	46250	36900	33288	34800	40840	31400	27880	5120	5410	5500	5408
Sweden/Suède *	310	1.5	4106	2970	2968	2725	3511	2348	2360	2084	595	622	608	641
Switzerl./Suisse *	370	4.9	2589	2646	2665	2595	1667	1693	1724	1693	922	953	941	902
Turkey/Turquie *	570	15.0	16200	19400	32200	35100	11800	14100	25600	27500	4400	5300	6600	7600
UK/Royaume-Uni *	180	13.7	13514	11533	12052	9342	11024	9012	9344	6869	2490	2521	2709	2472
Slovak Rep./R. Slov. *	260	1.7	2232	2061	2116	1406	1575	1390	1388	801	657	671	728	605
N. America/Amér. N. *	1520	10.0	611300	572000	581700	587400	..	..	..	..	..	..	..	..
OECD/OCDE Europe *	580	14.0	271900	279100	292900	288100	..	..	..	..	..	..	..	..
EU/UE-15 *	620	20.0	228600	229800	236000	227200	..	..	..	..	..	..	..	..
OECD/OCDE *	930	11.0	1001000	974700	1001800	1006700	..	..	..	..	..	..	..	..

Notes:

a) Data refer to total abstraction divided by total renewable resources, except for regional totals, where internal resource estimates were used to avoid double counting. Total renewable resources represent the maximum available quantity of fresh water over an average year (cf. table 3.1A).
b) Data refer to 1995 or latest available year. Data prior to 1987 have not been considered.
c) Data refer to 1995 or latest available year.

Country notes: see next page

Source: OECD/OCDE

Notes:

a) Prélèvements totaux divisés par les ressources renouvelables totales; pour les totaux régionaux, on ne considère que les ressources internes afin d'éviter les doubles comptages. Les ressources totales renouvelables représentent la quantité maximale d'eaux douces disponible pour une année moyenne (cf. le tableau 3.1A).
b) 1995 ou l'année la plus récente. Les données antérieures à 1987 n'ont pas été prises en compte.
c) 1995 ou l'année la plus récente.

Notes par pays: voir page suivante

3.1B EAUX INTÉRIEURES

Notes: (3.1B)

CAN) 1980 and 1990: 1981 and 1991 data.
MEX) Data include Secretariat estimates for electrical cooling - 1980: based on electricity generation in power stations; 1995: based on 1994 data.
JPN) 1995: Secretariat estimates based on 1990 and 1994 data.
KOR) Partial totals excluding electrical cooling. 1995: 1994 data.
AUS) 1980: 1977 data adjusted for an average climatic year. 1985: fiscal year 1983/84. 1995: estimated data.
NZL) Partial totals excluding industrial and electrical cooling. 1980: composite total based on data for various years. 1995: 1993 estimates.
AUT) Partial totals. Surface water: excluding agriculture, irrigation and industry except cooling. Groundwater: excluding industry and electrical cooling. 1990 and 1995: 1992 and 1993 data.
DNK) 1980: 1977 data; data refer to total abstractions. For other years data refer only to groundwater abstractions, which represent the majority of total freshwater abstractions (e.g. 95-99% for 1995).
FIN) Partial totals. 1985 and 1990 data exclude agricultural uses besides irrigation (1985 data); 1995: 1994 data excluding all agricultural uses.
FRA) 1980 and 1995: 1981 and 1994 data.
DEU) Partial totals excluding all agricultural uses. 1980 and 1985: 1979 and 1983 data for western Germany only. 1990: 1991 data for total Germany.
HUN) 1995: 1994 data.
ISL) 1990: 1992 data.
IRE) 1995: 1994 data; totals include 1980 data for electrical cooling.
ITA) Excluding agricultural uses besides irrigation. 1980: including 1973 estimates for industrial cooling. 1990: 1987 data.
LUX) 1990: 1989 data, including 1983 data. 1995: annual average of the 1990-95 period.
NLD) Partial totals excluding all agricultural uses. 1980, 1985 and 1990: 1981, 1986 and 1991 data.
NOR) 1985: 1983 data, including 1978 data for industry.
POL) Totals include abstractions for agriculture, which refer to aquaculture (areas over 10 ha) and irrigation (arable land and forest areas greater than 20 ha); animal production and domestic needs of rural inhabitants are not covered.
PRT) 1990: 1989 data.
ESP) Excluding agricultural uses besides irrigation. Groundwater: excluding industry except for 1995. 1990: 1991 data. 1995: hydrological year average, except for electrical cooling.
SWE) 1980, 1985 and 1990: include data from different years.
CHE) Partial totals excluding all agricultural uses. 1995: 1994 data.
TUR) Partial totals. 1980: excluding agricultural uses besides irrigation. 1980 and 1985: excluding electrical cooling. 1990: 1991 data.
UKD) Partial totals. England and Wales only. 1995: 1994 data. Data include miscellaneous uses for power generation, but exclude hydroelectric power water use.
SLO) 1995: 1994 data.
Totals) Rounded figures, including Secretariat estimates. OECD and EU until 1985: western Germany only. % of renewable resources: calculated using the estimated totals for internal resources (not total ressources as for countries) (see table 3.1A), and considering England and Wales only.

Source: OECD/OCDE

Notes: (3.1B)

CAN) 1980 et 1990: données 1981 et 1991.
MEX) Les données incluent des estimations du Secrétariat pour le refroid. des centrales électriques fondées sur - 1980: la production d'électricité des centrales thermiques; 1995: des données 1994.
JPN) 1995: estimations du Secrétariat fondées sur des données 1990 et 1994.
KOR) Totaux partiels excluant le refroid. des centrales électriques. 1995: données 1994.
AUS) 1980: données 1977 ajustées pour une année climatique moyenne. 1985: année fiscale 1983/84. 1995: estimations.
NZL) Totaux partiels excluant le refroidissement industriel et des centrales électriques. 1980: total composé fondé sur des données pour des années différentes. 1995: estimations pour 1993.
AUT) Totaux partiels. Eaux de surface: exclut l'agriculture, l'irrigation et l'industrie (hors refroidissement). Eaux souterraines: exclut l'industrie et le refroidissement des centrales électriques. 1990 et 1995: données 1992 et 1993.
DNK) 1980: données 1977; les données se rapportent aux prélèvements totaux. Les autres années concernent les prélèv. souterrains uniquement, qui représentent la majeure partie des prélèvements en eau douce (p.ex. 95-99% pour 1995).
FIN) Totaux partiels. 1985 et 1990: exclut les prélèvements agricoles autres que l'irrigation (données 1985); 1995: données 1994; exclut tous les usages agricoles.
FRA) 1980 et 1995: données 1981 et 1994.
DEU) Totaux partiels excluant tous les prélèvements agricoles. 1980 et 1985: données 1979 et 1983 pour l'Allemagne occidentale seulement. 1990: données 1991 pour l'Allemagne totale.
HUN) 1995: données 1994.
ISL) 1990: données 1992.
IRE) 1995: données 1994; les totaux incluent des données 1980 pour le refroid. centr. élect.
ITA) Exclut les prélèvements agricoles autres que l'irrigation. 1980: inclut des estimations 1973 pour le refroidissement industriel. 1990: données 1987.
LUX) 1990: données 1989, incluant des données 1983. 1995: moyenne annuelle pour la période 1990-95.
NLD) Totaux partiels excluant tous les prélèvements agricoles. 1980, 1985 et 1990: données 1981, 1986 et 1991.
NOR) 1985: données 1983, incluant des données 1978 pour l'industrie.
POL) Les totaux incluent des prélèv. agricoles qui comprennent l'aquaculture (surfaces supérieures à 10 ha) et l'irrigation (terres arables et superficies forestières supérieures à 20 ha); la production animale et les besoins domestiques de la population rurale ne sont pas compris.
PRT) 1990: données 1989.
ESP) Exclut les prélèvements agricoles autres que l'irrigation. Eaux souterraines: exclut l'industrie (exception pour 1995). 1990: données 1991. 1995: année hydrologique moyenne, à l'exception des prélèvements pour le refroidissement des centrales élect.
SWE) 1980, 1985 et 1990: inclut des données pour des années différentes.
CHE) Totaux partiels excluant tous les prélèvements agricoles. 1995: données 1994.
TUR) Totaux partiels. 1980: exclut les prélèvements agricoles autres que l'irrigation. 1980 et 1985: exclut le refroidissement des centrales électriques. 1990: données 1991.
UKD) Totaux partiels. Angleterre et Pays de Galles seulement. 1995: données 1994. Les données incluent des usages divers pour la production d'énergie, mais excluent la production hydro-électrique.
SLO) 1995: données 1994.
Totaux) Chiffres arrondis, incluant des estimations du Secrétariat. OCDE et UE jusqu'en 1985: Allemagne occidentale uniquement. % des ressources: % calculés basés sur les estimations pour les ressources internes (pas les ressources totales comme pour les pays) (voir tableau 3.1A), et prenant en compte l'Angleterre et Pays de Galles seulement.

INLAND WATERS 3.1C

FRESHWATER ABSTRACTIONS BY MAJOR USE (a), 1980 - 1995
PRÉLÈVEMENTS D'EAUX DOUCES PAR USAGE MAJEUR (a), 1980 - 1995

Per cent/pour cent

	Public water supply / Réseau public (b)				Irrigation (b)				Industry no cooling / Industrie sauf refroidissement (b)				Electrical cooling / Refroidissement production électrique (b)			
	1980	1985	1990	1995 (c)	1980	1985	1990	1995 (c)	1980	1985	1990	1995 (c)	1980	1985	1990	1995 (c)
Canada	11.3	11.1	11.3	..	7.4	7.0	7.1	..	8.6	8.9	7.9	..	39.9	56.9	59.7	..
Mexico/Mexique	7.5	..	..	11.5	82.1	..	..	83.1	10.4	..	..	3.4	0.1	..	..	0.2
USA/Etats-Unis	9.1	10.8	11.4	..	38.7	40.5	40.2	..	10.4	6.6	5.7	..	40.4	38.7	38.6	..
Japan/Japon	14.8	16.3	17.6	18.0	65.3	65.5	64.5	64.2	18.7	17.6	17.3	17.2	..	..	..	..
Korea/Corée	10.9	14.8	21.8	26.2	80.5	76.4	68.4	62.9	8.6	8.8	9.7	11.0	..	..	..	..
Australia/lie	..	12.3	..	..	74.3	69.9	..	..	..	5.5	..	..	..	..	..	..
N. Zeal./N. Zél.	..	..	..	9.2	..	..	..	55.0	..	..	..	13.0	..	..	..	..
Austria/Autriche	22.8	24.8	33.3	31.0	2.3	2.6	8.5	8.9	25.1	23.6	20.7	21.3	47.9	47.2	37.4	38.7
Belgium/Belgique	..	..	..	..	..	..	..	..	..	..	..	..	..	..	..	..
Czech Rep./R.Tchèque	30.1	34.3	37.4	39.2	1.2	1.5	2.9	1.2	30.6	28.5	26.2	24.0	36.2	33.4	31.3	33.2
Denmark/Danemark	39.8	..	40.9	53.0	..	..	25.6	15.8	22.0	..	19.2	9.0	..	..	..	..
Finland/Finlande	10.5	10.2	18.1	17.2	..	0.5	0.9	..	..	..	69.0	66.4	..	..	10.6	15.4
France	15.5	16.9	15.9	14.6	12.5	12.8	12.9	12.1	15.8	14.6	11.1	9.7	56.3	55.6	60.2	63.5
Germany/Allem.	12.0	12.4	14.1	..	..	..	..	..	6.8	5.8	23.7	..	60.4	62.0	62.2	..
Greece/Grèce	12.2	..	..	..	82.5	..	..	..	2.7	..	..	..	1.8	..	..	..
Hungary/Hongrie	16.7	14.8	16.0	13.5	7.0	4.6	8.5	4.6	2.2	1.4	1.0	1.3	49.7	60.0	62.5	68.7
Iceland/Islande	84.0	84.5	50.0	50.0	-	-	-	-	10.0	9.7	6.1	6.1	-	-	-	-
Ireland/Irlande	34.0	..	..	40.0	12.1	..	..	15.2	23.4	..	..	21.3	25.9	..	..	..
Italy/Italie	14.2	..	14.1	..	57.3	..	..	..	14.2	..	..	..	12.5	..	..	..
Luxembourg	..	..	95.0	58.9	..	..	0.3	0.4	..	..	4.7	24.5	..	..	-	..
Netherl./Pays-Bas	11.2	11.9	16.4	..	..	..	..	..	1.9	2.0	2.5	..	65.4	70.4	65.9	..
Norway/Norvège	..	26.6	..	..	..	3.4	..	..	..	68.1	..	..	..	..	..	..
Poland/Pologne	19.2	18.9	21.1	20.4	2.0	3.4	3.3	1.7	12.9	10.6	9.7	6.8	50.7	53.1	51.2	57.3
Portugal	..	..	7.9	..	..	..	52.6	..	..	..	3.3	..	..	..	36.8	..
Spain/Espagne	11.8	11.6	11.9	12.9	65.7	65.7	64.2	72.4	..	..	..	5.6	22.5	22.7	12.2	9.0
Sweden/Suède	23.3	32.8	32.9	35.0	1.6	3.2	3.2	3.9	43.3	37.4	37.5	27.7	..	0.9	0.9	2.5
Switzerl./Suisse	42.6	43.2	43.6	42.1	..	..	..	..	..	..	..	..	57.4	56.8	56.4	57.9
Turkey/Turquie	..	14.4	14.2	14.2	..	73.7	53.9	69.3	..	11.9	7.6	10.0	..	..	..	..
UK/Royaume-Uni	43.7	52.8	55.5	65.4	0.6	0.7	1.5	1.6	13.8	9.1	7.4	5.5	28.1	21.6	20.0	2.8
Slovak Rep./R. Slov.	..	28.3	30.4	39.2	..	5.9	12.6	7.9	..	63.7	53.5	49.6	..	..	..	..

Notes:

a) The four sectors do not necessarily add up to 100%, since "agricultural uses other than irrigation", "industrial cooling" and "other uses" are not covered here.
b) "Public water supply" refers to water supply by waterworks, and may include other uses besides the domestic sector. "Irrigation", "Industry no cooling" and "Electrical cooling" refer to self-supply (abstraction for own final use).
c) Data refer to 1995 or latest available year. Data prior to 1993 have not been considered.

Country notes: see next page

Source: OECD/OCDE

Notes:

a) La somme des prélèvements pour les quatre secteurs n'est pas nécessairement égale à 100%: les "usages agricoles autres que l'irrigation", les "eaux de refroidissement industriel" et les "autres usages" ne sont pas présentés ici.
b) "Réseau public" concerne l'approvisionnement en eau par le système hydraulique, et peut inclure des usages autres que le secteur domestique. "Irrigation", "Industrie sauf refroidissement" et "Refroidissement production électrique" concernent l'auto-approvisionnement (prélèvements pour utilisation finale pour compte propre).
c) 1995 ou l'année la plus récente. Les données antérieures à 1993 n'ont pas été prises en compte.

Notes par pays: voir page suivante

3.1C

Notes: (3.1C)

- CAN) 1980 and 1990: 1981 and 1991 data.
- MEX) Industry no cooling: includes cooling. Electrical cool.: data include Secretariat estimates - 1980: based on electricity generated in power stations; 1995: based on 1994 data.
- USA) Industry no cooling: includes cooling.
- JPN) Industry no cooling: includes industrial and electrical cooling. 1995: 1994 data, including 1990 data for irrigation and industry and electrical cooling.
- KOR) % based on partial totals: electrical cooling excluded. Public supply: data refer to domestic sector. Irrigation: includes other agric. uses. Industry no cooling: includes cooling. 1995: 1994 data.
- AUS) 1980: 1977 data adjusted for average climatic year. 1985: data refer to fiscal year 1983/84 and to both waterworks and self-supply; public supply: data refer to domestic sector; industry no cooling: may include industrial and electrical cooling.
- NZL) % based on partial totals. 1995: % based on 1993 estimate excluding industrial and electrical cooling.
- AUT) % based on partial totals. Irrigation and industry no cooling: groundwater only. Electrical cooling (includes all industrial cooling): surface water only. 1990 and 1995: 1992 and 1993 data; irrigation includes other agricultural abstractions.
- CZE) Industry no cooling: includes cooling.
- DNK) % based on totals referring to groundwater abstractions only (except for 1980: 1977 data); groundwater abstractions represent the majority of total freshwater abstractions (e.g. 95-99% for 1995). Public supply: 1995 figure includes part (110 million m3) of abstractions for industry and electrical cooling. Industry no cooling: includes some industrial and electrical cooling (self-supply).
- FIN) % based on partial totals: 1985 and 1990 exclude agricultural uses besides irrigation (1985 data); 1995 (1994 data): excludes all agricultural uses.
- FRA) 1980 and 1995: 1981 and 1994 data. Irrigation: Secretariat estimates; includes other agricultural uses, but irrigation is the main use. Industry no cooling: includes cooling.
- DEU) % based on partial totals excluding all agricultural uses. Industry no cooling: includes mining and quarrying. 1980 and 1985: 1979 and 1983 data, for western Germany only. 1990: 1991 data, for total Germany; industry no cooling: includes cooling.
- HUN) 1995: 1994 data.
- ISL) Industry no cooling: includes cooling. After 1985, fish farming is a major user of abstracted water, explaining the change in the relative contribution of other sectors. 1990: 1992 data.
- IRE) Industry no cooling: includes cooling. Irrigation: includes other agricultural uses (e.g. rural domestic use). 1995: 1994 data; % based on totals including 1980 data for electrical cooling.
- ITA) % based on totals excluding agricultural uses besides irrigation. 1990: 1987 data.
- LUX) Industry no cooling: includes cooling. 1990: 1989 data, except for industry and electrical cooling - 1983 data; irrigation: estimated data. 1995: annual average for the 1990-95 period.
- NLD) % based on partial totals excluding all agricultural uses. 1980, 1985 and 1990: 1981, 1986 and 1991data.
- NOR) 1985: 1983 data including 1978 data for industry. Industry no cooling: includes industrial and electrical cooling.
- POL) % based on totals including abstractions for agriculture, which refer to aquaculture (areas over 10 ha) and irrigation (arable land and forest areas greater than 20 ha); animal production and domestic needs of rural inhabitants are not covered.
- PRT) 1990: 1989 data. The sum of the 4 sectors is over 100% due to double counting.
- ESP) % based on totals excluding agricultural uses besides irrigation. Industry no cooling: surface water only except for 1995; includes industrial cooling. Electrical cooling: until 1989 data include total industrial use. 1990: 1991 data. 1995: hydrological year average, except for electrical cooling; public supply includes abstractions for industry (378.4 mill. m3).
- SWE) Irrigation: 1980 data refer to 1976; since 1985 data are estimates for dry year. Industry no cooling: 1980 data refer to 1974 and include mining and quarrying and electrical cooling; 1985 and 1990 data refer to 1983 and to manufacturing industry. Electrical cooling: 1985 and 1990 data refer to 1983.
- CHE) % based on partial totals excluding all agricultural uses. 1995: 1994 data. Public supply: includes industry (total industry - ISIC 10-45 rev. 3), which totals 215 mill. m3 (1994), and other activities (101 mill. m3 (1994)).
- TUR) 1980: % based on totals excluding agricultural uses besides irrigation. 1980 and 1985: % based on partial totals excluding electrical cooling. Industry no cooling: includes cooling. 1990: 1991 data.
- UKD) England and Wales only. 1995: 1994 data. Data include miscellaneous uses for power generation, but exclude hydroelectric power water use.
- SLO) Irrigation: Secretariat estimates. Industry no cooling: includes cooling. 1995: 1994 data.

Source: OECD/OCDE

Notes: (3.1C)

- CAN) 1980 et 1990: données 1981 et 1991.
- MEX) Industrie sauf refroid.: inclut le refroidissement. Refroid. prod. élect.: inclut des estimations du Secrétariat fondées sur: 1980 - la production électrique dans les centrales thermiques; 1995: des données 1994.
- USA) Industrie sauf refroidissement: inclut le refroidissement.
- JPN) Industrie sauf refroidissement: inclut le refroidiss. industriel et électrique. 1995: données 1994, incluant des données 1990 pour l'irrigation, l'industrie et le refroid. électrique.
- KOR) % fondés sur des totaux partiels: exclut le refroid. des centrales électriques. Réseau public: secteur domestique. Irrigation: inclut autres usages agricoles. Industrie sauf refroidissement: inclut le refroidissement. 1995: données 1994.
- AUS) 1980: données 1977 ajustées pour une année climatique moyenne. 1985: année fiscale 1983/84; les données concernent le réseau public et l'auto-approvisionnement; réseau public: secteur domestique; Industrie sauf refroidissement: peut inclure le refroidissement industriel et des centrales électriques.
- NZL) % fondés sur des totaux partiels. 1995: % fondés sur des estimations 1993 excluant le refr. ind. et des centrales élect..
- AUT) % fondés sur des totaux partiels. Irrigation et industrie sauf refroidiss.: eau souterraine seulement. Refroidiss. électrique (inclut tout le refroidiss. industriel): eaux surface uniquement. 1990 et 1995: données 1992 et 1993; l'irrigation inclut d'autres prélèv. agricoles.
- CZE) Industrie sauf refroidissement: inclut le refroidissement.
- DNK) % fondés sur des totaux se rapportant aux prélèv. d'eau souterraine seulement (exception pour 1980: données 1977); les prélèv. d'eau souterraine représentent la majeure partie des prélèv. en eau douce (p.ex. 95-99% pour 1995). Réseau public: le chiffre 1995 inclut une partie (110 million m3) des prélèv. d'eau pour l'industrie et le refroidiss. électrique. Industrie sauf refroidiss.: inclut une partie du refroidiss. industriel et électrique ("auto-approvisionnement").
- FIN) % fondés sur des totaux partiels: 1985 et 1990 excluent les usages agricoles autres que l'irrigation (données 1985); 1995 (données 1994): exclut tous les usages agricoles.
- FRA) 1980 et 1995: données 1981 et 1994. Irrigation: estimations du Secrétariat; inclut d'autres usages agricoles, mais l'irrigation correspond au plus grand usage. Industrie sauf refroidissement: inclut le refroidissement.
- DEU) % fondés sur des totaux partiels excluant tous les usages agricoles. Industrie sauf refroidissement: inclut les prélèvements des mines et carrières. 1980 et 1985: données 1979 et 1983, pour l'Allemagne occidentale seulement;1990: données 1991, pour l'Allemagne totale; industrie sauf refroidissement: inclut le refroidissement.
- HUN) 1995: données 1994.
- ISL) Industrie sauf refroidissement: inclut le refroidissement. Après 1985, l'importance des prélèvements par la pisciculture explique le changement dans la contribution relative des autres secteurs. 1990: données 1992.
- IRE) Industrie sauf refroidissement: inclut le refroidissement. Irrigation: inclut d'autres usages agricoles (p.ex. usage domestique rural). 1995: données 1994; % fondés sur des totaux incluant des données 1980 pour le refroid. des centrales électr.
- ITA) % fondés sur des totaux excluant les usages agricoles autres que l'irrigation. 1990: données 1987.
- LUX) Industrie sauf refroidissement: inclut le refroidissement. 1990: données 1989, exception pour le refroidissement industriel et des centrales électriques - données 1983; irrigation: estimations. 1995: moyenne annuelle pour la période 1990-95.
- NLD) % fondés sur des totaux partiels excluant tous les usages agricoles. 1980, 1985 et 1990: données 1981, 1986 et 1991.
- NOR) 1985: données 1983 incluant des données 1978 pour l'industrie. Industrie sauf refroidissement: inclut le refroidissement industriel et des centrales électriques.
- POL) % fondés sur des totaux incluant les prélèv. agricoles qui comprennent l'aquaculture (surfaces supérieures à 10 ha) et l'irrigation (terres arables et superficies forestières supérieures à 20 ha); la production animale et les besoins domestiques de la population rurale ne sont pas compris.
- PRT) 1990: données 1989. La somme des prélèvements des quatre secteurs est supérieure à 100% en raison du double comptage.
- ESP) % fondés sur des totaux excluant les usages agricoles autres que l'irrigation. Industrie sauf refroidiss.: eaux de surface uniquement, exception pour 1995; inclut le refroidiss.. Refroidiss. prod. électricité: jusqu'en 1989 inclut tous les usages industriels. 1990: données 1991. 1995: année hydrologique moyenne, à l'exception des prélèv. pour le refroidiss. des centrales électriques; le réseau public inclut des prélèv. pour l'industrie (378.4 mill. m3).
- SWE) Irrigation: les données 1980 sont de 1976; depuis 1985 les données sont des estimations pour une année sèche. Industrie sauf refroidiss.: les données 1980 sont de 1974 et incluent les prélèv. des mines et carrières et le refroid. des centrales élect.; les données 1985 et 1990 se rapportent à 1983 et à l'industrie manufacturière. Refroid. prod. électrique: données 1985 et 1990 concernent l'année 1983.
- CHE) % fondés sur des totaux partiels excluant tous les usages agricoles. 1995: données 1994. Réseau public: inclut des prélèv. industriels (industrie totale - CITI 10-45 rév. 3), - 215 mill.m3 (1994), et les autres activités - 101 mill. m3 (1994).
- TUR) 1980: % fondés sur des totaux excluant les usages agricoles autres que l'irrigation. 1980 et 1985: % fondés sur des totaux partiels excluant le refroid. des centrales électriques. Industrie sauf refroid.: inclut le refroidissement. 1990: données 1991.
- UKD) Angleterre et Pays de Galles seulement. 1995: données 1994. Les données incluent des usages divers pour la production d'énergie, mais excluent la production hydro-électrique.
- SLO) Irrigation: estimations du Secrétariat. Industrie sauf refroidissement: inclut le refroidissement. 1995: données 1994.

INLAND WATERS 3.2A/2B

SEWERAGE AND SEWAGE TREATMENT
RÉSEAUX D'ASSAINISSEMENT ET TRAITEMENT DES EAUX USÉES

The following tables provide information on the level of public equipment installed by countries to manage and abate water pollution.

Table 2A shows the percentage of national population connected to public sewage networks and related treatment facilities.

Table 2B shows the percentage of national population connected by public waste water treatment plants, and the degree of treatment (primary treatment only, secondary treatment and tertiary treatment). "Connected" here means actually connected to a waste water treatment plant through a public sewage network. Non-public treatment plants, i.e. industrial waste water plants, or individual private treatment facilities such as septic tanks are not covered here.

When reading this table one should keep in mind that the optimal connection rate is not necessarily 100 per cent; it may vary among countries and depends on geographical features and on the spatial distribution of habitats.

The interpretation of these tables should take into account some variations in countries' definitions, as reflected in footnotes.

Les tableaux suivants fournissent des informations sur le niveau d'équipements publics existant dans les pays pour gérer et lutter contre la pollution de l'eau.

Le tableau 2A présente les pourcentages de population nationale raccordée à un réseau d'assainissement public et à des installations de traitement.

Le tableau 2B présente les pourcentages de population nationale raccordée à une station d'épuration publique et le degré de traitement (primaire seulement, secondaire et tertiaire). "Raccordé" signifie effectivement connecté à une station d'épuration à travers un réseau public d'assainissement. Les stations d'épuration non publiques, p.ex. les stations d'épuration industrielles, ou les installations privées individuelles telles que les fosses septiques ne sont pas couvertes ici.

En lisant ce tableau il faut garder à l'esprit que le taux optimal de connection n'est pas nécessairement de 100 pour cent; il peut varier d'un pays à l'autre et dépend des caractéristiques géographiques et de la distribution spatiale des habitats.

L'interprétation de ces tableaux doit prendre en compte les différences de définition entre les pays telles que les notes le précisent.

3.2A EAUX INTÉRIEURES

POPULATION CONNECTED TO SEWERAGE, mid-1990s
POPULATION RACCORDÉE AUX RÉSEAUX D'ASSAINISSEMENT, milieu des années 90

% of national population/ % de la population nationale

	Year/ année	Connected to public sewerage / raccordée à un réseau d'assainissement public				Not connected to public sewerage./ non raccordée à un réseau d'assainiss. public		
		TOTAL	of which/dont: connected to a sewage treat. plant (STP)/ racc. à une station d'épur. des eaux usées (STEP)		of which/dont: not connected to a STP/ non raccordée à une STEP (c)	TOTAL	of which/ dont:	connected to private or independent sewerage/ raccordée à un réseau privé ou autonome (d)
			Public treatment/ traitement public (a)	Other treatment/ autre traitement (b)				
Canada	1994	91.0	78.0	1.0	12.0	9.0		..
Mexico/Mexique	1993	64.6	21.8	-	42.8	35.4		..
USA/Etats-Unis	1992	..	70.8	..	..	..		..
Japan/Japon	1993	..	50.1	..	..	..		..
Korea/Corée	1995	..	45.0	..	..	..		..
Austria/Autriche	1995	75.5	74.7	-	0.8	24.5		23.4
Czech Rep./R. Tchèque	1995	73.2	56.0	-	17.2	26.8		..
Denmark/Danemark	1994	..	99.0	..	..	..		..
Finland/Finlande	1993	77.3	77.0	-	0.3	22.7		..
France *	1994	81.0	77.0	-	4.0	19.0		10.0
Germany/Allemagne *	1995	92.2	89.0	..	..	7.8		..
Greece/Grèce	1992	50.6	11.4	-	39.2	..		..
Hungary/Hongrie	1993	43.0	32.0	-	11.0	57.0		19.0
Iceland/Islande	1995	90.0	4.0	-	86.0	10.0		6.0
Ireland/Irlande	1995	68.0	..	..	..	32.0		..
Luxembourg	1995	87.5	87.5	-	-	12.5		12.5
Netherlands/Pays-Bas	1994	98.0	96.0	-	2.0	2.0		..
Norway/Norvège	1995	73.0	67.0	-	6.0	27.0		20.0
Poland/Pologne	1995	..	41.5	..	..	..		..
Portugal	1990	55.3	20.9	-	34.4	44.7		..
Spain/Espagne	1995	61.7	48.3	-	13.4	..		..
Sweden/Suède	1992	95.0	95.0	-	-	5.0		..
Switzerland/Suisse	1995	94.0	94.0	-	-	6.0		..
Turkey/Turquie *	1995	62.5	12.1	-	50.4	37.5		..
UK/Royaume-Uni *	1994	97.0	86.0	-	11.0	3.0		..
Slovak Rep./R. Slovaque	1994	52.2	48.2	-	4.0	47.8		..

Notes:
a) National population connected to public sewage treatment. Includes primary, secondary and tertiary treatment. (See Table 3.2B for further details.). Data prior to 1990 have not been considered.
b) Population connected to public sewerage, and connected to waste water treatment in non-public treatment plants, e.g. industrial waste water plants.
c) Population connected to public sewage network but not served by any sewage treatment.
d) Individual private treatment facilities (e.g. septic tanks).
FRA) In % of dwellings, which is considered a good estimate of the population connected.
DEU) Estimates.
TUR) Data result from an inventory covering municipalities with an urban population over 3 000 inhabitants, assuming that the sewerage system and treatment facilities serve the whole population of the municipalities.
UKD) England and Wales only; data refer to financial year (April to March).

Notes:
a) Population nationale raccordée à un traitement public des eaux usées. Inclut les traitements primaire, secondaire et tertiaire. (Voir tab. 3.2B pour plus de détails.). Les données antérieures à 1990 n'ont pas été considérées.
b) Population raccordée aux réseaux d'assainissement publics, et raccordée à un traitement d'eaux usées dans une station d'épuration non publique, p. ex. une station d'épuration industrielle.
c) Population raccordée aux réseaux d'assainissement publics, mais ne bénéficiant pas d'un traitement des eaux usées.
e) Installations individuelles et privées de traitement (p. ex. fosses septiques).
FRA) En % des logements, considéré comme une bonne estimation de la population raccordée.
DEU) Estimations.
TUR) Les données proviennent d'un inventaire couvrant les municipalités avec une population urbaine supérieure à 3 000 habitants, en admettant que le réseau d'assainissement et les installlations de traitement servent la totalité de la population de ces municipalités.
UKD) Angleterre et Pays de Galles uniquement; les données se rapportent à l'année fiscale (avril à mars).

Source: OECD/OCDE

INLAND WATERS 3.2B

POPULATION CONNECTED TO PUBLIC WASTE WATER TREATMENT PLANTS (a), 1980-1995
POPULATION RACCORDÉE A UNE STATION PUBLIQUE D'ÉPURATION DES EAUX USÉES (a), 1980-1995

% national population/ % de la population nationale

		Primary treatment only/ traitement primaire uniquement b)				Secondary treatment/ traitement secondaire c)				Tertiary treatment/ traitement tertiaire d)				Total connected/ Total raccordé			
		1980	1985	1990	1995 e)	1980	1985	1990	1995 e)	1980	1985	1990	1995 e)	1980	1985	1990	1995 e)
Canada	*	14.0	13.0	17.0	19.0	25.0	23.0	25.0	26.0	25.0	27.0	28.0	33.0	64.0	63.0	70.0	78.0
Mexico/Mexique	*	..	..	..	2.6	..	..	..	19.2	..	..	..	..	..	..	..	21.8
USA/Etats-Unis	*	15.9	14.2	8.5	..	27.1	29.8	32.5	..	22.8	27.4	29.8	..	65.8	71.5	70.8	..
Japan/Japon	*	..	..	..	..	30.0	36.0	44.1	50.1	..	..	..	..	30.0	36.0	44.1	50.1
Korea/Corée	*	..	..	..	5.0	..	..	..	37.0	..	..	..	-	..	6.3	32.9	42.0
Austria/Autriche	*	10.0	7.0	5.0	1.4	25.0	53.0	60.0	38.6	3.0	5.0	7.0	34.7	38.0	65.0	72.0	74.7
Belgium/Belgique		..	..	..	..	22.9	..	..	..	..	..	..	..	22.9	..	..	..
Czech Rep./R. Tchèque		..	..	..	..	..	47.5	49.6	..	..	-	-	..	43.7	47.5	50.3	56.0
Denmark/Danemark	*	..	18.0	8.0	..	..	66.0	69.0	..	..	7.0	21.0	..	..	91.0	98.0	99.0
Finland/Finlande		2.0	0.1	-	-	15.0	10.0	0.1	-	48.0	62.0	76.0	77.0	65.0	72.1	76.1	77.0
France	*	..	..	7.5	..	..	..	..	..	..	..	..	..	61.5	64.0	69.0	77.0
Germany/Allemagne	*	10.2	7.5	6.5	..	64.7	70.5	31.5	..	5.0	6.7	47.6	..	79.9	84.7	85.6	89.0
Greece/Grèce	*	..	0.7	0.7	..	0.5	9.3	10.7	..	..	..	-	..	0.5	10.0	11.4	..
Hungary/Hongrie		7.0	8.0	9.0	9.0	12.0	17.0	22.0	22.0	..	..	..	1.0	19.0	25.0	31.0	32.0
Iceland/Islande		..	..	2.0	4.0	-	-	-	-	..	..	-	-	..	..	2.0	4.0
Italy/Italie	*	..	..	..	..	..	..	..	..	..	..	..	..	30.0	..	60.7	..
Luxembourg		16.0	14.0	..	19.1	65.0	69.0	..	57.4	..	..	..	11.0	81.0	83.0	..	87.5
Netherlands/Pays-Bas	*	7.0	8.0	1.0	-	56.0	72.0	84.0	68.0	9.0	7.0	8.0	28.0	73.0	87.0	93.0	96.0
Norway/Norvège		7.0	8.0	13.0	15.0	1.0	1.0	1.0	1.0	26.0	33.0	43.0	51.0	34.0	42.0	57.0	67.0
Poland/Pologne	*	..	..	9.3	7.7	..	..	26.1	29.7	..	..	..	4.1	..	..	34.4	41.5
Portugal	*	..	..	9.4	..	..	..	11.4	..	..	..	0.1	..	2.3	3.5	20.9	..
Spain/Espagne	*	8.8	13.2	11.0	10.6	9.1	15.8	29.2	34.4	..	..	1.7	3.3	17.9	29.0	41.9	48.3
Sweden/Suède	*	1.0	1.0	-	..	20.0	11.0	9.0	..	61.0	82.0	85.0	..	82.0	94.0	94.0	..
Switzerland/Suisse		-	-	-	-	32.0	36.0	28.0	23.0	41.0	48.0	62.0	71.0	73.0	84.0	90.0	94.0
Turkey/Turquie	*	-	-	7.2	8.5	-	0.1	0.6	3.6	..	..	..	..	-	0.1	7.8	12.1
UK/Royaume-Uni	*	6.0	6.0	8.0	9.0	51.0	52.0	62.0	64.0	25.0	25.0	13.0	14.0	82.0	83.0	84.0	86.0
Slovak Rep./R. Slovaque	*	..	..	..	..	27.3	36.4	43.0	..	..	..	..	..	27.3	36.4	43.0	48.2
N. America/Amérique N.	*	..	..	..	..	..	..	..	..	..	..	..	..	66.0	71.0	71.0	59.0
OECD/OCDE Europe	*	..	..	..	..	..	..	..	..	..	..	..	..	47.0	54.0	61.0	62.0
EU/UE-15	*	..	..	..	..	..	..	..	..	..	..	..	..	53.0	62.0	69.0	72.0
OECD/OCDE	*	..	..	..	..	..	..	..	..	..	..	..	..	51.0	57.0	62.0	59.0

Notes:

a) National population connected to public sewage treatment. Population connected to public sewage network without treatment is excluded. Only countries with sufficient data are presented.
b) Physical and mechanical processes which result in decanted effluents and separate sludge (sedimentation, flotation, etc.).
c) Biological treatment technologies (processes employing anaerobic or aerobic micro-organisms).
d) Advanced treatment technologies (chemical processes).
e) Data refer to 1995 unless otherwise specified. Data prior to 1993 have not been considered.

Country notes: see next page

Source OECD/OCDE

Notes:

a) Population nationale raccordée au traitement public des eaux usées. La population connectée au réseau d'assainissement public sans traitement, est exclue. Seuls les pays disposant de données suffisantes sont présentés.
b) Procédés physiques et mécaniques par lesquels on obtient des effluents décantés d'une part et de la boue d'autre part (sédimentation, flottation, etc.).
c) Techniques d'épuration biologique (procédés faisant appel aux micro-organismes aérobies ou anaérobies).
d) Techniques avancées de traitement (procédés chimiques).
e) Les données se rapportent à l'année 1995 sauf indication contraire. Les données antérieures à 1993 n'ont pas été prises en compte.

Notes par pays: voir page suivante.

3.2B EAUX INTÉRIEURES

Notes: (3.2B)

- CAN) Data refer to 1981, 1986, 1989 and 1994. Secondary usually includes private treat. & waste stabilisation ponds. Tertiary: secondary with phosphorous removal.
- MEX) 1995: 1993 data.
- USA) Data refer to 1982, 1984, 1988 and 1992. 1988 data are estimates. Primary: may includes ocean outfalls and some biological treat.. Tertiary treat.: includes 2-3% of non-discharge treat., e.g. lagoons, evaporation ponds. Excludes rural areas served by on-site disposal systems.
- JPN) 1985, 1990 and 1995: 1984, 1987 and 1993 data. Secondary: may include primary treat. and some tertiary treat..
- KOR) 1995: 1994 data. Figure presented in Table 3.2A (45%) refers to 1995.
- AUT) 1990: 1989 data.
- DNK) 1985, 1990 and 1995: 1986, 1989 and 1994 data.
- FIN) Secondary: 50-80% removal of BOD; tertiary: 70-90% removal of BOD. 1995: 1993 data.
- FRA) 1980 and 1985: Secretariat estimates. 1990 and 1995 (1994 data): in % of dwellings, which is considered a good estimate of the population connected.
- DEU) 1980 and 1985 data refer to 1979 and 1983 and western Germany only. 1990 (1991 data) and 1995: estimates.
- GRC) 1990: 1992 data.
- HUN) 1995: 1993 data.
- ITA) 1990: 1987 data.
- NLD) 1980 and 1995: 1981 and 1994 data. Tertiary: includes dephosphatation and/or desinfection. Subtotals may not add up to the totals due to rounding.
- POL) 1990: 1991 data.
- PRT) 1980 and 1985: 1981 and 1984 data.
- ESP) 1990: 1992 data.
- SWE) Primary: may include removal of sediments. Secondary: chemical or biological treat.. Tertiary: chemical and biological plus complementary treat.. Data presented in Table 3.2A (95%) refer to 1992.
- TUR) Data result from an inventory covering municipalities with an urban population of over 3 000, assuming that the sewerage system and treat. facilities serve the whole population of the municipalities.
- UKD) 1990 to 1994 data: England and Wales only; data refer to financial year (April to March). Subtotals may not add up to the totals due to rounding. Primary treat.: removal of gross solids. Secondary: removal of organic material or bacteria under aerobic conditions. Tertiary: removal of suspended solids following secondary treat..
- SLO) 1995: 1994 data.
- Totals) Secretariat estimates, not taking into account Australia. N. America: 1980, 1985 and 1990 are for Canada and USA only; 1995 includes Mexico. 1980 and 1985 include to w. Germany only. Until 1990, data cover the 24 OECD Member countries of that time (except Australia). 1995: 29 OECD Member countries (except Australia).

Source: OECD/OCDE

Notes: (3.2B)

- CAN) Données pour 1981, 1986, 1989 et 1994. Secondaire inclut normalement le trait. privé et comprend les bassins de stabilisation. Tertiaire: secondaire avec élimination du phosphore.
- MEX) 1995: données 1993.
- USA) Données pour 1982, 1984, 1988 et 1992. 1988: estimations. Primaire: peut inclure des rejets en mer et une part de trait. biologique. Tertiaire: inclut 2-3% de trait. d'eaux non rejetées p.ex. lagunage ou étangs d'évaporation. Exclut les zones rurales desservies par des systèmes d'épuration indépendants.
- JPN) 1985, 1990 et 1995: données 1984, 1987 et 1993. Secondaire: peut inclure des données concernant le trait. primaire et le trait. tertiaire.
- KOR) 1995: données 1994. Le chiffre présenté dans T3.2A (45%) concerne l'année 1995.
- AUT) 1990: données 1989.
- DNK) 1985, 1990 et 1995: données 1986, 1989 et 1994.
- FIN) Secondaire: élimination de 50-80% de la DBO; 70-90% pour le tertiaire. 1995: données 1993.
- FRA) 1980 et 1985: estimations du Secrétariat. 1990 et 1995 (données 1994): en % des logements, considérée comme une bonne estimation de la population raccordée.
- DEU) 1980 et 1985: données 1979 et 1983 pour l'Allemagne occ. uniquement. 1990 (données 1991) et 1995: estimations.
- GRC) 1990: données 1992.
- HUN) 1995: données 1993.
- ITA) 1990: données 1987.
- NLD) 1980 et 1995: données 1981 et 1994. Tertiaire: inclut la déphosphatation et/ou la désinfection. La somme des sous-totaux peut ne pas être égale aux totaux du fait des arrondis.
- POL) 1990: données 1991.
- PRT) 1980 et 1985: données 1981 et 1984.
- ESP) 1990: données 1992.
- SWE) Primaire: élimination des sédiments. Secondaire: trait. chimique ou biologique. Tertiaire: trait. chimique et biologique et trait. complémentaire. Le chiffre présenté dans T3.2A (95%) concerne l'année 1992.
- TUR) Les données proviennent d'un inventaire couvrant les municipalités avec une population urbaine supérieure à 3 000 habitants, en admettant que le réseau d'assainissement et les installations de trait. servent la totalité de la population de ces municipalités.
- UKD) Données 1990-1994: Angleterre et Pays de Galles uniquement; les données se rapportent à l'année fiscale (avril à mars). La somme des sous-totaux peut ne pas être égale aux totaux du fait des arrondis. Primaire: élimination des éléments solides. Secondaire: élimination aérobie des matières organiques ou bactériennes. Tertiaire: élimination des matières en suspension suite au trait. secondaire.
- SLO) 1995: données 1994.
- Totaux) Estimations du Secrétariat, ne prenant pas en compte l'Australie. Amérique N.: 1980, 1985 et 1990 inclut le Canada et les États-Unis uniquement; 1995 inclut le Mexique. 1980 et 1985: inclut l'Allemagne occ. uniquement. Jusqu'en 1990: les données incluent les 24 pays Membres de l'OCDE à l'époque (sauf l'Australie). 1995: inclut les 29 pays Membres de l'OCDE (sauf l'Australie).

INLAND WATERS 3.2C

SEWAGE SLUDGE PRODUCTION AND DISPOSAL
PRODUCTION ET ÉLIMINATION DE BOUES D'ÉPURATION

The following table shows amounts of sludge generated in public sewage treatment plants, and related disposal methods, for the latest year available.

Disposal methods include: agricultural use (i.e. soil spreading), landfill, incineration, and other types of uses (e.g. composting, dumping at sea, etc.).

Sewage sludge can be of domestic or mixed (industrial plus domestic) origin, depending on the type of network feeding the public treatment plants. Alongside its fertiliser value for crops, sewage sludge may contain substances such as heavy metals, organic compounds and pathogens, which may affect the environment.

The interpretation of this table should take into account some variations in countries' definitions, as reflected in footnotes.

Le tableau suivant présente les quantités de boues d'épuration produites dans les stations d'épuration publiques et les méthodes d'élimination utilisées pour la dernière année disponible.

Les méthodes d'élimination comprennent: les usages agricoles (épandage), la mise en décharge, l'incinération, et d'autres usages tels que le compostage, le rejet en mer, etc.

Les boues d'épuration peuvent être d'origine domestique ou mixte (c.à.d. industrielle et domestique), selon le type de réseau qui alimente les stations d'épuration. A côté de leur valeur fertilisante pour les plantes, les boues d'épuration peuvent contenir des substances comme les métaux lourds, les composés organiques et des agents pathogènes qui peuvent affecter l'environnement.

L'interprétation de ce tableau doit prendre en compte les différences de définition entre les pays telles que les notes le précisent.

EAUX INTÉRIEURES

SEWAGE SLUDGE PRODUCTION AND DISPOSAL (a), latest year available
PRODUCTION ET ÉLIMINATION DE BOUES D'ÉPURATION (a), dernière année disponible

	Year/ année	Total (dry weight/poids sec) (1 000 tonnes)	Agricultural use/ usage agricole	Landfill/ mise en décharge	Incineration/ incinération	Other/ autres b)
Canada	1992	500	..	..	..	..
USA/États-Unis *	1995	7000	54	18	19	9
Japan/Japon	1993	180490	..	..	..	..
Korea/Corée	1995	1093	2	86	-	12
Australia/Ile *	1992	60000	..	..	..	..
Austria/Autriche *	1995	186	22	31	34	13
Czech Rep./Rép. Tchèque	1995	147	..	41	..	59
Denmark/Danemark	1995	167	69	8	23	-
Finland/Finlande *	1994	150	24	30	-	46
France	1992	866	58	24	18	-
Germany/Allemagne	1991	5311	19	46	12	..
Hungary/Hongrie *	1994	3039	23	75	-	2
Iceland/Islande *	1995	0.18	-	..	-	..
Ireland/Irlande	1995	29	12	42	..	46
Italy/Italie *	1991	3400	..	..	..	..
Luxembourg	1995	10	..	..	..	..
Netherlands/Pays-Bas *	1994	566	9	48	19	21
Norway/Norvège	1995	93	63	18	-	18
Poland/Pologne *	1995	1270	16	49	..	35
Portugal	1991	8	..	..	..	..
Spain/Espagne	1994	404	..	38	3	59
Sweden/Suède *	1995	230	30	50	-	10
Switzerland/Suisse *	1994	260	42	..	..	58
Turkey/Turquie *	1992	2787	15	63	2	20
UK/Royaume-Uni *	1994	1038	48	12	7	33
Slovak Rep./Rép. Slovaque *	1994	90	67	32	1	-

Notes:
a) Sludge produced in public sewage treat. plants, unless noted otherwise.
b) Composting, dumping at sea, and other methods.
USA) Data are estimates. Agriculture: all forms of land application practices, such as the application of processed products as organic fertiliser or soil supplements in cropland, forests, reclamation sites, lawns, parkland, etc. Landfill: includes co-landfilling with solid waste, monofilling, permanent disposal in piles or lagoons, etc. Others: includes long-term storage and unspecified end use/disposal.
AUS) Queensland only.
AUT) Sludge treated by municipalities only.
FIN) Other: composting (34%) and storage (12%).
HUN) Includes sludge from public and other treat. (corresponds to 97% of total sewage sludge production).
ISL) Includes independent treat.. Other: conservation and reclamation of eroded areas.
ITA) May include liquid waste.
NLD) Includes sludge from public and other treat. (private treat., e.g. industrial waste water treat., representing approx. 40% of total sewage sludge production). Other: composting (16%) and other methods (5%).
POL) Includes sludge from public and other treat. (industrial waste water treat. plants, which correspond to 75% of total sewage sludge production). Other: includes reclamation of landfills and dumping sites of industrial wastes, ground levelling, filling of post mining excavations.
SWE) Agricultural use includes other recovery use. Other: composting.
CHE) Other: includes composting, landfill and incineration.
TUR) Data refer to industrial waste water treat. sludge only. Other: includes dumping at sea (3.5%), and sludge used as filling material.
UKD) Includes financial year data (April to March) for England and Wales, and 1992 data for Scotland. Other: includes dumping at sea (25%) as well as beneficial uses for land reclamation, forestry, and soil, and compost products.
SLO) Agricultural use includes composting.

Source: OECD/OCDE

Notes:
a) Boues produites dans les stations d'épuration publiques, sauf indication contraire.
b) Compostage, rejets en mer et autres méthodes.
USA) Les données sont des estimations. Agriculture: inclut toutes les applications sur les sols, telles que les produits traités comme engrais ou suppléments sur les cultures, les forêts, les sites réhabilités, les pelouses, les parcs, etc. Mise en décharge: inclut la mise en décharge avec d'autres déchets, ou séparément, la mise en décharge permanente dans des piles ou dans des lagunes, etc. Autres: inclut le stockage à long terme et des utilisations/destinations finales non spécifiées.
AUS) Le Queensland seulement.
AUT) Boues traitées par les municipalités seulement.
FIN) Autres: compostage (34%) et stockage (12%).
HUN) Boues issues du trait. public et d'autres types de trait. (soit 97% de la production totale de boues).
ISL) Inclut le trait. autonome. Autres: concerne la conservation et la réhabilitation de zones érodées.
ITA) Peut inclure des déchets liquides.
NLD) Boues issues du trait. public et d'autres types de trait. (trait. privé, p.ex. stations d'épuration industrielles, représentant environ 40% de la production totale des boues). Autres: compostage (16%) et autres méthodes (5%).
POL) Boues issues du trait. public et d'autres types de trait. (stations d'épuration industrielles, soit 75% du total de la production des boues). Autres: inclut la réhabilitation des décharges et des dépôts de déchets industriels, le nivellement des sols, et le remblayage des mines abandonnées.
SWE) Usage agricole: inclut d'autres méthodes de récupération. Autres: compostage.
CHE) Autres: inclut le compostage, la mise en décharge et l'incinération.
TUR) Les données concernent les boues des stations d'épuration industrielles uniquement. Autres: inclut les rejets en mer (3.5%), et les boues utilisées comme matériel de remplissage.
UKD) Inclut des données pour une année fiscale (avril à mars) pour l'Angleterre et le Pays de Galles, et des données 1992 pour l'Écosse. Autres: inclut le rejet en mer (25%) et les utilisations bénéfiques pour la réhabilitation des terres, la sylviculture, et les sols, et les produits de compostage.
SLO) L'usage agricole inclut le compostage.

INLAND WATERS 3.3

WATER QUALITY OF SELECTED RIVERS
QUALITÉ DES EAUX DE RIVIÈRES SÉLECTIONNÉES

The following tables show water quality of selected rivers.

Water quality is measured in terms of annual mean concentrations of dissolved oxygen and BOD; of nitrates, phosphorus and ammonium; and of lead, cadmuim, chromium and copper.

The rivers selected are main rivers draining large watersheds in the countries chosen; the measurement locations are at the mouths or downstream frontiers of the rivers. Data are given for selected years, as well as for the average of the last three years available.

These parameters provide information concerning the state and trends of pollution by organic matter and nutrients, heavy metals and other metals.

In reading the data, one should compare trends rather than absolute values, since measurement methods vary by country, as reflected in the footnotes.

Les tableaux suivants concernent la qualité de l'eau de rivières sélectionnées.

La qualité de l'eau est exprimée en valeurs moyennes annuelles de la concentration en oxygène dissous et de la DBO ; en nitrates, phosphore et ammonium; et en plomb, cadmium, chrome et cuivre.

Les rivières sélectionnées sont des rivières principales drainant de larges bassins versants dans les pays sélectionnés ; les mesures ont été effectuées à l'embouchure ou à la frontière aval des rivières. Les données sont relatives à des années sélectionnées ainsi qu'à la moyenne des trois dernières années disponibles.

Ces paramètres fournissent des informations relatives à l'état et à l'évolution de la pollution par les matières organiques et les substances nutritives, les métaux lourds et les autres métaux.

Lors de la lecture de ces données, on devrait comparer les tendances plutôt que les valeurs absolues parce que les méthodes de mesure varient d'un pays à l'autre, ainsi que l'indiquent les notes.

EAUX INTÉRIEURES

WATER QUALITY OF SELECTED RIVERS: DISSOLVED OXYGEN (a), annual mean concentrations, 1980-1995
QUALITÉ DES EAUX DE RIVIÈRES SÉLECTIONNÉES: OXYGENE DISSOUS (a), concentrations annuelles moyennes, 1980-1995

mg O2/litre

Country	River		1980	1985	1986	1987	1988	1989	1990	1991	1992	1993	1994	1995	Average last 3 years / moyenne 3 dernières années (b)
Mexico/Mexique	Bravo		9.2	8.4	8.5	7.5	8.7	7.9	7.0	8.1	8.3	8.6	7.6	9.6	8.6
	Lerma		1.3	2.5	2.9	3.0	5.9	..	2.4	4.4	3.2	4.0	5.7	..	4.3
	Pánuco		..	3.9	5.8	5.4	4.4	6.7	5.4	4.2	4.3	5.4	8.1	8.4	7.3
	Grijalva		5.9	6.8	6.4	5.5	6.5	6.9	6.4	7.4	6.0	6.0	6.4	7.5	6.6
USA/Etats-Unis	Delaware		11.7	11.7	11.5	12.4	11.2	10.9	9.1	11.1	11.6	9.9	10.7	11.2	10.6
	Mississippi		8.4	8.6	8.5	8.9	9.1	8.7	9.1	9.2	9.3	8.9	9.6	8.4	9.0
Japan/Japon	Ishikari	*	10.0	10.0	10.0	11.0	11.0	10.0	10.0	11.0	11.0	11.0	11.0	..	11.0
	Yodo	*	9.1	8.7	8.5	8.0	8.8	8.5	9.0	9.1	9.2	9.4	9.1	..	9.2
	Tone (Sakae-hashi)	*	8.8	11.0	11.0	11.0	11.0	10.0	9.7	9.0	8.9	9.8	9.7	..	9.5
	Chikugo	*	9.4	9.7	10.0	9.7	9.7	9.6	9.9	9.9	9.9	9.9	11.0	..	10.3
Korea/Corée	Keum		9.2	10.0	11.1	10.9	10.4	9.6	9.0	8.7	8.5	8.9	9.4	10.3	9.5
	NakDong		9.6	8.7	9.8	10.9	9.8	9.2	9.6	9.5	9.3	8.9	8.9	9.5	9.3
	Han		10.0	10.7	10.7	10.9	9.4	10.5	10.8	10.1	10.2	10.5	10.2	10.7	10.5
Austria/Autriche	Donau	*	9.6	10.5	10.4	10.2	10.6	10.4	10.3	10.9	10.6	10.7	10.0	10.5	10.4
	Inn	*	10.5	10.2	12.1	12.3	11.8	11.5	11.0	..	11.9	11.1	10.8	11.2	11.0
	Grossache	*	10.8	10.1	..	12.4	..	..	..	..	11.2	10.9	11.2	11.0	11.0
Cz. Rep./Rép. Tchèque	Labe		8.3	7.8	8.0	9.7	8.3	7.3	7.7	7.9	8.4	8.5	8.9	10.2	9.2
	Odra		8.6	8.3	8.6	8.7	7.2	7.3	6.4	7.9	8.3	8.3	8.5	9.0	8.6
	Morova		10.9	10.0	9.6	10.2	10.1	10.2	10.1	10.7	10.9	10.8	11.5	11.7	11.3
Denmark/Danemark	Skjernå	*	10.5	10.6	..	..	..	..	10.0	10.0	10.0	11.2	11.0	9.8	
	Suså	*	8.7	8.7	..	..	..	10.6	10.0	10.0	10.0	11.2	11.0	..	10.7
Finland/Finlande	Torniojoki		11.0	11.3	12.1	12.1	11.0	11.7	11.8	12.1	11.1	11.7	11.7	11.4	11.6
	Kymijoki		9.9	10.7	10.4	10.6	11.1	10.8	10.9	10.7	11.8	11.0	9.9	11.2	10.7
	Kokemäenjoki		9.5	10.1	10.9	11.5	11.6	11.4	11.8	10.2	10.9	10.5	10.0	..	10.5
France	Loire	*	10.4	11.1	11.5	10.8	10.1	11.6	12.8	12.2	12.0	12.3	10.8	10.7	11.3
	Seine	*	4.1	4.8	5.0	5.4	5.5	4.4	4.0	4.2	4.1	5.2	5.8	5.9	5.7
	Garonne		10.1	8.5	9.5	9.9	9.9	9.3	8.3	9.2	9.1	9.9	9.8	9.6	9.8
	Rhône	*	8.7	8.6	8.9	9.7	10.6	9.2	9.5	9.7	10.1	10.4	10.6	10.2	10.4
Germany/Allemagne	Rhein		9.0	9.3	9.7	9.8	10.1	9.6	10.1	9.4	9.5	9.9	9.6	9.8	9.8
	Elbe		9.1	9.1	9.2	9.1	8.7	8.2	8.9	10.8	10.9	12.1	10.7	10.9	11.2
	Weser		8.7	8.6	8.8	9.6	9.2	9.0	8.8	9.1	9.5	9.4	10.2	10.1	9.9
	Donau		10.6	10.5	..	..	..	10.7	10.9	11.2	10.9	11.1	10.8	11.2	11.0
Greece/Grèce	Strimonas	*	9.5	8.6	9.5	10.4	11.5	11.2	10.9	11.1	10.5	10.4	..	..	10.7
	Axios	*	8.2	8.9	9.0	10.3	10.6	11.2	10.6	11.1	11.4	10.9	..	..	11.1
Hungary/Hongrie	Duna		10.6	10.6	10.0	10.3	10.3	10.0	9.8	10.3	9.7	9.7	9.3	9.6	9.5
	Dráva		10.6	10.0	9.7	9.8	10.0	9.9	10.3	10.3	10.7	10.9	10.5	9.8	10.4
	Tisza		11.3	12.0	11.6	12.5	12.0	12.1	11.6	11.7	11.9	12.4	12.1	11.3	11.9
Italy/Italie	Po	*	7.7	8.6	8.7	8.8	6.1	7.8	8.7	..	..	7.9	6.9	..	7.8
	Arno		..	..	..	..	..	5.5	10.5	8.0	7.7	8.2	7.7	..	7.9
	Metauro		..	..	..	..	10.0	10.8	..	..	..	..	10.8	..	
Luxembourg	Moselle		9.3	9.7	..	..	..	9.1	9.2	9.3	7.8	8.9	9.2	9.3	9.1
	Sûre		10.2	10.6	9.7	10.1	9.8	10.7	10.7	11.0	9.9	10.3	10.5	10.3	10.4
Netherl./Pays-Bas	Maas-Keizersveer		10.1	9.7	10.0	10.1	9.8	9.1	9.6	10.0	10.1	10.5	9.5	9.5	9.8
	Rijn/Maas Delta		10.4	10.3	10.7	10.0	10.4	10.7	10.6	10.9	11.0	10.3	..	10.0	10.4
	Rijn-Lobith		8.0	8.0	8.8	8.9	9.3	9.2	9.8	10.2	9.6	10.0	9.5	10.0	9.8
	Ijssel-Kampen		8.2	8.3	8.8	8.8	8.4	8.2	9.4	9.2	9.1	8.6	8.1	9.0	8.6
Poland/Pologne	Wisla		9.5	11.4	..	..	..	..	10.2	10.1	10.2	10.7	10.9	10.9	10.8
	Odra		9.8	9.0	..	..	..	..	10.2	10.6	10.8	11.1	10.8	10.6	10.8
	Nysa Luzycka		10.0	9.0	..	..	..	..	9.5	9.9	10.4	9.3	..	..	9.9
Portugal	Tejo	*	9.2	7.8	..	8.2	8.7	8.5	9.3	7.2	7.6	..	..	..	8.0
	Douro		..	9.9	9.8	9.3	9.8	9.9	9.5	9.5	9.7	..	..	..	9.6
	Guadiana	*	8.5	9.4	9.8	9.0	8.1	9.2	9.5	8.4	7.7	..	..	..	8.5
Spain/Espagne	Guadalquivir		3.1	5.7	4.6	4.8	4.4	3.2	2.5	3.9	2.9	3.8	4.5	4.6	4.3
	Duero		7.6	7.3	6.6	6.8	7.4	6.3	7.1	7.9	7.2	7.0	8.2	6.8	7.3
	Ebro		9.8	8.6	9.7	9.4	9.4	8.7	9.1	9.2	9.4	8.9	9.8	9.7	9.5
	Guadiana		8.0	3.9	2.4	5.2	5.5	5.5	6.0	7.4	6.8	8.1	6.8	10.5	8.5
Switzerland/Suisse	Rhin		10.3	10.5	11.6	10.8	10.2	10.3	10.7	10.7	10.8	10.9	10.7	..	10.8
	Aare		10.1	10.4	10.5	10.6	10.1	10.1	10.4	10.6	10.6	10.7	10.7	..	10.7
	Rhône		10.7	11.2	11.3	11.1	11.3	11.3	11.6	11.3	11.2	11.2	11.2	..	11.2
Turkey/Turquie	Porsuk		9.3	9.4	9.2	9.3	10.0	9.9	9.2	9.5	9.5	10.0	9.9	9.6	9.8
	Sakarya		9.6	8.9	9.4	9.1	9.5	9.5	9.7	9.5	9.2	9.1	9.7	9.1	9.3
	Gediz		9.2	8.6	7.0	8.6	6.6	6.5	3.8	5.5	5.1	5.5	6.1	4.8	5.5
UK/Royaume-Uni	Thames		9.9	10.0	10.9	9.8	10.8	8.1	9.2	10.1	9.5	9.7	10.3	10.1	10.0
	Severn		10.4	10.8	11.7	10.3	10.5	10.5	10.7	11.1	10.4	11.1	10.8	10.7	10.9
	Clyde		9.4	9.1	9.1	9.7	9.0	8.6	10.0	9.0	9.9	9.6	8.4	8.4	8.8
	Mersey		6.1	6.2	6.8	7.3	7.7	7.5	6.0	6.8	7.2	6.4	7.4	7.7	7.2
Slovak Rep./Rép. Slov.	Maly Dunaj		7.5	6.8	..	7.7	8.3	10.2	9.5	8.9	9.9	10.1	7.9	..	9.3
	Váh		7.8	8.4	..	8.5	10.4	10.2	10.5	10.5	10.5	10.3	10.5	..	10.4
	Hron		10.2	10.7	10.6	11.1	10.1	10.0	11.0	10.9	10.8	10.8	11.1	..	10.9
	Hornád		10.5	9.4	8.8	7.6	7.7	8.2	7.6	8.6	8.2	8.8	9.2	..	8.7

Notes: see after Table 3.3C/ voir après le tableau 3.3C

INLAND WATERS 3.3B

WATER QUALITY OF SELECTED RIVERS: BIOCHEMICAL OXYGEN DEMAND (a), annual mean concentrations, 1980-1995
QUALITÉ DES EAUX DE RIVIÈRES SÉLECTIONNÉES: DEMANDE BIOCHIMIQUE EN OXYGÈNE (a), concentrations annuelles moyennes, 1980-1995

mg O2/litre

			1980	1985	1986	1987	1988	1989	1990	1991	1992	1993	1994	1995	Average last 3 years / moyenne 3 dernières années (b)
Mexico/Mexique	Bravo		3.1	2.2	2.3	3.2	1.4	3.3	3.6	3.2	3.1	3.6	4.4	3.1	3.7
	Lerma	*	8.0	2.6	..	18.0	8.9	..	13.5	2.9	15.3	16.1	9.6	..	13.7
	Pánuco		..	1.7	2.2	1.3	1.4	..	..	..	..	1.7	1.4	1.3	1.5
	Grijalva		4.3	1.5	4.1	1.7	1.7	1.8	2.2	2.3	3.0	3.7	3.8	2.0	3.1
USA/Etats-Unis	Delaware		2.0	2.1	2.0	1.9	2.5	2.0	1.1	1.0	1.4	1.3	1.9	2.6	1.9
	Mississippi		1.9	1.2	1.5	1.4	1.6	1.4	1.9	1.4	1.9	1.8	1.6	1.2	1.5
Japan/Japon	Ishikari	*	1.5	1.5	1.3	1.1	1.5	1.3	1.2	1.4	1.2	1.3	0.9	..	1.1
	Yodo	*	3.3	3.4	3.7	3.6	3.3	3.0	2.5	2.0	2.1	2.2	2.3	..	2.2
	Tone (Sakae-hashi)	*	1.6	2.6	2.3	2.7	2.1	1.9	2.3	1.8	1.9	2.1	2.1	..	2.0
	Chikugo	*	1.9	2.2	2.3	2.0	1.6	1.8	1.7	1.5	1.6	1.0	2.3	..	1.6
Korea/Corée	Keum		1.7	1.1	1.2	1.3	1.5	1.6	1.7	1.6	1.6	1.6	1.5	1.2	1.4
	NakDong		1.4	1.3	1.0	1.1	1.0	0.8	1.0	1.1	1.1	0.9	0.9	1.2	1.0
	Han		1.7	1.4	1.4	1.3	1.1	1.2	1.0	1.1	1.1	1.2	1.2	1.3	1.2
N. Zealand/N. Zélande	Waikato	*	..	..	..	..	..	1.2	1.2	1.2	1.2	1.2	..	..	1.2
	Mataura	*	..	..	..	..	..	1.2	1.2	0.9	0.9	0.9	..	..	0.9
Austria/Autriche	Donau		3.3	..	..	5.4	3.8	4.0	3.8	3.5	3.8	3.3	3.0	3.0	3.1
	Inn		2.2	..	..	2.5	2.8	2.0	1.4	..	3.0	2.0	2.2	2.8	2.3
	Grossache		1.0	..	..	3.8	..	..	..	..	3.2	2.6	1.4	1.8	1.9
Cz. Rep./Rép.Tchèque	Labe		8.5	6.6	6.0	5.4	5.5	6.1	6.8	6.8	5.3	5.8	5.2	3.7	4.9
	Odra		12.3	10.1	9.1	8.8	6.4	10.3	5.9	6.4	8.0	7.6	6.2	7.1	6.9
	Morova		7.8	7.8	9.8	6.2	7.1	6.6	7.9	6.2	7.0	5.7	5.6	4.2	5.2
Denmark/Danemark	Gudenå		3.7	3.4	3.2	3.3	2.1	3.5	2.8	2.4	2.4	2.4	2.2	2.4	2.3
	Skjernå		8.1	5.5	4.2	2.5	2.4	2.8	2.3	2.3	2.3	2.0	2.3	2.2	2.1
	Suså		1.4	2.6	2.1	2.1	2.8	..	..	..	..	2.6	2.1	1.8	2.2
France	Loire	*	3.4	5.6	5.5	4.8	4.5	6.5	6.0	6.0	6.6	7.5	5.3	5.0	5.9
	Seine	*	6.0	4.2	4.4	3.7	3.3	5.3	6.4	4.8	5.8	5.2	4.5	3.3	4.3
	Garonne		2.3	2.2	2.1	2.6	1.1	1.3	1.3	1.9	1.5	1.7	1.3	1.6	1.5
	Rhône	*	7.8	5.0	5.7	2.4	2.5	1.5	1.2	1.1	1.4	1.6	1.4	1.3	1.2
Germany/Allemagne	Rhein		4.0	3.8	3.7	2.6	2.9	3.0	3.3	3.1	..	..	2.3	..	2.9
	Elbe	*	7.5	9.5	7.3	5.4	9.6	11.7	9.6	9.1	7.8	..	..	..	8.8
	Weser	*	5.0	3.0	2.6	2.8	3.4	3.1	3.3	3.8	3.2	..	3.3	2.9	3.1
	Donau		3.1	3.2	3.3	2.5	2.6	2.5	2.8	3.1	2.3	2.8	2.7	2.7	2.7
Hungary/Hongrie	Duna		4.7	4.9	4.4	4.5	4.0	3.4	3.1	3.3	2.4	2.6	2.5	2.1	2.4
	Dráva		5.0	3.8	3.7	3.6	3.4	4.3	3.4	3.5	3.7	3.3	3.1	3.5	3.3
	Tisza		2.9	1.9	1.9	2.8	3.5	2.3	1.5	2.1	2.2	2.0	2.0	1.9	2.0
Italy/Italie	Po	*	6.1	4.6	6.9	6.3	8.3	4.3	3.6	2.9	3.4	..	..	..	3.3
	Adige		..	..	..	..	..	3.4	6.7	7.6	4.3	9.7	..	..	7.2
Luxembourg	Moselle		4.2	3.6	..	..	..	3.7	4.3	4.5	3.7	4.0	3.6	2.4	3.3
	Sûre		4.1	3.1	3.7	3.2	3.5	4.2	3.2	4.6	3.9	4.5	3.5	2.5	3.5
Netherlands/Pays-Bas	Maas-Keizersveer	*	3.3	1.6	1.7	1.5	1.3	1.7	1.2	2.3	1.3	..	..	..	1.6
	Rijn-Maassluis		2.2	1.5	1.5	1.9	1.4	1.2	1.5	1.2	1.5	..	..	..	1.4
	Rijn-Lobith	*	3.2	2.3	2.3	2.0	2.8	2.8	2.8	2.8	2.0	1.8	1.4	1.9	1.7
	Ijssel-Kampen	*	4.0	2.1	2.0	1.6	1.3	2.3	2.2	2.9	1.7	..	..	..	2.3
Norway/Norvège	Skienselva	*	3.5	..	..	..	..	2.6	0.6	3.6	1.9	0.4	..	..	2.0
Poland/Pologne	Wisla		3.7	5.6	..	..	..	5.9	6.0	5.2	5.4	4.6	4.3	4.2	4.4
	Odra		5.9	4.6	..	..	..	7.1	7.0	6.1	6.7	6.2	5.1	4.5	5.3
	Nysa Luzycka		6.5	7.6	..	..	..	..	6.3	6.4	6.5	5.2	..	..	6.0
Portugal	Tejo		3.7	1.7	..	1.5	1.7	2.2	1.7	2.1	2.2	..	..	..	2.0
	Douro		..	3.4	2.2	3.4	1.7	1.9	1.6	1.4	1.8	2.3	..	..	1.8
	Guadiana	*	8.0	2.3	3.0	2.5	3.0	3.1	6.5	5.9	5.9	4.9	..	..	5.6
Spain/Espagne	Guadalquivir		11.8	8.8	11.0	8.4	8.3	17.2	13.2	12.1	21.2	13.4	14.1	19.8	15.8
	Duero		2.1	2.7	2.9	3.3	2.9	3.1	3.0	2.4	2.0	2.5	1.3	4.3	2.7
	Ebro		3.3	4.3	4.4	3.1	2.6	4.0	2.3	4.6	7.1	6.8	8.3	13.4	9.5
	Guadiana		2.7	1.6	0.5	2.1	2.5	3.0	2.3	3.0	5.8	6.5	5.2	7.7	6.5
Turkey/Turquie	Porsuk		1.8	2.0	1.6	1.1	1.6	1.2	1.1	1.4	1.4	1.2	1.3	1.6	1.4
	Sakarya		2.0	3.6	2.7	2.0	3.4	3.4	2.7	2.3	2.8	4.2	5.4	4.1	4.6
	Gediz		2.4	2.3	4.4	4.8	6.6	2.3	10.6	14.3	21.9	12.5	31.0	..	21.8
UK/Royaume-Uni	Thames	*	2.7	2.4	3.6	2.6	2.7	2.4	2.9	3.1	2.4	2.4	2.6	1.8	2.3
	Severn	*	2.6	1.7	2.5	2.3	2.3	2.5	2.8	2.6	1.9	2.2	2.3	2.4	2.3
	Clyde	*	..	3.2	4.0	3.5	3.2	3.2	3.5	4.3	4.5	3.9	4.4	2.8	3.7
	Mersey	*	5.1	5.0	5.5	4.7	4.7	5.6	4.4	3.8	3.6	3.5	4.0	3.7	3.7
Slov. Rep./Rép. Slov.	Maly Dunaj		4.3	6.2	..	3.8	5.1	6.1	5.2	5.1	4.5	5.4	3.3	..	4.4
	Váh		5.2	5.6	..	4.0	5.4	5.3	5.3	5.0	4.1	4.0	3.0	..	3.7
	Hron		3.9	3.5	4.9	4.1	3.5	4.5	3.8	3.3	3.9	3.7	2.8	..	3.5
	Hornád		6.6	5.5	6.3	6.6	4.9	5.3	6.6	5.0	6.7	7.1	6.7	..	6.8

Notes: see after Table 3.3C/ voir après le tableau 3.3C

WATER QUALITY OF SELECTED RIVERS: NITRATES (a) (b), annual mean concentrations, 1980-1995
QUALITÉ DES EAUX DE RIVIÈRES SÉLECTIONNÉES: NITRATES (a) (b), concentrations annuelles moyennes, 1980-1995

mgN/litre

Country	River	1980	1985	1986	1987	1988	1989	1990	1991	1992	1993	1994	1995	Average last 3 years / moyenne 3 dernières années (c)
Mexico/Mexique	Bravo	..	0.115	0.259	0.337	0.219	0.121	0.168	0.340	0.225	0.156	0.186	0.150	0.164
	Lerma	0.640	3.230	1.910	..	3.380	..	0.440	0.550	1.170	1.700	0.490	..	1.120
	Pánuco	..	0.170	0.110	0.130	0.150	0.130	0.100	0.120	0.270	0.170	0.260	0.150	0.193
	Grijalva	..	..	0.626	0.841	0.621	..	0.189	0.417	0.110	0.082	0.040	0.060	0.061
USA/Etats-Unis	Delaware	* 0.960	1.100	0.950	1.200	..	..	..	0.900	0.880	0.770	0.900	0.800	0.823
	Mississippi	1.330	1.200	1.700	1.300	1.100	0.900	1.020	1.550	1.500	1.700	1.200	1.300	1.400
Korea/Corée	Keum	..	..	0.121	0.183	..	..	..	..	..	..	..	1.016	..
	NakDong	..	..	0.837	0.740	..	..	..	..	..	..	..	2.060	..
	Han	..	..	0.944	0.494	..	..	..	..	..	..	..	1.316	..
Australia/Australie	Murray-Darling	* 0.010	0.010	0.010	0.010	0.020	0.030	0.030	0.020	0.010	..	..	..	0.020
N. Zealand/N. Zélande	Waikato	* ..	..	..	..	..	0.392	0.392	0.340	0.340	0.340	..	..	0.340
	Mataura	* ..	..	..	..	..	..	0.543	0.543	0.755	0.755	0.755	..	0.755
Austria/Autriche	Donau	* 2.393	2.348	2.506	3.003	2.552	2.439	2.520	2.546	2.500	2.230	2.330	2.400	2.320
	Inn	* 0.632	0.745	0.858	0.994	1.060	1.153	1.000	..	0.600	0.600	1.300	1.500	1.133
	Grossache	* 0.610	0.677	0.745	0.903	..	..	..	0.808	0.730	0.700	0.760	..	0.730
Czech Rep./Rép. Tchèq.	Labe	4.340	4.740	4.040	4.920	5.480	5.620	5.240	4.860	5.440	5.080	4.840	4.780	4.900
	Odra	4.510	4.280	4.510	4.010	4.810	3.140	3.070	4.490	2.950	3.390	4.050	3.580	3.673
	Morova	5.900	4.810	3.020	4.850	3.720	2.610	3.670	3.470	3.310	3.780	3.310	3.620	3.570
Denmark/Danemark	Gudenå	* 1.698	1.733	1.410	1.273	1.745	1.254	1.690	1.692	1.667	2.000	2.060	1.706	1.909
	Skjernå	* 2.675	2.597	2.798	2.648	3.386	2.632	2.750	2.858	3.296	2.960	3.010	2.900	2.957
	Suså	* 4.950	4.602	5.242	4.206	5.020	3.720	5.150	4.940	4.610	5.950	4.540	3.310	4.600
France	Loire	* 2.202	2.517	2.809	2.701	3.952	2.930	3.539	4.246	3.071	3.996	5.097	3.825	4.306
	Seine	* 5.234	5.784	5.642	5.843	5.578	6.323	6.739	6.470	6.189	6.319	5.895	6.085	6.100
	Garonne	1.832	1.838	1.552	1.753	2.245	2.095	1.776	1.778	2.475	2.864	1.951	1.682	2.166
	Rhône	* 1.243	1.605	2.463	1.346	1.392	1.635	1.416	1.603	1.592	1.639	1.447	1.319	1.468
Germany/Allemagne	Rhein	* 3.590	4.200	3.900	3.700	3.700	4.100	3.900	3.800	3.630	3.230	3.360	3.100	3.230
	Elbe	* 3.780	3.010	3.990	4.750	4.460	4.020	4.420	4.010	4.510	3.940	4.310	4.470	4.240
	Weser	3.070	5.720	5.810	5.450	5.220	4.500	5.020	4.750	5.330	5.590	4.530	4.530	4.883
	Donau	* 2.200	2.450	..	..	..	2.160	2.390	2.450	2.150	2.340	2.410	2.480	2.410
Greece/Grèce	Strimonas	* 0.957	1.095	1.224	1.106	1.707	1.422	1.058	1.409	1.390	1.100	..	..	1.300
	Axios	* 0.982	1.524	1.800	1.734	1.745	1.628	1.942	1.892	1.937	2.080	..	..	1.970
Hungary/Hongrie	Duna	2.097	2.167	2.231	2.264	2.210	2.131	2.341	2.427	2.102	2.079	2.280	2.030	2.130
	Dráva	0.974	1.191	1.209	1.290	1.121	1.225	1.229	1.345	1.300	1.243	1.440	1.850	1.511
	Tisza	0.949	1.261	1.003	1.119	1.035	1.012	1.030	1.064	1.092	1.139	1.140	0.930	1.070
Italy/Italie	Po	* 1.630	2.393	2.619	2.610	1.648	1.806	2.281	2.221	2.280	..	..	..	2.261
	Adige	0.940	..	..	1.577	1.825	1.335	..	1.340	0.208	1.374	2.156	..	1.246
	Arno	..	..	..	..	..	..	5.150	2.300	3.170	2.558	2.464	..	2.731
Luxembourg	Moselle	2.667	..	..	..	..	2.444	2.935	2.935	3.613	3.613	3.342	2.755	3.237
	Sûre	4.667	5.645	5.419	4.968	4.742	4.667	5.419	4.968	5.419	4.968	5.126	4.606	4.900
Netherl./Pays-Bas	Maas-Keizersveer	* 3.770	4.280	4.200	4.200	3.860	4.400	4.220	4.300	4.380	4.502	..	..	4.394
	Rijn/Maas Delta	..	3.800	3.900	3.800	3.630	3.700	3.400	3.377	3.556	3.555	..	3.160	3.424
	Rijn-Lobith	* 3.950	4.530	4.340	4.110	3.810	4.630	4.220	3.897	3.971	3.752	3.459	3.310	3.507
	Ijssel-Kampen	4.300	4.800	4.700	4.500	4.000	4.700	4.400	4.390	4.312	4.097	4.770	3.510	4.126
Norway/Norvège	Skienselva	* 0.350	0.340	..	0.302	0.248	0.204	0.240	0.240	0.250	0.230	0.230	0.220	0.227
	Glomma	* 0.330	0.340	..	0.398	..	0.230	0.301	0.391	0.421	0.380	0.380	0.340	0.367
	Drammenselva	* 0.199	0.193	..	..	..	0.200	0.230	0.280	0.240	0.330	0.290	0.287
	Otra	..	0.120	0.140	0.120	0.140	0.130	0.120	0.120	0.120	0.140	0.150	0.150	0.137
Poland/Pologne	Wisla	0.768	1.694	..	..	..	0.713	1.420	1.430	1.910	1.552	1.861	1.744	1.719
	Odra	2.032	2.642	..	..	..	1.760	1.740	1.920	2.230	2.162	2.465	2.389	2.339
	Nysa Luzycka	1.174	3.071	..	..	..	..	2.450	2.900	3.210	3.230	..	..	3.113
Portugal	Tejo	* 0.840	1.120	..	0.670	2.062	0.535	1.125	1.280	0.700	..	..	..	1.035
	Douro	..	..	..	..	..	..	0.913	0.766	0.736	0.874	..	..	0.792
	Guadiana	..	..	..	0.510	0.928	0.359	1.104	0.368	0.299	0.902	..	..	0.523
Spain/Espagne	Guadalquivir	* 2.210	3.291	3.183	3.360	4.629	3.658	3.342	4.471	2.999	1.971	2.303	1.583	1.952
	Duero	* 0.768	1.039	0.971	1.445	1.084	0.768	1.377	1.210	1.050	1.129	1.057	1.113	1.100
	Ebro	* 0.723	1.648	2.484	1.852	2.145	2.506	2.213	6.018	5.151	5.485	3.913	2.071	3.823
	Guadiana	* 2.823	1.106	0.881	1.965	1.671	1.219	2.281	4.125	5.652	5.437	3.261	0.826	3.175
Sweden/Suède	Dalälven	0.136	0.106	0.115	0.129	0.149	0.127	0.103	0.041	0.133	0.096	0.104	0.132	0.111
	Råne älv	0.034	0.052	0.046	0.050	0.053	0.039	0.039	0.048	0.036	0.036	0.036	0.036	0.036
	Mörrumsån	0.170	0.245	0.224	0.177	0.230	0.167	0.188	0.215	0.206	0.199	0.196	0.187	0.194
	Rönneån	1.487	1.308	1.355	1.242	1.430	1.313	1.450	1.402	1.500	1.356	1.310	1.567	1.411
Switzerland/Suisse	Rhin	1.340	1.500	1.780	1.760	1.730	1.670	1.780	1.770	1.800	1.670	1.640	..	1.703
	Aare	1.400	1.750	2.000	2.010	2.050	2.000	1.960	2.030	1.970	1.930	1.830	..	1.910
	Rhône	0.500	0.540	0.460	0.580	0.600	0.560	0.600	0.570	0.590	0.550	0.490	..	0.543
Turkey/Turquie	Porsuk	1.630	1.560	1.330	1.470	1.320	1.290	1.300	1.460	1.240	1.320	1.210	1.250	1.260
	Sakarya	1.080	0.820	1.140	1.190	0.840	0.990	1.210	0.980	1.060	1.140	0.840	1.220	1.067
	Gediz	1.490	0.980	1.180	..	..	0.500	1.870	1.070	0.170	0.980	0.750	0.880	0.870
UK/Royaume-Uni	Thames	* 6.894	7.985	6.860	6.852	6.693	6.948	7.668	8.172	7.940	7.192	7.317	6.950	7.153
	Severn	* 5.804	6.328	6.612	6.534	5.715	6.151	6.032	6.279	6.096	5.933	6.484	..	6.171
	Clyde	* 1.855	2.156	2.139	1.833	1.653	2.131	2.100	2.353	1.724	1.424	1.715	1.465	1.535
	Mersey	* 2.287	3.117	3.208	2.927	2.698	2.783	2.789	3.288	3.166	3.368	3.117	4.054	3.513
Slov. Rep./Rép. Slov.	Maly Dunaj	1.355	1.527	..	2.216	2.286	1.800	1.900	1.575	2.158	2.233	1.833	..	2.075
	Váh	0.994	2.227	..	2.596	2.135	2.200	1.900	2.352	1.825	2.125	2.000	..	1.983
	Hron	1.762	2.480	2.433	2.383	2.037	1.800	2.400	2.217	2.017	2.217	1.833	..	2.022
	Hornád	2.553	3.095	2.932	2.982	3.106	2.600	2.400	2.625	3.064	2.400	2.648	..	2.704

Notes: see next page/voir page suivante

INLAND WATERS 3.3A/3B/3C

Notes: (3.3A DO)

a) Measured at the mouth or downstream frontier of river.
b) Average over the latest three years available: data prior to 1990 have not been taken into account.
JPN) Data refer to fiscal year (April to March).
AUT) 1985 data refer to 1984.
DNK) Skjernå: 1980 and 1985 data refer to 1979 and 1984. Suså: 1980 and 1985 data refer to 1982 and 1983.
FRA) Loire 1980: 1981 data. Seine: station under marine influence. Rhône: since 1987 data refer to another station.
GRC) 1980 data refer to 1982.
ITA) Po: until 1988 data refer to Ponte Polesella (76 km from the mouth); since 1989 data refer to Pontelagoscuro (91 km from the mouth).
PRT) Tejo: 1980 data refer to 1981. Guadiana: 1980 data refer to 1982.

Source: OECD/OCDE

Notes: (3.3B BOD)

a) Measured at the mouth or downstream frontier of river.
b) Average over the latest three years available: data prior to 1990 have not been taken into account.
MEX) Lerma: 1985 data refer to 1984.
JPN) Data refer to fiscal year (April to March).
NZL) 1989-90 and 1991-93 figures are medians of the years 1989-90 and 1989-93.
FRA) Loire 1980: 1981 data. Seine: station under marine influence. Rhône: since 1987 data refer to another station.
DEU) Elbe: 1988-92- BOD7 (20°); 1980 data refer 1981. Weser: 1990-92 - BOD7 (20°).
ITA) Po: until 1988 data refer to Ponte Polesella (76 km from the mouth); since 1989 data refer to Pontelagoscuro (91 km from the mouth).
NLD) Maas-Keizersveer 1990 and 1992, Rijn-Maassluis 1989-92, Rijn-Lobith 1989, 1993-95, and Issel-Kampen 1992: : averages include limit of detection values.
NOR) Skienselva: station which may have marine influence.
PRT) Guadiana: 1980 data refer to 1982.
UKD) When the parameter is unmeasurable (quantity is too small), the limit of detection values are used when calculating annual averages. Actual averages may therefore be lower.

Source: OECD/OCDE

Notes: (3.3C Nitrates)

a) Measured at the mouth or downstream frontier of river.
b) Data refer to total concentrations unless otherwise specified.
c) Average over the latest three years available: data prior to 1990 have not been taken into account.
USA) Delaware: 1985 data refer to 1984.
AUS) Data refer to: fiscal year, median values, and NO2 + NO3.
NZL) 1989-90 and 1991-93 figures are medians of the years 1989-90, and 1989-93, and refer to NO3-N.
AUT) 1985 data refer to 1984.
DNK) Data refer to NO2 + NO3.
FRA) Loire and Seine: dissolved concentrations. Loire 1980: 1981 data. Seine: station under marine influence. Rhône: since 1987 data refer to another station.
DEU) Rhein, Elbe, Donau: dissolved concentrations.
GRC) 1980 data refer to 1982.
ITA) Po: until 1988 data refer to Ponte Polesella (76 km from the mouth); since 1989 data refer to Pontelagoscuro (91 km from the mouth).
NLD) Maas-Keisersveer, Rijn-Lobith: dissolved concentrations.
NOR) Skienselva and Glomma: 1985 data refer to 1983. Drammenselva: 1985 data refer to 1984. Skienselva: until 1989 data refer to a station which may have marine influence; since 1990 data refer to a different station further away from the outlet. Drammenselva: since 1990 data refer to a different station; the two measuring stations are, however, close.
PRT) Tejo: 1980 data refer to 1981.
ESP) Dissolved concentrations. Ebro: 1980 data refer to 1981.
UKD) When the parameter is unmeasurable (quantity too small) the limit of detection values are used when calculating annual averages. Actual averages may therefore be lower.

Source: OECD/OCDE

Notes: (3.3A OD)

a) Mesurée à l'embouchure ou à la frontière aval de la rivière.
b) Moyenne sur les trois dernières années disponibles: les données antérieures à 1990 n'ont pas été prises en compte.
JPN) Les données concernent l'année fiscale (avril à mars).
AUT) Les données 1985 sont de 1984.
DNK) Skjernå: les données 1980 et 1985 sont de 1979 et 1984. Suså: les données 1980 et 1985 sont de 1982 et 1983.
FRA) Loire 1980: données 1981. Seine: station sous influence marine. Rhône: depuis 1987 les données proviennent d'une autre station.
GRC) Les données 1980 sont de 1982.
ITA) Po: jusqu'en 1988 les données concernent Ponte Polesella (à 76 km de l'emb.); depuis 1989 les données concernent Pontelagoscuro (à 91 km de l'embouchure).
PRT) Tejo: les données 1980 sont de 1981. Guadiana: les données 1980 sont de 1982.

Notes: (3.3B DBO)

a) Mesurée à l'embouchure ou à la frontière aval de la rivière.
b) Moyenne sur les trois dernières années disponibles: les données antérieures à 1990 n'ont pas été prises en compte.
MEX) Lerma: les données 1985 sont de 1984.
JPN) Les données concernent l'année fiscale (avril à mars).
NZL) 1989-90 et 1991-93: médianes des années 1989-90 et 1989-93.
FRA) Loire 1980: données 1981. Seine: station sous influence marine. Rhône: depuis 1987 les données proviennent d'une autre station.
DEU) Elbe: 1988-92 - DBO7 (20°); les données 1980 sont de 1981. Weser: 1990-92 - DBO7 (20°).
ITA) Po: jusqu'en 1988 les données concernent Ponte Polesella (à 76 km de l'emb.); depuis 1989 les données concernent Pontelagoscuro (à 91 km de l'embouchure).
NLD) Maas-Keizersveer 1990 et 1992, Rijn-Maassluis 1989-92, Rijn-Lobith 1989, 1993-95, et Issel-Kampen 1992: les moyennes incluent des seuils de détection.
NOR) Skienselva: station qui peut être sous influence marine.
PRT) Guadiana: les données 1980 sont de 1982.
UKD) Quand le paramètre n'est pas mesurable (concentrations trop faibles) les seuils de détection sont utilisés dans le calcul des moyennes annuelles. Les moyennes réelles peuvent donc être inférieures à ces chiffres.

Notes: (3.3C Nitrates)

a) Mesurée à l'embouchure ou à la frontière aval de la rivière.
b) Les données représentent des concentrations totales sauf indication contraire.
c) Moyenne sur les trois dernières années disponibles: les données antérieures à 1990 n'ont pas été prises en compte.
USA) Delaware: les données 1985 sont de 1984.
AUS) Les données représentent: l'année fiscale, des valeurs médianes, et NO2 + NO3.
NZL) Les chiffres 1989-90 et 1991-93 sont les médianes des années 1989-90 et 1989-93, et concernent NO3-N.
AUT) Les données 1985 sont de 1984.
DNK) Les données concernent NO2 + NO3.
FRA) Loire et Seine: concentrations en matières dissoutes. Loire 1980: données 1981. Seine: station sous influence marine. Rhône: depuis 1987, les données proviennent d'une autre station.
DEU) Rhein, Elbe, Donau: concentrations en matières dissoutes.
GRC) Les données 1980 sont de 1982.
ITA) Po: jusqu'en 1988 les données concernent Ponte Polesella (à 76 km de l'emb.); depuis 1989 les données concernent Pontelagoscuro (à 91 km de l'embouchure).
NLD) Maas-Keisersveer, Rijn-Lobith: concentrations en matières dissoutes.
NOR) Skienselva et Glomma: les données 1985 sont de 1983. Drammenselva: les données 1985 sont de 1984. Skienselva: jusqu'en 1989 les données concernent une station de mesure qui peut être sous influence marine; depuis 1990 les données proviennent d'une autre station plus éloignée de l'embouchure. Drammenselva: depuis 1990 les données proviennent d'une autre station de mesure; les deux stations sont, cependant, proches.
PRT) Tejo: les données 1980 sont de 1981.
ESP) Concentrations en matières dissoutes. Ebro: les données 1980 sont de 1981.
UKD) Quand le paramètre n'est pas mesurable (concentrations trop faibles) les seuils de détection sont utilisés dans le calcul des moyennes annuelles. Les moyennes réelles peuvent donc être inférieures à ces chiffres.

3.3D EAUX INTÉRIEURES

WATER QUALITY OF SELECTED RIVERS: PHOSPHORUS (a) (b), annual mean concentrations, 1980-1995
QUALITÉ DES EAUX DE RIVIÈRES SÉLECTIONNÉES: PHOSPHORE (a) (b), concentrations annuelles moyennes, 1980-1995

mgP/litre

Country	River		1980	1985	1986	1987	1988	1989	1990	1991	1992	1993	1994	1995	Average last 3 years / moyenne 3 dernières années (c)
Mexico/Mexique	Bravo	*	..	..	..	..	..	..	..	..	..	..	..	0.700	..
	Lerma	*	1.072	1.408	1.317	..	1.550	..	..	0.390	..	0.547	1.650	..	0.862
	Pánuco	*	..	0.010	0.029	0.054	0.081	0.062	0.046	0.043	0.018	0.031	0.038	0.040	0.036
	Balsas	*	0.423	0.047	0.057	0.093	..	0.070	0.064	0.067	0.060	0.065	0.110	..	0.078
	Grijalva	*	..	..	0.020	..	..	0.284	0.028	0.026	0.092	0.020	0.060	..	0.057
USA/Etats-Unis	Delaware		0.100	0.140	0.060	0.100	0.080	0.090	0.110	0.070	0.100	0.100	0.150	0.060	0.103
	Mississippi		0.230	0.100	0.240	0.280	0.200	0.210	0.170	0.170	0.250	0.200	0.180	0.220	0.200
Korea/Corée	Keum		..	..	..	..	..	0.025	0.023	0.036	0.052	0.088	0.081	0.037	0.069
	NakDong		..	..	..	..	..	0.026	0.098	0.032	0.101	0.025	0.025	0.048	0.033
	Han		..	..	..	..	..	..	0.048	0.057	0.050	0.037	0.032	0.041	0.037
Australia/Australie	Murray-Darling	*	0.064	0.132	0.117	0.074	0.144	0.165	0.165	0.108	0.085	..	..	..	0.119
N. Zealand/N. Zélande	Waikato	*	..	..	..	..	..	0.059	0.059	0.060	0.060	0.060	..	..	0.060
	Mataura	*	..	..	..	..	..	0.037	0.037	0.035	0.035	0.035	..	..	0.035
Austria/Autriche	Donau		0.280	0.290	0.250	0.200	0.199	0.180	0.148	0.141	0.140	0.113	0.110	0.121	0.115
	Inn		0.150	0.080	0.160	0.140	0.139	0.124	0.125	..	0.080	0.116	0.070	0.089	0.092
	Grossache	*	0.060	0.060	0.080	0.090	..	..	..	..	0.119	0.101	0.100	0.059	0.087
Czech Rep./Rép.Tchèque	Labe		..	0.313	0.379	0.240	0.277	0.353	0.399	0.261	0.220	0.252	0.188	0.142	0.194
	Morova		..	..	..	..	..	..	0.356	0.349	0.319	0.323	0.337	0.233	0.298
Denmark/Danemark	Gudenå		0.158	0.155	0.161	0.169	0.133	0.119	0.139	0.108	0.132	0.110	0.092	0.091	0.098
	Skjernå		0.138	0.126	0.133	0.115	0.117	0.099	0.079	0.080	0.075	0.065	0.085	0.092	0.081
	Suså		0.348	0.362	0.364	0.403	0.277	0.364	0.356	0.255	0.259	0.176	0.152	0.162	0.163
Finland/Finlande	Tomiojoki		0.060	0.010	0.010	0.040	0.022	0.028	0.025	0.024	0.024	0.025	0.017	0.025	0.022
	Kymijoki		0.030	0.030	0.030	0.030	0.013	0.027	0.024	0.023	0.017	0.021	0.021	0.024	0.022
	Kokemäenjoki		0.054	0.059	0.053	0.079	0.059	0.055	0.065	0.054	0.043	0.045	0.059	..	0.049
France	Loire		0.258	0.322	0.272	0.326	0.292	0.344	0.297	0.273	0.438	0.403	0.314	0.235	0.317
	Seine	*	0.760	1.005	0.799	0.705	..	1.477	2.237	1.982	1.386	1.880	0.925	0.756	1.187
	Garonne		0.088	0.519	0.738	0.053	0.217	3.627	0.210	0.216	0.127	0.199	0.138	0.073	0.137
	Rhône	*	0.179	0.173	0.297	0.241	0.169	0.240	0.200	..	0.142	0.113	0.100	0.106	0.106
Germany/Allemagne	Rhein		0.360	0.480	0.380	0.230	0.250	0.260	0.220	0.150	0.170	0.150	0.130	0.150	0.143
	Elbe		0.380	0.630	0.470	0.340	0.390	0.470	0.400	0.330	0.350	0.320	0.230	0.210	0.253
	Weser		0.710	0.750	0.620	0.430	0.410	0.410	0.360	0.280	0.240	0.220	0.195	0.180	0.198
	Donau		0.180	0.210	..	..	..	0.130	0.130	0.160	0.090	0.120	0.090	0.120	0.110
Greece/Grèce	Strimonas	*	0.140	0.120	0.100	0.118	0.160	0.160	0.110	0.096	0.130	0.128	..	..	0.118
	Axios	*	0.330	0.610	0.490	0.543	0.930	0.500	1.030	0.541	0.658	0.990	..	..	0.730
Hungary/Hongrie	Duna		..	0.280	0.290	..	..	0.250	0.250	0.250	0.210	0.160	0.124	0.010	0.098
	Dráva		..	..	0.250	0.420	0.380	0.200	0.240	0.230	0.130	0.080	0.113	0.129	0.107
	Tisza		..	..	..	..	..	..	..	..	..	..	0.073	0.310	..
Italy/Italie	Po	*	0.280	0.260	0.340	0.250	0.180	0.220	0.210	0.074	0.150	0.187	0.220	..	0.186
	Adige		0.180	..	..	0.150	0.184	0.443	0.120	0.050	0.059	0.042	0.133	..	0.078
	Arno		..	..	..	..	0.150	0.380	0.700	0.140	0.290	0.119	0.139	..	0.183
Luxembourg	Moselle		0.370	0.550	..	..	..	0.700	0.770	0.570	0.724	0.546	0.490	0.480	0.505
	Sûre		0.490	0.550	0.650	0.370	0.390	0.490	0.460	0.443	0.463	0.527	0.400	0.420	0.449
Netherlands/Pays-Bas	Maas-Keizersveer		0.500	0.480	0.420	0.390	0.380	0.372	0.308	0.302	0.289	0.295	0.250	0.234	0.260
	Rijn/Maas Delta		0.360	0.340	0.310	0.250	0.230	0.227	0.192	0.160	0.176	0.156	..	0.220	0.184
	Rijn-Lobith		0.660	0.620	0.520	0.370	0.340	0.340	0.300	0.270	0.240	0.225	0.210	0.200	0.212
	Ijssel-Kampen		0.640	0.630	0.550	0.390	0.360	0.390	0.320	0.283	0.242	0.218	0.420	0.200	0.279
Norway/Norvège	Skienselva	*	0.012	0.010	..	0.009	0.015	0.010	0.007	0.004	0.005	0.003	0.003	0.003	0.003
	Glomma		0.020	0.018	0.038	0.022	0.024	0.023	0.018	0.024	0.022	0.020	0.014	0.036	0.023
	Drammenselva	*	0.013	0.008	0.007	0.008	0.007	0.007	0.006	0.006	0.006	0.005	0.006	0.008	0.006
	Otra		0.012	0.009	0.009	0.010	0.006	0.006	0.008	0.006	0.005	0.004	0.005	0.005	0.005
Poland/Pologne	Wisla		0.106	0.200	..	..	..	0.200	0.210	0.210	0.210	0.256	0.212	0.232	0.233
	Odra		0.600	0.480	..	..	..	0.550	0.570	0.490	0.400	0.412	0.323	0.304	0.346
	Nysa Luzycka		0.100	0.600	..	..	..	0.397	0.317	0.310	0.300	..	..	..	0.309
Portugal	Tejo	*	0.300	0.190	0.170	0.290	0.220	0.240	0.170	0.200	0.290	..	..	..	0.220
	Douro		..	..	..	..	..	..	0.080	0.080	0.080	..	..	..	0.080
	Guadiana		..	..	..	0.100	0.490	..	0.200	0.210	..	0.242	..	..	0.217
Spain/Espagne	Guadalquivir		0.905	0.939	1.182	1.079	1.213	1.260	..	0.393	0.430	0.440	1.300	1.120	0.953
	Duero		0.203	0.280	0.283	0.304	0.243	0.234	0.223	0.205	0.226	0.318	0.202	0.220	0.246
	Ebro		0.604	0.324	0.669	0.598	0.580	0.830	0.811	0.259	0.228	0.253	0.560	..	0.347
	Guadiana		0.487	0.838	0.266	0.436	0.403	..	..	0.942	0.580	0.425	0.727	0.930	0.694
Sweden/Suède	Dalälven		0.023	0.016	0.017	0.016	0.017	0.017	0.017	0.021	0.015	0.017	0.019	0.019	0.018
	Råne älv		0.025	0.017	0.017	0.016	0.017	0.018	0.017	0.018	0.015	0.019	0.017	0.018	0.018
	Mörrumsån		0.024	0.018	0.018	0.023	0.020	0.018	0.024	0.025	0.021	0.019	0.025	0.023	0.022
	Rönneån		0.084	0.058	0.071	0.068	0.059	0.059	0.054	0.046	0.044	0.050	0.051	0.036	0.046
Switzerland/Suisse	Rhin		0.165	0.140	0.132	0.094	0.095	0.080	0.090	0.090	0.084	0.069	0.075	..	0.076
	Aare		0.113	0.118	0.126	0.096	0.080	0.083	0.096	0.080	0.091	0.073	0.085	..	0.083
	Rhône		0.102	0.127	0.172	0.201	0.106	0.093	0.159	0.170	0.134	0.141	0.164	..	0.146
Turkey/Turquie	Porsuk	*	0.100	0.040	0.050	0.060	0.080	0.025	0.050	0.050	0.070	0.055	0.080	0.060	0.065
	Sakarya	*	0.110	0.150	0.140	0.170	0.240	0.310	0.210	0.290	0.290	0.280	0.310	0.480	0.357
	Gediz	*	0.710	0.420	0.940	..	0.650	1.400	0.610	0.290	0.950	0.370	0.510	0.120	0.333
UK/Royaume-Uni	Thames	*	1.160	1.320	1.312	1.335	1.387	3.330	1.573	1.238	0.964	0.984	1.605	..	1.184
	Severn		0.535	0.710	0.854	0.724	0.814	1.154	1.152	0.840	0.569	0.725	0.682	0.948	0.785
	Clyde	*	0.497	0.319	0.489	0.377	0.331	0.446	0.412	0.439	0.432	0.316	0.636	0.641	0.531
	Mersey	*	0.783	1.362	1.394	1.059	1.021	1.537	1.370	1.482	1.050	0.990	0.964	1.471	1.142
Slov. Rep./Rép. Slov.	Maly Dunaj		0.108	0.130	..	0.233	..	0.226	0.213	0.235	0.134	0.129	0.187	..	0.150
	Hron		..	..	0.455	0.277	..	0.303	0.270	0.208	0.272	0.217	0.155	..	0.214

Notes: see after Table 3.3E / voir après le tableau 3.3E

INLAND WATERS 3.3E

WATER QUALITY OF SELECTED RIVERS: AMMONIUM (a) (b), annual mean concentrations, 1980-1995
QUALITÉ DES EAUX DE RIVIÈRES SÉLECTIONNÉES: AMMONIUM (a) (b), concentrations annuelles moyennes, 1980-1995

mgN/litre

Country	River		1980	1985	1986	1987	1988	1989	1990	1991	1992	1993	1994	1995	Average last 3 years / moyenne 3 dernières années (c)
Mexico/Mexique	Bravo		..	..	0.605	1.369	0.411	0.650	0.604	1.568	0.435	0.651	0.750	0.070	0.490
	Lerma		0.883	0.443	1.863	..	0.630	..	..	0.395	0.590	1.300	3.340	..	1.743
	Pánuco		..	0.050	0.071	0.160	..	..	..	..	..	0.040	0.050	0.030	0.040
	Grijalva		..	..	0.063	0.065	0.070	0.029	0.020	0.004	0.002	0.001	0.001	0.002	0.001
USA/Etats-Unis	Delaware	*	0.050	0.090	0.060	0.140	0.040	0.060	0.030	0.040	0.060	0.050	0.050	0.030	0.043
	Mississippi	*	0.080	0.040	0.060	0.030	0.040	0.040	0.020	0.020	0.040	0.030	0.040	0.020	0.030
N. Zealand/N. Zélande	Waikato	*	..	..	..	..	..	0.029	0.029	0.024	0.024	0.024	..	..	0.024
	Mataura	*	..	..	..	..	..	0.026	0.026	0.027	0.027	0.027	..	..	0.027
Austria/Autriche	Donau	*	0.260	0.220	0.300	0.310	0.290	0.290	0.216	0.238	0.210	0.150	0.150	0.150	0.150
	Inn	*	0.100	0.230	0.300	0.390	0.140	0.323	0.290	..	0.180	0.210	0.110	0.090	0.137
	Grossache	*	0.100	0.030	..	0.110	..	..	..	..	0.120	0.070	0.030	0.030	0.043
CzechRep./Rép.Tchèque	Labe		1.870	2.260	1.870	1.690	1.160	1.400	1.950	1.990	1.230	1.018	0.659	0.373	0.683
	Odra		4.200	5.060	6.730	6.440	4.790	4.670	5.720	3.690	3.970	3.538	2.313	2.140	2.664
	Morova		0.650	0.470	0.950	1.150	1.250	1.290	1.280	1.320	0.630	0.808	0.928	0.467	0.734
Denmark/Danemark	Gudenå		0.118	0.130	0.154	0.163	0.068	0.138	0.103	0.141	0.050	0.056	0.071	0.082	0.070
	Skjernå		0.146	0.274	0.252	0.170	0.158	0.125	0.106	0.116	0.118	0.121	0.138	0.083	0.114
	Suså		0.075	0.368	0.144	0.103	0.096	0.059	0.083	0.079	0.079	0.054	0.076	0.092	0.074
Finland/Finlande	Torniojoki	*	0.023	0.029	0.014	0.016	0.021	0.014	0.011	0.014	0.020	0.011	0.008	0.022	0.014
	Kokemäenjoki		0.116	0.149	0.131	0.175	0.099	0.093	0.083	0.103	0.056	0.068	0.074	0.085	0.076
France	Loire	*	0.060	0.070	0.089	0.086	0.095	0.209	0.144	0.154	0.178	0.175	0.098	0.084	0.119
	Seine	*	0.543	0.662	0.636	0.602	0.352	0.614	0.682	0.711	0.634	0.810	0.255	0.245	0.437
	Garonne		-	0.175	0.049	0.271	0.199	0.208	0.191	0.111	0.149	0.138	0.187	0.093	0.139
	Rhône		0.093	0.163	0.171	0.142	0.133	0.173	0.141	0.172	0.115	0.086	0.073	0.079	0.079
Germany/Allemagne	Rhein	*	0.590	0.520	0.480	0.350	0.240	0.260	0.230	0.240	0.240	0.190	0.160	0.160	0.170
	Elbe	*	1.230	3.010	2.150	1.300	1.220	1.930	1.140	0.640	0.360	0.290	0.190	0.200	0.227
	Weser		0.520	0.360	0.330	0.300	0.200	0.170	0.190	0.170	0.140	0.310	0.140	0.140	0.197
	Donau	*	0.160	0.220	..	..	..	0.150	0.180	0.210	0.150	0.110	0.100	0.100	0.103
Greece/Grèce	Strimonas	*	0.109	0.086	0.054	0.046	0.023	0.031	0.026	0.018	0.044	0.080	..	..	0.047
	Axios	*	0.054	0.070	0.093	0.134	0.039	0.039	0.046	0.034	0.498	0.160	..	..	0.231
Hungary/Hongrie	Duna		0.404	0.474	0.357	0.365	0.272	0.249	0.210	0.210	0.256	0.194	0.110	0.900	0.401
	Dráva		0.225	0.233	0.264	0.241	0.155	0.179	0.218	0.163	0.225	0.194	0.040	0.070	0.101
	Tisza		0.295	0.590	0.699	0.280	0.256	0.412	0.210	0.163	0.241	0.194	0.040	0.020	0.085
Italy/Italie	Po	*	0.180	0.260	0.400	0.372	0.070	0.269	0.320	0.242	0.158	..	..	..	0.240
	Adige	*	1.400	0.090	..	0.070	0.100	0.077	0.110	0.170	0.128	0.107	0.052	..	0.096
	Arno		..	..	..	..	..	1.799	0.770	1.110	0.820	1.053	0.703	..	0.859
Luxembourg	Moselle	*	0.400	0.800	..	..	..	0.400	0.367	0.466	0.205	0.408	0.250	0.160	0.273
	Sûre		0.300	0.900	0.358	0.163	0.117	0.300	0.221	0.368	0.183	0.237	0.200	0.100	0.179
Netherlands/Pays-Bas	Maas-Keizersveer	*	0.650	0.720	0.469	0.502	0.354	0.404	..	..	..	0.240	..	..	..
	Maas-Eýsden	*	0.525	0.720	0.490	0.410	0.362	0.478	..	..	..	0.500	..	..	..
	Rijn-Hagestein		0.634	0.576	0.577	0.502	0.297	0.231	0.252	0.240	0.190	0.180	0.140	..	0.170
	Rijn-Lobith	*	0.809	0.818	0.720	0.560	0.346	0.341	0.397	0.410	0.310	0.250	0.170	0.020	0.147
Norway/Norvège	Skienselva	*	0.002	..	..	0.020	0.051	0.013	0.051	0.053	0.021	0.012	0.016	0.012	0.013
	Glomma		..	..	..	0.045	..	0.019	..	..	0.038	0.029	0.032	0.028	0.030
	Drammenselva		..	..	..	..	..	..	..	..	0.021	0.015	0.016	0.015	0.015
	Otra		..	..	..	..	..	..	..	..	0.018	0.009	0.013	0.010	0.011
Poland/Pologne	Wisla		0.880	1.090	..	..	..	0.726	0.670	0.600	0.620	0.487	0.313	0.234	0.344
	Odra		0.890	1.040	..	..	..	0.446	0.430	0.490	0.360	0.346	0.122	0.231	0.233
	Nysa Luzycka		0.580	0.820	..	..	..	0.570	0.840	0.610	0.740	..	..	..	0.730
Portugal	Tejo		..	..	..	..	..	..	..	0.030	0.480	0.470	..	..	0.327
	Douro	*	..	0.090	0.100	0.070	0.040	0.023	0.068	0.109	0.047	0.030	..	..	0.062
	Guadiana		0.290	0.130	0.091	0.091	0.148	0.086	0.211	0.080	0.226	0.117	..	..	0.141
Spain/Espagne	Guadalquivir	*	0.937	0.915	1.019	0.742	1.060	1.649	2.232	1.151	1.252	1.276	1.486	3.267	2.009
	Duero	*	0.185	0.225	0.373	0.278	0.270	0.101	0.257	0.296	0.373	0.638	0.156	0.226	0.340
	Ebro	*	0.315	0.090	0.270	0.091	0.110	0.190	0.100	0.390	0.288	0.334	0.194	1.874	0.801
	Guadiana	*	0.093	0.008	0.086	0.109	0.031	0.179	0.086	0.054	0.148	0.342	0.544	0.521	0.469
Sweden/Suède	Dalälven		0.025	0.012	0.018	0.015	0.017	0.018	0.014	0.023	0.023	0.020	0.025	0.020	0.022
	Råne älv		0.019	0.013	0.013	0.012	0.008	0.013	0.015	0.013	0.012	0.012	0.009	0.013	0.011
	Mörrumsån		0.028	0.032	0.028	0.022	0.022	0.012	0.021	0.021	0.014	0.025	0.031	0.021	0.026
	Rönneån		0.088	0.092	0.095	0.131	0.053	0.070	0.054	0.051	0.044	0.059	0.065	0.049	0.058
Turkey/Turquie	Porsuk		0.700	0.270	0.240	0.250	0.200	0.160	0.170	0.100	0.120	0.100	0.080	0.070	0.083
	Sakarya		0.460	0.350	0.460	0.390	0.200	0.160	0.330	0.280	0.280	0.340	0.370	0.400	0.370
	Gediz		0.170	0.080	0.150	0.110	0.120	0.630	0.420	0.050	0.050	-	-	-	-
UK/Royaume-Uni	Thames	*	0.277	0.290	0.282	0.350	0.254	0.422	0.449	0.373	0.313	0.402	0.245	0.238	0.295
	Severn	*	0.141	0.224	0.298	0.219	0.220	0.293	0.205	0.144	0.121	0.120	0.097	0.116	0.111
	Clyde		0.973	1.236	1.521	1.217	0.661	0.943	0.548	0.683	0.469	0.901	1.125	1.506	1.177
	Mersey	*	4.521	4.554	4.692	4.036	3.575	4.614	4.104	4.938	3.006	2.900	3.066	4.202	3.389
Slov. Rep./Rép. Slovaque	Maly Dunaj		0.559	0.505	..	0.523	0.530	0.340	0.520	1.091	0.348	0.243	0.385	..	0.325
	Váh		1.529	1.382	..	1.196	0.684	0.500	0.940	0.367	0.273	0.244	0.319	..	0.279
	Hron		0.365	0.433	0.272	0.284	0.132	0.130	0.440	0.271	0.264	0.179	0.178	..	0.207
	Hornád		1.087	1.362	1.624	2.711	1.899	2.080	2.370	1.857	1.338	1.748	0.894	..	1.327

Notes: see next page / voir page suivante

3.3D/3E   EAUX INTÉRIEURES

Notes: (3.3D Phosphorus)
a) Measured at the mouth or downstream frontier of river.
b) Data refer to total phosphorus unless otherwise specified.
c) Average over the latest three years available: data prior to 1990 have not been taken into account.
MEX) Orthophosphate concentrations.
AUS) Data refer to fiscal year and median values.
NZL) 1989-90 and 1991-93 data: medians of 1989-90 and 1989-93.
AUT) 1985 data refer to 1984.
FRA) Loire 1980: 1982 data. Seine: station under marine influence. Rhône: since 1987 data refer to another station.
GRC) 1980 data refer to 1982.
ITA) Po: Data until 1988 refer to Ponte Polesella (76 km from the mouth); since 1989 data refer to Pontelagoscuro (91 km from the mouth).
NOR) Skienselva and Glomma: 1985 data refer to 1983. Skienselva: until 1989 data refer to a station which may have marine influence; since 1990 data refer to a different station further away from the outlet. Drammenselva: since 1990 data refer to a different station; the two measuring stations are, however, close.
PRT) Tejo: 1980 data refer to 1981.
TUR) Orthophosphate concentrations. Gediz 1980: 1981 data.
UKD) Orthophosphate concentrations. When a parameter is unmeasurable (quantity too small), limit of detection values are used when calculating annual averages. Actual averages may therefore be lower.
SLO) Maly Dunaj: Orthophosphate concentrations; 1980: 1981 data.

Source: OECD/OCDE

Notes: (3.3E Ammonium)
a) Measured at mouth or downstream frontier of river.
b) Data refer to total concentrations unless otherwise specified.
c) Average over the latest three years available: data prior to 1990 have not been taken into account.
USA) Dissolved concentrations.
NZL) 1989-90 and 1991-93: median of the years 1989-90 and 1989-93, refers to NH4-N.
AUT) 1985: 1984 data.
FIN) Torniojoki 1980: 1981 data.
FRA) Loire and Seine: dissolved concentrations. Loire 1980: 1981 data. Seine: station under marine influence. Rhône: since 1987 data refer to another station.
DEU) Dissolved concentrations.
GRC) 1980: 1982 data. Strimonas: 1988 data include limit of detection values.
ITA) Po: until 1988 data refer to Ponte Polesella (76 km from the mouth); since 1989 data refer to Pontelagoscuro (91 km from the mouth). Adige: 1988 average includes limit of detection values; 1985: 1984 data.
LUX) Moselle and Sûre 1991, 93 and 95: upper limits.
NLD) Maas-Keizersveer, Maas-Eÿjsden, and Rhine-Lobith: dissolved concentrations.
NOR) Skienselva: until 1991 data refer to a station which may have marine influence; since 1992 data refer to a different station further away from the outlet.
PRT) Minho 1980: 1981 data; since 1987 data refer to a different station. Douro: 1990 average includes limit of detection values. Guadiana: 1990 and 1991 averages include limit of detection values; 1980: 1982 data.
ESP) Dissolved concentrations.
UKD) When the parameter is unmeasurable (quantity too small) the limit of detection values are used when calculating annual averages. Actual averages may therefore be lower.

Source: OECD/OCDE

Notes: (3.3D Phosphore)
a) Mesurée à l'embouchure ou à la frontière aval de la rivière.
b) Les données représentent le Phosphore total sauf indication contraire.
c) Moyenne sur les trois dernières années disponibles: les données antérieures à 1990 n'ont pas été prises en compte.
MEX) Concentrations en orthophosphate.
AUS) Les données représentent l'année fiscale et des valeurs médianes.
NZL) Données 1989-90 et 1991-93: médianes des années 1989-90 et 1989-93.
AUT) Les données 1985 sont de 1984.
FRA) Loire 1980: données 1982. Seine: station sous influence marine. Rhône: depuis 1987 les données proviennent d'une autre station.
GRE) Les données 1980 sont de 1982.
ITA) Po: jusqu'en 1988 les données concernent Ponte Polesella(à 76 km de l'emb.); depuis 1989 les données concernent Pontelagoscuro (à 91 km de l'embouchure).
NOR) Skienselva et Glomma: les données 1985 sont de 1983. Skienselva: jusqu'en 1989 les données concernent une station de mesure qui peut être sous influence marine; depuis 1990 les données proviennent d'une autre station plus éloignée de l'embouchure. Drammenselva: depuis 1990 les données proviennent d'une autre station de mesure; les deux stations sont, cependant, proches.
PRT) Tejo: les données 1980 sont de 1981.
TUR) Concentrations en orthophosphate. Gediz: les données 1980 sont de 1981.
UKD) Concentrations en orthophosphate. Quand le paramètre n'est pas mesurable (concentrations trop faibles) les seuils de détection sont utilisés dans le calcul des moyennes annuelles. Les moyennes réelles peuvent donc être inférieures à ces chiffres.
SLO) Maly Dunaj: concentrations en orthophosphate; 1980: données 1981.

Notes: (3.3E Ammonium)
a) Mesurée à l'embouchure ou à la frontière aval de la rivière.
b) Les données représentent concentrations totales sauf en cas d'indication contraire.
c) Moyenne sur les trois dernières années disponibles: les données antérieures à 1990 n'ont pas été prises en compte.
USA) Concentrations en matières dissoutes.
NZL) 1989-90 et 1991-93: médianes des années 1989-90, et 1989-93 concernant NH4-N.
AUT) 1985: données 1984.
FIN) Torniojoki 1980: données 1981.
FRA) Loire et Seine: concentrations en matières dissoutes. Loire 1980: données 1981. Seine: station sous influence marine. Rhône: depuis 1987 les données proviennent d'une autre station.
DEU) Concentrations en matières dissoutes.
GRC) 1980: données 1982. Strimonas: le chiffre 1988 inclut des seuils de détection.
ITA) Po: jusqu'en 1988 les données concernent Ponte Polesella (à 76 km de l'embouchure); depuis 1989 les données concernent Pontelagoscuro (à 91 km de l'embouchure). Adige: la moyenne 1988 inclut des seuils de détection; 1985: données 1984.
LUX) Moselle et Sûre 1991, 93 and 95: limites supérieures.
NLD) Maas-Keizersveer, Maas-Eÿjsden, et Rhine-Lobith: concentrations en matières dissoutes.
NOR) Skienselva: jusqu'en 1991 les données concernent une station de mesure qui peut être sous influence marine; depuis 1992 les données proviennent d'une autre station plus éloignée de l'embouchure.
PRT) Minho 1980: données 1981; depuis 1987 les données proviennent d'une autre station. Douro: les moyennes 1990 incluent des seuils de détection. Guadiana: les moyennes 1990 et 1991 incluent des seuils de détection; 1980: données 1982.
ESP) Concentrations en matières dissoutes.
UKD) Quand le paramètre n'est pas mesurable (concentrations trop faibles) les seuils de détection sont utilisés dans le calcul des moyennes annuelles. Les moyennes réelles peuvent donc être inférieures à ces chiffres.

INLAND WATERS 3.3F

WATER QUALITY OF SELECTED RIVERS: LEAD (a) (b), annual mean concentrations, 1980-1995
QUALITÉ DES EAUX DE RIVIÈRES SÉLECTIONNÉES: PLOMB (a) (b), concentrations annuelles moyennes, 1980-1995

µg/litre

			1980	1985	1986	1987	1988	1989	1990	1991	1992	1993	1994	1995	Average last 3 years / moyenne 3 dernières années (c)
Canada	Saskatchewan		4.00	1.00	1.90	1.20	1.00	1.00	1.00	2.20	1.20	1.00	..	..	1.47
USA/Etats-Unis	Delaware	*	1.30	2.80	3.00	5.00	5.00	4.00	1.00	1.00	1.00	1.00	3.00	1.00	1.67
	Mississippi	*	0.42	4.90	5.00	5.00	5.20	3.50	1.00	1.00	24.60	6.50	6.40	4.70	5.87
Japan/Japon	Tone (Sakae-hashi)	*	50.00	50.00	50.00	50.00	50.00	50.00	50.00	50.00	50.00	..	..	..	50.00
Korea/Corée	Keum		-	-	-	-	-	-	-	-	-	-	-	-	-
	NakDong		-	-	-	-	-	-	-	-	-	-	-	-	-
	Han		-	-	-	-	-	-	-	-	-	-	-	-	-
Australia/Australie	Murray-Darling	*	5.00	5.00	5.50	9.50	10.00	3.50	3.00	2.00	2.50	..	..	..	2.50
Austria/Autriche	Donau	*	4.00	3.00	2.00	..	..	..	..	2.00	2.00	0.70	0.90	1.70	1.10
	Inn	*	1.00	8.00	..	..	3.00	3.00	4.00	..	1.00	1.30	1.00	2.00	1.43
Czech Rep./Rép. Tchèque	Labe		..	..	..	..	30.00	30.00	30.00	30.00	30.00	20.00	2.25	2.99	8.41
	Odra		..	..	..	..	..	..	20.00	20.00	20.00	15.63	17.50	18.30	17.14
	Morova		..	..	..	..	..	..	20.00	20.00	20.00	3.83	6.92	5.00	5.25
Finland/Finlande	Torniojoki	*	0.95	0.26	0.32	..	0.10	0.54	0.28	0.57	0.50	0.47	0.70	0.10	0.42
	Kokemäenjoki	*	0.40	0.90	1.03	0.45	0.24	0.70	1.00	1.10	1.00	0.69	..	..	0.93
France	Seine	*	8.00	38.80	19.80	22.80	33.80	43.00	32.00	22.30	..	12.00	..	..	22.1
	Garonne		3.80	2.10	3.00	13.30	3.60	6.60	1.00	2.60	1.60	1.00	1.50	2.10	1.53
Germany/Allemagne	Rhein	*	11.60	..	11.90	10.00	6.90	2.80	2.50	5.70	4.80	4.10	2.00	3.50	3.20
	Elbe		..	..	..	..	1.00	1.00	1.10	1.00	1.00	1.00	..	..	1.00
	Weser	*	5.40	6.40	6.40	5.00	5.00	5.00	5.00	5.00	3.20	3.80	4.20	4.20	4.07
	Donau		..	2.60	..	..	..	3.30	4.20	2.80	2.20	1.60	1.00	2.10	1.57
Hungary/Hongrie	Duna	*	..	..	..	..	..	4.00	..	2.90	..	..	16.10	12.00	10.33
	Dráva	*	..	..	..	..	..	..	..	..	5.50	17.30	3.20	2.50	7.67
Luxembourg	Moselle	*	..	1.00	..	..	..	1.80	4.20	1.00	..	2.00	2.00	5.80	3.27
	Sûre	*	..	0.40	..	..	..	1.00	3.50	1.00	..	..	2.00	6.00	3.00
Netherlands/Pays-Bas	Maas-Keizersveer		12.00	3.60	5.60	8.30	3.30	4.93	2.37	..	..	3.80	4.00	6.40	4.73
	Rijn/Maas Delta	*	..	1.40	1.60	2.30	1.90	1.20	2.40	1.90	1.70	1.70	..	3.90	2.43
	Rijn-Lobith	*	14.70	4.20	6.00	4.00	3.40	4.90	5.10	4.70	4.00	4.60	4.30	3.70	4.20
	Ijssel-Kampen		9.30	4.70	5.40	5.50	2.80	5.60	4.40	..	..	2.40	3.20	2.80	2.80
Norway/Norvège	Skienselva	*	..	..	..	..	..	..	0.75	0.25	0.33	0.08	0.17	0.09	0.11
	Glomma	*	1.70	0.67	..	..	..	..	0.63	0.38	0.63	0.55	0.89	1.09	0.84
	Drammenselva	*	..	..	3.00	2.00	1.00	..	0.70	0.25	0.16	0.15	0.29	0.21	0.22
	Otra	*	..	..	..	..	..	..	0.59	0.34	0.32	0.32	0.42	0.40	0.38
Poland/Pologne	Wisla		7.00	6.00	..	..	..	5.00	6.00	7.00	5.00	3.00	3.00	1.50	2.50
	Odra		..	..	..	..	..	9.02	10.00	11.00	7.00	4.70	2.60	3.30	3.53
	Nysa Luzycka		..	..	..	..	..	10.71	7.52	8.30	9.10	..	..	..	8.31
Portugal	Tejo	*	50.00	..	..	..	21.00	11.00	13.00	30.00	30.00	..	..	..	24.33
Spain/Espagne	Guadalquivir	*	12.70	10.00	13.00	12.80	8.50	..	..	16.70	8.00	6.00	..	..	10.23
	Ebro	*	5.00	..	..	..	..	-	-	0.01	9.00	14.00	..	..	7.67
Sweden/Suède	Dalälven	*	..	..	0.69	0.95	0.97	1.83	1.30	0.22	0.16	0.22	0.45	0.27	0.31
	Mörrumsån	*	..	..	0.28	0.36	0.44	0.35	0.26	0.14	0.13	0.07	0.31	0.38	0.25
Switzerland/Suisse	Rhin		1.70	0.90	1.30	2.10	2.50	3.00	..	1.10	1.50	0.70	1.30	..	1.17
	Aare	*	3.38	2.13	..	..	2.70	2.70	..	1.00	1.40	0.50	..	..	0.97
	Rhône		3.38	3.50	4.52	7.80	5.80	6.90	7.00	3.70	5.80	5.30	5.50	..	5.53
Turkey/Turquie	Porsuk		..	48.00	48.00	28.00	23.00	..	..	18.00	21.00	12.00	11.00	18.00	13.67
	Sakarya		..	29.50	70.20	21.50	20.00	22.00	23.00	20.00	20.00	13.00	11.00	18.00	14.00
	Gediz		..	..	..	..	..	26.00	..	..	14.80	..	..	12.00	..
UK/Royaume-Uni	Thames	*	10.00	9.40	7.40	6.10	4.00	2.70	3.60	6.10	5.30	5.20	2.70	4.10	4.00
	Severn	*	40.40	4.40	5.10	5.40	3.30	4.00	7.50	4.90	3.80	3.20	3.30	2.70	3.07
	Clyde	*	18.30	8.40	7.60	4.70	5.40	3.00	8.30	4.60	3.60	8.60	5.90	8.70	7.73
	Mersey	*	15.20	10.70	10.50	11.30	9.20	11.30	9.00	8.00	6.80	6.00	5.30	4.60	5.30
Slovak Rep./Rép. Slovaque	Maly Dunaj		..	..	..	..	..	..	..	..	0.77	1.38	3.15	..	1.77
	Váh		..	..	..	..	..	..	..	..	0.81	0.98	0.93	..	0.91

Notes: see after Table 3.3G / voir après le tableau 3.3G

3.3G EAUX INTÉRIEURES

WATER QUALITY OF SELECTED RIVERS: CADMIUM (a) (b), annual mean concentrations, 1980-1995
QUALITÉ DES EAUX DE RIVIÈRES SÉLECTIONNÉES: CADMIUM (a) (b), concentrations annuelles moyennes, 1980-1995

µg/litre

Country	River		1980	1985	1986	1987	1988	1989	1990	1991	1992	1993	1994	1995	Average last 3 years / moyenne 3 dernières années (c)
Canada	Mackenzie		1.00	1.00	1.00	0.00	0.10	0.10	..	0.10	0.18	0.10	..	..	0.13
	Saskatchewan		..	1.00	6.00	1.00	0.10	0.10	0.10	0.15	0.10	0.10	..	..	0.12
USA/Etats-Unis	Delaware	*	3.50	1.00	1.00	1.00	1.00	1.00	1.00	1.00	1.00	1.00	1.00	1.00	1.00
	Mississippi	*	1.40	1.00	1.10	1.20	1.30	1.00	1.00	1.00	1.10	1.00	1.00	1.00	1.00
Japan/Japon	Tone (Sakae-hashi)	*	5.00	5.00	5.00	5.00	5.00	5.00	5.00	5.00	5.00	..	..	..	5.00
Australia/Australie	Murray-Darling	*	1.00	1.00	1.00	1.00	-	-	-	-	-	..	..	..	-
Austria/Autriche	Donau	*	0.20	0.10	0.10	0.10	..	..	..	0.10	0.10	0.10	0.03	0.03	0.05
	Inn	*	0.10	0.10	0.10	0.10	0.10	0.10	0.10	..	0.10	0.20	0.10	0.04	0.11
	Grossache	*	0.10	0.10	..	..	..	..	..	..	..	..	-	-	..
Czech Rep./Rép.Tchèque	Labe		..	..	..	..	..	0.90	2.00	2.00	2.00	2.00	0.22	0.35	0.86
	Odra		..	..	..	..	..	..	4.00	5.50	3.50	2.42	2.75	2.33	2.50
	Morova		..	..	..	..	..	..	3.00	4.50	3.00	0.33	1.15	5.00	2.16
Finland/Finlande	Torniojoki	*	0.01	0.10	..	..	0.10	0.09	0.05	0.06	0.05	0.05	0.06	0.03	0.05
	Kokemäenjoki		0.10	0.10	..	..	0.10	..	0.50	0.20	0.05	0.07	..	..	0.11
France	Loire	*	-	-	-	-	0.34	0.44	0.43	0.48	1.43	0.36	0.32	0.43	0.37
	Seine	*	1.00	3.75	4.25	1.25	1.75	2.00	2.25	2.00	..	2.28	..	..	2.18
	Rhône	*	-	-	-	-	-	-	-	-	-	-	0.14	..	0.05
Germany/Allemagne	Rhein	*	1.40	0.30	0.30	0.30	0.30	0.30	0.10	0.10	0.11	0.11	0.08	0.20	0.13
	Elbe	*	..	..	..	..	0.20	0.20	0.10	0.10	0.10	0.30	0.70	0.40	0.47
	Weser	*	0.50	0.60	0.50	0.40	0.30	0.30	0.30	0.30	0.20	0.20	0.20	0.20	0.20
	Donau	*	0.20	0.10	..	..	..	0.30	0.30	0.30	0.30	0.10	0.10	0.10	0.10
Greece/Grèce	Strimonas	*	-	..	0.10	0.20	..	..	0.20	0.10	0.10	0.20	..	..	0.13
	Axios	*	0.01	..	-	0.20	0.50	..	0.40	0.10	0.20	0.20	..	..	0.17
	Aliakmonas	*	-	..	0.10	0.10	..	..	0.20	..	0.20	0.20	..	..	0.20
Hungary/Hongrie	Duna	*	..	..	..	..	..	1.00	..	1.00	..	..	1.30	2.00	1.43
	Dráva	*	..	..	..	..	..	..	1.20	0.50	0.40	0.20	0.10	0.10	0.13
Italy/Italie	Adige	*	0.03	2.80	..	..	..	..	..	1.00	1.00	1.00	1.00	..	1.00
	Arno	*	0.04	..	..	..	..	..	..	..	-	0.54	0.22	0.19	0.32
Luxembourg	Moselle	*	4.10	2.00	..	..	..	1.30	0.10	0.10	..	0.10	0.10	0.10	0.10
	Sûre	*	4.00	4.00	0.30	0.10	0.10	1.00	0.10	0.10	..	0.15	0.10	0.10	0.12
Netherlands/Pays-Bas	Maas-Keizersveer		1.50	0.21	0.35	0.59	0.63	0.34	0.18	0.23	0.22	0.17	0.19	0.29	0.22
	Rijn/Maas Delta	*	0.70	0.04	0.40	0.10	0.09	0.06	0.10	0.07	0.06	0.05	..	0.16	0.09
	Rijn-Lobith	*	1.58	0.14	0.14	0.10	0.10	0.12	0.11	0.10	0.07	0.06	0.07	0.07	0.07
	Ijssel-Kampen	*	1.30	0.10	0.10	0.10	0.10	0.20	0.10	..	..	0.06	0.10	0.08	0.08
Norway/Norvège	Skienselva	*	..	..	..	0.12	..	..	0.17	0.02	0.03	0.04	0.04	0.02	0.03
	Glomma	*	0.15	0.10	..	0.12	..	..	0.10	0.02	0.03	0.04	0.10	0.03	0.06
	Drammenselva	*	0.20	..	0.40	0.10	0.10	..	0.17	0.02	0.04	0.03	0.03	0.02	0.03
	Otra	*	..	..	..	..	..	..	0.33	0.04	0.05	0.02	0.04	0.03	0.03
Poland/Pologne	Wisla		1.00	2.00	..	..	..	0.25	0.40	0.70	0.80	1.03	0.20	0.10	0.44
	Odra		..	..	..	..	..	1.26	1.50	1.40	1.10	0.45	0.20	0.20	0.28
	Nysa Luzycka		..	..	..	..	..	1.36	..	..	..	0.00	0.20	..	0.52
Portugal	Tejo	*	10.00	..	..	..	8.30	3.20	5.00	5.00	5.00	..	..	..	5.00
Spain/Espagne	Guadalquivir	*	-	0.60	0.70	-	-	-	-	0.30	0.50	2.30	3.20	1.30	2.27
	Duero	*	-	-	-	0.20	-	-	-	-	-	0.40	0.50	1.20	0.70
	Ebro	*	-	-	-	-	-	-	-	0.20	0.30	0.20	0.20	0.30	0.23
	Guadiana	*	0.10	-	-	-	-	-	-	-	-	-	-	-	-
Sweden/Suède	Dalälven	*	..	0.06	0.03	0.03	0.03	0.03	0.02	0.02	0.02	0.02	0.01	0.01	0.01
	Mörrumsån	*	..	0.02	0.01	0.01	0.01	0.01	0.01	0.01	0.01	0.01	0.01	0.02	0.01
Switzerland/Suisse	Rhin		0.14	0.02	0.02	0.02	0.03	0.09	0.12	0.08	0.03	0.02	..	..	0.04
Turkey/Turquie	Porsuk	*	..	..	..	..	..	..	..	5.00	5.00	5.00	5.00	5.00	5.00
	Sakarya	*	..	..	..	..	5.00	5.00	..	5.00	5.00	5.00	5.00	5.00	5.00
	Gediz	*	..	..	..	..	..	..	..	..	5.00	..	-	5.00	3.33
UK/Royaume-Uni	Thames	*	1.00	0.80	0.50	0.50	0.40	0.20	0.10	0.30	0.50	0.50	0.20	0.10	0.27
	Severn	*	10.00	0.20	0.30	0.20	0.20	0.40	0.50	0.40	0.20	0.10	0.20	0.10	0.13
	Clyde	*	1.10	0.80	0.60	0.50	0.50	0.50	0.20	0.20	0.40	0.30	0.30	1.20	0.60
	Mersey	*	0.80	0.20	0.30	0.20	0.20	0.20	0.30	0.30	0.30	0.10	0.10	0.10	0.10
Slovak Rep./Rép. Slovaque	Maly Dunaj		..	..	..	..	..	..	..	..	0.04	0.04	0.03	..	0.04
	Váh		..	..	..	..	..	..	..	..	0.03	0.06	0.03	..	0.04

Notes: see next page/voir page suivante

INLAND WATERS

Notes: (3.3F Lead)
a) Measured at the mouth or downstream frontier of river.
b) Data refer to total concentrations unless otherwise specified.
c) Average over the latest three years available: data prior to 1990 have not been taken into account.
USA) Dissolved concentrations. Delaware 1988: data include limit of detection values.
JPN) Data represent limit of detection values; actual data are lower.
AUS) Data refer to fiscal year and median values.
AUT) 1985: 1984 data. Donau 1980, 1986, and Inn 1985 (1984 data): data represent limit of detection values.
FIN) Tornionjoki: includes limit of detection values. Kokemäenjoki 1980: 1981 data.
FRA) Seine: station under marine influence.
DEU) Rhein 1980: 1982 data. Elbe: dissolved concentrations. Rhein 1994, Elbe 1988-89, 1991-93, and Weser 1988-91: include limit of detection values.
HUN) Until 1994: total concentrations; 1994-95: dissolved concentrations.
LUX) Moselle 1991, 93, and Sûre 1990-91, 94: upper limits.
NLD) Rijn-Maas Delta 1992, 1995, and Rijn-Lobith 1995: include limit of detection values.
NOR) Glomma 1985: 1983 data. Drammenselva: since 1990 data refer to a different station. The two measuring stations are, however, close. All rivers: since 1991 heavy metal concentrations have been determined by a different analysing method.
PRT) Tejo: 1988, 91-92 data include limit of detection values.
ESP) Dissolved concentrations.
SWE) Dissolved concentrations based on analysis of unfiltered samples.
CHE) Aare 1985: 1983 data.
UKD) When the parameter is unmeasurable (quantity too small), the limit of detection values are used when calculating annual averages; actual averages may therefore be lower.

Source: OECD/OCDE

Notes: (3.3G Cadmium)
a) Measured at the mouth or downstream frontier of river.
b) Data refer to total concentrations unless otherwise specified.
c) Average over the latest three years available: data prior to 1990 have not been taken into account.
USA) Dissolved concentrations. Delaware 1982-89, 1992-93, and Mississippi 1980, 1989-93: data include limit of detection values.
JPN) Data represent limit of detection values.
AUS) Data refer to fiscal year and median values.
AUT) 1985: 1984 data. Donau 1980: figure is approximate; Donau 1986-87, 1991, 1993, Inn 1984, 1986, 1988-90, 94 and Grossache 1980, 1984: data represent limit of detection values.
FIN) Tornionjoki: data include limit of detection values; 1985: 1984 data.
FRA) Loire: since 1988 data refer to another station. Seine: station under marine influence. Rhône: since 1987 data refer to another station.
DEU) Rhein 1985-95, Elbe 1990-91, Weser 1988-95, and Donau 1980, 1989-95: data include limit of detection values. Elbe: dissolved concentrations.
GRC) 1980: 1982 data. Strimonas, and Axios 1990-92, Aliakmonas 1990, 1992: data include limit of detection values.
HUN) Dissolved concentrations.
ITA) Adige 1987-88, 1991-92: data include limit of detection values; 1985: 1984 data. Arno: dissolved concentrations.
LUX) Moselle and Sûre 1980, 1985, 1989-91, 1993-95: data include limit of detection values.
NLD) Rijn/Maas Delta 1993,95, Rijn-Lobith 1993-95 and Ijssel-Kampen 1993,95: data include limit of detection values.
NOR) Skienselva: until 1990 data refer to a station which may have marine influence; since 1991 data refer to a different station further away from the outlet. Glomma 1985: 1983 data. Drammenselva 1980: 1981 data; refers to median values, and includes limit of detection values; 1986 figure is a time-weighted average; since 1990 data refer to a different station. The two measuring stations are, however, close. All rivers: from 1991 heavy metal concentrations have been determined by a different analysing method.
PRT) Tejo 1990 and 1991: data include limit of detection values.
ESP) Dissolved concentrations. Guadiana 1980: 1981data.
SWE) Dissolved concentrations based on analysis of unfiltered samples.
TUR) Porsuk 1991-93, 1995, Sakarya 1989, 1991-92, 1995, and Gediz 1995: data include limit of detection values.
UKD) When the parameter is unmeasurable (quantity is too small), limit of detection values are used when calculating annual averages. Actual averages may therefore be lower.

Source: OECD/OCDE

3.3H EAUX INTÉRIEURES

WATER QUALITY OF SELECTED RIVERS: CHROMIUM (a) (b), annual mean concentrations, 1980-1995
QUALITÉ DES EAUX DE RIVIÈRES SÉLECTIONNÉES: CHROME (a) (b), concentrations annuelles moyennes, 1980-1995

µg/litre

Country	River		1980	1985	1986	1987	1988	1989	1990	1991	1992	1993	1994	1995	Average last 3 years / moyenne 3 dernières années (c)
Canada	Saskatchewan		..	1.00	1.00	1.00	0.10	1.00	4.80	2.20	1.40	1.10	..	..	1.57
USA/Etats-Unis	Delaware	*	10.00	1.30	1.00	1.00	1.00	3.00	2.00	1.00	1.00	1.00	..	..	1.00
	Mississippi	*	2.50	1.00	1.00	1.30	1.00	1.00	1.00	1.80	5.70	4.20	1.00	1.00	2.07
Japan/Japon	Tone (Sakae-hashi)	*	20.00	20.00	20.00	20.00	20.00	20.00	20.00	20.00	20.00	..	..	..	20.00
Korea/Corée	Keum		..	..	..	..	..	..	-	-	-	-	-	-	-
	NakDong		..	..	..	..	..	..	-	-	-	-	-	-	-
	YoungSan		..	..	..	..	..	..	-	-	-	-	-	-	-
	Han		..	..	..	..	..	..	-	-	-	-	-	-	-
Australia/Australie	Murray-Darling	*	2.00	5.00	5.00	8.50	6.00	5.00	5.00	5.00	5.00	..	..	..	5.00
Austria/Autriche	Donau	*	1.00	2.00	..	..	..	..	..	2.00	1.00	2.00	0.70	0.90	1.20
	Inn	*	2.00	1.00	..	..	0.10	0.40	0.30	..	2.00	4.00	1.00	1.20	2.07
Czech Rep./Rép.Tchèque	Labe		..	..	..	..	10.00	10.00	10.00	10.00	10.00	10.00	..	4.15	8.05
	Odra		..	..	..	..	..	..	11.00	10.00	10.00	12.00	10.00	10.00	10.67
Finland/Finlande	Torniojoki	*	1.50	0.72	0.70	..	0.60	0.50	0.31	0.77	0.65	0.68	0.90	0.50	0.69
	Kokemäenjoki		3.00	8.00	3.40	3.15	2.43	1.94	3.40	2.60	1.40	1.57	..	..	1.86
France	Seine	*	12.75	11.25	8.75	4.75	21.25	50.50	22.75	38.25	..	13.00	..	..	24.67
	Garonne		-	-	-	0.01	-	-	-	0.01	-	-	-	-	-
Germany/Allemagne	Rhein		..	..	11.00	8.90	8.00	4.20	4.50	3.60	2.30	4.00	3.20	3.80	3.67
	Elbe	*	..	..	..	..	1.00	1.70	1.00	1.40	1.00	1.10	..	..	1.17
	Weser	*	4.30	6.00	5.20	5.00	5.00	5.00	5.00	5.00	2.00	2.00	2.00	2.00	2.00
	Donau	*	..	1.70	..	..	..	2.00	2.00	2.00	2.00	1.00	1.00	1.00	1.00
Hungary/Hongrie	Duna	*	..	..	..	..	..	2.70	9.90	6.40	..	..	14.50	8.60	9.83
	Dráva	*	..	..	..	..	..	..	6.00	2.70	4.80	3.00	0.60	0.90	1.50
Luxembourg	Moselle		..	1.80	..	..	..	1.40	5.40	3.30	..	6.80	2.50	1.00	3.43
	Sûre		..	0.40	..	..	..	1.00	4.80	3.00	..	2.00	1.00	1.00	1.33
Netherlands/Pays-Bas	Maas-Keizersveer		7.00	3.00	6.90	7.30	4.20	4.53	2.12	..	..	2.30	..	3.58	2.67
	Rijn/Maas Delta		..	3.00	2.00	3.30	3.20	1.60	2.60	1.80	1.50	1.30	..	5.30	2.70
	Rijn-Lobith		19.40	7.60	9.40	7.50	8.30	6.50	6.20	4.90	4.30	4.40	4.60	3.50	4.17
	Ijssel-Kampen		14.30	7.30	7.70	7.10	6.70	7.80	5.20	..	..	2.50	3.00	2.90	2.80
Norway/Norvège	Skienselva		..	..	..	..	..	..	..	..	0.56	0.31	0.57	0.50	0.46
	Glomma	*	2.20	1.00	..	..	..	..	..	..	1.07	0.88	1.30	0.50	0.89
	Drammenselva	*	0.50	..	..	..	..	..	..	..	0.60	0.30	0.88	0.50	0.56
	Otra		..	..	..	..	..	..	..	..	0.77	0.48	1.20	0.50	0.73
Poland/Pologne	Wisla		..	..	..	..	..	1.25	1.17	4.62	1.50	1.23	1.10	0.80	1.04
	Odra		..	..	..	..	..	2.49	2.70	3.90	1.36	2.29	1.30	1.00	1.53
	Nysa Luzycka		..	..	..	..	..	..	8.13	7.26	8.60	7.80	..	..	7.89
Portugal	Tejo	*	10.00	..	..	..	7.70	10.00	15.00	5.00	10.00	..	..	..	10.00
Spain/Espagne	Guadalquivir	*	10.00	..	..	..	..	..	..	..	..	0.50	..	..	..
	Duero	*	-	-	-	..	..	..	..	..	-	5.00	..	..	1.67
	Ebro	*	-	-	-	..	-	-	-	-	3.00	0.80	..	..	1.27
	Guadiana	*	-	0.50	..	..	..	..	..	..	..	..	..	..	-
Switzerland/Suisse	Rhin		2.00	0.80	0.80	0.80	0.70	0.40	0.70	0.90	0.70	0.50	..	..	0.70
Turkey/Turquie	Porsuk		..	..	28.00	29.00	6.50	..	..	5.00	19.00	5.00	6.00	5.00	5.33
	Sakarya		15.00	37.00	45.00	21.00	13.00	14.00	11.00	6.00	24.00	8.00	5.00	5.00	6.00
	Gediz		..	..	..	..	..	90.00	..	..	33.70	..	..	5.00	..
UK/Royaume-Uni	Thames	*	10.70	10.00	9.00	10.00	8.30	5.00	5.00	8.50	10.00	10.00	1.70	1.60	4.43
	Severn	*	30.00	11.20	10.40	6.30	3.10	2.10	2.10	2.00	1.20	1.40	1.80	1.60	1.60
	Clyde	*	24.70	20.90	31.60	29.90	23.90	31.10	26.10	22.00	19.30	20.40	17.10	16.90	18.13
	Mersey	*	20.00	12.40	14.40	11.90	9.60	10.90	10.60	8.60	5.50	5.90	4.80	5.00	5.23
Slovak Rep./Rép. Slovaque	Maly Dunaj		..	..	..	..	..	..	..	..	0.55	1.07	0.89	..	0.84
	Váh		..	..	..	..	..	..	..	..	1.90	1.42	0.92	..	1.41

Notes: see after Table 3.3I / voir après le tableau 3.3I

INLAND WATERS 3.3I

WATER QUALITY OF SELECTED RIVERS: COPPER (a) (b), annual mean concentrations, 1980-1995
QUALITÉ DES EAUX DE RIVIÈRES SÉLECTIONNÉES: CUIVRE (a) (b), concentrations annuelles moyennes, 1980-1995

µg/litre

Country	River		1980	1985	1986	1987	1988	1989	1990	1991	1992	1993	1994	1995	Average last 3 years / moyenne 3 dernières années (c)
Canada	Mackenzie		2.00	2.90	4.00	3.00	2.50	2.60	..	1.80	..	1.40	..	..	..
	Saskatchewan	*	6.00	8.90	3.10	6.30	4.60	1.70	2.60	2.70	2.80	1.80	..	..	2.43
Mexico/Mexique	Pánuco		..	..	..	..	..	0.10	0.10	..	0.05	0.05	..	..	0.07
USA/Etats-Unis	Delaware	*	3.30	4.30	6.00	3.80	3.30	2.80	2.30	2.50	4.00	3.00	2.00	2.00	2.33
	Mississippi	*	4.10	5.70	5.90	5.60	5.50	5.50	5.30	3.80	19.10	12.30	8.00	9.20	9.83
Australia/Australie	Murray-Darling	*	5.00	5.00	5.50	5.50	8.00	9.90	9.00	5.00	5.00	..	..	..	6.33
Austria/Autriche	Donau	*	4.00	2.00	..	..	..	..	..	3.00	3.00	2.00	3.00	2.70	2.57
	Inn	*	8.00	2.00	..	..	2.00	2.00	2.00	..	2.50	4.00	3.00	2.50	3.17
	Grossache	*	1.00	4.00	..	..	..	..	..	..	..	..	-	-	..
Czech Rep./Rép. Tchèque	Labe		..	35.00	25.00	15.00	22.00	16.00	15.00	13.00	14.00	14.50	13.60	9.50	12.53
	Odra		..	..	..	..	..	..	9.00	11.00	11.00	10.40	9.20	12.40	10.67
	Morova		..	..	..	..	..	..	6.00	9.00	10.00	4.90	5.30	5.00	5.07
Finland/Finlande	Torniojoki		3.20	0.72	1.40	..	0.75	1.01	0.82	2.00	0.79	1.07	1.40	0.70	1.06
	Kokemäenjoki		5.20	5.30	5.40	2.80	19.17	31.16	5.36	17.50	14.60	3.66	..	..	11.92
France	Seine	*	11.50	25.30	19.30	15.80	14.30	31.00	17.00	18.30	..	9.80	..	..	15.03
	Garonne		6.50	2.30	2.60	16.30	5.80	4.80	4.50	10.30	6.60	5.20	3.60	5.00	4.60
	Rhône	*	28.00	..	..	20.00	24.60	..	..	..	..	..	10.00	..	..
Germany/Allemagne	Rhein		..	..	10.80	8.00	11.00	8.20	7.90	7.30	5.70	7.10	6.90	6.50	6.83
	Elbe	*	..	..	..	..	4.30	3.40	4.30	5.20	5.00	2.60	..	..	4.27
	Weser		16.20	6.10	9.10	6.90	6.80	4.90	4.60	7.20	4.20	3.30	4.50	4.70	4.17
	Donau		..	4.10	..	..	..	4.40	4.70	4.40	4.40	3.70	3.80	4.10	3.87
Hungary/Hongrie	Duna	*	..	..	..	..	5.00	10.60	10.00	..	..	..	37.40	14.70	20.70
	Dráva	*	..	..	..	..	..	..	12.20	10.30	5.40	6.30	2.80	3.10	4.07
Luxembourg	Moselle	*	..	2.40	..	..	..	6.00	7.00	5.00	..	3.90	4.60	3.90	4.13
	Sûre	*	..	1.60	..	..	..	1.70	4.00	5.00	..	4.10	2.50	2.50	3.03
Netherlands/Pays-Bas	Maas-Keizersveer		12.00	3.50	6.20	6.20	4.70	4.00	3.13	5.00	5.30	4.00	..	4.50	4.60
	Rijn/Maas Delta		..	3.60	4.50	3.50	4.20	2.90	3.20	3.50	3.70	2.90	..	4.20	3.60
	Rijn-Lobith		14.10	5.90	6.60	5.30	5.10	6.00	5.70	6.50	5.80	5.30	4.90	4.60	4.93
	Ijssel-Kampen		9.30	5.10	6.10	4.90	4.10	5.10	5.00	8.00	6.30	4.60	5.00	5.60	5.07
Norway/Norvège	Skienselva	*	..	..	..	5.46	..	..	4.30	1.10	0.61	0.45	0.55	1.80	0.93
	Glomma	*	2.00	2.80	..	2.57	..	..	2.80	1.80	2.20	2.20	1.60	2.50	2.10
	Drammenselva		1.00	..	..	3.00	3.00	..	1.30	1.10	0.80	0.80	0.85	0.93	0.86
	Otra	*	..	..	..	..	..	..	1.30	1.00	0.59	0.41	0.50	0.67	0.53
Poland/Pologne	Wisla		..	..	..	..	..	6.30	7.00	6.00	7.00	3.18	2.30	1.50	2.33
	Odra		..	..	..	..	..	8.70	9.00	10.00	9.00	8.87	4.10	4.00	5.66
	Nysa Luzycka		..	..	..	..	..	..	14.35	11.32	9.60	9.10	..	..	10.01
Portugal	Tejo	*	..	..	..	..	2.00	6.00	6.00	3.00	5.00	..	..	..	4.67
Spain/Espagne	Guadalquivir	*	2.70	0.90	0.90	-	14.50	..	..	4.20	8.00	5.00	..	..	5.73
	Duero	*	0.80	2.50	-	-	7.50	..	..	..	..	..	..	..	-
	Ebro	*	-	-	-	-	-	-	0.01	0.01	14.00	10.00	..	..	8.00
	Guadiana	*	-	-	-	-	-	-	..	..	..	..	..	..	
Sweden/Suède	Dalälven	*	..	6.30	2.80	10.10	3.80	3.30	1.90	2.10	1.50	3.20	1.80	1.60	2.20
	Råne älv	*	..	1.30	0.60	0.70	0.70	0.70	0.70	0.60	0.90	0.80	0.90	1.60	1.10
	Mörrumsån	*	..	1.50	1.20	1.30	1.10	1.20	1.40	1.00	0.90	1.00	1.40	1.90	1.43
	Rönneån	*	..	2.80	2.00	2.10	1.70	1.40	1.60	1.70	1.30	1.40	1.60	1.50	1.50
Switzerland/Suisse	Rhin		4.20	2.76	2.60	2.50	2.20	2.20	2.70	1.90	1.70	1.30	1.30	..	1.43
	Aare	*	3.48	3.82	..	..	..	1.90	2.90	1.90	1.80	..	..	..	2.20
	Rhône		3.48	4.70	5.60	7.30	6.60	3.40	2.20	2.30	3.00	3.30	3.10	..	3.13
Turkey/Turquie	Porsuk		..	..	29.00	36.00	11.50	..	..	9.00	7.00	12.00	8.00	6.00	8.67
	Sakarya		5.00	32.50	40.10	14.00	14.00	18.00	18.00	12.00	10.00	13.00	15.00	23.00	17.00
UK/Royaume-Uni	Thames	*	10.00	10.50	11.20	11.00	8.30	5.40	8.40	7.90	6.70	6.20	5.10	6.80	6.03
	Severn	*	20.80	12.00	11.20	8.50	5.80	6.00	9.60	5.50	4.80	5.30	5.20	5.10	5.20
	Clyde	*	10.20	5.80	5.60	4.20	4.20	2.70	5.40	3.10	3.50	5.60	4.10	9.20	6.30
	Mersey	*	18.60	9.10	10.10	9.50	9.20	10.80	7.60	8.20	8.50	8.20	6.90	6.70	7.27
Slovak Rep./Rép. Slovaque	Maly Dunaj		..	..	..	..	..	..	..	..	3.52	3.02	5.42	..	3.99
	Váh		..	..	..	..	..	..	..	..	3.03	1.22	2.99	..	2.41

Notes: see next page/voir page suivante

3.3H/3I EAUX INTÉRIEURES

Notes: (3.3H Chromium)
a) Measured at the mouth or downstream frontier of river.
b) Data refer to total concentrations unless otherwise specified.
c) Average over the latest three years available: data prior to 1990 have not been taken into account.
USA) Dissolved concentrations. Delaware 1980-82, 1986-88 and Mississippi 1985, 1988-89: data include limit of detection values.
JPN) Data represent limit of detection values.
AUS) Data refer to fiscal year and median values.
AUT) 1985: 1984 data. Inn 1994: data include limit of detection values.
FIN) Tornionjoki: data include limit of detection values.
FRA) Seine: station under marine influence.
DEU) Elbe: dissolved concentrations. Elbe 1988, 90, 92, Weser 1987-95, and Donau 1989-95: data include limit of detection values.
HUN) Dissolved concentrations.
LUX) Moselle 1991, 95 and Sûre 1991, 93, 95: data include limit of detection values.
NOR) Glomma 1985: 1983 data. Drammenselva 1980: data refer to 1982; since 1992 data refer to a different station (the two stations are, however, close). Glomma and Drammenselva: since 1992 heavy metal concentrations have been determined by a different analysing method.
PRT) Tejo 1990-92: data include limit of detection values.
ESP) Dissolved concentrations. Guadiana 1985: 1983 data.
UKD) When the parameter is unmeasurable (quantity is too small), limit of detection values are used when calculating annual averages. Actual averages may therefore be lower.

Source: OECD/OCDE

Notes: (3.3I Copper)
a) Measured at the mouth or downstream frontier of river.
b) Data refer to total concentrations unless otherwise specified.
c) Average over the latest three years available: data prior to 1990 have not been taken into account.
CAN) Saskatchewan 1980: 1979 data.
USA) Dissolved concentrations.
AUS) Data refer to fiscal year and median values.
AUT) 1985: 1984 data. Grossache 1980: includes limit of detection values.
FRA) Seine: station under marine influence. Rhône: since 1987 data refer to another station.
DEU) Elbe: dissolved concentrations.
HUN) Until 1994: total concentrations; 1994-95: dissolved concentrations.
LUX) Moselle 1991, 1993 and Sûre 1990-91, 93, 95: data include limit of detection values.
NOR) Skienselva: until 1987 data refer to a station which may have marine influence; since 1990 data refer to a different station further away from the outlet. Glomma 1985: 1983 data. Drammenselva 1980: 1981 data; include limits of detection values and represent a median value; since 1990 data refer to a different station (the two measuring stations are, however, close). All rivers: from 1991 heavy metal concentrations have been determined by a different analysing method.
PRT) Tejo 1988, 1990 and 1992: data include limit of detection values.
ESP) Dissolved concentrations.
SWE) Data refer to dissolved concentrations based on analysis of unfiltered samples.
CHE) Aare 1985: 1983 data.
UKD) When the parameter is unmeasurable (quantity is too small), limit of detection values are used when calculating annual averages. Actual averages may therefore be lower.

Source: OECD/OCDE

INLAND WATERS 3.4A/4B

WATER QUALITY OF OF SELECTED LAKES
QUALITÉ DES EAUX DE LACS SÉLECTIONNÉS

The following tables show trends in annual mean concentrations of phosphorus and nitrogen in selected lakes.

These parameters concern nutrient concentrations and related degrees of eutrophication of lakes and reservoirs.

The interpretation of these tables should take into account variations in the methods of sampling (e.g. sampling location and number of measurements at different sampling locations and in different years).

Les tableaux suivants présentent les évolutions des concentrations moyennes annuelles en phosphore et en azote dans des lacs sélectionnés.

Ces paramètres concernent les concentrations en matières nutritives et les niveaux associés d'eutrophisation des lacs et réservoirs.

L'interprétation de ces tableaux doit prendre en compte les différences dans les modes d'échantillonnage telles que la sélection des points de mesure, le nombre de mesures aux différents points sélectionnés et les années retenues.

EAUX INTÉRIEURES

3.4A

WATER QUALITY OF SELECTED LAKES, annual mean concentrations, 1980-1995
QUALITÉ DES EAUX DE LACS SÉLECTIONNÉS, concentrations annuelles moyennes, 1980-1995

mgP/litre

			1980	1985	1986	1987	1988	1989	1990	1991	1992	1993	1994	1995	Average last 3 years / moyenne 3 dernières années (a)
									Total Phosphorus/Phosphore total						
Canada	Ontario	*	0.015	0.011	0.010	0.010	0.010	0.010	0.010	0.009	0.009	0.010	..	..	0.009
	Huron	*	0.005	0.004	0.005	0.006	0.005	0.004	0.005	0.005	..	0.005	0.001	..	0.003
	Superior	*	..	0.003	0.003	0.004	..	0.003	0.003	0.003	0.003	..	..	..	0.003
Mexico/Mexique	Chapala	*	0.280	0.730	0.380	0.340	0.420	0.390	0.240	0.280	0.270	..	0.320	..	0.290
	Pátzcuaro	*	..	0.250	0.150	0.001	..	..	..	..	0.300	..	0.002	..	..
	Catemaco		..	..	..	..	0.020	0.020	0.260	..	..	0.020	..	0.010	0.008	0.013
USA/Etats Unis	Twin-Portage (Ohio)		0.700	..	1.960	..	..	..	..	..	0.240	0.120	..	..	..
Japan/Japon	Biwa (North)		0.010	0.009	0.010	0.008	0.010	0.010	0.009	0.010	0.009	0.009	0.008	..	0.009
	Biwa (South)		0.027	0.027	0.024	0.022	0.024	0.022	0.025	0.023	0.024	0.002	0.002	..	0.009
	Kasumigaura		0.080	0.060	0.060	0.070	0.060	0.070	0.066	0.076	0.082	0.097	0.110	..	0.096
Korea/Corée	Chunchonho		..	0.036	0.014	0.048	0.024	0.028	0.029	0.053	0.025	0.028	0.087	0.089	0.068
	Chungjuho		..	..	0.012	0.114	0.071	0.040	0.048	0.054	0.017	0.013	0.020	0.023	0.019
N. Zealand/N. Zélande	Pupuke	*	..	..	..	0.018	..	..	..	..	..	0.011	..	..	..
	Hayes	*	..	0.037	..	..	..	..	..	..	..	0.031	..	..	..
Austria/Autriche	Mondsee	*	0.025	0.011	0.014	0.010	0.009	0.010	0.009	0.009	0.009	0.009	0.008	0.008	0.008
	Ossiachersee		0.012	0.013	0.011	0.009	0.011	0.014	0.014	0.011	0.010	0.011	0.011	0.009	0.010
	Wallersee	*	0.030	0.027	0.025	0.022	..	0.029	0.027	0.023	0.028	0.021	0.017	0.016	0.018
	Zellersee	*	0.018	0.015	0.010	0.010	0.001	0.011	0.011	0.005	0.014	0.017	0.008	0.009	0.011
Denmark/Danemark	Dons Norreso		..	..	..	..	..	0.293	0.222	0.187	0.161	0.157	0.115	0.105	0.126
	Arreso		..	1.113	0.843	0.604	0.449	0.457	0.518	0.413	0.432	0.548	0.406	0.407	0.454
	Fureso		..	..	..	..	..	0.129	0.169	0.271	0.274	0.307	0.280	0.174	0.254
Finland/Finlande	Pääjärvi		0.010	0.014	0.014	0.014	0.018	0.017	0.013	0.012	0.014	0.014	0.014	0.011	0.013
	Päijänne		0.009	0.008	0.008	0.009	0.008	0.007	0.007	0.007	0.007	0.007	0.007	..	0.007
	Yli-Kitka		0.006	0.007	..	..	0.007	0.007	0.008	0.008	0.007	0.006	0.008	..	0.007
France	Parentis-Biscarrosse	*	..	..	..	..	..	0.164	0.084	0.266	0.143	0.098	0.084	0.091	0.091
	Cazaux-Sanguinet		..	..	..	..	..	..	0.026	..	0.027	0.019	0.012	..	0.019
	Lac d'Annecy		..	..	..	..	0.010	0.009	0.010	0.008	0.009	0.007	0.006	0.008	0.007
Germany/Allemagne	Bodensee-Seemitte	*	0.079	0.062	0.059	0.052	0.042	0.040	0.036	0.032	0.030	0.026	0.025	0.022	0.024
Hungary/Hongrie	Fertö		..	0.140	0.150	0.092	0.170	0.170	..	..	..	..	0.129	0.080	..
	Balaton		0.030	0.050	0.050	0.050	0.060	0.050	0.090	0.050	0.100	0.060	0.370	0.281	0.237
	Velencei		..	..	..	0.102	0.176	0.157	0.080	0.074	0.072	0.051	0.231	0.079	0.120
Italy/Italie	Maggiore		0.036	0.019	0.021	0.018	0.016	0.014	0.015	0.016	0.011	0.010	..	..	0.012
	Como		0.078	0.052	0.057	0.064	0.052	0.047	0.047	0.053	0.052	0.046	..	..	0.050
	Garda		0.020	0.011	0.008	0.013	0.012	0.013	0.015	0.014	0.018	0.016	..	..	0.016
	Orta		0.004	0.006	0.006	0.004	0.006	0.004	0.004	0.005	0.005	0.003	..	..	0.004
Luxembourg	Esch/Sûre		..	0.030	..	..	..	0.060	0.050	..	0.038	0.227	0.079	0.045	0.117
	Weiswampach		0.600	0.600	..	..	..	0.600	0.600	0.300	0.300	0.250	..	..	0.283
Norway/Norvège	Mjoesa		0.009	0.007	0.008	0.009	0.010	0.011	0.007	0.007	0.005	0.005	0.006	0.006	0.006
	Randsfjorden		0.004	..	..	..	0.006	0.005	0.004	0.005	0.003	0.004	0.004	0.005	0.004
	Tyrifjorden		0.007	0.008	0.006	..	..	..	0.006	0.005	..	0.004	..	..	0.005
Poland/Pologne	Niegocin	*	..	..	..	..	..	..	0.320	..	..	..	0.171	..	..
	Northern Mamry	*	..	..	..	..	..	..	0.050	..	..	..	0.030	..	..
Sweden/Suède	Mälaren		0.034	0.031	0.024	0.023	0.030	0.024	0.025	0.028	0.020	0.022	0.023	0.023	0.023
	Vänern		0.012	0.008	0.007	0.008	0.008	0.008	0.009	0.009	0.008	0.008	0.009	0.008	0.008
	Vättern		0.009	0.006	0.005	0.005	0.006	0.006	0.007	0.006	0.007	0.007	0.007	0.007	0.007
	Hjälmaren		0.047	0.042	0.050	0.039	0.050	0.042	0.040	0.046	0.043	0.048	0.059	0.062	0.056
Switzerland/Suisse	Léman		0.083	0.073	0.072	0.068	0.062	0.058	0.055	0.052	0.050	0.047	0.045	0.041	0.044
	Constance	*	0.079	0.062	0.058	0.052	0.042	0.040	0.036	0.032	0.030	0.026	0.025	0.023	0.024
Turkey/Turquie	Kurtbogazi	*	0.110	0.200	0.040	0.190	0.090	0.060	0.050	0.030	0.020	0.050	..	..	0.033
	Sapanca	*	0.030	0.030	0.030	0.030	0.030	0.060	0.030	0.040	0.020	0.040	0.070	0.040	0.050
	Gala	*	..	0.290	0.680	0.100	0.140	0.100	0.680	0.220	0.130	0.300	0.620	0.280	0.400
	Altinapa	*	0.020	0.150	0.130	1.060	0.570	0.150	0.110	0.130	0.050	0.090	0.170	0.110	0.123
UK/Royaume Uni	Neagh		0.108	0.115	0.108	0.094	0.090	0.106	0.096	0.100	0.100	0.112	0.067	0.120	0.100
	Lomond	*	0.009	0.009	0.008	0.005	0.003	0.015	0.019	0.019	0.023	0.015	0.009	0.009	0.011
	Bewl Water	*	..	0.023	0.075	..	0.080	0.081	..	..	0.090	0.133	0.240	0.030	0.134

Notes: see after Table 3.4B/voir après le tableau 3.4B

INLAND WATERS 3.4B

WATER QUALITY OF SELECTED LAKES, annual mean concentrations, 1980-1995
QUALITÉ DES EAUX DE LACS SÉLECTIONNÉS, concentrations annuelles moyennes, 1980-1995

mgN/litre

			\multicolumn{12}{c	}{Total Nitrogen/ Azote total}	
			1980	1985	1986	1987	1988	1989	1990	1991	1992	1993	1994	1995	Average last 3 years / moyenne 3 dernières années (a)
Canada	Ontario	*	0.31	0.39	0.39	0.40	0.38	0.37	0.36	0.38	0.39	0.39	..	..	0.39
	Huron	*	0.28	0.33	0.34	0.37	0.34	0.33	0.35	0.36	..	0.37	0.37	..	0.37
	Superior	*	..	0.34	0.34	0.33	..	0.34	0.34	0.36	0.35	..	..	..	0.35
Mexico/Mexique	Chapala	*	0.21	0.59	0.16	0.18	0.28	0.19	0.15	0.36	0.18	..	0.23	..	0.26
	Catemaco	*	..	..	..	0.35	0.12	0.10	0.08	0.09	0.05	..	0.12	0.04	0.07
USA/Etats Unis	Twin-Portage (Ohio)		4.95	..	33.50	..	..	..	..	..	1.01	0.91	..	..	
Japan/Japon	Biwa (North)		0.29	0.27	0.27	0.24	0.29	0.29	0.28	0.31	0.30	0.32	0.28	..	0.30
	Biwa (South)		0.41	0.41	0.37	0.34	0.41	0.39	0.40	0.39	0.41	0.39	0.39	..	0.40
	Kasumigaura		1.00	1.20	1.30	1.10	1.20	1.20	1.10	1.40	1.10	1.20	1.10	..	1.13
Korea/Corée	Chunchonho		..	1.05	0.19	0.83	0.22	0.59	0.62	0.84	0.71	0.75	1.01	1.68	1.15
	Chungjuho		..	..	1.44	1.29	1.25	0.66	0.56	0.60	1.82	1.69	1.73	1.84	1.75
N. Zealand/N. Zélande	Pupuke	*	..	..	..	0.47	..	..	..	..	..	0.26	..	..	..
Austria/Autriche	Mondsee	*	0.48	0.56	0.55	0.59	0.63	0.67	0.62	0.54	0.58	0.62	0.60	0.57	0.60
	Ossiachersee	*	..	0.30	0.48	0.33	0.37	0.25	0.33	0.35	0.32	0.41	0.41	0.47	0.43
Denmark/Danemark	Dons Norreso		..	..	..	..	..	5.27	4.93	5.06	4.96	5.31	5.02	4.05	4.79
	Arreso		..	4.08	3.88	2.10	2.45	3.00	3.55	3.34	3.73	4.63	3.61	3.41	3.88
	Fureso		..	..	..	..	..	0.96	0.97	0.94	0.90	0.87	1.06	0.90	0.94
Finland/Finlande	Pääjärvi		1.19	1.10	1.03	1.04	1.20	1.23	1.28	1.17	1.50	1.27	1.13	1.05	1.15
	Päijänne		0.46	0.51	0.50	0.51	0.53	0.60	0.56	0.51	0.50	0.51	0.49	..	0.50
	Yli-Kitka		0.19	0.26	0.22	0.24	0.26	0.21	0.21	0.20	0.22	0.23	0.25	..	0.23
France	Parentis-Biscarrosse	*	..	..	..	..	..	1.70	0.86	1.26	0.84	1.00	0.94	1.00	0.98
	Réservoir Marne	*	1.62	1.22	0.97	1.10	1.68	1.72	1.18	0.43	0.80	0.73	0.60	0.57	0.63
	Réservoir Seine	*	2.12	0.95	1.43	1.52	1.52	1.70	1.02	0.52	0.88	0.53	0.68	0.48	0.56
	Lac d'Annecy		..	..	..	..	0.28	0.28	0.07	0.30	0.30	0.28	0.40	0.27	0.32
Germany/Allemagne	Bodensee-Seemitte	*	0.87	0.92	0.94	1.01	0.97	0.97	0.96	0.98	0.98	1.00	0.97	0.97	0.98
Hungary/Hongrie	Balaton		0.16	0.30	0.15	0.26	0.17	0.31	0.16	0.17	0.29	0.33	0.12	0.21	0.22
	Velencei		..	..	..	..	..	4.66	3.55	..	2.73	2.98	2.73	2.08	2.60
Italy/Italie	Maggiore	*	0.91	0.90	0.89	0.95	0.87	0.85	0.99	0.87	0.98	0.95	..	..	0.93
	Como		..	0.96	0.88	0.93	..	0.92	0.96	0.98	0.96	0.92	..	..	0.95
	Garda		..	0.43	0.51	0.39	..	..	0.41	0.41	0.41	0.43	..	..	0.42
	Orta		9.90	7.66	7.15	6.45	5.07	4.90	4.71	4.44	4.35	3.48	..	..	4.09
Luxembourg	Esch/Sûre	*	..	..	..	..	..	..	2.95	..	4.20	4.25	2.85	3.51	3.54
	Weiswampach	*	..	..	..	..	..	..	2.03	2.23	1.94	1.85	..	..	2.00
	Remerschen	*	..	..	..	..	..	..	0.54	0.45	0.24	0.24	..	..	0.31
Norway/Norvège	Mjoesa		0.41	0.45	0.46	0.54	0.52	0.45	0.38	0.45	0.47	0.46	0.45	0.49	0.47
	Randsfjorden		0.51	..	..	..	0.45	0.51	0.49	0.51	0.50	0.52	0.55	0.54	0.54
	Tyrifjorden		0.38	0.50	0.41	..	..	..	0.39	0.40	..	0.45	..	..	0.41
Poland/Pologne	Niegocin	*	..	..	..	..	..	..	1.61	..	..	..	3.01	..	..
	Northern Mamry	*	..	..	..	..	..	..	1.00	..	..	0.59	..	..	..
Sweden/Suède	Mälaren		0.71	0.86	0.80	0.70	0.79	0.69	0.61	0.63	0.60	0.54	0.60	0.69	0.61
	Vänern		0.84	0.86	0.87	0.81	0.84	0.83	0.81	0.84	0.81	0.80	0.78	0.80	0.79
	Vättern		0.63	0.68	0.73	0.70	0.68	0.73	0.73	0.73	0.69	0.69	0.73	0.71	0.71
	Hjälmaren		0.76	0.84	0.74	0.72	0.92	0.74	0.76	0.68	0.76	0.76	0.68	0.79	0.74
Switzerland/Suisse	Léman		0.66	0.73	0.72	0.71	0.71	0.71	0.69	0.66	0.69	0.66	0.66	0.67	0.66
	Constance	*	0.93	1.05	1.10	1.18	1.11	1.12	1.19	1.13	1.14	1.18	1.16	1.21	1.18
Turkey/Turquie	Kurtbogazi	*	0.43	0.36	0.36	0.66	0.21	0.28	..	..	0.20	0.13	..	..	..
	Sapanca	*	0.94	0.62	0.62	0.81	0.31	0.37	..	..	0.19	0.17	0.21	0.17	0.18
	Gala	*	..	1.37	1.57	1.22	0.79	0.71	..	..	0.56	0.97	1.86	1.06	1.30
	Altinapa	*	1.55	0.55	0.71	0.96	1.09	1.81	..	..	1.76	2.07	2.79	1.76	2.21
UK/Royaume Uni	Neagh	*	0.48	0.48	0.34	0.30	0.63	0.26	0.77	0.58	0.38	0.41	0.41	0.42	0.41
	Lomond	*	0.30	0.29	0.27	0.23	0.21	0.16	0.13	0.20	0.36	0.15	0.22	0.39	0.25
	Bewl Water	*	0.91	0.77	0.97	1.33	0.78	0.80	1.12	1.81	1.46	1.40	0.61	0.56	0.86

Notes: see next page/voir page suivante

3.4A/4B — EAUX INTÉRIEURES

Notes: (3.4A Total Phosphorus)
a) Average over the latest three available years: data prior to 1990 have not been taken into account.
CAN) Spring means.
MEX) Orthophosphates.
NZL) Data refer to epilimnion measurements. Pupuke 1987 and 1993: means of 1984-90 and 1992-93. Hayes 1985 and 1993: means of 1983-84 and 1992-93.
AUT) Mondsee, Wallersee and Zellersee 1985: 1984 data. Zellersee 1986-88: include limit of detection values.
FRA) Parentis-Biscarrosse 1994-95: data refer to measurements from June to September (no winter measur. for these years).
DEU) Bodensee: Lac Constance (Switzerland).
POL) Data refer to spring and summer surveys.
CHE) Lac Constance: Bodensee (Germany).
TUR) Orthophosphates. Altinapa 1980: 1982 data.
UKD) Lomond 1980-88: orthophosphates. Lomond and Bewl Water: annual averages were calculated using the limit of detection values; actual averages may therefore be lower. Bewl Water: 1994-95 data refer to total inorganic phosphate; higher 1994 average reflects different limits of detection (LOD) used (1994 LODs ranged from <50 to <500 µgP/l, 1995 <10 to <50).

SOURCE: OECD/OCDE

Notes: (3.4A Phosphore total)
a) Moyenne sur les trois dernières années disponibles: les données antérieures à 1990 n'ont pas été prises en compte.
CAN) Moyennes printanières.
MEX) Orthophosphates.
NZL) Données concernant des mesures prises à l'épilimnion. Pupuke 1987 et 1993: moyennes des années 1984-90 and 1992-93. Hayes 1985 et 1993: moyennes des années 1983-84 et 1992-93.
AUT) Mondsee, Wallersee et Zellersee 1985: données 1984. Zellersee 1986-88: incluent des seuils de détection.
FRA) Parentis-Biscarrosse 1994-95: les données concernent des campagnes de mesures entre juin et septembre (pas de prélèvements hivernaux pour ces années).
DEU) Bodensee: Lac Constance (Suisse).
POL) Les données concernent des mesures prises au printemps et en été.
CHE) Lac Constance: Bodensee (Allemagne).
TUR) Orthophosphates. Altinapa 1980: données 1982.
UKD) Lomond 1980-88: orthophosphates. Lomond and Bewl Water: moyennes annuelles calculées en utilisant les seuils de détection; les moyennes réelles peuvent donc être inférieures. Bewl Water: les données 1994 et 95 concernent le phosphate inorganique total; la moyenne pour 1994, plus forte, reflète des seuils de détection (SDD) différents utilisés (1994 SDDs entre <50 et <500 µgP/l, 1995 <10 et <50).

Notes: (3.4B Total Nitrogen)
a) Average over the latest three available years: data prior to 1990 have not been taken into account.
CAN) Spring means of NO3 + NO2.
MEX) Nitrates only.
NZL) Data refer to epilimnion measurements. 1987 and 1993: means of 1984-90 and 1992-93.
AUT) Data refer to total inorganic nitrogen (NH4+NO3+NO2) measured in the epilimnion.
FRA) Parentis-Biscarrosse 1994-95: data refer to measurements from June to September (no winter measur. for these years). Réservoirs Marne and Seine: Kjeldhal nitrogen; 1980: 1981 data.
DEU) Total inorganic nitrogen (NH4+NO3+NO2). Bodensee: Lac Constance (Switzerland).
ITA) Maggiore: Total inorganic nitrogen (NH4+NO3+NO2). Average of monthly samples taken at the deepest point of the lake.
LUX) Nitrates only.
POL) Data refer to spring and summer surveys.
CHE) Lac Constance: Bodensee (Germany).
TUR) Total inorganic nitrogen (NH4+NO3+NO2).
UKD) Neagh and Lomond: nitrates (NO3) only. Lomond and Bewl Water: annual averages were calculated using the limit of detection values; actual averages may therefore be lower. Bewl Water: 1994 figure includes only June to December measurements (the annual average should therefore be higher as the expected greater spring values were not considered).

Source: OECD/OCDE

Notes: (3.4B Azote total)
a) Moyenne sur les trois dernières années disponibles: les données antérieures à 1990 n'ont pas été prises en compte.
CAN) Moyennes printanières de NO3 + NO2.
MEX) Nitrates uniquement.
NZL) Données concernant des mesures prises à l'épilimnion. 1987 et 1993: moyennes des années 1984-90 et 1992-93.
AUT) Les données concernent l'azote total minéral (NH4+NO3+NO2) mesuré à l'épilimnion.
FRA) Parentis-Biscarrosse 1994-95: les données concernent des campagnes de mesures entre juin et septembre (pas de prélèvements hivernaux pour ces années). Réservoirs Marne et Seine: azote Kjeldhal; 1980: données 1981.
DEU) Azote total minéral (NH4+NO3+NO2). Bodensee: Lac Constance (Suisse).
ITA) Maggiore: azote total minéral (NH4+NO3+NO2). Moyenne des échantillons recueillis mensuellement au point le plus profond du lac.
LUX) Nitrates uniquement.
POL) Les données concernent des mesures prises au printemps et en été.
CHE) Lac Constance: Bodensee (Allemagne).
TUR) Azote total minéral (NH4+NO3+NO2).
UKD) Neagh et Lomond: nitrates (NO3) seulement. Lomond and Bewl Water: moyennes annuelles calculées en utilisant les seuils de détection; les moyennes réelles peuvent donc être inférieures. Bewl Water: le chiffre 1994 inclut seulement des mesures prises entre juin et décembre (la moyenne annuelle devrait donc être supérieure car les valeurs plus fortes observées normalement au printemps sont exclues).

PART I   PARTIE I

4. LAND

4. SOLS

<u>LIST OF TABLES</u>

4.1A Land use
4.1B Changes in land use
4.2A Major protected areas
4.2B National parks

<u>LISTE DES TABLEAUX</u>

4.1A Utilisation des sols
4.1B Évolution de l'utilisation des sols
4.2A Principales zones protégées
4.2B Parcs nationaux

LAND 4

INTRODUCTION

Land resources are one of the four components of the natural environment: water, air, land and living resources. In this context land is both:

- a physical "milieu" necessary for the development of natural vegetation as well as cultivated vegetation;
- a resource for human activities.

The tables presented in this section give information concerning:

- land use state and changes (e.g. agricultural land, forest land);
- management of natural areas: national parks and natural areas with similar levels of protection.

A number of important topics are not covered by these data, including wetlands; land degradation by the loss of farmland to urban use; land degradation through erosion and desertification; and soil pollution (acidification by acid precipitation, excessive use of fertilisers and pesticides, improper hazardous waste dumping, sludge spreading). The reader may refer to tables in the sections on forest, agriculture, and wildlife for data concerning related topics.

SOLS

INTRODUCTION

La ressource sol constitue l'un des quatres domaines de l'environnement naturel : eau, air, sol, ressources vivantes. Dans ce contexte les sols représentent à la fois :

- un milieu physique nécessaire au développement de la végétation naturelle et de la production agricole ;
- une ressource pour les activités humaines.

Les tableaux présentés dans cette section fournissent des informations concernant :

- l'état et l'évolution de l'utilisation des sols (e.g. sols agricoles, sols forestiers) ;
- la gestion des espaces naturels : parcs nationaux et zones naturelles de protection similaire.

Plusieurs thèmes importants ne sont pas couverts par ces données, tels que les zones humides, la dégradation des sols par la perte de terres agricoles pour des usages urbains ; la dégradation des sols par l'érosion et la désertification, la pollution des sols (acidification des sols par les pluies acides, utilisation excessive d'engrais et de pesticides, pollution due aux dépôts inadaptés de déchets dangereux, épandage de boues). Le lecteur peut également consulter les tableaux des sections sur la forêt, l'agriculture, la faune et la flore.

LAND 4.1A/1B

LAND USE
UTILISATION DES SOLS

The following tables show the structure of land use in broad categories, and related changes over time.

Because statistics relating to changes from one type of land use to another are not available, only net changes are shown here. Changes of definition over time within a single country can sometimes alter the validity of trend series.

The following definitions are used:

- "Arable" refers to all land generally under rotation, whether for temporary crops (double-cropped areas are counted only once) or meadows, or left fallow.

- "Permanent crops" are those that occupy land for a long period and do not have to be planted for several years after each harvest. Land under trees and shrubs producing flowers, such as roses and jasmine, is so classified, as are nurseries (except those for forest trees, which should be classified under "forests and other wooded land").

- "Arable and permanent crop land" is defined as the sum of arable area and land under permanent crops.

- "Permanent grassland" refers to land used for five years or more for herbaceous forage, either cultivated or growing wild.

- "Other areas" include built-up and related land, wet open land, and dry open land, with or without vegetation cover. Areas under inland water bodies (rivers and lakes) are excluded.

The definitions used in different countries may show variations. In particular, "permanent grassland" may overlap with "other wooded land" The comparability of data is therefore not satisfactory.

Les tableaux suivants présentent la structure de l'utilisation des sols par grande catégorie, ainsi que leur l'évolution dans le temps.

En l'absence de statistiques relatives aux changements d'utilisation des sols d'une catégorie à une autre, seules les évolutions nettes sont présentées ici. La validité de certaines séries temporelles peut quelquefois être altérée par des changements de définition à l'intérieur d'un même pays.

Les définitions utilisées sont les suivantes:

- Les terres arables comprennent toutes les terres généralement assolées, qu'elles soient utilisées pour des cultures (les superficies récoltées deux fois n'étant comptées qu'une fois) ou des prairies temporaires, ou laissées en jachère.

- Les cultures permanentes comprennent les terres occupées par des cultures et qui peuvent attendre plusieurs années avant d'être replantées. Les terres plantées en arbres et arbustes à fleurs (par exemple, les rosiers et les jasmins) sont classées dans cette catégorie qui comprend également les pépinières (à l'exception des pépinières d'arbres forestiers qu'on doit classer sous la rubrique "forêts et autres terrains boisés")

- Les "terres arables et cultures permanentes" sont définies comme la somme des superficies des terres arables et des cultures permanentes.

- Les "prairies et pâturages permanents" sont les terres consacrées de façon permanente (c'est-à-dire pendant au moins cinq ans) aux herbacées fourragères, cultivées ou sauvages.

- La catégorie "autres" comprend les terrains bâtis et terrains connexes, les zones humides, les espaces naturels ouverts et secs avec ou sans végétation. Les superficies occupées par les eaux intérieures (c'est-à-dire cours d'eau et lacs) sont exclues.

Les définitions employées peuvent varier selon les pays. En particulier, "les prairies et pâturages permanents" sont parfois mal distingués des "autres terrains boisés". La comparabilité des données n'est donc pas satisfaisante.

4.1A SOLS

LAND USE (a), 1995
UTILISATION DES SOLS (a), 1995

		Arable and permanent crop land/ Terres arables et cultures permanentes		Permanent grassland/ Prairies et pâturages permanents		Forest and other wooded land/ Forêts et autres terres boisées		Other areas/ Autres		Land area/ Superficie des terres b)
		km²	%	km²	%	km²	%	km²	%	km²
Canada		414290	4.5	263250	2.9	4175850	45.3	4362040	47.3	9215430
Mexico/Mexique		247300	13.0	744990	39.0	568740	29.8	347660	18.2	1908690
USA/Etats-Unis	*	1877760	20.5	2391720	26.1	2981360	32.6	1908280	20.8	9159120
Japan/Japon		44220	11.7	6610	1.8	251460	66.8	74230	19.7	376520
Korea/Corée		20550	20.8	900	0.9	64600	65.4	12680	12.8	98730
Australia/Australie	*	471960	6.1	4145000	54.0	1491750	19.4	1573590	20.5	7682300
N.Zealand/N.Zélande	*	4100	1.5	135200	50.6	75400	28.2	52320	19.6	267020
Austria/Autriche		15130	18.3	19540	23.6	38780	46.9	9280	11.2	82730
Belgium/Belgique	*	8720	28.8	5340	17.6	6080	20.1	10130	33.5	30280
Czech Rep./R.Tchèque		33790	43.7	9010	11.7	26300	34.0	8180	10.6	77280
Denmark/Danemark	*	22690	53.5	4570	10.8	4450	10.5	10720	25.3	42430
Finland/Finlande	*	25250	8.3	980	0.3	231860	76.1	46500	15.3	304590
France		194930	35.5	105660	19.2	150430	27.4	98170	17.9	549190
Germany/Allemagne	*	119110	34.1	52510	15.0	104330	29.9	73220	21.0	349170
w. Germany/Allem. occ.		75910	31.1	42540	17.4	74700	30.6	50860	20.8	244010
Greece/Grèce	*	35020	27.2	52500	40.7	26200	20.3	15180	11.8	128900
Hungary/Hongrie		50310	54.5	11480	12.4	17630	19.1	12920	14.0	92340
Iceland/Islande	*	1370	1.4	17640	18.0	1450	1.5	77360	79.1	97800
Ireland/Irlande		9230	13.4	46900	68.1	5700	8.3	7060	10.2	68890
Italy/Italie		111430	37.9	48780	16.6	67790	23.1	66060	22.5	294060
Luxembourg		670	26.1	820	31.9	880	34.2	210	8.2	2570
Netherl./Pays-Bas		9820	29.0	10300	30.4	3100	9.1	10660	31.5	33880
Norway/Norvège		8960	2.9	1300	0.4	120000	39.2	175990	57.5	306250
Poland/Pologne		145680	47.9	40960	13.5	89580	29.4	28150	9.2	304370
Portugal	*	29000	31.7	10000	10.9	32290	35.3	20260	22.1	91550
Spain/Espagne		201290	40.3	106870	21.4	161370	32.3	29910	6.0	499440
Sweden/Suède		29880	7.3	5760	1.4	278950	67.8	97030	23.6	411620
Switzerland/Suisse		4670	11.8	11140	28.2	12520	31.6	11230	28.4	39560
Turkey/Turquie		268450	34.9	123780	16.1	207030	26.9	170380	22.1	769630
UK/Royaume-Uni	*	59710	24.8	111870	46.4	25000	10.4	44360	18.4	240940
Slovak Rep./ Rép. Slovaque		16070	33.4	8390	17.4	19920	41.4	3720	7.7	48100
North America/Amérique N.		2539350	12.5	3399960	16.8	7725950	38.1	6617980	32.6	20283240
Australasie/ie-NZ.		476060	6.0	4280200	53.8	1567150	19.7	1625910	20.5	7949320
OECD/OCDE Europe		1385100	28.8	797700	16.6	1611730	33.5	1022940	21.2	4817480
EU/UE - 15		871870	27.9	582400	18.6	1137220	36.3	538750	17.2	3130250
OECD/OCDE		4465280	13.3	8485370	25.3	11220890	33.5	9353740	27.9	33525290
World/Monde		14508380	11.1	33952570	26.0	41380090	31.7	40613190	31.1	130454230

Notes:
a) Includes Secretariat estimates; all figures are rounded to the nearest 10 km².
b) Excludes area under inland water bodies (i.e. major rivers and lakes).
USA) Forest land with annual production > 20 cubic feet per acre.
AUS) Arable and permanent crop land includes about 300 000 km² of cultivated grassland; permanent grassland refers to native pastures and includes fallow and unused land.
NZL) Data excludes outlying islands.
BEL) Permanent grassland: includes a limited amount of wooded land belonging to agricultural holdings.
DNK) Arable and permanent crops, permanent grassland: based on agricultural holdings of at least 5 hectares, and those of less than 5 hectares whose production exceeds a fixed minimum.
FIN) Forest figures are based on National Forest Inventory 1989-94. Includes all the wooded land where the annual potential wood production exceeds 0.1 m³/ha.
DEU) 1993 data; agricultural land: includes land on holdings of 1 hectare and above, and on holdings of less than 1 hectare whose production market values exceed a fixed minimum.
GRC) Forest and other wooded land: according to 1992 national inventory: 65 130 km².
ISL) Forest and other wooded land: land outside agricultural areas.
PRT) rable and permanent crops: includes about 8 000 km² of temporary crops grown in association with permanent crops and forests.
UKD) Arable and permanent crops: includes fallow land; permanent grassland includes set-aside land.

Notes:
a) Comprend des estimations du Secrétariat; tous les chiffres sont arrondis à 10 km² près.
b) Exclut la superficie des eaux intérieures (c.à.d. les principaux cours d'eau et lacs).
USA) Forêts de production annuelle supérieure à 20 pieds cube par acre.
AUS) Terres arables: comprend environ 300 000 km² d'herbages cultivés; prairies et p. perm.: comprend les pâturages indigènes ainsi que les jachères et les terres non utilisées.
NZL) Les données excluent les îles isolées.
BEL) Prairies et p. perm.: inclut une surface limitée de terres boisées sur les exploitations agricoles.
DNK) Terres arables, cultures perm. et prairies et p. perm.: exploitations d'au moins 5 hectares et exploitations de moins 5 hectares dont la production dépasse un minimum fixé.
FIN) Forêts: les données se fondent sur l'inventaire forestier national 1989-94 et comprennent toutes les superficies boisées dont le potentiel annuel de production de bois excède 0.1 m³/ha.
DEU) Données 1993; terres agricoles: terres des exploitations d'au moins 1 hectare, et des exploitations de moins de 1 hectare dont la production a une valeur marchande qui dépasse un minimum donné.
GRC) Forêts et autres terres boisées: selon l'inventaire national 1992: 65 130 km².
ISL) Forêts et autres terres boisée:s excluent les superficies agricoles.
PRT) Terres arables et cultures perm.: comprennent environ 8 000 km² de cultures temporaires associées à des cultures perm. ou à des forêts.
UKD) Terres arables et cultures perm.: incluent les terres en jachère; prairies et p. perm.: incluent les terres en jachère permanente.

Source: FAO, OECD/OCDE

LAND 4.1B

CHANGES IN LAND USE, 1970-1995
ÉVOLUTION DE L'UTILISATION DES SOLS, 1970-1995

Index (1970=100)

	Arable and crop land/ Terres arables et cultures permanentes				Permanent grassland/ Prairies et pâturages permanents				Forest and other wooded land/ Forêts et autres terres boisées			
	1980	1985	1990	1995	1980	1985	1990	1995	1980	1985	1990	1995
Canada *	100	105	108	107	100	84	87	88	98	102	94	94
Mexico/Mexique	106	107	107	107	100	100	100	100	86	87	88	89
USA/Etats-Unis	100	100	99	99	97	99	98	98	97	97	97	97
Japan/Japon	89	86	83	80	203	217	226	231	100	100	100	100
Korea/Corée	96	93	92	89	196	300	338	346	99	99	98	97
Australia/Australie	108	115	114	113	100	97	92	92	106	106	108	108
N. Zealand/N. Zélande	78	88	71	71	112	109	106	107	99	100	102	105
Austria/Autriche	97	91	90	90	92	90	90	88	102	105	105	105
Belgium/Belgique	92	91	95	106	98	95	86	74	99	99	99	99
Czech Rep./R.Tchèque	100	99	98	96	92	89	90	97	101	101	101	101
Denmark/Danemark *	99	98	96	85	84	74	73	153	105	105	94	94
Finland/Finlande	96	90	95	95	109	88	81	65	104	104	104	104
France	99	101	100	102	96	91	85	79	104	104	106	107
Germany/Allemagne *	97	97	96	93	86	83	80	75	102	102	102	103
w. Germany/Allemagne occ.	93	92	92	94	86	83	78	77	102	103	102	104
Greece/Grèce	100	101	100	90	100	100	100	100	100	100	100	100
Hungary/Hongrie	95	94	95	90	101	97	93	90	108	112	115	120
Iceland/Islande	110	113	116	113	94	94	94	94	106	109	112	116
Ireland/Irlande	80	75	68	67	108	109	109	109	100	100	100	114
Italy/Italie *	83	81	80	75	98	95	93	93	103	104	110	110
Luxembourg *	89	85	87	101	103	101	100	118	99	105	107	107
Netherl./Pays-Bas	101	106	110	113	87	85	80	78	99	101	104	104
Norway/Norvège *	104	108	111	113	78	63	69	82	105	105	105	105
Poland/Pologne	98	96	96	95	97	97	97	97	102	103	103	104
Portugal	102	102	103	94	100	100	100	119	105	109	114	114
Spain/Espagne	100	99	98	98	93	89	89	92	110	110	111	114
Sweden/Suède	98	96	97	98	83	81	80	81	101	103	103	103
Switzerl./Suisse	107	107	107	101	91	90	90	79	107	112	112	112
Turkey/Turquie	103	101	102	98	94	98	111	115	100	100	100	103
UK/Royaume-Uni	97	98	92	83	99	97	99	104	122	132	139	145
N.America/Amérique du Nord	101	101	101	101	98	98	98	98	98	97	99	95
Australia/ie-NZ.	107	115	114	112	100	97	93	92	106	106	108	108
OECD/OCDE Europe	98	97	96	94	95	94	94	94	105	106	107	107
EU/UE-15	96	96	95	92	96	93	91	91	104	105	106	107
OECD/OCDE	100	101	100	99	99	97	95	94	100	99	101	98
World/Monde	103	104	105	104	102	104	106	106	102	102	98	98

Notes:
CAN) Forest and other wooded land: numerical differences between successive national inventories do not necessarily reflect real changes; 1980 and 1985 data refer to 1981, 1986; 1995 and 1990 data refer to an average for 1987-91 and include an inventory figure for forest lands whose area was previously overestimated.
DNK) Change in wooded land due to change in definition; 1970, 1980, 1990 and 1995: 1965, 1976 and 1990 data; the criteria for including the area of land from agricultural holdings have been changed several times since 1970; comparisons between years should be made with caution; increase in permanent grassland in 1995 is due to set-aside land.
DEU) 1995: 1993 data.
ITA) Since 1986 some agricultural land has been reclassified as forest land; since 1985, Mediterranean maquis has been included in mixed forest.
LUX) Forest inventory methodology changed between 1985 and 1990.
NOR) Change in forest area: data include Secretariat estimates.

Source: FAO, OECD/OCDE

Notes:
CAN) Forêts et autres terre boisées: les différences entre les inventaires nationaux successifs ne reflètent pas nécessairement des changements réels; elles proviennent de l'amélioration de la couverture et des procédures de l'inventaire. Les données 1980 et 1985 se réfèrent à 1981 et 1986; les données 1995 et 1990 se rapportent à une moyenne sur la période 1987-1991 et montrent une surestimation des superficies boisées pour les années précédentes.
DNK) L'évolution de la superficie boisée est due à un changement de définition; 1970, 1980, 1990 et 1995: données 1965, 1976 et 1990; les critères d'inclusion des terres agricoles des exploitations ont été changé plusieurs fois depuis 1970; les comparaisons doivent être effectuées avec précaution; l'accroissement en 1995 des prairies et pâturages permanents est dux aux terres laissées en friche.
DEU) 1995: données 1993.
ITA) Depuis 1986 certaines superficies agricoles ont été reclassées comme forêts; depuis 1985, le maquis méditerranéen est compris dans les forêts mixtes.
LUX) Changement de méthodologie d'inventaire forestier entre 1985 et 1990.
NOR) Évolution des terres forestières: les données comprennent des estimations du Secrétariat.

MAJOR PROTECTED AREAS
PRINCIPALES ZONES PROTÉGÉES

Table 2A provides a summary of the number and extent of protected areas by country. The broadest definition of "protected area" is one in which some restrictions are enforced on the activities allowed. This may range from a restriction on building to limited access by humans to a given area. More precisely, the category includes strict nature reserves, wilderness areas, national parks, natural monuments, habitat/species management areas, protected landscapes/seascapes and managed resource protected areas. Only areas protected by law and managed by public authorities are covered here.

Table 2B shows the number of national parks (and equivalent reserves) and their total size for selected countries. It further indicates, for each country, the percentage of the total territory concerned as well as the protected area per thousand inhabitants in square kilometres.

In both tables, the IUCN classification serves as the basis for the definition of protected areas and national parks (see "Guidelines for Protected Area Management Categories", IUCN, 1994). This definition may vary significantly from country-specific classifications in which the term "national park" may be used in a much broader sense.

Protected areas change over time: new areas are created, boundaries of existing areas are revised and some sites may be destroyed through industrial development, shifting agriculture or natural disasters. Actual protection levels and related trends are difficult to evaluate as they are not only a matter of the number and area of protected sites but also a question of the effectiveness of management and of the achievement of protection objectives.

When interpreting these tables, it should be borne in mind that the definitions, although harmonised by the IUCN, may still vary among countries. See also related table in the wildlife section.

Le tableau 2A fournit un résumé du nombre et de l'étendue des zones protégées par pays. La définition la plus large d'une "zone protégée" est qu'il y a certaines restrictions concernant les activités autorisées. Les restrictions peuvent aller de l'interdiction de construire à l'interdiction d'accéder à une zone donnée. Ce tableau inclut plus précisément les réserves naturelles intégrales, les zones de nature sauvage, les parcs nationaux, les monuments naturels, les aires de gestion des habitats et/ou espèces, les paysages terrestres ou marins protégés et les aires protégées de ressources naturelles gérées. Seules les zones protégées par la loi et gérées par les autorités publiques sont couvertes ici.

Le tableau 2B présente le nombre et la superficie des parcs nationaux (et réserves équivalentes) dans divers pays. Il indique également le pourcentage affecté par rapport à la superficie totale des pays de même que la superficie protégée pour 1 000 habitants en kilomètres carrés.

Dans les deux tableaux, la classification UICN a servi de base à la définition des zones protégées et des parcs nationaux (voir "Lignes directrices pour les catégories de gestion des aires protégées", UICN, 1994). Cette définition peut varier de façon significative par rapport aux classifications nationales des différents pays qui peuvent utiliser ce terme dans un sens beaucoup plus large.

Les zones protégées évoluent rapidement: de nouvelles zones sont créées, les limites des zones existantes sont modifiées tandis que d'autres zones sont détruites par le développement industriel, l'agriculture ou les catastrophes naturelles. Il reste difficile d'évaluer les niveaux de protection réels et leur évolution: ce n'est pas simplement le nombre de sites et leur superficie qui compte, mais plutôt l'efficacité de leur gestion et le respect des objectifs fixés.

Lors de l'interprétation de ces tableaux, on doit garder à l'esprit que les définitions, bien qu'harmonisées par l'UICN, peuvent varier selon les pays. Voir également le tableau sur le même sujet de la section sur la faune et la flore.

LAND 4.2A

MAJOR PROTECTED AREAS (a), 1996
PRINCIPALES ZONES PROTÉGÉES (a), 1996

		Protected areas/Zones protégées		Percentage of national territory/ Pourcentage du territoire national (%)	Protected area per 1 000 inhabitants/ Superficie protégée pour 1 000 habitants (ha/1 000 cap.)
		Number of sites/ Nombre de zones (b)	Total size/ Superficie totale (km^2)		
Canada		807	945129	9.5	3155.2
Mexico/Mexique	*	114	159669	8.2	165.3
USA/Etats-Unis	*	1701	1772488	18.9	667.5
Japan/Japon		65	25503	6.8	20.3
Korea/Corée		26	6824	6.9	15.0
Australia/Australie	*	1068	669927	8.7	3663.0
N.Zealand/N.Zélande		224	63283	23.4	1738.5
Austria/Autriche		177	23623	28.2	291.4
Belgium/Belgique		4	784	2.6	7.7
Czech Rep./Rép. Tchèque		44	12230	15.5	118.6
Denmark/Danemark	*	116	13709	31.8	260.5
Finland/Finlande		137	27978	8.3	545.9
France	*	132	64113	11.6	109.8
Germany/Allemagne		525	94169	26.4	115.0
Greece/Grèce		34	3313	2.5	31.7
Hungary/Hongrie		54	6288	6.8	61.7
Iceland/Islande		26	9727	9.4	3602.6
Ireland/Irlande		15	597	0.8	16.5
Italy/Italie		170	21461	7.1	37.4
Luxembourg		1	360	13.9	86.1
Netherlands/Pays-Bas	*	78	4782	11.5	30.9
Norway/Norvège	*	128	93670	24.2	2141.8
Poland/Pologne		106	29113	9.3	75.4
Portugal	*	26	5952	6.5	59.9
Spain/Espagne	*	219	42162	8.3	107.4
Sweden/Suède		182	20982	4.7	235.7
Switzerland/Suisse		107	7131	17.3	100.7
Turkey/Turquie		63	12829	1.6	20.5
UK/Royaume-Uni		153	48604	19.8	82.7
Slovak. Rep./Rép. Slovaque		41	10465	21.3	194.6
OECD Europe/OCDE Europe		2497	543578	10.8	110.8
OECD/OCDE		6502	4186400	12.1	386.8
World/Monde		11890	12704935	9.5	220.3

Notes:
a) IUCN management categories I-VI. National classifications may differ. Includes only areas greater than 10 km^2 or completely protected islands of more than 1 km^2.
b) Number of sites for which the size is known.
MEX) As of May 1996 there were 89 national protected areas under the National System of Natural Protected Areas (SINAP), with a total size of 107 062 km^2.
USA) Includes Alaska: 104 protected areas totalling 745 390 km^2. Excludes American Samoa, Guam, minor outlying islands, Puerto Rico and Virgin Islands.
AUS) Excludes the Great Barrier Reef Marine Park totalling 344 800 km^2 (cat. VI).
DNK) Excludes Greenland: one national park of 972 000 km^2.
FRA) Excludes non-metropolitan France.
NLD) Excludes the Netherlands Antilles.
NOR) Includes Svalbard, Jan Mayen and Bouvet islands: 10 protected areas totalling 72 920 km^2.
PRT) Includes Azores and Madeira (respectively, 6 and 4 sites totalling 482 km^2 and 413 km^2).
ESP) Includes Baleares and Canaries (respectively, 3 and 45 sites totalling 1 674 km^2 and 2 905 km^2).

Notes :
a) Catégories I-VI de l'UICN. Les classifications nationales peuvent être différentes. Comprend uniquement les zones dont la superficie dépasse 10 km^2 ou les îles totalement protégées de plus de 1 km^2.
b) Nombre de sites pour lesquels la superficie est connue.
MEX) En mai 1996, 89 zones étaient protégées selon le Système national des sites naturels protégés, sur une superficie totale de 107 062 km^2.
USA) Comprend l'Alaska: 104 zones protégées, d'une superficie totale de 745 390 km^2. Exclut les Samoa, le Guam, les îles Mineures, Puerto Rico et les îles Vierges américaines.
AUS) Exclut le parc marin du Récif de la Grande-Barrière: 344 800 km^2 (cat. VI).
DNK) Ne comprend pas le Groenland: un parc national de 972 000 km^2.
FRA) Ne comprend pas les zones non métropolitaines.
NLD) Ne comprend pas les Antilles Néerlandaises.
NOR) Y compris les îles de Svalbard, Jan Mayen et Bouvet: 10 zones protégées d'une superficie totale de 72 920 km^2.
PRT) Inclut les Açores et Madère (respectivement 6 et 4 sites de 482 km^2 et 413 km^2).
ESP) Inclut les îles Baléares et Canaries (respectivement 3 et 45 sites de 1 674 km^2 et 2 905 km^2).

Source: WCMC provisional data, IUCN, OECD/données provisoires WCMC, UICN, OCDE

NATIONAL PARKS (a), 1996
PARCS NATIONAUX (a), 1996

	National parks/Parcs nationaux		Percentage of national territory/ Pourcentage du territoire national (%)	Protected area per 1 000 inhabitants/ Superficie protégée pour 1 000 habitants (ha/1 000 cap.)
	Number of sites/ Nombre de zones (b)	Total size/ Superficie totale (km²)		
Canada	319	399222	4.0	1332.7
Mexico/Mexique *	31	7632	0.4	7.9
USA/Etats-Unis *	171	253719	2.7	95.5
Japan/Japon	15	12960	3.4	10.3
Korea/Corée	-	-	-	-
Australia/Australie	376	208878	2.7	1142.1
N.Zealand/N.Zélande	13	28630	10.6	786.5
Austria/Autriche	2	180	0.2	2.2
Belgium/Belgique	-	-	-	-
Czech Rep./Rép. Tchèque	2	748	0.9	7.3
Denmark/Danemark *	-	-	-	-
Finland/Finlande	26	4217	1.2	82.3
France *	5	2613	0.5	4.5
Germany/Allemagne	3	370	0.1	0.5
Greece/Grèce	9	1290	1.0	12.3
Hungary/Hongrie	5	1591	1.7	15.6
Iceland/Islande	3	1770	1.7	655.6
Ireland/Irlande	5	474	0.7	13.1
Italy/Italie	10	3705	1.2	6.4
Luxembourg	-	-	-	-
Netherlands/Pays-Bas *	9	266	0.6	1.7
Norway/Norvège *	20	31141	8.0	712.0
Poland/Pologne	15	1641	0.5	4.2
Portugal	1	211	0.2	2.1
Spain/Espagne *	11	2202	0.4	5.6
Sweden/Suède	19	5288	1.2	59.4
Switzerland/Suisse	-	-	-	-
Turkey/Turquie	19	3960	0.5	6.3
UK/Royaume-Uni	-	-	-	-
Slovak. Rep./Rép. Slovaque	5	1997	4.1	37.1
OECD Europe/OCDE Europe	164	61668	1.2	15.7
OECD/OCDE	1089	972708	2.8	92.6
World/Monde	2183	3900368	2.9	67.6

Notes:
a) IUCN category II: protected areas managed mainly for ecosystem protection and recreation. Includes only areas greater than 10 km² or completely protected islands of more than 1 km².
b) Number of sites for which the size is known.
MEX) As of May 1996 there were 44 national parks under the National System of Natural Protected Areas (SINAP), with a total size of 6 881 km².
USA) Includes Alaska: 39 protected areas totalling 185 595 km². Excludes American Samoa and Virgin Islands.
DNK) Excludes Greenland: one national park of 972 000 km².
FRA) Excludes non metropolitan France (4 areas totalling 317 km²).
NLD) Excludes two areas (77.6 km²) in the Netherlands Antilles.
NOR) Includes Svalbard: 3 protected areas totalling 17 357 km².
ESP) Includes Baleares and Canaries (respectively, 1 and 4 sites totalling 97 km² and 274 km²).

Notes :
a) Catégorie II de l'UICN: zones protégées gérées principalement pour la protection des écosystèmes et à des fins récréatives. Comprend uniquement les zones dont la superficie dépasse 10 km² ou les îles totalement protégées de plus de 1 km².
b) Nombre de sites pour lesquels la superficie est connue.
MEX) En mai 1996, il y avait 44 parcs nationaux selon le Système national des sites naturels protégés, sur une superficie totale de 6 881 km².
USA) Comprend l'Alaska: 39 zones protégées, d'une superficie totale de 185 595 km². Exclut les Samoa et les îles Vierges américaines.
DNK) Ne comprend pas le Groenland: un parc national de 972 000 km².
FRA) Ne comprend pas les zones non métropolitaines (4 zones de 317 km²).
NLD) Ne comprend pas 2 zones (77.6 km²) situées dans les Antilles Néerlandaises.
NOR) Y compris l'île de Svalbard: trois zones protégées d'une superficie totale de 17 357 km².
ESP) Inclut les îles Baléares et Canaries (respectivement 1 et 4 sites de 97 km² et 274 km²).

Source: WCMC provisional data, IUCN, OECD/données provisoires WCMC, UICN, OCDE

5. FOREST

5. FORÊTS

LIST OF TABLES		LISTE DES TABLEAUX	
5.1A	Wooded area	5.1A	Superficie boisée
5.1B	Forest cover	5.1B	Couvert forestier
5.2A	Volume of standing wood and production of roundwood, fuelwood and charcoal	5.2A	Volume de bois sur pied et production de bois rond, bois de chauffe et charbon de bois
5.2B	Forest depletion and growth	5.2B	Diminution et accroissement des ressources forestières
5.3A	Production of industrial roundwood and forest industry products	5.3A	Production de bois rond industriel et de produits de l'industrie du bois
5.3B	Trade in forest industry products, total and per capita	5.3B	Commerce de produits de l'industrie du bois, total et par habitant
5.3C	Trade in roundwood and forest industry products, by product	5.3C	Commerce de bois rond et de produits de l'industrie du bois, par produit
5.3D	Trade in forest industry products, by world region	5.3D	Commerce de produits de l'industrie du bois, par région du monde
5.4	Imports of cork and wood from tropical countries	5.4	Importations de liège et de bois en provenance des pays tropicaux
5.5	Forest ownership	5.5	Propriété forestière
5.6	Burned area of forest and other wooded land	5.6	Superficie de forêts et de terres boisées brûlées

FOREST

INTRODUCTION

This section provides a synopsis of the dimension, renewal or reduction of the forest resource, and of their economic exploitation; focus is given to environmental aspects. Forests are a renewable living resource. They have the following functions:

- an economic function (e.g. timber production, as the basis for the wood and wood products industry forest industry, trade in forest products; non-timber products resulting from the use of forests as pasture, for hunting or food-gathering);
- an environmental function (e.g. regulation of the water cycle, soil protection, habitat for animals and plants and role in the conservation of biodiversity, role in the carbon cycle and in worldwide climatic stability);
- a societal and cultural function (e.g. recreational and touristic value, residential value, collective heritage, contribution to cultural identity).

Tables presented in this section provide information concerning:

a) the state of forest resources:
- area of forest and other wooded land;
- volume of standing wood;
- forest depletion and growth;
- forest ownership;
- damage caused by forest fire;

b) economic exploitation of forest resources:
- production of roundwood and different forest industry products;
- international trade in forest industry products;
- trade in tropical wood.

Some important issues are not covered by these data; these include ecological stability of the forest environment and forest damage and its major causes (droughts, storms, insect attacks, introduction of exotic species, air pollution, acidification, etc.). The reader may want to refer to the sections on air and land.

FORÊTS

INTRODUCTION

Cette section présente des informations sur l'étendue, le renouvellement et les prélèvements de la ressource forêt, et sur son exploitation économique, l'accent étant mis sur les aspects environnementaux. Les ressources forestières font partie des ressources vivantes renouvelables. Elles ont à la fois :

- une fonction économique (e.g. production de bois, industries du bois et des produits dérivés, commerce de produits forestiers; utilisation des forêts pour le pâturage, la chasse et la cueillette) ;
- une fonction environnementale (e.g. régularisation du cycle de l'eau, protection des sols, habitat d'espèces animales et végétales et maintien de la biodiversité, rôle dans le cycle du carbone et contribution à l'équilibre des climats à l'échelle mondiale) ;
- une fonction sociale et culturelle (e.g. lieux de résidence, activités récréatives et touristiques, patrimoine collectif, contribution à l'identité culturelle).

Les tableaux présentés dans cette section fournissent des informations sur :

a) l'état des ressources forestières :
- étendue des forêts et des terrains boisés ;
- volume de bois sur pied ;
- diminution et accroissement des ressources forestières ;
- propriété des terrains forestiers ;
- dommages dus aux incendies de forêt ;

b) l'exploitation économique des ressources forestières :
- production de bois rond et de différentes catégories de produits de l'industrie du bois ;
- commerce international des produits forestiers;
- commerce de bois tropicaux.

Plusieurs thèmes importants ne sont pas couverts par ces données. Il s'agit notamment de la stabilité écologique de l'environnement forestier, des dommages qu'il subit et des facteurs qui risquent de les provoquer (sécheresses, tempêtes, attaques d'insectes, introduction d'espèces exotiques, pollution de l'air, acidification, etc.). Le lecteur peut également consulter les sections sur l'air et sur la ressource sol.

FOREST 5.1A/1B

AREAS OF FORESTS AND WOODED LAND
SUPERFICIES DE FORETS ET DE TERRES BOISÉES

The following tables present changes in the area of forests and wooded land. They thus provide information about countries' endowment in forest resources, whether these resources are seen in an economic or an environmental perspective.

Table 1A shows changes in the wooded area in the various countries. Absolute figures are in square kilometres; relative figures present wooded area per capita and as a percentage of land area.

- The definition of wooded area includes land under coniferous, non-coniferous and mixed forest as well as other wooded land according to FAO specifications.

Table 1B provides information on changes in forest cover and the share of softwood and hardwood in the total forest cover.

- Forest is defined as land with a forest cover, i.e. with trees whose crowns cover more than 20 per cent of the area, and not used primarily for purposes other than forestry. This excludes isolated tree groups (smaller than 0.5 ha), city parks and gardens, which do not meet the conditions of forests as described above.

- Softwood forests are those in which 75 per cent or more of the volume is of coniferous species classified botanically as Gymnospermae.

- Hardwood forests are those in which 75 per cent or more of the volume is of non-coniferous species classified botanically as Angiospermae.

When interpreting these tables it should be borne in mind that definitions may vary among countries.

Les tableaux suivants présentent l'évolution des superficies de forêts et de terres boisées. Ils informent ainsi sur le patrimoine des pays en ressources forestières, que ces ressources soient considérées d'un point de vue économique ou environnemental.

Le tableau 1A montre l'évolution de la superficie boisée dans les différents pays. Les données absolues sont exprimées en kilomètres carrés et les données relatives présentent la superficie boisée par habitant et en pourcentage de la superficie des terres.

- La définition de la superficie boisée comprend les forêts de conifères, de feuillus et les forêts mixtes, de même que d'autres terres boisées, en accord avec les spécifications de la FAO.

Le tableau 1B donne des informations sur l'évolution du couvert forestier et la proportion de résineux et de feuillus en pourcentage du couvert forestier total.

- La "forêt" se rapporte aux terrains comportant un couvert forestier, c.à.d. dont plus de 20 pour cent de la superficie est couverte par les cimes d'arbres qui ne sont pas essentiellement utilisés à des fins autres que la sylviculture. Ceci exclut les groupes d'arbres isolés (inférieurs à 0.5 ha) et les parcs et jardins des villes qui ne répondent pas aux conditions décrites plus haut.

- Les forêts de résineux sont celles dont au moins 75 pour cent du volume est constitué par des conifères entrant dans la catégorie botanique des Gymnospermes.

- Les forêts de feuillus sont celles dont au moins 75 pour cent du volume sont constitués d'espèces non-conifères entrant dans la catégorie botanique des Angiospermes.

Pour la bonne interprétation de ces tableaux, il faut tenir compte du fait que les définitions peuvent varier d'un pays à l'autre.

5.1A FORÊTS

WOODED AREA (a), 1970-1995
SUPERFICIE BOISÉE (a), 1970-1995

		Wooded Area (a)/ Superficie boisée (a) (km²)				km² per 1000 inhabitants/ km² pour 1000 habitants				% of land area/ % de la superficie des terres			
		1970	1980	1990	1995	1970	1980	1990	1995	1970	1980	1990	1995
Canada	*	4431020	4358930	4175850	4175850	208.1	177.2	150.3	141.0	48.1	48.1	49.2	45.3
Mexico/Mexique	*	641240	553660	566830	568740	12.5	7.9	6.6	6.0	33.6	29.0	29.7	29.8
USA/Etats-Unis	*	3083560	3000660	2980850	2981360	15.0	13.2	11.9	11.3	33.7	32.8	32.5	32.6
Japan/Japon	*	252630	252790	252120	251460	2.4	2.2	2.0	2.0	67.1	67.1	67.0	66.8
Korea/Corée		66280	65680	64760	64600	2.1	1.7	1.5	1.4	67.1	66.5	65.6	65.4
Australia/Australie		1377000	1458840	1491750	1491750	107.4	99.3	87.3	82.7	17.9	19.0	19.4	19.4
N.Zealand/N.Zélande	*	72000	70920	73500	75400	25.5	22.6	21.9	21.1	27.0	26.6	27.5	28.2
Austria/Autriche	*	36910	37540	38780	38780	4.9	5.0	5.0	4.8	44.6	45.4	46.9	46.9
Belgium/Belgique	*	6170	6100	6100	6080	0.6	0.6	0.6	0.6	20.4	20.1	20.1	20.1
Czech Rep./R.Tchèque		26060	26230	26290	26300	2.7	2.5	2.5	2.5	33.6	33.9	34.0	34.0
Denmark/Danemark	*	4720	4930	4450	4450	1.0	1.0	0.9	0.9	11.1	11.6	10.5	10.5
Finland/Finlande	*	223690	233210	233670	231860	48.6	48.8	46.9	45.4	73.4	76.6	76.7	76.1
France		140130	146140	148110	150430	2.8	2.7	2.6	2.6	25.5	26.6	27.0	27.4
Germany/Allemagne	*	101180	102730	103220	104330	1.3	1.3	1.3	1.3	28.9	29.4	29.5	29.9
w. Germany/Allemagne occ.		71700	73180	73390	74700	1.2	1.2	1.2	1.1	29.5	30.1	30.1	30.6
Greece/Grèce	*	26100	26190	26200	26200	3.0	2.7	2.6	2.5	20.2	20.3	20.3	20.3
Hungary/Hongrie		14710	15880	16950	17630	1.4	1.5	1.6	1.7	15.9	17.2	18.4	19.1
Iceland/Islande	*	1250	1330	1400	1450	6.1	5.8	5.5	5.4	1.3	1.4	1.4	1.5
Ireland/Irlande		5000	5000	5000	5700	1.7	1.5	1.4	1.6	7.3	7.3	7.3	8.3
Italy/Italie	*	61620	63550	67560	67790	1.1	1.1	1.2	1.2	21.0	21.6	23.0	23.1
Luxembourg	*	830	820	880	880	2.4	2.2	2.3	2.1	32.1	31.9	34.4	34.4
Netherlands/Pays-Bas	*	2980	2940	3090	3100	0.2	0.2	0.2	0.2	8.8	8.7	9.1	9.2
Norway/Norvège		91300	119200	119200	120000	23.5	29.2	28.1	27.6	29.8	38.9	38.9	39.2
Poland/Pologne		86110	87540	88840	89580	2.6	2.5	2.3	2.3	28.3	28.7	29.2	29.4
Portugal		28340	29760	32290	32290	3.3	3.0	3.3	3.3	31.0	32.5	35.3	35.3
Spain/Espagne		142000	155980	158070	161370	4.2	4.2	4.1	4.1	28.4	31.2	31.6	32.3
Sweden/Suède		270410	274220	279340	278950	33.6	33.0	32.5	31.5	65.7	66.6	67.9	67.8
Switzerland/Suisse		11190	12000	12520	12520	1.8	1.9	1.9	1.8	28.3	30.3	31.7	31.7
Turkey/Turquie		201700	201990	201990	207030	5.7	4.5	3.6	3.4	26.2	26.2	26.2	26.9
UK/Royaume-Uni		17300	21020	24000	25000	0.3	0.4	0.4	0.4	7.2	8.7	10.0	10.4
Slov. Rep./ Rép. Slov.		18480	19550	19890	19920	..	3.9	3.8	3.7	38.4	40.6	41.3	41.4
N. America/Amérique N.	*	7900650	7730170	7723530	7725950	28.5	24.0	21.2	19.9	39.0	38.1	38.1	38.1
Australia/ie-NZ.		1449000	1529760	1565250	1567150	92.7	85.8	76.5	72.5	18.2	19.2	19.7	19.7
OECD/OCDE Europe - 22		1499700	1574290	1597950	1611730	3.4	3.4	3.3	3.2	31.1	32.7	33.2	33.5
EU/UE - 15		1067380	1110120	1130750	1137220	3.1	3.1	3.1	3.1	34.1	35.5	36.1	36.3
OECD/OCDE - 29	*	11168260	11152690	11203610	11220890	12.9	11.6	10.8	10.3	33.3	33.3	33.4	33.5
World/Monde		42058860	42801520	41413880	41380090	11.4	9.6	7.8	7.3	32.3	32.8	31.8	31.7

Notes: see after Table 1B/voir après le tableau 1B

Sources: FAO, OECD, national statistical yearbooks/FAO, OCDE, annuaires statistiques nationaux

FOREST 5.1B

FOREST COVER (a), 1970-1995
COUVERT FORESTIER (a), 1970-1995

		Forest/Forêt (a) (km²)				Softwood/Résineux (%)				Hardwood/Feuillus (%)			
		1970	1980	1990	1995	1970	1980	1990	1995	1970	1980	1990	1995
Canada	*	2 486 050	1 959 660	2 249 740	..	..	64	64	..	..	13	15	..
Mexico/Mexique	*	568 260	480 680	493 840	495 760	..	..	..	13	15	..	..	19
USA/Etats-Unis	*	3 083 560	3 000 660	2 980 850	2 981 360	44	45	49	50	51	51	47	46
Japan/Japon	*	252 230	238 890	238 510	237 800	45	48	49	49	41	41	42	42
Korea/Corée		56 940	62 960	62 780	..	57	52	49	..	21	18	22	..
Australia/lie	*	373 410	416 500	446 900	421 300	13	12	..	12	87	88	..	88
N. Zealand/N. Zélande	*	62 320	70 920	73 500	75 400	..	..	..	..	..	45	..	..
Austria/Autriche	*	36 910	37 540	38 780	38 780	81	81	70	70	19	19	30	30
Belgium/Belgique	*	6 170	6 100	6 100	6 080	53	..	..	49	47	..	..	51
Czech Rep./Tchèque R.	*	26 060	26 230	26 240	26 230	80	80	79	65	20	20	21	15
Denmark/Danemark	*	4 040	4 060	4 110	..	64	66	65	..	36	34	35	..
Finland/Finlande	*	186 950	197 380	201 980	200 320	88	88	76	76	8	8	5	5
France		134 200	137 100	139 860	148 090	32	34	29	28	68	67	61	63
Germany/Allemagne	*	..	..	..	104 330	..	..	..	65	..	..	..	35
w.Germany/Allem.occ.	*	71 700	73 180	73 390	74 700	69	69	63	..	31	31	37	..
Greece/Grèce	*	25 120	25 810	..	33 600	38	40	..	42	62	60	..	58
Hungary/Hongrie	*	14 710	15 870	16 750	17 190	10	13	14	14	90	75	75	76
Iceland/Islande		100	..	250	280	..	..	..	..	..	..	..	..
Ireland/Irlande	*	5 000	5 000	5 000	5 700	40	57	68	..	3	4	3	..
Italy/Italie	*	61 620	63 550	67 560	67 790	19	21	21	21	75	73	69	68
Luxembourg	*	800	810	850	850	32	34	36	36	68	66	64	64
Netherlands/Pays-Bas	*	2 980	2 940	3 090	3 100	69	54	52	52	27	37	38	38
Norway/Norvège	*	65 680	66 600	66 380	73 460	65	67	66	66	15	14	14	15
Poland/Pologne		84 320	86 220	86 940	87 560	82	80	78	78	18	20	22	22
Portugal	*	27 830	26 270	28 670	28 750	45	53	43	..	55	47	57	..
Spain/Espagne	*	81 360	83 790	83 880	105 710	46	..	45	55	52	..	51	34
Sweden/Suède	*	241 760	244 130	246 800	243 730	82	87	86	86	4	6	6	6
Switzerl./Suisse	*	7 750	10 380	10 550	10 570	60	49	..	..	20	19	..	..
Turkey/Turquie	*	201 700	201 990	201 990	207 030	42	42	42	42	53	53	53	53
UK/Royaume-Uni	*	17 300	19 300	22 000	22 400	60	74	72	73	40	26	28	27
Slov. Rep./R. Slov.		18 270	18 620	19 220	19 260	26	26	26	26	47	47	47	47

Notes: see next page/voir page suivante

OECD Environmental Data 1997   - 112 -   Données OCDE sur l'environnement 1997

5.1A/1B — FORÊTS

Notes (Table 5.1A):
- a) Includes Secretariat estimates; all figures are rounded to the nearest 10 km2.
- CAN) Numerical differences between successive national inventories do not necessarily reflect real changes; 1980 data refer to 1981; 1990 and 1995: average over the period 1987-91; includes inventory figure for forest lands whose area was previously overestimated.
- MEX) Excludes vegetation in arid areas, hydrophilic and halophilic vegetation and affected forest areas included in Mexican forest inventory.
- USA) Forest land with annual production > 20 cubic feet per acre. 1995: 1992 data.
- JPN) Data refer to areas under the management of the Ministry of Forestry; 1980 1981 data.
- NZL) 1995: 1992 data.
- AUT) 1970, 1980, 1990 and 1995 data refer to 1961-70, 1971-80, 1986-90; exploitable forests only.
- BEL) Change in data source between 1970 and 1980.
- DNK) Change in definition in wooded area; comparison requires caution. 1980 and 1995 data refer to 1976 and 1990.
- FIN) 1995 figures are based on National Forest Inventory 1989-94. Includes all the wooded land where the annual potential wood production exceeds 0.1 m3/ha.
- DEU) 1995: 1993 data; forest and woodland on holdings of 1 hectare and above, and on holdings of less than 1 hectare whose production market values exceed a fixed minimum.
- GRC) According to 1992 inventory: 65 130 km2.
- ISL) Data refer to land outside agricultural areas.
- ITA) Since 1986 some agricultural land has been reclassified as forest land; since 1990 Mediterranean maquis have been included in mixed forest.
- LUX) Forest inventory methodology changed between 1980 and 1990.
- NLD) 1980, 1990 and 1995 data refer to 1979, 1989 and 1993.
- Totals) Data include Secretariat estimates.

Sources: FAO, OECD, national statistical yearbooks/FAO, OCDE, annuaires statistiques nationaux

Notes (Table 5.1B):
- a) Includes Secretariat estimates; all figures are rounded to the nearest 10 km^2.
- CAN) Data refer to 1971, 1981 and 1991.
- MEX) 1980 and 1990: Secretariat estimates. 1995: 1994 data. Data include "tropical vegetation", not classified under softwood or harwood, which represents for 1970: 293 430 km^2 (52%) and 1994: 191 418 km^2 (39% of total forest cover).
- USA) Wooded area. 1995: 1992 data.
- JPN) Forest includes bamboo forest and treeless area after clear-cuts. Data on forest types are available only for forests under Districts Plans, so their sum is not equal to total forest land.
- AUS) 1995: 1992 data.
- NZL) Since 1980: wooded area. 1995: 1992 data.
- AUT) Data refer to wooded area and to periods 1961-70, 1971-80, and 1986-90; exploitable forests only. Softwood and hardwood include mixed wood.
- BEL) Wooded area. Change in data source between 1970 and 1980.
- CZE) 1970 and 1980 data: wooded area. Softwood and hardwood data include mixed wood, except for 1995 (estimates for mixed wood).
- DNK) 1970 and 1980: 1965 and 1976 data. Softwood and hardwood data include mixed wood.
- FIN) Forest cover includes some treeless regeneration areas (3 210 km^2 in 1995).
- DEU) Wooded area. 1995: 1993 data.
- wDEU) Wooded area.
- GRC) 1970: 1964 data. 1970, 80 and 90: closed forests. 1995 (1992 data): new inventory.
- HUN) 1970: softwood and hardwood data include mixed wood. Data include some wooded areas.
- IRL) Wooded area.
- ITA) Wooded area. Since 1986 some agricultural land has been reclassified as forest land. Since 1990 Mediterranean maquis is included in mixed forest (2 259 km^2).
- LUX) 1970 and 1995: 1972/73 and 1992 data. Forest inventory methodology changed between 1980 and 1990. Softwood and hardwood include mixed wood.
- NLD) Wooded area. 1980, 1990 and 1995 data refer to 1979, 1989 and 1993.
- NOR) Forest land with production higher than 1 m^3 per hectare.
- PRT) Since 1980 soft and hardwood data include mixed wood.
- ESP) 1995: the increase registered results from the different methodology used in the second national forest survey, and real forest surface growth due to the reforestation policies (Plan de Reforestación de Tierras Agrarias).
- SWE) Data refer to periods 1968-72, 1978-82, 1988-92 and 1993-94. Data include, according to Swedish classification: forest land (production higher than 1 m^3 per hectare), subalpine woodland, and forest lands and subalpine woodland within national parks, nature reserves and certain military areas.
- CHE) Productive forest surface. 1980: data refer to the period 1982-86.
- TUR) Wooded area.
- UKD) Softwood and hardwood include mixed wood. 1970: wooded area.

Source: OECD/OCDE

FOREST RESOURCES
RESSOURCES FORESTIÈRES

Table 2A presents figures on the timber volume (volume of standing wood) in forest, on roundwood production and on production of fuel wood and charcoal.

- With respect to the term "forest" the definition given in the previous table is applicable.

- "Roundwood" refers to wood in rough and comprises all wood obtained from the quantities removed from forests and from trees outside forests, including wood recovered (e.g. natural and felling losses). It also includes the estimated roundwood equivalent of charcoal, chips and wood residue. (for further details the reader is referred to related FAO specifications)

Table 2B gives accounts of forest resource depletion and growth volumes over time, and intensity of use of forest resources.

- Forest depletion concerns removals by harvesting or by losses caused by natural phenomena such as epidemics, fire, windfall and flooding.

- Forest growth is measured or estimated as gross annual growth based on ecological and meteorological conditions.

- Depletion and growth volumes are given as overbark values.

Forest depletion and growth describe balances or imbalances in different types of forests. The intensity of use of forest resources reflects various forest management methods and their sustainability.

In interpreting these tables, it should be borne in mind that definitions and estimation methods vary among countries.

Le tableau 2A fournit des données sur le volume de bois sur pied en forêt, la production de bois rond et la production de bois de chauffe et de charbon de bois.

- En ce qui concerne le terme de "forêt", la définition donnée pour le tableau précédent est applicable.

- Le "bois rond" désigne le bois brut et comprend tout le bois provenant des quantités enlevées en forêt ou provenant des arbres poussant hors forêt, y compris le bois de récupération (par exemple chablis, mortalité). Il comprend en outre l'équivalent estimé en bois rond du charbon de bois, des plaquettes et des résidus de bois. (pour plus de détails le lecteur pourra consulter les définitions correspondantes de la FAO)

Le tableau 2B rend compte de la diminution et de l'accroissement des ressources forestières en volume au cours du temps, et de l'intensité d'exploitation forestière.

- La diminution concerne le déboisement dû aux récoltes ou aux pertes causées par les phénomènes naturels comme épidémies, incendies, bris de vent ou inondations.

- L'accroissement est mesuré ou estimé comme accroissement annuel brut basé sur les conditions écologiques et météorologiques.

- Les volumes de diminution et d'accroissement sont donnés en volumes avec écorce.

La diminution et l'accroissement des ressources forestières décrivent l'équilibre ou le déséquilibre dans les différents types de forêts. L'intensité de l'exploitation forestière rend compte des différents méthodes de gestion forestière et de la durabilité de ces méthodes.

L'interprétation de ces tableaux doit tenir compte du fait que les définitions et les méthodes d'estimations varient d'un pays à l'autre.

5.2A FORÊTS

VOLUME OF STANDING WOOD AND PRODUCTION OF ROUNDWOOD, FUELWOOD AND CHARCOAL, mid-1990s
VOLUME DE BOIS SUR PIED ET PRODUCTION DE BOIS ROND, DE BOIS DE CHAUFFE ET DE CHARBON DE BOIS, milieu des années 90

1 000 m3

		Volume of standing wood in forests (a)/ Volume de bois sur pied en forêt (a)	Roundwood production (b)/ Production de bois rond (b)	
			Total	of which: Fuelwood and charcoal/ dont: Bois de chauffe et de charbon de bois
Canada		26 191 211	188 432	5 319
Mexico/Mexique	*	2 803 487	22 474	16 414
USA/Etats-Unis	*	21 997 276	503 792	94 844
Japan/Japon		3 483 441	23 257	360
Korea/Corée		248 426	6 485	4 491
Australia/Australie		1 419 522	22 458	2 898
N.Zealand/N.Zélande	*	256 000	17 155	50
Austria/Autriche		1 030 000	14 405	3 059
Belgium/Belgique	*	96 000	4 185	550
Czech Rep./Rép.Tchèque		653 980	12 906	846
Denmark/Danemark		61 000	2 288	491
Finland/Finlande	*	1 937 000	50 217	4 093
France		1 914 330	46 345	10 460
Germany/Allemagne		2 814 696	38 970	3 795
Greece/Grèce		152 000	2 318	1 332
Hungary/Hongrie		308 900	4 415	2 032
Iceland/Islande	*	-	-	-
Ireland/Irlande		45 000	2 204	64
Italy/Italie		1 071 000	9 802	5 329
Luxembourg	*	20 000	..	..
Netherlands/Pays-Bas		50 850	1 103	169
Norway/Norvège		745 000	9 035	470
Poland/Pologne	*	1 543 889	19 334	2 702
Portugal		201 000	9 448	598
Spain/Espagne		590 097	15 121	2 707
Sweden/Suède	*	2 828 000	59 924	3 824
Switzerland/Suisse		365 128	4 678	833
Turkey/Turquie		813 082	19 279	8 534
UK/Royaume-Uni		240 000	8 229	259
Slovak Rep./Rép. Slovaque		408 960	5 323	436
N.America/Amér.N.		50 991 974	714 698	116 577
Australia/Australie-NZ		1 675 522	39 613	2 948
OECD/OCDE Europe		17 480 952	334 206	52 147
EU/UE-15		13 050 973	264 559	36 730
OECD/OCDE		73 880 315	1 118 259	176 523
World/Monde		..	3 346 607	1 857 769

Notes:
a) Includes exploitable and non-exploitable forests. 1995 or latest year available.
b) 1995. Includes FAO estimates.
MEX) Production of fuelwood and charcoal: includes waste from agriculture, logging and silviculture, branches and roots from dry bushes, etc.
USA) Standing wood: under bark excluded. Productive off-reserve forests only.
NZL) Standing wood: natural forests excluded.
BEL) Production: Belgium and Luxembourg.
FIN) Standing wood: according to the National Forest Inventory 1989-94.
ISL) There is no traditional forestry in Iceland.
LUX) Production: see Belgium.
POL) Standing wood: state on 1 January 1995.
SWE) Standing wood: data refer to 1993-94.

Source: FAO, OECD/FAO, OCDE

Notes :
a) Inclut les forêts exploitables et non-exploitables. 1995 ou l'année la plus récente.
b) 1995. Comprend des estimations de la FAO.
MEX) Production de bois de chauffe et de charbon de bois: inclut des résidus agricoles, des déchets de l'exploitation forestière et de la sylviculture, des branches et racines d'arbustes secs, etc.
USA) Bois sur pied: sans écorce. Forêts de production non protégées uniquement.
NZL) Bois sur pied: ne concerne pas les forêts naturelles.
BEL) Production: Belgique et Luxembourg.
FIN) Bois sur pied: selon l'inventaire national forestier de 1989-94.
ISL) Traditionnellement il n'y a pas de production forestière en Islande.
LUX) Production: voir Belgique.
POL) Bois sur pied: état au 1er janvier 1995.
SWE) Bois sur pied: les données se rapportent à 1993-94.

FOREST 5.2B

FOREST DEPLETION AND GROWTH, 1980-1995 (a)
DIMINUTION ET ACCROISSEMENT DES RESSOURCES FORESTIÈRES, 1980-1995 (a)

	Annual depletion (b)/Diminution annuelle (b)								Annual growth (c)/ Accroissement annuel (c) (1 000 m3)				Intensity of use/ Intensité d'exploitation Harvest/Annual growth/ Récolte/croissance annuelle			
	Harvest/ Récoltes (1 000 m3)				Natural losses/ Pertes naturelles (1 000 m3)											
	1980	1985	1990	1995 (a)	1980	1985	1990	1995 (a)	1980	1985	1990	1995 (a)	1980	1985	1990	1995 (a)
Canada *	150800	162000	153600	176000	..	..	..	..	228000	203000	253000	229800	0.66	0.80	0.61	0.77
Mexico/Mexique	9048	9946	8165	5875	..	..	..	..	38795	..	33910	34747	0.23	..	0.24	0.17
USA/Etats-Unis *	412225	431947	452671	..	117233	120739	141428	..	732452	737716	752063	..	0.56	0.59	0.60	..
Japan/Japon	42932	42067	37613	31349	2100	1286	947	1012	..	115500	106000	91000	..	0.36	0.35	0.34
Korea/Corée	1244	1069	1099	..	..	..	..	..	..	..	..	..	..	..	..	..
Australia/lie	..	16907	17565	..	..	..	..	..	..	42000	..	..	..	0.40	..	..
N.Zeal./N.Zél. *	9911	9626	11871	..	..	..	..	..	..	17556	21000	..	..	0.55	0.57	..
Austria/Autriche *	12732	11626	18852	19846	..	..	..	..	19581	..	31416	..	0.65	..	0.60	..
Belgium/Belgique	..	3480	1730	3326	..	..	239	..	..	3380	3500	..	..	1.03	0.49	..
Czech Rep./R.Tchèque *	14989	15296	14665	13602	1569	1604	2600	2100	18832	18833	18752	19819	0.80	0.81	0.78	0.69
Denmark/Danemark *	2139	2248	2018	1852	..	..	..	..	2851	..	3200	3200	0.75	..	0.63	0.58
Finland/Finlande	58503	53906	53806	63100	1197	1294	1294	1300	62800	68380	73522	75400	0.93	0.79	0.73	0.84
France *	43300	45600	54500	56300	..	..	..	4200	64500	74700	76500	91800	0.67	0.61	0.71	0.61
Germany/Allemagne	..	..	75021	33811	..	..	..	..	..	..	..	..	..	..	..	..
w.Germany/All.occ. *	30327	31219	68421	..	..	..	..	..	..	42000	..	..	..	0.74	..	..
Greece/Grèce *	2825	2651	2242	3376	..	..	305	..	4000	4278	4117	..	0.71	0.62	0.54	..
Hungary/Hongrie	7543	8346	7415	6049	..	..	..	..	10794	11105	11002	11422	0.70	0.75	0.67	0.53
Ireland/Irlande *	527	953	..	2250	7	53	..	..	2370	2710	..	..	0.22	0.35	..	..
Italy/Italie *	7712	9383	8357	6997	200	250	250	..	12080	11667	29750	..	0.64	0.80	0.28	..
Luxembourg	325	326	801	345	..	140	80	..	..	661	660	..	..	0.49	0.72	..
Netherl./Pays-Bas *	..	972	971	974	..	131	140	201	..	2377	2303	2258	..	0.41	0.42	0.43
Norway/Norvège	10451	11183	14690	12691	1284	1363	1590	1847	18836	19890	23601	26576	0.55	0.56	0.62	0.48
Poland/Pologne *	25500	28400	21600	25400	3600	3600	2500	2800	39470	38610	46430	45300	0.65	0.74	0.47	0.56
Portugal	9976	11035	13515	13738	4790	4177	5143	..	10131	11762	12131	..	0.98	0.94	1.11	..
Spain/Espagne *	7661	9512	15859	14882	..	..	2250	1275	16674	24000	30000	28803	0.46	0.40	0.53	0.52
Sweden/Suède *	68000	61400	62100	67300	3000	1700	2000	3000	83900	95200	98500	99400	0.81	0.64	0.63	0.68
Switzerland/Suisse	4384	4116	6262	4650	200	200	400	..	6200	6200	6200	6200	0.71	0.66	1.01	0.75
Turkey/Turquie	23243	18124	17123	..	..	..	..	..	22135	22135	22135	..	1.05	0.82	0.77	..
UK/Royaume-Uni	4660	5300	6800	..	..	..	..	..	11500	..	15000	..	0.41	..	0.45	..
Slovak Rep./R.Slov.	6313	6320	5803	5401	..	..	..	..	..	14331	13290	14183	..	0.44	0.44	0.38

Notes:
a) Or latest available year.
b) Salvaged volumes included.
c) Gross increment.
CAN) Growth: refers to Canada's definition of "allowable annual cut". 1990 and 1995: 1991 and 1994 data.
USA) Under bark volumes. Data refer to 1976 and 1986. Concerns timberland with annual production greater than 20 cubic feet per acre (about 66% of total forest land). Growth: excludes natural forests.
JPN) Losses: damage by pine tree nematoda. Growth: national forest; 1995 data: Basic Plan for Forest Resources.
NZL) Planted production forests only. Growth of natural forests is considered to be near zero with a growth rate equal to mortality. Harvest from natural forests is less than 3% of harvest.
AUT) Growth: 1980 and 1990 data refer to 1971-80 and 1986-90.
BEL) Wallonia only. 1990: 1992 data.
CZE) Natural losses: estimates (except for 1990).
DNK) 1980 data are Secretariat estimates. Growth 1990 and 1995 (1994 data): expected mean annual volume increment for 1990-2000.
FRA) Depletion: includes fuelwood and charcoal. Data refer to production forest only.
DEU) Harvest 1990: include losses from wind damage.
wDEU) Data refer to all hard- and softwood harvested and sold. Harvest 1990: includes losses from wind damage. Growth and intensity of use: 1985 data are Secretariat estimates for 1980-85.
GRC) 1990: 1992 data.
IRL) Natural losses: salvaged volumes only.
ITA) 1990: 1992 data.
LUX) 1990: harvest includes volumes salvaged from storm of winter 1989/90; intensity of use: based on 1989 harvest.
NLD) Data refer to total exploitable forest.
POL) Harvest: decrease in 1990 was a result of decreased demand for wood in the economic transition period. Losses 1980, 1985 and 1990: data are estimates.
ESP) Growth and intensity of use 1980 and 1985: Secretariat estimates.
SWE) 1980, 1985 and 1990 data refer to 1971-80, 1981-85 and 1986-90. 1995: harvest data refer to 1991-94, and annual growth to 1993-94. Natural losses: excludes recovered natural losses.

Source: OECD/OCDE

Notes:
a) Ou l'année la plus récente.
b) Les volumes récupérés sont inclus.
c) Accroissement brut.
CAN) Accroissement: définition canadienne de "quantité annuelle exploitable". 1990 et 1995: données 1991 et 1994.
USA) Volumes sans écorce. Les données sont de 1976 et 1986. Se rapporte aux forêts de production annuelle supérieure à 20 pieds cube par âcre (~66% des superficies forestières totales). Croissance: exclut les forêts naturelles.
JPN) Pertes: dommages causés aux Pins nematoda. Accroissement: forêt nationale; données 1995: Plan pour les ressources forestières.
NZL) Inclut les forêts de production seulement. La croissance des forêts naturelles est considéré proche de zéro avec des taux de croissance et de mortalité égaux. Les récoltes des forêts naturelles sont inférieures à 3% du volume total récolté en NZL.
AUT) Accroissement: les données 1980 et 1990 concernent 1971-80 et 1986-90.
BEL) Wallonie uniquement. 1990: données 1992.
CZE) Pertes naturelles: estimations (exception pour 1990).
DNK) 1980: estimations du Secrétariat pour 1980-85. Accroissement 1990 et 1995 (données 1994): augmentation moyenne annuelle prévue pour la période 1990-2000.
FRA) Diminution: prend en compte le bois de chauffe et le charbon de bois. Forêts de production uniquement.
DEU) Récoltes 1990: inclut les pertes provoqués par les vents.
wDEU) Les données concernent les résineux et les feuillus récoltés et vendus. Récoltes 1990: inclut les pertes provoqués par les vents. Accroissement et intensité de l'exploitation: les données 1985 sont des estimations du Secrétariat pour la période 1980-85.
GRC) 1990: données 1992.
IRL) Pertes: volumes récupérés seulement.
ITA) 1990: données 1992.
LUX) 1990: récoltes incluent du chablis récupéré de la tempête de l'hiver 1989/90; intensité d'exploitation: fondée sur les récoltes 1989.
NLD) Les données concernent la forêt d'exploitation.
POL) Récoltes: la diminution en 1990 est le résultat de la diminution de la demande en bois vérifiée dans la période de transition économique. Pertes 1980, 1985 et 1990: les données sont des estimations.
ESP) Croissance et intensité de l'exploitation 1980 et 1985: estimations du Secrétariat.
SWE) Les données 1980, 1985 et 1990 concernent les périodes 1971-80, 1981-85 et 1986-90. 1995: les données pour les récoltes concernent la période 1991-94, et l'accroissement la période 1993-94. Pertes naturelles: exclut les volumes récupérés.

PRODUCTION AND TRADE OF INDUSTRIAL ROUNDWOOD AND FOREST INDUSTRY PRODUCTS
PRODUCTION ET COMMERCE DE BOIS ROND INDUSTRIEL ET DE PRODUITS DE L'INDUSTRIE DU BOIS

Table 3A provides information on the production of industrial roundwood and the amounts used in the production of some major forest industry products.

- Industrial roundwood means roundwood produced for use in forest industries.
- The term production is synonymous with the term final harvesting.

Timber is largely used as a raw material in forest industries that process sawnwood and sleepers, wood-based panels, wood pulp, and paper and paperboard.

Table 3B shows the overall trade (imports and exports) of forest industry products. Both absolute values expressed in US$ and per capita figures are presented.

Table 3C provides a breakdown of the trade in roundwood and forest industry products by product category. Figures are expressed in US$.

In comparison with the table on overall trade in forest products, this breakdown by main forest industry sector allows a more detailed analysis of the structure and importance of forest industries in OECD Member countries and world regions.

Table 3D gives an overall view of the world trade in forest industry products. It provides information on the share of different regions in the total trade (import/export) in industrial roundwood and forest industry products. Forest industry product categories are the same as in the previous table. The table also indicates the evolution of trade over the last decade in each region.

- Figures for exports represent average "free on board" (f.o.b.) values.
- Figures for imports represent average "cost, insurance, freight" (c.i.f.) values.

This explains the difference between world exports and imports.

For precise definitions the reader should refer to the FAO Yearbook of Forest Products.

These tables generally benefit from a good comparability among countries.

Le tableau 3A donne des informations sur la production de bois rond industriel et sur les quantités employées dans la production de quelques principaux produits de l'industrie du bois.

- Le "bois rond industriel" désigne la production de bois rond destinée à l'industrie du bois.
- Le terme de production est synonyme du terme récoltes définitives.

Le bois est utilisé en grande partie comme matériel brut dans les industries du bois qui fabriquent des sciages et traverses, des panneaux à base de bois, de la pâte de bois et des papiers et cartons.

Le tableau 3B montre le commerce global (importations et exportations) des produits de l'industrie du bois. Il présente les données absolues exprimées en $EU de même que les données relatives par habitant.

Le tableau 3C montre le détail du commerce de bois rond et des produits de l'industrie du bois par catégorie de produit. Les données sont exprimées en $EU.

En comparaison avec le tableau sur le commerce global de produits forestiers, cette division en secteurs principaux de l'industrie du bois permet une analyse plus détaillée de la structure et de l'importance des industries du bois dans les pays de l'OCDE et les régions du monde.

Le tableau 3D donne un aperçu global du commerce mondial des produits de l'industrie du bois. Il informe sur la part que prennent les régions du monde dans le commerce total (importations/exportations) du bois rond industriel et des produits de l'industrie du bois. Les catégories de produits de l'industrie du bois sont les mêmes que celles du tableau précédent. Le tableau indique également l'évolution du commerce dans chaque région durant la dernière décennie.

- Les exportations représentent les valeurs moyennes f.o.b. (franco de bord).
- Les importations représentent les valeurs moyennes c.a.f. (coût, assurance, fret).

Ceci explique la différence entre les exportations et les importations mondiales.

Pour les définitions précises, le lecteur peut se référer à l'annuaire FAO des produits forestiers.

Ces tableaux bénéficient en général d'une bonne comparabilité entre pays.

FOREST 5.3A

PRODUCTION OF INDUSTRIAL ROUNDWOOD AND FOREST INDUSTRY PRODUCTS, 1995
PRODUCTION DE BOIS ROND INDUSTRIEL ET DE PRODUITS DE L'INDUSTRIE DU BOIS, 1995

	Industrial Roundwood/ Bois rond industriel		Sawnwood & sleepers Sciages et traverses		Wood based panels/ Panneaux à base de bois		Wood Pulp/ Pâte de bois		Paper & Paperboard/ Papiers et cartons	
	1000 m3	% world/ % monde	1000 m3	% world/ % monde	1000 m3	% world/ % monde	1000 tonnes	% world/ % monde	1000 tonnes	% world/ % monde
Canada	183 113	12.30	60 436	14.15	8 358	5.74	25 429	15.71	18 713	6.50
Mexico	6 060	0.41	2 329	0.55	606	0.42	422	0.26	3 047	1.06
USA/Etats-Unis	408 948	27.47	105 326	24.65	38 157	26.22	60 866	37.60	85 526	29.71
Japan/Japon	22 897	1.54	24 493	5.73	7 066	4.85	11 118	6.87	29 664	10.30
Korea/Corée	1 994	0.13	3 440	0.81	2 136	1.47	554	0.34	6 878	2.39
Australia/Australie	19 560	1.31	3 691	0.86	1 137	0.78	1 003	0.62	2 224	0.77
N.Zealand/N.Zélande	17 105	1.15	2 943	0.69	1 086	0.75	1 415	0.87	903	0.31
Austria/Autriche	11 346	0.76	7 804	1.83	1 961	1.35	1 620	1.00	3 599	1.25
Belgium/Belgique *	3 635	0.24	1 209	0.28	2 609	1.79	378	0.23	1 088	0.38
Czech Rep./R.Tchèque	12 060	0.81	3 420	0.80	726	0.50	524	0.32	738	0.26
Denmark/Danemark	1 797	0.12	583	0.14	432	0.30	146	0.09	345	0.12
Finland/Finlande	46 124	3.10	9 448	2.21	1 434	0.99	10 180	6.29	10 942	3.80
France	35 885	2.41	10 500	2.46	4 074	2.80	2 822	1.74	8 619	2.99
Germany/Allemagne	35 175	2.36	14 025	3.28	10 700	7.35	1 984	1.23	14 827	5.15
Greece/Grèce	986	0.07	337	0.08	363	0.25	25	0.02	750	0.26
Hungary/Hongrie	2 383	0.16	382	0.09	477	0.33	5	-	321	0.11
Iceland/Islande	-	-	-	-	-	-	-	-	-	-
Ireland/Irlande	2 140	0.14	710	0.17	330	0.23	-	-	-	-
Italy/Italie	4 473	0.30	1 850	0.43	4 268	2.93	503	0.31	6 802	2.36
Luxembourg *	..	..	..	..	..	..	..	..	..	..
Netherlands/Pays-Bas	934	0.06	426	0.10	114	0.08	148	0.09	2 967	1.03
Norway/Norvège	8 565	0.58	2 420	0.57	586	0.40	2 485	1.53	2 263	0.79
Poland/Pologne	16 632	1.12	5 650	1.32	2 315	1.59	869	0.54	1 727	0.60
Portugal	8 850	0.59	1 731	0.41	1 170	0.80	1 617	1.00	977	0.34
Spain/Espagne	12 414	0.83	2 830	0.66	2 495	1.71	1 602	0.99	3 684	1.28
Sweden/Suède	56 100	3.77	14 759	3.45	964	0.66	10 506	6.49	9 169	3.18
Switzerland/Suisse	3 916	0.26	1 479	0.35	704	0.48	263	0.16	1 479	0.51
Turkey/Turquie	10 745	0.72	4 331	1.01	1 078	0.74	328	0.20	1 235	0.43
UK/Royaume-Uni	7 970	0.54	2 253	0.53	2 543	1.75	639	0.39	6 095	2.12
Slovak Rep./R.Slov.	4 887	0.33	646	0.15	341	0.23	308	0.19	327	0.11
N.America/Amér.N.	598 121	40.17	168 091	39.34	47 121	32.38	86 717	53.56	107 286	37.26
Australia/Iie-NZ	36 665	2.46	6 634	1.55	2 223	1.53	2 418	1.49	3 127	1.09
OECD/OCDE Europe	282 130	18.95	86 147	20.16	39 343	27.03	36 644	22.63	77 627	26.96
EU/UE -15	227 829	15.30	68 465	16.02	33 457	22.99	32 170	19.87	69 864	24.27
Developed e./é. développés	1 066 457	71.63	315 369	73.81	101 485	69.73	144 174	89.05	221 422	76.91
Developing e./é. en dével.	422 380	28.37	111 880	26.19	44 058	30.27	17 723	10.95	66 488	23.09
OECD/OCDE	941 807	63.26	288 805	67.60	97 889	67.26	137 451	84.90	224 582	78.00
World/Monde	1 488 838	100.00	427 249	100.00	145 543	100.00	161 897	100.00	287 910	100.00

Notes:
BEL) Belgium and Luxembourg.
LUX) Belgium and Luxembourg.

Notes :
BEL) Belgique et Luxembourg.
LUX) Belgique et Luxembourg.

Source: FAO

5.3B FORÊTS

TRADE IN FOREST INDUSTRY PRODUCTS, 1995
COMMERCE DE PRODUITS DE L'INDUSTRIE DU BOIS, 1995

	Imports/ Importations	Exports/ Exportation	Exp-Imp Balance	Imports/ Importations	Exports/ Exportation	Exp-Imp Balance
	Million US$ (a)			US$ per capita/$EU par habitant		
Canada	2 953	27 787	24 834	100	939	839
Mexico	1 367	230	- 1 137	14	2	- 12
USA/Etats-Unis	22 448	18 148	- 4 300	85	69	- 16
Japan/Japon	19 486	1 781	- 17 705	155	14	- 141
Korea/Corée	4 972	1 210	- 3 762	110	27	- 83
Australia/Australie	1 815	738	- 1 077	101	41	- 60
N.Zealand/N.Zélande	318	1 634	1 316	89	456	368
Austria/Autriche	1 987	3 361	1 374	247	418	171
Belgium/Belgique *	4 066	2 791	- 1 276	385	265	- 121
Czech Rep./R.Tchèque	430	731	301	42	71	29
Denmark/Danemark	1 588	535	- 1 053	304	102	- 201
Finland/Finlande	982	11 953	10 972	192	2 340	2 148
France	8 198	5 851	- 2 347	141	101	- 40
Germany/Allemagne	10 948	7 779	- 3 169	134	95	- 39
Greece/Grèce	414	50	- 364	40	5	- 35
Hungary/Hongrie	400	163	- 238	39	16	- 23
Iceland/Islande	59	2	- 57	219	7	- 212
Ireland/Irlande	637	198	- 439	177	55	- 122
Italy/Italie	8 637	2 874	- 5 763	151	50	- 101
Luxembourg *	..	..	..	..	..	..
Netherlands/Pays-Bas	5 163	3 017	- 2 146	334	195	- 139
Norway/Norvège	1 159	2 179	1 021	267	501	235
Poland/Pologne	793	701	- 92	21	18	- 2
Portugal	1 145	1 733	587	115	175	59
Spain/Espagne	3 826	1 618	- 2 209	98	41	- 56
Sweden/Suède	1 588	10 850	9 262	180	1 226	1 047
Switzerland/Suisse	2 857	1 912	- 945	405	271	- 134
Turkey/Turquie	891	104	- 787	14	2	- 13
UK/Royaume-Uni	8 084	1 714	- 6 370	138	29	- 109
Slovak Rep./R. Slovaque	149	364	215	28	68	40
N.America/Amér.N.	26 767	46 165	19 398	69	119	50
Australia/Iie-NZ	2 133	2 372	239	99	110	11
OECD/OCDE Europe	63 851	60 115	- 3 736	127	119	- 7
EU/UE - 15	57 262	54 323	- 2 939	154	146	- 8
Developed economies/économies développés	112 560	116 411	3 851	87	90	3
Developing economies/économies en développement	33 542	24 045	- 9 497	8	5	- 2
OECD/OCDE	117 209	111 644	- 5 565	108	103	- 5
World/Monde	146 103	140 456	- 5 647	26	25	- 1

Notes:
a) Current exchange rates.
BEL) Belgique and Luxembourg.
LUX) Belgique and Luxembourg.

Notes :
a) Taux de change courants.
BEL) Belgique et Luxembourg.
LUX) Belgique et Luxembourg.

Source: FAO

FOREST 5.3C

TRADE IN ROUNDWOOD AND FOREST INDUSTRY PRODUCTS, 1995
COMMERCE DE BOIS ROND ET DE PRODUITS DE L'INDUSTRIE DU BOIS, 1995

1 000 US$ (a)

	Industrial roundwood/ Bois rond industriel		Sawnwood & sleepers/ Sciages et traverses		Wood based panels/ Panneaux à base de bois		Wood pulp/ Pâte de bois		Paper & paperboard/ Papiers et cartons	
	Imp.	Exp.	Imp.	Exp.	Imp.	Exp.	Imp.	Exp.	Imp.	Exp.
Canada	394 155	218 942	386 211	7 973 001	248 751	1 454 176	212 234	7 958 785	1 347 915	10 094 350
Mexico	6 744	16 054	119 349	53 303	80 869	41 109	443 375	3 813	482 126	101 973
USA/Etats-Unis	186 484	2 861 762	5 826 305	2 460 780	1 960 247	944 465	3 879 220	4 536 623	10 478 370	6 595 398
Japan/Japon	7 106 567	1 713	5 078 770	18 525	2 604 878	28 419	2 769 657	59 943	1 695 286	1 662 015
Korea/Corée	1 149 401	251	408 530	15 836	773 566	56 205	1 450 427	13 775	768 831	1 125 514
Australia/Australie	1 024	443 835	399 471	27 238	111 237	67 755	113 944	-	1 190 414	165 566
N.Zealand/N.Zélande	924	487 303	28 613	306 323	9 243	254 188	15 009	338 330	265 356	236 481
Austria/Autriche	341 698	80 568	256 000	889 000	182 169	398 199	277 659	123 985	854 000	1 861 861
Belgium/Belgique *	227 269	140 063	654 333	199 019	311 891	634 557	445 053	112 665	2 438 256	1 606 881
Czech Rep./R.Tchèque	28 229	132 585	27 289	164 846	45 484	56 160	55 408	144 918	272 310	223 509
Denmark/Danemark	48 515	26 423	464 141	60 585	225 571	68 603	28 202	21 105	828 853	343 174
Finland/Finlande	501 279	108 143	63 221	1 756 718	38 635	669 346	135 839	842 005	231 216	8 588 525
France	453 206	340 684	760 986	391 826	579 427	702 991	1 569 019	342 231	4 592 288	3 875 934
Germany/Allemagne	300 457	387 795	1 543 102	464 848	1 713 052	1 057 493	2 088 700	163 256	5 202 000	5 505 000
Greece/Grèce	1 931	360	91 351	6 332	39 279	10 717	84 466	381	198 100	31 036
Hungary/Hongrie	16 684	30 612	129 056	47 898	14 554	41 558	22 378	1 499	213 425	33 918
Iceland/Islande	432	21	19 738	413	10 370	366		-	27 784	361
Ireland/Irlande	13 950	22 901	133 754	51 480	80 188	92 536	12 349	-	399 496	25 660
Italy/Italie	673 379	2 182	1 984 099	264 933	523 492	383 377	2 177 374	10 890	3 053 029	2 221 380
Luxembourg *	..	..	..	..	..	..	..	..	..	..
Netherlands/Pays-Bas	71 275	32 324	1 033 493	237 147	678 781	163 064	692 341	188 701	2 435 075	2 134 569
Norway/Norvège	270 376	30 421	268 372	178 281	107 627	65 375	81 474	435 930	413 846	1 465 525
Poland/Pologne	20 531	47 600	25 000	218 900	84 600	157 900	113 062	56 811	536 441	227 792
Portugal	239 159	54 326	93 662	110 605	51 443	170 113	63 614	728 251	695 467	675 268
Spain/Espagne	247 858	29 809	617 597	20 765	223 319	251 430	428 827	514 997	2 178 914	782 704
Sweden/Suède	487 987	162 791	116 274	2 485 716	228 336	125 964	160 649	1 973 857	483 054	6 070 332
Switzerland/Suisse	63 512	118 784	271 440	39 348	313 429	179 718	339 436	64 849	1 823 675	1 452 771
Turkey/Turquie	107 508	3 173	22 698	21 246	27 243	15 973	206 806	-	512 907	62 447
UK/Royaume-Uni	146 600	24 200	1 505 000	37 000	984 688	122 291	942 500	62 000	4 530 000	1 411 000
Slovak Rep./R.Slov.	9 246	33 253	4 780	125 366	17 888	21 792	27 631	26 293	86 831	152 627
N.America/Amér.N.	587 383	3 096 758	6 331 865	10 487 084	2 289 867	2 439 750	4 534 829	12 499 221	12 308 411	16 791 721
Australia/Iie-NZ	1 948	931 138	428 084	333 561	120 480	321 943	128 953	338 330	1 455 770	402 047
OECD/OCDE Eur.	4 261 835	1 775 765	10 080 606	7 646 906	6 463 578	5 367 731	9 925 156	5 788 331	31 920 136	38 599 647
EU/UE - 15	3 754 563	1 412 569	9 317 013	6 975 974	5 860 271	4 850 681	9 106 592	5 084 324	28 119 748	35 133 324
Developed e./é. dével.	12 028 000	7 066 735	22 104 180	19 968 650	11 674 580	8 642 629	16 968 870	19 690 080	47 835 140	59 232 590
Developing e./é. en dével.	3 584 514	3 804 637	4 620 757	4 211 974	4 296 885	7 178 864	5 450 557	3 234 453	13 822 120	5 296 613
OECD/OCDE	13 107 134	5 805 625	22 327 855	18 501 912	12 252 369	8 214 048	18 809 022	18 699 600	48 148 434	58 580 944
World/Monde	15 612 510	10 871 370	26 724 930	24 180 620	15 971 470	15 821 490	22 419 430	22 924 530	61 657 260	64 529 200

Notes:
a) Current exchange rates.
BEL) Belgique and Luxembourg.
LUX) Belgique and Luxembourg.

Notes :
a) Taux de change courants.
BEL) Belgique et Luxembourg.
LUX) Belgique et Luxembourg.

Source: FAO

5.3D FORÊTS

TRADE IN FOREST INDUSTRY PRODUCTS, by world region, 1980-1995
COMMERCE DE PRODUITS DE L'INDUSTRIE DU BOIS, par région du monde, 1980-1995

Products/Produits			Share of world total/part du total mondial (%)			World total/ Total mondial Million US$ (a)
			OECD/ OCDE	Developed economies/ Économies développés	Developing economies/ Économies en développement	
Industrial Roundwood/ Bois rond industriel	Imports/ importations	1980	88.4	83.6	16.4	12 316
		1990	92.4	84.1	15.9	11 264
		1995	84.0	77.0	23.0	15 613
	Exports/ exportations	1980	40.7	52.5	47.5	8 679
		1990	55.7	66.0	34.0	9 401
		1995	53.4	65.0	35.0	10 871
Sawnwood and Sleepers/ Sciages et traverses	Imports/ importations	1980	84.8	86.3	13.7	13 969
		1990	84.4	84.3	15.7	20 429
		1995	83.5	82.7	17.3	26 725
	Exports/ exportations	1980	69.2	82.0	18.0	12 342
		1990	75.1	83.6	16.4	17 316
		1995	76.5	82.6	17.4	24 181
Wood Based Panels/ Panneaux à base de bois	Imports/ importations	1980	78.7	80.9	19.1	5 237
		1990	77.8	76.7	23.3	11 012
		1995	76.7	73.1	26.9	15 971
	Exports/ exportations	1980	66.4	67.8	32.2	5 161
		1990	52.7	56.5	43.5	10 169
		1995	51.9	54.6	45.4	15 821
Wood Pulp/ Pâte de bois	Imports/ importations	1980	88.2	89.2	10.8	9 759
		1990	88.5	86.4	13.6	17 415
		1995	83.9	75.7	24.3	22 419
	Exports/ exportations	1980	87.7	93.1	6.9	9 543
		1990	87.2	92.2	7.8	15 787
		1995	81.6	85.9	14.1	22 925
Paper and Paperboard/ Papiers et cartons	Imports/ importations	1980	75.9	78.7	21.3	20 846
		1990	81.4	82.5	17.5	49 349
		1995	78.1	77.6	22.4	61 657
	Exports/ exportations	1980	93.8	97.1	2.9	20 047
		1990	93.5	94.7	5.3	45 886
		1995	90.8	91.8	8.2	64 529

Notes:
a) Current exchange rates.

Notes :
a) Taux de change courants.

Source: FAO

FOREST 5.4

TRADE IN TROPICAL WOOD
COMMERCE DE BOIS TROPICAUX

The following table presents the average c.i.f. value of cork and wood imports by OECD countries from tropical countries for the latest available year. Data are expressed at current prices and exchange rates and given by region of origin, per capita and in per cent of total cork and wood imports.

Harvesting of wood from tropical forests and the export of part of this harvest to OECD countries is one of many causes of tropical deforestation. It not only affects the environment of the tropical countries concerned but also plays an important role in reducing the world's genetic resources and in increasing CO_2 concentration and its potential impact on the climate

When interpreting this information, it should be kept in mind that definitions and classifications are those of official trade statistics and that comparisons among countries need to be subject to caution.

Le tableau suivant présente la valeur moyenne c.a.f. des importations par les pays de l'OCDE de liège et de bois en provenance des pays tropicaux pour la dernière année disponible. Les données sont exprimées aux prix et taux de change courants et présentées par région d'origine, par habitant et en pourcentage des importations totales de liège et de bois.

La récolte de bois provenant des forêts tropicales et l'exportation d'une partie de ce bois vers les pays de l'OCDE est une des nombreuses raisons de la déforestation tropicale. Elle a non seulement un impact sur les pays tropicaux concernés, mais elle contribue également de façon importante à réduire les ressources génétiques mondiales et à augmenter la concentration en CO_2 et son impact potentiel sur le climat.

En interprétant ces données il faut tenir compte du fait que les définitions et les classifications sont celles utilisées par les statistiques officielles sur le commerce, et que les comparaisons entre pays doivent être faites avec prudence.

5.4 FORÊTS

IMPORTS OF CORK AND WOOD FROM TROPICAL COUNTRIES (a), 1995
IMPORTATIONS DE LIÈGE ET DE BOIS EN PROVENANCE DES PAYS TROPICAUX (a), 1995

		Africa/ Afrique (1000 US$)	Latin America/ Amérique Latine (1000 US$)	Far East/ Extrême Orient (1000 US$)	Oceania/ Océanie (1000 US$)	Total (1000 US$)	per capita/ par habitant (US$/cap.)	% of total imports of wood and cork/ % des importations totales de liège et de bois
Canada		291	7113	25770	12	33185	1.1	0.9
Mexico/Mexique		829	8391	7362	-	16582	0.2	4.8
USA/Etats-Unis		12390	235169	143316	93	390967	1.5	3.0
Japan/Japon		134215	72988	2085763	404643	2697609	21.5	11.0
Korea/Corée		9496	7096	481990	155852	654434	14.5	19.3
Australia/Australie		926	1468	99754	6573	108722	6.0	14.0
N.Zealand/N.Zélande		552	56	7003	3568	11178	3.1	18.1
Austria/Autriche	*	3610	28463	6660	-	38733	4.8	5.9
Belgium/Belgique	*	39548	11739	75655	477	127419	12.1	7.0
Czech Rep./R.Tchèque		253	-	-	4745	4998	0.5	5.7
Denmark/Danemark		5683	3642	9257	-	18582	3.6	1.3
Finland/Finlande		3749	10832	1757	-	16338	3.2	1.4
France		357324	97873	45334	108	500639	8.6	19.1
Germany/Allemagne		122557	7459	70158	138	200311	2.5	4.6
Greece/Grèce		42950	599	780	-	44329	4.2	10.1
Hungary/Hongrie		310	16	113	-	439	-	0.2
Iceland/Islande		255	652	58	-	965	3.6	2.3
Ireland/Irlande		31148	3539	1244	-	35931	10.0	12.4
Italy/Italie		367113	57221	120338	19	544692	9.5	9.6
Netherlands/Pays-Bas		59074	23697	191124	59	273954	17.7	12.4
Norway/Norvège		8851	8067	12719	-	29637	6.8	2.5
Poland/Pologne		4200	-	296	3813	8309	0.2	7.6
Portugal		152555	80807	1582	38	234983	23.7	30.7
Spain/Espagne		208987	56135	5714	-	270837	6.9	14.6
Sweden/Suède	*	2661	26941	3742	-	33344	3.8	6.7
Switzerland/Suisse		5987	209	2253	-	8448	1.2	1.2
Turkey/Turquie		32635	1379	465	-	34479	0.6	11.9
UK/Royaume-Uni		71412	56813	104152	486	232863	4.0	6.3
N. America/Amérique N.		13509	250672	176447	105	440734	1.1	2.6
OECD/OCDE Europe 20	*	1514592	420679	643000	9882	2588153	5.3	8.9
EU/UE - 13	*	1462101	410356	627096	1324	2500878	7.0	9.5
OECD/OCDE - 27	*	1673290	752959	3493959	580622	6500831	6.1	8.7

Notes:
a) Imports of wood and cork from non-OECD countries located between the Tropic of Cancer and the Tropic of Capricorn.
AUT) 1994 data.
BEL) Data include Luxembourg.
SWE) 1994 data.
Totals) Do not include Austria and Sweden.

Source: OECD/OCDE

Notes :
a) Importations de liège et de bois en provenance des pays non-OCDE situés entre le Tropique du Cancer et le Tropique du Capricorne.
AUT) Données 1994.
BEL) Les données incluent le Luxembourg.
SWE) Données 1994.
Totaux) N'incluent pas l'Autriche et la Suède.

FOREST 5.5

FOREST OWNERSHIP
PROPRIÉTÉ FORESTIÈRE

The following table provides information on the percentage of the forest land area owned publicly and privately within selected countries. These two main types of ownership are subdivided into:

- national government ownership vs. regional/local government and other public ownership;
- industry ownership vs. other private ownership (including farms).

Forest ownership influences the management of the forest both as an economic and as an environmental resource.

The interpretation of this table should take into account differences among countries in definitions, as mentioned in the footnotes.

Le tableau suivant fournit des renseignements sur le pourcentage des terres forestières appartenant à des propriétaires publics et privés dans des pays sélectionnés. Ces deux principaux types de propriété sont subdivisés respectivement en :

- propriété gouvernementale nationale, régionale, locale et autres propriétés publiques ;
- propriété industrielle et autres types de propriété privée (y compris les propriétés rurales).

Le type de propriété de la forêt joue un rôle important dans la gestion de la forêt, qu'elle soit considérée comme ressource économique ou environnementale.

Pour la bonne interprétation de ce tableau, il faut tenir compte des différences de définition qui existent entre certains pays ; elles sont mentionnées dans les notes en bas de page.

FORÊTS

FOREST OWNERSHIP, mid-1990s (a)
PROPRIÉTÉ FORESTIÈRE, milieu des années 1990 (a)

% of area covered / % de superficie couverte

		Public/Publique			Private/Privé		
		National/ Nationale	Other/ Autres	Total [b]	Forest industry/ Industrie forestière	Other/ Autres	Total [b]
Canada	*	23	71	93	6	1	7
Mexico/Mexique	*	5	80	85	..	..	15
USA/Etats-Unis	*	34	9	43	10	48	57
Japan/Japon		31	11	42	..	..	58
Korea/Corée		21	8	28	..	..	72
Australia/lie		72	-	72	..	..	28
N.Zealand/N.Zél.		75	-	75	6	19	25
Austria/Autriche	*	15	3	18	..	..	82
Belgium/Belgique		12	35	48	-	52	52
Czech Rep./R.Tchèque		70	11	81	-	19	19
Denmark/Danemark	*	27	5	31	45	23	69
Finland/Finlande		25	3	27	9	64	73
France		10	16	27	..	..	73
Germany/Allem.		34	20	54	..	..	46
Greece/Grèce		65	12	77	..	..	23
Hungary/Hongrie	*	61	-	62	-	38	38
Ireland/Irlande		84	-	84	..	..	16
Italy/Italie	*	7	33	40	..	..	60
Luxembourg		11	36	46	-	54	54
Netherl./Pays-Bas	*	31	16	48	-	52	52
Norway/Norvège		9	3	12	4	84	88
Poland/Pologne		82	-	83	-	17	17
Portugal		3	6	9	8	83	91
Spain/Espagne		6	30	36	-	64	64
Sweden/Suède	*	8	7	15	38	47	85
Switzerl./Suisse	*	1	72	73	-	27	27
Turkey/Turquie		100	-	100	-	-	-
UK/Royaume-Uni	*	-	-	41	-	59	59
Slovak Rep./Rép.Slov.		42	42	84	-	16	16

Notes:
a) 1995 or latest available year.
b) Totals may not correspond to the sum of categories due to rounding.
CAN) Data refer to 1991 and to wooded areas.
MEX) Data refer to 1994. Since 1950, forest lands have mostly been publicly owned (ejidal y comunal 80%), but since 1994 this trend has started to change with constitutional reform.
USA) Data refer to 1992. Public-National: federally owned public lands. Public-Other: non-federal public lands (state, county, municipality, etc.)
AUT) Data refer to 1986-90. Public-Other: Territorial communities (Gebietskörperschaften).
DNK) Data refer to 1990.
HUN) Public-Other: mainly agricultural co-operatives.
ITA) Public-National: state and regions. Public-Other: municipalities and public institutions.
NLD) Data refer to 1985.
SWE) Data refer to 1993-94 and forest cover. In 1993 a large part of national public area came under forest industry ownership.
CHE) Data refer to 1992.
UKD) Data refer to 1992. Private: includes public woodlands not managed by the Forestry Commission or by the Northern Forest Service.

Source: OECD, FAO/OCDE, FAO

Notes:
a) 1995 ou l'année la plus récente.
b) Les totaux peuvent ne pas correspondre à la somme des catégories à cause des arrondis.
CAN) Les données concernent l'année 1991 et la superficie boisée.
MEX) Les données concernent l'année 1994. La forêt appartient dans sa grande majorité à des communautés (ejidal y comunal 80%). Cette situation existe depuis 1950. Depuis 1994 cette tendance a commencé à changer avec la réforme Constitutionnelle.
USA) Les données concernent l'année 1992. Publique-Nationale: forêts publiques fédérales. Publique-Autres: forêts publiques non fédérales (états, comtés, municipalités, etc).
AUT) Les données concernent la période 1986-90. Publique-Autres: communautés territoriales (Gebietskörperschaften).
DNK) Les données concernent l'année 1990.
HUN) Publique-Autres: coopératives agricoles principalement.
ITA) Publique-Nationale: état et régions. Publique-Autres: municipalités et institutions publiques.
NLD) Les données concernent l'année 1985.
SWE) Les données concernent la période 1993-94 et le couvert forestier. En 1993 une importante part des forêts nationales publiques sont devenues propriété des industries forestières.
CHE) Les données concernent l'année 1992.
UKD) Les données concernent l'année 1992. Privé: inclut les superficies boisées publiques qui ne sont pas gérées par la commission de la foresterie ou par le service des forêts du nord.

FOREST 5.6

BURNED AREA OF FORESTS AND OTHER WOODED LAND
SUPERFICIE DE FORÊTS ET DE TERRES BOISÉES BRÛLÉES

The next table gives information on the area of forest and other wooded land burned by wildfires in selected countries. Wildfires are caused by arson, negligence, lightning and other causes.

Although wildfires can have an ecologically beneficial effect, generally, they are one of the worst causes of forest damage. They are especially dangerous in areas with a hot dry climate. Fire fighting can be extremely difficult, so damage may cover large areas. Furthermore, wildfires contribute to emissions of greenhouse gases.

Forest fires occur on forest land, other wooded land and brush land. Not all countries separate these three land categories in their fire statistics and therefore great caution should be used in comparing the information from different countries. Furthermore, the methods of evaluating related losses may vary among countries. Some differences in definitions are reflected in footnotes, which should be borne in mind when interpreting this table.

Le tableau suivant donne des informations sur la superficie de forêts et d'autres terres boisées brûlées par des incendies dans des pays sélectionnés. Les causes des feux de forêt sont multiples : incendies volontaires, négligence, foudre, etc.

Même si les incendies de forêt peuvent avoir des effets bénéfiques du point de vue écologique, ils sont une des causes de dégâts les plus graves pour la forêt. Ils sont particulièrement dangereux dans les zones à climat sec et chaud. La lutte contre l'incendie peut être extrêmement difficile de sorte que les dégâts peuvent couvrir des superficies importantes. De plus, les feux de forêt contribuent aux émissions de gaz à effet de serre.

Les incendies de forêt touchent les terres forestières, les autres terrains boisés et les terres couvertes de broussailles. Comme tous les pays ne font pas la distinction entre ces trois catégories dans leurs statistiques sur les incendies, les données des différents pays doivent être comparées avec grande prudence. De plus, les méthodes d'évaluation des pertes relatives aux incendies de forêt peuvent varier d'un pays à l'autre. Les notes en bas de page indiquent quelques différences au niveau des définitions utilisées et doivent être prises en compte pour la bonne interprétation du tableau.

5.6 FORÊTS

BURNED AREA OF FORESTS AND OTHER WOODED LAND, 1980-1995
SUPERFICIE DE FORÊTS ET DE TERRES BOISÉES BRÛLÉES, 1980-1995

hectares

		1980	1985	1986	1987	1988	1989	1990	1991	1992	1993	1994	1995
Canada		4776700	755200	950100	1085600	1336100	7559600	930900	1574500	868800	1967400	6292000	7277728
Mexico/Mexique		110709	152224	290815	287347	518265	507471	80400	269266	44401	235020	141500	309087
USA/Etats-Unis	*	1254080	2125529	1291448	2017058	2994227	1320972	2207600	1298700	1283338	1831195	..	..
Japan/Japon		5307	4924	4893	4890	3176	2117	1300	2700	2300	3200	2700	..
Korea/Corée		..	..	..	..	..	..	..	..	..	600	800	..
Australia/ie	*	..	..	..	..	..	..	500	1900	1400	..	..	..
Austria/Autriche	*	63	83	99	53	87	52	200	50	132	112	57	..
Belgium/Belgique	*	67	16	29	46	8	33	19	54	16	11	13	1
Czech Rep./R.Tchèque		..	..	..	..	..	..	..	..	..	566	204	205
Denmark/Danemark	*	6	1	6	..	..	..	..	..	67	9	1	1
Finland/Finlande	*	774	238	367	153	289	516	433	227	1082	580	1575	643
France	*	22176	57368	51859	14109	6701	75566	72625	10130	16607	16695	24997	18539
Germany/Allemagne		..	..	..	..	..	..	..	919	4908	1493	1114	592
w.Germany/All.occ.		1545	242	293	319	282	281	481	349	2014	320	..	..
Greece/Grèce	*	32965	92471	21166	37271	88347	36040	33733	18239	56688	47927	42401	24295
Hungary/Hongrie		92	770	1810	1349	1349	1349	1349	1349	1349	1349	1349	1349
Ireland/Irlande	*	1212	356	713	840	840	840	840	..	152	63	275	..
Italy/Italie		46221	75806	26694	48484	59206	44653	96157	24530	40549	104385	38172	19980
Luxembourg		5	4	2	2	..	..	10	4	1	8	2	1
Netherlands/Pays-Bas		153	14	15	27	26	22	40	33	21	27	23	..
Norway/Norvège	*	105	31	63	35	209	170	87	530	1370	224	200	100
Poland/Pologne	*	1842	1825	4023	1785	3801	5086	7341	2567	43755	8290	9171	5306
Portugal	*	44260	138038	95475	73934	21381	125071	78056	121815	30171	23812	13487	87554
Spain/Espagne	*	263017	484476	264896	147387	137754	425191	203032	260318	105278	89332	437614	141347
Sweden/Suède	*	..	..	..	..	..	..	..	..	3500	500	1600	400
Switzerland/Suisse	*	643	213	63	312	183	213	1102	148	52	42	293	438
Turkey/Turquie		10248	26006	11037	10746	17032	12348	13000	7590	12310	13734	20997	4791
UK/Royaume-Uni	*	1349	568	122	61	400	100	300	100	100	147	1039	540
Slovak Rep./R.Slov.		..	..	..	..	..	..	..	..	..	518	96	86

Notes:
a) Data refer to "forest and other wooded land". When specified, data may also include "other land": heathland, wasteland or agricultural land adjoining or surrounded by forest land.
USA) Data refer to protected land only and include other land.
AUS) Data refer to pine plantations only; most eucalypts are fire adapted.
AUT) Data include other land.
BEL) 1986: Flanders only. 1987 and 1991: includes other land. Since 1991: Wallonia only.
DNK) Data refer to state forests only. 1986: estimates.
FIN) 1986-87 and 1993: estimates; 1995: preliminary estimate.
FRA) Data include forest and subforest land (maquis, garrigues, sandy moors). 1995: provisional figure.
GRC) 1980: includes other land.
HUN) Since 1987: data are estimates.
IRL) Data include estimates. State forests only.
NOR) Forest land with annual production greater than 1m3 per hectare.
POL) 1980 and 1989: data refer to state forests only (i.e. 80% of total forest land).
PRT) 1980: includes other land.
ESP) Data include other land (such as grassland).
SWE) 1995: estimated data.
CHE) Data include other land and estimates.
UKD) 1980, 1985-87, 1993-95: state forests only. Data refer to the financial year (April to March).

Source: UNECE, FAO, OECD/CEENU, FAO, OCDE

Notes :
a) Les données concernent les "forêts et autres terres boisées". Quand il est mentionné, les données peuvent aussi inclure la catégorie "autres terres": landes, terres incultes ou terres agricoles contiguës à des terres forestières ou enclavées dans ces terres.
USA) Les données concernent uniquement les zones protégées, et comprennent d'autres terres.
AUS) Plantations de pin uniquement; la plupart des eucalyptus sont adaptés au feu.
AUT) Les données comprennent d'autres terres.
BEL) 1986: Flandres uniquement. 1987 et 1991: inclut d'autres terres. Depuis 1991: Wallonie uniquement.
DNK) Les données concernent les forêts nationales uniquement. 1986: estimations.
FIN) 1986-87 et 1993: estimations; 1995: estimations préliminaires.
FRA) Les données incluent les forêts et les zones subforestières (maquis, garrigues, landes). 1995: chiffre provisoire.
GRC) 1980: inclut d'autres terres.
HUN) Depuis 1987: les données sont des estimations.
IRL) Les données incluent des estimations. Forêts nationales uniquement.
NOR) Superficie forestière de production supérieure à 1m3 par hectare.
POL) 1980 et 1989: les données se rapportent aux forêts nationales uniquement (c.à.d. 80% de la superficie des forêts).
PRT) 1980: inclut d'autres terres.
ESP) Les données incluent d'autres terres (comme les pâturages).
SWE) 1995: les données sont des estimations.
CHE) Les données comprennent d'autres terres et des estimations.
UKD) 1980, 1985-87, 1993-95: forêts nationales uniquement. Les données concernent l'année fiscale (avril à mars).

PART I   PARTIE I

6. WILDLIFE

6. FAUNE ET FLORE

<u>LIST OF TABLES</u>   <u>LISTE DES TABLEAUX</u>

6.1A   State of mammals, birds and fish   6.1A   État des mammifères, des oiseaux et des poissons

6.1B   State of reptiles, amphibians and invertebrates 6.1B   État des reptiles, des amphibiens et des invertébrés

6.1C   State of vascular plants, mosses, lichens, fungi and algae   6.1C   État des plantes vasculaires, mousses, lichens, champignons et algues

6.2A   Catches of fish and other aquatic animals and products   6.2A   Captures de poissons et d'autres animaux et produits aquatiques

6.2B   Fishery production   6.2B   Production des pêches

6.2C   Fish consumption   6.2C   Consommation de poisson

6.3   Major protected areas by type   6.3   Principales zones protégées par type

WILDLIFE

INTRODUCTION

Wildlife encompasses all non-human living organisms and the ecosystems of which they are a part. As a resource for human activities, wildlife plays an essential role for material needs, in maintaining life-support systems and for the quality of life. The question of the preservation of wildlife and the importance of biodiversity have met with specific interest in international forums recently (e.g. Convention on Biological Diversity).

The tables presented in this section give information concerning:

a) the state of wildlife resources:
- mammals, birds and fish species;
- reptiles, amphibians and invertebrate species;
- vascular plants as well as mosses, lichens, fungi and algae;

b) the uses of wildlife resources and related pressures from human activities:
- fish production;
- fish consumption;
- catches of fish and other aquatic animals and products;

c) the management of wildlife resources:
- major protected areas;

It should be noted that a number of important topics are not covered, either because data on the state of wildlife are lacking or because a large part of scientific and administrative knowledge is based on information that cannot be quantified. The reader will, however, find other data concerning wildlife habitats in the section on land (e.g. national parks, major protected areas) and in the section on forest. International conventions related to wildlife are presented in the section on general data.

INTRODUCTION

La faune et la flore comprennent l'ensemble des organismes vivants autres qu'humains ainsi que les écosystèmes dont ils font partie. En tant que ressource pour les activités humaines, elles jouent un rôle essentiel dans la satisfaction des besoins matériels, dans le maintien des mécanismes de la vie et de la qualité de la vie. La question de la préservation de la faune et de la flore ainsi que l'importance de la biodiversité ont rencontré une attention particulière dans les récents forums internationaux (p. ex. la convention sur la Biodiversité).

Les tableaux présentés dans cette section fournissent des informations relatives à :

a) l'état des ressources de la faune et de la flore :
- l'état des espèces de mammifères, d'oiseaux et de poissons ;
- l'état des espèces de reptiles, d'amphibiens et d'invertébrés ;
- l'état des plantes vasculaires, ainsi que des mousses, lichens et autres champignons et algues ;

b) l'utilisation des ressources de la faune et de la flore et les pressions liées aux activités humaines :
- la production de poisson ;
- la consommation de poisson ;
- les captures de poissons et d'autres animaux et produits aquatiques ;

c) la gestion des ressources de la faune et de la flore :
- les principales zones protégées par type ;

On doit noter qu'un certain nombre de thèmes importants ne sont pas couverts par ces données, soit parce que les données sur l'état de la faune et de la flore sont inexistantes, soit parce qu'une part importante de la connaissance scientifique et administrative est composée d'informations qui ne peuvent pas être quantifiées. Le lecteur trouvera cependant des données concernant les habitats de la faune et de la flore dans les sections sur la ressource sol (p. ex. parcs nationaux, principales zones protégées) et sur la forêt. Les conventions internationales concernant la faune et la flore sont présentées dans la section sur les données générales.

STATE OF WILDLIFE
ÉTAT DE LA FAUNE ET FLORE SAUVAGES

The following tables show numbers of known species, threatened species and species with decreasing population, with the aim of indicating the state of:

- mammals, birds and fish;
- reptiles, amphibians and invertebrates;
- vascular plants, mosses, lichens, fungi and algae.

The "threatened" category refers to the number of species considered "endangered" and "vulnerable".

- Species considered "endangered" are species in danger of extinction and whose survival is unlikely if the causal factors continue operating.

- Species considered "vulnerable" are species believed likely to move into the "endangered" category in the near future if the causal factors continue operating.

The "decreasing" category refers to the number of species for which the population size has been found to be decreasing.

Over the past two decades, a body of scientific information has been developed in response to the recognition of the importance of species diversity by international, national and non-governmental organisations.

When interpreting these tables, it should be borne in mind that:

- the number of species known does not always accurately reflect the number of species in existence;

- the definitions are applied with varying degrees of rigour in countries, although international organisations such as the IUCN and the OECD are promoting standardisation;

- more generally, accurate, comprehensive and comparable time-series data on wildlife populations still need to be fully developed to pinpoint all species in danger of global extinction, and to determine precisely which human activities exert the greatest pressure on species' populations.

Les tableaux suivants fournissent le nombre d'espèces connues, le nombre d'espèces menacées, et le nombre d'espèces dont la population décroît, afin de décrire l'état des:

- mammifères, oiseaux et poissons ;
- reptiles, amphibiens et invertébrés ;
- plantes vasculaires, mousses, lichens, champignons et algues.

La catégorie "menacée" est la somme du nombre d'espèces considérées comme "en danger" et "vulnérables".

- Sont considérées comme "en danger", les espèces menacées d'extinction et dont la survie est improbable si les causes de ces menaces persistent.

- Sont considérées comme "vulnérables", les espèces dont on pense qu'elles risquent d'appartenir bientôt à la catégorie "en danger" si les cause des menaces qui pèsent sur elles persistent.

La catégorie "décroissant" fait référence au nombre d'espèces pour lesquelles on a observé une diminution de la taille de leur population.

Ces vingt dernières années, un ensemble d'informations scientifiques a été développé en réponse à la reconnaissance de l'importance de la diversité des espèces par les organisations internationales, nationales et non-gouvernementales.

Lors de l'interprétation de ces tableaux, on doit se rappeler que :

- le nombre des espèces connues ne représente pas toujours avec précision le nombre des espèces existantes ;

- les définitions sont appliquées avec des degrés variables de rigueur dans les pays, bien que des organismes internationaux tels que l'UICN et l'OCDE s'efforcent de promouvoir une meilleure standardisation ;

- plus généralement, des séries temporelles précises, exhaustives et comparables sur les populations de la faune et de la flore sont encore à développer afin d'identifier toutes les espèces en danger d'extinction globale, et de déterminer précisément quelles activités humaines exercent les plus fortes pressions sur les populations de ces espèces.

6.1A FAUNE-FLORE

STATE OF MAMMALS, BIRDS AND FISH, mid-1990s
ÉTAT DES MAMMIFERES, DES OISEAUX ET DES POISSONS, milieu des années 90

	Mammals/Mammifères					Birds/Oiseaux					Fish/Poissons				
	Species known/ Espèces connues	threatened/ menacées (a) Number/ Nombre	%	decreasing/ décroissantes Number/ Nombre	%	Species known/ Espèces connues	threatened/ menacées (a) Number/ Nombre	%	decreasing/ décroissantes Number/ Nombre	%	Species known/ Espèces connues	threatened/ menacées (a) Number/ Nombre	%	decreasing/ décroissantes Number/ Nombre	%
Canada	193	47	24.4	..	..	514	45	8.8	..	..	276	60	21.7	..	..
Mexico/Mexique	486	163	33.5	..	..	1052	178	16.9	..	..	2110	120	5.7	..	..
USA/Etats-Unis	466	49	10.5	..	..	1090	79	7.2	..	..	2640	64	2.4	..	..
Japan/Japon	183	14	7.7	C	C	652	54	8.3	C	C	198	22	11.1	..	..
Korea/Corée	99	12	12.1	8	8.1	312	23	7.4	30	9.6	134	10	7.5	18	13.4
Australia/Australie	348	48	13.8	..	..	850	50	5.9	..	..	3600	13	0.4	..	..
N. Zealand/N. Zélande	5	5	100.0	..	..	149	44	29.5	..	..	27	10	37.0	..	..
Austria/Autriche	88	33	37.5	19	21.6	228	64	28.1	30	13.2	73	31	42.5	D	D
Belgium/Belgique	57	18	31.6	10	17.5	167	46	27.5	53	31.7	46	25	54.3	6	13.0
Czech Rep./R. Tchèque	87	26	29.9	..	..	220	62	28.2	..	..	65	4	6.2	..	..
Denmark/Danemark	50	12	24.0	2	4.0	170	22	12.9	16	9.4	33	6	18.2	..	..
Finland/Finlande	59	7	11.9	3	5.1	234	16	6.8	12	5.1	60	7	11.7	2	3.3
France	119	24	20.2	15	12.6	354	52	14.7	51	14.4	426	27	6.3	31	7.3
Germany/Allemagne	93	37	39.8	..	..	273	108	39.6	..	..	66	45	68.2	..	..
Greece/Grèce	116	43	37.1	18	15.5	407	48	11.8	52	12.8	111	41	36.9	9	8.1
Hungary	83	58	69.9	..	..	214	58	27.1	4	1.9	82	16	19.5	14	17.1
Iceland/Islande	4	-	-	-	-	75	10	13.3	9	12.0	5	-	-	-	-
Ireland/Irlande	31	5	16.1	1	3.2	146	36	24.7	..	..	..	..	..	..	..
Italy/Italie	118	38	32.2	..	..	473	117	24.7	..	..	85	..	..	..	..
Luxembourg	61	33	54.1	..	..	270	54	20.0	..	..	34	13	38.2	..	..
Netherlands/Pays-Bas	64	10	15.6	20	31.3	170	46	27.1	41	24.1	28	23	82.1	..	..
Norway/Norvège	50	4	8.0	-	-	222	23	10.4	11	5.0	191	-	-	-	-
Poland/Pologne	84	10	11.9	8	9.5	232	37	15.9	23	9.9	48	12	25.0	10	20.8
Portugal	99	17	17.2	17	17.2	312	109	34.9	..	..	43	8	18.6	12	27.9
Spain/Espagne	118	23	19.5	..	..	368	48	13.0	..	..	68	18	26.5	..	..
Sweden/Suède	66	12	18.2	6	9.1	245	21	8.6	61	24.9	150	7	4.7	35	23.3
Switzerland/Suisse	80	27	33.8	B	B	197	87	44.2	40	20.3	47	28	59.6	B	B
Turkey/Turquie	128	11	8.6	9	7.0	295	41	13.9	15	5.1	441	10	2.3	A	A
UK/Royaume-Uni	63	14	22.2	23	36.5	517	117	22.6	..	..	54	6	11.1	..	..
Slovak Rep./R. Slovaque	89	28	31.5	21	23.6	312	68	21.8	63	20.2	61	15	24.6	12	19.7

Notes:

Capital letters in the table refer to estimates of the number of species in each category:
- A = few species;
- B = some species;
- C = several species;
- D = a large part of species;
- E = a major part of species.

a) "Threatened" refers to the sum of the number of species in the "endangered" and "vulnerable" categories.

Country notes: see next page

Source: OECD/OCDE

Notes:

Les lettres placées dans le tableau font référence à des estimations du nombre d'espèces dans chaque catégorie :
- A = peu d'espèces;
- B = quelques espèces;
- C = plusieurs espèces;
- D = une part importante d'espèces;
- E = la plupart des espèces.

a) La catégorie "menacée" fait référence à la somme du nombre d'espèces des catégories "en danger" et "vulnérable".

Notes par pays: voir page suivante

WILD LIFE   6.1A

Notes: (6.1A)
- CAN) Indigenous species only.
- MEX) Excludes extinct species; birds: resident and migratory species; fish: freshwater and marine species.
- USA) Including Pacific and Caribbean islands.
- JPN) Mammals: of which 179 indigenous species; birds: includes species that are occasionally present; fish: freshwater and brackish water species.
- KOR) Excludes extinct species; "decreasing": "rare" in national classification; fish: freshwater only (825 marine species are known).
- NZL) "Threatened" refers to indigenous species only (many species have been introduced, most classed as noxious); mammals: land-breeding mammals only (data refer to two species of bats and three species of pinnipeds, all threatened); cetaceans are excluded (their population status is often uncertain); fish: freshwater only.
- AUT) Threatened mammals: includes extinct and/or vanished species; birds: breeding species on national territory only; fish: freshwater only.
- BEL) Data refer to Flanders; extinct species are excluded.
- CZE) Data refer to indigenous species.
- DNK) Fish: freshwater only; "decreasing" includes only taxa that have declined by at least 50% since the 1960s.
- FIN) Excludes extinct species; mammals: indigenous species only; fish: excludes introduced species and occasionally present marine fish.
- FRA) Metropolitan France; extinct species are excluded; mammals: of which 112 indigenous species; birds: number of breeding pairs; fish: marine and freshwater species.
- DEU) Mammals: of which 83 indigenous species; birds: number of breeding species, of which 257 indigenous species; fish: freshwater only.
- GRC) Fish: freshwater only; no marine species are threatened; 1993 data.
- HUN) Threatened mammals: protected and highly protected species; birds: of which 212 indigenous species; fish: freshwater species, of which 2 indigenous species; "Threatened" fish: includes indeterminate species.
- ISL) Birds: breeding species only; about 335 species have been recorded one or more times on national territory; fish: freshwater only.
- ITA) Fish: freshwater only.
- NLD) Excludes extinct species; birds: breeding species only; fish: freshwater only.
- NOR) Excludes extinct species; mammals: indigenous terrestrial species; the status of the 26 known species of marine mammals is uncertain; birds: breeding species on national territory.
- POL) Mammals: indigenous species only (out of 90 species); birds: breeding species only (total number of species recorded so far in Poland: 418) ; fish: freshwater indigenous species, excluding lampreys (out of 66 freshwater species).
- PRT) Fish: freshwater species only.
- ESP) Fish: freshwater species only.
- SWE) Mammals, birds: of which 60 243 indigenous species.
- CHE) Mammals: indigenous species; birds: all breeding species on national territory; fish: indigenous species of Pisces and Cyclostomata.
- TUR) Birds: regularly breeding species (out of 450 species known)
- UKD) Data refer to Great Britain only; mammals: terrestrial and marine species, excluding cetaceans; 41 of species known are native; "threatened" refers to national standard; birds: total number of native species recorded in Britain and Ireland on the British Ornithologists' Union list A; these include 237 regularly breeding species and 54 common passage migrants and winter visitors; fish: (of which 37 indigenous) freshwater fish, including those that leave the sea to breed in fresh water (e.g. salmon).
- SLO) Fish: freshwater species only.

Source: OECD/OCDE.

Notes: (6.1A)
- CAN) Espèces indigènes uniquement.
- MEX) Exclut les espèces disparues; oiseaux: espèces résidentes et migratoires; poissons: espèces marines et d'eau douce.
- USA) Y compris les îles du Pacifique et des Caraïbes.
- JPN) Mammifères: dont 179 espèces indigènes; oiseaux: incluent les espèces présentes occasionnellement; poissons: espèces d'eau douce et d'eau saumâtre.
- KOR) Exclut les espèces disparues; "décroissantes": "Rare" dans la classification nationale. poissons: poissons d'eau douce seulement (825 espèces marines sont connues).
- NZL) Espèces menacées: espèces indigènes seulement (un grand nombre d'espèces ont été introduites, la plupart étant classées comme nocives); mammifères: espèces terrestres seulement; il s'agit de deux espèces de chauve-souris et de trois espèces de palmipèdes qui sont toutes menacées; les cétacés sont exclus (l'état de leur population est souvent incertain); poissons: poissons d'eau douce seulement.
- AUT) Mammifères menacés: comprennent les espèces déjà disparues; oiseaux: espèces nichant sur le territoire national seulement; poissons: poissons d'eau douce seulement.
- BEL) Données relatives à la Flandre; les espèces disparues sont exclues.
- CZE) Données relatives aux espèces indigènes.
- DNK) Poissons: poissons d'eau douce seulement; les espèces décroissantes ne concernent que les taxa qui ont diminué d'au moins 50 pour cent depuis les années 60.
- FIN) Exclut les espèces disparues; mammifères: espèces indigènes uniquement; poissons: exclut les espèces introduites et les espèces marines occasionnellement présentes.
- FRA) France métropolitaine; exclut les espèces disparues; mammifères: dont 112 espèces indigènes; oiseaux: nombre de couples nicheurs; poissons: espèces marines et d'eau douce.
- DEU) Mammifères: dont 83 espèces indigènes; oiseaux: nombre de couples nicheurs; dont 257 espèces indigènes; poissons: poissons d'eau douce seulement.
- GRC) Poissons: poissons d'eau douce seulement; il n'existe pas d'espèces marines menacées en Grèce; données 1993.
- HUN) Mammifères menacés: espèces protégées et hautement protégées; oiseaux: dont 212 espèces indigènes; poissons: poissons d'eau douce dont 2 espèces indigènes; espèces menacées de poissons: y compris les espèces indéterminées.
- ISL) Oiseaux: espèces nichant sur le territoire national seulement; au total environ 335 espèces ont été enregistrées une ou plusieurs fois sur le territoire national; poissons: espèces d'eau douce seulement.
- ITA) Poissons: poissons d'eau douce seulement.
- NLD) Exclut les espèces éteintes; oiseaux: espèces nichant sur le territoire national seulement; poissons: poissons d'eau douce seulement.
- NOR) Exclut les espèces éteintes; mammifères: espèces indigènes terrestres; il y a 26 espèces connues de mammifères marins dont le statut est incertain; oiseaux: espèces nichant sur le territoire national.
- POL) Mammifères: espèces indigènes (sur un total de 90 espèces); oiseaux: espèces nichant sur le territoire national (418 espèces ont été recensées en Pologne); poissons: espèces indigènes d'eau douce excluant les lamproies (sur un total de 66 espèces d'eau douce).
- PRT) Poissons: poissons d'eau douce seulement.
- ESP) Poissons: poissons d'eau douce seulement.
- SWE) Mammifères, oiseaux: dont 60, 243 espèces indigènes.
- CHE) Mammifères: espèces indigènes; oiseaux: toutes les espèces nichant sur le territoire national; poissons: espèces indigènes de poissons et de cyclostomates.
- TUR) Oiseaux: espèces nichant régulièrement sur le territoire national (sur 450 espèces connues).
- UKD) Grande-Bretagne uniquement; mammifères: espèces terrestres et marines sauf les cétacés; 41 espèces sont natives; espèces menacées: selon la norme nationale; oiseaux: nombre total d'espèces natives enregistré sur la liste A de l'union des ornithologistes britanniques, incluant 237 espèces nichant regulièrement sur le territoire national et 54 espèces migratoires courantes et de passage l'hiver; poissons: (dont 37 indigènes) poissons d'eau douce, incluant les espèces diadromes (e.g. saumon).
- SLO) Poissons: poissons d'eau douce seulement.

6.1B FAUNE-FLORE

STATE OF REPTILES, AMPHIBIANS AND INVERTEBRATES, mid-1990s
ÉTAT DES REPTILES, DES AMPHIBIENS ET DES INVERTÉBRÉS, milieu des années 90

		Reptiles					Amphibians/Amphibiens					Invertebrates/Invertébrés				
		Species known/	threatened/ menacées (a)		decreasing/ décroissantes		Species known/	threatened/ menacées (a)		decreasing/ décroissantes		Species known/	threatened/ menacées (a)		decreasing/ décroissantes	
		Espèces connues	Number/ Nombre	%	Number/ Nombre	%	Espèces connues	Number/ Nombre	%	Number/ Nombre	%	Espèces connues	Number/ Nombre	%	Number/ Nombre	%
Canada		43	12	27.9	..	..	42	4	9.5	..	..	34880	..	..	..	..
Mexico/Mexique		703	127	18.1	..	..	289	49	17.0	..	..	25599	32	0.1	..	..
USA/Etats-Unis		368	26	7.1	..	..	222	8	3.6	..	..	..	..	..	..	..
Japan/Japon		87	3	3.4	C	C	59	6	10.2	C	C	35205	125	0.4	C	C
Korea/Corée		26	10	38.5	3	11.5	15	6	40.0	6	40.0	15304	..	..	..	..
Australia/Australie	*	700	21	3.0	..	..	180	9	5.0	..	..	92000	..	..	..	..
N. Zealand/N. Zél.	*	45	22	48.9	..	..	3	3	100.0	..	..	22205	24	0.1	..	..
Austria/Autriche	*	14	14	100.0	11	78.6	19	18	94.7	15	78.9	6	4	66.7	3	50.0
Belgium/Belgique	*	4	2	50.0	2	50.0	13	4	30.8	5	38.5	939	373	39.7	431	45.9
Czech Rep./R. Tchèq.	*	13	8	61.5	..	..	20	13	65.0	..	..	27000	94	0.3	13500	50.0
Denmark/Danemark	*	5	-	-	1	20.0	14	4	28.6	9	64.3	3760	498	13.2	228	6.1
Finland/Finlande	*	5	1	20.0	-	-	5	1	20.0	-	-	25500	158	0.6	144	0.6
France		36	6	16.7	9	25.0	36	11	30.6	9	25.0	42600	71	0.2	..	..
Germany/Allemagne	*	12	9	75.0	..	..	19	11	57.9	..	..	..	..	..	..	..
Greece/Grèce		58	3	5.2	..	..	16	-	-	7	43.8	..	..	..	..	..
Hungary/Hongrie	*	16	16	100.0	16	100.0	16	16	100.0	16	100.0	41460	> 382	> 0.9	9	-
Iceland/Islande	*	-	..	..	..	..	-	..	..	..	..	1245	7	0.6	..	..
Ireland/Irlande		1	-	-	-	-	3	1	33.3	-	-	..	..	..	..	..
Italy/Italie	*	58	13	22.4	..	..	38	9	23.7	..	..	56500	2435	4.3	..	..
Luxembourg		6	6	100.0	6	100.0	13	13	100.0	13	100.0	30000	..	..	..	..
Netherlands/Pays-Bas	*	7	6	85.7	5	71.4	16	9	56.3	7	43.8	27700	..	..	..	..
Norway/Norvège	*	5	1	20.0	..	..	5	2	40.0	..	..	15120	59	0.4	..	..
Poland/Pologne		9	3	33.3	3	33.3	18	18	100.0	-	-	33386	3397	10.2	..	..
Portugal		34	3	8.8	-	-	18	-	-	-	-	..	..	..	..	..
Spain/Espagne		56	10	17.9	..	..	25	2	8.0	..	..	25000	391	1.6	..	..
Sweden/Suède		7	-	-	1	14.3	13	7	53.8	5	38.5	23400	711	3.0	1810	7.7
Switzerland/Suisse	*	14	11	78.6	D	D	17	16	94.1	B	B	2251	839	37.3	D	D
Turkey/Turquie		106	5	4.7	B	B	21	1	4.8	C	C	..	..	..	..	..
UK/Royaume-Uni	*	7	3	42.9	1	14.3	7	2	28.6	-	-	22770	928	4.1	..	..
Slovak Rep./R. Slov.	*	12	10	83.3	9	75.0	17	12	70.6	10	58.8	..	157	..	67	..

Notes :

Capital letters in the table refer to estimates of the number of species in each category:
- A = few species;
- B = some species;
- C = several species;
- D = a large part of species;
- E = a major part of species.

a) "Threatened" refers to the sum of the number of species in the "endangered" and "vulnerable" categories.

Country notes: see after Table 1C

Source: OECD/OCDE

Notes :

Les lettres placées dans le tableau font référence à des estimations du nombre d'espèces dans chaque catégorie :
- A = peu d'espèces;
- B = quelques espèces;
- C = plusieurs espèces;
- D = une part importante d'espèces;
- E = la plupart des espèces.

a) La catégorie "menacée" fait référence à la somme du nombre d'espèces des catégories "en danger" et "vulnérable".

Notes par pays: voir après le tableau 1C

WILD LIFE 6.1C

STATE OF VASCULAR PLANTS, MOSSES, LICHENS, FUNGI AND ALGAE, mid-1990s
ÉTAT DES PLANTES VASCULAIRES, MOUSSES, LICHENS, CHAMPIGNONS ET ALGUES, milieu des années 90

		Vascular plants/Plantes vasculaires				Mosses/Mousses	Lichens	Fungi/Champignons	Algae/Algues
		Species known/ Espèces connues	threatened/ menacées (a) Number/ Nombre	%	decreasing/ décroissantes Number/ Nombre	%	Species known/ Espèces connues	Species known/ Espèces connues	Species known/ Espèces connues	Species known/ Espèces connues
Canada	*	3300	90	2.7	27	0.8	970	2200	4000	4300
Mexico/Mexique	*	18000	443	2.5	..	..	1200	..	10172	2661
USA/Etats-Unis	*	22200	118	0.5	..	..	..	..	..	..
Japan/Japon	*	7266	824	11.3	D	D	1800	1000	16000	1850
Korea/Corée	*	3969	36	0.9	49	1.2	691	497	1128	3609
Australia/Australie		22000	886	4.0	..	..	3500	2000	10-20000	28000
N. Zealand/N. Zélande	*	2200	200-300	9-14	..	..	1050	1200	3500	1100
Austria/Autriche		2900	209	7.2	701	24.2	1000	..	..	..
Belgium/Belgique	*	1202	383	31.9	275	22.9	502	..	..	..
Czech Rep./R. Tchèque	*	2500	507	20.3	240	9.6	..	..	..	..
Denmark/Danemark	*	1200	117	9.8	..	..	900	900	3000	450
Finland/Finlande		1305	88	6.7	50	3.8	840	1500	3000	7-10000
France	*	4762	387	8.1	70	1.5	2000	3000	5-10000	4500
Germany/Allemagne	*	2954	772	26.1	..	..	1121	1691	4385	2653
Greece/Grèce	*	6000	114	1.9	16	0.3	..	..	..	..
Hungary/Hongrie	*	2510	168	6.7	386	15.4	600	700	2000	3800
Iceland/Islande	*	485	37	7.6	10	2.1	585	580	300	238
Ireland/Irlande		..	..	..	..	..	..	..	..	..
Italy/Italie		5599	270	4.8	185	3.3	3000	2145	10000	6200
Luxembourg		1054	153	14.5	220	20.9	468	1000	1000	600
Netherlands/Pays-Bas	*	1392	486	34.9	..	..	540	619	3293	..
Norway/Norvège	*	1310	87	6.6	..	..	1038	1800	6000	5500
Poland/Pologne	*	2300	207	9.0	138	6.0	671	1500	4000	>10 000
Portugal		3095	255	8.2	7	0.2	628	800	2500	..
Spain/Espagne		8000	485	6.1	600	7.5	475	3500	12000	31
Sweden/Suède		1900	211	11.1	99	5.2	1040	2100	4000	4000
Switzerland/Suisse	*	2617	579	22.1	..	..	1030	1800	5000	..
Turkey/Turquie		8575	494	5.8	..	..	750	..	..	..
UK/Royaume-Uni	*	2297	195	8.5	..	..	1000	1670	> 20 000	15-20 000
Slovak Rep./R. Slovaque	*	3124	709	22.7	939	30.1	877	1493	6000	3450

Notes :

Capital letters in the table refer to estimates of the number of species in each category:
- A = few species;
- B = some species;
- C = several species;
- D = a large part of species;
- E = a major part of species.

a) "Threatened" refers to the sum of the number of species in the "endangered" and "vulnerable" categories.

Country notes: see next page

Source: OECD/OCDE

Notes :

Les lettres placées dans le tableau font référence à des estimations du nombre d'espèces dans chaque catégorie :
- A = peu d'espèces;
- B = quelques espèces;
- C = plusieurs espèces;
- D = une part importante d'espèces;
- E = la plupart des espèces.

a) La catégorie "menacée" fait référence à la somme du nombre d'espèces des catégories "en danger" et "vulnérable".

Notes par pays: voir page suivante

6.1B/1C   FAUNE-FLORE

Notes (6.1B):
- CAN) All reptile and amphibian species are declining somewhat due to urbanisation and agriculture; invertebrate species have been greatly threatened by the introduction of the zebra mussel into the Great Lakes; mortality in the native bivalves is often 90-99%, but it is still unknown which invertebrate species are threatened or declining.
- MEX) Excludes extinct species; invertebrates: insecta only.
- USA) Including Pacific and Caribbean islands.
- JPN) Reptiles, amphibians: of which 86 and 56 indigenous species; invertebrates: insecta Decapoda, Xiphosura, Pycnogonia, terrestrial and freshwater species that belong to Poriera, Cnidaria, Platyhelminthes, Nemertinea, Kamptozoa, Mollusca, Annelida.
- KOR) "Decreasing": "rare" in national classification;
- AUS) Invertebrates: estimates; the number of known insects is 54 000.
- NZL) Indigenous species only (many species have been introduced, most of them classed as noxious), except for invertebrates, where data refer to all species, including introduced ones.
- AUT) Invertebrates: decapod crayfish species only; estimated number of invertebrate species is 30 000.
- BEL) Data refer to Flanders; excludes extinct species, invertebrates: insects only.
- CZE) Data refer to indigenous species.
- DNK) Invertebrates: selected insect species only; "decreasing" species represent only taxa that have declined by at least 50% since the 1960s.
- FIN) Extinct species are excluded; invertebrates: of which 20 000 species of insects.
- FRA) Metropolitan France; extinct species are excluded.
- DEU) Indigenous species.
- HUN) "Threatened" reptiles and amphibians refer to protected and highly protected species; invertebrates known: estimate of a minimum value.
- ISL) Invertebrates: insect species only.
- ITA) Invertebrates include 39 000 species of insects.
- NLD) Excludes extinct species.
- NOR) Indigenous species; excludes extinct species; invertebrates: insects and freshwater molluscs; in addition 2 050 species of crustacea and 700 of marine mollusca are known.
- CHE) Data refer to indigenous species; invertebrates: insect and mollusc species (out of a total estimated up to 40 000).
- UKD) Indigenous species of Great Britain only; invertebrates: estimated number.
- SLO) Invertebrates: insecta, crustacea, mollusca, arachnida; 8% of mollusca species are threatened.

Source: OECD/OCDE

Notes (6.1C):
- CAN) Data for fungi and algae are estimated.
- MEX) Mosses: excluding 800 species of liverworts.
- USA) Including Pacific and Caribbean islands.
- JPN) Mosses, lichens, fungi and algae numbers are rounded.
- KOR) "Decreasing": "Rare" in national classification;
- NZL) Vascular plants: indigenous species only (many species have been introduced, most of them being classed as noxious).
- BEL) Data refer to Flanders; extinct species are excluded.
- CZE) Data refer to indigenous species.
- DNK) Known species of vascular plants: indigenous species only; non-vascular plants: data are estimated.
- FRA) Metropolitan France; extinct species are excluded.
- DEU) Algae: included are Charophyceae, Chlorophyceae, Rhodophyceae, Fucophyceae, Bacillariophyceae, Desmid.
- GRC) Vascular plants, threatened: includes eight extinct species.
- HUN) Vascular plants: of which 2 433 indigenous species; non-vascular plants: indigenous species.
- ISL) Data refer to 1996 official Red List for plants elaborated according to the 1995 IUCN criteria; therefore, the "threatened" category is stricter than for other countries.
- NLD) Excludes extinct species.
- NOR) Native species only; excludes extinct species; vascular plants: 2 492 species (including introduced ones) are known.
- POL) Vascular plants: of which 1 950 indigenous species; fungi: Macrofungi only.
- CHE) Data for lichen are estimated.
- UKD) Data refer to native species of Great Britain; vascular plants, species known: includes 800 microspecies; mosses: approximate figure, includes liverworts; algae: including marine and microscopic species.
- SLO) Vascular plants: trees only.

Source: OECD/OCDE

Notes (6.1B):
- CAN) Toutes les espèces de reptiles et d'amphibiens sont en déclin, en partie à cause de l'urbanisation et de l'agriculture; les espèces d'invertébrés ont été grandement menacées par l'introduction de la moule zebra dans les Grands Lacs; la mortalité des bivalves indigènes est souvent de 90-99%; cependant, le nombre d'espèces menacées ou en déclin est encore inconnu.
- MEX) Les espèces disparues sont exclues; invertébrés: insecta uniquement.
- USA) Y compris les îles du Pacifique et des Caraïbes.
- JPN) Reptiles, amphibiens: dont 86 et 56 espèces indigènes; invertébrés: insectes décapodes, Xiphosura, Pycnogonia, epèces terrestres et d'eau douce qui appartiennent aux Poriera, Cnidaria, Platyhelminthes, Nemertinea, Kamptozoa, Mollusques, Annélides.
- KOR) "Décroissantes": "Rare" dans la classification nationale.
- AUS) Invertébrés: données estimées; 54 000 espèces d'insectes sont connues.
- NZL) Espèces indigènes seulement (un grand nombre d'espèces ont été introduites, la plupart étant classées comme nocives), sauf pour les invertébrés (les données concernent toutes les espèces, incluant les espèces introduites).
- AUT) Invertébrés: les données ne concernent que les espèces d'écrevisses décapodes; on estime qu'il y a environ 30 000 espèces d'invertébrés au total.
- BEL) Données relatives à la Flandre; exclut les espèces disparues; invertébrés: insectes uniquement.
- CZE) Données relatives aux espèces indigènes.
- DNK) Les données relatives aux invertébrés ne concernent qu'un nombre sélectionné d'insectes; les données relatives aux espèces décroissantes ne concernent que les taxa qui ont diminué d'au moins 50 pour cent depuis les années 60.
- FIN) Les espèces disparues sont exclues; invertébrés: dont 20 000 espèces d'insectes.
- FRA) France métropolitaine; exclut les espèces disparues.
- DEU) Espèces indigènes.
- HUN) Reptiles et amphibiens menacés: espèces protégées et hautement protégées; invertébrés connus: nombre minimum estimé.
- ISL) Invertébrés: les données ne concernent que les insectes.
- ITA) Les données relatives aux invertébrés comprennent 39 000 espèces d'insectes.
- NLD) Exclut les espèces disparues.
- NOR) Espèces indigènes; exclut les espèces disparues; invertébrés: inclut les insectes et les mollusques d'eau douce; d'autre part, 2 050 espèces de crustacés et 700 espèces de mollusques marins sont connues.
- CHE) Espèces indigènes; invertébrés: insectes et mollusques (sur 40 000 esp. estimées).
- UKD) Espèces natives de Grande-Bretagne seulement; invertébrés: données estimées.
- SLO) Invertébrés: Insectes, crustacés, mollusques, arachnides; 8% des espèces de mollusques sont menacées.

Notes (6.1C):
- CAN) Les données relatives aux champignons et algues sont estimées.
- MEX) Mosses: exclut 800 espèces d'hépatiques.
- USA) Y compris les îles du Pacifique et des Caraïbes.
- JPN) Plantes non-vasculaires: chiffres arrondis.
- KOR) "Décroissantes": "Rare" dans la classification nationale.
- NZL) Plantes vasculaires: les données concernent les espèces indigènes seulement (un grand nombre d'espèces ont été introduites, la plupart étant classées comme nocives).
- BEL) Données relatives à la Flandre; les espèces disparues sont exclues.
- CZE) Données relatives aux espèces indigènes.
- DNK) Espèces connues de plantes vasculaires: espèces indigènes uniquement; plantes non-vasculaires: données estimées.
- FRA) France métropolitaine; exclut les espèces disparues.
- DEU) Algues: comprend les Charophyceae, Chlorophyceae, Rhodophyceae, Fucophyceae, Bacillariophyceae, Desmid.
- GRC) Plantes vasculaires, menacées: inclut huit espèces disparues.
- HUN) Plantes vasculaires: dont 2 433 espèces indigènes; plantes non-vasculaires: espèces indigènes.
- ISL) Les données proviennent de la liste rouge officielle des plantes de 1996, en accord avec les critères IUCN 1995; la catégorie "menacée" est donc plus stricte que celle des autres pays.
- NLD) Exclut les espèces disparues.
- NOR) Espèces indigènes uniquement; exclut les espèces disparues; plantes vasculaires: 2 492 espèces sont connues (espèces introduites comprises).
- POL) Plantes vasculaires: dont 1 950 espèces indigènes. Champignons: espèces macroscopiques uniquement.
- CHE) Les données relatives aux lichens sont estimées.
- UKD) Espèces natives de Grande-Bretagne uniquement; espèces connues de plantes vasculaires: inclut 800 micro espèces; mousses: chiffre approximatif; inclut les hépatiques; algues: inclut les espèces marines et microscopiques.
- SLO) Plantes vasculaires: comprennent uniquement les arbres.

WILD LIFE

FISH CATCHES, PRODUCTION AND CONSUMPTION
CAPTURES, PRODUCTION ET CONSOMMATION DE POISSON

The following tables present information on fish catches, production and consumption. Fish and other aquatic animals and products provide an important resource for humans and for human activities. The question of sustainable use of this natural resource has become important after several cases of overfishing.

Table 2A includes information by country on catches of fish, crustaceans, molluscs, whales, seals, other aquatic animals and products and aquatic plants.

Table 2B presents trends in total fish catches and ten years changes in aquaculture.

Table 2C shows fish consumption in OECD countries defined as production less non-food use plus imports less exports plus stock variations.

Although fish production accounts for only a small percentage of the economic activity in OECD countries, it remains an important source of food in all of them. Households do not consume all fish production, of which about 30 per cent is used for animal feed.

When interpreting these tables, it should be borne in mind that the definitions employed may vary according to countries.

Les tableaux suivants présentent des informations sur les captures, la production et la consommation de poisson. Le poisson et les autres animaux et produits aquatiques constituent une ressource importante pour l'homme et l'activité humaine. En raison de plusieurs cas de surpêche l'utilisation soutenue de cette ressource naturelle est devenue une question importante.

Le tableau 2A présente des informations sur les captures de poissons, de crustacés, de mollusques, de baleines, de phoques, d'autres animaux et produits aquatiques, et des plantes aquatiques, par pays.

Le tableau 2B présente les tendances des captures totales de poisson et les changements sur dix ans de l'aquaculture.

Le tableau 2C présente la consommation de poisson dans les pays de l'OCDE définie comme la production moins l'utilisation non alimentaire plus les importations moins les exportations plus les variations de stocks.

Bien que la production de poisson représente seulement un faible pourcentage de l'activité économique des pays de l'OCDE, elle demeure une source importante de nourriture dans tous ces pays. Les ménages ne consomment pas la totalité de la production de poisson dont environ 30 pour cent sont utilisés pour la nourriture des animaux.

Dans l'interprétation de ces tableaux, on se rappellera que les définitions utilisés peuvent varier selon les pays.

FAUNE-FLORE

CATCHES OF FISH AND OTHER AQUATIC ANIMALS AND PRODUCTS, (a) 1995
CAPTURES DE POISSONS ET D'AUTRES ANIMAUX ET PRODUITS AQUATIQUES, (a) 1995

	Fish/Poissons			Crustaceans/ Crustacés	Molluscs/ Mollusques	Whales/ Baleines (b)	Seals/ Phoques (c)	Aquatic animal products/ Produits d'animaux aquatiques (d)	Aquatic plants/ Plantes aquatiques
	Freshwater/ d'eau douce	Diadromous/ Diadromes	Marine/ Marins						
	tonnes	tonnes	tonnes	tonnes	tonnes	number	number	kg	tonnes
Canada	19488	71647	442590	178902	119599	1	48761	-	17657
Mexico/Mexique	120394	1123	981339	97486	88483	-	-	100	49334
USA/Etats-Unis	14066	528496	3580105	343616	726516	632	1525	43000	73999
Japan/Japon	22125	318003	4321806	156359	999122	15218	-	60551	150959
Korea/Corée	8304	10050	1647069	119481	522559	-	-	-	22378
Australia/Australie	122	1411	125828	42417	24646	33	-	239760	22316
N. Zealand/N. Zélande	500	1797	452631	13925	74421	-	-	-	-
Austria/Autriche	400	-	-	-	-	-	-	-	-
Belgium/Belgique *	375	136	31942	2251	895	-	-	-	-
Czech Rep./R.Tchèque	914	233	-	-	-	-	-	-	-
Denmark/Danemark *	289	1664	1871323	15123	110528	-	-	-	-
Finland/Finlande	47551	17305	102437	191	-	-	-	-	-
France	4514	718	425021	20498	61798	19	-	10300	75450
Germany/Allemagne	23521	1099	198066	11646	5421	8	-	-	-
Greece/Grèce	17585	887	118620	4445	24036	-	-	11500	-
Hungary/Hongrie	13091	375	-	-	-	-	-	-	-
Iceland/Islande	-	1028	1515667	84556	10372	-	-	-	11841
Ireland/Irlande	2000	2476	351560	16889	7865	-	-	-	-
Italy/Italie	6440	4211	251425	24389	103438	-	-	6100	500
Netherlands/Pays-Bas	762	3385	380186	14165	39594	11	-	-	-
Norway/Norvège	-	1419	2473846	41031	8782	218	15981	-	185033
Poland/Pologne	26982	1207	388380	9384	282	-	-	-	-
Portugal	6	1240	235754	2172	21355	-	-	-	2816
Spain/Espagne	5000	296	1011250	29560	135634	4	-	7100	7700
Sweden/Suède	1422	3739	395634	3731	54	53	-	-	-
Switzerland/Suisse	695	893	-	-	-	-	-	-	-
Turkey/Turquie	29751	2574	570224	2681	24005	-	-	1100	-
UK/Royaume-Uni	7	2198	780036	60115	67546	188	-	2000	5000
Slovak Rep./Rép. Slovaque	1846	102	-	-	-	-	-	-	-
North America/Amérique N.	153948	601266	5004034	620004	934598	633	50286	43100	140990
Australia/Australie-NZ	622	3208	578459	56342	99067	33	-	239760	22316
OECD/OCDE Europe	181305	47083	11101371	342827	621605	501	15981	38100	288340
EU/UE	109872	39354	6153254	205175	578164	283	-	37000	91466
OECD/OCDE	366304	979610	22652739	1295013	3176951	16385	66267	381511	624983
World/Monde	5474011	2406140	72495611	5177154	5900633	20271	131908	12847714	1004084

Notes:
a) Excluding aquaculture.
b) Blue whales, fin whales, sperm whales, pilot whales, white whales, etc.
c) Eared seals, hair seals and walruses.
d) Pearls, shells, corals, and sponges.
BEL) Data include Luxembourg.
DNK) Excludes Greenland and Faroe Islands.

Notes :
a) Exclut l'aquaculture.
b) Baleines bleues, rorquals communs, cachalots, globicéphales, dauphins blancs, etc.
c) Otaries, phoques et morses.
d) Perles, coquilles, coraux, et éponges.
BEL) Les données incluent le Luxembourg.
DNK) Exclut le Groenland et les Iles Féroe.

Source: FAO

WILD LIFE 6.2B

FISHERY PRODUCTION, 1980-1995
PRODUCTION DES PÊCHES, 1980-1995

	Capture fisheries / pêches de captures (a) (1 000 tonnes)												Aquaculture (b)			
	1980	1985	1986	1987	1988	1989	1990	1991	1992	1993	1994	1995	1985 1 000 t	1985 % total (c)	1995 1 000 t	1995 % total (c)
Canada	1347	1445	1502	1554	1658	1607	1646	1521	1327	1160	1035	835	9	1	66	7
Mexico/Mexique	1250	1174	1260	1352	1299	1397	1325	1392	1188	1147	1189	1290	52	4	69	5
USA/Etats-Unis	3651	4624	4811	5606	5596	5406	5553	5123	5187	5517	5531	5221	324	7	413	7
Japan/Japon	10434	10748	11284	11119	11159	10389	9550	8498	7684	7248	6615	5937	661	6	820	12
Korea/Corée	2091	2257	2675	2399	2275	2436	2467	2171	2321	2257	2358	2320	393	15	368	14
Australia/Australie	132	152	171	195	200	168	208	223	232	228	200	194	10	6	25	11
N.Zealand/N.Zélande	156	202	201	228	264	307	344	368	452	419	442	544	12	6	68	11
Austria/Autriche	4	1	1	1	1	1	1	1	1	-	-	-	4	85	4	91
Belgium/Belgique *	46	45	39	40	42	40	41	40	37	36	34	36	-	-	1	2
Czech Rep./R.Tchèque	-	-	-	-	-	-	-	-	-	1	1	1	-	-	21	95
Denmark/Danemark *	2032	1773	1825	1682	1946	1896	1476	1751	1954	1614	1873	1999	24	1	42	2
Finland/Finlande	173	181	161	158	163	151	142	128	152	156	164	167	10	5	17	9
France	790	607	632	619	664	630	613	574	571	583	572	513	227	27	281	35
Germany/Allemagne	542	366	345	332	322	346	326	232	217	253	230	240	61	14	58	20
Greece/Grèce	105	113	122	132	123	135	137	144	159	167	190	166	2	2	33	16
Hungary/Hongrie	34	19	19	19	20	15	16	15	15	14	14	13	18	50	9	41
Iceland/Islande	1515	1680	1658	1632	1756	1501	1505	1047	1575	1716	1557	1613	-	-	3	-
Ireland/Irlande	149	219	219	233	242	187	216	233	249	274	291	381	12	5	32	8
Italy/Italie	508	487	464	446	448	418	381	406	396	396	396	390	104	18	220	36
Netherlands/Pays-Bas	340	438	416	412	397	421	406	407	433	462	420	438	117	21	83	16
Norway/Norvège	2409	2084	1865	1893	1750	1795	1597	2012	2431	2389	2333	2525	35	2	282	10
Poland/Pologne	641	663	627	650	629	539	447	428	476	404	436	426	20	3	25	6
Portugal	271	314	400	380	338	325	318	320	293	288	263	261	5	2	5	2
Spain/Espagne	1315	1218	1225	1253	1322	1299	1099	1046	1088	1127	1190	1182	267	18	138	10
Sweden/Suède	233	237	211	207	243	250	251	237	308	342	387	405	3	1	8	2
Switzerland/Suisse	4	4	4	4	4	3	3	4	3	2	1	2	-	-	1	42
Turkey/Turquie	427	575	580	625	670	452	379	357	445	547	587	631	3	-	22	3
UK/Royaume-Uni	835	871	828	917	901	854	760	791	813	860	878	910	20	2	94	9
Slovak Rep./ R. Slov.	-	-	-	-	-	-	-	-	-	1	2	2	-	-	2	45
N. America/Amérique N.	6248	7243	7573	8512	8553	8410	8524	8036	7702	7824	7755	7346	384	5	548	7
Australia/Australie-NZ	288	354	372	423	464	475	552	592	684	647	642	739	21	6	93	11
OECD/OCDE Europe	12370	11895	11641	11635	11980	11257	10114	10173	11614	11631	11818	12297	933	7	1380	10
EU/UE	7342	6869	6888	6812	7151	6953	6167	6310	6670	6558	6888	7086	857	11	1016	13
OECD/OCDE	31431	32497	33546	34088	34433	32966	31207	29470	30005	29606	29188	28638	2393	7	3210	10
World/Monde	72035	78845	84224	84553	88168	88919	85563	84801	85725	86729	92099	91972	7734	9	20938	19

Notes:
a) Fish catches in inland and marine waters, including freshwater fish, diadromous fish, marine fish, crustaceans, and molluscs and miscellaneous aquatic animals; excludes aquaculture.
b) Aquaculture in inland and marine waters, including freshwater fish, diadromous fish, marine fish, crustaceans, and molluscs and miscellaneous aquatic animals.
c) Total of catches and aquaculture.
BEL) Data include Luxembourg.
DNK) Excludes Greenland and Faroe Islands.

Notes:
a) Captures de poisson dans les eaux intérieures et marines, comprenant les poissons d'eau douces, les poissons diadromes, les poissons marins, les crustacés et mollusques et divers animaux aquatiques; exclut l'aquaculture.
b) Aquaculture dans les eaux intérieures et marines, comprenant les poissons d'eau douces, les poissons diadromes, les poissons marins, les crustacés et mollusques et divers animaux aquatiques.
c) Total des captures et de l'aquaculture.
BEL) Les données incluent le Luxembourg.
DNK) Exclut le Groenland et les Iles Féroe.

Source: FAO

FAUNE-FLORE

FISH CONSUMPTION (a), 1980-1994 (b)
CONSOMMATION DE POISSON (a), 1980-1994 (b)

	Live weight/poids vif					Per capita weight / poids par habitant				
	1 000 tonnes				change/évolution (%)	kg /cap				change/évolution (%)
	1980	1985	1990	1994 (b)	1994 (b)/1980	1980	1985	1990	1994 (b)	1994 (b)/1980
Canada	493	545	654	690	40.0	20.0	21.0	23.5	23.6	17.7
Mexico/Mexique	682	763	1009	1026	50.4	9.8	9.8	11.7	11.2	14.9
USA/Etats-Unis	3446	4648	5349	5769	67.4	15.1	19.5	21.4	22.1	46.3
Japan/Japon	7649	8393	8795	8363	9.3	65.5	69.5	71.2	66.9	2.2
Korea/Corée	1550	1949	2001	2306	48.8	40.7	47.8	46.7	52.3	28.7
Australia/Australie	204	272	315	356	74.0	13.9	17.2	18.5	19.9	43.3
N.Zealand/N.Zélande	48	53	71	56	16.9	15.2	16.3	21.2	16.1	5.6
Austria/Autriche	43	46	71	78	79.4	5.7	6.1	9.2	9.7	69.5
Belgium/Belgique *	188	181	196	202	7.6	18.4	17.7	18.9	19.2	4.5
Czech Rep./R.Tchèque	..	..	..	49	..	..	..	..	4.7	..
Denmark/Danemark *	105	100	101	103	-2.0	20.6	19.5	19.6	19.9	-3.2
Finland/Finlande	135	153	164	172	27.8	28.2	31.1	32.8	33.8	20.0
France	1253	1353	1733	1578	25.9	23.3	24.5	30.5	27.3	17.2
Germany/Allemagne	864	848	1054	1137	31.6	11.0	10.9	13.3	14.0	26.5
Greece/Grèce	151	168	213	279	85.5	15.6	16.9	21.0	26.8	71.6
Hungary/Hongrie	42	46	46	43	1.3	3.9	4.4	4.5	4.2	5.7
Iceland/Islande	19	22	23	24	23.6	85.3	90.9	92.0	90.0	5.5
Ireland/Irlande	56	55	58	70	24.4	16.5	15.5	16.4	19.5	18.5
Italy/Italie	837	1131	1225	1223	46.1	14.8	20.0	21.6	21.4	44.1
Netherlands/Pays-Bas	138	188	162	210	52.2	9.8	13.0	10.9	13.7	40.0
Norway/Norvège	178	181	191	192	8.1	43.6	43.5	45.1	44.4	1.9
Poland/Pologne	405	533	383	349	-13.8	11.4	14.3	10.0	9.1	-20.3
Portugal	282	547	582	575	104.0	28.7	54.7	59.0	58.1	102.1
Spain/Espagne	1172	1277	1351	1457	24.3	31.3	33.2	34.7	37.2	18.7
Sweden/Suède	230	215	233	248	7.7	27.7	25.8	27.3	28.2	1.9
Switzerland/Suisse	62	72	91	93	50.1	9.7	11.0	13.3	13.3	37.1
Turkey/Turquie	322	436	335	482	49.5	7.3	8.7	6.0	8.0	9.7
UK/Royaume-Uni	905	1020	1107	1122	23.9	16.1	18.0	19.2	19.2	19.5
Slovak Rep./R. Slov.	..	..	..	3	..	..	..	..	0.5	..
North America/Amérique N.	4621	5957	7012	7571	63.8	14.4	17.4	19.3	20.0	39.4
Australia/Australie-NZ	252	326	386	405	60.7	14.1	17.1	18.9	19.2	35.6
OECD/OCDE Europe *	7389	8572	9321	9291	25.7	16.2	18.3	19.4	19.0	17.3
EU/UE *	6360	7282	8251	8131	27.8	17.9	20.3	22.6	22.0	22.9
OECD/OCDE *	21462	25197	27516	28026	30.6	22.6	25.4	26.7	26.5	17.5
World/Monde	50494	60261	70546	74020	46.6	11.4	12.4	13.4	13.4	17.5

Notes:
a) Total food supply = production - non-food use + imports - exports + stock variations.
b) Or latest available year; totals refer to 1993.
BEL) Data include Luxembourg.
DNK) Excludes Greenland and Faroe Islands.
Totals) Regional totals do not include the Czech Republic.

Notes:
a) Disponibilités alimentaires totales = production - utilisation non-alimentaire + importations - exportations + variations de stocks.
b) Ou dernière année disponible; les totaux se réfèrent à 1993.
BEL) Les données incluent le Luxembourg.
DNK) Exclut le Groenland et les Iles Féroe.
Totaux) Les totaux régionaux ne comprennent pas la République Tchèque.

Source: FAO

WILD LIFE 6.3

MAJOR PROTECTED AREAS
PRINCIPALES ZONES PROTEGEES

Table 3 provides further information on the types of protected areas. The classifications used have been developed by the IUCN in an effort to standardise the nomenclature for protected areas. The complete definition of protected area types can be found in: "Guidelines for Protected Area Management Categories", IUCN, 1994.

For further details concerning protected areas in general and national parks in particular, the reader is referred to the section on land.

Le tableau 3 fournit des informations complémentaires concernant les types de zones protégées. Les classifications utilisées ont été développées par l'UICN dans un effort de standardisation de la nomenclature des zones protégées. La définition complète de ces types de zones protégées peut être trouvée dans: "Lignes directrices pour les catégories de gestion des aires protégées", UICN, 1994.

Pour plus de détails sur les zones protégées en général et les parcs nationaux en particulier, le lecteur peut consulter la section sur le sol.

FAUNE-FLORE

MAJOR PROTECTED AREAS, by type (a), 1996
PRINCIPALES ZONES PROTÉGÉES, par type (a), 1996

	Ia Strict nature reserves/Réserves naturelles intégrales (b)	Ib Wilderness areas/Zones de nature sauvage (c)	II National parks/Parcs nationaux (d)	III Natural monuments/Monuments naturels (e)	IV Habitat/species management areas/Aires de gestion des habitats/espèces (f)	V Protected landscapes seascapes/Paysages terrestres/marins protégés (g)	VI Managed resource protected areas/Aires protégées de ressources naturelles gérées (h)	TOTAL
Canada	43	13	319	9	166	127	130	807
Mexico/Mexique	11	-	31	6	11	13	42	114
USA/Etats-Unis *	8	393	171	87	404	409	229	1701
Japan/Japon	8	-	15	-	29	13	-	65
Korea/Corée	-	-	-	-	6	20	-	26
Australia/Australie *	408	37	376	61	75	14	97	1068
N.Zealand/N.Zélande	43	9	13	77	65	17	-	224
Austria/Autriche	-	-	2	-	54	119	2	177
Belgium/Belgique	-	-	-	-	2	2	-	4
Czech R./R. Tchèque	4	-	2	-	11	27	-	44
Denmark/Danemark *	9	-	-	2	63	42	-	116
Finland/Finlande	15	2	26	-	84	-	10	137
France *	-	3	5	-	86	36	2	132
Germany/Allemagne	-	-	3	-	107	415	-	525
Greece/Grèce	-	-	9	2	10	6	7	34
Hungary/Hongrie	-	-	5	-	6	43	-	54
Iceland/Islande	1	-	3	4	7	11	-	26
Ireland/Irlande	-	-	5	-	10	-	-	15
Italy/Italie	-	-	10	1	86	73	-	170
Luxembourg	-	-	-	-	-	1	-	1
Netherlands/Pays-Bas *	-	6	9	7	42	11	3	78
Norway/Norvège *	69	-	20	-	7	32	-	128
Poland/Pologne	1	-	15	-	20	70	-	106
Portugal *	2	1	1	-	9	13	-	26
Spain/Espagne *	-	2	11	-	81	125	-	219
Sweden/Suède	-	-	19	-	133	30	-	182
Switzerland/Suisse	1	-	-	-	46	60	-	107
Turkey/Turquie	4	-	19	-	19	7	14	63
UK/Royaume-Uni	-	-	-	-	52	101	-	153
Slovak. R./R. Slovaque	1	-	5	1	15	19	-	41
OECD /OCDE Europe	106	14	164	16	935	1224	38	2497
OECD/OCDE	627	466	1089	256	1691	1837	536	6502
World/Monde	1263	501	2183	384	3636	2422	1501	11890

Notes:
a) Number of sites for which the size is known. Includes only areas greater than 10 km² or completely protected islands of more than 1 km².
b) Protected areas managed mainly for science.
c) Protected areas managed mainly for wilderness protection.
d) Protected areas managed mainly for ecosystem protection and recreation.
e) Protected areas managed mainly for conservation of specific natural features.
f) Protected areas managed mainly for habitat and species conservation through management intervention.
g) Protected areas managed mainly for landscape/seascape conservation and recreation.
h) Protected areas managed mainly for the sustainable use of natural ecosystems.
USA) Includes Alaska.
AUS) Excludes the Great Barrier Reef Marine Park (cat. VI).
DNK) Excludes Greenland.
FRA) Excludes non-metropolitan France.
NLD) Excludes the Netherlands Antilles.
NOR) Includes Svalbard, Jan Mayen and Bouvet islands.
PRT) Includes Azores and Madeira.
ESP) Includes Baleares and Canaries.

Notes :
a) Nombre de sites pour lesquels la superficie est connue. Comprend uniquement les zones dont la superficie dépasse 10 km² ou les îles totalement protégées de plus de 1 km².
b) Aires protégées gérées principalement à des fins scientifiques.
c) Aires protégées gérées principalement à des fins de protection des ressources sauvages.
d) Aires protégées gérées principalement pour protéger les écosystèmes et à des fins récréatives.
e) Aires protégées gérées principalement pour préserver des éléments naturels spécifiques.
f) Aires protégées gérées principalement à des fins de conservation, avec intervention au niveau de la gestion.
g) Aires protégées gérées principalement dans le but d'assurer la conservation de paysages terrestres ou marins et à des fins récréatives.
h) Aires protégées gérées principalement à des fins d'utilisation durable des écosystèmes naturels.
USA) Comprend l'Alaska.
AUS) Exclut le parc marin du Récif de la Grande-Barrière (cat. VI).
DNK) Ne comprend pas le Groenland.
FRA) Ne comprend pas les zones non métropolitaines.
NLD) Ne comprend pas les Antilles Néerlandaises.
NOR) Y compris les îles de Svalbard, Jan Mayen et Bouvet.
PRT) Inclut les Açores et Madère.
ESP) Inclut les îles Baléares et Canaries.

Source: WCMC provisional data, IUCN, OECD/données provisoires WCMC, UICN, OCDE

7. WASTE

7. DÉCHETS

LIST OF TABLES		LISTE DES TABLEAUX	
7.1A	Amounts of waste generated by sector	7.1A	Quantités de déchets produits par secteur
7.1B	Amounts of waste generated by selected waste stream	7.1B	Quantités de déchets produits par flux sélectionnés
7.2A	Generation of municipal waste	7.2A	Production de déchets municipaux
7.2B	Composition of municipal waste	7.2B	Composition des déchets municipaux
7.2C	Collection and disposal of municipal waste	7.2C	Collecte et élimination des déchets municipaux
7.3	Production, movement and disposal of hazardous waste	7.3	Production, mouvements et élimination de déchets dangereux
7.4A	Waste recycling rates: paper and cardboard	7.4A	Taux de recyclage des déchets: papiers et cartons
7.4B	Waste recycling rates: glass	7.4B	Taux de recyclage des déchets: verre
7.5	Waste treatment and disposal installations	7.5	Installations de traitement et d'élimination des déchets
7.6	Nuclear waste: spent fuel arisings	7.6	Déchets nucléaires : combustible irradié produit

WASTE

INTRODUCTION

This section of the Compendium refers to materials falling under waste regulations, i.e. materials that are not prime products for which the generator has at a given moment no further use for own purpose of production, transformation or consumption, and which he wants to dispose of. Waste may be generated during the extraction of raw materials, during the processing of raw materials to intermediate and final products, during the consumption of final products, and during any other human activity. Residuals recycled or reused at the place of generation (i.e. establishment) are excluded. Also excluded are waste materials that are directly discharged into ambient water (e.g. waste water) or air. In some countries waste regulations can include liquid sludge.

The aim of this section is to gather information on the amounts of waste generated, its composition, and treatment and disposal methods in OECD Member countries. The section covers municipal waste, industrial waste and hazardous waste. The tables presented in this section give information concerning:

a) the production and composition of waste:
- waste generated by sector or by source;
- municipal waste including household and other municipal waste;
- industrial and hazardous waste;
- nuclear waste (spent fuel);

b) the management of waste:
- treatment and disposal of waste;
- population served by municipal waste disposal;
- recovery and recycling of selected products;
- treatment and disposal installations.

It should be noted that some important topics are not yet well covered, or are not covered at all, by available data: they refer mainly to industrial and hazardous waste, and particularly to their disposal, and their accumulation over time. Examples of such topics are:

- land area altered or polluted by municipal and selected types of industrial waste;
- economic use of waste;
- risks associated with certain types of waste, such as toxic waste, inflammable waste, nuclear waste;
- public health risks due to indirect discharges of waste into inland waters (ground and surface waters).

Data presented in these tables come mainly from OECD sources. Definitions used are based on existing and ongoing work on waste classification at international level. When reading these tables, however, it should be borne in mind that the definitions and surveying methods employed by Member countries may vary considerably.

INTRODUCTION

Cette section du compendium concerne les matières qui sont prises en compte par les réglementations concernant les déchets, c.à.d. des matériaux qui ne sont pas des produits premiers, qui à un certain moment n'ont plus aucune utilité pour le producteur, que ce soit à des fins de production, de transformation ou de consommation, et qu'il désire éliminer. Les déchets proviennent de l'extraction de matières premières, de la transformation de matières premières en matières intermédiaires et en produits finis, de la consommation de produits finis et de toute autre activité humaine. Sont exclus les résidus recyclés ou réutilisés à l'endroit (c.à.d. dans l'établissement) où ils ont été produits, ainsi que les déchets directement rejetés dans l'eau (p.ex. eaux usées) ou l'air ambiant. Dans certains pays les réglementations concernant les déchets incluent les boues liquides.

L'objectif de cette section est de mettre en évidence l'évolution de la quantité de déchets produits, leur composition et les méthodes de traitement et d'élimination mises en oeuvre dans les pays Membres de l'OCDE. Elle couvre les déchets municipaux, les déchets industriels et les déchets dangereux. Les tableaux présentés dans cette section fournissent des informations sur :

a) la production des déchets et leur composition :
- déchets produits par secteur ou par source ;
- déchets municipaux comprenant les déchets des ménages et les autres déchets municipaux ;
- déchets industriels et dangereux ;
- déchets nucléaires (combustible irradié) ;

b) la gestion des déchets :
- le traitement et l'élimination des déchets ;
- les populations desservies par un service d'élimination des déchets municipaux ;
- la récupération et le recyclage de certains produits ;
- les installations de traitement et d'élimination des déchets.

On doit noter que certains thèmes importants ne sont pas encore ou mal couverts par les données existantes : ils concernent principalement les déchets industriels et dangereux et en particulier leur élimination, et leur accumulation dans le temps. Parmi ces thèmes on trouve par exemple:
- les superficies dégradées ou polluées par des déchets municipaux et industriels ;
- l'utilisation économique des déchets ;
- les risques associés à certains types de déchets, tels que déchets toxiques, déchets inflammables, déchets nucléaires ;
- les risques de santé publique liés aux rejets indirects de déchets dans les eaux intérieures (eaux de surface et eaux souterraines).

Les données présentées dans ces tableaux proviennent principalement de source OCDE. Les définitions utilisées ici sont fondées sur les travaux existants et en cours sur la classification des déchets au niveau international. Lorsqu'il lira ces tableaux, le lecteur devra cependant garder à l'esprit que des différences importantes existent entre les pays quant aux définitions et aux méthodes d'enquête employées.

WASTE 7.1A/1B

AMOUNTS OF WASTE GENERATED
QUANTITÉS DE DÉCHETS PRODUITS

The following tables show total amounts of waste generated by sector and by type.

Table 7.1A presents waste produced by the various sectors of economic activity (agriculture, mining and quarrying, manufacturing industry, energy production, water purification and distribution, construction, etc.). The disaggregation of waste by sector follows the major divisions of International Standard Industrial Classification (ISIC) revision 3. Municipal waste is presented as a separate item, though not directly related to one specific economic sector. (see detailed definition below Table 2A)

Table 7.1B presents waste disaggregated according to material caracteristics. This information, which is complementary to Table 7.1A, focuses on selected waste streams considered important from an environmental point of view and from the point of view of national waste management strategies. The waste streams covered are construction and demolition waste, dredge spoil, sewage sludge, scrapped motor vehicles, rubber waste and various types of packaging waste.

Waste is generated at various stages of human activities, and its composition and amount largely depend on consumption patterns and on industrial and economic structures. Its impact on the environment and on quality of life is mainly related to air, water and soil contamination, but also includes space consumption, odours and esthetic prejudice.

When interpreting these tables it should be borne in mind that the definitions and surveying methods employed by Member countries for each category of waste may vary considerably.

Les tableaux suivants présentent les quantités totales de déchets produits par secteur et par type.

Le tableau 7.1A présente les quantités de déchets produits par les différents secteurs de l'activité économique c.à.d. l'agriculture, les mines et carrières, l'industrie manufacturière, la production d'énergie, le traitement et la distribution de l'eau, la construction, etc. La ventilation des déchets par secteur d'activité suit les grandes catégories de la Classification Internationale Type par Industrie (CITI) révision 3. Les déchets municipaux sont présentés comme un secteur à part, bien que ne correspondant pas à une activité économique en particulier. (voir définition détaillée au bas du tableau 2A)

Le tableau 7.1B présente les déchets ventilés en fonction des matériaux qui les caractérisent. Il s'agit d'une information complémentaire à celle du tableau 7.1A et qui porte sur quelques flux de déchets considérés comme importants du point de vue de l'environnement et du point de vue des stratégies de gestion des déchets mises en place dans les pays. Les flux présentés sont les déchets de construction et de démolition, les résidus de dragage, les boues d'épuration, les carcasses de véhicules à moteur, les déchets de caoutchouc et différents types de déchets d'emballage.

Les déchets sont produits aux divers stades de l'activité humaine et leur composition et les quantités produites varient en fonction des modes de consommation et des structures industrielles et économiques. Leur impact sur l'environnement et sur la qualité de vie est principalement lié à la contamination de l'air, de l'eau et des sols, mais comprend aussi la consommation d'espace, la production d'odeurs et le préjudice esthétique.

Lors de l'interprétation de ces tableaux, on doit garder à l'esprit que les définitions et les méthodes d'enquête employées par les pays Membres pour les différentes catégories de déchets peuvent varier de façon considérable.

7.1A DÉCHETS

AMOUNTS OF WASTE GENERATED BY SECTOR, latest year available (a)
QUANTITÉS DE DÉCHETS PRODUITS PAR SECTEUR, dernière année disponible (a)

1000 tonnes

ISIC/CITI :		Agriculture, forestry,.../ agricult., sylvic. 01-02	Mining & quarrying/Mines et carrières 10-14	Manufacturing ind./ind. manufacturières 15-37	Energy prod./ Production d'énergie 40	Water purific.& distrib./Trait.& distrib. de l'eau 41	Construct. 45	Other/ Autres	Municipal w./déchets municipaux (b)	TOTAL (c)
Canada	*	14 000	1 052 990	..	..	..	..	..	18 110	..
Mexico/Mexique	*	11 498	123 187	29 565	..	..	..	..	30 510	..
USA/Etats-Unis	*	..	..	7 080 000	..	..	..	..	189 696	..
Japan/Japon	*	72 495	34 802	143 711	57 289	..	..	77 976	50 767	437 000
Korea/Corée		..	..	27 009	691	4 271	4 626	..	17 438	54 000
Australia/lie	*	562	..	37 043	11 000	..	6	..	12 000	..
N.Zeal./N.Zél.		..	..	..	..	..	..	..	..	..
Austria/Autriche	*	..	..	10 468	..	2 268	21 907	1 000	3 841	39 000
Belgium/Belgique	*	..	444	13 365	946	..	6 846	..	4 781	..
Czech R./R.Tchèque	*	5 504	167	19 774	8 286	..	..	11 997	2 390	48 120
Denmark/Danemark	*	..	..	2 563	1 699	170	2 559	748	2 788	10 500
Finland/Finlande	*	23 000	15 000	11 400	1 350	2 400	7 000	..	2 100	61 000
France	*	377 000	..	105 000	..	..	..	700	28 000	..
Germany/Allem.	*	..	15 756	64 865	19 605	1 875	137 139	975	25 777	265 993
Greece/Grèce	*	90	3 900	512	7 000	..	..	1 200	3 200	..
Hungary/Hongrie	*	46 000	1 428	6 328	2 108	..	170	3 561	4 300	68 000
Iceland/Islande	*	..	..	7	..	..	..	27	149	183
Ireland/Irlande	*	31 000	2 200	3 781	353	58	1 320	..	1 550	40 300
Italy/Italie	*	..	..	22 208	1 330	..	14 311	42 500	27 000	..
Luxembourg	*	..	..	1 440	..	..	1 499	..	218	..
Netherl./Pays-Bas	*	14 500	205	7 923	1 381	116	12 400	..	8 956	44 955
Norway/Norvège	*	18 000	7 600	3 287	..	..	3 578	..	2 637	..
Poland/Pologne	*	..	82 371	22 608	16 647	436	10	590	11 352	134 014
Portugal	*	..	472	..	392	..	..	84	3 500	..
Spain/Espagne		114 000	70 000	13 828	..	10 000	..	..	14 296	..
Sweden/Suède	*	21 000	47 000	13 966	625	..	3 300	2 000	3 900	91 791
Switzerl./Suisse	*	..	..	796	..	41	3 000	255	2 660	6 750
Turkey/Turquie	*	..	..	25 044	12 250	..	..	..	22 315	..
UK/Royaume-Uni	*	80 000	80 000	56 000	13 000	34 000	70 000	51 000	20 000	404 000
Slovak R./R.Slov.	*	12 164	688	4 909	1 404	64	168	6 496	1 620	27 500
OECD/OCDE		..	..	1 500 000	..	..	..	..	522 000	..

Notes:
a) Data prior to 1989 were not taken into account.
b) Municipal waste: see detailed notes below Table 2A.
c) Totals are rounded and may include estimates.

Country notes: see next page

Notes:
a) Les données antérieures à 1989 n'ont pas été prises en compte.
b) D. municipaux: voir les notes détaillées sous le tableau 2A.
c) Les totaux sont arrondis et peuvent inclure des estimations.

Notes par pays: voir page suivante

WASTE 7.1A

Notes (Table 1A):

CAN) Agric.: Animal manure only (dry matter); most of it is added to soil 1990 data. Mining: 1989 data, may include waste water. No data available on w. from manufacturing. Municipal: 1992 data.
MEX) 1990 data. Municipal: 1995 data.
USA) Manuf.: 1989 data, includes waste water. Municipal: 1994 data.
JPN) Data refer to 1991.
AUS) Municipal: 1992 data. All other data refer to 1993 and to Queensland only. Agric.: including sugar production, crop spraying and grain storage.
AUT) Agric. w. from animal farming and slaughtering. Mining: 1991 data. Manuf.: Austrian classification does not refer to economic sectors but to waste streams. Data may not be comparable to those of other countries. Energy: 1991 data, includes radioactive waste. Water: Sewage & water treatment waste. Includes 30% dry matter. Excludes 600 kt of liquid waste from sewage treatment plants. Constr.: includes 2000 kt of waste collected by municipalities. Other: hazardous w.
BEL) Mining, manuf., energy, construction: Totals based on Brussels 1992, Flanders 1994 and Wallonia 1994. Water: data based on wet weight for Brussels and Flanders, and dry weight for Wallonia. Municipal waste: Composite totals (see Table 2A). Total: partial total excluding w. from agriculture.
CZE) 1994 data.
DNK) 1995 data. Water: 1994 data. Other: hazardous and other industrial w. from wholesale retail trade, business service, institutions. Total: partial total excluding w. from agriculture and from mining.
FIN) Data refer to various years of the late 1980s/early 1990s. Agric.: Excluding forestry waste. Mining, manuf., energy: 1992 estimates for dry weight based on wet weight figures. Constr.: Estimated amounts of construction waste of which 70% = surplus soil. Total: Secretariat estimate based on data from various years between 1987 and 1994.
FRA) 1993 data. A detailed breakdown by ISIC sector is not available. Data may not be comparable to those of other countries. Mining: rough estimate for 1990. Manuf.: includes hazardous and non-hazardous w.; data may cover other ind. sectors. Constr.: 1991 construction and rehabilitation waste. Other: 1990 hospital waste.
DEU) 1993 data. Other: Hospital waste.
GRC) 1992 data. Manuf.: Partial total. Other: Phosphogypsum.
HUN) 1994 data. Agric.: 1992 data. Manuf.: excluding hazardous w.; waste from privatised entreprises may not be fully covered. Energy: excluding 6000 kt of surface mining waste. Other: includes other + hazardous w.
ISL) Manuf.: Mostly waste from slaughterhouses. Other: scrap metals.
ITA) 1995 data except for energy (1993) and other (1991). Manuf.: may include some mining & quarrying waste.
LUX) 1995 data. Manuf.: 1990 data for special industrial waste, mainly liquid waste assimilated in industrial waste water.
NLD) 1994 data. Agric.: manure surplus. Munic. w.: 1995 data.
NOR) Agric.: rough estimate for 1990 based on expert opinion. Manuf.: 1993 data; interview based sample survey; to be updated in 1996. Mining: 1992. Constr.: 1993. Municipal: 1995 data.
POL) 1995 data covering most industrial and energy sources. Mining: Excluding overlay in surface mining. Other: Data refer to ISIC/NACE 90 etc.
PRT) 1994 data. Hazardous waste only. Other: Waste from commerce, services.
SWE) Rough estimates for 1993 except for Energy, Constr., other (1990). Agric.: Most of this waste (i.e. 17 million tonnes) is recycled. Manuf.: sector specific waste. Constr.: Includes selected waste streams (cf. Tab.1b). Other: Non-sector-specific waste.
CHE) 1994 data.
TUR) 1992 data.
UKD) Agric.: Manure from housed livestock only (wet weight); estimated in 1991; no update available. Mining: Includes waste china clay extraction, deep coal mines, slate quarrying, and primary aggregate extraction; excludes waste from open-cast coal mining. Manuf.: Includes 6 Mt from basic metal industries. The remaining 50 Mt is a broad estimate valid for any 12 month period in the late 1980s. Water: Sewage sludge (wet weight). Constr.: Excavated soil and misc. materials, as well as hard materials, e.g. brick & concrete, and road planings. Estimated in 1990, not updated. Other: Includes dredged spoils from all UK waters, i.e. internal & external (wet weight), + broad estimate for commercial w.; rounded to nearest 5 Mt; valid for any year late 1980s.
SLO) 1995 data. Agric.: Including manure used as fertiliser.

Source: OECD/OCDE

Notes (tableau 1A):

CAN) Agriculture: données 1990; fumier seulement (matière sèche); la plupart est utilisée comme amendement au sol. Mines: données 1989, pouvant inclure des eaux usées. Pas de données sur les d. des ind.manuf.. D.munic.: données 1992.
MEX) Données 1990. D.munic.: données 1995.
USA) Ind. manuf.: données 1989 comprenant des eaux usées. D.munic.: données 1994.
JPN) Données 1991.
AUS) D.munic.: données 1992. Autres données: 1993 et Queensland uniquement. Agric.: production de sucre, "crop spraying", stockage des grains.
AUT) Agric.: d. de l'élevage d'animaux et des abattoirs. Ind. Manuf.: la classification autrichienne ne se rapporte pas aux secteurs économiques mais aux flux de déchets, les données peuvent ne pas être comparables avec celles des autres pays. Energie: données 1991 incluant les déchets radioactifs. Eau: traitement de l'eau et des eaux usées; comprend 30% de matière sèche; exclut 600 kt de déchets liquides des stations d'épuration. Constr.: Inclut 2000 kt de déchets qui sont collectés par les municipalités. Autres: déchets dangereux.
BEL) Mines, ind. manuf., énergie: totaux composés - Bruxelles 1992, Flandres 1994, Wallonie 1994. Eau: données basées sur des chiffres en poids humide pour Bruxelles et les Flandres, et en poids sec pour la Wallonie. (1990). D. munic.: total composé (voir tab. 2A). Total: chiffre partiel excluant les déchets agricoles.
CZE) Données 1994.
DNK) Données 1995. Eau: données 1994. Autres: d. dangereux et autres d. industriels du commerce de gros et demi-gros, les services, les institutions. Total: chiffre partiel excluant les déchets de l'agriculture et des mines et carrières.
FIN) Données se rapportant à diverses années entre 1987 et 1994. Agric.: exclut les déchets forestiers. Mines, ind. manuf. et énergie: estimations 1992 en poids sec basées sur des chiffres en poids humide. Constr.: Quantités estimées de d. de construction dont 70% de terre. Total: estimation du Secrétariat fondée sur des données se rapportant à diverses années entre 1987 et 1994.
FRA) Données 1993. Une ventilation précise par secteur CITI n'est pas disponible. Les données peuvent ne pas être comparables avec celles d'autres pays. Mines: estimation grossière pour 1990. Ind. manuf.: d. dangereux et non-dangereux; les données peuvent couvrir d'autres secteurs. Constr.: d. de construction et de réhabilitation 1991. Autres: d. hospitaliers 1990.
DEU) Données 1993. Autres: d. hospitaliers.
GRC) Données 1992. Ind. manuf.: total partiel. Autres: phosphogypses.
HUN) Données 1994. Agric.: données 1992. Ind. manuf.: exclut les d. dangereux; les d. des entreprises privatisées peuvent ne pas être totalement comptabilisés. Energie: exclut 6000 kt de d. des mines de surface. Autres: inclut les autres d. dangereux.
ISL) Ind. manuf.: la plupart de ces déchets proviennent des abattoirs. Autres: métaux de ferraille et autres.
ITA) Données 1995 sauf pour l'énergie (1993) et autres (1991). Ind. manuf.: peut inclure des d. des mines & carrières.
LUX) Données 1995. Ind. manuf.: données 1990; déchets industriels spéciaux essentiellement composés de déchets liquides assimilés aux eaux usées industrielles.
NLD) Données 1994. Agric.: surplus de fumier. D. Munic.: données 1995.
NOR) Agric.: estimation grossière pour 1990 fondée sur des avis d'experts. Ind. manuf.: données 1993; enquête fondée sur un échantillon d'entretiens; prochaine mise à jour en 1996.
POL) Données 1995 couvrant les principales sources industrielles et énergétiques. Mines: exclut les mines ouvertes. Autres: CITI/NACE 90 etc.
PRT) Données 1994. D. dangereux seulement. Autres: commerces, services.
SWE) Estimations grossières pour 1993 excepté énergie, constr., autres (1990). Agric.: la plupart de ces déchets (i.e. 17 M t) sont recyclés. Ind. manuf.: déchets spécifiques aux secteurs concernés. Constr.: inclut des flux de déchets sélectionnés (cf tab.1b). Autres: d. non spécifiques à un secteur particulier.
CHE) Données 1994.
TUR) Données 1992.
UKD) Agriculture: fumier de ferme uniquement (poids humide); estimé en 1991, pas de mise à jour disponible. Mines: extraction de kaolin, exploitation souterraine de charbon, carrières d'ardoises et extractions primaires; exclut les déchets des mines de charbon à ciel ouvert. Ind. manuf.: inclut 6 Mt des ind. métallurgiques de base; les 50 Mt restants sont une estimation grossière valable pour toute période de 12 mois de la fin des années 80. Eau: boues d'épuration (poids humide). Constr.: terre et divers matériaux d'excavation, matériaux durs (p.ex briques, béton, travaux de voiries); estimé en 1990, pas de mise à jour disponible. Autres: inclut les déblais de dragage de toutes les eaux (intérieures et extérieures) du Royaume-Uni (poids humide), et une estimation grossière pour les d. commerciaux valable pour toute période de 12 mois de la fin des années 80.
SLO) Données 1995. Agric.: inclut aussi le fumier utilisé comme engrais.

7.1B DÉCHETS

AMOUNTS OF WASTE GENERATED BY SELECTED WASTE STREAMS, latest year available
QUANTITÉS DE DÉCHETS PRODUITS PAR FLUX SÉLECTIONNÉS, dernière année disponible

1000 tonnes

	Year/ année	Construction-demol. w./d. de constr., démolition	Dredge spoils/ déblais de dragage	Sewage sludge (dry weight)/ boues d'épur. (p. sec) a)	Scrapped motor veh./carcasses de véh à moteur	Rubber w./ d. de caoutchouc	Packaging waste / déchets d'emballage				
							Total	- paper/ papiers	- plastics/ plastiques	- glass/ verre	- metal/ métaux
Canada	* 1992	11000	7450	500	1000	232	10500	3807	1650	1950	1950
Mexico/Mexique	* 1994	..	..	..	..	223	7174	4146	1290	1738	..
USA/Etats-Unis	* 1995	..	..	7000	..	..	64000	..	..	..	..
Japan/Japon	* 1993	61541	..	180490	..	192	..	..	..	..	..
Korea/Corée	* 1995	4626	..	2934	138	617	5292	3133	986	840	332
Australia/lie	* 1992	1569	..	60000	271	103	914	..	..	..	..
Austria/Autriche	* 1995	4610	15390	680	240	57	303	105	7	169	22
Belgium/Belgique	* 1994	6559	1446	..	128	105	1221	..	..	..	..
Czech R./R.Tchèque	1994	500	621	147	..	33	31	4	3	24	..
Denmark/Danemark	* 1995	2559	..	167	121	33	761	396	126	138	35
Finland/Finlande	* 1994	7000	3000	150	120	29	420	84	99	52	..
France	* 1992	25000	..	866	1400	400	6900	1200	2000	2500	..
Germany/Allem.	* 1993	142251	..	5311	928	263	2328	..	..	..	..
Greece/Grèce	* 1993	..	..	..	20	30	..	..	..	..	..
Hungary/Hongrie	* 1995	..	..	3039	..	45-50	682	360	150	110	62
Italy/Italie	* 1991	34400	..	3400	1400	..	..	..	..	..	..
Luxembourg	* 1995	1499	..	10	..	1	..	..	..	..	..
Netherl./Pays-Bas	* 1994	12400	17500	566	327	..	2699	1415	613	463	208
Norway/Norvège	* 1992	3600	..	100	82	34	..	..	..	..	..
Portugal	* 1994	..	..	8	..	8	923	239	410	179	95
Spain/Espagne	* 1994	22000	..	404	..	..	..	..	..	..	..
Sweden/Suède	* 1990/95	3200	..	230	100	50	..	..	..	84	..
Switzerl./Suisse	* 1995	3000	..	255	210	41	556	174	45	309	28
UK/Royaume-Uni	* 1994	70000	36000	1000	15	..	..	..	..	..	..
Slovak R./R. Slov.	1995	581	92	329	185	21	..	..	..	..	..

Notes:
a) Sewage sludge from all origins.
CAN) Construction/demolition: road and bridge contruction and repair, land clearing waste. Dredge spoils: 1988 data. Rubber: used tyres. Packaging: includes large amounts that are recycled or reused.
MEX) Municipal waste only. Rubber waste: used tyres only.
USA) Packaging w.: municipal packaging waste for 1993. S. sludge: estimate for sludge from public waste water treatment.
JPN) Rubber: 1992 data.
KOR) Rubber: includes leather waste. Packaging: 1994 data based on production statistics.
AUS) Construction/demolition w.: partial total. Sewage sludge: Queensland only. Scrapped motor vehicles: data based on vehicle numbers (conversion factor = 1 t./veh). Rubber waste: estimate for whole country is based on partial data from Northern Territory, Western Australia, Victoria and Queensland. Packaging waste: Queensland.
AUT) Scrapped veh.: including tyres. Sewage sl.: actual figure is 2268 kt. including 30% of dry matter. Packaging: 1993 data; w. from private households only. Plastics: including textiles and metals.
BEL) Totals based on Brussels 1992, Flanders 1994 and Wallonia 1994-95. Rubber: partial total for Flanders and Wallonia. Scrapped veh.: Secretariat estimate based on unharmonised regional data. Packaging w.: partial total for Flanders (w. collected by industry only) and Wallonia.
DNK) Scrapped veh.: 1994 data; excludes lorries; figure is bigger than normal because of a special government payment for scrapping cars older than 10 years. Packaging w.: 1994 data; excludes glass from refillable bottles recovered for reuse.
FIN) Rubber waste: used tyres only.
FRA) Scrapped m. veh.: 1991 estimate based on a total number of 1.8 M scrapped vehicles. Rubber: 1995; used tyres only. Packaging: household waste only.
DEU) Sewage sludge: 1991 data. Packaging w.: only waste from industry; waste collected separately by the private sector is not yet covered by the public statistical surveys.
GRC) Scrapped veh.: based on veh. numbers (1 t./veh.). Rubber: used tyres disposed in landfills only.
HUN) Packaging: total includes 1994 figure for metals. S. sludge: 1994 data.
ITA) Sewage sludge: may include liquid waste.
LUX) Rubber waste: used tyres only.
NLD) Dredge spoils: 1990 data.
NOR) Construction/demolition: 1993 data. Scrapped veh.: based on the number of cars entering the car scrapyard system. Rubber waste: used tyres only.
PRT) Sewage sl.: 1991. Rubber: 1991; used tyres only. Packaging w.: estimates of urban w. streams.
ESP) Construction/dem. w.: 1990 data.
SWE) Construction/dem. w.: including excavated material, primarily soil, i.e. 1700 tonnes.
CHE) Construction/dem.: 1994 data, referring to waste that is directly landfilled. S. sludge & rubber: 1994 data. Packaging w.: estimates based on composition of municipal w.
UKD) Contsruction/dem. w.: hard materials from construction sites (e.g bricks, concrete), and road planings. 1990 estimates. Dredge spoils: wet weight; amounts disposed of in all UK waters (external & internal w.). Scrapped motor veh.: Scotland only; 1990 data.

Notes :
a) Boues d'épuration de toutes origines.
CAN) Construction/démolition: d. de construction, de réparation des ponts et routes, d. des opérations de déblaiement. Déblais de dragage: données 1988. Caoutchouc: 1994; pneus usés uniquement. Emballages: inclut de grandes quantités recyclées ou réutilisées.
MEX) D. municipaux seulement. Caoutchouc: pneus usés seulement.
USA) Déchets d'emballage: déchets municipaux pour 1993. Boues d'épur.: estimation pour les boues issues de l'assainissement public.
JPN) Caoutchouc: donnée 1992.
KOR) Caoutch.: inclut les d. de cuir. Emballages: données 1994 basées sur des stat. de prod.
AUS) Construction/démolition: total partiel. Boues d'épuration: Queensland uniquement. Carcasses de voitures: données fondées sur le nombre de véhicules (facteur de conversion = 1 t./véh.). Caoutchouc: estimation fondée sur des données partielles des Territoires du Nord, de l'Australie de l'ouest, de Victoria et du Queensland. Emballages: Queensland.
AUT) Carcasses de véh.: inclut les pneus. Boues d'ép: chiffre correspond à 2268 kt de boues à 30% de matière sèche. Emballages: données 1993: déchets des ménages privés seulement. Plastiques: inclut les textiles et métaux.
BEL) Les totaux se composent de Bruxelles 1992, Flandres 1994 et Wallonie 1994-95. Plastiques, total partiel pour les Flandres et la Wallonie. Carcasses de véh.: estimation du Secrétariat basée sur des données régionales non harmonisées; Emballages: total partiel pour les Flandres (fraction collectée par les industries uniquement) et la Wallonie.
DNK) Carcasses de véh.: Données 1994; exclut les camions; chiffre plus élevé que la normale en raison d'une prime gouvernementale pour mettre à la casse les véhicules de plus de 10 ans. Emballages: données 1994; exclut les bouteilles récupérées pour réutilisation.
FIN) Caoutchouc: pneus usés seulement.
FRA) Carcasses de véh.: estimation 1991 sur la base de 1.8 M de véh. retirés de la circulation. Caoutchouc: 1995; pneus usés seulement. Emballages: d. des ménages uniquement.
DEU) Boues d'ép.: données 1991. Emballages: d. de l'industrie; les d. collectés séparément par le secteur privé ne sont pas encore couverts par les enquêtes statistiques publiques.
GRC) Carcasses de véh.: fondées sur le nombre de véh. (1 t./véh.). Caoutchouc: pneus usés mis en décharge uniquement.
HUN) Emballages: total comprenant un chiffre 1994 pour les métaux. Boues: données 1994.
ITA) Boues d'épuration: peut inclure des déchets liquides.
LUX) Caoutchouc: pneus usés seulement.
NLD) Déblais de dragage: données 1990.
NOR) Construction/démolition: données 1993. Carcassses de véhicules: fondé sur le nombre d'épaves entrant dans le système. Caoutchouc: pneus usés seulement.
PRT) Boues d'épuration: 1991. Caoutchouc: 1991; pneus usés seulement. Emballages: estimations; déchets urbains uniquement.
ESP) Construction/dém.: données 1990.
SWE) Construction/dém.: inclut les matériaux d'excavation (terre principalement, 1700 tonnes).
CHE) Construction/dém.: 1994; d. directement mis en décharge. Boues d'épur. & caoutch.: données 1994. D. d'emb.: estimation fondée sur la composition des déchets municipaux.
UKD) Contruction/dém.: matériaux durs des sites de construction (p.e.: briques, béton), et des travaux de voirie. Estimations 1990. Déblais de dragage: poids humide; quantités rejetées dans les eaux du Royaume-Uni (eaux externes & internes). Carcasses de véh.: Ecosse seulement; données 1990.

Source: OECD/OCDE

WASTE

MUNICIPAL WASTE
DÉCHETS MUNICIPAUX

The following tables present trends in amounts of municipal and household waste, the average composition of such waste and the treatment and disposal methods used.

The amount and composition of waste generated in each country, which influence waste management policies, are related to the rate of urbanisation, the types and patterns of consumption, household revenue and lifestyles.

Table 7.2A presents trends in amounts of municipal and household waste, as well as related per capita values.

In general, municipal waste is waste collected and treated by or for municipalities. It covers waste from households, including bulky waste, similar waste from commerce and trade, office buildings, institutions and small businesses, yard and garden waste, street sweepings, the contents of litter containers, and market cleansing waste. The definition excludes waste from municipal sewage networks and treatment, as well as municipal construction and demolition waste.

Table 7.2B presents the average composition of municipal waste, expressed as the percentage contribution of various materials to total weight.

Table 7.2C provides information on the percentage of population served by municipal waste disposal service and on the treatment and disposal methods used. Because of recycling, and because treatment methods are not always mutually exclusive, the amounts collected and the sums of the treatment methods are not necessarily the same.

The table covers municipal waste collected door-to-door or delivered to facilities used for municipally collected waste, as well as that collected separately for recovery operations. It does not cover to private collection schemes operated and managed independently from municipalities.

When interpreting these tables it should be borne in mind that the definition of municipal waste and the surveying methods used vary from country to country.

Les tableaux suivants présentent les tendances concernant les quantités de déchets municipaux et des ménages, leur composition moyenne, ainsi que les méthodes de traitement et d'élimination utilisées.

Les quantités de déchets générées dans chaque pays et leur composition sont liées au degré d'urbanisation, aux types et structures de consommation, au niveau des revenus et au style de vie des ménages; ils influencent les politiques de gestion des déchets.

Le tableau 7.2A présente les tendances en matière de quantités de déchets municipaux et des ménages, ainsi que les valeurs par habitant.

Les déchets municipaux sont les déchets collectés et traités par ou pour les municipalités. Ils comprennent les déchets des ménages et les déchets encombrants, les déchets similaires des commerces, des bureaux et institutions et des petites entreprises, les résidus de jardins, les déchets de nettoyage des rues, le contenu des poubelles publiques et les déchets de marché. La définition exclut les déchets issus de l'assainissement municipal des eaux usées et les déchets de construction et de démolition municipaux.

Le tableau 7.2B présente la composition moyenne des déchets municipaux exprimée en pourcentage du poids des divers matériaux par rapport au poids total.

Le tableau 7.2C fournit des informations sur la population desservie par un service de ramassage des déchets municipaux et les méthodes de traitement et d'élimination des déchets municipaux. En raison du recyclage et des méthodes de traitement qui ne sont pas toujours mutuellement exclusives, les quantités collectées et les sommes des types de traitement ne sont pas nécessairement les mêmes.

Le tableau couvre les déchets municipaux collectés en porte à porte ou déposés dans les mêmes installations que ceux collectés par les municipalités, de même que les déchets collectés sélectivement en vue d'opérations de récupération. Cela n'inclut pas les systèmes de collecte privés qui sont mis en oeuvre et gérés indépendamment des municipalités.

Ces données doivent être interprétées en se rappelant que la définition des déchets municipaux et les méthodes d'enquête utilisées varient d'un pays à l'autre.

7.2A DÉCHETS

GENERATION OF MUNICIPAL WASTE (a), 1980-1995
PRODUCTION DE DÉCHETS MUNICIPAUX (a), 1980-1995

		Total amounts generated / Quantités totales produites (1000 tonnes)								Amounts per capita / Quantités par habitant (kg/capita / kg/habitant)							
		Municipal waste / Déchets municipaux				of which: household waste / dont: déchets ménagers				Municipal waste / Déchets municipaux				of which: household waste / dont: déchets ménagers			
		1980	1985	1990	1995[b]	1980	1985	1990	1995[b]	1980	1985	1990	1995[b]	1980	1985	1990	1995[b]
Canada	*	12600	..	18000	18110	..	..	8925	8925	510	..	670	630	..	..	310	310
Mexico/Mexique	*	..	..	21062	30510	..	..	16850	24408	..	..	240	320	..	..	190	260
USA/Etats-Unis	*	137350	149144	177539	189696	..	..	..	..	600	630	710	730	..	..	..	..
Japan/Japon	*	43950	43470	50440	50304	..	..	..	..	380	360	410	400	..	..	..	..
Korea/Corée	*	..	20994	30646	17438	..	..	..	..	..	510	710	390	..	..	..	..
Australia/lie	*	10000	..	12000	..	..	..	7000	..	700	..	690	..	..	..	400	..
N.Zealand/N.Zél.	*	2106	..	..	..	..	..	..	1400	660	..	..	..	..	..	..	390
Austria/Autriche	*	..	..	3282	3841	1673	1727	2504	2509	..	..	430	480	220	230	320	310
Belgium/Belgique	*	3082	..	3500	4781	..	..	..	..	310	..	350	470	..	..	..	..
Czech R./R.Tchèq.	*	..	2600	..	2390	..	..	..	1593	..	250	..	230	..	..	..	150
Denmark/Danemark	*	2046	2430	..	2788	..	1900	..	2610	400	480	..	530	..	370	..	500
Finland/Finlande	*	..	..	..	2100	..	..	..	900	..	..	..	410	..	..	..	180
France	*	..	..	26220	28000	16930	18700	20420	20000	..	..	450	470	310	340	350	340
Germany/Allem.	*	..	..	..	25777	..	..	..	24203	..	..	..	320	..	..	..	300
w.Germany/All.occ.	*	..	..	23147	..	21417	19387	21721	..	..	..	370	..	350	320	340	..
Greece/Grèce	*	2500	3023	3000	3200	..	..	..	..	260	300	300	310	..	..	..	..
Hungary/Hongrie	*	2461	4500	4900	4300	..	2100	2468	2787	230	430	470	420	..	200	240	270
Iceland/Islande	*	..	..	145	149	..	..	80	65	..	..	550	560	..	..	310	240
Ireland/Irlande	*	640	1100	..	1550	..	..	..	1026	190	310	..	430	..	..	..	290
Italy/Italie	*	14041	15000	20000	27000	..	..	..	23000	250	260	350	470	..	..	..	400
Luxembourg	*	128	131	170	218	..	..	98	..	350	360	440	530	..	..	250	..
Netherl./Pays-Bas	*	7050	6357	7430	8956	5565	5177	6190	7319	500	440	500	580	390	360	410	470
Norway/Norvège	*	1700	1900	2223	2637	700	800	1042	1262	420	460	530	620	170	190	250	300
Poland/Pologne	*	9489	10661	11098	11352	..	..	7253	7958	270	290	290	290	..	..	190	210
Portugal	*	1980	2350	3000	3500	..	..	..	..	200	230	300	350	..	..	..	..
Spain/Espagne	*	10100	10600	12546	14296	..	..	..	..	270	280	320	370	..	..	..	..
Sweden/Suède	*	..	..	3900	3900	2510	2650	3200	3200	..	..	460	440	300	320	370	360
Switzerl./Suisse	*	2290	2610	2930	2660	1530	1740	1950	1770	360	400	430	380	240	270	290	250
Turkey/Turquie	*	12000	18000	19500	22315	..	..	..	..	410	540	540	590	..	..	..	..
UK/Royaume-Uni	*	..	..	..	..	15500	17000	20000	20000	..	..	..	..	280	300	350	340
Slovak r./R.Slov.	*	..	1901	..	1620	..	..	..	1215	..	370	..	300	..	..	..	230
N.America/Am. N.		161000	179000	217000	238000	..	..	..	..	500	520	600	620	..	..	..	..
OECD/OCDE Eur.	*	130000	141000	163000	181000	..	..	..	..	330	350	390	420	..	..	..	..
EU/UE-15	*	114000	119000	138000	153000	..	..	..	..	340	350	400	430	..	..	..	..
OECD/OCDE	*	347000	377000	444000	484000	..	..	..	..	410	430	480	510	..	..	..	..

Notes:
a) Municipal waste is waste collected by or on the order of municipalities. It includes waste originating from households (post-consumption waste), and similar waste from commerce and trade, office buildings, institutions (schools, hospitals, government buildings), and small businesses. It also includes waste from these sources collected door-to-door or delivered to the same facilities used for municipally collected waste, as well as fractions collected separately for recovery operations (through door-to-door collection and/or through voluntary deposit) Similar waste from rural areas, even if disposed of by the generator, is also included. The definition also covers: (i) bulky waste (e.g. white goods, old furniture, mattresses); and (ii) yard waste, leaves, grass clippings, street sweepings, the contents of litter containers, and market cleansing waste, if managed as waste. The definition excludes waste from municipal sewage networks and treatment, as well as municipal construction and demolition waste. National definitions may differ. Values per capita are rounded.
b) Or latest available year.

Country notes: see next page/Notes par pays: voir page suivante.

Notes:
a) Les déchets municipaux sont ceux collectés par ou pour les municipalités. Ils comprennent les déchets des ménages (d. de consommation), les déchets similaires des activités commerciales, bureaux et institutions (écoles, bâtiments administratifs, hôpitaux) et des petites entreprises. Ils sont collectés en porte à porte ou déposés dans les mêmes installations que les d. collectés par les municipalités et ceux collectés sélectivement en vue d'opérations de récupération.(en porte à porte et/ou par apport volontaire). Ils comprennent aussi les déchets analogues venant des zones rurales, même s'ils sont éliminés par le générateur de déchets. Ils comprennent aussi : (i) les déchets encombrants (p. ex. éléctroménager, vieux mobilier, matelas, etc.); et (ii) les résidus de jardins et d'espaces verts (feuilles, gazon, etc.), les déchets d'entretien de la voirie (nettoyage des rues, contenu des poubelles publiques, d. de marché) s'ils sont gérés en tant que déchets. La définition exclut les déchets issus de l'assainissement municipal des eaux usées (curage des égouts, épuration) et les déchets de construction et de démolition municipaux. Les définitions nationales peuvent être différentes. Les valeurs par habitant sont arrondies.
b) Ou la dernière année disponible.

WASTE 7.2A

Notes (7.2a):
- **CAN)** Municipal w.: all w. disposed of, except construction and demolition w., even if not collected by municipalities; includes flows diverted for recycling or composting; 1980 data include some light industrial, commercial and institutional w. 1990, 1995 data refer to 1988, 1992.
- **MEX)** 1990 data refer to 1991.
- **USA)** 1995 data refer to 1994.
- **JPN)** 1995 data refer to 1993.
- **KOR)** Municipal w.: change in measurement method in 1992.
- **AUS)** 1980, 1990 data refer to 1978 and 1992; municipal w. 1992: Secretariat estimate based on composite total from State/Territory data; may include significant amounts of commercial and industrial waste.
- **NZL)** 1980 data refer to 1982.
- **AUT)** Municipal w.: excludes construction site w. which is included in national definition; 1995: 1993 data; household w.: 1980, 1985, 1995 data refer to 1979, 1984, 1993.
- **BEL)** Municipal w.: latest year: aggregate of 1995 data for Brussels and 1994 data for Flanders and Wallonia; 1990: excluding bulky w. and separately collected waste.
- **CZE)** 1985 and 1995: 1987 and 1994 data; 1994 figure is extrapolated from new survey.
- **DNK)** 1995 data come from a new survey done in treatment plants; data for previous year refer to surveys of waste generators.
- **FIN)** 1995 data refer to 1994.
- **FRA)** 1990, 1995 data refer to 1989, 1993 and include DOM; municipal w.: includes bulky w.; 1993: excludes 5 million tonnes of "Déchets industriels banals"; household w.: excludes bulky w. (3 and 4.5 million tonnes in 1992 and 1993).
- **DEU)** Excludes separate collection for recycling purposes conducted outside the public sector (about 11 million tonnes in 1993); this particularly concerns packaging w. (paper, glass, metals, plastics) collected by the Duale System Deutschland; excludes w. directly brought to disposal sites by the generator and street cleaning w.; 1985: 1984 data.
- **GRC)** Traditional waste collection only; 1995: 1992 data.
- **HUN)** Municipal w.: refers to transported amounts; includes w. from households, offices, firms and services; 1995: 1994 data; decrease of municipal w. between 1990 and 1994 is due to increase of private w. management.
- **ISL)** 1990, 1995: 1992, 1994 data.
- **IRL)** 1985 data refer to 1984.
- **ITA)** Municipal w. 1995: includes some w. from municipal sewage network and treatment.
- **LUX)** Municipal w.: excludes separate collection; household w. 1990: 1992 data.
- **NLD)** Municipal w.: includes separate collection for recycling purposes, solid w. from sewerage and small amount of mixed building and construction w.; household w.: includes w. paper collected by schools, churches, sport clubs.
- **NOR)** 1990: 1992 data; municipal w.: before 1992: excludes similar w. from areas not served by municipal w. service; excludes glass bottles which do not enter the w. stream; 1995 figures are based on a new survey covering all local authorities and treatment plants; it excludes a small amount of construction and demolition waste which is included in preceding years.
- **POL)** 1980 and 1985 data include liquid waste from cesspools and other containers.
- **PRT)** 1995 data refer to 1994.
- **ESP)** 1995 data refer to 1994.
- **SWE)** 1995 data refer to 1994.
- **CHE)** 1995: 1994; municipal w.: excludes separately collected waste for recycling (1 562 000 tonnes in 1994).
- **TUR)** Municipal w. 1990 and 1995: 1989 and 1991 data based on daily amounts of w. collected in 1 974 municipalities out of a total of 2 033; 1980 and 1985: Secretariat estimates; a survey conducted in 58 urban municipalities showed 187 kg of household w. per capita in 1993.
- **UKD)** Household w. 1990 (reported in 1995): estimated maximum, which mainly includes w. collected from household dustbins and 5 million tonnes from "Civic Amenity Sites"; data up to 1985 refer to England & Wales only and are less reliable than the 1990 est.
- **SLO)** 1985 data refer to 1987.
- **TOT)** Rounded figures. Data do not include eastern Germany, Czech Rep., Hungary, Poland and Korea.

Source: OECD/OCDE

Notes (7.2A):
- **CAN)** D. municipaux: tous les d. éliminés, même ceux qui ne sont pas collectés par les municipalités, excepté les d. de construction et de démolition; inclut les flux extraits pour recyclage ou compostage; 1980: inclut quelques d. industriels banals, commerciaux et institutionnels; 1990, 1995: données 1988 et 1992.
- **MEX)** 1990: données 1991.
- **USA)** 1995: données 1994.
- **JPN)** 1995: données 1993.
- **KOR)** D. municipaux: changement de méthode de mesure en 1992.
- **AUS)** 1980, 1990: données 1978 et 1992; d. municipaux 1992: estimations du Secrétariat fondées sur un total composé de données des États ou Territoires; peut inclure des quantités importantes de d. commerciaux et industriels.
- **NZL)** 1980: données 1982.
- **AUT)** D. municipaux: excluent les d. de construction compris dans la définition nationale; 1995: données 1993; d. des ménages 1980, 1985, 1995: données 1979, 1984, 1993.
- **BEL)** D. municipaux: dernière année: somme de données 1995 pour Bruxelles et de données 1994 pour la Flandre et la Wallonie; 1990: exclut les d. encombrants et la collecte sélective.
- **CZE)** 1985 et 1995: données 1987 et 1994; 1994: les données sont extrapolées à partir d'une nouvelle enquête.
- **DNK)** 1995: données provenant d'une nouvelle enquête auprès des centres de traitement; les données précédentes proviennent d'enquêtes auprès des producteurs.
- **FIN)** Les données 1995 sont de 1994.
- **FRA)** 1990, 1995: données 1989 et 1993 comprenant les DOM; d. municipaux: d. encombrants compris; 1993: exclut 5 millions de tonnes de "Déchets industriels banals"; d. des ménages: exclut les d. encombrants (3 et 4.5 millions de tonnes en 1992 et 1993).
- **DEU)** Exclut la collecte sélective pour le recyclage hors secteur public, en particulier les matériaux d'emballages (papier, verre, métaux, plastiques) collectés par le système allemand Duale (environ 11 millions de tonnes en 1993); excl. les d. directement apportés par le producteur sur le site d'élimination et les d. de nettoyage des rues; 1985: 1984.
- **GRC)** Collecte traditionnelle des d. uniquement; 1995: 1992.
- **HUN)** D. municipaux: quantités transportées; comprend les d. des ménages, des bureaux, des entreprises et des services; 1995: 1994; la baisse des d. municipaux entre 1990 et 1994 est due au développement de la gestion privée des déchets.
- **ISL)** 1990, 1995: données 1992, 1994.
- **IRL)** 1985: données 1984.
- **ITA)** D. municipaux 1995: comprend des d. d'assainissement et d'épuration des eaux usées.
- **LUX)** D. municipaux: exclut la collecte sélective; d. des ménages 1990: 1992.
- **NLD)** D. municipaux: comprend la collecte sélective en vue du recyclage, les d. solides des égouts et de faibles quantités de d. mélangés de construction et démolition; d. des ménages: comprend les d. de papier collectés par les écoles, les églises et les clubs sportifs.
- **NOR)** 1990: données 1992; d. municipaux: avant 1992 exclut les d. similaires des zones non desservies par un service municipal des d.; exclut les bouteilles en verre qui n'entrent pas dans le flux des d.; données 1995 fondées sur une nouvelle enquête couvrant l'ensemble des autorités locales et des centres de traitement; exclut un faible montant de d. de construction et démolition compris pour les années précédentes.
- **POL)** les données 1980 et 1985 incluent des d. liquides des fosses de curage et autres conteneurs.
- **PRT)** 1995: données 1994.
- **ESP)** 1995: données 1994.
- **SWE)** 1995: données 1994.
- **CHE)** 1995: données 1994; d. municipaux: exclut les d. collectés en vue du recyclage (1 562 000 tonnes en 1994).
- **TUR)** D. municipaux 1990 et 1995: données 1989 et 1991 fondées sur les quantités quotidiennes collectées dans 1 974 municipalités sur un total de 2 033; 1980 et 1985: est. du Secrétariat; selon une étude conduite sur 58 municipalités urbaines, 187 kg de d. ménagers par habitant étaient produits en 1993.
- **UKD)** D. des ménages 1990 (reporté en 1995): valeur maximum estimée incluant principalement des ordures ménagères et 5 millions de tonnes de "Civic Amenity Sites"; jusqu'en 1985: Angleterre et Pays de Galle uniquement; chiffres moins fiables que l'estimation 1990.
- **SLO)** 1985: données 1987.
- **TOT)** Chiffres arrondis. Les données n'incluent pas l'Allemagne orientale, la Rép. Tchèque, la Hongrie, la Pologne et la Corée.

COMPOSITION OF MUNICIPAL WASTE, 1980-1995
COMPOSITION DES DÉCHETS MUNICIPAUX, 1980-1995

(%)

		Paper and paperboard/ Papiers et cartons				Food & garden waste, etc./ Déchets alimentaires et de jardin, etc.				Plastics/ Matières plastiques				Glass / Verre				Metals / Métaux				Textiles and other / Textiles et autres			
		80	85	90	95	80	85	90	95	80	85	90	95	80	85	90	95	80	85	90	95	80	85	90	95
Canada	*	37	37	28	28	..	..	34	34	5	5	11	11	7	7	7	7	7	7	8	8	..	..	13	13
Mexico/Mexique		..	..	14	14	..	..	52	52	..	..	4	4	..	..	6	6	..	..	3	3	..	..	20	20
USA/Etats-Unis	*	36	37	37	39	27	26	25	21	5	7	8	9	10	8	7	6	10	9	8	8	12	13	15	16
Japan/Japon	*	26	33	38	..	..	34	32	..	12	12	11	..	8	8	7	..	4	6	6	..	..	7	7	..
Korea/Corée	*	..	9	14	24	..	20	27	32	..	8	8	5	..	3	3	5	..	4	5	8	..	56	43	26
Australia/lie	*	26	..	..	22	..	..	..	50	6	..	..	7	15	..	..	9	7	..	..	5	..	..	..	8
N.Zeal./N.Zél.		34	..	..	..	..	..	..	..	3	..	..	..	3	..	..	..	8	..	..	..	..	..	..	..
Austria/Autriche	*	20	34	27	27	..	25	27	30	4	7	18	14	7	10	8	11	5	4	7	7	..	20	14	12
Belgium/Belgique	*	35	..	30	16	..	..	45	37	6	..	8	7	8	..	8	7	5	..	4	4	..	..	5	29
Czech Rep./R.Tch.	*	..	10	..	8	..	..	..	18	..	6	..	4	..	8	..	4	..	6	..	2	..	..	..	64
Denmark/Danem.	*	34	22	..	20	..	55	..	36	7	4	..	5	6	5	..	4	5	3	..	2	..	11	..	35
Finland/Finlande	*	..	..	..	26	..	..	..	32	..	..	..	..	..	..	..	6	..	..	..	3	..	..	..	35
France	*	22	25	30	25	38	37	25	29	6	9	10	11	12	12	12	13	9	7	6	4	13	10	17	18
w.Germ./All.occ.	*	20	18	..	..	..	..	..	..	6	5	..	..	12	9	..	..	4	3	..	..	..	..	..	..
Greece/Grèce	*	20	19	22	20	..	59	49	49	7	7	11	9	3	3	4	5	4	4	4	5	..	9	11	13
Hungary/Hongrie	*	16	16	20	18	28	30	32	33	5	5	5	6	4	4	5	5	5	5	6	4	42	40	32	34
Iceland/Islande	*	..	..	34	..	..	..	24	..	..	..	10	..	..	..	9	..	..	..	13	..	..	..	11	..
Ireland/Irlande	*	35	25	..	33	..	..	..	29	11	14	..	9	8	8	..	6	3	3	..	3	..	..	..	20
Italy/Italie	*	22	22	..	..	43	43	..	..	7	7	..	..	7	6	..	..	3	3	..	..	18	19	..	..
Luxembourg	*	..	17	..	19	..	..	..	44	..	6	..	8	..	7	..	7	..	3	..	3	..	..	..	20
Netherl./Pays-Bas	*	21	23	25	26	53	54	52	38	7	7	8	6	12	7	5	6	3	3	4	3	3	4	5	21
Norway/Norvège	*	31	31	..	31	..	..	..	18	4	4	..	6	3	3	..	4	7	6	..	5	..	..	..	36
Poland/Pologne		..	..	10	..	..	..	38	..	..	..	10	..	..	..	12	..	..	..	8	..	..	..	23	..
Portugal	*	19	19	25	23	..	..	..	35	3	3	9	12	3	3	3	5	4	4	3	3	..	..	..	23
Spain/Espagne	*	15	15	20	21	..	52	49	44	6	6	7	11	6	6	8	7	3	3	4	4	..	19	13	13
Sweden/Suède	*	43	..	44	..	26	..	30	..	10	..	7	..	5	..	8	..	6	..	2	..	10	..	9	..
Switzerl./Suisse	*	30	..	..	29	30	..	..	38	13	..	..	15	9	..	..	3	6	..	..	3	12	..	..	12
Turkey/Turquie	*	..	..	..	6	..	..	..	64	..	..	..	3	..	..	..	2	..	..	..	1	..	..	..	24
UK/Roy.-Uni	*	29	..	37	..	..	..	19	..	7	..	10	..	10	..	9	..	8	..	7	..	..	..	18	..
Slovak R./R.Slov.	*	..	14	..	..	..	16	..	..	..	7	..	..	..	9	..	..	..	7	..	..	..	48	..	..

Notes: see next page / voir page suivante.

WASTE 7.2B

Notes (Table 7.2B)

CAN) 1990 data refer to 1988.
USA) Food: Includes food waste and yard trimmings; other: Includes rubber, leather, wood, and miscellaneous inorganic waste.
JPN) 1985, 1990: Tokyo metropolitan area only; 1980: average of 4 cities; other: rubber, ceramics.
KOR) Break in time series between 1990 and 1995; other: refers mainly to coal briquette ash.
AUS) Composite results from State surveys (SA, NSW, Tasmania, ACT, Victoria, WA, Queensland); data refer to various years of the early 1990s.
AUT) Household waste only; food: includes all organic waste.
BEL) Data include estimates.
CZE) 1985,1995: 1987, 1994 data; 1994: data based on new survey which corresponds to about 80% of municipal waste generated; other: mineral, bulky w., street rubbish.
DNK) Household waste only; 1980, 1995 data refer to 1979 and 1994.
FIN) 1995 data refer to 1992.
FRA) Household (excluding bulky w.) waste only; 1995 refer to 1993 data and include 5 million tonnes of similar industrial waste.
wDEU) Household waste only.
GRC) Other: 1990 and 1992 data include inert and other waste not mentioned.
HUN) Data based on volumetric information; other: inorganic w.
ISL) Household waste only.
IRL) 1980 data refer to 1979.
ITA) 1985 data refer to 1986; glass: 1986 figure is a Secretariat estimate.
LUX) 1995: 1994 data; household w. only; other: composite materials, baby nappies, haz.w., etc.
NLD) Household w. only; 1995: 1994 data; before 1994: data based on the contents of waste bags in four selected residential areas in three cities (excluding separate collection).
NOR) 1980 data refer to 1979/81 surveys; data extrapolated from restricted areas.
PRT) 1990 and 1995 data refer to 1989 and 1994.
ESP) Other: batteries, rubber and wood; 1995: 1994 data.
SWE) 1995: 1994 data for household w.; 1980: Estimates for 1975-80; paper: includes fraction separated at source; includes paper laminated with plastics; textiles: includes leather and rubber; food: putrescible waste.
CHE) 1995: 1994 data; other 1995: includes composit packaging and items, minerals, and items smaller than 8 mm.
TUR) 1995: 1993 data; refers to household waste composition in 58 urban municipalities with a population > 20 000; other: includes ash, slag, etc.
UKD) 1990: Household waste only; composition based on a limited sample exercise; not compatible with previous data; other: fines and miscellaneous.
SLO) 1987 data; other: includes ash and other inert material.

Source: OECD/OCDE

Notes (Tableau 7.2B)

CAN) 1990: données 1988.
USA) D.alim.: d. alim. et tontes de gazon; autres: caoutchouc, cuir, bois et divers déchets non organiques.
JPN) 1985, 1990: zone métropolitaine de Tokyo uniquement; 1980: moyenne de 4 villes; autres: caoutchouc, céramiques.
KOR) Rupture de série entre 1990 et 1995; autres: comprend essentiellement les cendres de briquettes de charbon.
AUS) Résultats composites d'enquêtes de divers États (SA, NSW, Tasmanie, ACT, Victoria, WA, Queensland); les données correspondent à diverses années du début des années 90;
AUT) Déchets des ménages uniquement; d.alim.: tous déchets organiques. BEL) Les données comprennent des estimations.
CZE) 1985, 1995: données 1987, 1994; 1994: nouvelle enquête portant sur environ 80% des déchets municipaux produits; autres: encombrants, d. de l'entretien de la voirie, d. minéraux.
DNK) D. des ménages uniquement; 1980, 1995: données 1979 et 1994.
FIN) Les données 1995 se réfèrent à 1992.
FRA) Ordures ménagères uniquement (exclut les d. encombrants); 1995: donnée 1993 incluant 5 millions de tonnes de "déchets industriels banals".
wDEU) D. des ménages uniquement.
GRC) Autres: 1990 et 1992: déchets inertes et autres déchets non mentionnés.
HUN) Données fondées sur des informations volumétriques; autres: d. inorganiques.
ISL) D. des ménages uniquement.
IRL) 1980: données 1979.
ITA) 1985: données 1986; verre 1986: estimation du Secrétariat.
LUX) 1995: 1994; d. des ménages uniquement; autres: matér. composites, couches, d. dangereux, etc.
NLD) D. des ménages uniquement ;1995: données 1994; avant 1994: données fondées sur le contenu des sacs poubelle de 4 zones résidentielles dans 3 villes (collecte sélective exclue).
NOR) 1980: enquête 1979/81; données extrapolées à partir de zones restreintes.
PRT) 1990 et 1995: données 1989 et 1994.
ESP) Autres: piles, caoutchouc et bois; 1995: données 1994.
SWE) 1995: d. des ménages 1994; 1980: estimation représentative de la période 1975-1980; papier: inclut le tri à la source; inclut le papier laminé de plastiques; textiles: inclut également le cuir, le caoutchouc; d. alim.: déchets putrescibles.
CHE) 1995: données 1994; autres 1995: comprend les articles et emballages composites, les éléments minéraux et la fraction inférieure à 8 mm.
TUR) 1995: données 1993 : composition des déchets ménagers dans 58 municipalités urbaines d'une population > 20 000; autres: cendres, scorries, etc.
UKD) 1990: d. des ménages uniquement; composition fondée sur un échantillon limité; non compatible avec les données précédentes; autres: déchets fins et divers.
SLO) Données 1987; autres: cendres et autres matériaux inertes.

7.2C DÉCHETS

COLLECTION AND DISPOSAL OF MUNICIPAL WASTE, latest year available
COLLECTE ET ÉLIMINATION DES DÉCHETS MUNICIPAUX, dernière année disponible

1000 tonnes

	Year/Année	Total amounts / Quantités totales (a)	% of pop. served by municipal waste services/ % de la pop. desservie par un service des d. municipaux	Composting/ Compostage	Incineration / Incinération Total	% with energy recovery / % avec récuperation d'énergie	Landfill/ Mise en décharge	Recycling/ Recyclage	Other/ Autres
Canada	1992	18110	100.0	410	1200	91.7	14170	3110	-
Mexico/Mexique *	1995	30510	70.0	-	-	-	30304	206	-
USA/Etats-Unis *	1994	189696	100.0	6804	29484	7.6	115487	37921	-
Japan/Japon	1993	50304	99.9	63	36643	..	14959	2195	957
Korea/Corée	1995	17438	97.0	115	702	40.5	12609	4012	-
Austria/Autriche *	1993	2509	99.0	450	410	100.0	1381	640	-
Belgium/Belgique *	1994	1646	100.0	92	499	..	903	135	-
Czech R./R.Tchèque *	1994	1992	85.0	2	2	..	1974	2	13
Denmark/Danemark *	1995	2610	100.0	298	1466	100.0	586	330	15
Finland/Finlande *	1994	2100	75.0	70	50	100.0	1500	700	-
France *	1993	20000	99.5	1482	9759	70.7	10025	..	72
Germany/Allemagne	1993	25777	100.0	2013	6429	..	18978	8628	928
w.Germany/All. occ.	1990	21615	100.0	369	6039	..	14219	-	988
Greece/Grèce	1992	3200	100.0	-	1	..	2970	226	-
Hungary/Hongrie	1994	4300	85.0	-	300	100.0	4000	-	-
Iceland/Islande	1994	149	99.0	-	30	10.0	121	25	-
Ireland/Irlande	1995	1550	..	..	..	..	1432	118	-
Italy/Italie	1995	27000	..	..	1400	..	24000	..	..
Luxembourg *	1995	218	100.0	8	126	100.0	83	75	-
Netherl./Pays-Bas	1994	8430	100.0	1834	2192	95.4	2870	1265	..
Norway/Norvège	1995	2637	98.0	38	448	70.1	1893	373	..
Poland/Pologne	1995	11352	..	201	1	..	11150	..	..
Portugal *	1994	3500	89.0	420	-	-	3080	-	-
Spain/Espagne	1994	14296	..	1770	625	76.4	11901	-	-
Sweden/Suède *	1994	3200	100.0	100	1300	..	1200	500	..
Switzerland/Suisse *	1994	2660	99.0	371	2040	97.1	620	1159	..
Turkey/Turquie *	1991	22315	..		381	515	-	18107	-	3312
UK/Royaume-Uni *	1990	20000	100.0	..	2500	50.0	14000	1000	-

Notes:
a) Total amounts refer to total waste generated. This figure may be lower than the total of all disposal, because residues from some types of treatment (incineration, composting) are landfilled.
MEX) Landfill: includes open landfill and illegal dumping.
USA) Landfill: excludes residues from composting, recycling and incineration; energy recovery refers to 1990.
AUT) Household waste only.
BEL) Wallonia only; landfill: excludes residues from incineration and other operations.
CZE) New survey referring to about 80% of municipal w. generated.
DNK) Household only.
FIN) Data are expert estimations and might include some w. from demolition sites and w. from sewerage and water treatment; % of pop served: 1987 data; 1994: 90% of pop. is served by municipal or private w. management services.
FRA) Household w. only (excluding bulky w.).
LUX) Total amount excludes separate collection for recycling.
PRT) % of pop served: 1992 data.
SWE) Household waste only.
CHE) Total amount excludes separate collection for recycling and composting.
TUR) Other: lake, sea, river disposal.
UKD) Household w.; data for landfill refer to direct landfill only; incineration, landfill, and recycling include some industrial and commercial w. disposed of by municipal w. disposal authorities.

Source: OECD/OCDE

Notes:
a) Les quantités totales se rapportent aux déchets produits. Elles peuvent être inférieures à la somme des quantités éliminées lorsque les résidus de certains traitements (incinération, compostage) sont ensuite mis en décharge.
MEX) Mise en décharge: sites d'enfouissement et décharges à ciel ouvert, légales ou non.
USA) Mise en décharge: exclut les résidus issus du recyclage, du compostage et de l'incinération; récupération d'énergie: données 1990.
AUT) Ordures ménagères uniquement.
BEL) Wallonie uniquement; mise en décharge: exclut les résidus d'incinération et d'autres opérations.
CZE) Nouvelle enquête portant sur environ 80% des d. municipaux produits.
DNK) Déchets des ménages uniquement.
FIN) Estimations pouvant inclure des d. de construction, d'assainissement et d'épuration des eaux; % de la pop. desservie: donnée 1987. 1994: 90% de la pop. est desservie par un service des d. municipal ou privé.
FRA) Ordures ménagères uniquement.
LUX) Quantités tot.: excluent les d. collectés séparément pour le recyclage.
PRT) % de la pop. desservie: donnée 1992.
SWE) Ordures ménagères uniquement.
CHE) Quantités tot.: excluent les d. collectés séparément pour le recyclage et le compostage.
TUR) Autres: rejets en mer, rivières ou lacs.
UKD) Ordures ménagères uniquement; mise en décharge directe uniquement; incinération, mise en décharge et recyclage: comprennent des d. industriels et commerciaux traités par les autorités municipales.

WASTE 7.3

HAZARDOUS WASTE
DÉCHETS DANGEREUX

The next table concerns the national production, movement and disposal of hazardous waste for selected countries.

Hazardous waste is mainly generated by industrial activities. The amounts produced and the composition of such waste are largely driven by patterns of production and raise major concerns because hazardous waste entails serious environmental risks if badly managed. Its impact on the environment relates mainly to toxic contamination of soil, water and air.

Definitions used in these tables refer to the waste streams to be controlled according to the Basel Convention on the Control of Transboundary Movements of Hazardous Wastes and their Disposal.

In reading this table one should bear in mind that the data do not necessarily represent all hazardous waste, nor its potential toxicity, and that definitions and methods of estimation vary from country to country.

Le tableau suivant est relatif à la production nationale, aux mouvements et au traitement de déchets dangereux dans divers pays.

Les déchets dangereux sont produits principalement par les activités industrielles. Les quantités produites et leur composition sont largement influencées par les structures de production. Elles suscitent de graves préoccupations en raison des sérieux risques environnementaux qu'elles entraînent quand elles sont mal gérées. Leurs impacts concernent principalement la contamination toxique des sols, de l'eau et de l'air.

Les définitions utilisées dans ce tableau se rapportent aux flux de déchets à contrôler d'après la Convention de Bâle sur le contrôle des mouvements transfrontières de déchets dangereux et de leur élimination.

La lecture de ce tableau doit tenir compte du fait que les données ne représentent pas nécessairement tous les déchets dangereux, ni leur toxicité potentielle, et que les définitions et les méthodes d'estimation varient entre les pays concernés.

7.3 DÉCHETS

PRODUCTION, MOVEMENT AND DISPOSAL OF HAZARDOUS WASTE (a)
PRODUCTION, MOUVEMENTS ET ÉLIMINATION DE DÉCHETS DANGEREUX (a)

1000 tonnes

	Year/Année	(b)	Production A	Imports/ Importations (c) B	Exports/ Exportations (c) C	Amounts to be managed/ Qtés à gérer A+B-C	Physico-chem & biolog.tr./ Tr.physico/chim. & biologique	Thermal tr./ Tr. thermique	Recovery/ récupération	Landfill/ Mise en décharge	Release into water/ Rejets dans l'eau	Other/ Autres
Canada	* 1991	..	5 896	135	223	5 808	155	225	276	287	752	806
	1994	..	..	342	168	..	..	..	..	..	..	..
	1995	..	..	383	226	..	..	..	..	..	..	..
Mexico/Mexique	1992	..	7 700	..	32	..	..	..	..	197	..	..
	* 1995	..	8 000	159	6	8 153	..	..	..	..	..	..
	1996	..	..	230	5	..	..	..	..	..	..	..
USA/Etats-Unis	* 1989	..	180 000	..	119	..	145 000	907	3 600	27 000	-	-
	* 1991	..	277 337	..	108	267 112	..	212 796	6 072	24 840	..	..
	1993	..	213 620	..	143	191 091	..	..	..	..	..	..
Japan/Japon	1995	..	..	1	3	..	..	..	..	..	..	..
Korea/Corée	1992	N	7 804	-	-	7 804	-	1 003	3 702	2 264	-	835
	1995	..	1 622	-	-	1 622	234	252	781	80	255	20
Australia/lie	* 1992	-	426	-	3	423	96	22	85	354	..	..
N.Zealand/N.Zél.	* 1993	-	110	-	10	100	..	..	..	..	..	..
Austria/Autriche	1989	N	215	..	24	..	97	140	1	62	..	13
	1992	N	423	13	18	418	-	163	99	354	-	24
	1994	N	513	16	27	502	..	..	..	..	..	..
	1995	N	550	..	..	..	182	190	345	410	-	8
Belgium/Belgique	* 1994	-	776	420	103	1 093	182	64	500	170	-	-
Czech R./R.Tchèque	1994	-	1 867	6	1	1 872	129	81	401	1 169	-	87
Denmark/Danemark	1990	N	106	2	13	95	..	..	..	..	..	..
	1994	N	194	24	34	184	-	108	24	62	-	-
	* 1995	N	250	64	30	284	-	92	55	84	-	19
Finland/Finlande	* 1987	-	314	5	24	295	200	32	25	46	127	12
	* 1992	N	559	5	22	542	450	44	202	23	-	86
	1993	..	..	5	21	..	..	..	..	..	..	..
France	* 1990	N	7 000	458	11	..	380	893	..	658	-	13
	* 1992	..	..	512	71	..	368	984	..	773	-	10
	* 1994	..	..	429	71	..	340	1 558	..	728	-	8
Germany/Allemagne	* 1990	N	8 949	63	522	8 490	..	..	..	..	..	..
	1993	N	9 100	89	612	8 577	..	..	..	..	..	..
	1994	..	..	71	336	..	..	..	..	..	..	..
	1995	..	..	226	612	..	..	..	..	..	..	..
Greece/Grèce	* 1992	..	450	-	0.1	450	..	..	88	..	..	..
Hungary/Hongrie	* 1990	N	4 691	..	..	..	1 964	1 709	348	2 393	-	800
	* 1994	N	3 537	0	10	3 527	1 905	1 517	499	1 424	-	917
Iceland/Islande	* 1994	-	6	-	1	5	-	5	-	-	-	-
Ireland/Irlande	1988	-	73	-	12	61	1	18	31	8	-	3
	1990	-	66	-	14	52	..	..	..	..	..	..
	1992	-	99	-	20	80	5	26	47	1	-	0
	1995	N	248	-	16	231	71	50	103	5	-	0
Italy/Italie	* 1990	-	3 246	-	20	3 226	..	..	..	..	..	..
	* 1991	-	3 387	-	13	3 374	3 090	-	-	284	-	-
	* 1995	-	2 708	..	..	..	-	112	125	643	-	-
Luxembourg	1992	-	86	-	12	74	..	..	..	20	-	-
	1995	N	180	-	180	-	..	..	..	..	..	..
Netherl./Pays-Bas	* 1990	N	1 040	199	195	1 044	..	212	41	300	-	-
	* 1992	N	1 513	250	173	1 590	176	205	106	438	-	740
	* 1993	N	1 520	237	163	1 593	255	160	130	525	-	687

Notes: see end of table / voir à la fin du tableau

WASTE

7.3

PRODUCTION, MOVEMENT AND DISPOSAL OF HAZARDOUS WASTE (a)
PRODUCTION, MOUVEMENTS ET ÉLIMINATION DE DÉCHETS DANGEREUX (a)

1000 tonnes

	Year/ Année	(b)	Production A	Imports/ Importations (c) B	Exports/ Exportations (c) C	Amounts to be managed/ Qtés à gérer A+B-C	Treatment & disposal / traitement et élimination (d)					
							Physico-chem & biolog.tr./ Tr.physico/chim. & biologique	Thermal tr./ Tr. thermique	Recovery/ récupération	Landfill / Mise en décharge	Release into water/ Rejets dans l'eau	Other/ Autres
Norway/Norvège	* 1990	-	200	-	17	183	2	3	30	-	-	-
	* 1994	N	500	4	33	472	10	19	83	209	-	-
	1995	..	..	9	37	..	11	29	85	282	-	-
Poland/Pologne	1992	N	3 444	..	..	..	..	..	..	..	..	..
	1994	N	3 188	..	..	..	..	..	..	..	..	..
	1995	N	3 866	..	..	..	..	..	..	..	..	..
Portugal	1987	-	1 043	-	2	1 041	..	..	..	..	..	..
	1990	-	1 365	-	2	1 363	-	10	46	960	-	-
	1994	-	1 356	7	1	1 363	..	..	..	..	..	..
Spain/Espagne	1987	-	1 708	82	7	1 783	..	..	..	..	..	..
Sweden/Suède	1985	-	500	34	64	470	..	..	..	..	..	..
	1990	..	..	47	43	..	..	..	..	..	..	..
	1993	..	..	83	22	..	..	..	..	..	..	..
Switzerland/Suisse	* 1990	-	520	7	121	405	..	..	..	..	..	..
	* 1993	N	829	8	126	711	231	254	55	171	-	-
	1994	N	854	17	117	754	220	289	38	207	-	-
	1995	..	..	25	118	..	..	..	..	..	..	..
United Kingdom / Royaume-Uni	1990	-	2 936	35	0	2 970	..	..	..	..	..	..
	* 92/93	-	2 299	47	-	2 346	553	162	129	1 490	-	0
	* 93/94	-	1 844	68	-	1 912	619	197	185	931	-	0
Slovak R./R.Slov.	1995	N	1 347	-	6	1 341	818	167	154	141	-	67

Notes: see next page / voir page suivante

7.3 DÉCHETS

Notes: Table 7.3
a) Hazardous waste refers to waste streams controlled according to the Basel Convention on Transboundary Movements of Hazardous Wastes and their Disposal (see Annex IV of the convention for complete definition and methods of treatment, movement and disposal). National definitions often differ, and caution should be exercised when using these figures.
b) "-" indicates Basel definition. "N" indicates national or other definition.
c) Imports, exports: should refer to actual amounts moved, but may in some cases refer to total authorisations (notifications) granted.
d) Landfill also includes land treatment, deep injection, surface impoundment and specially engineered landfill. Release into water includes inland and marine waters as well as sea-bed insertion. Other includes other treatment or disposal methods such as permanent storage.

- CAN) Treatment and disposal methods: Ontario only (accounts for approx. 32% of total generation). Release into water only after appropriate treatment.
- MEX) 1995 production data refer to 1994.
- USA) Movements: written notice and consent required for exports only. Thermal treatment 1991: includes 210 million tonnes incinerated with energy recovery.
- AUS) Victoria only.
- NZL) Production: 1990 data. Exports: for recovery only.
- BEL) Production: notified amounts for Brussels and Wallonia; extrapolated amounts for Flanders. Movements and treatment 1994: Wallonia and Flanders only; does not account for movements between regions.
- DNK) 1995: haz.w. according to the European Waste Catalogue. Data for previous years are based on material classification (oil + chemical waste).
- FIN) Ind. haz. w. only. Coverage changed between 1987 and 1992 to include selected categories of haz. mineral w. Data on physico-chem. and biol. tr. overlap to a certain extent with other tr. data.
- FRA) Amount generated 1990: all w. defined as special ind. w. in French legislation; no update available. Amounts to be managed, treatment and disposal: excludes internal treatment by private enterprises.
- DEU) Movements: w. going to final disposal only; 1991-93: data based on national law; 1994: data based on national law and on Basel Convention. 1995: data based on Basel Convention.
- GRC) Exports: PCB waste only.
- HUN) According to Basel definition, hazardous w. amounted to 2 306 kt in 1994.
- ISL) Excludes haz. w. from households and small enterprises.
- ITA) 1995 thermal tr. includes physico-chemical & biological treatment.
- NLD) Production: all waste defined as special waste in Dutch legislation. Haz.w. according to the Basel definition amounted to 575 kt in 1993.
- NOR) Production 1994: all waste defined as special waste in Norwegian regulations. Data are estimates based on a special study carried out in 1995. If European Waste Catalogue relevant hazardous w. is included, production is 640 kt. Data for earlier years are rough estimates based on a study carried out in 1988. Movements: exclude aluminium salt slags (49 kt imported in 1993).
- POL) Special waste, not fully consistent with Basel definition.
- CHE) Amount generated: all waste defined as special waste in Swiss legislation. Amount generated according to Basel Convention: 462 kt in 1993, 504 kt in 1994.
- UKD) Data refer to fiscal year. England and Wales only. Only waste going to final disposal must be notified (under 1988 transfrontier shipments of hazardous waste regulations). Total generated in UK: 2 077 kt in 1993/94.

Source: OECD/OCDE

Notes: tableau 7.3
a) Voir L'annexe IV de la convention de Bâle pour une définition complète des déchets dangereux, de leurs mouvements et élimination, ainsi que des méthodes de traitement. Les définitions nationales peuvent être différentes; les chiffres sont à interpréter avec précaution.
b) "-" indique les définitions de Bâle. "N" indique des définitions nationales et autres.
c) Importations, exportations: quantités effectivement transportées; dans certains cas les données se réfèrent aux quantitées autorisées (notifiées).
d) La mise en décharge comprend auusi le traitement en milieu terrestre, l'injection en profondeur, le lagunage, la mise en décharge spécialement aménagée. Les rejets dans l'eau incluent les eaux intérieures et les eaux marines ainsi que l'enfouissement dans le sous-sol marin. Autres comprend les autres méthodes de traitement ou d'élimination, tel que le stockage permanent.

- CAN) Traitements et élimination: Ontario uniquement (approximativement 32% de la production totale). Rejets dans l'eau seulement après traitement approprié.
- MEX) Production: les données 1995 sont de 1994.
- USA) Mouvements: notification écrite et autorisation seulement nécessaires aux exportations. Trait. thermique 1991: comprend 210 mio de tonnes incinérées avec récupération d'énergie.
- AUS) Victoria uniquement.
- NZL) Mouvements: données 1993; exportations pour récupération seulement.
- BEL) Production: chiffres déclarés pour Bruxelles et Wallonie; chiffres extrapolés pour les Flandres. Mouvements et traitements: Wallonia et Flandres uniquement. Ne tient pas compte des mouvements entre régions.
- DNK) 1995: d. dangereux selon le catalogue européen des déchets. Les données antérieures sont fondées sur une classification matière (huiles et déchets chimiques).
- FIN) D. dangereux industriels uniquement. La couverture a changé entre 1987 et 1992 pour inclure certaines catégories de d. dangereux minéraux. Les données sur les traitements physico-chimique et biologique recouvrent partiellement celles des autres traitements.
- FRA) Production 1990: d. industriels spéciaux tels que définis par la législation française; pas de mise à jour diponible. Quantités à gérer, traitement et élimination: traitements réalisés en interne par les entreprises privées sont exclus.
- DEU) Mouvements: d. destinés à l'élimination finale uniquement; 1991-1993: données selon la loi nationale; 1994: données selon la loi nationale et la Convention de Bâle, 1995: données selon la Convention de Bâle.
- GRC) Exportations: déchets contenant des diphényles polychlorés uniquement.
- HUN) Selon la définition de Bâle, les d.dangereux produits étaient de 2 306 kt en 94.
- ISL) Les déchets dangereux des ménages et petites entreprises sont exclus.
- ITA) Traitement thermique 1995: comprend aussi les trait. physico-chimique & biologique.
- NLD) Production: correspond aux déchets spéciaux tels que définis par la législation hollandaise. Les d. dangereux selon la définition de Bâle représentaient 575 kt en 1993.
- NOR) Production 1994: déchets spéciaux tels que définis par la législation norvégienne; estimations fondées sur une étude spéciale menée en 1995. Si les d. dangereux du catalogue européen des déchets étaient considérés la production serait égale à 640 kt. Les données antérieures étaient des estimations grossières fondées sur une étude menée en 1988. Mouvements: excluent les scorries de sels d'aluminium (49 kt importées en 1993).
- POL) D. spéciaux qui ne correspondent pas totalement à la définition de Bâle.
- CHE) Quantité totale produite: déchets spéciaux tels que définis par la législation suisse. Selon la convention de Bâle cette quantité s'élèverait à 462 kt en 1993 et à 504 kt en 1994.
- UKD) Année fiscale; Angleterre et Pays de Galles uniquement; selon la loi de 1988 sur les mouvements transfrontières,seuls les déchets destinés à l'élimination finale doivent être notifiés. Production totale du Royaume- Uni: 2 077 kt en 1993/94.

WASTE

WASTE RECYCLING
RECYCLAGE DES DÉCHETS

The following tables concern waste recycling activities in selected countries. They show recycling rates for two materials: paper and glass.

These tables refer to municipal waste, waste handled by the scrapping industry and other waste from economic activities. Material that is collected for recycling by private sources is included. Internal recycling i.e. within industrial establishment, is excluded.

Recycling is defined as any reuse of material in a production process that diverts it from the waste stream, except reuse as fuel. Reprocessing as the same type of product, and for different purpose, are both included.

"Recycling rates" are the amounts recycled relative to apparent consumption (economic notion of domestic production of the respective material + imports - exports).

It should, however, be noted that definitions may vary from one country to another. In particular, total amounts of waste produced, rather than apparent consumption, may be used in some areas to derive recycling rates.

Les tableaux suivants concernent les activités de recyclage dans certains pays et présentent les taux de recyclage pour deux types de matériaux qui sont le papier et le verre.

Ils concernent les déchets municipaux, les déchets traités par l'industrie de récupération et les autres déchets des activités économiques. Le matériel collecté par des sources privées est inclus. Le recyclage interne aux établissements industriels c.à.d. sur place est exclus.

Le recyclage est défini comme toute réutilisation de matériaux dans les processus de production qui le dévie du flux de déchets, à l'exception de la réutilisation comme combustible. Cela concerne le recyclage pour le même type de produit ou pour d'autres objectifs.

"Le taux de recyclage" fait référence aux quantités recyclées par rapport à la consommation apparente (notion économique de la production nationale du matériau concerné + les importations - les exportations).

Il faut cependant noter que les définitions peuvent varier d'un pays à l'autre. Le taux de recyclage peut ainsi dans certains cas se rapporter aux quantités de déchets produits et non à la consommation apparente.

WASTE RECYCLING RATES (a), paper and cardboard, 1980-1995
TAUX DE RECYCLAGE DES DÉCHETS (a), papiers et cartons, 1980-1995

% of apparent consumption/% de la consommation apparente

	1980	1981	1982	1983	1984	1985	1986	1987	1988	1989	1990	1991	1992	1993	1994	1995
Canada	20	..	..	..	..	23	..	..	..	..	28	..	33	..	..	..
Mexico/Mexique *	..	..	..	..	..	..	..	..	..	..	..	2	2	2	2	2
USA/Etats-Unis *	22	..	..	..	21	..	..	..	..	..	29	..	..	34	35	..
Japan/Japon	48	48	49	49	51	50	50	49	48	49	50	51	51	..	..	..
Korea/Corée	..	..	..	..	..	..	..	..	..	..	44	43	44	46	51	53
Australia/Australie *	..	..	..	32	..	36	..	..	..	..	51	50	..	..	..	..
N.Zealand/N.Zélande	..	..	..	19	..	..	..	..	..	..	..	..	..	..	..	..
Austria/Autriche	30	30	..	..	..	37	..	..	..	..	37	..	..	..	66	65
Belgium/Belgique *	..	15	..	14	14	14	14	14	..	..	..	..	..	..	14	12
Czech R./R.Tchèque	..	..	..	..	..	..	..	10	..	..	..	..	..	..	..	..
Denmark/Danemark *	26	..	..	..	..	31	30	29	30	30	35	35	36	46	43	44
Finland/Finlande	35	..	..	..	..	39	..	..	..	40	41	..	48	46	43	57
France	30	32	33	33	34	35	34	35	34	34	34	34	34	36	36	38
Germany/Allemagne *	34	36	36	37	38	43	42	42	43	44	44	47	50	55	59	67
Greece/Grèce *	22	..	..	..	..	25	..	..	..	..	28	29	30	30	20	19
Hungary/Hongrie	..	..	..	..	..	..	..	..	..	..	..	..	..	..	..	..
Iceland/Islande	..	..	..	..	..	..	..	..	..	..	10	30	..	..	..	..
Ireland/Irlande	..	..	..	9	10	10	6	11	..	..	..	..	..	..	13	12
Italy/Italie	..	..	..	..	..	25	25	27	27	26	27	28	28	30	28	29
Luxembourg	..	..	..	..	..	..	..	..	..	..	..	..	..	..	..	..
Netherl./Pays-Bas *	46	..	..	..	..	50	53	57	59	48	50	53	58	53	67	77
Norway/Norvège *	22	..	..	19	19	21	21	23	21	24	25	29	34	34	39	41
Poland/Pologne	..	..	..	..	..	..	..	..	..	..	..	..	..	..	..	..
Portugal	38	38	..	..	..	37	..	..	42	39	41	41	39	38	39	37
Spain/Espagne	47	47	54	52	53	57	55	54	54	51	51	..	47	49	48	52
Sweden/Suède	34	..	..	..	..	..	..	..	..	..	43	46	..	50	57	54
Switzerland/Suisse	35	..	..	..	..	38	..	..	..	..	49	51	54	54	59	61
Turkey/Turquie	..	..	..	..	..	..	..	..	30	31	27	28	26	25	36	34
UK/Royaume-Uni	32	28	28	27	27	28	27	27	26	28	35	36	35	33	36	35

Notes:

a) Recycling is defined as reuse of material in a production process that diverts it from the waste stream, except for recycling within industrial plants and the reuse of material as fuel. The recycling rate is the ratio of the quantity recycled to the apparent consumption (domestic production + imports - exports).
MEX) Recycling rates are based on amounts of waste generated.
USA) Data refer to the material diverted from the municipal waste stream; recycling rates are based on amounts of waste generated.
AUS) Data refer to newsprint, cardboard, and paper packaging; definitions of recycling vary according to the material collected (e.g. may include amounts incinerated to divert them from landfill).
BEL) 1995 data are estimates.
DNK) 1995 data refer to 1994.
DEU) 1980-90: western Germany only.
GRC) Amounts recycled exclude imports and exports.
NLD) Data refer to reuse in the paper industry only.
NOR) Collected amounts as % of apparent consumption.

Source: OECD/OCDE, CEPI

Notes:

a) Le recyclage est défini comme toute réutilisation de matériau dans un processus de production qui le dévie du flux des déchets, à l'exception du recyclage des matériaux sur place dans l'installation industrielle et de la réutilisation comme combustible. Le taux de recyclage est la proportion de la quantité recyclée par rapport à la consommation apparente (production intérieure + importations - exportations).
MEX) Taux de recyclage fondé sur les quantités de déchets produits.
USA) Données concernant les matériaux soustraits au flux de déchets municipaux; taux de recyclage fondés sur les quantités de déchets produits.
AUS) Données concernant le papier journal, les cartons et les papiers d'emballage; les définitions du recyclage varient selon le matériau collecté (p.ex. peut inclure des quantités incinérées pour diminuer les mises en décharge).
BEL) Les données 1995 sont estimées.
DNK) 1995: données 1994.
DEU) 1991 et années suivantes: Allemagne totale.
GRC) Les taux quantités recyclées excluent les importations et exportations.
NLD) Réutilisation dans l'industrie du papier uniquement.
NOR) Quantités collectées en % de la consommation apparente.

WASTE 7.4B

WASTE RECYCLING RATES (a), glass, 1980-1995
TAUX DE RECYCLAGE DES DÉCHETS (a), verre, 1980-1995

% of apparent consumption/% de la consommation apparente

		1980	1981	1982	1983	1984	1985	1986	1987	1988	1989	1990	1991	1992	1993	1994	1995
Canada	*	12	..	..	..	..	12	..	..	..	..	..	..	17	..	..	..
Mexico/Mexique	*	..	..	..	..	..	..	..	..	..	..	..	4	4	4	4	4
USA/Etats-Unis	*	5	..	..	..	8	..	..	..	..	..	20	..	..	22	23	..
Japan/Japon	*	35	..	42	41	42	47	55	54	49	48	48	52	56	..	..	..
Korea/Corée		..	..	..	..	..	..	..	..	..	..	46	45	43	44	46	57
Australia/Australie		..	..	..	17	..	..	..	..	..	..	..	..	36	..	..	..
N.Zealand/N.Zélande	*	..	..	..	53	..	..	..	..	..	..	..	..	..	..	..	..
Austria/Autriche	*	..	20	20	20	30	38	39	44	..	..	..	60	64	68	76	76
Belgium/Belgique		..	33	32	32	36	42	44	39	..	..	..	55	54	55	67	67
Czech R./R.Tchèque		..	..	..	..	..	..	..	..	..	..	..	..	..	..	..	..
Denmark/Danemark		8	8	10	10	20	19	32	32	..	..	..	35	48	64	67	63
Finland/Finlande		10	..	..	..	..	21	..	25	..	..	36	31	44	46	50	50
France		..	20	20	24	25	26	28	26	..	29	29	41	44	46	48	50
Germany/Allemagne	*	23	28	32	36	38	43	45	49	49	53	54	61	60	65	75	75
Greece/Grèce	*	15	..	..	..	..	15	..	..	..	..	15	17	20	20	..	..
Hungary/Hongrie		..	..	..	..	..	..	..	..	..	..	..	..	..	..	..	..
Iceland/Islande		..	..	..	..	..	..	..	..	..	..	70	75	75	..	..	..
Ireland/Irlande		8	8	8	8	7	7	8	8	..	..	23	23	27	29	31	39
Italy/Italie	*	20	20	21	22	24	25	26	38	..	..	48	53	53	52	54	53
Luxembourg		..	..	..	..	..	..	..	..	..	..	..	..	..	..	..	..
Netherl./Pays-Bas	*	17	27	35	42	47	49	49	50	52	55	67	70	73	76	77	80
Norway/Norvège	*	..	..	..	..	..	..	..	..	..	..	..	22	44	67	72	75
Poland/Pologne		..	..	..	..	..	..	..	..	..	..	..	..	..	..	..	..
Portugal		..	..	..	12	10	10	13	14	14	24	27	30	30	29	32	42
Spain/Espagne	*	..	..	..	12	13	13	20	22	..	..	27	27	27	29	31	32
Sweden/Suède		..	..	..	..	..	20	..	..	22	22	..	44	58	59	56	61
Switzerland/Suisse		..	36	42	42	45	46	46	47	..	55	65	71	72	78	84	85
Turkey/Turquie		..	..	..	..	..	33	25	27	27	33	31	28	25	23	22	12
UK/Royaume-Uni	*	5	5	6	8	9	12	..	14	14	17	21	21	26	29	28	27

Notes:
a) Recycling is defined as reuse of material in a production process that diverts it from the waste stream, except for recycling within industrial plants and the reuse of material as fuel. The recycling rate is the ratio of the quantity recycled to the apparent consumption (domestic production + imports - exports).

- CAN) Packaging glass only.
- MEX) Recycling rates are based on amounts of waste generated.
- USA) Data refer to the material diverted from the municipal waste stream; recycling rates are based on amounts of waste generated.
- JPN) Returnable bottles are excluded; data refer to reuse of glass as cullet compared to national production of glass bottles.
- NZL) Data refer to refillable glass bottles recovered for reuse.
- AUT) 1995 data refer to 1994.
- DEU) 1991 onwards: total Germany; recycling rate is based on total sales.
- GRC) Amounts recycled exclude imports and exports.
- ITA) % of national production of glass containers for liquids.
- NLD) Glass collected in bottle banks as % of sale on domestic market.
- NOR) Excludes considerable amounts of glass recovered before entering the waste stream (deposit/reuse of bottles).
- ESP) Collected amounts from household and industry as % of apparent consumption; include returnable bottles.
- UKD) Great Britain only; glass collected in bottle banks and from industrial sources (bottlers and packers) and flat glass.

Notes:
a) Le recyclage est défini comme toute réutilisation de matériau dans un processus de production qui le dévie du flux des déchets, à l'exception du recyclage des matériaux sur place dans l'installation industrielle et de la réutilisation comme combustible. Le taux de recyclage est la proportion de la quantité récupérée par rapport à la consommation apparente (production intérieure + importations - exportations).

- CAN) Emballages en verre uniquement.
- MEX) Taux de recyclage fondé sur les quantités de déchets produits.
- USA) Données concernant les matériaux soustraits au flux de déchets municipaux; taux de recyclage fondés sur les quantités de déchets produits.
- JPN) Exclut les bouteilles consignées; comprend le verre réutilisé comme calcin rapporté à la production nationale de bouteilles en verre.
- NZL) Réutilisation de bouteilles consignées.
- AUT) 1995: données 1994.
- DEU) 1991 et années suivantes: Allemagne totale; taux de recyclage fondés sur les ventes totales.
- GRC) Les taux quantités recyclées excluent les importations et exportations.
- ITA) % de la production nationale de récipients en verre destinés au conditionnement des liquides.
- NLD) Quantités collectées dans les conteneurs à bouteilles en % des ventes sur le marché national.
- NOR) Exclut des quantités importantes récupérées avant d'entrer dans le flux des déchets (réutilisation des bouteilles consignées).
- ESP) Quantités collectées des ménages et de l'industrie en % de la consommation apparente; comprend les bouteilles consignées.
- UKD) Grande-Bretagne uniquement; verre provenant des conteneurs à bouteilles et de sources industrielles (embouteilleurs et emballeurs); comprend aussi le verre plat.

Source: OECD/OCDE, FEVE, CEPI

7.5 DÉCHETS

WASTE TREATMENT AND DISPOSAL INSTALLATIONS
INSTALLATIONS DE TRAITEMENT ET D'ÉLIMINATION DES DÉCHETS

The following table presents the number and capacity of waste treatment and disposal installations. It shows landfill sites, incineration plants and other treatment plants (including physical, chemical and biological treatment).

It should be noted that these data do not represent all waste treatment and disposal facilities, and that the specific services and activities may vary from country to country.

Le tableau suivant présente le nombre et la capacité des installations de traitement et d'élimination des déchets. Il présente les décharges, les usines d'incinération et les autres centres de traitement (traitement physique, chimique et biologique).

Il faut noter que des données ne représentent pas tous les sites de traitement et d'élimination, et que les services et les activitiés spécifiques peuvent varier selon les pays.

WASTE 7.5

WASTE TREATMENT AND DISPOSAL INSTALLATIONS, selected countries, latest year available
INSTALLATIONS DE TRAITEMENT ET D'ÉLIMINATION DES DÉCHETS, pays sélectionnés, dernière année disponible

	Year/Année	Landfill sites /décharges				Incineration Plants /Usines d'incinération				Treatment plants / Centres de traitement (a)	
		Total number/ nombre	Total capacity/ capacité (1 000 t)	of which controlled/ dont contrôlées number/ nombre	capacity/ capacité (1 000 t)	number/ nombre	annual capacity/ capacité annuelle (1 000 t)	% with energy recovery/ % avec récup. d'énergie number/ nombre	capacity/ capacité	number/ nombre	annual capacity/ capacité annuelle (1 000 t)
Installations for non-hazardous waste / installations pour déchets non dangereux											
Canada *	1992	10 000	..	..	..	25	1 200	40.0%	91.7%	..	..
Mexico/Mexique *	1995	91	8 507	30	5 952	..	..	..	..	..	..
USA/Etats-Unis	1990	16 416	..	..	..	..	..	..	..	..	..
Japan/Japon *	1993	2 321	149 312	..	..	1 854	65 009	..	..	629	8 775
Korea/Corée *	1995	537	355 070	73	344 140	3 779	1 944	0.3%	56.3%	..	..
Australia/Australie *	1992	1 129	190 399	..	..	..	..	..	..	..	..
Austria/Autriche *	1995	63	48 000	63	48 000	22	1 630	95.5%	90.2%	444	1 452
Belgium/Belgique *	1994	97	..	97	..	18	..	..	..	..	..
Czech R./R.Tchèque	1994	1 470	..	218	..	173	..	..	..	95	..
Denmark/Danemark	1995	170	45	161	45	32	2 400	..	..	337	..
Finland/Finlande	1995	633	..	633	..	..	..	..	..	..	..
France *	1993	499	20 883	..	..	297	11 408	26.6%	72.8%	69	1 651
Germany/Allemagne	1993	3 963	1 427	3 954	..	138	..	..	..	414	..
Greece/Grèce *	1992	4 850	2 971	3 430	1 040	1	..	..	..	..	..
Hungary/Hongrie *	1990	2 700	..	806	..	1	310	100.0%	100.0%	..	..
Iceland/Islande	1995	12	121	8	117	5	23	40.0%	13.0%	..	..
Ireland/Irlande	1995	118	10 450	118	10 450	..	..	..	..	..	..
Italy/Italie *	1991	1 463	33 681	23	0	204	1 912	..	..	230	6 317
Luxembourg *	1995	2	..	2	..	1	..	..	..	..	..
Netherlands/Pays-Bas *	1994	69	125 500	..	..	12	2 700	91.7%	96.3%	26	1 385
Norway/Norvège *	1995	196	..	..	..	12	..	..	..	..	..
Poland/Pologne *	1995	1 345	66 855	..	..	1	..	..	..	..	465
Portugal *	1990	303	821	..	..	..	..	..	..	2	303
Spain/Espagne *	1994	..	11 901	142	8 362	20	625	25.0%	76.4%	24	1 770
Sweden/Suède *	1994	274	7 300	..	..	21	1 700	100.0%	100.0%	..	..
Switzerland/Suisse *	1994	55	..	55	..	30	2 488	93.3%	97.6%	64	450
Turkey/Turquie *	1995	..	..	6	138 027	..	..	..	..	..	..
UK/Royaume-Uni *	1993	3 435	..	..	..	214	..	..	..	328	..
Slovak R./R.Slovaque *	1995	5 380	..	500	..	40	280	5.0%	85.7%	60	1 500
Installations for hazardous waste / installations pour déchets dangereux											
Canada *	1992	3	114	3	114	3	141	..	..	3	34
Japan/Japon *	1990	2 515	457 940	1 138	285 944	2 440	20 776	..	..	6 675	484 167
Korea/Corée *	1995	14	864	14	864	310	4 234	0.3%	0.4%	132	2 151
Austria/Autriche *	1995	..	..	..	..	7	110	85.7%	36.4%	78	1 100
Belgium/Belgique *	1994	9	..	9	..	10	..	..	..	46	..
Czech R./R.Tchèque	1994	55	..	55	..	44	..	..	..	20	..
Denmark/Danemark *	1995	5	..	5	..	37	..	..	..	59	..
Finland/Finlande	1995	11	..	11	..	1	150	100.0%	100.0%	29	..
France *	1994	13	728	13	728	48	1 558	..	..	..	340
Germany/Allemagne	1993	205	..	205	..	68	..	..	..	188	..
Hungary/Hongrie *	1992	1	10	1	10	1	25	100.0%	100.0%	..	..
Ireland/Irlande	1995	..	..	..	..	7	..	..	..	..	..
Norway/Norvège *	1995	1	8 000	1	..	1	20	..	..	25	..
Switzerland/Suisse *	1993	30	170	30	170	..	..	..	..	..	..
Slovak R./R.Slovaque *	1995	150	..	38	..	38	80	2.6%	15.0%	27	1 000

Notes: see next page / voir page suivante

7.5 DÉCHETS

Notes: Table 7.5
a) Includes physical, chemical and biological treatment, and solidification.
CAN) Non-hazardous w: landfill sites: 1990 data. Hazardous w.: only large commercial facilities; includes annual values.
MEX) Installations for municipal waste only; excludes open and illegal sites.
JPN) Landfill capacity is in 1 000 m^3. Treatment plants: crushing and/or compaction + high speed composting. Non-hazardous w. refers to municipal waste. Hazardous w. refers to all industrial waste.
KOR) Landfill capacity is in 1 000 m^3.
AUS) Queensland and Northern Territory not included. Definition of landfill varies by state. Figure for capacity refers to 1989. Data cover all types of waste.
AUT) Landfill capacity is expressed in 1 000 m^3 and refers to free volume in 1993. Hazardous w. is treated and residue is stored in special cells at landfill sites for non-haz.w.
BEL) Composite figures based on Brussels 1995, Flanders 1994 and Wallonia 1994.
DNK) Incineration plants: including 26 central heating plants receiving waste oil.
FRA) Number of landfill sites refers to authorised landfills having treated at least 3 000 tonnes of waste in the year. Treatment plants: biological treatment facilities only. Figures for capacity refer to the quantity disposed of per year.
GRC) Data cover all types of waste.
HUN) Landfill capacity is in 1 000 m^3.
ITA) Treatment includes recycling and recovery. Figures for capacity refer to the quantity disposed of per year.
LUX) Number of landfill sites: excludes facilities for inert material.
NLD) Landfill sites: only sites in active exploitation. Landfill capacity: expressed in 1 000 m^3. Treatment plants: composting sites.
NOR) Non-hazardous w.: excludes sites receiving less than 50 tonnes per year, dumps exclusively for bulky matter and private installations for industrial waste. Controlled landfill sites: installations having concessions from official authorities. Hazardous w. : landfill: site for final waste; incineration: treatment of oil drilling waste; treatment sites: sites where treatment of haz. w. is only one of several activities.
POL) Data for landfill sites include only facilities for industrial and municipal waste. The capacity of treatment plants is based on the amount of industrial and municipal waste that was actually treated.
PRT) Data cover all types of waste.
ESP) Includes only controlled landfill sites. The number of uncontrolled sites is estimated to be 5 800. Treatment: composting.
SWE) The capacity of landfill sites refers to 1990.
CHE) Capacity figures refer to amounts actually treated/disposed of.
TUR) Installations for municipal waste only.
UKD) Data based on site licences issued. Great Britain only. Data cover all types of waste.
SLO) Data also include old sites; most of these are no longer in use or need reconstruction.

Source: OECD/OCDE

Notes: tableau 7.5
a) Comprend les procédés de traitement et de solidification physiques, chimiques et biologiques.
CAN) D. non dangereux: décharges: données 1990. D.dangereux: grandes installations uniquement; données annuelles.
MEX) Installations pour déchets municipaux uniquement excluant les sites illégaux et les sites à ciel ouvert.
JPN) Capacité des décharges exprimée en 1 000 m^3. Inst. de traitement: compactage et compostage. D.non dangereux: d. municipaux. Déchets dangereux: comprend tous les d. industriels.
KOR) Capacité des décharges exprimée en 1 000 m^3.
AUS) Queensland et Territoire-du-Nord exclus; les définitions des décharges varient d'un état à l'autre. Capacité totale des décharges: chiffre 1989. Les données couvrent tous les types de déchet.
AUT) Décharges: capacité exprimée en 1 000 m^3; concerne le volume disponible en 1993. Les d.dangereux sont traités/stockés dans des compartiments spéciaux dans des décharges pour d. non dangereux.
BEL) Chiffres composés de Bruxelles 1995, Flandres 1994 et Wallonie 1994.
DNK) Usines d'incinération: dont 26 centrales thermiques recevant les huiles usées.
FRA) Nombre de décharges: uniquement les sites autorisés ayant reçu au moins 3 000 tonnes de déchets dans l'année. Centres de traitement: installations de traitement biologique uniquement. Les chiffres sur la capacité se réfèrent à la quantité effectivement éliminée chaque année.
GRC) Les données couvrent tous les types de déchet.
HUN) La capacité des décharges est exprimée en 1 000 m^3.
ITA) Traitement: recyclage et récupération. Capacité: quantité effectivement éliminée chaque année.
LUX) Nombre de décharges: exclut les décharges pour déchets inertes.
NLD) Décharges: uniquement les sites en activité; capacité des décharges: exprimée en 1 000 m^3. Traitement: compostage.
NOR) D. non dangereux: Exclut les sites recevant moins de 50 tonnes par an, les décharges pour déchets encombrants et les installations privées destinées aux déchets industriels. Décharges contrôlées: sites bénéficiant d'une concession officielle. D. dangereux: décharges: site pour déchets ultimes; incinération: traitement d'huiles. traitement: sites où le traitement des d.dangereux n'est qu'une activité parmi d'autres.
POL) Les données sur les décharges ne comprennent que les installations d'élimination de déchets industriels et municipaux. La capacité des centres de traitement est fondée sur la quantité de déchets industriels et municipaux réellement traitée.
PRT) Les données couvrent tous les types de déchet.
ESP) Inclut uniquement les décharges contrôlées. Le nombre de sites sauvages est estimé à 5 800. Traitement: compostage.
SWE) Les chiffres sur la capacité des décharges datent de 1990.
TUR) Installations pour déchets municipaux uniquement.
CHE) Les chiffres sur les capacités concernent les quantités réellement traitées/éliminées.
UKD) Données fondées sur le nombre de permis délivrés. Grande-Bretagne uniquement. Les données couvrent tous les types de déchet.
SLO) Les données comprennent d'anciens sites dont une grande partie ne sont plus utilisés ou doivent être reconstruits.

WASTE 7.6

NUCLEAR WASTE
DÉCHETS NUCLÉAIRES

The following table refers to nuclear waste: it presents annual spent fuel arisings in nuclear power plants of OECD countries. The data are expressed in tonnes of heavy metal, and include projections and estimates up to the year 2010.

Spent fuel arisings are one part of the radioactive waste generated at various stages of the nuclear fuel cycle (uranium mining and milling, fuel enrichment, reactor operation, spent fuel reprocessing). Radioactive waste also arises from decontamination and decommissioning of nuclear facilities, and from other activities using isotopes, such as scientific research and medical activities.

The impact of nuclear waste on humans and the environment depends on the level of radioactivity and on the conditions under which the waste is handled, treated, stored and disposed of.

While reading this table it should be noted that these data do not represent all radioactive waste generated, and that amounts of spent fuel arisings depend on the share of nuclear electricity in the energy supply and on the nuclear plant technologies adopted.

Le tableau suivant porte sur les déchets nucléaires et présente les quantités de combustible irradié produites annuellement dans les centrales nucléaires des pays de l'OCDE. Les données sont exprimées en tonnes de métal lourd, et comprennent des projections et des estimations jusqu'en l'an 2010.

Le combustible irradié représente une partie des déchets radioactifs produits au cours du cycle du combustible nucléaire (extraction et traitement de l'uranium, enrichissement du combustible, fonctionnement des réacteurs, retraitement du combustible irradié). D'autres déchets radiocatifs sont issus des processus de décontamination et de déclassement des sites nucléaires et d'autres activités impliquant l'utilisation d'isotopes (recherche scientifique, secteur médical, etc.).

L'impact de ces déchets sur l'homme et sur l'environnement est lié au niveau de leur radioactivité et aux conditions dans lesquelles ils sont manipulés, traités, stockés et éliminés.

Lors de la lecture de ce tableau il faut se rappeler que ces données ne représentent pas l'ensemble des déchets radioactifs produits et que la quantité de combustible irradié dépend de l'importance de l'énergie nucléaire dans l'approvisionnement en énergie et des technologies appliquées dans les centrales nucléaires.

NUCLEAR WASTE: SPENT FUEL ARISINGS (a), 1982-2010
DÉCHETS NUCLÉAIRES: COMBUSTIBLE IRRADIÉ PRODUIT (a), 1982-2010

tonnes of HM/tonnes de ML

	1982	1983	1984	1985	1986	1987	1988	1989	1990	1991	1992	1993	1994	1995	1996	2000	2005	2010
Canada	856	830	1 070	1 420	1 400	1 500	1 500	1 300	1 213	1 383	1 690	1 690	1 690	1 690	1 690	1 782	1 798	1 798
Mexico/Mexique	-	-	-	-	-	-	-	-	-	-	-	-	19	20	39	30	28	23
USA/Etats-Unis	1 100	1 116	1 200	1 300	1 600	1 621	1 700	2 000	2 200	2 100	2 300	2 100	1 867	2 100	2 300	2 200	2 000	1 900
Japan/Japon *	510	530	630	625	660	1 060	830	790	688	995	869	876	713	914	980	940	1 040	1 380
Korea/Corée *	..	..	..	..	..	..	..	..	..	..	261	342	211	216	254	650	750	850
Australia/Australie	-	-	-	-	-	-	-	-	-	-	-	-	-	-	-	-	-	-
N.Zealand/N.Zélande	-	-	-	-	-	-	-	-	-	-	-	-	-	-	-	-	-	-
Austria/Autriche	-	-	-	-	-	-	-	-	-	-	-	-	-	-	-	-	-	-
Belgium/Belgique	44	37	85	97	140	140	135	122	120	120	102	95	99	121	137	110	110	110
Czech Rep./R. Tchèque	..	..	..	..	..	..	..	..	..	..	..	..	..	46	45	43	85	85
Denmark/Danemark	-	-	-	-	-	-	-	-	-	-	-	-	-	-	-	-	-	-
Finland/Finlande	62	62	64	65	72	76	73	73	74	63	60	67	67	68	68	76	76	76
France	375	200	200	300	640	750	900	1 000	1 120	1 200	1 050	1 150	1 190	1 200	1 200	1 210	1 210	1 210
Germany/Allemagne *	270	300	300	350	430	380	320	360	490	510	500	490	490	470	450	420	400	400
Greece/Grèce	-	-	-	-	-	-	-	-	-	-	-	-	-	-	-	-	-	-
Hungary/Hongrie	..	..	..	..	..	..	..	..	..	..	..	..	..	52	55	53	53	53
Iceland/Islande	-	-	-	-	-	-	-	-	-	-	-	-	-	-	-	-	-	-
Ireland/Irlande	-	-	-	-	-	-	-	-	-	-	-	-	-	-	-	-	-	-
Italy/Italie	38	26	26	38	58	13	-	-	-	-	-	-	-	-	-	-	-	-
Luxembourg	-	-	-	-	-	-	-	-	-	-	-	-	-	-	-	-	-	-
Netherl./Pays-Bas *	16	16	12	12	14	14	14	15	17	15	15	15	14	14	14	12	-	-
Norway/Norvège	-	-	-	-	-	-	-	-	-	-	-	-	-	-	-	-	-	-
Portugal	-	-	-	-	-	-	-	-	-	-	-	-	-	-	-	-	-	-
Spain/Espagne *	60	110	120	160	203	206	235	191	187	160	168	151	177	168	160	158	155	159
Sweden/Suède *	100	100	245	238	296	236	250	190	230	250	250	200	212	213	230	230	230	200
Switzerland/Suisse	60	60	60	85	85	80	85	85	85	85	85	85	71	77	64	64	64	64
Turkey/Turquie *	-	-	-	-	-	-	-	-	-	-	-	-	-	-	-	-	29	58
UK/Royaume-Uni *	900	820	775	775	843	919	884	910	1 022	1 022	997	1 080	1 286	1 713	1 023	1 258	397	204
North America/Amérique N.	1 956	1 946	2 270	2 720	3 000	3 121	3 200	3 300	3 413	3 483	3 990	3 790	3 576	3 810	4 029	4 012	3 826	3 721
OECD/OCDE Europe-19	1 925	1 731	1 887	2 120	2 781	2 814	2 896	2 946	3 345	3 425	3 227	3 333	3 606	4 044	3 346	3 538	2 671	2 481
EU/UE-15	1 865	1 671	1 827	2 035	2 696	2 734	2 811	2 861	3 260	3 340	3 142	3 248	3 535	3 967	3 282	3 474	2 578	2 359
OECD/OCDE-25	4 391	4 207	4 787	5 465	6 441	6 995	6 926	7 036	7 446	7 903	8 086	7 999	7 895	8 768	8 355	8 490	7 537	7 582

Notes:
a) Spent fuel arisings expressed in tonnes of heavy metal.
JPN) For fiscal year; 2000, 2005: LWR fuel and HWR fuel only.
KOR) LWR fuel and HWR fuel only.
DEU) 2010: Secretariat estimates.
NLD) 2005, 2010: Secretariat estimates.
ESP) 1996: provisional data.
SWE) 2010: Secretariat estimates.
TUR) 2005, 2010: Secretariat estimates.
UKD) 1996: provisional data; 2000, 2005, 2010: Secretariat estimates.

Notes :
a) Quantités de combustible irradié produites, exprimées en tonnes de métal lourd.
JPN) Pour l'exercice financier; 2000, 2005: combustibles de LWR et HWR uniquement.
KOR) Combustibles de LWR et HWR uniquement.
DEU) 2010: estimations du Secrétariat.
NLD) 2005, 2010: estimations du Secrétariat.
ESP) 1996: données provisoires.
SWE) 2010: estimations du Secrétariat.
TUR) 2005, 2010: estimations du Secrétariat.
UKD) 1996: données provisoires; 2000, 2005, 2010: estimations du Secrétariat.

Source: OECD-NEA/OCDE-AEN

8. ENERGY

8. ÉNERGIE

LIST OF TABLES		LISTE DES TABLEAUX	
8.1A	Indigenous energy production	8.1A	Production nationale d'énergie
8.1B	Indigenous energy production by source	8.1B	Production nationale d'énergie par source
8.2	Net oil imports	8.2	Importations nettes de pétrole
8.3A	Total primary energy supply	8.3A	Approvisionnements totaux en énergie primaire
8.3B	Energy supply by primary source	8.3B	Approvisionnements en énergie par source primaire
8.3C	Total energy supply per unit of GDP and per capita	8.3C	Approvisionnements totaux en énergie par unité de PIB par habitant
8.4A	Electricity generated	8.4A	Electricité produite
8.4B	Electricity generated by source	8.4B	Electricité produite par source
8.5A	Total final consumption of energy	8.5A	Consommation finale totale d'énergie
8.5B	Total final consumption of energy by type	8.5B	Consommation finale totale d'énergie par type
8.5C	Total final consumption of energy by sector	8.5C	Consommation finale totale d'énergie par secteur
8.5D	Total final consumption of energy per unit of GDP and per capita	8.5D	Consommation finale totale d'énergie par unité de PIB et par habitant

ENERGY

INTRODUCTION

This section refers to energy production, exchange and use, activities that generate pressures on the environment. These pressures include pollution of air, water and land; consumption of natural resources, such as land and materials; negative effects on wildlife and natural areas; and risks of contamination from nuclear activities and of spills from oil production and transport.

These pressures are due to:

- mining of energy sources and the production of energy;
- transport of energy carriers;
- use of energy;
- the nuclear fuel cycle.

The data presented come mainly from the OECD (IEA). In general, these data offer a reasonably good level of comparability.

Apart from some tables concerning electricity generation, all data are expressed using a common unit for energy: the tonne of oil equivalent. Coal and gas data are expressed in terms of the quantity of oil that gives the same amount of heat. Hydro and other non-thermal sources (e.g. wind, tide, photovoltaic) are converted to oil equivalent based on the energy content of the electricity generated assuming efficiency of 100 per cent. Nuclear power is converted based on the average efficiency of a modern nuclear power plant, i.e. 33 per cent, while geothermal heat assumes efficiency of 10 per cent. Further information concerning conversion factors can be found in the IEA publication "Energy Balances of OECD Countries", OECD, Paris.

Data on energy-related emissions of air pollutants and on energy reclamation from municipal waste are presented in the air and waste sections, respectively. Data on nuclear waste (spent fuel) are presented in the waste section.

INTRODUCTION

Cette section a trait aux secteurs de la production, des échanges et de l'utilisation de l'énergie qui exercent des pressions sur l'environnement. Ces pressions sont à l'origine de la pollution de l'air, de l'eau et des sols ; de la consommation de ressources naturelles telles que les sols ou les matériaux ; d'effets négatifs sur la faune, la flore et les zones naturelles ; des risques de contamination dus aux activités nucléaires, et de rejets de pétrole liés aux activités d'extraction ou de transport.

Ces pressions sont liées :

- à l'exploitation minière de minerais et à la production d'énergie ;
- au transport de l'énergie ;
- à l'utilisation de l'énergie ;
- au cycle du combustible nucléaire.

Les données présentées proviennent pour la plupart de l'OCDE (AIE). En règle générale ces données bénéficient d'un niveau assez élevé de comparabilité.

Toutes les données sont exprimées dans une unité commune, la tonne équivalent pétrole, sauf pour certains tableaux concernant la production d'énergie électrique. Les données concernant le gaz et le charbon ont été exprimées en quantité de pétrole fournissant la même quantité de chaleur. Les sources d'énergie hydraulique et non-thermique (p. ex. énergie éolienne, marémotrice, photovoltaïque, etc.) sont converties en prenant l'équivalent en énergie primaire de l'électricité produite par les centrales, sur la base d'un rendement moyen de 100 pour cent. L'énergie nucléaire est convertie sur la base d'un rendement moyen d'une centrale nucléaire moderne (33 pour cent), alors que la chaleur géothermique est convertie sur la base d'un rendement moyen de 10 pour cent. On pourra obtenir des renseignements complémentaires sur les facteurs de conversion dans la publication de l'AIE, "Bilans énergétiques des pays de l'OCDE", OCDE, Paris.

Les données concernant l'émission de polluants atmosphériques due à l'utilisation de l'énergie et la récupération d'énergie se trouvent respectivement dans les sections sur l'air et les déchets solides. Les données sur les déchets nucléaires (combustible irradié) se trouvent dans la section sur les déchets.

ENERGY 8.1A/1B

INDIGENOUS ENERGY PRODUCTION
PRODUCTION NATIONALE D'ÉNERGIE

Table 1A shows indigenous production of primary energy for OECD countries and the world.

Indigenous production of primary energy refers to hard coal and lignite and other solid fuels, crude oil together with natural gas liquids and feedstocks, natural gas, nuclear power, hydroelectricity, geothermal power, solar electricity and heat extracted from ambient air by heat pumps.

Table 1B shows the structure of the production of primary energy in the OECD and the change of this structure over time.

This table provides aggregated data for the OECD; it should be borne in mind that considerable differences exist among OECD countries as to the structure of their indigenous energy production by source.

Le tableau 1A présente la production nationale d'énergie primaire pour les pays de l'OCDE et pour le monde.

La production nationale d'énergie primaire concerne la houille, le lignite et les autres combustibles solides, le pétrole brut ainsi que les condensats de gaz naturel et les produits d'alimentation des raffineries, le gaz naturel et l'électricité d'origine nucléaire, hydraulique, géothermique et solaire, la chaleur extraite du milieu ambiant par les pompes à chaleur.

Le tableau 1B montre la structure de la production d'énergie primaire pour l'ensemble de l'OCDE et l'évolution de cette structure dans le temps.

Ce tableau fournit des chiffres agrégés pour l'OCDE ; on doit cependant garder à l'esprit que des différences considérables existent entre les pays de l'OCDE quant à leur production nationale d'énergie par source.

8.1A ÉNERGIE

INDIGENOUS ENERGY PRODUCTION, 1980-1995
PRODUCTION NATIONALE D'ÉNERGIE, 1980-1995

Mtoe/Mtep

	1980	1981	1982	1983	1984	1985	1986	1987	1988	1989	1990	1991	1992	1993	1994	1995
Canada	207.4	200.6	202.7	207.1	228.6	241.1	239.6	252.7	272.8	274.0	274.2	285.2	293.5	315.1	337.6	350.6
Mexico/Mexique	149.4	173.9	197.6	194.4	196.4	194.1	183.6	192.3	191.5	193.8	194.6	201.9	201.7	204.7	205.2	202.0
USA/Etats-Unis	1546.3	1540.8	1522.6	1461.3	1581.3	1563.1	1550.0	1581.9	1609.6	1608.1	1642.0	1630.6	1637.4	1591.7	1655.3	1655.6
Japan/Japon	43.3	44.6	52.4	55.6	59.8	67.7	69.6	72.5	70.7	71.5	75.6	79.5	80.5	88.1	91.5	99.5
Korea/Corée	12.2	12.6	12.8	14.1	15.4	17.1	20.4	23.2	23.1	23.3	23.0	22.7	21.4	20.8	20.0	21.6
Australia/Australie	86.1	95.2	99.3	103.8	112.1	125.3	134.8	144.9	137.8	144.8	157.2	162.7	169.9	173.4	172.9	186.6
N. Zealand/N. Zélande	5.6	5.8	6.7	7.1	7.9	8.9	9.8	9.7	10.5	11.6	12.0	12.6	12.8	13.1	12.7	12.4
Austria/Autriche	7.7	7.3	7.4	7.2	7.3	7.5	7.6	8.0	9.1	8.6	8.4	8.2	8.4	8.6	8.3	8.5
Belgium/Belgique	8.0	8.1	9.1	11.0	12.0	14.0	14.7	14.5	13.4	13.0	12.8	12.7	12.4	11.9	11.5	11.6
Czech Rep./R.Tchèque	40.0	39.6	40.4	40.5	40.4	40.0	41.6	42.5	42.5	40.9	37.8	35.5	34.9	33.8	31.2	30.5
Denmark/Danemark	0.9	1.5	2.5	3.0	3.5	4.9	6.4	8.0	8.2	9.4	10.0	11.8	12.8	13.7	14.9	15.5
Finland/Finlande	6.9	9.0	10.1	10.2	10.5	10.4	11.3	10.7	11.2	11.7	11.7	10.9	11.9	11.6	12.7	12.9
France	46.8	58.7	58.2	66.9	78.8	86.0	92.8	96.1	97.6	108.4	110.8	117.5	118.5	125.2	123.1	126.9
Germany/Allemagne	184.2	190.9	191.5	188.2	196.1	207.9	199.5	199.0	201.6	199.8	184.9	166.1	160.8	149.7	143.0	142.7
w.Germany/All.occ.	123.5	127.5	127.2	122.9	128.2	136.5	130.7	131.1	132.5	132.4	130.2	..	..	..	..	..
Greece/Grèce	3.7	4.4	5.5	6.0	6.5	7.0	7.3	8.1	8.3	9.0	8.9	8.8	8.7	8.7	8.9	9.1
Hungary/Hongrie	14.4	14.4	14.9	15.1	15.6	16.2	15.9	16.5	16.2	15.8	14.0	13.9	13.3	13.9	12.9	13.3
Iceland/Islande	0.8	1.0	1.0	1.1	1.2	1.2	1.2	1.2	1.3	1.3	1.3	1.3	1.3	1.3	1.3	1.4
Ireland/Irlande	1.9	2.5	3.0	3.2	3.6	2.9	2.6	3.0	2.9	3.8	3.4	3.2	3.1	3.5	3.6	3.6
Italy/Italie	19.6	20.6	22.2	21.1	22.1	22.3	24.3	23.7	25.1	24.8	24.8	25.5	26.7	27.8	29.1	28.7
Luxembourg	-	-	-	-	-	-	-	-	-	-	-	-	0.1	0.1	0.1	0.1
Netherlands/Pays-Bas	71.8	66.8	57.5	61.8	63.0	66.3	62.3	62.0	55.3	59.5	60.0	66.8	67.0	68.1	65.9	65.7
Norway/Norvège	55.7	56.0	56.1	64.0	69.8	72.9	77.3	86.7	94.3	115.0	120.1	130.9	146.8	154.2	170.6	182.4
Poland/Pologne	121.0	104.3	118.4	120.3	122.6	124.7	126.8	128.7	125.3	115.7	97.9	94.4	93.0	97.6	99.2	99.4
Portugal	1.5	1.3	1.5	1.6	1.7	1.9	1.9	2.0	2.2	1.7	2.1	2.0	1.6	1.9	2.1	1.9
Spain/Espagne	15.8	17.7	19.7	22.0	25.1	26.5	28.3	27.9	30.3	34.6	34.1	34.0	33.7	32.9	32.2	31.4
Sweden/Suède	16.1	19.3	19.1	20.9	24.3	26.9	29.1	29.4	29.9	29.0	29.8	31.5	29.5	29.4	31.3	31.6
Switzerland/Suisse	7.0	7.6	7.7	7.8	8.1	9.4	9.6	9.8	9.9	9.4	9.7	9.8	10.0	10.4	11.1	11.0
Turkey/Turquie	17.2	18.1	19.0	19.2	20.1	21.7	23.3	24.8	24.5	25.4	25.6	25.7	26.2	26.0	26.0	26.1
UK/Royaume-Uni	197.7	206.6	221.0	233.2	205.1	236.8	246.1	240.9	232.7	208.6	207.7	213.6	213.3	221.5	241.8	255.0
N. America/Amér. N.	1903.0	1915.3	1922.9	1862.8	2006.3	1998.3	1973.2	2026.8	2074.0	2076.0	2110.8	2117.8	2132.6	2111.5	2198.0	2208.2
Austral./Austral.-NZ	91.7	100.9	106.0	110.9	120.0	134.2	144.6	154.6	148.3	156.4	169.2	175.3	182.7	186.5	185.6	199.1
OECD/OCDE Europe	838.9	855.5	885.7	924.2	937.2	1007.1	1029.8	1043.5	1041.6	1045.3	1015.7	1024.0	1033.8	1051.5	1080.9	1109.0
EU/UE-15	582.7	614.4	628.2	656.2	659.5	721.0	734.2	733.2	727.7	721.8	709.1	712.6	708.3	714.3	728.6	745.0
OECD/OCDE	2889.0	2928.9	2979.8	2967.6	3138.8	3224.4	3237.5	3320.6	3357.6	3372.5	3394.3	3419.2	3450.9	3458.3	3576.1	3637.3
World/Monde	* 6650.4	6536.2	6490.6	6512.1	6857.0	7019.0	7276.7	7464.1	7740.8	7917.4	7994.7	8000.9	8020.7	8036.1	8175.2	8380.0

Notes:
World) Excludes production from combustible renewables and waste from non-OECD countries.

Notes:
Monde) Exclut la production des énergies renouvelables combustibles et des déchets des pays non OCDE.

Source: OECD-IEA/OCDE-AIE

ENERGY 8.1B

INDIGENOUS ENERGY PRODUCTION BY SOURCE, OECD, 1980-1995
PRODUCTION NATIONALE D'ÉNERGIE PAR SOURCE, OCDE, 1980-1995

Mtoe/Mtep

Source of Primary Energy/Source d'énergie primaire		1980	1981	1982	1983	1984	1985	1986	1987	1988	1989	1990	1991	1992	1993	1994	1995
Coal/Charbon		961.4	955.1	984.3	949.8	985.1	1015.1	1030.9	1053.0	1049.6	1063.8	1054.9	1014.4	997.4	947.5	977.6	984.0
Combustible Renewables and Waste/Energies renouvelables combustibles et déchets	a)	104.6	106.4	111.6	116.2	125.0	124.5	126.7	134.1	136.0	142.1	134.3	137.5	146.9	146.9	150.6	155.6
Crude Oil, Natural Gas Liquids/Pétrole brut, condensats de gaz naturel		840.5	861.0	901.3	926.1	966.2	979.2	961.1	963.3	956.7	917.8	915.8	935.0	949.7	953.8	991.1	1002.1
Gas/Gaz		718.7	711.6	671.7	633.2	673.5	663.6	644.6	669.3	681.9	698.9	716.3	732.2	749.4	778.2	812.6	824.6
Nuclear Power/Energie nucléaire		161.1	189.7	203.7	229.4	274.5	326.3	356.5	383.3	414.8	429.0	446.7	470.8	477.2	494.9	511.4	531.7
Hydroelectricity/Energie hydroélectrique	b)	93.1	94.7	97.3	101.6	101.8	100.9	100.3	98.9	100.0	97.4	100.6	103.3	102.3	108.3	103.9	111.3
Geothermal and Solar Energy/Energie géothermique et solaire		9.7	10.4	10.0	11.5	12.9	14.8	17.3	18.8	18.6	23.5	25.6	26.2	27.6	28.4	28.4	27.7
Heat/Chaleur	c)	-	-	-	-	-	-	-	-	-	-	-	-	0.3	0.3	0.3	0.3
TOTAL		2889.1	2928.9	2979.9	2967.7	3138.8	3224.4	3237.5	3320.6	3357.6	3372.6	3394.3	3419.2	3450.9	3458.3	3576.0	3637.3

Notes:
a) Solid biomass and animal products, gas/liquids from biomass, industrial and municipal waste.
b) Excludes electricity output from pumped storage plants.
c) Heat extracted from ambient air by heat pumps.

Notes:
a) Biomasse solide et produits d'origine animale, gaz/liquides tirés de la biomasse, déchets industriels et urbains.
b) Exclut la production d'électricité des centrales à accumulation par pompage.
c) Chaleur extraite de l'air ambiant par les pompes à chaleur.

Source: OECD-IEA/OCDE-AIE

OIL IMPORTS
IMPORTATIONS DE PÉTROLE

The next table presents net imports of crude oil, natural gas liquids, refinery feedstocks and petroleum products (liquefied petroleum gas, refinery gas, aviation gasoline, motor gasoline, gas/diesel oil, residual fuel oil, etc.).

Net oil imports equal imports minus exports (bunkers not deducted). Imports and exports are amounts having crossed the national territorial boundaries of the country, whether or not customs clearance has taken place.

Le tableau suivant présente les importations nettes de pétrole brut, de produits d'alimentation des raffineries, de condensats de gaz naturels et de produits pétroliers (gaz de pétrole liquéfié, gaz de raffinerie, essence aviation, essence auto, gazole/carburant diesel, fuel résiduel, etc.).

Les importations nettes de pétrole sont égales aux importations moins les exportations, les soutages n'étant pas déduits. Les importations et exportations représentent les quantités ayant traversé les frontières politiques du pays, que le dédouanement ait été effectué ou non.

ENERGY 8.2

NET OIL IMPORTS (a), 1980-1995
IMPORTATIONS NETTES DE PÉTROLE (a), 1980-1995

Mtoe/Mtep

	1980	1981	1982	1983	1984	1985	1986	1987	1988	1989	1990	1991	1992	1993	1994	1995
Canada	8.4	8.9	-1.2	-10.3	-11.9	-17.9	-14.7	-14.3	-21.3	-13.8	-15.2	-21.3	-25.3	-27.0	-29.1	-35.8
Mexico/Mexique	-47.6	-64.6	-85.6	-89.5	-87.9	-82.6	-75.0	-76.5	-75.0	-69.4	-70.0	-73.2	-73.0	-73.5	-67.7	-71.1
USA/Etats-Unis	336.9	288.1	233.7	232.9	253.2	232.8	288.8	312.2	344.7	373.3	372.4	349.0	370.7	405.3	427.0	418.4
Japan/Japon	251.7	227.1	217.0	215.7	224.3	212.1	216.5	218.6	232.6	249.2	258.7	259.9	264.7	262.7	278.1	275.4
Korea/Corée	27.4	26.8	26.6	27.4	27.6	27.0	32.4	32.0	37.4	42.6	52.2	60.0	74.9	85.0	92.2	98.0
Australia/Australie	11.2	10.5	10.4	9.1	4.6	0.6	-0.4	1.8	1.8	6.4	5.1	2.5	3.9	7.4	8.6	7.6
N. Zealand/N. Zélande	4.1	3.5	3.2	3.3	3.2	3.0	2.0	2.8	2.1	2.4	2.4	2.4	2.6	2.7	3.3	3.9
Austria/Autriche	11.4	9.9	8.8	8.4	8.9	8.7	9.4	9.7	9.0	9.3	10.0	10.4	10.3	10.2	10.4	9.9
Belgium/Belgique	26.3	21.5	22.3	20.2	19.0	19.4	23.3	22.7	23.1	23.1	22.5	25.1	25.7	25.0	25.7	24.8
Czech Rep./R.Tchèque	11.0	11.2	10.6	10.1	11.3	10.8	10.4	10.6	9.8	9.9	8.5	7.2	7.5	6.8	7.7	7.8
Denmark/Danemark	13.4	10.7	9.8	8.8	8.4	8.5	7.7	6.2	5.5	4.0	3.2	2.3	1.5	1.1	1.3	1.6
Finland/Finlande	13.9	11.8	10.6	11.0	9.3	10.9	11.8	12.7	10.4	11.5	10.5	10.3	9.5	9.3	11.8	8.1
France	114.6	95.7	89.7	84.2	85.5	82.2	82.7	86.1	85.9	87.3	87.6	92.6	88.6	87.5	82.8	86.5
Germany/Allemagne	149.3	126.4	118.3	116.1	117.5	120.9	131.7	127.3	127.5	119.3	122.7	131.5	135.2	133.8	134.2	132.6
w.Germany/All.occ.	133.6	111.4	105.8	104.3	106.3	108.3	119.0	113.7	113.9	105.7	110.1	..	..	..	..	..
Greece/Grèce	13.5	12.4	10.5	10.1	10.1	10.7	12.4	11.7	13.0	13.6	14.6	14.9	16.6	16.5	15.0	17.5
Hungary/Hongrie	8.3	7.8	7.7	8.2	7.8	7.1	6.9	6.6	6.1	6.0	6.4	4.6	5.5	5.9	5.4	5.2
Iceland/Islande	0.6	0.6	0.5	0.5	0.5	0.6	0.6	0.6	0.6	0.7	0.7	0.6	0.7	0.7	0.7	0.8
Ireland/Irlande	5.9	5.1	4.6	4.2	4.3	4.2	5.1	4.6	4.0	4.2	5.1	5.0	4.9	5.2	5.6	6.1
Italy/Italie	99.4	94.6	91.6	84.6	85.9	83.6	84.2	89.4	85.7	91.5	91.0	88.0	92.1	88.6	89.1	90.8
Luxembourg	1.1	1.1	1.1	1.0	1.0	1.1	1.2	1.4	1.3	1.5	1.7	1.9	2.0	2.0	2.0	1.8
Netherlands/Pays-Bas	37.9	31.5	27.9	26.2	25.8	24.9	30.0	26.6	31.1	30.8	31.3	33.2	34.3	33.0	34.3	32.9
Norway/Norvège	-15.1	-15.9	-16.2	-23.4	-27.6	-31.1	-33.8	-41.1	-49.2	-67.3	-73.5	-87.1	-100.7	-107.7	-123.4	-133.0
Poland/Pologne	18.9	16.7	16.0	16.0	16.8	16.8	17.4	17.1	17.6	17.1	14.5	12.9	14.0	14.5	14.2	14.7
Portugal	9.4	8.6	9.7	9.6	10.0	8.7	9.8	9.8	9.8	12.4	12.4	12.6	13.8	13.1	13.0	14.3
Spain/Espagne	50.0	48.7	43.1	42.7	39.3	39.8	39.2	42.1	46.4	48.6	49.6	50.3	53.2	51.0	55.5	59.7
Sweden/Suède	26.3	21.6	20.0	18.2	15.3	17.4	19.8	15.8	16.2	15.1	15.5	15.1	15.1	15.7	17.4	16.3
Switzerland/Suisse	13.5	12.2	11.5	12.8	12.3	12.4	13.8	12.3	12.7	12.5	13.3	13.3	13.5	12.2	12.8	12.1
Turkey/Turquie	13.5	13.6	14.1	15.3	15.2	15.3	17.1	20.0	19.5	18.8	20.9	17.8	20.2	24.4	23.7	27.3
UK/Royaume-Uni	1.9	-18.6	-29.0	-44.4	-39.8	-51.0	-51.4	-49.5	-36.8	-9.9	-10.9	-7.9	-10.8	-16.8	-43.8	-49.8
N. America/Amér. N.	297.7	232.4	146.9	133.1	153.3	132.3	199.1	221.4	248.4	290.1	287.2	254.4	272.3	304.8	330.2	311.6
Austral./Austral.-NZ	15.3	14.0	13.6	12.4	7.8	3.6	1.6	4.6	3.8	8.8	7.5	4.9	6.6	10.0	11.9	11.5
OECD/OCDE Europe	624.9	527.0	483.1	440.2	436.9	421.8	449.2	442.7	449.1	459.9	457.7	454.7	452.9	432.1	395.3	387.9
EU/UE-15	574.2	481.0	438.9	400.8	400.5	390.0	416.9	416.5	432.0	462.0	466.8	485.5	492.2	475.2	454.1	452.9
OECD/OCDE	1217.0	1027.3	887.1	828.7	849.9	796.8	898.8	919.2	971.3	1050.6	1063.3	1034.0	1071.3	1094.6	1107.6	1084.3

Notes:
a)   A negative number indicates net exports.

Notes:
a)   Un chiffre négatif correspond à des exportations nettes.

Source: OECD-IEA/OCDE-AIE

TOTAL PRIMARY ENERGY SUPPLY
APPROVISIONNEMENTS TOTAUX EN ÉNERGIE PRIMAIRE

Table 3A shows total primary energy supply for OECD countries and the world.

- Total primary energy supply is made up of indigenous production + imports - exports - international marine bunkers and ± stock changes.
- Primary energy comprises hard coal, lignite and other solid fuels, crude oil and natural gas liquids, natural gas, and nuclear, hydro, geothermal and solar electricity.

Table 3B shows changes in the structure of primary energy supply by type of energy: solid fuels, oil, gas and nuclear power, as well as hydro, geothermal and solar energy.

Country totals in this table may not add up to the corresponding figures of the preceding table because electricity trade and heat extracted from ambient air by heat pumps are not included in Table 3B.

Table 3C shows trends in total primary energy supply per unit of GDP and per capita since 1980, and the value of this ratio for 1995. Calculations are based on GDP at 1991 price levels, and 1991 purchasing power parities are used for conversions to US$.

See the general data section for data on GDP and on populations, and the related notes.

Le tableau 3A présente l'approvisionnement total en énergie primaire pour les pays de l'OCDE et pour le monde.

- L'approvisionnement total en énergie primaire est égal à la production nationale + les importations - les exportations - les soutages maritimes internationaux et ± les variations de stocks.
- L'énergie primaire comprend la houille, le lignite et les autres combustibles solides, le pétrole brut et les condensats de gaz naturel, le gaz naturel et l'éléctricité d'origine nucléaire, hydraulique, géothermique et solaire.

Le tableau 3B présente les changements structurels dans les approvisionnements en énergie primaire par type d'énergie : combustibles solides, pétrole, gaz, énergie nucléaire ainsi que énergie hydraulique, géothermique et solaire.

Les totaux par pays dans ce tableau-ci peuvent être légèrement différents des chiffres du tableau précédent en raison du commerce d'électricité et de la chaleur extraite de l'air ambiant par les pompes à chaleur non inclus dans le tableau 3B.

Le tableau 3C montre l'évolution des approvisionnements totaux en énergie primaire par unité de PIB et par habitant depuis 1980, et la valeur de ce ratio pour 1995. Les calculs sont basés sur la valeur du PIB aux prix de 1991. Les parités de pouvoir d'achat de 1991 ont été employées pour les conversions en $EU.

Voir la section sur les données générales pour les données et les notes sur le PIB et les populations.

ENERGY 8.3A

TOTAL PRIMARY ENERGY SUPPLY (a), 1980-1995
APPROVISIONNEMENTS TOTAUX EN ÉNERGIE PRIMAIRE (a), 1980-1995

Mtoe/Mtep

	1980	1981	1982	1983	1984	1985	1986	1987	1988	1989	1990	1991	1992	1993	1994	1995
Canada	192.9	188.1	181.3	179.8	189.1	193.2	196.7	203.3	211.9	218.0	210.0	209.5	213.8	220.5	228.4	233.3
Mexico/Mexique	98.9	105.7	109.6	102.6	107.0	111.2	108.6	113.9	115.3	122.5	124.2	129.3	132.1	132.3	137.1	133.4
USA/Etats-Unis	1801.4	1751.8	1678.6	1680.9	1753.3	1772.3	1773.3	1848.2	1921.5	1950.8	1915.0	1929.3	1965.8	2012.0	2045.8	2078.3
Japan/Japon	346.6	337.6	339.5	340.5	366.0	367.0	371.5	375.9	401.6	417.1	438.8	448.6	456.6	460.8	483.3	497.2
Korea/Corée	43.9	45.6	44.6	48.3	52.3	55.7	60.8	66.8	75.4	80.6	91.4	102.2	114.4	124.7	133.4	146.2
Australia/Australie	70.4	70.8	74.0	70.9	73.1	73.9	74.7	78.2	79.7	85.1	87.2	86.4	87.7	92.4	92.6	94.2
N.Zealand/N.Zélande	9.2	9.0	9.6	9.9	10.5	11.3	11.4	11.8	12.3	13.4	13.9	14.1	14.8	14.8	14.9	15.4
Austria/Autriche	23.5	22.3	21.6	21.7	22.7	23.2	23.5	24.3	24.7	24.6	25.7	27.0	25.6	25.7	25.9	26.4
Belgium/Belgique	46.1	43.0	41.8	41.3	42.5	44.7	46.3	47.2	47.9	48.4	48.4	51.4	52.0	50.8	51.9	52.4
Czech R./R. Tchèque	45.8	45.9	46.3	46.5	47.8	47.7	49.7	50.1	49.4	48.0	46.8	42.4	42.4	39.8	39.5	39.0
Denmark/Danemark	19.7	17.8	18.0	17.0	17.7	19.9	19.9	20.2	19.2	18.1	18.3	20.2	19.4	19.7	20.6	20.5
Finland/Finlande	25.0	24.1	23.6	23.8	24.3	26.2	27.3	29.8	28.1	29.0	28.6	29.1	27.4	28.7	30.5	28.7
France	190.1	185.8	180.9	184.9	192.3	200.2	203.5	208.7	207.7	223.8	226.8	239.9	235.5	240.2	232.2	241.3
Germany/Allemagne	359.0	346.8	335.1	335.2	348.0	359.6	360.2	363.2	365.6	359.7	354.9	347.1	340.5	337.7	336.3	339.3
w.Germany/All.occ.	272.9	260.1	251.3	251.8	262.6	270.0	271.6	272.7	276.5	271.6	278.2	..	..	..	..	..
Greece/Grèce	16.0	15.6	16.1	16.7	17.3	18.6	17.6	18.9	20.0	22.1	22.2	22.5	23.0	22.7	23.6	23.7
Hungary/Hongrie	28.6	28.3	28.5	28.3	29.3	29.7	29.5	30.6	30.2	29.6	28.4	26.9	24.9	25.4	24.5	25.1
Iceland/Islande	1.4	1.6	1.6	1.7	1.8	1.8	1.8	1.9	2.0	2.0	2.1	2.0	2.0	2.1	2.1	2.1
Ireland/Irlande	8.5	8.5	8.5	8.4	8.5	8.9	9.4	9.6	9.5	9.7	10.5	10.5	10.4	10.8	11.3	11.5
Italy/Italie	138.6	135.6	131.6	131.2	133.8	135.5	137.6	142.7	146.2	152.4	153.3	157.6	157.9	155.4	153.5	161.4
Luxembourg	3.6	3.2	3.0	2.8	3.1	3.2	3.1	3.1	3.2	3.4	3.6	3.8	3.8	3.9	3.8	3.4
Netherlands/Pays-Bas	65.0	61.5	54.9	57.3	60.6	61.6	63.9	65.4	64.8	65.3	66.6	70.1	69.5	70.1	70.6	73.3
Norway/Norvège	18.8	18.6	18.0	18.7	19.6	20.3	21.7	21.6	20.6	21.8	21.5	22.0	22.4	23.4	23.4	23.7
Poland/Pologne	124.8	114.6	114.6	116.6	123.5	127.1	129.2	133.4	125.3	119.9	98.6	97.2	96.4	101.7	97.6	99.6
Portugal	10.3	10.2	11.4	11.4	11.4	11.4	12.6	12.9	13.9	16.1	16.4	16.6	17.9	17.6	18.1	19.2
Spain/Espagne	68.6	69.6	67.8	68.9	70.5	71.8	73.1	75.0	81.1	89.2	90.6	94.3	96.6	93.5	98.6	103.5
Sweden/Suède	41.0	42.9	41.0	41.5	43.8	47.6	49.6	48.8	49.9	48.0	47.8	49.2	47.1	47.2	50.4	50.7
Switzerland/Suisse	20.8	20.4	19.8	21.1	21.7	22.9	24.0	23.4	23.7	23.3	25.0	25.1	25.4	24.9	25.5	25.1
Turkey/Turquie	31.3	31.5	33.7	35.5	36.6	38.9	41.9	46.3	46.7	48.8	52.5	53.5	54.9	58.1	56.8	62.2
UK/Royaume-Uni	201.2	193.9	193.3	193.1	192.7	203.0	206.5	209.0	210.5	210.7	212.1	217.7	217.9	218.7	220.0	221.9
N.America/Amér.N.	2093.3	2045.5	1969.5	1963.3	2049.4	2076.7	2078.5	2165.4	2248.7	2291.3	2249.2	2268.0	2311.6	2364.9	2411.3	2445.0
Austral.-NZ/Austral-NZ	79.6	79.8	83.6	80.8	83.7	85.3	86.1	90.0	92.0	98.4	101.0	100.5	102.4	107.2	107.5	109.6
OECD/OCDE Europe	1487.6	1441.5	1411.1	1423.5	1469.3	1523.7	1551.9	1586.1	1590.2	1613.8	1600.4	1626.0	1612.8	1618.0	1616.6	1653.9
EU/UE-15	1216.1	1180.7	1148.6	1155.2	1189.1	1235.3	1254.2	1278.8	1292.4	1320.4	1325.6	1357.0	1344.3	1342.5	1347.3	1377.0
OECD/OCDE	4051.0	3949.9	3848.2	3856.4	4020.7	4108.3	4148.8	4284.7	4407.8	4501.2	4480.8	4545.2	4597.9	4675.6	4752.7	4851.8
World/Monde	*6461.6	6399.0	6376.9	6471.5	6749.7	6961.9	7123.4	7404.9	7663.5	7815.6	7795.4	7911.8	7917.7	7987.3	8023.6	8219.9

Notes:
a) Includes electricity trade.
World) Excludes supply from combustible renewables and waste from non-OECD countries.

Source: OECD-IEA/OCDE-AIE

Notes:
a) Comprend le commerce d'éléctricité.
Monde) Exclut l'approvisionnement des énergies renouvelables combustibles et des déchets des pays non OCDE.

ÉNERGIE

ENERGY SUPPLY BY PRIMARY SOURCE, 1970, 1980, 1995
APPROVISIONNEMENTS EN ÉNERGIE PAR SOURCE PRIMAIRE, 1970, 1980, 1995

Mtoe/Mtep

	Solid Fuels/ Combustibles solides (a)			Oil/Pétrole			Gas/Gaz			Nuclear Power/ Energie nucléaire			Hydro, Geothermal and Solar Energy/Energie hydroélectrique, géothermique et solaire		
	1970	1980	1995	1970	1980	1995	1970	1980	1995	1970	1980	1995	1970	1980	1995
Canada	24.6	28.8	35.8	72.0	88.9	78.2	29.2	45.6	68.2	0.3	10.4	25.6	13.6	21.6	28.7
Mexico/Mexique *	9.6	11.0	13.3	25.9	66.5	84.7	8.8	19.1	26.0	-	-	2.2	1.2	2.2	7.3
USA/Etats-Unis	326.5	430.7	545.9	692.4	793.7	795.2	499.0	476.8	507.7	6.1	69.4	186.0	22.0	28.6	40.2
Japan/Japon	61.6	59.6	89.6	184.9	235.7	269.4	3.1	21.5	52.0	1.2	21.5	75.9	6.5	8.4	10.4
Korea/Corée *	9.9	15.9	29.3	10.6	27.0	89.7	-	-	9.2	-	0.9	17.5	0.1	0.2	0.5
Australia/Australie	24.9	30.9	42.0	24.4	30.9	33.9	1.2	7.5	16.8	-	-	-	0.8	1.1	1.5
N.Zealand/N.Zélande	1.2	1.6	2.0	3.7	4.1	5.4	0.1	0.9	3.9	-	-	-	2.1	2.7	4.1
Austria/Autriche	5.3	4.8	6.0	9.2	12.3	11.1	2.5	4.2	6.3	-	-	-	1.8	2.5	3.2
Belgium/Belgique	12.3	10.5	9.6	24.4	23.6	21.0	3.4	8.9	10.6	-	3.3	10.8	-	-	-
Czech Rep./R.Tchèque *	33.8	32.1	21.3	7.5	11.0	7.8	0.8	2.6	6.6	-	-	3.2	0.1	0.2	0.2
Denmark/Danemark	2.5	6.5	8.0	18.1	13.4	9.3	-	-	3.1	-	-	-	-	-	0.1
Finland/Finlande	6.5	8.4	10.8	10.7	13.0	8.2	-	0.8	2.9	-	1.8	5.0	0.8	0.9	1.1
France	38.8	35.7	26.5	93.6	110.5	86.6	8.2	21.6	29.7	1.5	16.0	98.3	4.9	6.0	6.3
Germany/Allemagne	150.3	143.9	94.5	137.9	147.1	135.7	12.3	51.2	66.4	1.7	14.5	40.2	1.5	1.6	2.1
w.Germany/All.occ.	91.0	84.3	..	128.0	131.2	..	11.8	44.0	..	1.6	11.4	..	1.4	1.5	..
Greece/Grèce	1.8	3.7	9.0	6.1	11.9	14.2	-	-	-	-	-	-	0.2	0.3	0.4
Hungary/Hongrie *	8.9	9.0	4.9	7.4	11.0	7.1	3.3	8.0	9.2	-	-	3.7	-	-	-
Iceland/Islande	-	-	0.1	0.5	0.6	0.7	-	-	-	-	-	-	0.4	0.8	1.4
Ireland/Irlande	2.1	1.9	3.1	4.1	5.8	5.9	-	0.7	2.3	-	-	-	0.1	0.1	0.1
Italy/Italie	10.8	12.6	13.6	82.3	96.4	94.5	10.6	22.7	44.6	0.8	0.6	-	5.4	5.8	5.5
Luxembourg	2.7	1.8	0.6	1.3	1.1	1.8	-	0.4	0.6	-	-	-	-	-	-
Netherlands/Pays-Bas	4.7	4.0	9.8	29.1	29.5	27.4	15.4	30.4	34.1	0.1	1.1	1.1	-	-	0.1
Norway/Norvège	1.1	1.6	2.2	7.8	9.2	8.1	-	0.9	3.5	-	-	-	5.0	7.2	10.4
Poland/Pologne *	68.1	97.8	75.2	8.8	18.0	15.3	4.9	8.8	8.9	-	-	-	0.2	0.3	0.2
Portugal	1.5	1.2	4.7	4.0	8.3	13.7	-	-	-	-	-	-	0.5	0.7	0.8
Spain/Espagne	9.0	12.7	23.0	26.7	50.7	55.9	0.1	1.5	7.7	0.2	1.4	14.5	2.4	2.5	2.1
Sweden/Suède	4.8	5.8	9.8	29.2	23.1	16.0	-	-	0.7	-	6.9	18.2	3.6	5.1	5.8
Switzerland/Suisse	0.8	0.8	1.6	13.0	13.3	12.4	-	0.9	2.2	0.5	3.7	6.5	2.7	2.8	3.0
Turkey/Turquie	4.2	14.7	23.6	7.7	15.6	29.6	-	-	5.8	-	-	-	0.3	1.0	3.3
UK/Royaume-Uni	88.7	68.8	48.7	101.3	82.1	83.2	10.2	40.3	65.0	6.8	9.7	23.2	0.4	0.3	0.5
N. America/Amér. N.	360.7	470.5	595.1	790.3	949.1	958.1	537.0	541.5	601.9	6.4	79.8	213.8	36.9	52.4	76.2
Austral.-NZ/Austral.-NZ	26.1	32.5	44.1	28.1	34.9	39.3	1.3	8.4	20.7	-	-	-	2.8	3.8	5.5
OECD/OCDE Europe	458.8	478.4	406.5	630.8	707.4	665.5	71.8	203.9	310.1	11.6	58.9	224.5	30.1	38.0	46.4
EU/UE-15	341.8	322.5	277.6	578.1	628.8	584.4	62.7	182.8	274.0	11.1	55.1	211.2	21.6	25.8	28.0
OECD/OCDE	917.1	1056.8	1164.5	1644.7	1954.0	2022.0	613.1	775.2	993.9	19.1	161.1	531.7	76.4	102.8	139.0
World/Monde *	1511.7	1883.7	2355.0	2329.1	2991.4	3195.1	899.5	1238.7	1810.4	29.0	186.4	608.3	107.8	161.5	251.1

Notes:
a) Coal, combustible renewables and waste.
MEX) 1970 data refer to 1971.
KOR) 1970 data refer to 1971.
CZE) 1970 data refer to 1971.
HUN) 1970 data refer to 1971.
POL) 1970 data refer to 1971.
WORLD) 1970 data refer to 1971; excludes supply from combustible renewables and waste from non-OECD countries.

Notes:
a) Charbon, énergies renouvelables combustibles et déchets.
MEX) Les données 1970 sont de 1971.
KOR) Les données 1970 sont de 1971.
CZE) Les données 1970 sont de 1971.
HUN) Les données 1970 sont de 1971.
POL) Les données 1970 sont de 1971.
MONDE) Les données 1970 sont de 1971; exclut l'approvisionnement des énergies renouvelables combustibles et des déchets des pays non OCDE.

Source: OECD-IEA/OCDE-AIE

ENERGY 8.3C

TOTAL ENERGY SUPPLY PER UNIT OF GDP AND PER CAPITA (a), 1980-1995
APPROVISIONNEMENTS TOTAUX EN ÉNERGIE PAR UNITÉ DE PIB ET PAR HABITANT (a), 1980-1995

	Toe/1 000 US$ Tep/1 000 $EU				Change/ évolution (%)	Toe/capita Tep/habitant				Change/ évolution (%)
	1980	1985	1990	1995	1995/1980	1980	1985	1990	1995	1995/1980
Canada	0.48	0.42	0.39	0.41	-15.7	7.85	7.45	7.56	7.88	0.5
Mexico/Mexique	0.26	0.26	0.27	0.27	4.5	1.42	1.43	1.44	1.41	-0.9
USA/Etats-Unis	0.40	0.34	0.32	0.32	-21.1	7.91	7.43	7.66	7.90	-0.2
Japan/Japon	0.22	0.20	0.19	0.20	-9.7	2.97	3.04	3.55	3.96	33.5
Korea/Corée	0.29	0.25	0.25	0.28	-2.5	1.15	1.36	2.13	3.24	181.2
Australia/Australie	0.34	0.31	0.31	0.29	-14.9	4.79	4.68	5.10	5.22	9.0
N.Zealand/N.Zélande	0.25	0.25	0.30	0.30	18.6	2.92	3.47	4.12	4.30	47.3
Austria/Autriche	0.22	0.20	0.20	0.18	-17.7	3.11	3.07	3.33	3.28	5.5
Belgium/Belgique	0.33	0.31	0.28	0.29	-11.0	4.68	4.53	4.86	5.17	10.4
Czech R./R. Tchèque	..	..	..	0.44	..	4.43	4.61	4.52	3.78	-14.8
Denmark/Danemark	0.27	0.24	0.21	0.21	-23.0	3.85	3.90	3.56	3.92	1.7
Finland/Finlande	0.41	0.37	0.34	0.35	-13.1	5.24	5.34	5.73	5.61	7.2
France	0.23	0.23	0.22	0.22	-4.8	3.53	3.62	4.00	4.15	17.6
Germany/Allemagne	..	..	..	0.24	..	4.58	4.63	4.47	4.15	-9.4
w.Germany/All.occ.	0.28	0.27	0.23	..	..	4.43	4.42	4.40	..	..
Greece/Grèce	0.19	0.21	0.23	0.23	19.4	1.66	1.87	2.20	2.27	37.0
Hungary/Hongrie	..	..	..	0.41	..	2.67	2.81	2.74	2.45	-8.0
Iceland/Islande	0.41	0.45	0.46	0.45	10.4	6.27	7.26	8.24	8.01	27.8
Ireland/Irlande	0.29	0.27	0.25	0.21	-26.4	2.49	2.52	2.99	3.19	27.7
Italy/Italie	0.18	0.16	0.16	0.16	-11.7	2.46	2.39	2.70	2.82	14.7
Luxembourg	0.64	0.49	0.40	0.29	-53.7	9.97	8.58	9.30	8.18	-17.9
Netherlands/Pays-Bas	0.33	0.30	0.27	0.27	-18.2	4.59	4.25	4.45	4.74	3.2
Norway/Norvège	0.31	0.29	0.28	0.26	-17.2	4.61	4.90	5.06	5.46	18.4
Poland/Pologne	..	..	..	0.51	..	3.51	3.42	2.59	2.58	-26.4
Portugal	0.14	0.15	0.17	0.18	30.5	1.05	1.14	1.66	1.94	85.1
Spain/Espagne	0.19	0.18	0.19	0.20	5.1	1.83	1.87	2.33	2.64	43.9
Sweden/Suède	0.34	0.36	0.33	0.34	-0.7	4.93	5.70	5.56	5.73	16.1
Switzerland/Suisse	0.17	0.18	0.17	0.17	-1.7	3.26	3.51	3.72	3.56	9.2
Turkey/Turquie	0.19	0.19	0.19	0.20	2.2	0.70	0.77	0.93	1.01	43.2
UK/Royaume-Uni	0.28	0.26	0.23	0.23	-20.0	3.57	3.58	3.68	3.79	6.0
N. America/Amér. N.	0.40	0.34	0.32	0.32	-19.3	6.50	6.07	6.18	6.31	-3.0
Australia/Australie-NZ	0.33	0.30	0.31	0.29	-11.1	4.46	4.47	4.94	5.07	13.6
OECD/OCDE Europe *	0.25	0.23	0.22	0.23	..	3.19	3.19	3.26	3.28	2.9
EU/UE-15 *	0.25	0.24	0.22	0.22	..	3.42	3.44	3.64	3.70	8.1
OECD/OCDE *	0.31	0.28	0.26	0.27	..	4.21	4.10	4.30	4.47	6.2

Notes:
a) GDP at 1991 price levels and purchasing power parities.
TOT) Values per unit of GDP include western Germany only until 1990; Korea, Czech Republic, Hungary and Poland are not included before 1995.

Source: OECD-IEA/OCDE-AIE

Notes:
a) PIB aux niveaux de prix et parités de pouvoir d'achat de 1991.
TOT) Valeurs par unité de PIB: incluent l'Allemagne occidentale uniquement jusqu'en 1990; la Corée, la République Tchèque, la Hongrie, la Pologne ne sont pas compris avant 1995.

ELECTRICITY GENERATED
ÉLECTRICITÉ PRODUITE

Table 4A shows total electricity generated by all power plants (public utilities and autoproducers), excluding pump storage production. Data are expressed in terawatt hours (TWh). One TWh equals 10^{12} Wh.

Table 4B shows the changes in the primary sources of electricity generation in OECD countries: coal, oil, natural gas, nuclear, hydro and other.

It must be kept in mind that the structure of primary sources of electricity production may differ widely among countries.

Le tableau 4A présente l'électricité totale produite par toutes les centrales d'énergie, (secteur public et autoproducteurs), à l'exclusion des centrales à accumulation par pompage. Les données sont exprimés en térawattheures (TWh). Un TWh représente 10^{12} Wh.

Le tableau 4B montre les évolutions des sources d'énergie primaire pour la production d'électricité dans les pays de l'OCDE : charbon, pétrole, énergie d'origine nucléaire, gaz naturel, hydraulique ou autre.

On doit garder à l'esprit que la structure des sources d'énergie primaires pour produire de l'électricité varie considérablement entre les pays.

ENERGY

ELECTRICITY GENERATED, 1980-1995
ÉLECTRICITÉ PRODUITE, 1980-1995

TWh

	1980	1981	1982	1983	1984	1985	1986	1987	1988	1989	1990	1991	1992	1993	1994	1995
Canada	373.3	390.6	387.4	407.9	437.0	459.0	468.5	496.3	505.9	499.5	482.0	507.8	520.8	527.6	554.1	551.4
Mexico/Mexique	67.0	73.2	80.1	81.9	86.9	93.0	97.1	104.0	109.9	117.7	122.7	126.9	130.2	136.1	147.4	152.6
USA/Etats-Unis	2427.3	2437.0	2376.6	2449.0	2562.8	2621.9	2639.7	2717.2	2858.0	3127.9	3181.6	3252.3	3271.4	3391.5	3451.8	3558.4
Japan/Japon	572.5	580.3	578.7	614.4	643.4	666.9	671.1	713.0	748.1	793.7	850.8	880.0	888.2	896.8	955.9	980.9
Korea/Corée	37.2	40.2	43.1	48.9	53.8	58.0	64.7	74.0	85.5	94.5	107.7	118.6	131.0	144.4	165.0	184.7
Australia/Australie	95.2	102.2	104.4	105.5	111.5	119.7	125.4	131.5	138.3	147.1	154.4	156.6	159.5	163.6	167.5	173.4
N.Zealand/N.Zélande	22.3	23.1	24.6	26.1	27.1	27.4	28.2	28.7	29.5	31.0	31.7	32.8	31.3	33.2	35.4	36.2
Austria/Autriche	41.6	42.3	42.3	42.1	41.8	43.9	44.1	49.8	48.3	49.3	49.4	51.1	50.9	51.3	52.1	55.1
Belgium/Belgique	53.1	50.1	50.0	51.9	53.7	56.3	57.6	62.3	64.5	66.9	70.2	71.2	71.5	70.1	71.4	73.6
Czech R./R. Tchèque	52.7	53.6	54.7	56.7	58.0	58.1	60.6	62.2	64.3	65.1	62.6	60.5	59.1	58.7	58.4	60.6
Denmark/Danemark	26.8	19.8	23.7	22.2	22.6	29.1	30.7	29.4	28.0	22.3	25.7	36.3	30.9	33.7	40.1	36.8
Finland/Finlande	40.8	40.9	41.2	42.2	45.3	49.7	49.3	53.4	53.9	53.8	54.4	58.0	57.7	61.1	65.6	63.9
France	256.9	274.7	277.4	294.3	321.8	341.7	359.9	375.4	388.6	403.6	416.8	450.8	458.8	468.5	473.2	489.3
Germany/Allemagne	466.3	467.7	468.1	476.8	503.2	520.6	521.8	530.5	547.1	557.4	547.6	535.8	533.7	522.4	524.7	532.6
w.Germany/All.occ.	367.5	367.0	365.2	371.9	393.1	406.7	406.5	416.3	428.8	438.4	447.1	..	..	..	..	..
Greece/Grèce	22.7	23.4	23.3	24.0	24.8	27.7	28.1	30.1	33.2	34.2	34.8	35.7	37.1	38.1	40.3	41.2
Hungary/Hongrie	23.9	24.2	24.8	25.8	26.3	26.8	28.1	29.8	29.2	29.6	28.4	30.0	31.6	33.3	33.5	34.0
Iceland/Islande	3.2	3.3	3.6	3.8	4.0	3.9	4.1	4.2	4.5	4.5	4.5	4.5	4.6	4.7	4.8	5.0
Ireland/Irlande	10.6	10.5	10.5	10.8	11.2	11.7	12.3	12.6	12.9	13.6	14.3	15.0	15.8	16.2	16.9	17.6
Italy/Italie	183.5	179.0	181.8	180.1	179.6	182.2	188.9	198.3	200.7	207.1	213.2	218.4	222.7	219.8	228.7	237.4
Luxembourg	0.9	0.7	0.5	0.5	0.5	0.5	0.6	0.6	0.6	0.6	0.6	0.7	0.7	0.7	0.6	0.5
Netherlands/Pays-Bas	64.8	64.1	60.3	59.7	62.8	63.0	67.2	68.4	69.6	73.1	71.9	74.3	77.3	77.0	79.7	81.1
Norway/Norvège	83.8	93.0	92.8	106.0	106.2	102.7	96.7	103.8	109.3	118.9	121.6	110.6	117.1	119.7	112.2	122.0
Poland/Pologne	121.9	115.0	117.6	125.8	134.8	137.7	140.3	145.8	144.4	145.5	136.3	134.7	132.8	131.8	133.3	137.0
Portugal	15.2	13.8	15.4	18.1	19.2	18.8	20.3	20.1	22.4	25.6	28.4	29.7	29.7	31.0	31.3	33.2
Spain/Espagne	109.2	110.0	113.5	115.4	118.1	125.6	128.2	132.6	138.6	147.2	151.2	154.8	156.7	155.4	160.9	165.6
Sweden/Suède	96.3	102.9	99.5	108.9	123.3	136.5	138.1	146.0	145.6	142.9	146.0	147.0	145.9	145.3	142.7	147.0
Switzerland/Suisse	48.2	51.8	52.5	52.2	49.6	55.5	56.5	58.8	59.7	53.8	54.6	56.5	57.8	60.4	65.6	62.3
Turkey/Turquie	23.1	24.6	26.6	27.4	30.6	34.2	39.7	44.4	48.1	52.0	57.5	60.3	67.3	73.8	78.3	86.3
UK/Royaume-Uni	284.1	276.7	271.7	275.6	280.4	294.7	299.4	301.6	306.0	312.0	317.0	320.5	319.3	321.9	323.9	332.9
N. America/Amér. N.	2867.6	2900.7	2844.1	2938.8	3086.7	3173.9	3205.4	3317.5	3473.8	3745.1	3786.2	3887.0	3922.4	4055.2	4153.4	4262.4
Austral.-NZ/Austral.-NZ	117.5	125.3	129.0	131.7	138.6	147.0	153.6	160.2	167.8	178.1	186.0	189.3	190.9	196.9	202.9	209.6
OECD/OCDE Europe	2029.4	2042.0	2051.7	2119.9	2217.9	2321.0	2372.5	2460.1	2519.5	2578.9	2607.0	2656.2	2678.7	2694.7	2738.1	2814.8
EU/UE-15	1672.7	1676.5	1679.2	1722.3	1808.4	1902.0	1946.4	2011.0	2060.0	2109.5	2141.5	2199.2	2208.4	2212.3	2252.1	2307.6
OECD/OCDE	5624.2	5688.5	5646.7	5853.7	6140.3	6366.9	6467.2	6724.8	6994.6	7390.2	7537.6	7731.1	7811.0	7988.0	8215.2	8452.3
World/Monde	8295.0	8455.4	8550.3	8911.2	9405.8	9804.5	10099.2	10564.6	11027.8	11574.0	11822.6	12103.7	12202.1	12488.1	12783.4	13203.6

Source: OECD-IEA/OCDE-AIE

8.4B ÉNERGIE

ELECTRICITY GENERATED BY SOURCE, OECD, 1980-1995
ÉLECTRICITÉ PRODUITE PAR SOURCE, OCDE, 1980-1995

Per cent/Pour cent

Source of Primary Energy/ Source d'énergie primaire	1980	1981	1982	1983	1984	1985	1986	1987	1988	1989	1990	1991	1992	1993	1994	1995
Coal/Charbon	40.9	41.5	42.4	42.9	42.2	42.9	42.3	42.5	42.2	41.1	40.6	40.1	39.6	39.2	38.6	38.1
Combustible Renewables and Waste/ Energies renouvelables combustibles et déchets a)	0.2	0.2	0.3	0.3	0.3	0.3	0.4	0.4	0.4	1.1	1.3	1.1	1.4	1.3	1.4	1.4
Crude Oil, Natural Gas Liquids/ Pétrole brut, condensats de gaz naturel	17.5	15.5	13.5	12.2	11.0	9.1	9.3	8.8	9.2	9.8	9.3	9.2	9.3	8.4	9.0	8.1
Gas/Gaz	10.9	10.4	9.8	9.2	9.8	9.3	8.6	9.0	8.4	10.0	10.1	10.3	10.6	11.1	11.9	12.5
Nuclear Power/ Energie nucléaire	11.0	12.7	13.8	15.0	17.1	19.6	21.1	21.8	22.7	22.2	22.7	23.3	23.4	23.8	23.9	24.1
Hydro, Geothermal and Solar Energy/ Energie hydroélectrique, géothermique et solaire	19.5	19.6	20.2	20.4	19.5	18.7	18.4	17.4	16.9	15.7	16.0	16.0	15.7	16.3	15.2	15.8
TOTAL	100.0	100.0	100.0	100.0	100.0	100.0	100.0	100.0	100.0	100.0	100.0	100.0	100.0	100.0	100.0	100.0

Notes:
a) Solid biomass and animal products, gas/liquids from biomass, industrial and municipal waste.

Notes:
a) Biomasse solide et produits d'origine animale, gaz/liquides tirés de la biomasse, déchets industriels et urbains.

Source: OECD-IEA/OCDE-AIE

ENERGY

TOTAL FINAL CONSUMPTION OF ENERGY
CONSOMMATION FINALE TOTALE D'ÉNERGIE

Table 5A relates to the total final consumption of energy by the different end-use sectors (i.e. industry, transport, agriculture, commerce, public services and residential uses, as well as non-energy uses of gas, coal, oil and oil products). It includes consumption of solid fuels (mainly coal), oil, gas, electricity and heat.

Table 5B shows the shares of the different types of energy in the total final consumption of energy in the OECD. This distribution varies widely among OECD countries.

Table 5C shows the structure of final consumption of energy by sector: industry, transport and others (agriculture, commercial, residential, public services, etc.).

Table 5D shows changes in total final consumption of energy per unit of GDP and per capita since 1980, and the value of this ratio for 1995. Calculations are based on GDP at 1991 price levels, and 1991 purchasing power parities are used for conversions to US$.

See the general data section for data and related notes on GDP and on populations.

Le tableau 5A présente la consommation finale totale d'énergie par les différents secteurs d'utilisation finale (*i.e.* industries, transports, agriculture, commerces, services publics et usages résidentiels, ainsi que les usages non énergétiques de gaz, de charbon, de pétrole et de produits dérivés du pétrole). Ceci comprend la consommation de combustibles solides (principalement le charbon), de pétrole, de gaz, d'électricité et de chaleur.

Le tableau 5B montre la répartition des divers types d'énergie dans la consommation finale totale d'énergie dans l'ensemble des pays de l'OCDE. Cette répartition varie dans de grandes proportions entre les pays de l'OCDE.

Le tableau 5C montre la structure de la consommation finale d'énergie par secteur : industrie, transports, et autres (agriculture, commerce, résidentiel, services publics, etc.).

Le tableau 5D montre l'évolution de la consommation finale totale d'énergie par unité de PIB et par habitant depuis 1980 et la valeur de ce ratio pour 1991. Les calculs sont basés sur la valeur du PIB aux prix de 1995. Les parités de pouvoir d'achat de 1991 ont été employées pour les conversions en $EU.

Voir la section sur les données générales pour les données et les notes sur le PIB et les populations.

ÉNERGIE

8.5A

TOTAL FINAL CONSUMPTION OF ENERGY, 1980-1995
CONSOMMATION FINALE TOTALE D'ÉNERGIE, 1980-1995

Mtoe/Mtep

	1980	1981	1982	1983	1984	1985	1986	1987	1988	1989	1990	1991	1992	1993	1994	1995
Canada	157.4	152.7	144.5	142.9	148.8	152.8	153.1	155.7	162.8	166.5	162.1	160.3	164.1	168.4	173.3	178.1
Mexico/Mexique	69.4	76.6	78.5	76.6	78.1	81.0	78.4	82.0	82.1	87.6	88.7	92.2	94.2	94.4	97.0	96.0
USA/Etats-Unis	1331.2	1308.6	1243.5	1228.0	1299.2	1287.1	1288.3	1333.4	1391.7	1371.5	1346.3	1309.8	1318.2	1347.4	1377.6	1403.2
Japan/Japon	247.8	241.5	242.0	245.7	261.0	261.0	263.4	272.7	289.2	299.8	310.8	319.2	322.6	323.7	336.0	346.2
Korea/Corée	36.4	37.2	37.1	39.7	42.9	44.5	47.7	51.9	57.1	61.2	70.9	79.2	89.6	98.1	105.6	114.6
Australia/Australie	49.1	48.8	49.4	47.4	49.3	51.4	51.6	52.8	55.0	57.3	59.3	58.9	59.5	61.7	63.4	65.6
N.Zealand/N.Zélande	7.1	7.2	7.4	7.6	8.4	7.8	8.1	8.5	9.0	9.4	9.7	10.2	10.4	10.6	11.3	12.2
Austria/Autriche	19.7	18.8	18.5	18.8	19.6	20.1	20.2	20.5	21.2	21.0	21.7	22.7	22.2	22.4	22.5	22.3
Belgium/Belgique	34.7	32.3	31.0	29.9	31.0	32.7	33.6	33.8	34.3	34.5	34.6	36.7	37.1	36.6	37.8	38.2
Czech R./R. Tchèque	37.1	36.8	35.4	36.0	36.2	35.7	37.0	38.0	36.8	34.5	33.7	29.5	27.4	23.9	20.5	21.5
Denmark/Danemark	15.2	13.9	12.6	12.3	12.7	13.6	13.9	13.9	13.6	13.2	14.1	14.7	14.8	15.0	15.2	15.6
Finland/Finlande	20.0	19.8	19.5	19.9	19.6	19.6	20.5	22.0	22.1	22.8	23.0	22.9	22.9	22.8	24.0	23.3
France	143.8	135.9	132.0	133.2	134.6	136.7	138.5	140.3	140.8	147.2	148.2	158.9	159.6	156.9	156.0	159.2
Germany/Allemagne	260.0	250.2	240.0	242.5	251.0	258.6	261.1	261.9	261.5	254.3	251.2	247.7	241.9	242.9	242.1	245.9
w.Germany/All.occ.	198.8	189.2	181.0	183.2	190.4	193.8	197.2	196.4	197.6	191.4	196.7	..	..	..	..	..
Greece/Grèce	11.7	11.3	11.7	12.0	12.5	12.9	12.6	13.4	14.1	14.9	15.2	15.4	15.4	15.4	15.7	16.1
Hungary/Hongrie	21.2	20.8	20.7	20.3	21.0	21.7	21.2	21.8	21.2	21.6	20.6	19.1	16.8	16.6	16.3	16.4
Iceland/Islande	1.3	1.4	1.4	1.4	1.5	1.5	1.5	1.5	1.6	1.7	1.7	1.7	1.7	1.8	1.8	1.8
Ireland/Irlande	6.6	6.7	6.5	6.5	6.5	6.7	7.2	7.4	7.2	7.5	7.7	7.9	7.8	8.0	8.4	8.6
Italy/Italie	106.0	102.8	100.3	100.5	104.3	104.8	105.7	111.0	114.1	117.8	118.8	121.7	121.5	121.2	119.7	124.8
Luxembourg	3.4	3.0	2.8	2.7	2.9	3.0	2.9	2.9	3.0	3.2	3.4	3.6	3.6	3.7	3.6	3.2
Netherlands/Pays-Bas	51.9	48.9	45.4	47.3	49.2	50.5	51.4	52.8	51.4	51.3	53.0	56.5	55.4	55.7	55.7	58.0
Norway/Norvège	16.4	16.3	15.8	16.2	17.3	17.9	18.0	18.6	18.3	18.0	18.1	17.8	17.7	18.1	18.6	19.1
Poland/Pologne	86.3	80.5	80.9	79.4	81.3	83.3	86.1	89.3	85.3	82.0	66.2	64.2	64.1	69.2	66.5	66.8
Portugal	8.4	8.4	9.1	8.8	9.2	9.5	10.1	10.6	11.6	12.2	12.7	12.8	13.4	13.4	14.1	14.5
Spain/Espagne	50.8	49.1	48.0	48.9	49.4	50.0	50.0	51.6	57.1	61.2	62.3	65.4	66.6	64.9	69.0	71.5
Sweden/Suède	35.5	34.4	32.4	31.7	31.6	33.4	34.3	34.2	34.1	33.1	32.6	32.7	33.8	34.0	34.9	35.3
Switzerland/Suisse	17.5	16.9	16.3	17.6	17.6	18.9	19.0	18.7	18.8	19.0	19.6	20.4	20.6	19.9	19.7	20.1
Turkey/Turquie	27.1	27.1	29.0	30.4	31.0	31.8	33.5	38.2	39.0	39.5	41.3	42.0	43.4	46.3	43.9	48.7
UK/Royaume-Uni	136.8	133.7	132.6	132.5	133.0	138.8	143.3	145.7	148.5	147.6	148.0	153.3	151.3	154.9	155.5	155.8
N. America/Amér. N.	1558.0	1537.9	1466.5	1447.5	1526.0	1521.0	1519.8	1571.1	1636.6	1625.6	1597.1	1562.2	1576.6	1610.1	1647.9	1677.3
Austral.-NZ/Austral.-NZ	56.2	56.0	56.8	55.0	57.7	59.3	59.7	61.3	64.0	66.7	68.9	69.1	69.9	72.4	74.7	77.8
OECD/OCDE Europe	1111.4	1068.7	1041.9	1048.8	1072.7	1101.5	1121.5	1148.1	1155.6	1158.0	1147.5	1167.5	1158.8	1163.2	1161.3	1186.6
EU/UE-15	904.4	869.0	842.5	847.4	866.9	890.8	905.2	921.9	934.5	941.6	946.4	972.7	967.2	967.5	974.0	992.1
OECD/OCDE	3009.9	2941.2	2844.3	2836.6	2960.3	2987.2	3012.1	3105.0	3202.5	3211.2	3195.2	3197.1	3217.5	3267.5	3325.5	3402.4
World/Monde	* 4821.4	4768.3	4709.6	4753.0	4940.4	5042.1	5155.8	5324.8	5505.3	5565.9	5544.5	5518.1	5623.5	5662.5	5646.3	5801.5

Notes:
World) Excludes consumption of combustible renewables and waste from non-OECD countries.
Source: OECD-IEA/OCDE-AIE

Notes:
Monde) Exclut la consommation des énergies renouvelables combustibles et des déchets des pays non OCDE.

ENERGY 8.5B

TOTAL FINAL CONSUMPTION OF ENERGY BY TYPE, OECD, 1980-1995
CONSOMMATION FINALE TOTALE D'ÉNERGIE PAR TYPE, OCDE, 1980-1995

Per cent/Pour cent

Type of Energy/ Type d'énergie		1980	1981	1982	1983	1984	1985	1986	1987	1988	1989	1990	1991	1992	1993	1994	1995
Coal/Charbon		10.09	10.46	10.18	10.13	10.28	10.50	9.98	9.81	9.59	9.27	8.72	7.99	6.75	6.45	5.98	5.78
Combustible Renewables and Waste/ Energies renouvelables combustibles et déchets	a)	3.37	3.50	3.75	3.92	4.01	3.93	3.96	4.06	3.96	3.06	2.58	2.71	2.86	2.74	2.66	2.77
Oil/Pétrole		53.00	51.64	51.69	51.24	50.52	50.17	51.09	50.76	50.81	50.83	51.36	51.48	52.55	52.41	52.90	52.59
Gas/Gaz		18.83	19.15	18.74	18.44	18.74	18.52	17.93	18.12	18.42	19.12	19.09	18.82	18.81	19.35	19.19	19.55
Electricity/Électricité		13.49	14.05	14.37	14.94	15.14	15.50	15.68	15.89	16.05	16.56	17.08	17.68	17.68	17.80	18.02	18.15
Heat/Chaleur	b)	1.21	1.20	1.27	1.34	1.32	1.38	1.37	1.37	1.16	1.16	1.17	1.32	1.35	1.24	1.25	1.16
TOTAL		100.0	100.0	100.0	100.0	100.0	100.0	100.0	100.0	100.0	100.0	100.0	100.0	100.0	100.0	100.0	100.0

Notes:
a) Solid biomass and animal products, gas/liquids from biomass, industrial and municipal waste.
b) Includes heat production from combined heat and power plants, heat plants and heat extracted from ambient air by heat pumps.

Notes:
a) Biomasse solide et produits d'origine animale, gaz/liquides tirés de la biomasse, déchets industriels et urbains.
b) Comprend la chaleur produite par les centrales de cogénération chaleur/électricité et les centrales calogènes, ainsi que la chaleur extraite de l'air ambiant par les pompes à chaleur.

Source: OECD-IEA/OCDE-AIE

ÉNERGIE

TOTAL FINAL CONSUMPTION OF ENERGY BY SECTOR, 1970, 1980, 1995
CONSOMMATION FINALE TOTALE D'ÉNERGIE PAR SECTEUR, 1970, 1980, 1995

Per cent/Pour cent

	Industry/Industrie (a)			Transportation/ Transports (b)			Others/Autres (c)			Non-energy use/Utilisation non énergétique (d)			TOTAL		
	1970	1980	1995	1970	1980	1995	1970	1980	1995	1970	1980	1995	1970	1980	1995
Canada	34.6	36.7	36.5	25.0	28.5	27.7	37.2	31.3	32.8	3.3	3.5	3.0	100.0	100.0	100.0
Mexico/Mexique *	36.4	36.7	39.4	29.0	35.1	36.2	32.0	25.7	23.5	2.6	2.5	0.9	100.0	100.0	100.0
USA/Etats-Unis	34.9	33.4	25.9	29.6	32.5	38.8	32.3	29.9	31.1	3.1	4.2	4.2	100.0	100.0	100.0
Japan/Japon	61.0	50.6	42.7	17.1	22.4	25.1	18.8	23.6	29.2	3.0	3.3	3.0	100.0	100.0	100.0
Korea/Corée *	38.9	43.4	46.9	18.0	15.3	22.9	41.7	40.4	28.8	1.4	1.0	1.4	100.0	100.0	100.0
Australia/Australie	45.9	40.4	36.4	31.3	36.1	38.3	18.3	19.4	21.3	4.5	4.1	4.1	100.0	100.0	100.0
N.Zealand/N.Zélande	28.6	34.1	29.7	34.9	35.1	35.7	31.2	27.9	21.3	5.3	3.0	13.3	100.0	100.0	100.0
Austria/Autriche	35.5	33.0	25.6	20.7	23.4	28.5	38.2	38.3	41.7	5.5	5.4	4.2	100.0	100.0	100.0
Belgium/Belgique	47.7	42.6	37.9	13.5	17.1	22.7	36.4	37.8	36.7	2.4	2.5	2.7	100.0	100.0	100.0
Czech R./R. Tchèque *	84.2	75.3	48.1	5.8	6.8	13.5	10.0	17.9	36.0	-	-	2.5	100.0	100.0	100.0
Denmark/Danemark	22.9	20.3	18.5	19.5	23.8	30.5	54.6	53.0	48.3	3.1	2.9	2.7	100.0	100.0	100.0
Finland/Finlande	31.5	35.4	45.9	12.9	15.1	18.1	53.3	47.0	33.3	2.3	2.5	2.8	100.0	100.0	100.0
France	45.6	37.9	29.1	17.3	22.8	29.3	31.3	36.2	38.7	5.8	3.1	2.9	100.0	100.0	100.0
Germany/Allemagne	41.0	39.0	32.0	15.3	18.4	26.0	40.0	39.8	39.4	3.7	2.9	2.6	100.0	100.0	100.0
w.Germany/All.occ.	38.2	37.0	..	16.5	20.9	..	40.1	39.2	..	5.2	3.0	..	100.0	100.0	..
Greece/Grèce	30.9	35.0	24.9	27.5	34.6	40.8	37.8	27.3	31.6	3.8	3.1	2.6	100.0	100.0	100.0
Hungary/Hongrie *	45.0	40.9	23.9	13.9	12.2	15.8	38.0	43.1	55.8	3.1	3.8	4.6	100.0	100.0	100.0
Iceland/Islande	19.2	27.4	24.6	18.8	14.8	15.8	60.7	56.4	55.7	1.4	1.3	4.0	100.1	100.0	100.1
Ireland/Irlande	31.7	32.8	26.2	24.1	26.9	30.3	40.6	37.2	41.7	3.6	3.1	1.9	100.0	100.0	100.0
Italy/Italie	47.5	40.5	34.0	19.3	24.0	31.1	29.7	32.5	32.3	3.5	3.0	2.6	100.0	100.0	100.0
Luxembourg	81.6	65.8	36.7	5.3	15.0	41.6	12.4	17.9	20.8	0.8	1.2	0.9	100.0	100.0	100.0
Netherlands/Pays-Bas	37.9	39.3	35.4	16.7	16.9	21.9	41.5	41.0	38.5	3.8	2.8	4.2	100.0	100.0	100.0
Norway/Norvège	45.5	45.7	38.0	19.9	19.3	22.5	30.3	31.1	35.0	4.3	3.9	4.5	100.0	100.0	100.0
Poland/Pologne *	46.6	46.2	39.1	7.3	8.9	14.1	44.5	42.7	45.5	1.6	2.2	1.3	100.0	100.0	100.0
Portugal	43.3	43.7	39.3	28.4	31.2	34.4	25.6	21.7	22.1	2.8	3.4	4.3	100.0	100.0	100.0
Spain/Espagne	49.4	44.7	33.6	26.1	32.0	37.3	19.5	19.2	23.8	5.0	4.2	5.4	100.0	100.0	100.0
Sweden/Suède	41.2	37.2	38.3	15.1	17.2	22.2	40.8	43.2	37.6	2.9	2.4	1.8	100.0	100.0	100.0
Switzerland/Suisse	25.7	23.1	18.5	23.8	25.5	32.0	46.8	48.6	47.5	3.8	2.8	2.0	100.0	100.0	100.0
Turkey/Turquie	27.1	28.0	31.7	34.6	20.5	25.1	35.0	49.7	39.9	3.4	1.8	3.3	100.0	100.0	100.0
UK/Royaume-Uni	43.9	32.7	27.3	18.7	24.8	30.8	34.6	40.0	38.9	2.7	2.5	3.0	100.0	100.0	100.0
N. America/Amér. N. *	33.6	33.9	27.8	29.9	32.2	37.5	33.4	29.8	30.9	3.1	4.1	3.9	100.0	100.0	100.0
Austral.-NZ/Austral.-NZ	43.7	39.6	35.3	31.8	36.0	37.9	19.9	20.5	21.3	4.6	4.0	5.5	100.0	100.0	100.0
OECD/OCDE Europe *	43.1	39.0	31.8	18.0	21.1	28.0	35.3	37.1	37.2	3.6	2.9	3.1	100.0	100.0	100.0
EU/UE-15	42.8	38.0	31.7	17.5	21.8	28.7	35.9	37.3	36.6	3.8	3.0	3.0	100.0	100.0	100.0
OECD/OCDE *	39.3	37.2	31.0	24.7	27.5	32.8	32.7	31.7	32.7	3.3	3.6	3.6	100.0	100.0	100.0
World/Monde *	40.7	42.5	37.5	22.4	23.7	26.5	33.7	30.2	33.0	3.3	3.6	3.0	100.0	100.0	100.0

Notes:
a) Includes feedstocks from petrochemical industry; does not cover non-energy use of oil products, or energy used in transport in the industry sector.
b) Excludes international marine bunkers.
c) Agriculture, residential, commercial, public services.
d) Includes only non-energy use of oil products (such as white spirits, paraffin waxes, lubricants, bitumen) and coal by all sectors.
MEX) 1970 data refer to 1971.
KOR) 1970 data refer to 1971; excludes consumption of combustible renewables and waste.
CZE) 1970 data refer to 1971.
HUN) 1970 data refer to 1971.
POL) 1970 data refer to 1971; excludes consumption of combustible renewables and waste.
TOT) 1970 data refer to 1971; Korea and Poland are not included.
WORLD) 1970 data refer to 1971; excludes consumption of combustible renewables and waste from non-OECD countries.
Source: OECD-IEA/OCDE-AIE

Notes:
a) Inclut les produits d'alimentations de l'industrie pétrochimique; exclut l'utilisation non énergétique des produits pétroliers, et l'énergie utilisée pour le transport par l'industrie.
b) Exclut les soutages maritimes internationaux.
c) Agriculture, commerces, secteurs publique et résidentiel.
d) Inclut l'utilisation strictement non-énergétique des produits pétroliers (tels que white spirit, paraffines, lubrifiants, bitume) et du charbon
MEX) Les données 1970 sont de 1971.
KOR) Les données 1970 sont de 1971; exclut la consommation des énergies renouvelables combustibles et des déchets.
CZE) Les données 1970 sont de 1971.
HUN) Les données 1970 sont de 1971.
POL) Les données 1970 sont de 1971; exclut la consommation des énergies renouvelables combustibles et des déchets.
TOT) Les données 1970 sont de 1971; La Corée et la Pologne ne sont pas comprises.
MONDE) Les données 1970 sont de 1971; exclut la consommation des énergies renouvelables combustibles et des déchets des pays non OCDE.

ENERGY 8.5D

TOTAL FINAL CONSUMPTION OF ENERGY PER UNIT OF GDP AND PER CAPITA (a), 1980-1995
CONSOMMATION FINALE TOTALE D'ÉNERGIE PAR UNITÉ DE PIB ET PAR HABITANT (a), 1980-1995

	Toe/1 000 US$ Tep/1 000 $EU				Change/ évolution (%)	Toe/capita Tep/habitant				Change/ évolution (%)
	1980	1985	1990	1995	1995/1980	1980	1985	1990	1995	1995/1980
Canada	0.39	0.33	0.30	0.31	-21.1	6.40	5.89	5.83	6.02	-6.0
Mexico/Mexique	0.18	0.19	0.19	0.19	7.1	1.00	1.04	1.03	1.01	1.6
USA/Etats-Unis	0.30	0.25	0.23	0.21	-27.9	5.85	5.40	5.39	5.33	-8.8
Japan/Japon	0.16	0.14	0.14	0.14	-12.0	2.12	2.16	2.52	2.76	29.9
Korea/Corée	0.24	0.20	0.20	0.22	-7.8	0.96	1.09	1.65	2.54	166.0
Australia/Australie	0.24	0.21	0.21	0.20	-15.0	3.34	3.26	3.47	3.64	8.9
N. Zealand/N. Zélande	0.19	0.17	0.21	0.23	20.9	2.26	2.40	2.87	3.39	50.1
Austria/Autriche	0.18	0.18	0.16	0.15	-17.1	2.61	2.66	2.81	2.77	6.2
Belgium/Belgique	0.25	0.22	0.20	0.21	-13.8	3.52	3.31	3.47	3.77	6.9
Czech R./R. Tchèque	..	..	..	0.24	..	3.59	3.46	3.25	2.08	-42.0
Denmark/Danemark	0.21	0.16	0.16	0.16	-24.2	2.97	2.67	2.74	2.98	0.2
Finland/Finlande	0.33	0.28	0.28	0.29	-11.5	4.17	4.00	4.61	4.56	9.2
France	0.18	0.16	0.14	0.15	-17.0	2.67	2.47	2.61	2.74	2.6
Germany/Allemagne	..	..	..	0.17	..	3.32	3.33	3.16	3.01	-9.3
w.Germany/All.occ.	0.21	0.19	0.16	..	..	3.23	3.18	3.11	..	..
Greece/Grèce	0.14	0.15	0.16	0.16	11.2	1.21	1.30	1.50	1.54	27.5
Hungary/Hongrie	..	..	..	0.27	..	1.98	2.05	1.99	1.61	-19.0
Iceland/Islande	0.37	0.38	0.38	0.38	2.3	5.66	6.18	6.75	6.70	18.5
Ireland/Irlande	0.23	0.20	0.19	0.16	-29.1	1.94	1.88	2.21	2.39	23.2
Italy/Italie	0.14	0.13	0.12	0.12	-10.8	1.88	1.85	2.09	2.18	15.9
Luxembourg	0.59	0.46	0.38	0.28	-52.6	9.26	8.15	8.78	7.77	-16.1
Netherlands/Pays-Bas	0.27	0.24	0.22	0.22	-18.8	3.67	3.49	3.54	3.75	2.3
Norway/Norvège	0.27	0.25	0.24	0.21	-23.6	4.02	4.30	4.26	4.39	9.2
Poland/Pologne	..	..	..	0.35	..	2.43	2.24	1.74	1.73	-28.6
Portugal	0.11	0.12	0.13	0.14	20.7	0.85	0.95	1.29	1.46	71.3
Spain/Espagne	0.14	0.13	0.13	0.14	-1.9	1.36	1.30	1.60	1.82	34.2
Sweden/Suède	0.30	0.25	0.22	0.24	-20.3	4.28	4.00	3.80	3.99	-6.8
Switzerland/Suisse	0.15	0.15	0.13	0.14	-6.5	2.74	2.89	2.92	2.85	3.9
Turkey/Turquie	0.17	0.15	0.15	0.15	-7.6	0.61	0.63	0.73	0.79	29.4
UK/Royaume-Uni	0.19	0.18	0.16	0.16	-17.4	2.43	2.45	2.57	2.66	9.5
N. America/Amér. N.	0.30	0.25	0.23	0.22	-25.6	4.84	4.44	4.39	4.33	-10.6
Austral.-NZ/Austral.-NZ	0.23	0.21	0.21	0.21	-10.6	3.15	3.11	3.37	3.60	14.2
OECD/OCDE Europe *	0.19	0.17	0.16	0.17	..	2.38	2.30	2.34	2.35	-1.2
EU/UE-15 *	0.19	0.17	0.16	0.16	..	2.55	2.48	2.60	2.67	4.7
OECD/OCDE *	0.23	0.20	0.19	0.19	..	3.13	2.98	3.07	3.14	0.3

Notes:
a) GDP at 1991 price levels and purchasing power parities.
TOT) Values per unit of GDP include western Germany only until 1990; Korea, Czech Republic, Hungary and Poland are not included before 1995.

Source: OECD-IEA/OCDE-AIE

Notes:
a) PIB aux niveaux de prix et parités de pouvoir d'achat de 1991.
TOT) Valeurs par unité de PIB: incluent l'Allemagne occidentale uniquement jusqu'en 1990; la Corée, la République Tchèque, la Hongrie, la Pologne ne sont pas compris avant 1995.

9. TRANSPORT

9. TRANSPORTS

LIST OF TABLES			LISTE DES TABLEAUX

- 9.1A Road network length: all roads
- 9.1B Road network length: motorways
- 9.2 Road vehicle stocks
    - 9.2A Motor vehicles
    - 9.2B Passenger cars in use
    - 9.2C Goods vehicles in use
- 9.3 Road traffic volumes
    - 9.3A Motor vehicles
    - 9.3B Passenger cars
    - 9.3C Goods vehicles
- 9.4 Total final energy consumption by the transport sector
- 9.5A Consumption of road fuels
- 9.5B Road fuel prices and taxes

- 9.1A Longueur du réseau routier : toutes les routes
- 9.1B Longueur du réseau routier : autoroutes
- 9.2 Parcs de véhicules routiers
    - 9.2A Véhicules à moteur
    - 9.2B Voitures particulières en service
    - 9.2C Véhicules de marchandises en service
- 9.3 Volumes de la circulation routière
    - 9.3A Véhicules à moteur
    - 9.3B Voitures particulières
    - 9.3C Véhicules de marchandises
- 9.4 Consommation totale finale d'énergie par les transports
- 9.5A Consommation de carburants routiers
- 9.5B Prix et taxes des carburants routiers

TRANSPORT

INTRODUCTION

This section covers road transport activity, which generates pressures on the environment through the restructuring of the environment and the consumption of natural resources, such as land, materials and energy; pollution and nuisances, such as air pollution and noise; and detrimental effects on the quality of life due to congestion and accidents.

These pressures are due to:

- the stock of infrastructure and its changes over time;
- the stock of vehicles in use and its changes over time;
- the use of infrastructure and vehicles or, in other terms, traffic volume and its changes over time;
- the consumption of energy by the transport sector.

The data come from various international sources, such as IRF, AAMA, Eurostat, UNECE, ECMT and OECD-IEA, and have been supplemented as necessary by data from national sources. In general, these data offer a reasonably good level of comparability.

The reader may also refer to the section on air, which presents data on air pollution. Hazardous waste movements are covered in the waste section.

TRANSPORTS

INTRODUCTION

Cette section concerne les transports routiers, qui exercent des pressions sur l'environnement. Ces pressions comprennent la restructuration de l'environnement et la consommation de ressources naturelles telles que les sols, les matières premières et l'énergie ; la génération de pollution et de nuisances telles que la pollution de l'air et le bruit ; et les effets néfastes sur la qualité de la vie dus à la congestion routière et aux accidents.

Ces pressions sont déterminées par :

- le stock des infrastructures et son évolution dans le temps ;
- le parc des véhicules en circulation et son évolution dans le temps ;
- l'utilisation des infrastructures et des véhicules ou, en d'autres termes, le volume de la circulation routière et son évolution dans le temps ;
- la consommation d'énergie par le secteur des transports.

Les données proviennent de sources internationales telles que la FRI, la AAMA, Eurostat, la CEE de l'ONU, la CEMT, l'OCDE-AIE, et elles ont été complétées par des données provenant de sources nationales. En général, ces données bénéficient d'un assez bon niveau de comparabilité.

Le lecteur peut également consulter la section sur l'air où il trouvera des données concernant la pollution de l'air. Les mouvements de déchets dangereux sont traités dans la section sur les déchets.

TRANSPORT 9.1A/1B

ROAD NETWORK LENGTH
LONGUEUR DU RÉSEAU ROUTIER

The following tables show figures on road infrastructures.

The extension of road networks is part of transport activity and affects the environment by physically restructuring it.

Table 1A shows the total length of road networks by country, and changes over time.
- Roads refer to motorways, main or national highways, secondary or regional roads, and others.
- In principle the data refer to all public roads, streets and paths in urban and rural areas, but not private roads, and describe the situation on 31 December of each year.

Table 1B shows the length of motorway networks by country, and changes over time.
- Motorways are a class of roads differing from main or national, secondary or regional, and other roads. For most countries the data describe the situation as of 31 December of each year.

These tables should exhibit a reasonably good level of comparability among countries and over time, with a few exceptions (see footnotes).

In interpreting this table the reader should take into account some differences in the detailed definition of roads according to countries (see footnotes).

Les tableaux suivants présentent des chiffres sur les infrastructures routières.

L'extension du réseau routier fait partie des activités de transport et agit sur l'environnement par un processus de restructuration physique.

Le tableau 1A présente la longueur des réseaux routiers par pays et leur évolution dans le temps.
- Le réseau routier inclut les autoroutes, les routes principales ou nationales, les routes secondaires ou régionales et d'autres routes.
- En principe les données couvrent la voirie publique (routes, rues et chemins) en zone urbaine et rurale et non pas les routes privées. Elles correspondent à la situation au 31 décembre de chaque année.

Le tableau 1B présente la longueur des réseaux autoroutiers par pays et leur évolution dans le temps.
- Les autoroutes se distinguent des routes principales ou nationales, des routes secondaires ou régionales et d'autres routes. Pour la plupart des pays, les données se réfèrent à la situation au 31 décembre de chaque année.

Ces tableaux devraient bénéficier d'un assez bon niveau de comparabilité entre les pays et dans le temps, avec quelques exceptions (voir les notes).

L'interprétation de ce tableau doit tenir compte de certaines différences qui existent entre pays concernant les définitions détaillées du réseau routier (voir les notes).

TRANSPORTS

ROAD NETWORK LENGTH: ALL ROADS (a), 1970-1995
LONGUEUR DU RÉSEAU ROUTIER : TOUTES LES ROUTES (a), 1970-1995

1 000 km

		1970	1975	1980	1985	1986	1987	1988	1989	1990	1991	1992	1993	1994 (b)	1995 (b)
Canada		830	872	914	930	930	930	930	930	930	930	933	937	982	1021
Mexico/Mexique		71	188	213	227	231	233	235	237	239	242	244	245	303	308
USA/Etats-Unis	*	6003	6176	6232	6242	6242	6242	6243	6243	6243	6258	6278	6284	6287	6239
Japan/Japon		1015	1068	1113	1128	1127	1099	1104	1110	1115	1116	1125	1131	1137	1144
Korea/Corée		44	45	47	52	54	55	56	56	57	58	59	61	74	74
Australia/Australie	*	885	845	811	853	853	853	853	853	853	853	856	860	878	895
N.Zealand/N.Zélande		92	93	93	93	93	93	92	93	93	93	93	92	93	92
Austria/Autriche	*	94	103	106	105	105	107	107	107	107	109	110	111	112	113
Belgium/Belgique		95	125	127	128	136	137	138	138	139	141	141	141	141	143
Czech Rep./Rép. Tchèque		56	56	56	56	56	56	56	56	56	56	56	56	56	56
Denmark/Danemark		63	66	69	70	70	70	71	71	71	71	71	71	71	71
Finland/Finlande	*	72	74	75	76	76	76	77	77	77	77	77	77	78	78
France	*	793	802	803	805	805	805	805	805	806	810	811	812	813	813
Germany/Allemagne		..	..	..	..	..	..	..	..	..	636	640	646	648	651
w.Germany/All.occ.		441	464	486	491	492	494	497	499	501	512	515	521	523	526
Greece/Grèce	*	35	37	37	37	38	38	38	41	41	41	41	41	41	41
Hungary/Hongrie		98	100	88	91	91	95	105	105	106	106	159	159	159	159
Iceland/Islande		11	12	12	13	13	12	12	12	12	13	12	13	12	12
Ireland/Irlande		87	89	92	92	92	92	92	92	92	92	92	92	92	92
Italy/Italie		284	291	297	302	302	302	302	304	304	305	308	310	312	314
Luxembourg		5	5	5	5	5	5	5	5	5	5	5	5	5	5
Netherlands/Pays-Bas		98	105	109	112	113	114	115	117	117	118	118	119	121	133
Norway/Norvège		72	77	82	86	86	87	88	88	89	89	90	91	90	90
Poland/Pologne		295	298	299	301	301	340	361	361	363	365	367	368	371	372
Portugal		42	46	52	52	57	63	64	65	66	67	68	69	68	69
Spain/Espagne	*	139	145	151	152	152	151	151	153	156	162	167	169	171	168
Sweden/Suède	*	125	125	129	131	131	131	131	134	134	136	136	136	136	136
Switzerland/Suisse		60	62	67	71	71	71	71	71	71	71	71	71	71	71
Turkey/Turquie	*	59	59	60	59	59	59	59	59	59	60	61	61	61	61
UK/Royaume-Uni	*	322	331	339	348	350	352	352	354	357	360	362	364	365	367
N. America/Amérique N.		6904	7235	7359	7399	7403	7406	7408	7410	7412	7430	7455	7466	7572	7568
Australia/Australie-NZ		976	937	904	946	946	946	945	946	946	946	950	952	970	987
OECD/OCDE - Europe		3469	3591	3660	3707	3726	3782	3822	3839	3853	3889	3962	3981	3993	4016
EU/UE-15		2817	2927	2998	3030	3050	3061	3070	3086	3097	3129	3147	3163	3174	3194
OECD/OCDE		12409	12876	13084	13232	13256	13287	13335	13361	13383	13439	13551	13591	13747	13789

Notes:
a) Data include Secretariat estimates.
b) Includes provisional data.
USA) Definitions changed in the early 1980s.
AUS) The types of road taken into account changed in 1982 and in 1985.
AUT) About 100 000 km of private roads not included.
FIN) Urban streets are excluded.
FRA) Excludes certain rural roads (700 000 km in 1987).
GRC) Figures are based on motorways, main or national roads, and secondary or regional roads. Excludes other roads, estimated at 75 600 km in 1995.
ESP) Motorways, national roads and secondary roads only. Excludes other roads, estimated at 175 000 km in 1995.
SWE) Private roads are excluded.
TUR) National and provincial roads only. Village roads are excluded (320 055 km in 1995).
UKD) Data refer to Great Britain only.

Notes :
a) Les données comprennent des estimations du Secrétariat.
b) Inclut des données provisoires.
USA) Les définitions ont changé au début des années 80.
AUS) Les types de routes pris en compte ont changé en 1982 et 1985.
AUT) Non compris environ 100 000 km de routes privées.
FIN) La voirie urbaine est exclue.
FRA) Certaines routes rurales sont exclues (700 000 km en 1987).
GRC) Les chiffres sont basés sur les autoroutes, les routes principales ou nationales, et les routes secondaires ou régionales. Non compris d'autres routes (environ 75 600 km en 1995).
ESP) Autoroutes, routes nationales et routes secondaires seulement. Non compris d'autres routes (environ 175 000 km en 1995).
SWE) Les routes privées sont exclues.
TUR) Routes nationales et provinciales seulement. Les routes rurales (320 055 km en 1995) sont exclues.
UKD) Les données ne comprennent que la Grande-Bretagne.

Source: IRF, OECD, national statistical yearbooks/FRI, OCDE, annuaires statistiques nationaux.

TRANSPORT 9.1B

ROAD NETWORK LENGTH: MOTORWAYS (a), 1970-1995
LONGUEUR DU RÉSEAU ROUTIER : AUTOROUTES (a), 1970-1995

km

	1970	1975	1980	1985	1986	1987	1988	1989	1990	1991	1992	1993	1994 (b)	1995 (b)
Canada	2759	3633	4718	7225	7445	7445	7445	7445	7610	8117	8415	8887	9243	9649
Mexico/Mexique *	968	1028	932	923	939	939	1106	1231	1761	2662	3470	4668	6317	6368
USA/Etats-Unis	53701	64653	71189	81678	82279	83214	83964	84361	84865	85267	86818	87527	87828	88500
Japan/Japon	638	1519	2579	3555	3721	3910	4280	4407	4661	4869	5054	5410	5568	5860
Korea/Corée	1032	1142	1225	1415	1415	1539	1550	1551	1551	1597	1600	1602	1650	1824
Australia/Australie	1027	1056	1086	1100	1100	1100	1100	1197	1197	1230	1250	1280	1300	1330
N. Zealand/N. Zelande	100	110	119	140	140	140	140	140	141	141	141	144	145	144
Austria/Autriche	478	651	938	1261	1289	1376	1405	1407	1470	1499	1554	1554	1589	1596
Belgium/Belgique	501	1018	1192	1456	1549	1567	1613	1631	1631	1649	1667	1686	1665	1666
Czech Rep./Rép. Tchèque	-	64	258	315	317	317	326	335	356	362	366	390	392	414
Denmark/Danemark	198	345	516	593	593	599	599	601	653	653	706	747	786	830
Finland/Finlande	108	180	204	204	204	204	214	215	225	249	318	337	388	394
France *	1553	3401	5264	6150	6265	6440	6570	6950	7100	7450	7700	8100	9000	9140
Germany/Allemagne	..	..	..	..	..	..	..	..	..	10955	11013	11080	11143	11200
w.Germany/All.occ.	4461	6200	7538	8350	8437	8618	8721	8822	8959	9105	9164	9232	9297	9354
Greece/Grèce	65	91	91	92	92	91	91	120	190	225	280	325	375	420
Hungary/Hongrie	171	181	209	324	324	324	311	311	349	351	352	352	378	378
Iceland/Islande	-	-	-	-	-	-	-	-	-	-	-	-	-	-
Ireland/Irlande	-	-	-	8	8	8	8	8	8	32	32	50	56	70
Italy/Italie	3913	5431	5900	5955	5979	6612	6695	6767	6852	6896	6940	7580	8220	8860
Luxembourg	7	23	44	58	58	64	75	79	79	84	95	100	121	123
Netherlands/Pays-Bas	975	1530	1773	1975	2054	2056	2059	2061	2092	2105	2118	2150	2167	2300
Norway/Norvege	41	51	57	71	71	71	71	73	73	79	79	86	86	86
Poland/Pologne	139	139	139	174	179	187	210	220	220	239	239	239	245	257
Portugal	66	66	127	183	183	221	221	256	318	453	519	579	587	687
Spain/Espagne *	665	1135	1842	1977	1977	2142	2142	1863	2368	2700	2850	3042	3288	3692
Sweden/Suede *	403	692	850	897	999	999	999	1010	929	939	968	1005	1061	1141
Switzerland/Suisse	651	952	1170	1384	1409	1451	1486	1495	1495	1502	1515	1530	1533	1540
Turkey/Turquie	-	24	24	73	84	104	125	141	256	352	707	1030	1167	1246
UK/Royaume-Uni *	1057	2026	2585	2838	2843	2980	2981	2993	2903	3100	3100	3100	3200	3200
N.America/Amér.N.	57428	69314	76839	89826	90663	91598	92515	93037	94236	96046	98703	101082	103388	104517
Australia/Australie-NZ	1127	1166	1205	1240	1240	1240	1240	1337	1338	1371	1391	1424	1445	1474
OECD/OCDE - Europe	16756	25685	32408	36188	36769	38286	38777	39208	40376	41874	43118	45062	47447	49240
EU/UE-15	15755	24274	30551	33847	34385	35832	36248	36633	37627	38989	39860	41435	43646	45319
OECD/OCDE	76981	98826	114256	132224	133808	136573	138362	139540	142161	145756	149866	154580	159497	162915

Notes:
a) Data include Secretariat estimates.
b) Includes provisional data.
MEX) Data refer to toll roads.
FRA) Includes about 1 200 km of urban motorways.
ESP) Includes certain two-lane roads.
SWE) Excludes access and exit ramps.
UKD) Data refer to Great Britain only. Slip roads are not included.

Notes :
a) Les données comprennent des estimations du Secrétariat.
b) Inclut des données provisoires.
MEX) Les données se réfèrent aux routes à péage.
FRA) Dont environ 1 200 km d'autoroutes urbaines.
ESP) Y compris les semi-autoroutes à deux voies.
SWE) Exclut les rampes d'accès et de sortie.
UKD) Grande-Bretagne seulement. Les bretelles d'accès sont exclues.

Source: IRF, OECD, national statistical yearbooks/FRI, OCDE, annuaires statistiques nationaux.

ROAD VEHICLE STOCKS
PARCS DE VÉHICULES ROUTIERS

The following tables present information on the stocks of road vehicles in use by country, and changes over time. They describe the situation as of 31 December of each year.

The growth in the stock of motor vehicles in use is a major factor in explaining the impact of transport on the environment.

Table 2A gives the total number of motor vehicles in use.
- Motor vehicles include passenger cars, goods vehicles, buses and coaches.
- Data refer to autonomous road vehicles with four or more wheels, excluding caravans and trailers, military vehicles, special vehicles (for emergency services, construction machinery, etc.) and agricultural tractors.

Table 2B gives the total number of passenger cars in use.
- Data refer to passenger cars seating not more than nine persons (including the driver), including rental cars, taxis, jeeps, estate cars/station wagons and similar light, dual-purpose vehicles.

Table 2C gives the total number of goods vehicles in use.
- Data refer to vans, lorries (trucks) and road tractors. They do not include caravans, trailers and semi-trailers, military or special vehicles, or agricultural tractors.

These tables should exhibit a reasonably good level of comparability among countries and over time, with a few exceptions. The definition of goods vehicles, especially that of road tractors, for example may differ among countries (see footnotes).

Les tableaux suivants présentent des informations sur les stocks de véhicules routiers en service par pays et leur évolution dans le temps. La situation décrite correspond au 31 décembre de chaque année.

La croissance du parc de véhicules à moteur en service est un facteur explicatif majeur de l'impact des activités de transport sur l'environnement.

Le tableau 2A donne le nombre total de véhicules à moteur en service.
- Les véhicules à moteur comprennent les voitures particulières, les véhicules de marchandises, les autobus et les autocars.
- Les données se réfèrent aux véhicules routiers autonomes de quatre roues ou plus, à l'exception des caravanes et remorques, des véhicules militaires, des véhicules spéciaux (pour les services d'urgence, machines de chantier, etc.), et des tracteurs agricoles.

Le tableau 2B donne le nombre total de voitures particulières en service.
- Les données se réfèrent aux voitures de tourisme n'ayant pas plus de neuf places (celle du chauffeur incluse), y compris les voitures de location, les taxis, les jeeps, les breaks et autres véhicules légers de transport mixte.

Le tableau 2C donne le nombre total de véhicules de marchandises en service.
- Les données concernent les fourgonnettes, camions et tracteurs routiers. Elles ne comprennent pas de caravanes, de remorques et de semi-remorques, ni de véhicules militaires ou spéciaux, ni de tracteurs agricoles.

Ces tableaux devraient bénéficier d'un assez bon niveau de comparabilité entre les pays et dans le temps, avec quelques exceptions. La définition des véhicules de marchandises, surtout des tracteurs routiers peut par exemple varier d'un pays à l'autre (voir les notes).

TRANSPORT 9.2A

ROAD VEHICLE STOCKS: MOTOR VEHICLES (a), 1970-1995
PARCS DE VÉHICULES ROUTIERS : VÉHICULES À MOTEUR (a), 1970-1995

1 000

		1970	1975	1980	1985	1986	1987	1988	1989	1990	1991	1992	1993	1994 (b)	1995 (b)
Canada		8083	11028	13211	14267	14798	15263	15852	16270	16553	16805	16986	17190	17440	17524
Mexico/Mexique		1792	3340	6180	7727	7732	7934	8548	9239	10166	10397	11352	11601	12043	12485
USA/Etats-Unis		108418	132949	155796	171654	176191	179044	184397	187261	188655	188372	190362	194063	195469	197639
Japan/Japon	*	17249	27506	37067	45216	46995	48875	51364	53948	56491	58648	60344	61901	63591	65353
Korea/Corée		129	201	528	1113	1309	1611	2035	2659	3395	4248	5231	6274	7404	8469
Australia/Australie		4784	6214	7264	8730	8916	9023	9222	9489	9776	9649	9954	10553	10835	11207
N.Zealand/N.Zélande		1044	1349	1568	1802	1809	1822	1829	1835	1849	1855	1866	1900	1953	2008
Austria/Autriche		1324	1875	2445	2753	2838	2922	3037	3168	3263	3379	3534	3664	3784	3906
Belgium/Belgique	*	2327	2906	3477	3662	3738	3842	3972	4114	4260	4385	4458	4533	4620	4699
Czech Rep./Rép. Tchèque		1060	1838	2712	2920	2966	3045	3117	3219	3319	3399	3499	3661	3913	4069
Denmark/Danemark		1329	1529	1650	1768	1841	1882	1898	1900	1893	1900	1917	1939	1983	2027
Finland/Finlande		823	1133	1384	1735	1816	1906	2019	2162	2212	2196	2208	2134	2130	2161
France	*	14370	17810	21705	25070	25700	26340	27090	27758	28460	28827	29054	29450	30040	30295
Germany/Allemagne	*	..	..	..	..	..	..	..	..	..	..	38532	39909	41032	42000	42743
w.Germany/All.occ.	*	15004	19064	24529	27190	28278	29282	30272	31174	32152	32845	33644	34331	34797	35207
Greece/Grèce		345	650	1265	1883	2005	2107	2216	2358	2523	2592	2650	2807	2951	3076
Hungary/Hongrie		506	790	1176	1628	1728	1862	1995	2055	2195	2267	2310	2351	2456	2603
Iceland/Islande		47	71	96	117	125	133	138	138	134	137	136	132	132	135
Ireland/Irlande		446	567	802	807	817	853	873	909	945	983	1009	1032	1059	1082
Italy/Italie		11111	16253	19115	24405	25504	26389	27481	28578	29910	31033	32114	32373	32606	32807
Luxembourg	*	99	119	143	166	173	179	188	195	204	214	223	233	245	249
Netherlands/Pays-Bas	*	2674	3577	4538	4954	5026	5177	5371	5559	5695	5739	5849	5998	6147	6223
Norway/Norvège		835	1101	1398	1764	1875	1926	1936	1933	1943	1949	1961	1986	2020	2067
Poland/Pologne	*	787	1555	3067	4534	4877	5185	5528	5914	6397	7350	7803	8092	8547	8956
Portugal	*	555	912	1205	1541	1605	1684	1849	1908	2198	2448	2716	2969	3243	3439
Spain/Espagne		3280	5847	8937	10845	11364	12083	12807	13675	14374	15079	15799	16223	16607	17196
Sweden/Suède		2446	2931	3077	3383	3497	3626	3764	3887	3925	3943	3906	3882	3912	3953
Switzerland/Suisse	*	1496	1943	2427	2827	2897	2961	3001	3178	3297	3377	3409	3424	3436	3507
Turkey/Turquie		298	675	1170	1537	1678	1812	1954	2101	2360	2621	2998	3524	3804	4041
UK/Royaume-Uni	*	13571	15995	17358	22231	22752	23560	24598	25673	26302	26429	26652	27006	27437	27942
N. America/Amérique N.		118293	147317	175187	193648	198721	202241	208797	212770	215374	215574	218700	222854	224952	227648
Australia/Australie-NZ		5828	7563	8832	10532	10725	10845	11051	11324	11625	11504	11820	12453	12788	13215
OECD/OCDE - Europe		76094	101281	126640	151301	156839	162642	169138	175760	183114	188781	194113	198445	203071	207176
EU/UE-15		71065	93307	114593	135975	140693	145716	151468	157221	163469	167680	171997	175276	178763	181799
OECD/OCDE		217594	283867	348254	401810	414589	426214	442385	456461	469999	478754	490208	501928	511806	521861
World/Monde		246378	327899	410982	487507	499786	515206	539790	556932	582982	595307	613530	617087	629077	646759

Notes:
a) Data include Secretariat estimates.
b) Includes provisional data.
JPN) Three-wheel vehicles are included.
BEL) Figures are reported on 1st August of the reference year. Road tractors are included.
FRA) Figures are reported on 1st January.
DEU) Tractors are included.
LUX) Method of calculation changed between 1975 and 1980. Figures are reported on 1st January.
NLD) Figures are reported on 31st July of the reference year.
POL) Includes road tractors.
PRT) The definition of commercial vehicles changed in 1990.
CHE) Figures are reported on 30th September of the reference year.
UKD) Includes special purpose vehicles.

Notes :
a) Les données comprennent des estimations du Secrétariat.
b) Inclut des données provisoires.
JPN) Les véhicules à trois roues sont inclus.
BEL) Les chiffres sont établis chaque année à la date du 1er août. Les tracteurs routiers sont inclus.
FRA) Les chiffres sont établis chaque année à la date du 1er janvier.
DEU) Les tracteurs sont inclus.
LUX) La méthode de calcul a été changée entre 1975 et 1980. Les chiffres sont établis chaque année à la date du 1er janvier.
NLD) Les chiffres sont établis chaque année à la date du 31 juillet.
POL) Les tracteurs routiers sont inclus.
PRT) La définition des véhicules de marchandises a été changée en 1990.
CHE) Les chiffres sont établis chaque année à la date du 30 septembre.
UKD) Les véhicules spéciaux sont inclus.

Source: OECD, AAMA, IRF/OCDE, AAMA, FRI.

TRANSPORTS

ROAD VEHICLE STOCKS: PASSENGER CARS IN USE (a), 1970-1995
PARCS DE VÉHICULES ROUTIERS : VOITURES PARTICULIÈRES EN SERVICE (a), 1970-1995

1 000

	1970	1975	1980	1985	1986	1987	1988	1989	1990	1991	1992	1993	1994 (b)	1995 (b)
Canada	6602	8870	10256	11118	11586	11686	12086	12380	12622	13061	13298	13478	13700	13764
Mexico/Mexique	1234	2401	4656	5616	5528	5651	6123	6558	7221	7052	7752	7855	8104	8519
USA/Etats-Unis	89244	106706	121601	131864	135431	137324	141252	143081	143550	142956	144213	146314	147171	148326
Japan/Japon	8779	17236	23660	27845	28654	29478	30776	32621	34924	37076	38964	40772	42678	44680
Korea/Corée	61	84	249	557	664	844	1118	1558	2075	2728	3461	4271	5149	6006
Australia/Australie *	3835	5016	5801	6843	6985	7073	7244	7442	7672	7734	7913	8500	8710	9010
N.Zealand/N.Zélande	868	1138	1307	1500	1506	1518	1524	1530	1542	1548	1551	1572	1605	1640
Austria/Autriche *	1197	1721	2247	2531	2609	2685	2785	2903	2991	3100	3245	3368	3480	3594
Belgium/Belgique *	2060	2614	3159	3343	3409	3498	3614	3736	3864	3970	4029	4099	4175	4239
Czech Rep./Rép. Tchèque	642	1170	1768	2023	2058	2136	2203	2285	2366	2435	2522	2694	2967	3113
Denmark/Danemark *	1077	1295	1390	1501	1558	1588	1596	1597	1591	1594	1604	1618	1651	1685
Finland/Finlande	712	996	1226	1546	1620	1699	1796	1909	1939	1923	1936	1873	1873	1901
France *	12470	15520	19130	21090	21500	21970	22520	23010	23550	23810	24020	24385	24900	25100
Germany/Allemagne *	..	..	..	..	..	..	..	..	..	..	36772	37947	38892	39765	40404
w.Germany/All.occ. *	13941	17898	23192	25845	26917	27908	28878	29755	30685	31322	32007	32652	33084	33518
Greece/Grèce	227	439	859	1263	1359	1433	1508	1609	1730	1777	1829	1959	2077	2175
Hungary/Hongrie	321	580	1013	1436	1539	1660	1790	1848	1944	2015	2058	2092	2177	2284
Iceland/Islande	41	64	86	103	112	120	125	124	120	121	120	116	116	119
Ireland/Irlande	394	511	734	710	711	737	749	773	796	828	858	891	923	955
Italy/Italie	10181	15060	17686	22495	23495	24320	25290	26267	27416	28435	29430	29652	29850	30000
Luxembourg *	91	110	133	156	162	168	177	183	192	201	209	218	229	232
Netherlands/Pays-Bas	2405	3289	4240	4600	4642	4755	4921	5086	5196	5224	5297	5411	5558	5633
Norway/Norvège	694	954	1234	1514	1592	1623	1622	1613	1613	1615	1619	1633	1654	1685
Poland/Pologne	479	1078	2383	3671	3964	4232	4519	4846	5261	6112	6505	6771	7153	7517
Portugal	444	744	941	1185	1236	1290	1427	1474	1605	1800	2020	2210	2400	2560
Spain/Espagne	2529	4807	7557	9274	9643	10219	10787	11468	11996	12537	13102	13441	13734	14212
Sweden/Suède	2288	2760	2883	3151	3254	3367	3483	3578	3601	3619	3587	3566	3594	3631
Switzerland/Suisse *	1380	1794	2247	2617	2679	2733	2761	2917	3012	3085	3119	3138	3165	3229
Turkey/Turquie	138	404	742	983	1087	1193	1310	1435	1650	1864	2181	2620	2862	3059
UK/Royaume-Uni	11802	14061	15438	18953	19415	20108	20977	21919	22528	22744	23008	23402	23832	24307
N. America/Amérique N.	97080	117977	136513	148598	152545	154661	159461	162019	163393	163069	165263	167647	168975	170609
Australia/Australie-NZ	4703	6154	7108	8343	8491	8591	8768	8972	9214	9282	9464	10072	10315	10650
OECD/OCDE - Europe	66671	89748	112965	132896	138025	143040	148582	154235	160460	165583	170248	174047	178134	181632
EU/UE-15	62976	83704	103492	120948	124994	129343	134252	139167	144495	148335	152122	154984	158040	160627
OECD/OCDE	177293	231199	280495	318639	328379	336614	348705	359405	370067	377737	387400	396809	405250	413577
World/Monde	193479	260201	320390	374483	386350	394030	412907	424366	444900	456033	469943	469460	479533	477010

Notes:
a) Data include Secretariat estimates.
b) Includes provisional data.
AUS) Includes utility vehicles.
AUT) Includes "Kombinations-kraftwagen".
BEL) Figures are reported on 1st August of the reference year.
DNK) Passenger cars include vans under 2 tonnes.
FRA) Figures are reported on 1st January.
DEU) Includes "Kombinations-kraftwagen".
LUX) Method of calculation changed between 1975 and 1980. Figures are reported on 1st January.
CHE) Figures are reported on 30th September of the reference year. Includes station wagons/estate cars.

Notes :
a) Les données comprennent des estimations du Secrétariat.
b) Inclut des données provisoires.
AUS) Y compris des véhicules utilitaires.
AUT) Y compris des "Kombinations-kraftswagen".
BEL) Les chiffres son établis chaque année à la date du 1er août.
DNK) Y compris des véhicules de livraison ayant une charge utile inférieure à 2 tonnes.
FRA) Les chiffres sont établis chaque année à la date du 1er janvier.
DEU) Y compris des "Kombinations-kraftswagen".
LUX) La méthode de calcul a été changée entre 1975 et 1980. Les chiffres sont établis chaque année à la date du 1er janvier.
CHE) Les chiffres son établis chaque année à la date du 30 septembre. Y compris les breaks.

Source: OECD, AAMA, IRF/OCDE, AAMA, FRI.

TRANSPORT

9.2C

ROAD VEHICLE STOCKS: GOODS VEHICLES IN USE (a), 1970-1995
PARCS DE VÉHICULES ROUTIERS : VÉHICULES DE MARCHANDISES EN SERVICE (a), 1970-1995

1 000

		1970	1975	1980	1985	1986	1987	1988	1989	1990	1991	1992	1993	1994 (b)	1995 (b)
Canada		1440	2112	2903	3095	3156	3517	3706	3827	3867	3680	3624	3648	3675	3695
Mexico/Mexique		525	888	1440	2033	2121	2198	2338	2590	2851	3247	3505	3647	3839	3866
USA/Etats-Unis		18797	25781	33667	39196	40166	41119	42529	43554	44479	44785	45504	47095	47622	48613
Japan/Japon	*	8282	10044	13177	17140	18109	19162	20350	21085	21321	21323	21132	20881	20667	20430
Korea/Corée		53	94	236	428	491	567	658	778	936	1092	1286	1475	1674	1850
Australia/Australie	*	949	1198	1463	1887	1931	1950	1978	2047	2104	1915	2041	2053	2125	2197
N.Zealand/N.Zélande		172	207	256	297	297	298	298	298	299	299	307	320	339	359
Austria/Autriche		121	146	189	213	219	228	243	256	262	269	280	287	295	303
Belgium/Belgique	*	251	272	283	302	312	328	343	362	380	399	414	420	430	446
Czech Rep./Rép. Tchèque		107	140	178	182	186	189	192	198	201	206	214	201	161	182
Denmark/Danemark		247	228	253	259	275	286	294	295	294	299	305	313	324	335
Finland/Finlande		103	128	149	180	187	198	214	244	264	264	263	253	249	252
France	*	1865	2245	2516	3916	4135	4305	4505	4680	4840	4941	4959	4989	5062	5116
Germany/Allemagne	*	..	..	..	..	..	..	..	..	..	1760	1962	2140	2235	2339
w.Germany/All.occ.	*	1063	1166	1337	1345	1361	1374	1394	1419	1467	1523	1637	1679	1713	1689
Greece/Grèce		107	198	389	601	627	656	689	729	772	793	798	826	850	875
Hungary/Hongrie		119	121	124	167	163	175	179	181	225	228	229	238	258	298
Iceland/Islande		6	7	9	13	12	12	12	12	13	15	15	14	14	15
Ireland/Irlande		50	54	65	93	101	111	119	130	143	149	145	135	130	121
Italy/Italie		891	1149	1371	1834	1930	1995	2115	2234	2417	2520	2606	2644	2680	2730
Luxembourg	*	8	8	9	9	10	10	11	11	12	13	14	15	15	16
Netherlands/Pays-Bas		261	279	288	343	374	411	439	462	487	503	540	575	578	578
Norway/Norvège		134	138	153	233	265	284	294	300	308	311	315	323	336	350
Poland/Pologne	*	274	425	618	780	827	866	919	977	1045	1151	1212	1235	1307	1354
Portugal	*	112	168	264	356	369	394	422	434	593	648	696	759	843	879
Spain/Espagne		719	1001	1338	1529	1679	1822	1976	2162	2333	2495	2650	2735	2826	2937
Sweden/Suède		145	157	182	218	230	246	267	295	310	310	305	302	304	308
Switzerland/Suisse	*	107	139	169	201	207	218	228	248	272	277	276	272	256	262
Turkey/Turquie		123	207	331	418	442	459	475	490	521	554	595	660	688	719
UK/Royaume-Uni	*	1664	1820	1808	3180	3239	3353	3520	3652	3667	3579	3537	3497	3497	3525
N.America/Amérique N.		20762	28781	38010	44324	45443	46834	48573	49971	51197	51712	52633	54390	55136	56173
Australia/Australie-NZ		1121	1405	1718	2184	2228	2248	2276	2345	2403	2214	2348	2373	2464	2556
OECD/OCDE - Europe		8678	10457	12306	16648	17427	18203	19140	20075	21162	21684	22328	22832	23338	23940
EU/UE-15		7809	9280	10725	14655	15325	16000	16840	17669	18577	18942	19472	19889	20317	20760
OECD/OCDE		38895	50781	65448	80724	83697	87013	90996	94254	97018	98025	99727	101951	103279	104949
World/Monde		52899	67698	90592	113024	113436	121176	126882	132566	138082	139274	143587	147627	149545	169749

Notes:
a) Data include Secretariat estimates.
b) Includes provisional data.
JPN) Three-wheel vehicles are included.
AUS) Includes buses and coaches.
BEL) Figures refer to 1st August of the reference year. Includes road tractors.
FRA) Figures are reported on 1st January.
DEU) Includes buses, coaches and tractors.
LUX) Method of calculation changed between 1975 and 1980. Figures are reported on 1st January.
POL) Includes road tractors.
PRT) Definitions changed in 1990. Includes buses and coaches.
CHE) Figures refer to 30th September of the reference year.
UKD) Includes special purpose vehicles.

Source: OECD, AAMA, IRF/OCDE, AAMA, FRI.

Notes :
a) Les données comprennent des estimations du Secrétariat.
b) Inclut des données provisoires.
JPN) Les véhicules à trois roues sont inclus.
AUS) Y compris autobus et autocars.
BEL) Les chiffres sont établis chaque année à la date du 1er août. Les tracteurs routiers sont inclus.
FRA) Les chiffres sont établis chaque année à la date du 1er janvier.
DEU) Y compris autobus, autocars et tracteurs.
LUX) La méthode de calcul a été changée entre 1975 et 1980. Les chiffres sont établis chaque année à la date du 1er janvier.
POL) Les tracteurs routiers sont inclus.
PRT) Les définitions ont été changées en 1990. Y compris autobus et autocars.
CHE) Les chiffres sont établis chaque année à la date du 30 septembre.
UKD) Les véhicules spéciaux sont inclus.

ROAD TRAFFIC VOLUMES
VOLUMES DE LA CIRCULATION ROUTIÈRE

The following tables show traffic volumes of road vehicles and their change over time.

Changes in traffic volumes are a major factor in explaining the impact of transport on the environment.

Table 3A shows total traffic volumes of road vehicles.

Table 3B shows road traffic volumes of passenger cars.

Table 3C shows road traffic volumes of goods vehicles.

- Traffic volumes are expressed in billions of kilometres travelled by road vehicles. They are usually estimates: the average number of kilometres travelled each year by road vehicles is multiplied by the number of motor vehicles in use.

- Data refer to total kilometres travelled on all roads on national territory by national vehicles, with the exception of two- and three-wheeled vehicles, caravans and trailers.

The interpretation of these tables should take into account differences in the definition of road traffic volumes: e.g. inclusion or exclusion of kilometres travelled on national territory by foreign vehicles, variations in the method of estimation.

Les tableaux suivants indiquent les volumes de la circulation routière et leur évolution dans le temps.

L'évolution du volume de la circulation routière est un facteur explicatif majeur de l'impact des activités de transport sur l'environnement.

Le tableau 3A indique les volumes totaux de circulation routière.

Le tableau 3B indique les volumes de circulation routière des voitures particulières.

Le tableau 3C indique les volumes de circulation routière des véhicules de marchandises.

- Le volume de circulation routière est exprimé en milliards de kilomètres parcourus par les véhicules routiers. D'habitude ce sont des estimations : le parcours annuel moyen des véhicules routiers en kilomètres est multiplié par le nombre de véhicules en service.

- Les données se réfèrent à l'ensemble des kilomètres parcourus sur tous les réseaux routiers sur le territoire national par des véhicules nationaux à l'exception des véhicules à deux ou trois roues et des remorques.

L'interprétation de ces tableaux doit tenir compte des différences dans la définition du volume de la circulation routière : p. ex. incorporation ou exclusion des kilomètres parcourus sur le territoire national par des véhicules étrangers, variations dans la méthode d'estimation.

TRANSPORT

9.3A

ROAD TRAFFIC VOLUMES: MOTOR VEHICLES (a), 1970-1995
VOLUMES DE LA CIRCULATION ROUTIÈRE: VÉHICULES À MOTEUR (a), 1970-1995

billion/milliards veh.-km

	1970	1975	1980	1985	1986	1987	1988	1989	1990	1991	1992	1993	1994 (b)	1995 (b)
Canada	126	171	206	201	207	217	221	225	230	236	243	248	254	260
Mexico/Mexique	34	38	43	47	49	49	50	51	55	53	54	55	56	55
USA/Etats-Unis *	1787	2104	2419	2840	2937	3078	3244	3357	3435	3480	3589	4462	4568	4890
Japan/Japon *	226	286	389	517	540	549	576	600	629	657	678	682	684	687
Korea/Corée	5	7	9	17	19	22	26	28	30	35	40	44	48	53
Australia/Australie	79	98	115	138	140	144	152	148	142	139	140	141	143	144
N.Zealand/N.Zélande	13	16	17	19	19	20	21	22	22	23	24	25	26	26
Austria/Autriche	22	30	35	38	40	41	42	43	44	46	48	50	52	54
Belgium/Belgique	33	38	46	47	48	50	53	55	57	57	58	72	85	99
Czech Rep./Rép. Tchèque	19	20	21	22	23	24	24	24	25	26	27	28	28	29
Denmark/Danemark	23	25	26	30	32	33	35	36	36	37	38	39	40	41
Finland/Finlande	19	24	27	31	32	34	37	39	40	39	42	42	42	42
France *	197	243	296	331	350	369	378	388	407	417	430	436	451	464
Germany/Allemagne	..	..	..	..	..	..	..	..	..	521	569	578	567	569
w.Germany/All.occ. *	230	275	334	351	375	396	417	427	446	454	461	475	487	500
Greece/Grèce *	9	13	20	29	30	32	34	36	38	41	43	46	48	51
Hungary/Hongrie	8	13	19	21	21	21	22	22	23	23	25	26	27	28
Iceland/Islande *	1	1	1	1	2	2	2	2	2	2	2	2	2	2
Ireland/Irlande	11	12	19	19	19	20	21	23	24	25	26	27	28	29
Italy/Italie *	146	185	227	258	265	279	294	310	345	363	381	399	417	435
Luxembourg	2	2	2	3	3	3	3	3	3	4	4	4	4	4
Netherlands/Pays-Bas *	48	56	70	74	78	82	87	90	90	91	93	98	98	105
Norway/Norvège	11	15	19	23	25	27	27	27	28	27	27	28	28	29
Poland/Pologne	13	26	45	44	46	49	55	59	60	91	111	111	113	113
Portugal	9	16	21	28	28	29	31	31	32	33	37	40	43	47
Spain/Espagne *	35	56	71	80	83	86	93	106	113	119	125	128	133	141
Sweden/Suède *	35	42	44	48	51	53	57	59	60	62	65	68	68	68
Switzerland/Suisse	27	31	36	41	43	44	45	47	48	49	49	50	51	51
Turkey/Turquie *	6	13	15	19	19	21	22	27	27	26	29	31	31	35
UK/Royaume-Uni *	179	206	242	274	285	311	328	357	399	406	404	406	413	427
N. America/Amérique N.	1948	2314	2667	3088	3193	3344	3514	3633	3720	3769	3885	4765	4878	5205
Australia/Australie-NZ	92	114	131	156	159	165	173	170	164	162	164	166	168	171
OECD/OCDE - Europe	1109	1372	1672	1852	1940	2050	2154	2261	2412	2506	2632	2705	2767	2864
EU/UE-15	1024	1252	1517	1681	1762	1863	1956	2053	2200	2262	2362	2430	2488	2576
OECD/OCDE	3380	4093	4868	5629	5851	6129	6442	6691	6956	7129	7399	8362	8546	8979

Notes:
a) Data include Secretariat estimates.
b) Includes provisional data.
USA) Traffic by local and urban buses is excluded.
JPN) Excludes light vehicles.
FRA) Traffic by buses of the Régie Autonome des Transports Parisiens is excluded.
wDEU) Except for caravans and large trailers hauled by passenger-carrying vehicles, traffic by special vehicles is included.
GRC) Data refer to inter-city traffic only.
ISL) Excludes local and urban buses.
ITA) Includes three-wheel goods vehicles.
NLD) Includes trams and subways.
ESP) Data refer only to traffic on motorways and national roads.
SWE) Data include traffic by Swedish passenger cars abroad. Traffic by goods vehicles with a load capacity under 2 tonnes is excluded. Up to 1988, only the public network is included; after 1989, the total network is taken into account.
TUR) Data refer only to traffic on motorways and national roads.
UKD) Data refer to Great Britain only.

Notes :
a) Les données comprennent des estimations du Secrétariat.
b) Inclut des données provisoires.
USA) Le trafic des autobus locaux ou urbains est exclu.
JPN) Exclut les véhicules légers.
FRA) Le trafic des autobus de la Régie Autonome des Transports Parisiens est exclu.
wDEU) Le trafic des véhicules spéciaux est inclu, excepté les caravanes et les grandes remorques tirées par des véhicules pour le transport de passagers.
GRC) Circulation interurbaine seulement.
ISL) Le trafic des autobus locaux ou urbains est exclu.
ITA) Le trafic des véhicules de marchandises à trois roues est inclus.
NLD) Le trafic des tramways et du métro est inclus.
ESP) Circulation sur les réseaux autoroutier et national seulement.
SWE) Les données comprennent le trafic des voitures particulières suédoises à l'étranger. Le trafic des véhicules de marchandises ayant une charge utile inférieure à 2 tonnes est exclu. Jusqu'en 1988, les données ne comprennent que le réseau public; depuis 1989, le réseau total est pris en compte.
TUR) Circulation sur les réseaux autoroutier et national seulement.
UKD) Grande-Bretagne seulement.

Source: IRF, OECD, national statistical yearbooks/FRI, OCDE, annuaires statistiques nationaux.

ROAD TRAFFIC VOLUMES: PASSENGER CARS (a), 1970-1995
VOLUMES DE LA CIRCULATION ROUTIÈRE : VOITURES PARTICULIÈRES (a), 1970-1995

billion/milliards veh.-km

	1970	1975	1980	1985	1986	1987	1988	1989	1990	1991	1992	1993	1994 (b)	1995 (b)
Canada	101	135	152	143	148	151	153	156	158	162	165	168	171	174
Mexico/Mexique	23	26	29	32	34	34	35	35	38	37	37	38	39	42
USA/Etats-Unis	1434	1654	1789	2028	2094	2181	2300	2378	2435	2467	2567	3413	3497	3798
Japan/Japon *	121	176	241	291	301	308	321	341	366	387	406	410	413	417
Korea/Corée	1	2	3	6	7	7	9	10	12	15	18	20	22	25
Australia/Australie	63	78	87	103	106	109	117	116	115	114	115	117	118	119
N. Zealand/N. Zélande	10	12	13	14	15	15	16	16	17	17	18	18	19	19
Austria/Autriche	16	22	26	28	29	30	30	31	32	33	34	36	37	39
Belgium/Belgique	29	34	41	42	43	44	47	49	50	52	53	66	79	93
Czech Rep./Rép. Tchèque	14	15	16	17	18	19	19	19	20	21	22	23	24	25
Denmark/Danemark	20	21	22	24	25	27	28	29	30	30	31	32	32	33
Finland/Finlande	14	20	22	26	27	29	31	33	33	33	36	36	35	36
France	165	203	239	265	278	292	298	305	318	324	334	340	352	362
Germany/Allemagne	..	..	..	..	..	..	..	..	..	463	510	518	506	507
w.Germany/All.occ. *	201	245	297	313	336	357	377	386	402	406	411	425	436	447
Greece/Grèce *	4	7	11	16	17	18	20	21	22	24	25	27	28	30
Hungary/Hongrie	5	8	12	12	12	13	15	16	17	18	19	21	23	24
Iceland/Islande	1	1	1	1	1	1	1	1	1	1	2	2	2	2
Ireland/Irlande	8	9	15	15	16	16	17	18	19	20	21	22	23	24
Italy/Italie	123	159	191	214	219	231	245	260	292	309	326	343	359	376
Luxembourg	1	1	2	2	2	3	3	3	3	3	3	3	4	4
Netherlands/Pays-Bas	38	50	61	65	68	71	76	77	77	78	80	81	84	90
Norway/Norvège	9	12	16	20	21	22	22	23	23	23	23	23	23	23
Poland/Pologne	4	10	20	20	22	23	27	29	34	61	73	73	75	75
Portugal	7	12	17	23	23	24	24	25	26	27	30	33	36	40
Spain/Espagne *	25	40	53	59	63	69	73	78	86	90	96	98	102	108
Sweden/Suède *	32	39	41	45	47	49	53	56	56	58	61	63	63	63
Switzerland/Suisse	23	28	32	36	38	39	40	42	43	43	44	44	45	46
Turkey/Turquie *	3	7	8	8	8	9	10	13	14	13	15	17	18	21
UK/Royaume-Uni *	141	165	197	228	236	257	270	294	330	335	335	337	346	353
N.America/Amérique N.	1558	1815	1971	2204	2275	2366	2488	2569	2631	2666	2769	3619	3706	4014
Australia/Australie-NZ	73	90	99	117	121	125	132	132	131	131	133	135	136	138
OECD/OCDE - Europe	895	1128	1367	1513	1585	1679	1765	1850	1979	2061	2172	2236	2296	2373
EU/UE-15	837	1048	1261	1398	1465	1553	1631	1707	1827	1880	1975	2034	2086	2157
OECD/OCDE	2649	3211	3681	4132	4288	4485	4716	4903	5120	5260	5498	6420	6574	6967

Notes:
a) Data include Secretariat estimates.
b) Includes provisional data.
JPN) Excludes light vehicles.
wDEU) Except for caravans and large trailers hauled by passenger-carrying vehicles, traffic by special vehicles is included.
GRC) Data refer to inter-city traffic only.
ESP) Data refer only to traffic on motorways and national roads.
SWE) Data include traffic by Swedish passenger cars abroad. Up to 1988, only the public network is included; after 1989, the total network is taken into account.
TUR) Data refer only to traffic on motorways and national roads.
UKD) Data refer to Great Britain only. 1992-95 data exclude taxis.

Notes :
a) Les données comprennent des estimations du Secrétariat.
b) Inclut des données provisoires.
JPN) Exclut les véhicules légers.
wDEU) Le trafic des véhicules spéciaux est inclu, excepté les caravanes et les grandes remorques tirées par des véhicules pour le transport de passagers.
GRC) Circulation interurbaine seulement.
ESP) Circulation sur les réseaux autoroutier et national seulement.
SWE) Les données comprennent le trafic des voitures particulières suédoises à l'étranger. Jusqu'en 1988, les données ne comprennent que le réseau public; depuis 1989, le réseau total est pris en compte.
TUR) Circulation sur les réseaux autoroutier et national seulement.
UKD) Grande-Bretagne seulement. Les données 1992-95 excluent les taxis.

Source: IRF, OECD, national statistical yearbooks/FRI, OCDE, annuaires statistiques nationaux.

TRANSPORT

ROAD TRAFFIC VOLUMES: GOODS VEHICLES (a), 1970-1995
VOLUMES DE LA CIRCULATION ROUTIÈRE : VÉHICULES DE MARCHANDISES (a), 1970-1995

billion/milliards veh.-km

	1970	1975	1980	1985	1986	1987	1988	1989	1990	1991	1992	1993	1994 (b)	1995 (b)
Canada	24	36	53	57	58	65	66	68	71	74	77	80	83	87
Mexico/Mexique	11	12	13	14	15	15	15	15	16	16	16	16	16	13
USA/Etats-Unis	345	442	619	804	835	889	935	970	991	1003	1012	1039	1061	1081
Japan/Japon *	100	105	142	217	230	234	247	252	256	263	265	265	264	263
Korea/Corée	3	3	4	7	9	11	13	14	14	16	18	20	22	24
Australia/Australie	15	20	26	31	33	33	34	31	26	23	23	23	24	24
N. Zealand/N. Zélande	3	3	4	4	4	5	5	5	5	5	6	6	6	7
Austria/Autriche	6	7	9	10	11	11	11	11	12	13	13	14	14	15
Belgium/Belgique	4	4	5	5	5	5	6	6	6	5	5	5	5	6
Czech Rep./Rép. Tchèque	3	3	3	3	3	3	3	3	3	3	3	3	3	3
Denmark/Danemark	3	4	4	5	6	6	6	6	6	6	6	7	7	7
Finland/Finlande	3	4	4	5	5	5	5	5	6	5	6	6	6	6
France *	32	39	55	64	70	75	78	81	86	91	93	93	96	100
Germany/Allemagne	..	..	..	..	..	..	..	..	..	54	55	56	57	58
w.Germany/All.occ. *	27	27	34	34	36	36	37	38	41	45	47	46	48	51
Greece/Grèce *	4	5	9	11	11	12	13	14	14	15	16	17	18	19
Hungary/Hongrie	3	4	5	7	7	6	6	5	5	5	4	4	4	3
Iceland/Islande	0	0	0	0	0	0	0	0	0	0	0	0	0	0
Ireland/Irlande	3	3	4	4	4	4	4	4	5	5	5	5	5	5
Italy/Italie *	23	24	33	41	42	43	45	46	48	49	50	51	53	54
Luxembourg	0	0	0	0	0	0	0	0	0	1	1	1	0	0
Netherlands/Pays-Bas	6	6	8	9	10	10	11	12	13	13	12	16	14	15
Norway/Norvège	1	2	2	2	3	3	3	3	3	3	3	3	4	4
Poland/Pologne	7	14	20	19	20	21	23	24	21	25	33	33	33	33
Portugal	2	3	4	5	5	5	6	5	6	6	6	6	6	6
Spain/Espagne *	10	14	16	19	19	21	22	24	26	27	28	28	30	31
Sweden/Suède *	2	2	2	3	3	3	3	3	3	3	3	4	4	4
Switzerland/Suisse	3	3	4	4	4	5	5	5	5	5	5	5	6	6
Turkey/Turquie *	3	5	6	7	9	10	10	11	11	10	11	12	11	11
UK/Royaume-Uni *	35	38	41	43	46	50	54	58	65	66	65	65	63	69
N.America/Amérique N.	381	489	684	875	908	968	1016	1053	1078	1093	1106	1135	1161	1180
Australia/Australie-NZ	18	23	29	35	37	38	38	36	31	28	29	29	30	30
OECD/OCDE - Europe	189	221	278	306	324	342	358	374	398	410	424	432	437	455
EU/UE-15	169	191	238	263	278	294	308	322	349	358	364	373	377	395
OECD/OCDE	691	842	1137	1440	1507	1593	1672	1728	1777	1810	1842	1882	1913	1953

Notes:
a) Data include Secretariat estimates.
b) Includes provisional data.
JPN) Excludes light vehicles.
FRA) Excludes goods vehicles over 15 years old, with a load capacity >= 3 tonnes.
wDEU) Data refer to semi-trailer tractors only.
GRC) Data refer to inter-city traffic only.
ITA) Includes three-wheel vehicles.
ESP) Data refer only to traffic on motorways and national roads, and include agricultural tractors.
SWE) Refers to goods vehicles with a load capacity > 3.5 tonnes.
TUR) Data refer only to traffic on motorways and national roads.
UKD) Great Britain only.

Notes :
a) Les données comprennent des estimations du Secrétariat.
b) Inclut des données provisoires.
JPN) Exclut les véhicules légers.
FRA) Exclut les véhicules de marchandises de plus de 15 ans ayant une charge utile >= 3 tonnes.
wDEU) Les données comprennent les tracteurs semi-remorque seulement.
GRC) Circulation interurbaine seulement.
ITA) Y compris les véhicules à trois roues.
ESP) Circulation sur les réseaux autoroutier et national seulement. Inclut les tracteurs agricoles.
SWE) Véhicules de marchandises ayant une charge utile supérieure à 3.5 tonnes.
TUR) Circulation sur les réseaux autoroutier et national seulement.
UKD) Grande-Bretagne uniquement.

Source: IRF, OECD, national statistical yearbooks/FRI, OCDE, annuaires statistiques nationaux.

ENERGY CONSUMPTION BY THE TRANSPORT SECTOR
CONSOMMATION D'ÉNERGIE PAR LES TRANSPORTS

Table 4 shows trends in total final energy consumption by the transport sector as a whole, and by major transport modes: air, road, rail.

Energy consumption by the transport sector is a major concern for the environment because of the sector's high dependence on oil and because of the resulting air pollutant emissions.

Tables 5A and 5B show the consumption of fuels for road transport as well as prices and taxes for diesel oil, leaded gasoline and unleaded gasoline. They should be read in connection with the tables on road traffic volumes.

Road fuel consumption plays a major role in local and regional air pollution and in its effects on human health and the environment.

These tables should display a good level of comparability.

Le tableau 4 montre l'évolution de la consommation totale finale d'énergie par le secteur des transports et par principal mode : air, route, rail.

La consommation d'énergie par les transports n'est pas sans poser d'importants problèmes pour l'environnement, ce secteur étant largement tributaire du pétrole et émettant de ce fait de larges quantités de polluants atmosphériques.

Les tableaux 5A et 5B montrent la consommation de carburants pour les transports routiers, ainsi que les prix et taxes pour le diesel, l'essence au plomb et l'essence sans plomb. Ils devraient être lus en relation avec les tableaux sur les volumes de la circulation routière.

La consommation de carburants routiers joue un rôle important dans la pollution de l'air locale et régionale et leurs effets sur la santé humaine et l'environnement.

Ces tableaux devrait bénéficier d'un bon niveau de comparabilité.

TRANSPORT 9.4

TOTAL FINAL ENERGY CONSUMPTION BY TRANSPORT SECTOR, 1980, 1985, 1995
CONSOMMATION TOTALE FINALE D'ÉNERGIE PAR LES TRANSPORTS, 1980, 1985, 1995

Mtoe/Mtep

	Air transport/ Transports aériens			Road transport/ Transports routiers			Rail transport/ Transports ferroviaires			Total (a)		
	1980	1985	1995	1980	1985	1995	1980	1985	1995	1980	1985	1995
Canada	4.0	3.8	4.4	35.0	30.6	36.0	2.2	2.0	1.9	44.9	39.8	49.3
Mexico/Mexique	1.4	1.5	2.4	15.0	16.4	31.7	-	0.1	0.7	24.4	25.7	34.7
USA/Etats-Unis	55.9	63.3	76.4	346.6	359.4	436.2	14.5	10.8	10.8	433.0	449.9	544.4
Japan/Japon	3.8	5.1	9.8	43.6	46.2	71.1	2.6	2.2	2.4	55.5	57.7	86.9
Korea/Corée	0.6	1.0	2.2	1.0	5.1	20.1	-	0.1	0.4	5.2	7.0	26.0
Australia/Australie	1.8	2.0	3.7	14.1	16.1	20.0	0.7	0.7	0.6	17.7	19.6	25.2
N.Zealand/N.Zélande	0.3	0.4	0.8	1.7	1.8	2.3	-	-	-	2.5	2.7	4.3
Austria/Autriche	0.1	0.2	0.5	4.1	4.1	5.5	0.3	0.3	0.3	4.6	4.6	6.4
Belgium/Belgique	0.5	0.6	1.0	5.1	5.2	7.2	0.2	0.2	0.2	5.9	6.2	8.7
Czech Rep./Rép. Tchèque	0.3	0.3	0.2	2.1	2.3	2.5	-	-	0.1	2.5	2.8	2.9
Denmark/Danemark	0.8	0.7	0.8	2.4	2.9	3.6	0.1	0.1	0.1	3.6	4.2	4.7
Finland/Finlande	0.3	0.3	0.4	2.6	3.0	3.6	0.1	0.1	0.1	3.0	3.4	4.2
France	2.6	2.8	4.9	28.2	30.0	39.7	1.2	1.0	1.0	32.8	34.6	46.6
Germany/Allemagne	3.6	4.3	6.2	40.4	41.5	55.0	2.9	2.5	2.1	47.8	49.1	64.0
w.Germany/All.occ.	3.0	3.7	..	35.9	37.1	..	1.7	1.5	..	41.5	43.0	..
Greece/Grèce	1.2	1.2	1.3	2.3	3.1	4.7	0.1	0.1	0.1	4.0	4.8	6.6
Hungary/Hongrie	0.1	0.2	0.2	1.8	1.8	2.2	0.6	0.4	0.2	2.6	2.4	2.6
Iceland/Islande	0.1	0.1	0.1	0.1	0.1	0.2	-	-	-	0.2	0.2	0.3
Ireland/Irlande	0.2	0.2	0.6	1.5	1.5	1.9	-	-	0.1	1.8	1.7	2.6
Italy/Italie	2.0	2.0	2.9	22.3	25.0	34.7	0.6	0.5	0.6	25.4	28.3	38.9
Luxembourg	0.1	0.1	0.2	0.4	0.5	1.1	-	-	-	0.5	0.6	1.3
Netherlands/Pays-Bas	1.0	1.3	2.7	7.0	6.9	9.1	0.1	0.1	0.2	8.8	9.0	12.7
Norway/Norvège	0.4	0.5	0.6	1.9	2.3	2.9	0.1	0.1	0.1	3.2	3.5	4.3
Poland/Pologne	-	-	0.6	7.2	7.0	7.5	0.5	0.5	0.7	7.6	7.5	8.8
Portugal	0.6	0.5	0.6	1.9	2.1	4.2	0.1	0.1	0.1	2.6	2.7	5.0
Spain/Espagne	2.1	2.0	3.2	10.7	12.1	20.9	0.4	0.3	0.5	16.2	16.0	26.7
Sweden/Suède	0.6	0.6	0.9	5.2	5.5	6.6	0.2	0.3	0.3	6.1	6.6	7.8
Switzerland/Suisse	0.8	0.9	1.4	3.5	3.9	4.9	0.2	0.2	0.2	4.5	5.1	6.4
Turkey/Turquie	0.1	0.2	1.2	4.9	5.9	10.5	0.4	0.3	0.3	5.6	6.6	12.2
UK/Royaume-Uni	5.0	5.4	8.2	26.5	29.2	37.4	1.2	1.0	1.3	33.9	36.8	48.0
North America/Amérique N.	61.4	68.6	83.2	396.7	406.4	503.9	16.7	12.9	13.4	502.2	515.5	628.5
Australia/Australie-NZ	2.2	2.4	4.5	15.7	17.9	22.3	0.7	0.7	0.6	20.2	22.4	29.5
OECD/OCDE Europe	22.4	24.4	38.5	182.0	195.9	266.0	9.2	8.3	8.4	223.4	237.1	321.7
EU/UE-15	20.6	22.2	34.3	160.5	172.6	235.4	7.5	6.8	6.8	197.2	208.9	284.2
OECD/OCDE	90.4	101.5	138.2	638.9	671.6	883.4	29.2	24.1	25.3	806.5	839.7	1092.7

Notes:
a) The sum of the categories does not necessarily add up to the total because of pipeline transport, internal navigation and "non-specified" use.

Notes :
a) La somme des catégories ne correspond pas nécessairement au total en raison des catégories: transport par pipeline, navigation intérieure et "non spécifié".

Source: OECD-IEA/OCDE-AIE

TRANSPORTS

CONSUMPTION OF ROAD FUELS (a), 1980, 1985, 1995
CONSOMMATION DE CARBURANTS ROUTIERS (a), 1980, 1985, 1995

Mtoe/Mtep

	Gas oil or diesel/ Diesel			Motor gasoline/ Essence moteur			Others/Autres (b)			Total		
	1980	1985	1995	1980	1985	1995	1980	1985	1995	1980	1985	1995
Canada	4.77	4.60	7.57	30.26	25.74	27.57	0.01	0.23	0.91	35.04	30.57	36.05
Mexico/Mexique	-	-	7.86	14.82	15.24	23.35	0.16	1.15	0.47	14.98	16.39	31.68
USA/Etats-Unis	47.35	58.57	83.51	298.80	299.86	352.22	0.49	1.00	0.47	346.64	359.43	436.20
Japan/Japon	14.63	15.40	29.44	27.21	28.79	40.22	1.72	2.07	1.46	43.56	46.26	71.12
Korea/Corée	-	3.61	11.15	0.86	0.85	7.22	0.17	0.68	1.69	1.03	5.14	20.06
Australia/Australie	2.29	3.50	4.99	11.68	12.35	13.86	0.09	0.23	1.19	14.06	16.08	20.04
N.Zealand/N.Zélande	-	-	-	1.64	1.64	2.14	0.01	0.19	0.13	1.65	1.83	2.27
Austria/Autriche	1.49	1.51	2.91	2.61	2.57	2.57	0.03	0.02	0.01	4.13	4.10	5.49
Belgium/Belgique	1.86	2.48	4.14	3.15	2.68	3.03	0.04	0.08	0.07	5.05	5.24	7.24
Czech Rep./Rép. Tchèque	1.23	1.16	0.72	0.86	1.15	1.75	-	-	-	2.09	2.31	2.47
Denmark/Danemark	0.71	1.19	1.57	1.59	1.59	2.04	0.07	0.08	0.01	2.37	2.86	3.62
Finland/Finlande	1.14	1.34	1.56	1.41	1.61	2.02	0.01	-	-	2.56	2.95	3.58
France	9.41	10.89	23.23	18.71	19.02	16.48	0.03	0.07	0.03	28.15	29.98	39.74
Germany/Allemagne	12.25	13.72	23.03	28.12	27.82	31.99	-	0.02	0.02	40.37	41.56	55.04
w.Germany/All. occ.	10.23	12.05	..	25.63	25.07	..	-	0.01	..	35.86	37.13	..
Greece/Grèce	0.92	1.24	1.72	1.42	1.86	2.92	-	0.02	0.05	2.34	3.12	4.69
Hungary/Hongrie	0.45	0.52	0.69	1.37	1.26	1.53	0.01	0.01	-	1.83	1.79	2.22
Iceland/Islande	0.03	0.04	0.04	0.10	0.11	0.15	-	-	-	0.13	0.15	0.19
Ireland/Irlande	0.39	0.53	0.81	1.09	0.90	1.11	0.01	0.03	0.01	1.49	1.46	1.93
Italy/Italie	8.80	11.79	14.72	12.41	11.88	18.05	1.09	1.36	1.92	22.30	25.03	34.69
Luxembourg	0.12	0.19	0.58	0.30	0.32	0.55	0.01	0.01	-	0.43	0.52	1.13
Netherlands/Pays-Bas	2.06	2.38	3.94	4.12	3.63	4.35	0.79	0.91	0.85	6.97	6.92	9.14
Norway/Norvège	0.46	0.62	1.12	1.46	1.68	1.77	-	-	-	1.92	2.30	2.89
Poland/Pologne	3.34	3.64	2.38	3.84	3.33	4.92	-	-	0.21	7.18	6.97	7.51
Portugal	1.14	1.18	2.17	0.80	0.91	2.02	-	-	-	1.94	2.09	4.19
Spain/Espagne	4.72	5.69	11.70	5.80	6.31	9.13	0.13	0.08	0.08	10.65	12.08	20.91
Sweden/Suède	1.44	1.46	2.01	3.76	4.01	4.55	0.01	0.01	-	5.21	5.48	6.56
Switzerland/Suisse	0.56	0.69	1.05	2.90	3.24	3.80	-	-	-	3.46	3.93	4.85
Turkey/Turquie	2.84	3.93	5.84	2.04	2.01	4.63	-	-	-	4.88	5.94	10.47
UK/Royaume-Uni	6.06	7.36	13.93	20.49	21.83	23.51	-	-	-	26.55	29.19	37.44
North America/Amérique N.	52.1	63.2	98.9	343.9	340.8	403.1	0.7	2.4	1.9	396.7	406.4	503.9
Australia/Australie-NZ	2.3	3.5	5.0	13.3	14.0	16.0	0.1	0.4	1.3	15.7	17.9	22.3
OECD/OCDE Europe	61.4	73.6	119.9	118.4	119.7	142.9	2.2	2.7	3.3	182.0	196.0	266.0
EU/UE-15	52.5	63.0	108.0	105.8	106.9	124.3	2.2	2.7	3.1	160.5	172.6	235.4
OECD/OCDE	130.5	159.2	264.4	503.6	504.2	609.5	4.9	8.3	9.6	639.0	671.7	883.4

Notes:
a) All fuels used in road vehicles (including military) as well as agricultural and industrial highway use; excludes motor gasoline used in stationary engines, and diesel oil in tractors that are not for highway use.
b) Natural gas, liquefied petroleum gases, kerosene, heavy fuel oil and other petroleum products.

Source: OECD-IEA/OCDE-AIE

Notes :
a) Totalité des carburants utilisés dans les véhicules routiers (militaires compris) ainsi que le carburant consommé par les transports agricoles et industriels sur route; exclut l'essence moteur utilisée dans les moteurs fixes, et le gazole employé par les tracteurs ailleurs que sur route.
b) Gaz naturel, gaz de pétrole liquéfiés, kérosène, fioul lourd et autres produits pétroliers.

TRANSPORT 9.5B

ROAD FUEL PRICES AND TAXES (a), 1980-1996
PRIX ET TAXES DES CARBURANTS ROUTIERS (a), 1980-1996

	Diesel fuel/Diesel (b)						Leaded petrol/Essence au plomb						Unleaded petrol/Essence sans plomb (c)					
	Price/Prix US$/litre (d)			Taxation % of price/% du prix			Price/Prix US$/litre (d)			Taxation % of price/% du prix			Price/Prix US$/litre (d)			Taxation % of price/% du prix		
	1980	1985	1996	1980	1985	1996	1980	1985	1996	1980	1985	1996	1980	1985	1996	1980	1985	1996
Canada	* 0.47	0.46	0.39	..	24.0	39.9	..	..	..	..	..	..	0.34	0.51	0.42	24.5	26.7	48.7
Mexico/Mexique	..	0.33	0.40	..	12.9	13.0	..	0.51	0.53	..	13.0	13.0	..	0.64	0.54	..	13.0	13.0
USA/Etats-Unis	* 0.44	0.40	0.29	14.8	27.3	35.8	0.54	..	..	..	..	..	0.57	0.44	0.33	..	23.4	27.1
Japan/Japon	* 0.65	0.57	0.36	23.5	24.0	47.2	..	..	..	..	..	..	0.94	0.79	0.53	36.7	38.6	54.3
Korea/Corée	* ..	0.74	0.40	..	..	..	3.23	2.37	1.09	..	..	..	2.31	1.76	0.93	..	..	..
Australia/Australie	* ..	0.31	0.28	..	23.2	27.7	0.47	0.55	0.49	18.7	23.4	58.8	..	..	0.50	..	..	54.9
N.Zealand/N.Zélande	* 0.65	0.74	0.25	2.3	10.4	0.9	0.83	0.94	..	27.6	20.9	..	..	..	0.52	..	..	47.5
Austria/Autriche	0.85	0.76	0.46	32.5	38.2	52.2	0.93	1.00	..	41.6	49.2	..	..	..	0.70	..	..	66.6
Belgium/Belgique	0.52	0.61	0.48	33.5	25.9	54.2	0.94	1.03	0.83	53.3	53.1	74.7	..	..	0.77	..	..	72.7
Czech R./R. Tchèque	..	..	0.93	..	..	51.5	..	..	1.42	..	..	60.1	..	..	1.39	..	..	61.1
Denmark/Danemark	* 0.36	0.38	0.35	0.0	0.0	43.7	0.88	0.83	..	58.8	55.5	..	..	..	0.66	..	..	69.5
Finland/Finlande	* ..	0.48	0.45	..	45.2	54.0	0.92	0.82	..	36.1	35.1	..	..	..	0.80	..	..	75.1
France	* 0.68	0.74	0.50	47.4	50.6	64.4	0.98	1.05	0.87	58.0	62.3	81.4	..	..	0.84	..	..	79.6
Germany/Allemagne	..	..	0.44	..	..	58.6	..	..	0.73	..	..	74.4	..	..	0.67	..	..	73.6
w.Germany/All.occ.	* 0.66	0.66	..	41.4	37.5	..	0.76	0.80	..	48.7	48.7	..	..	0.57	..	..	55.8	..
Greece/Grèce	0.59	0.56	0.48	12.6	22.0	57.1	1.39	1.09	0.79	41.8	38.0	71.8	..	..	0.73	..	..	68.1
Hungary/Hongrie	..	..	0.98	..	..	64.5	..	..	1.13	17.7	48.8	69.6	..	..	1.10	..	..	65.6
Iceland/Islande	* ..	..	..	..	..	20.3	..	..	..	..	..	68.5	..	..	..	..	..	68.8
Ireland/Irlande	0.69	0.81	0.66	27.9	40.9	51.7	0.96	1.19	0.87	48.1	56.5	66.2	..	..	0.81	..	..	65.9
Italy/Italie	0.55	0.62	0.66	7.6	19.1	62.1	1.40	1.36	1.04	61.4	64.4	74.9	..	..	0.98	..	..	73.1
Luxembourg	0.45	0.54	0.41	17.3	22.7	54.2	0.70	0.78	0.64	43.8	43.6	68.3	..	..	0.57	..	..	64.7
Netherlands/Pays-Bas	0.47	0.52	0.60	22.7	18.5	48.0	0.82	0.95	0.89	52.3	53.2	74.9	..	0.92	0.83	..	54.4	72.4
Norway/Norvège	* 0.31	0.30	0.58	1.3	1.1	55.2	0.71	0.66	0.86	51.7	50.8	68.4	..	0.60	0.80	..	58.2	72.1
Poland/Pologne	..	..	0.55	..	..	37.3	..	..	0.82	..	..	61.8	..	..	0.79	..	..	59.0
Portugal	0.83	1.25	0.69	7.2	33.7	58.6	2.22	2.07	1.09	61.4	51.9	74.3	..	..	1.07	..	..	71.3
Spain/Espagne	0.64	0.86	0.56	24.7	19.4	55.4	1.28	1.28	0.81	34.6	39.2	69.0	..	..	0.80	..	..	67.4
Sweden/Suède	0.33	0.46	0.48	8.4	17.2	48.6	0.67	0.71	0.74	49.3	50.0	79.0	..	..	0.71	..	..	73.7
Switzerland/Suisse	* 0.85	0.76	0.42	50.6	46.9	74.8	0.82	0.71	0.51	51.1	48.4	70.9	..	0.53	0.48	..	55.6	69.2
Turkey/Turquie	0.88	1.02	0.93	..	..	61.4	1.50	1.56	1.30	..	..	68.8	..	..	1.29	..	..	65.8
UK/Royaume-Uni	0.76	0.80	0.66	39.5	41.1	70.3	0.87	0.94	0.83	46.3	54.3	78.7	..	..	0.76	..	..	75.9

Notes:
a) Includes taxes that have to be paid by the consumer as part of the transaction and are not refundable.
b) Refers to diesel for commercial use.
c) Unleaded premium (95 RON) except as noted.
d) Expressed in US$ at 1991 prices and purchasing power parities.
CAN) Diesel: 1980 data refer to 1981. Unleaded petrol: unleaded regular (92 RON).
MEX) Unleaded petrol: unleaded regular (92 RON).
USA) Unleaded petrol: 1980 data refer to 1981.
JPN) Unleaded petrol: unleaded regular (91 RON).
KOR) 1980 data refer to 1981.
AUS) Diesel: 1985 data refer to 1986.
NZL) Unleaded petrol: unleaded regular (91 RON).
DNK) Unleaded petrol: unleaded premium (98 RON).
FIN) Diesel: 1985 data refer to 1986.
FRA) Up to February 1985 prices were kept within a set range. Figures before 1985 refer to maximum price for Paris. Figures after 1985 refer to average price for all of France.
wDEU) Unleaded petrol: 1985 data refer to 1986.
ISL) 1996 data refer to 1993.
NOR) Unleaded petrol: 1985 data refer to 1986.
CHE) Unleaded petrol: 1985 data refer to 1986.

Notes :
a) Inclut les taxes effectivement payées par le consommateur (non récupérables).
b) Les données se réfèrent au diesel pour utilisation commerciale.
c) Concerne le super sans plomb (95 RON) sauf indication contraire.
d) Prix données en $EU aux prix et parités de pouvoir d'achat de 1991.
CAN) Diesel: les données 1980 sont de 1981. Essence sans plomb: ordinaire sans plomb (92 RON).
MEX) Essence sans plomb: ordinaire sans plomb (92 RON).
USA) Essence sans plomb: les données 1980 sont de 1981.
JPN) Essence sans plomb: ordinaire sans plomb (91 RON).
KOR) Les données 1980 sont de 1981.
AUS) Diesel: les données 1985 sont de 1986.
NZL) Essence sans plomb: ordinaire sans plomb (91 RON).
DNK) Essence sans plomb: super sans plomb (98 RON).
FIN) Diesel: les données 1985 sont de 1986.
FRA) Jusqu'en 1985 une fourchette de prix etait imposée par la loi. Avant 1985 les données se réfèrent au prix maximum à Paris. Après 1985, elles représentent une moyenne sur l'ensemble de la France.
wDEU) Essence sans plomb: les données 1985 sont de 1986.
ISL) Les données 1996 sont de 1993.
NOR) Essence sans plomb: les données 1985 sont de 1986.
CHE) Essence sans plomb: les données 1985 sont de 1986.

Source: IEA-OECD/AIE-OCDE

10. INDUSTRY

10. INDUSTRIE

LIST OF TABLES

10.1A Industrial production

10.1B Industrial structure

10.1C Selected environmentally significant industries

10.2 Business sector investment

10.3 International tourist receipts

LISTE DES TABLEAUX

10.1A Production industrielle

10.1B Structure industrielle

10.1C Industries sélectionnées ayant une signification pour l'environnement

10.2 Investissement du secteur privé

10.3 Recettes du tourisme international

INDUSTRY

INTRODUCTION

This section refers to industrial activities that generate pressures on the environment. These include direct pressures, such as emission of air and water pollutants, production of hazardous waste, emission of noise and consumption of natural resources in production processes, as well as indirect pressures through the consumption and use of industrial products.

The section provides data on:

- total industrial production;
- changes in industrial structure;
- production by environmentally significant industries;
- business sector investment.

In addition, this section presents data on tourism, a service industry that also exerts pressures on the environment.

Data presented in this section come mainly from OECD sources. They evince a good level of comparability. Readers are referred to the section on waste for data on industrial and hazardous waste.

INTRODUCTION

Cette section concerne les activités industrielles qui sont à l'origine des pressions sur l'environnement. Ces pressions peuvent être directes telles que les émissions de polluants de l'air et de l'eau, la production de déchets dangereux, les émissions sonores et la consommation de ressources naturelles pour les processus de production; ou bien indirectes à travers la consommation et l'utilisation de produits industriels.

Les données présentées concernent :

- la production industrielle totale ;
- l'évolution de la structure industrielle ;
- la production des industries ayant une signification pour l'environnement ;
- l'investissement du secteur privé.

Cette section fournit en outre des données sur le tourisme, une activité qui exerce également des pressions sur l'environnement.

Les données présentées dans cette section proviennent principalement de l'OCDE. Elles ont un bon niveau de comparabilité. Le lecteur pourra consulter la section sur les déchets pour les données sur les déchets industriels et dangereux.

INDUSTRY 10.1A/1B/1C

INDUSTRIAL PRODUCTION
PRODUCTION INDUSTRIELLE

The following tables provide information on trends in industrial production as well as on changes in production patterns.

The environmental impact of industrial activities may vary considerably with structural change: the decline in the OECD countries of the so-called traditional industries, such as iron and steel, has typically reduced quantitative pressures on the environment; the growth of the so-called new industries can create qualitative pressures, such as soil and groundwater contamination by trace toxic chemicals.

Table 1A shows the evolution of total industrial production expressed as volume indices (1991=100).

♦ Total industry comprises mining and quarrying (ISIC 2), manufacturing (ISIC 3) and gas, electricity and water (ISIC 4).

Tables 1B and 1C show changes in industrial structure for selected OECD countries. Data refer to production indices (1991=100) for the major divisions and groups of the manufacturing industry, according to the International Standard Industrial Classification (ISIC).

The first table shows changes in the structure of the manufacturing industry as a whole.

The second shows selected environmentally significant industries; it presents six industries given as examples of "traditional industries" and "new industries", as well as examples of industries that imply pressures on the environment through their production process or the use of their products.

These tables should exhibit a good level of comparability.

Les tableaux suivants informent sur les tendances de la production industrielle ainsi que sur l'évolution des structures de production.

Les impacts sur l'environnement des activités industrielles peuvent varier considérablement selon les changements structurels : le déclin dans les pays de l'OCDE des industries dites "traditionnelles" telles que la sidérurgie, a entraîné une réduction significative des pressions quantitatives sur l'environnement ; le développement des industries appelées "nouvelles" peut créer des pressions qualitatives telles que contamination du sol et des eaux par des composés chimiques toxiques.

Le tableau 1A montre l'évolution de la production industrielle totale exprimée en indices de volume (1991=100).

♦ L'ensemble de l'industrie comprend les industries extractives (CITI 2), les industries manufacturières (CITI 3), ainsi que l'électricité, le gaz et l'eau (CITI 4).

Les tableaux 1B et 1C montrent les changements structurels dans l'industrie de pays sélectionnés de l'OCDE. Les données représentent des indices de production (1991=100) pour les divisions et groupes principaux des industries manufacturières selon la Classification Internationale Type par Industries (CITI).

Le premier tableau montre les changements structurels de l'industrie manufacturière.

Le second tableau présente des données sur des industries sélectionnées ayant une signification pour l'environnement. Il présente six industries choisies comme exemples d'industries "traditionnelles" et d'industries "nouvelles" qui exercent des pressions sur l'environnement par le biais de leurs processus de production et l'utilisation de leurs produits.

Ces tableaux devraient bénéficier d'un bon niveau de comparabilité.

10.1A INDUSTRIE

INDUSTRIAL PRODUCTION (a), OECD countries, 1980-1996
PRODUCTION INDUSTRIELLE (a), pays de l'OCDE, 1980-1996

Production indices/Indices de production (1991=100)

		1980	1985	1986	1987	1988	1989	1990	1991	1992	1993	1994	1995	1996
Canada		85	97	98	103	108	108	104	100	101	105	113	117	118
Mexico/Mexique	*	81	86	81	83	85	91	97	100	104	105	110	101	112
USA/Etats-Unis		82	91	92	96	100	102	102	100	103	107	112	116	119
Japan/Japon	*	64	78	78	81	88	93	98	100	94	90	91	94	96
Korea/Corée		30	50	60	72	81	84	91	100	106	110	123	137	149
Australia/Australie		78	87	86	92	97	100	102	100	100	103	108	108	111
Austria/Autriche		75	81	82	82	86	91	98	100	99	97	101	106	107
Belgium/Belgique	*	84	87	88	90	95	98	102	100	100	95	97	101	102
Czech Rep./R.Tchèque	*	..	..	..	..	..	..	128	100	92	87	89	97	103
Denmark/Danemark	*	76	93	99	95	97	99	100	100	104	101	111	116	117
Finland/Finlande		83	97	98	103	107	110	110	100	101	107	119	128	133
France		90	90	91	92	96	100	101	100	99	95	99	101	101
w.Germany/Allemagne occ.		79	83	84	85	88	93	97	100	99	92	95	95	95
Greece/Grèce		92	99	98	97	102	104	101	100	99	96	97	99	100
Hungary/Hongrie		..	..	..	..	..	135	122	100	90	94	102	108	..
Ireland/Irlande		52	67	69	75	83	92	96	100	109	115	128	153	165
Italy/Italie		88	86	89	91	98	101	101	100	99	97	103	109	106
Luxembourg		70	85	86	86	93	100	100	100	99	97	102	102	100
Netherlands/Pays-Bas		84	89	89	90	90	94	98	100	100	99	103	105	108
Norway/Norvège		62	77	80	85	87	95	98	100	106	110	117	124	131
Poland/Pologne	*	..	..	..	..	..	150	114	100	104	110	123	136	..
Portugal	*	65	74	79	83	86	92	100	100	98	95	95	100	101
Spain/Espagne		84	87	89	94	96	101	101	100	97	93	99	104	103
Sweden/Suède	*	87	96	97	99	101	104	105	100	98	98	109	120	123
Switzerland/Suisse	*	82	84	87	89	95	97	99	100	99	97	101	103	103
Turkey/Turquie		46	68	77	85	86	89	97	100	105	113	106	120	129
UK/Royaume-Uni		85	91	94	97	102	104	104	100	100	102	107	110	111
North America/Amérique N.	*	82	91	91	96	100	102	102	100	103	106	112	115	118
OECD/OCDE Europe	*	82	86	88	90	94	98	100	100	99	97	101	105	105
OECD/OCDE	*	79	86	87	90	95	99	100	100	100	99	103	107	109

Notes:
a) Includes mining and quarrying (ISIC 2), manufacturing (ISIC 3) and gas, electricity and water (ISIC 4), except as noted.
MEX) Includes construction (ISIC 5).
JPN) Excludes printing, publishing and allied industries.
BEL) Excludes metal ore mining, printing, publishing and allied industries, manufacture of watches and clocks and "other manufacturing industries".
CZE) Includes construction (ISIC 5); includes estimates for the production of small enterprises (<25 employees).
DNK) Mining and manufacturing only.
POL) Includes construction (ISIC 5).
PRT) Excludes manufacture of furniture and fixtures (except those primarily of metal), printing, publishing and allied industries.
SWE) Mining and manufacturing only.
CHE) Excludes mining and quarrying.
TOT) Includes western Germany only; excludes Korea, New Zealand, Czech Republic, Hungary, Iceland, Poland.

Source: OECD/OCDE

Notes:
a) Comprend les industries extractives (CITI 2) et manufacturières (CITI 3), ainsi que l'électricité, le gaz et l'eau (CITI 4); les exceptions sont mentionnées.
MEX) Y compris la construction (CITI 5).
JPN) Non compris l'imprimerie, l'édition et industries annexes.
BEL) Non compris l'extraction des minerais métalliques, l'imprimerie, l'édition et industries annexes, la fabrication des montres et horloges et les "autres industries manufacturières".
CZE) Y compris la construction (CITI 5); comprend des estimations pour la production des petites entreprises (<25 employés).
DNK) Industries extractives et manufacturières uniquement.
POL) Y compris la construction (CITI 5).
PRT) Non compris la fabrication de meubles et d'accessoires (sauf ceux faits essentiellement en métal), l'imprimerie, l'édition et industries annexes.
SWE) Industries extractives et manufacturières uniquement.
CHE) Non compris les industries extractives.
TOT) Incluent l'Allemagne occidentale uniquement; n'incluent pas, la Corée, la Nouvelle-Zélande, la République Tchèque, la Hongrie, l'Islande, la Pologne..

INDUSTRY 10.1B

INDUSTRIAL STRUCTURE, selected countries, 1980-1996
STRUCTURE INDUSTRIELLE, pays sélectionnés, 1980-1996

Production indices/Indices de production (1991=100)

	3100 a)	3200b)	3300 c)	3400 d)	3500 e)	3600 f)	3700 g)	3800 h)		3100 a)	3200b)	3300 c)	3400 d)	3500 e)	3600 f)	3700 g)	3800 h)
	Food/ Alimentaires	Textile/ Textiles	Wood/ Bois	Paper/ Papier	Chemical/ Chimiques	Non-metal/ Non Métalliques	Basic metal/ Métallurgique	Machinery/ Machines		Food/ Alimentaires	Textile/ Textiles	Wood/ Bois	Paper/ Papier	Chemical/ Chimiques	Non-metal/ Non Métalliques	Basic metal/ Métallurgique	Machinery/ Machines
				Canada									**Australia/Australie ***				
1980	97	109	91	100	76	119	91	80	1980	87	103	107	82	81	102	83	93
1985	103	110	110	101	93	118	98	95	1985	86	110	115	95	89	104	84	92
1990	100	109	114	107	108	120	100	110	1990	100	107	110	102	100	112	102	105
1991	100	100	100	100	100	100	100	100	1991	100	100	100	100	100	100	100	100
1992	103	98	106	97	105	99	103	101	1992	103	93	95	94	99	105	99	96
1993	104	100	112	98	112	102	113	107	1993	104	93	95	97	102	115	102	100
1994	108	108	119	100	119	105	116	122	1994	108	94	108	119	108	115	102	114
1995	108	108	120	99	120	104	117	135	1995	104	96	113	128	106	104	99	118
1996	110	105	126	97	124	108	121	135	1996	104	89	119	122	109	95	101	129
				Mexico/Mexique *									**Austria/Autriche ***				
1980	76	97	105	72	68	81	86	78	1980	83	110	67	59	81	81	95	63
1985	85	96	101	80	85	86	86	74	1985	87	103	67	71	84	84	102	72
1990	97	97	99	96	99	97	105	92	1990	98	102	94	96	98	100	106	100
1991	100	100	100	100	100	100	100	100	1991	100	100	100	100	100	100	100	100
1992	104	100	103	103	102	106	102	106	1992	101	95	102	102	101	101	96	98
1993	107	97	100	101	100	109	105	102	1993	102	83	100	103	99	100	93	95
1994	111	98	102	104	103	114	111	109	1994	104	80	104	111	104	106	102	100
1995	111	92	91	92	105	95	117	101	1995	104	78	106	113	109	107	111	108
1996	114	108	97	90	110	104	142	126	1996	115	77	108	113	119	109	104	109
				USA/Etats-Unis *									**Belgium/Belgique ***				
1980	84	103	84	75	76	99	112	73	1980	72	95	73	70	71	112	101	80
1985	92	100	96	89	83	101	102	88	1985	84	96	70	79	80	83	95	85
1990	99	101	107	102	101	108	108	103	1990	97	108	94	102	103	107	103	102
1991	100	100	100	100	100	100	100	100	1991	100	100	100	100	100	100	100	100
1992	102	104	106	102	105	103	103	105	1992	101	100	94	104	104	104	86	95
1993	102	108	108	104	108	105	109	112	1993	98	96	84	96	96	104	98	89
1994	105	112	113	105	112	111	117	123	1994	96	95	85	100	99	109	106	91
1995	107	110	113	105	115	112	120	132	1995	100	95	90	98	106	110	109	96
1996	108	105	116	104	117	114	121	141	1996	101	86	88	96	111	106	106	97
				Japan/Japon *									**Denmark/Danemark ***				
1980	92	115	125	65	68	87	86	49	1980	78	99	71	76	70	107	107	69
1985	94	113	99	73	77	83	86	72	1985	90	116	99	92	87	102	105	92
1990	99	102	103	97	98	99	98	97	1990	97	97	101	98	100	104	104	102
1991	100	100	100	100	100	100	100	100	1991	100	100	100	100	100	100	100	100
1992	100	96	95	98	99	93	92	91	1992	102	96	104	102	108	97	100	105
1993	99	86	91	96	97	90	90	86	1993	103	91	101	99	107	92	84	99
1994	99	81	88	98	100	92	89	87	1994	110	96	117	105	118	105	85	112
1995	96	75	84	102	105	92	93	92	1995	106	95	127	111	126	111	..	120
1996	95	73	82	103	106	93	92	96	1996	105	97	124	114	130	111	..	123

Notes: see end of table / voir à la fin de ce tableau

.../...

10.1B INDUSTRIE

INDUSTRIAL STRUCTURE, selected countries, 1980-1996
STRUCTURE INDUSTRIELLE, pays sélectionnés, 1980-1996

Production indices/Indices de production (1991=100)

	3100 a)	3200 b)	3300 c)	3400 d)	3500 e)	3600 f)	3700 g)	3800 h)		3100 a)	3200 b)	3300 c)	3400 d)	3500 e)	3600 f)	3700 g)	3800 h)
	Food/ Alimentaires	Textile/ Textiles	Wood/ Bois	Paper/ Papier	Chemical/ Chimiques	Non-metal/ Non Métalliques	Basic metal/ Métallurgique	Machinery/ Machines		Food/ Alimentaires	Textile/ Textiles	Wood/ Bois	Paper/ Papier	Chemical/ Chimiques	Non-metal/ Non Métalliques	Basic metal/ Métallurgique	Machinery/ Machines
	Finland/Finlande *									**Ireland/Irlande**							
1980	83	204	124	78	77	89	73	74	1980	66	112	96	70	37	98	71	30
1985	92	197	114	92	87	99	88	99	1985	75	100	85	66	58	91	92	54
1990	102	124	125	106	105	117	103	120	1990	96	105	100	92	85	106	112	103
1991	100	100	100	100	100	100	100	100	1991	100	100	100	100	100	100	100	100
1992	101	91	100	99	102	87	111	106	1992	107	102	102	109	115	104	90	112
1993	104	89	109	104	105	81	118	116	1993	113	99	104	117	125	100	95	118
1994	104	97	125	112	117	88	126	142	1994	120	102	114	119	148	111	91	137
1995	105	92	126	115	118	91	132	174	1995	131	101	121	132	170	121	97	184
1996	110	90	129	112	120	95	143	185	1996	135	98	130	133	198	133	104	199
	France									**Italy/Italie**							
1980	84	140	109	71	78	110	117	94	1980	81	103	93	69	84	95	93	88
1985	88	130	88	80	84	94	96	91	1985	85	99	78	76	85	83	87	85
1990	99	106	104	101	99	104	103	104	1990	98	101	97	99	101	101	98	104
1991	100	100	100	100	100	100	100	100	1991	100	100	100	100	100	100	100	100
1992	101	96	96	101	104	93	98	97	1992	99	99	101	103	100	98	98	96
1993	102	89	89	99	104	86	89	90	1993	101	98	98	112	98	90	99	91
1994	104	91	89	102	109	94	99	94	1994	102	106	104	119	103	91	111	98
1995	107	87	88	103	110	97	100	96	1995	103	109	111	117	106	98	118	110
1996	108	81	87	102	114	91	98	97	1996	101	104	104	114	105	93	108	108
	w. Germany/Allemagne occ.									**Luxembourg ***							
1980	72	125	97	72	81	99	99	72	1980	66	42	76	66	57	41	98	55
1985	76	109	76	76	86	82	98	79	1985	92	46	81	76	73	57	104	82
1990	93	101	93	95	98	96	102	97	1990	98	95	94	97	98	100	103	100
1991	100	100	100	100	100	100	100	100	1991	100	100	100	100	100	100	100	100
1992	99	90	101	99	100	103	95	98	1992	101	107	84	103	103	106	96	94
1993	99	81	96	95	96	99	85	87	1993	99	104	90	105	93	93	95	91
1994	99	73	98	95	102	104	92	91	1994	103	113	96	99	106	112	93	96
1995	98	69	97	94	105	100	93	93	1995	101	110	89	104	109	112	82	102
1996	100	63	93	92	104	94	88	95	1996	97	92	248	103	112	107	82	108
	Greece/Grèce *									**Netherlands/Pays-Bas ***							
1980	79	122	133	83	79	113	98	115	1980	77	109	111	81	63	94	78	83
1985	96	113	90	105	92	102	92	98	1985	81	105	84	82	84	91	85	91
1990	94	107	100	100	106	113	97	97	1990	96	104	99	99	102	104	98	99
1991	100	100	100	100	100	100	100	100	1991	100	100	100	100	100	100	100	100
1992	105	93	95	100	98	96	97	104	1992	102	91	102	99	101	93	97	99
1993	105	89	89	94	99	96	91	94	1993	103	89	101	98	101	93	98	93
1994	108	86	85	97	104	99	95	90	1994	108	87	101	101	109	103	104	97
1995	112	80	94	98	108	101	101	95	1995	108	85	96	103	111	104	104	102
1996	110	75	93	99	114	108	98	95	1996	111	88	96	105	111	106	103	106

Notes: see end of table / voir à la fin de ce tableau

.../...

INDUSTRY 10.1B

INDUSTRIAL STRUCTURE, selected countries, 1980-1996
STRUCTURE INDUSTRIELLE, pays sélectionnés, 1980-1996

Production indices/Indices de production (1991=100)

	3100 a)	3200b)	3300 c)	3400 d)	3500 e)	3600 f)	3700 g)	3800 h)		3100 a)	3200b)	3300 c)	3400 d)	3500 e)	3600 f)	3700 g)	3800 h)
	Food/ Alimentaires	Textile/ Textiles	Wood/ Bois	Paper/ Papier	Chemical/ Chimiques	Non-metal/ Non Métalliques	Basic metal/ Métallurgique	Machinery/ Machines		Food/ Alimentaires	Textile/ Textiles	Wood/ Bois	Paper/ Papier	Chemical/ Chimiques	Non-metal/ Non Métalliques	Basic metal/ Métallurgique	Machinery/ Machines
					Norway/Norvège									**Switzerland/Suisse ***			
1980	106	182	142	82	53	133	68	101	1980	89	118	90	67	60	123	91	88
1985	98	143	124	96	92	120	88	102	1985	90	113	85	85	73	116	92	79
1990	97	101	108	100	106	113	101	101	1990	99	101	105	101	100	113	107	95
1991	100	100	100	100	100	100	100	100	1991	100	100	100	100	100	100	100	100
1992	101	97	98	99	100	103	100	106	1992	99	93	99	98	103	96	100	98
1993	101	94	97	102	104	104	102	110	1993	101	89	94	96	110	89	95	93
1994	105	103	105	107	109	117	111	115	1994	99	93	103	103	124	98	104	96
1995	107	99	108	110	109	131	109	121	1995	102	90	100	107	136	93	103	99
1996	109	101	111	111	111	138	112	126	1996	102	79	90	107	145	88	97	94
					Portugal *									**Turkey/Turquie**			
1980	68	75	89	..	78	59	89	81	1981	52	50	46	36	52	57	37	32
1985	72	88	95	..	90	68	92	78	1985	75	83	78	80	73	63	69	61
1990	99	102	92	..	115	101	113	101	1990	92	109	106	106	101	96	108	89
1991	100	100	100	..	100	100	100	100	1991	100	100	100	100	100	100	100	100
1992	93	94	104	..	93	103	110	97	1992	96	104	101	110	103	112	106	108
1993	97	90	105	..	91	108	109	92	1993	104	104	108	131	111	118	121	126
1994	95	90	89	..	95	109	113	93	1994	107	99	94	115	106	113	116	94
1995	97	90	95	..	96	112	119	103	1995	112	115	109	128	123	127	121	113
1996	99	87	101	..	99	115	115	112	1996	119	125	114	123	127	133	131	132
					Spain/Espagne *									**UK/Royaume-Uni**			
1980	74	114	96	78	86	88	97	75	1980	94	113	95	79	76	99	105	87
1985	87	107	80	82	90	75	103	72	1985	96	116	95	79	86	96	97	89
1990	98	106	102	96	100	100	100	103	1990	101	112	113	105	99	111	109	108
1991	100	100	100	100	100	100	100	100	1991	100	100	100	100	100	100	100	100
1992	96	92	93	101	101	93	95	97	1992	101	100	99	101	103	95	96	97
1993	98	82	84	100	97	88	94	88	1993	102	100	102	104	105	99	96	98
1994	101	91	86	104	108	96	103	98	1994	103	101	107	107	111	103	97	104
1995	100	89	88	104	112	103	106	111	1995	105	100	101	108	117	102	99	106
1996	97	85	83	103	112	101	101	114	1996	106	100	103	107	116	98	99	109
					Sweden/Suède *									**OECD/OCDE Europe ***			
1980	95	161	103	88	79	115	106	75	1980	79	107	96	74	76	95	97	79
1985	99	141	95	97	88	102	115	92	1985	85	105	83	80	84	85	94	83
1990	103	119	108	103	98	112	109	108	1990	97	104	100	100	100	102	103	101
1991	100	100	100	100	100	100	100	100	1991	100	100	100	100	100	100	100	100
1992	101	93	89	96	108	87	105	97	1992	100	97	99	101	102	98	97	98
1993	103	83	93	98	117	78	115	93	1993	101	93	96	102	101	95	95	92
1994	108	90	101	104	113	79	136	112	1994	103	96	99	105	107	99	102	97
1995	111	101	112	101	114	85	137	134	1995	104	97	101	106	112	102	105	103
1996	116	99	109	100	121	79	140	139	1996	105	94	98	104	113	99	102	105

Notes: see next page / voir page suivante

.../...

10.1B INDUSTRIE

INDUSTRIAL STRUCTURE, selected countries, 1980-1996
STRUCTURE INDUSTRIELLE, pays sélectionnés, 1980-1996

Production indices/Indices de production (1991=100)

	3100 a)	3200 b)	3300 c)	3400 d)	3500 e)	3600 f)	3700 g)	3800 h)
	Food/ Alimentaires	Textile/ Textiles	Wood/ Bois	Paper/ Papier	Chemical/ Chimiques	Non-metal/ Non Métalliques	Basic metal/ Métallurgique	Machinery/ Machines
				OECD/OCDE *				
1980	82	107	97	75	74	94	95	70
1985	89	105	91	85	82	88	93	82
1990	98	103	104	101	100	103	103	101
1991	100	100	100	100	100	100	100	100
1992	101	99	101	101	102	98	97	99
1993	101	96	100	102	103	97	98	97
1994	104	97	103	105	107	101	103	104
1995	105	96	103	105	111	102	106	110
1996	106	93	102	104	113	101	107	116

Notes:
a) Manufacture of food, beverages and tobacco.
b) Textile, wearing apparel and leather industries.
c) Manufacture of wood and wood products, including furniture.
d) Manufacture of paper and paper products; printing and publishing.
e) Manufacture of chemicals and of chemical, petroleum, coal, rubber and plastic products.
f) Manufacture of non-metallic mineral products, except products of petroleum and coal.
g) Basic metal industries.
h) Manufacture of fabricated metal products, machinery and equipment.
MEX) ISIC 3200: excludes ISIC 323 until 1992; ISIC 3500: excludes ISIC 353 until 1992.
USA) ISIC 3500: excludes ISIC 354.
JPN) ISIC 3400: excludes ISIC 342.
AUS) ISIC 3700: includes ISIC 381; ISIC 3800: excludes ISIC 381.
AUT) ISIC 3200: excludes ISIC 324.
BEL) ISIC 3300: excludes ISIC 332; ISIC 3400: excludes ISIC 342.
DNK) ISIC 3800: includes ISIC 37.
FIN) ISIC 3200: excludes ISIC 324.
GRC) ISIC 3400: excludes ISIC 3412 and 3419; ISIC 3800: excludes ISIC 385.
LUX) ISIC 3200: ISIC 322, 3212, 3219 only; ISIC 3400: excludes ISIC 3411 and 3419; ISIC 3800: includes ISIC 39.
NLD) ISIC 3300: excludes ISIC 332.
PRT) ISIC 3300: excludes ISIC 332.
ESP) ISIC 3300: excludes ISIC 332 ; ISIC 3800: excludes ISIC 3841.
SWE) ISIC 3300: excludes ISIC 332; ISIC 3800: excludes ISIC 3841.
CHE) ISIC 3200: excludes ISIC 323; ISIC 3300: includes ISIC 3903 and parts of ISIC 3849 and 3909; ISIC 3500: excludes coal products, includes ISIC 323; ISIC 3700: includes ISIC 381; ISIC 3800: excludes ISIC 381, includes ISIC 3901 and 3902.
TOT) Covers only the countries and data presented in the table.

Notes:
a) Fabrication de produits alimentaires, boissons et tabac.
b) Industries des textiles, de l'habillement et du cuir.
c) Industrie du bois et fabrication d'ouvrages en bois, y compris les meubles.
d) Fabrication de papier et d'articles en papier; imprimerie et édition.
e) Industrie chimique et fabrication de produits chimiques, de dérivés du pétrole et du charbon et d'ouvrages en caoutchouc et en matière plastique.
f) Fabrication de produits minéraux non métalliques, à l'exclusion des dérivés du pétrole et du charbon.
g) Industrie métallurgique de base.
h) Fabrication d'ouvrages en métaux, de machines et de matériel.
MEX) CITI 3200: CITI 323 exclue jusqu'en 1992; CITI 3500: CITI 353 exclue jusqu'en 1992.
USA) CITI 3500: CITI 354 exclue.
JPN) CITI 3400: CITI 342 exclue.
AUS) CITI 3700: CITI 381 comprise; CITI 3800: CITI 381 non comprise.
AUT) CITI 3200: CITI 324 exclue.
BEL) CITI 3300: CITI 332 exclue; CITI 3400: CITI 342 exclue.
DNK) CITI 3800: CITI 37 inclue.
FIN) CITI 3200: CITI 324 exclue.
GRC) CITI 3400: CITI 3412 and 3419 exclues; CITI 3800: CITI 385 exclue.
LUX) CITI 3200: CITI 322, 3212, 3219 uniquement; CITI 3400: CITI 3411 et 3419 exclues; CITI 3800: CITI 39 comprise.
NLD) CITI 3300: CITI 332 exclue.
PRT) CITI 3300: CITI 332 exclue.
ESP) CITI 3300: CITI 332 exclue; CITI 3800: CITI 3841 exclue.
SWE) CITI 3300: CITI 332 exclue; CITI 3800: CITI 3841 exclue.
CHE) CITI 3200: CITI 323 exclue; CITI 3300: y compris la CITI 3903 et une partie des CITI 3849 et 3909; CITI 3500: dérivés du charbon exclus, CITI 323 inclue; CITI 3700: CITI 381 comprise; CITI 3800: CITI 381 non comprise, CITI 3901 et 3902 comprises.
TOT) Incluent uniquement les données et pays présentés dans le tableau.

Source: OECD/OCDE

INDUSTRY 10.1C

SELECTED ENVIRONMENTALLY SIGNIFICANT INDUSTRIES, 1980-1996
INDUSTRIES SÉLECTIONNÉES AYANT UNE SIGNIFICATION POUR L'ENVIRONNEMENT, 1980-1996

Production indices/Indices de production (1991=100)

	3411 a) Pulp,paper, paperboard/ Pâte à papier, papier,carton	3510 b) Chemical products/ Industrie chimique	3530 c) Petroleum refineries/ Raffineries de pétrole	3710 d) Iron and steel/ Fer et acier	3830 e) Electrical machinery/ Machines électriques	3843 f) Motor vehicles/ Véhicules automobiles		3411 a) Pulp,paper, paperboard/ Pâte à papier, papier, carton	3510 b) Chemical products/ Industrie chimique	3530 c) Petroleum refineries/ Raffineries de pétrole	3710 d) Iron and steel/ Fer et acier	3830 e) Electrical machinery/ Machines électriques	3843 f) Motor vehicles/ Véhicules automobiles
			Canada *							**Belgium/Belgique**			
1980	105	71	95	121	77	..	1980	70	75	112	104	94	64
1985	100	84	88	116	88	..	1985	75	86	57	97	89	82
1990	104	115	101	109	108	..	1990	97	100	90	99	102	103
1991	100	100	100	100	100	..	1991	100	100	100	100	100	100
1992	100	108	97	104	104	..	1992	104	112	104	85	94	95
1993	103	114	101	118	106	..	1993	86	107	97	76	93	99
1994	108	125	103	122	116	..	1994	83	107	98	..	..	103
1995	109	132	104	124	131	..	1995	79	113	90	..	..	106
1996	107	133	109	127	139	..	1996	79	116	109	..	..	104
			USA/Etats-Unis							**Denmark/Danemark ***			
1980	78	79	98	124	54	74	1980	69	76	102	..	71	..
1985	87	82	90	103	76	107	1985	87	94	103	..	94	..
1990	99	101	100	111	98	108	1990	96	100	96	..	105	..
1991	100	100	100	100	100	100	1991	100	100	100	..	100	..
1992	103	104	101	104	112	113	1992	100	109	104	..	108	..
1993	107	105	103	112	123	128	1993	86	109	104	..	109	..
1994	112	108	103	118	141	147	1994	97	121	110	..	123	..
1995	114	111	104	121	165	145	1995	99	134	116	..	136	..
1996	112	113	106	121	182	143	1996	94	138	128	..	153	..
			Japan/Japon							**Finland/Finlande ***			
1980	..	74	101	90	30	68	1980	78	77	82	74	50	..
1985	..	78	84	91	63	76	1985	88	88	79	87	67	..
1990	..	98	94	99	93	99	1990	103	106	96	97	111	..
1991	..	100	100	100	100	100	1991	100	100	100	100	100	..
1992	..	100	105	90	90	97	1992	104	101	104	114	128	..
1993	..	98	108	88	90	90	1993	113	104	100	121	166	..
1994	..	103	112	87	97	86	1994	125	115	119	130	222	..
1995	..	110	114	90	108	84	1995	126	117	113	133	285	..
1996	..	..	..	..	..	..	1996	121	117	123	143	311	..
			Austria/Autriche							**France ***			
1980	59	..	116	97	50	..	1980	73	71	146	128	80	82
1985	71	..	88	102	67	..	1985	80	84	100	102	92	74
1990	96	..	96	104	94	..	1990	97	99	96	104	101	104
1991	100	..	100	100	100	..	1991	100	100	100	100	100	100
1992	102	..	102	94	98	..	1992	106	105	97	96	101	102
1993	103	..	103	94	98	..	1993	103	106	101	87	98	89
1994	111	..	102	102	105	..	1994	110	113	99	97	103	102
1995	113	..	98	112	111	..	1995	108	114	100	98	109	107
1996	..	..	..	..	..	..	1996	108	117	105	..	110	109

Notes: see end of table / voir à la fin de ce tableau

.../...

10.1C INDUSTRIE

SELECTED ENVIRONMENTALLY SIGNIFICANT INDUSTRIES, 1980-1996
INDUSTRIES SÉLECTIONNÉES AYANT UNE SIGNIFICATION POUR L'ENVIRONNEMENT, 1980-1996

Production indices/Indices de production (1991=100)

	3411 a) Pulp,paper, paperboard/ Pâte à papier, papier,carton	3510 b) Chemical products/ Industrie chimique	3530 c) Petroleum refineries/ Raffineries de pétrole	3710 d) Iron and steel/ Fer et acier	3830 e) Electrical machinery/ Machines électriques	3843 f) Motor vehicles/ Véhicules automobiles		3411 a) Pulp,paper, paperboard/ Pâte à papier, papier, carton	3510 b) Chemical products/ Industrie chimique	3530 c) Petroleum refineries/ Raffineries de pétrole	3710 d) Iron and steel/ Fer et acier	3830 e) Electrical machinery/ Machines électriques	3843 f) Motor vehicles/ Véhicules automobiles
	\multicolumn{6}{c}{w. Germany/Allemagne occ. *}		\multicolumn{6}{c}{Luxembourg *}
1980	63	81	125	109	63	66	1980	..	34	..	102	53	..
1985	77	88	98	103	76	80	1985	..	49	..	104	95	..
1990	97	99	99	101	96	97	1990	..	95	..	102	121	..
1991	100	100	100	100	100	100	1991	..	100	..	100	100	..
1992	99	102	106	94	99	101	1992	..	115	..	95	99	..
1993	97	98	107	85	94	82	1993	..	122	..	93	99	..
1994	105	104	109	94	100	90	1994	..	149	..	90	109	..
1995	105	108	101	..	104	90	1995	..	145	..	76	130	..
1996	104	107	104	..	108	94	1996	..	155	..	76	127	..
	\multicolumn{6}{c}{Greece/Grèce}		\multicolumn{6}{c}{Netherlands/Pays-Bas *}
1980	62	79	85	120	105	218	1980	71	62	90	..	84	..
1985	84	96	84	100	110	144	1985	82	88	79	..	101	..
1990	93	105	115	100	89	106	1990	101	103	101	..	101	..
1991	100	100	100	100	100	100	1991	100	100	100	..	100	..
1992	102	97	116	90	102	156	1992	101	101	102	..	98	..
1993	95	100	101	82	111	96	1993	98	102	99	..	100	..
1994	101	102	118	74	109	130	1994	104	111	103	..	106	..
1995	105	114	121	87	112	113	1995	105	114	108	..	112	..
1996	100	123	133	78	120	97	1996	103	113	110	..	118	..
	\multicolumn{6}{c}{Ireland/Irlande *}		\multicolumn{6}{c}{Norway/Norvège *}
1980	107	33	97	..	20	225	1980	71	47	45	78	72	..
1985	91	55	84	..	40	97	1985	97	92	86	117	92	..
1990	98	82	98	..	93	120	1990	101	105	105	105	106	..
1991	100	100	100	..	100	100	1991	100	100	100	100	100	..
1992	102	117	103	..	112	92	1992	98	96	110	103	102	..
1993	101	129	105	..	124	87	1993	105	105	110	96	108	..
1994	105	153	121	..	158	92	1994	115	107	114	115	115	..
1995	105	178	119	..	218	96	1995	119	107	103	123	125	..
1996	101	211	124	..	233	95	1996	112	..	114	..	..	..
	\multicolumn{6}{c}{Italy/Italie}		\multicolumn{6}{c}{Portugal *}
1980	85	79	108	100	74	90	1980	48	81	69	92	44	76
1985	84	88	84	92	81	82	1985	73	98	73	92	69	62
1990	100	102	100	101	97	111	1990	90	120	112	113	97	101
1991	100	100	100	100	100	100	1991	100	100	100	100	100	100
1992	99	101	103	96	94	90	1992	96	90	113	112	102	109
1993	101	99	105	98	95	71	1993	90	87	104	110	100	90
1994	112	103	102	109	100	86	1994	95	88	126	112	102	90
1995	114	106	100	117	107	95	1995	100	86	135	118	120	105
1996	111	108	100	105	107	90	1996	98	88	122	110	125	133

Notes: see next page/ voir page suivante

.../...

INDUSTRY 10.1C

SELECTED ENVIRONMENTALLY SIGNIFICANT INDUSTRIES, 1980-1996
INDUSTRIES SÉLECTIONNÉES AYANT UNE SIGNIFICATION POUR L'ENVIRONNEMENT, 1980-1996

Production indices/Indices de production (1991=100)

	3411 a) Pulp, paper, paperboard/ Pâte à papier, papier, carton	3510 b) Chemical products/ Industrie chimique	3530 c) Petroleum refineries/ Raffineries de pétrole	3710 d) Iron and steel/ Fer et acier	3830 e) Electrical machinery/ Machines électriques	3843 f) Motor vehicles/ Véhicules automobiles		3411 a) Pulp, paper, paperboard/ Pâte à papier, papier, carton	3510 b) Chemical products/ Industrie chimique	3530 c) Petroleum refineries/ Raffineries de pétrole	3710 d) Iron and steel/ Fer et acier	3830 e) Electrical machinery/ Machines électriques	3843 f) Motor vehicles/ Véhicules automobiles
	\multicolumn{6}{c}{Spain/Espagne}		\multicolumn{6}{c}{Turkey/Turquie}
1980	81	86	87	100	75	57	1980	34	31	57	36	25	24
1985	85	91	85	108	68	68	1985	70	69	83	61	55	62
1990	98	100	100	99	108	100	1990	104	105	102	106	83	91
1991	100	100	100	100	100	100	1991	100	100	100	100	100	100
1992	100	100	106	91	97	101	1992	121	102	104	108	98	136
1993	102	98	101	88	102	83	1993	135	103	113	123	101	170
1994	112	112	104	95	115	102	1994	136	99	114	121	86	98
1995	119	115	99	100	129	114	1995	145	108	125	123	106	127
1996	118	115	92	91	132	119	1996	145	118	121	137	138	142
	\multicolumn{6}{c}{Sweden/Suède *}		\multicolumn{6}{c}{UK/Royaume-Uni *}
1980	87	69	80	108	54	..	1980	75	68	85	64	127	115
1985	94	79	75	120	72	..	1985	74	82	85	99	147	101
1990	102	88	117	111	101	..	1990	98	96	96	109	108	109
1991	100	100	100	100	100	..	1991	100	100	100	100	100	100
1992	101	111	114	107	103	..	1992	102	103	101	95	95	100
1993	105	117	134	118	113	..	1993	106	105	105	96	98	100
1994	113	116	109	142	143	..	1994	116	110	103	99	109	111
1995	111	119	110	143	186	..	1995	..	117	..	102	114	117
1996	108	129	117	141	234	..	1996	..	116	..	102	116	121

Notes:
a) Manufacture of pulp, paper and paperbord.
b) Manufacture of industrial chemicals.
c) Petroleum refineries.
d) Iron and steel basic industries.
e) Manufacture of electrical machinery, apparatus, appliances and supplies.
f) Manufacture of motor vehicles.
CAN) ISIC 3411: ISIC 3410, i.e. manufacture of paper and paper products; ISIC 3530: includes ISIC 3540.
DNK) ISIC 3411: ISIC 3410, i.e. manufacture of paper and paper products; ISIC 3530: includes ISIC 3540; ISIC 3830: includes ISIC 3850.
FIN) ISIC 3411: ISIC 3410, i.e. manufacture of paper and paper products.
FRA) ISIC 3411: ISIC 3410, i.e. manufacture of paper and paper products; ISIC 3530: includes ISIC 3540.
wDEU) ISIC 3530: includes ISIC 3540.
IRL) ISIC 3411: ISIC 3410, i.e. manufacture of paper and paper products; ISIC 3530: includes ISIC 3540.
LUX) ISIC 3510: includes ISIC 3540; ISIC 3830: includes ISIC 3825 and ISIC 3850.
NLD) ISIC 3411: ISIC 3410, i.e. manufacture of paper and paper products; ISIC 3530: includes ISIC 3540; ISIC 3830: excludes ISIC 3833.
NOR) ISIC 3411: ISIC 3410, i.e. manufacture of paper and paper products; ISIC 3530: includes ISIC 3540.
PRT) ISIC 3530: includes ISIC 3540.
SWE) ISIC 3411: ISIC 3410, i.e. manufacture of paper and paper products; ISIC 3530: includes ISIC 3540; ISIC 3830: excludes ISIC 3833.
UKD) ISIC 3411: ISIC 3410, i.e. manufacture of paper and paper products; ISIC 3530: includes ISIC 3540.

Notes :
a) Fabrication de la pâte à papier, du papier et du carton.
b) Industrie chimique.
c) Raffineries de pétrole.
d) Sidérurgie et première transformation de la fonte, du fer et de l'acier.
e) Fabrication de machines électriques, appareils et fournitures électriques.
f) Construction de véhicules automobiles.
CAN) CITI 3411: CITI 3410, soit la fabrication de papier et d'articles en papier; CITI 3530: inclut CITI 3540.
DNK) CITI 3411: CITI 3410, soit la fabrication de papier et d'articles en papier; CITI 3530: inclut CITI 3540; CITI 3830: inclut CITI 3850.
FIN) CITI 3411: CITI 3410, soit la fabrication de papier et d'articles en papier.
FRA) CITI 3411: CITI 3410, soit la fabrication de papier et d'articles en papier; CITI 3530: inclut CITI 3540.
wDEU) CITI 3530: inclut CITI 3540.
IRL) CITI 3411: CITI 3410, soit la fabrication de papier et d'articles en papier; CITI 3530: inclut CITI 3540.
LUX) CITI 3510: inclut CITI 3540; CITI 3830: inclut CITI 3825 et CITI 3850.
NLD) CITI 3411: CITI 3410, soit la fabrication de papier et d'articles en papier; CITI 3530: inclut CITI 3540; CITI 3830: exclut CITI 3833.
NOR) CITI 3411: CITI 3410, soit la fabrication de papier et d'articles en papier; CITI 3530: inclut CITI 3540.
PRT) CITI 3530: inclut CITI 3540.
SWE) CITI 3411: CITI 3410, soit la fabrication de papier et d'articles en papier; CITI 3530: inclut CITI 3540; CITI 3830: exclut CITI 3833.
UKD) CITI 3411: CITI 3410, soit la fabrication de papier et d'articles en papier; CITI 3530: inclut CITI 3540.

Source: OECD/OCDE

10.2 INDUSTRIE

BUSINESS SECTOR INVESTMENT
INVESTISSEMENT DU SECTEUR PRIVÉ

The next table shows trends in business sector investment expressed as indices (1991=100). Indices reflect gross fixed capital formation (GFCF) at constant prices for the total business sector including private services.

Le tableau suivant présente l'évolution de l'investissement du secteur privé exprimée en indices (1991=100). Les indices reflètent la formation brute de capital fixe (FBCF) à prix constants pour l'ensemble du secteur privé, y compris les services.

INDUSTRY 10.2

BUSINESS SECTOR INVESTMENT (a), 1980-1996
INVESTISSEMENT DU SECTEUR PRIVÉ (a), 1980-1996

Index/Indice (1991=100)

	1980	1981	1982	1983	1984	1985	1986	1987	1988	1989	1990	1991	1992	1993	1994	1995	1996
Canada	69	80	70	66	67	73	76	83	97	103	100	100	95	97	104	110	117
Mexico/Mexique	77	87	67	46	51	59	49	53	64	68	82	100	123	116	131	76	95
USA/États-Unis	84	89	85	83	98	104	100	99	103	108	107	100	102	108	119	130	140
Japan/Japon	44	45	46	47	52	58	61	65	74	85	94	100	94	85	80	83	89
Korea/Corée	30	29	31	36	41	43	48	58	66	76	90	100	100	105	121	137	148
Australia/Australie	80	93	94	85	90	102	101	107	112	126	116	100	98	98	112	121	138
N.Zealand/N.Zélande	79	90	96	91	116	118	114	127	122	130	122	100	109	132	155	179	187
Austria/Autriche	70	68	61	61	63	69	71	75	81	88	95	100	98	92	100	103	104
Belgium/Belgique	57	57	58	55	59	61	64	71	81	93	104	100	99	90	87	91	95
Denmark/Danemark	67	56	68	69	78	93	110	104	96	102	105	100	93	89	86	99	107
Finland/Finlande	83	87	90	96	94	100	104	109	118	141	132	100	79	61	62	74	82
France	74	72	72	69	68	71	75	80	88	95	100	100	96	88	90	93	92
Germany/Allemagne	..	..	..	..	..	..	..	..	..	..	..	100	100	90	90	92	92
w.Germany/Allemagne occ.	69	66	63	66	66	69	72	75	79	85	93	100	..	..	..	..	..
Greece/Grèce	78	81	82	73	72	78	65	60	69	81	87	100	103	101	105	115	129
Iceland/Islande	93	96	92	77	86	93	97	118	106	91	96	100	82	62	62	67	98
Ireland/Irlande	91	106	103	91	88	75	73	78	88	100	114	100	93	89	92	102	115
Italy/Italie	82	75	69	65	69	70	74	80	90	95	100	100	99	80	84	95	95
Netherlands/Pays-Bas	71	63	61	65	69	78	87	87	89	96	98	100	97	93	92	102	110
Norway/Norvège	88	113	95	102	118	95	123	116	119	110	98	100	96	106	110	114	117
Spain/Espagne	63	59	58	58	51	51	59	71	82	93	97	100	98	83	86	97	101
Sweden/Suède	75	70	71	73	78	88	90	98	104	119	118	100	85	74	87	109	116
Switzerland/Suisse	59	61	59	61	63	70	79	88	95	100	104	100	91	84	87	96	101
UK/Royaume-Uni	59	56	60	60	68	77	78	91	107	114	111	100	94	92	95	97	104
North America/Amérique N.	82	88	82	79	91	98	94	94	100	104	104	100	103	108	119	124	135
EU/UE-15 *	70	67	66	65	67	70	74	80	88	96	100	100	97	87	90	95	97
OECD/OCDE Europe *	70	67	66	66	67	71	75	81	89	96	100	100	97	88	90	95	98
OECD/OCDE *	66	67	65	64	71	76	77	81	88	96	100	100	100	98	95	99	105

Notes:
a) Indexes based on values of real gross private non-residential fixed capital formation.
TOT) Include western Germany only until 1991; include only countries presented in the table.

Source: OECD/OCDE

Notes :
a) Indices fondés sur les valeurs de la formation brute de capital fixe du secteur privé non résidentiel, en volume.
TOT) Incluent l'Allemagne occidentale uniquement jusqu'en 1991; incluent uniquement les pays présentés dans le tableau.

10.3 INDUSTRIE

INTERNATIONAL TOURIST RECEIPTS
RECETTES DU TOURISME INTERNATIONAL

The following table presents trends in international tourist receipts in OECD countries.

Data refer to receipts in real terms, expressed as indices (1991=100). The last column presents the amount of these receipts in 1996 expressed in US$ at current exchange rates.

Tourism activity can exert pressures on the environment because it often implies major concentrations of people in environmentally sensitive areas (e.g. coastal and mountain areas) within a relatively short period.

Le tableau suivant présente les tendances concernant les recettes de l'activité touristique internationale dans les pays de l'OCDE.

Les données concernent les recettes en termes réels exprimées sous forme d'indices (1991=100). La dernière colonne présente la valeur de ces recettes en 1996 exprimée en $EU aux taux de change courants.

L'activité touristique peut exercer des pressions sur l'environnement en raison des grandes concentrations de population qu'elle entraîne souvent sur des périodes relativement courtes et dans des zones sensibles du point de vue de l'environnement (par exemple : zones côtières, montagnes).

INDUSTRY

10.3

INTERNATIONAL TOURIST RECEIPTS, 1980-1996
RECETTES DU TOURISME INTERNATIONAL, 1980-1996

		1980	1985	1986	1987	1988	1989	1990	1991	1992	1993	1994	1995	1996	million US$/ millions de $EU b) 1996
							Index/Indice (1991=100) (a)								
Canada		65	73	88	82	86	85	102	100	101	108	122	135	145	8811.5
Mexico/Mexique		..	..	..	..	60	64	66	100	89	82	88	120	118	6897.0
USA/Etats-Unis		34	46	52	58	71	82	93	100	110	113	111	113	116	64374.0
Japan/Japon	*	39	64	57	71	87	100	116	100	97	83	74	64	98	4281.0
Australia/Australie		34	42	48	69	89	78	86	100	104	111	137	152	164	8127.5
N.Zealand/N.Zélande		24	51	64	61	100	95	100	100	103	81	91	126	133	2647.8
Austria/Autriche	*	76	76	75	78	85	95	99	100	96	92	85	81	79	13821.5
Belgium/Belgique	*	68	91	90	101	112	105	103	100	103	108	117	122	..	5593.7
Czech Rep./Rép. Tchèque		..	..	..	..	..	..	..	..	..	..	..	..	..	3801.8
Denmark/Danemark		62	78	77	79	81	80	95	100	101	88	89	87	81	3425.0
Finland/Finlande		106	87	83	94	101	100	97	100	115	139	143	146	148	1673.9
France		55	71	65	67	75	92	94	100	107	106	107	105	109	28181.7
Germany/Allemagne		..	..	..	..	..	..	..	100	99	96	118	119	120	15787.5
Greece/Grèce	*	125	130	138	138	141	116	121	100	131	144	159	147	127	3684.1
Hungary/Hongrie		..	..	..	..	..	..	..	..	..	..	..	..	..	2260.7
Iceland/Islande		27	58	66	76	87	95	108	100	89	103	109	120	112	153.3
Ireland/Irlande	*	65	67	64	68	77	86	96	100	90	103	120	133	153	2568.0
Italy/Italie	*	82	98	85	87	85	81	110	100	110	138	147	163	153	28245.2
Netherland/Pays-Bas		54	74	73	74	76	86	85	100	110	102	100	119	115	6144.3
Norway/Norvège		75	85	95	95	100	92	93	100	111	117	138	126	128	2342.6
Portugal		58	68	72	87	92	99	104	100	84	104	96	97	94	4325.2
Spain/Espagne		65	100	112	116	118	109	100	100	108	112	125	131	131	25892.2
Sweden/Suède		57	92	96	107	113	121	115	100	107	118	121	134	133	3674.0
Switzerland/Suisse		77	92	90	93	96	101	99	100	101	104	104	100	96	8723.2
Turkey/Turquie	*	17	98	78	100	135	133	131	100	135	142	214	187	223	6000.0
UK/Royaume-Uni		80	103	102	110	105	108	110	100	102	120	124	146	151	20019.7
North America/Amérique N.		..	..	..	..	71	81	91	100	107	109	110	116	119	80082.5
EU/UE	*	..	..	..	..	..	..	..	100	104	112	117	124	..	157442.3
OECD/OCDE Europe	*	..	..	..	..	..	..	..	100	105	112	119	124	..	180723.9
OECD/OCDE	*	..	..	..	..	..	..	..	100	105	110	116	121	..	275862.8

Notes:
a) Based on receipts expressed as 1991 price levels and exchange rates.
b) At current prices and exchange rates.
JPN) 1996 data are Secretariat estimates.
AUT) 1996 data are Secretariat estimates.
BEL) Belgium-Luxembourg Economic Union; 1996: 1995 data.
GRC) 1996 data are Secretariat estimates.
IRL) 1996 data are Secretariat estimates.
ITA) 1996 data are Secretariat estimates.
TUR) 1996 data are Secretariat estimates.
TOT) Indexes: do not include Korea, Poland, Czech Republic and Hungary; 1996 values: do not include Korea, Poland, Belgium and Luxembourg.

Source: OECD/OCDE

Notes:
a) Fondé sur les recettes exprimées aux niveaux de prix et taux de change 1991.
b) Aux niveaux de prix et taux de change courants.
JPN) 1996: estimations du Secrétariat.
AUT) 1996: estimations du Secrétariat.
BEL) Union économique belgo-luxembourgeoise; 1996: données 1995.
GRC) 1996: estimations du Secrétariat.
IRL) 1996: estimations du Secrétariat.
ITA) 1996: estimations du Secrétariat.
TUR) 1996: estimations du Secrétariat.
TOT) Indices: n'incluent pas la Corée, la Pologne, la République Tchèque et la Hongrie; valeurs 1996: n'incluent pas la Corée, la Pologne, la Belgique et le Luxembourg.

11. AGRICULTURE

11. AGRICULTURE

LIST OF TABLES

11.1A Arable and permanent crop land

11.1B Permanent grassland

11.2 Irrigated area

11.3A Economically active population in the primary sector

11.3B Tractors and combined harvester-threshers in use

11.4 Total energy consumption by agriculture

11.5A Apparent consumption of nitrogenous fertilisers

11.5B Apparent consumption of phosphate fertilisers

11.5C Apparent consumption of commercial fertilisers (NPK)

11.6A Consumption of pesticides

11.6B Trends in the consumption of pesticides

11.7 Livestock

11.8 Agricultural production

LISTE DES TABLEAUX

11.1A Terres arables et cultures permanentes

11.1B Prairies et pâturages permanents

11.2 Superficie irriguée

11.3A Population économiquement active dans le secteur primaire

11.3B Tracteurs agricoles et moissonneuses-batteuses en service

11.4 Consommation totale d'énergie par l'agriculture

11.5A Consommation apparente d'engrais azotés

11.5B Consommation apparente d'engrais phosphatés

11.5C Consommation apparente d'engrais commerciaux (NPK)

11.6A Consommation de pesticides

11.6B Évolution de la consommation de pesticides

11.7 Cheptels d'animaux d'élevage

11.8 Production agricole

AGRICULTURE

INTRODUCTION

This section refers to agricultural activities that generate pressures on the environment, such as land degradation by erosion, compaction or pollution; water resource degradation through perturbation related to irrigation or drainage; pollution by nitrogenous and phosphate fertilisers, manure and slurry as well as pesticides; and landscape and wildlife deterioration through loss of diversity and habitat alteration.

The section provides data on major factor inputs to agricultural activities with significance for the environment:

- land;
- water for irrigation;
- labour;
- machines;
- energy;
- fertilisers;
- pesticides;
- livestock.

The data presented in this section mainly come from the FAO; they have been supplemented by data from other international and national sources. In general, these data exhibit a good level of comparability, although special care is required in the interpretation of land use and pesticide data.

The reader may also refer to the sections on inland waters, land, forest and wildlife to supplement this section.

AGRICULTURE

INTRODUCTION

Cette section concerne les activités agricoles qui exercent des pressions sur l'environnement. Ces pressions sont à l'origine : de la dégradation des sols par l'érosion, le compactage et la pollution ; de la dégradation des ressources en eau liée à l'irrigation ou au drainage ; de la pollution par les engrais azotés ou phosphatés, les engrais naturels et les pesticides ; de la détérioration des paysages et de la faune et flore sauvages par perte de diversité et altération des habitats.

Cette section fournit des données sur les facteurs de production agricole qui ont des répercussions sur l'environnement :

- les sols ;
- l'eau d'irrigation ;
- le travail ;
- les machines ;
- l'énergie ;
- les engrais ;
- les pesticides ;
- les cheptels d'animaux d'élevage.

Les données présentées dans cette section proviennent principalement de la FAO ; elles ont été complétées par des données provenant d'autres sources internationales et nationales. En général, ces données bénéficient d'un bon niveau de comparabilité bien que l'interprétation des données sur l'occupation des sols et sur les pesticides demande une attention particulière.

Le lecteur pourra se référer aux sections concernant les eaux intérieures, le sol, la forêt et la faune et la flore pour compléter cette section.

AGRICULTURE

LAND USED FOR AGRICULTURE
TERRES UTILISÉES POUR L'AGRICULTURE

The following tables concern land used for agriculture; specifically, Table 1A concerns arable and permanent crop land and Table 1B concerns permanent grassland.

The data refer, in principle, to the situation at the end of the year indicated.

The restructuring of the natural environment into meadows and pastures, the intensity of grazing and other farming practices have important consequences for vegetation cover, wildlife, soil resources and the quality of air and water.

- "Arable" refers to all land generally under rotation, whether for temporary crops (double-cropped areas are counted only once) or meadows, or left fallow.
- "Permanent crops" are those that occupy land for a long period and do not have to be planted for several years after each harvest. Land under trees and shrubs producing flowers, such as roses and jasmine, is so classified, as are nurseries (except those for forest trees, which should be classified under "forests and other wooded land").
- "Arable and permanent crop land" is defined as the sum of arable area and land under permanent crops.
- "Permanent grassland" refers to land used for five years or more for herbaceous forage, either cultivated or growing wild.

When interpreting these tables it should be borne in mind that the land use definitions employed by reporting countries may vary considerably and items classified under the same category can therefore relate to very different kinds of land. Comparability of data is particularly unsatisfactory in the case of permanent grassland. Readers are also referred to related tables in this section and in the section concerning land.

Les tableaux suivants concernent les sols utilisés par l'agriculture, notamment les terres arables et les cultures permanentes (tableau 1A) et les prairies et pâturages permanents (tableau 1B):

En principe, les données se rapportent à la situation à la fin de l'année indiquée.

La restructuration de l'environnement naturel en prairies et pâturages, l'intensité de l'élevage et les autres pratiques agricoles ont des conséquences importantes sur la végétation, les ressources en sols, la flore et la faune, et la qualité de l'air et de l'eau.

- Les terres arables comprennent toutes les terres généralement assolées, qu'elles soient utilisées pour des cultures (les superficies récoltées deux fois n'étant comptées qu'une fois) ou des prairies temporaires, ou laissées en jachère.
- Les cultures permanentes comprennent les terres occupées par des cultures et qui peuvent attendre plusieurs années avant d'être replantées. Les terres plantées en arbres et arbustes à fleurs (par exemple, les rosiers et les jasmins) sont classées dans cette catégorie qui comprend également les pépinières (à l'exception des pépinières d'arbres forestiers qu'on doit classer sous la rubrique "forêts et autres terrains boisés")
- Les "terres arables et cultures permanentes" sont définies comme la somme des superficies des terres arables et des cultures permanentes.
- Les "prairies et pâturages permanents" sont les terres consacrées de façon permanente (c'est-à-dire pendant au moins cinq ans) aux herbacées fourragères, cultivées ou sauvages.

L'interprétation de ces tableaux doit tenir compte du fait que les définitions d'utilisation des sols employées par les pays Membres peuvent varier de façon considérable et que certaines informations dans la même catégorie peuvent se rapporter à des types de sols qui ont des caractéristiques très différentes. La comparabilité des données est particulièrement insatisfaisante en ce qui concerne les prairies et pâturages permanents. Le lecteur peut aussi lire les autres tableaux sur ce thème dans cette section et dans la section sur les sols.

AGRICULTURE

11.1A

ARABLE AND PERMANENT CROP LAND (a), 1980-1995
TERRES ARABLES ET CULTURES PERMANENTES (a), 1980-1995

km^2

	1980	1985	1986	1987	1988	1989	1990	1991	1992	1993	1994	1995
Canada	386500	406680	416800	416800	416800	416800	416800	414290	414290	414290	414290	414290
Mexico/Mexique	245300	247000	247050	247050	247100	247100	247100	247200	247300	247300	247300	247300
USA/Etats-Unis	1906240	1897990	1897990	1877760	1877760	1877760	1877760	1877760	1877760	1877760	1877760	1877760
Japan/Japon	48810	47580	47320	47080	46810	46370	45960	45550	45150	44630	44220	44220
Korea/Corée	21960	21440	21410	21430	21380	21270	21090	20910	20700	20550	20550	20550
Australia/Australie *	451000	482000	482000	482000	482000	482000	479000	457000	472000	464860	471960	471960
N. Zealand/N. Zélande	4530	5110	5080	4470	4200	4250	4120	4120	4100	4100	4100	4100
Austria/Autriche	16350	15250	15130	15130	15320	15330	15050	15240	15060	14980	15130	15130
Belgium/Belgique	7500	7480	7490	7500	7470	7460	7770	7920	8160	8280	9570	8720
Czech Rep./R.Tchèque	35240	35040	34950	34850	34750	34650	34550	34400	34240	34090	33860	33790
Denmark/Danemark *	26530	26140	26050	25890	25700	25550	25710	25580	25480	25410	23750	22690
Finland/Finlande	25630	24100	23920	24110	24410	24530	25440	25790	25800	25830	25930	25250
France	188720	192420	193020	194590	190510	191050	191900	192160	192350	194390	194880	194930
Germany/Allemagne *	125280	124260	124200	124090	123900	123910	124150	118070	117070	119110	119110	119110
w.Germany/All.occ.	74940	74530	74630	74750	74660	74780	74920	75190	75340	75910	75910	75910
Greece/Grèce	39250	39400	39410	39420	39250	39100	39050	35150	35100	34940	35020	35020
Hungary/Hongrie	53320	52840	52890	52890	52870	52870	52880	52870	49720	49730	49740	50310
Iceland/Islande	1330	1360	1370	1380	1380	1390	1400	1400	1400	1400	1370	1370
Ireland/Irlande	11100	10320	10100	9830	9630	9530	9430	9330	9230	9230	9230	9230
Italy/Italie	124360	121140	120980	120700	119810	119670	119720	119750	119090	117300	111430	111430
Luxembourg	590	560	560	570	570	570	570	570	670	670	670	670
Netherlands/Pays-Bas	8760	9160	9260	9370	9480	9590	9530	9470	9550	9820	9820	9820
Norway/Norvège	8300	8590	8690	8690	8740	8820	8820	8930	8830	8900	9010	8960
Poland/Pologne	149940	147890	147630	147370	147150	146830	146640	146450	146270	146080	145890	145680
Portugal *	31410	31560	31590	31630	31670	31670	31730	31730	31730	29970	29000	29000
Spain/Espagne	204990	204160	204200	203900	203680	203240	201720	200890	199460	196560	201290	201290
Sweden/Suède	29790	29220	29080	28900	29560	29560	29560	29560	29880	29880	29880	29880
Switzerland/Suisse	4930	4940	4940	4940	4940	4940	4940	4940	4940	4670	4670	4670
Turkey/Turquie	281750	275300	269430	270710	277630	278970	278560	276540	275750	275350	276710	268450
UK/Royaume-Uni *	69960	70590	70110	70040	69240	67360	66590	66050	65950	61270	59890	59710
Slovak Rep./R.Slov.	16460	16490	16460	16430	16400	16400	16400	16390	16160	16130	16160	16070
N.America/Amér.N.	2538040	2551670	2561840	2541610	2541660	2541660	2541660	2539250	2539350	2539350	2539350	2539350
Australia/Australie-NZ	455530	487110	487080	486470	486200	486250	483120	461120	476100	468960	476060	476060
OECD/OCDE Europe	1445030	1431710	1424990	1426510	1427660	1426590	1425710	1412780	1405740	1397860	1395830	1385100
EU/UE-15	910220	905750	905100	905680	900200	898120	897920	887260	884580	877640	874590	871870
OECD/OCDE	4509370	4539500	4542650	4523100	4523710	4522140	4517540	4479610	4487040	4471350	4476010	4465280
World/Monde	14273070	14440290	14485500	14534720	14568330	14584650	14566890	14501530	14590050	14495480	14508380	14508380

Notes:
a) Includes Secretariat estimates; all figures are rounded to the nearest 10 km^2.
AUS) Includes about 300 000 km^2 of cultivated grassland.
DNK) 1980-81: data based on agricultural holdings of 0.5 hectare and over; from 1982: based on holdings of at least 5 hectares, and those of less than 5 hectares whose production exceeds a fixed minimum.
DEU) Includes land on holdings of 1 hectare and above, and on holdings of less than 1 hectare whose production market value exceeds a fixed minimum.
PRT) Includes about 8 000 km^2 of temporary crops grown in association with permanent crops and forests.
UKD) Includes fallow land.

Notes :
a) Inclut des estimations du Secrétariat; tous les chiffres sont arrondis à 10 km^2 près.
AUS) Y compris 300 000 km^2 d'herbages cultivés.
DNK) 1980-81: les données se rapportent aux terres des exploitations de 0.5 hectares et plus; depuis 1982: exploitations d'au moins 5 hectares et exploitations de moins de 5 hectares dont la production dépasse un minimum fixé.
DEU) Terres des exploitations d'au moins 1 hectare, et des exploitations de moins de 1 hectare dont la production a une valeur marchande qui dépasse un minimum donné.
PRT) Y compris environ 8 000 km^2 de cultures temporaires associées à des cultures permanentes ou à des forêts.
UKD) Inclut les terres en jachère.

Source: FAO, OECD/OCDE

AGRICULTURE 11.1B

PERMANENT GRASSLAND (a), 1980-1995
PRAIRIES ET PÂTURAGES PERMANENTS (a), 1980-1995

km^2

	1980	1985	1986	1987	1988	1989	1990	1991	1992	1993	1994	1995
Canada	300120	252210	261730	261730	261730	261730	261730	263250	263250	263250	263250	263250
Mexico/Mexique	744990	744990	744990	744990	744990	744990	744990	744990	744990	744990	744990	744990
USA/Etats-Unis	2375390	2416000	2416000	2391720	2391720	2391720	2391720	2391720	2391720	2391720	2391720	2391720
Japan/Japon	5800	6210	6260	6320	6360	6420	6470	6490	6570	6610	6610	6610
Korea/Corée	510	780	800	820	840	860	880	900	920	900	900	900
Australia/Australie *	4506000	4398000	4348870	4299730	4250600	4192000	4187000	4171000	4188000	4138000	4145000	4145000
N. Zealand/N. Zélande	141560	138810	138810	138100	137700	136770	134900	135050	135200	135200	135200	135200
Austria/Autriche	20400	19860	19860	19860	20000	20150	19950	19950	19860	19540	19540	19540
Belgium/Belgique *	7100	6840	6780	6710	6650	6590	6230	6010	5710	5690	4480	5340
Czech Rep./R.Tchèque	8510	8230	8250	8270	8290	8310	8330	8460	8600	8730	8900	9010
Denmark/Danemark *	2520	2210	2140	2110	2170	2190	2170	2120	2080	1970	3170	4570
Finland/Finlande	1640	1320	1320	1270	1250	1230	1220	1230	1200	1060	1100	980
France	128500	122000	120930	118940	117790	115650	113800	112100	110960	107640	106310	105660
Germany/Allemagne *	59890	58180	57880	57350	57070	56650	56180	53300	52430	52510	52510	52510
w.Germany/Allemagne occ.	47540	45660	45370	44810	44490	44070	43150	43260	42940	42540	42540	42540
Greece/Grèce	52550	52550	52550	52550	52550	52550	52550	52550	52550	52500	52500	52500
Hungary/Hongrie	12940	12470	12340	12220	12100	11970	11860	11730	11640	11570	11480	11480
Iceland/Islande	17670	17640	17630	17620	17620	17610	17600	17600	17600	17600	17640	17640
Ireland/Irlande	46170	46730	46840	46860	46880	46900	46920	46940	46900	46900	46900	46900
Italy/Italie	51260	49810	49440	49420	48580	48830	48680	48780	48780	48780	48780	48780
Luxembourg	710	700	700	700	690	690	690	690	820	820	820	820
Netherlands/Pays-Bas	11600	11270	11080	10900	10810	10670	10620	10440	10300	10300	10300	10300
Norway/Norvège	1230	990	1000	1010	1020	1090	1090	1180	1200	1230	1280	1300
Poland/Pologne	41080	41250	41220	41200	41200	41220	41200	41150	41140	41050	41010	40960
Portugal	8380	8380	8380	8380	8380	8380	8380	8380	8380	9620	10000	10000
Spain/Espagne	107390	102960	101900	102110	102100	103770	103000	102820	102600	103000	106870	106870
Sweden/Suède	5840	5720	5680	5650	5650	5680	5680	5720	5760	5760	5760	5760
Switzerland/Suisse	12730	12610	12610	12610	12610	12610	12610	12610	12610	11140	11140	11140
Turkey/Turquie	101000	106000	110000	115000	115000	120000	120000	123780	123780	123780	123780	123780
UK/Royaume-Uni *	107440	105240	105530	105820	106110	106400	106680	106590	106860	108530	110200	111870
Slovak Rep./Rép. Slovaque	8310	8180	8180	8170	8170	8130	8080	8090	8310	8350	8330	8390
N.America/Amér.N.	3420500	3413200	3422720	3398440	3398440	3398440	3398440	3399960	3399960	3399960	3399960	3399960
Australia/Australie-NZ	4647560	4536810	4487680	4437830	4388300	4328770	4321900	4306050	4323200	4273200	4280200	4280200
OECD/OCDE Europe	806550	792950	794060	796550	794510	799120	795430	794110	791730	789710	794450	797700
EU/UE-15	611390	593770	591010	588620	586680	586320	582760	577610	575170	574610	579230	582400
OECD/OCDE	8880930	8749960	8711510	8639960	8588440	8533610	8523120	8507510	8522380	8470380	8482130	8485370
World/Monde	32806650	33292730	33473160	33598640	33800960	33926750	33950710	33918370	34321390	33926780	33952570	33952570

Notes:
a) Includes Secretariat estimates; all figures are rounded to the nearest 10 km^2.
AUS) Data refer to native pasture and include fallow and unused land.
BEL) Includes a limited amount of wooded land belonging to agricultural holdings.
DNK) 1980-81: based on agricultural holdings of 0.5 hectare and over; from 1982: based on holdings of at least 5 hectares, and those of less than 5 hectares whose production exceeds a fixed minimum; increase in 1994 is due to set-aside land.
DEU) Includes land on holdings of 1 hectare and above, and on holdings of less than 1 hectare whose production market value exceeds a fixed minimum.
UKD) Includes set-aside land from 1990 onwards.

Notes :
a) Inclut des estimations du Secrétariat; tous les chiffres sont arrondis à 10 km^2 près.
AUS) Pâturages indigènes ainsi que les jachères et les terres non utilisées.
BEL) Inclut une surface limitée de terres boisées sur les exploitations agricoles.
DNK) 1980-81: terres des exploitations de 0.5 hectares et plus; depuis 1982: exploitations d'au moins 5 hectares et exploitations de moins de 5 hectares dont la production dépasse un minimum fixé; l'accroissement en 1994 est du aux terres laissées en friche.
DEU) Terres des exploitations d'au moins 1 hectare, et des exploitations de moins de 1 hectare dont la production a une valeur marchande qui dépasse un minimum donné.
UKD) A partir de 1990 les données incluent les terres en friche.

Source: FAO, OECD/OCDE

AGRICULTURE

11.2

IRRIGATED AREA
SUPERFICIE IRRIGUÉE

The next table concerns land irrigated for agricultural purposes.

Water is indispensable to agriculture and the investment in irrigation emphasises this fact. Irrigation is also important because of its impact on the soil-water and overall ecological balance (e.g. leaching of fertilisers). In a number of countries, freshwater consumption by irrigation exerts a major pressure on available water resources.

♦ The data on irrigation relate to areas purposely provided with water, including land flooded by river water for crop production or pasture improvement (controlled flooding), whether this area is irrigated several times or only once during the year.

The data refer, in principle, to the situation at the end of the year indicated.

When interpreting this table allowance must be made for the differences in the definition of irrigated land among countries. Readers are referred to related tables concerning land use in this section and in the section on land. This table should also be read in connection with the tables on water abstractions in the section on inland waters.

Le tableau suivant concerne les terres agricoles irriguées.

L'eau est indispensable à l'agriculture et les investissements dans des travaux d'irrigation mettent l'accent sur ce fait. L'irrigation est également importante en raison de ses impacts sur les grands équilibres sol-eau et écologiques (e.g. lessivage des engrais dans le sol). Dans de nombreux pays, la consommation d'eau douce par l'irrigation exerce une pression majeure sur les ressources en eau disponibles.

♦ Les données sur l'irrigation se réfèrent aux superficies irriguées volontairement, y compris les terres couvertes par les crues à des fins de culture ou pour améliorer les pâturages (submersion côntrolée), qu'elles aient été irriguées plusieurs fois ou une seule fois dans l'année indiquée.

En principe, les données se rapportent à la situation à la fin de l'année indiquée.

L'interprétation de ce tableau doit tenir compte des différences de définition des terres irriguées entre les pays. Ce tableau est à lire en liaison avec les autres tableaux sur le thème occupation des sols qui se trouvent dans cette section et dans la section sur les sols. Il devrait également être lu avec les tableaux sur les prélèvements d'eau dans la section sur les eaux intérieures.

AGRICULTURE 11.2

IRRIGATED AREA (a), 1980-1994
SUPERFICIE IRRIGUÉE (a), 1980-1994

km²

	1980	1981	1982	1983	1984	1985	1986	1987	1988	1989	1990	1991	1992	1993	1994
Canada	5960	6250	6550	6850	7150	7480	7420	7380	7320	7260	7180	7100	7100	7000	7100
Mexico/Mexique	49800	50200	50530	48450	48820	52850	51760	50840	52000	54000	56000	58000	61000	61000	61000
USA/Etats-Unis	205820	205820	198310	198310	202000	198310	198310	187710	197000	206000	209000	209000	214000	214000	214000
Japan/Japon *	30550	30310	30100	29710	29520	29520	29310	29100	28890	28680	28460	28250	28020	27820	27800
Korea/Corée *	13070	13080	13120	13160	13200	13250	13290	13520	13580	13530	13450	13350	13350	13350	13350
Australia/Australie	15000	16540	16450	16380	16250	17000	17700	18360	18350	18330	18320	20120	20690	21070	21400
N.Zealand/N.Zélande	1830	2000	2180	2300	2400	2560	2650	2680	2750	2800	2800	2830	2850	2850	2850
Austria/Autriche	40	40	40	40	40	40	40	40	40	40	40	40	40	40	40
Belgium/Belgique *	10	10	10	10	10	10	10	10	10	10	10	10	10	10	10
Czech Rep./R.Tchèque	..	..	..	..	..	..	..	..	..	..	..	..	..	240	240
Denmark/Danemark *	3910	3880	3900	4000	4050	4100	4150	4190	4250	4300	4300	4350	4350	4550	4550
Finland/Finlande *	600	600	600	600	600	620	620	620	620	620	640	640	640	640	640
France *	8700	9300	9600	9900	10200	10500	10800	11100	11470	12500	13000	13500	14000	14770	14800
Germany/Allemagne	4600	4600	4660	4680	4700	4700	4720	4750	4770	4800	4820	4820	4750	4750	4750
Greece/Grèce	9610	9620	9680	10190	10300	10990	11260	11690	11870	12040	11950	12020	12890	13140	13270
Hungary/Hongrie *	1340	1840	1550	1750	2340	1380	1630	1430	1670	1900	2040	2100	2240	2060	2100
Iceland/Islande	-	-	-	-	-	-	-	-	-	-	-	-	-	-	-
Ireland/Irlande	-	-	-	-	-	-	-	-	-	-	-	-	-	-	-
Italy/Italie	24000	24000	24250	24250	24250	24250	24250	24250	24250	24250	27110	27100	27100	27100	27100
Netherlands/Pays-Bas	4800	4900	5000	5090	5200	5300	5350	5400	5450	5500	5550	5570	5600	5600	5650
Norway/Norvège	740	770	790	820	860	900	920	930	940	960	970	970	970	970	970
Poland/Pologne	1000	1000	1000	1000	1000	1000	1000	1000	1000	1000	1000	1000	1000	1000	1000
Portugal	6300	6300	6300	6300	6300	6300	6300	6300	6300	6310	6300	6300	6300	6300	6300
Spain/Espagne	30290	30580	31230	31330	32150	32170	32610	33160	33450	33710	34020	33880	34030	34530	36570
Sweden/Suède	700	750	800	850	900	990	1050	1080	1100	1120	1140	1160	1150	1150	1150
Switzerland/Suisse	250	250	250	250	250	250	250	250	250	250	250	250	250	250	250
Turkey/Turquie *	27000	29000	29000	30000	31000	32000	33000	33000	35000	38000	38000	40000	40000	40000	41860
UK/Royaume-Uni *	1400	1450	1520	1520	1520	1520	1550	1550	1550	1570	1640	1360	1080	1080	1080
N.America/Amér.N.	261580	262270	255390	253610	257970	258640	257490	245930	256320	267260	272180	274100	282100	282000	282100
Australia/Australie-NZ	16830	18540	18630	18680	18650	19560	20350	21040	21100	21130	21120	22950	23540	23920	24250
OECD/OCDE Europe	125580	129240	130620	133010	136120	137460	140110	141280	144710	149530	153430	155460	156710	158180	162330
EU/UE-15	94960	96030	97590	98760	100220	101490	102710	104140	105130	106770	110520	110750	111940	113660	115910
OECD/OCDE	447610	453440	447860	448170	455460	458430	460550	450870	464600	480130	488640	494110	503720	505270	509830
World/Monde	2090480	2123510	2143070	2175870	2214850	2231610	2254810	2267390	2296740	2359280	2410090	2430050	2462260	2487350	2495490

Notes:
a) All figures are rounded to the nearest 10 km².
JPN) Rice irrigation only.
KOR) Rice irrigation only.
BEL) Data for Belgium include Luxembourg.
DNK) Land provided with irrigation facilities only.
FIN) Land provided with irrigation facilities only.
FRA) Land provided with irrigation facilities only.
HUN) Data exclude complementary farm plots and individual farms.
TUR) Includes meadows and pastures (about 10 per cent of total).
UKD) England and Wales only.

Source: FAO, OECD/OCDE.

Notes :
a) Tous les chiffres sont arrondis à 10 km² près.
JPN) Irrigation des champs de riz uniquement.
KOR) Irrigation des champs de riz uniquement.
BEL) Les données pour la Belgique incluent celles du Luxembourg.
DNK) Terres avec installations d'irrigation uniquement.
FIN) Terres avec installations d'irrigation uniquement.
FRA) Terres avec installations d'irrigation uniquement.
HUN) Les données ne comprennent pas les parcelles complémentaires et les exploitations individuelles.
TUR) Y compris environ 10 pour cent de prairies et de pâturages.
UKD) Angleterre et Pays de Galles uniquement..

AGRICULTURE

11.3A/3B

MANPOWER AND FARM MACHINERY
MAIN D'OEUVRE ET MACHINES AGRICOLES

The following tables concern agricultural manpower and farm machinery.

The data refer, in principle, to the situation at the end of the year indicated and to the latest estimation method.

Changes in the size of the agricultural labour force indicate changes in the structural organisation of the sector and in the application of modern technology and farming practices.

The growth in the stock of tractors and other machinery in use is an important aspect of farming practices; it shows the level of agricultural mechanisation and is a factor in explaining the environmental impact of farming activities.

Table 3A concerns the economically active population in the primary sector, comprising persons engaged principally in agriculture, forestry, hunting or fishing.

Table 3B concerns the use of tractors and combined harvester-threshers. The data concern:

- Wheel and crawler tractors used in agriculture (garden tractors are excluded). Wheel tractors are generally limited to those having three or four wheels and engines of over 8 HP. Crawler or track-layer type tractors are also generally limited to those over 8 HP.
- Combined harvester-threshers, which generally refer to self-propelled machines that reap and thresh in one operation.

When reading these tables it should be noted that data on farm machinery generally display a reasonably good level of comparability among countries and over time, but that data on manpower may vary due to differences among countries' statistical treatment of, for example, unpaid family workers, particularly housewives. The reader is also referred to the following table on energy use in agriculture.

Les tableaux suivants concernent la main d'oeuvre agricole et le parc de machines agricoles.

Les données se rapportent en principe à la fin de l'année indiquée et à la méthode d'estimation la plus récente.

Des changements dans l'importance de la main-d'oeuvre agricole indiquent des changements dans l'organisation structurelle de ce secteur et dans l'application de technologies et de techniques agricoles modernes.

La croissance du parc de tracteurs et d'autres équipements agricoles en service est un aspect important des pratiques agricoles; il montre le niveau de mécanisation de l'agriculture, et contribue à expliquer l'impact des activités agricoles sur l'environnement.

Le tableau 3A concerne la population active du secteur primaire qui comprend l'ensemble des personnes occupées économiquement et de manière principale dans l'agriculture, la sylviculture, la chasse et la pêche.

Le tableau 3B concerne l'utilisation de tracteurs et de moissonneuses-batteuses. Les données concernent:

- Les tracteurs à roues et à chenilles utilisés dans l'agriculture (à l'exclusion des motoculteurs). Par tracteurs à roues, on n'entend en général que les tracteurs à trois ou quatre roues d'une puissance supérieure à 8 ch. Par tracteurs à chenilles, on n'entend que ceux dont la puissance dépasse 8 ch.
- Les moissonneuses-batteuses qui se réfèrent en général aux machines automotrices qui coupent et battent en une seule opération.

En lisant ces tableaux, il faut se rappeler que les données sur les machines agricoles bénéficient généralement d'un assez bon niveau de comparabilité entre les pays et dans le temps, mais que les données sur la main d'oeuvre peuvent varier entre pays en raison de méthodologies statistiques différentes, par exemple pour comptabiliser les aides familiales non rémunérées et surtout les femmes au foyer. Il est conseillé de lire ce tableau en liaison avec le tableaux suivant sur la consommation d'énergie en agriculture.

AGRICULTURE 11.3A

ECONOMICALLY ACTIVE POPULATION IN THE PRIMARY SECTOR (a), 1980-1996
POPULATION ÉCONOMIQUEMENT ACTIVE DANS LE SECTEUR PRIMAIRE (a), 1980-1996

1 000

	1980	1985	1986	1987	1988	1989	1990	1991	1992	1993	1994	1995	1996
Canada	812	649	614	583	553	524	496	469	444	422	402	384	367
Mexico/Mexique	8108	8401	8452	8506	8559	8602	8630	8642	8639	8627	8614	8604	8592
USA/Etats-Unis	3864	3640	3616	3607	3610	3616	3619	3619	3616	3612	3608	3603	3596
Japan/Japon	6269	5376	5244	5115	4981	4834	4669	4479	4267	4047	3840	3660	3490
Korea/Corée	5767	4832	4573	4302	4031	3778	3555	3375	3235	3126	3027	2923	2823
Australia/Australie	434	423	430	440	452	461	463	459	448	433	419	408	397
N.Zealand/N.Zélande	148	156	158	161	163	166	168	170	171	173	174	176	178
Austria/Autriche	336	297	293	289	285	281	276	270	263	256	249	243	237
Belgium/Belgique *	117	109	108	107	108	107	106	105	110	109	108	108	107
Czech Rep./R.Tchèque	..	..	..	..	..	..	..	..	..	600	598	597	596
Denmark/Danemark	190	162	161	162	163	163	162	157	151	143	135	129	122
Finland/Finlande	291	266	258	248	236	225	216	208	202	197	192	186	181
France	1968	1648	1590	1531	1472	1413	1356	1298	1240	1183	1128	1077	1028
Germany/Allemagne	2600	1815	1728	1679	1653	1628	1587	1525	1448	1362	1279	1206	1136
Greece/Grèce	1174	1100	1078	1053	1026	999	974	952	933	915	897	877	857
Hungary/Hongrie	943	814	794	775	756	738	721	703	685	667	651	637	623
Iceland/Islande	12	14	15	15	15	16	16	15	15	15	15	14	14
Ireland/Irlande	234	224	218	211	202	194	188	183	179	176	173	170	167
Italy/Italie	2844	2399	2334	2277	2224	2169	2107	2036	1958	1878	1801	1733	1667
Luxembourg *	8	7	7	7	6	6	6	6	..	..	..	..	
Netherlands/Pays-Bas	314	315	316	316	316	316	315	313	311	309	306	304	302
Norway/Norvège	160	143	141	140	138	137	134	130	124	118	112	108	103
Poland/Pologne	5518	5365	5329	5284	5235	5187	5146	5110	5079	5051	5025	5002	4977
Portugal	1199	1096	1053	1004	951	901	854	815	781	751	723	695	668
Spain/Espagne	2585	2297	2228	2152	2071	1986	1897	1807	1715	1625	1537	1455	1377
Sweden/Suède	259	221	216	212	210	207	204	201	197	193	188	184	181
Switzerland/Suisse	189	189	191	194	197	199	200	200	199	197	194	193	191
Turkey/Turquie	11295	12390	12612	12816	13001	13173	13339	13497	13647	13793	13943	14104	14271
UK/Royaume-Uni	707	644	637	633	632	630	628	624	619	614	608	603	598
N.America/Amér.N.	12784	12690	12682	12696	12722	12742	12745	12730	12699	12661	12624	12591	12555
Australia/Australie-NZ	582	579	588	601	615	627	631	629	619	606	593	584	575
OECD/OCDE Europe *	32943	31515	31307	31105	30897	30675	30432	30155	29856	29552	29264	29028	28807
EU/UE-15	14826	12600	12225	11881	11555	11225	10876	10500	10107	9711	9324	8970	8628
OECD/OCDE *	58345	54992	54394	53819	53246	52656	52032	51368	50676	49992	49348	48786	48250
World/Monde	1069294	1143335	1159990	1177729	1195824	1213223	1229171	1243400	1256237	1268186	1280066	1292468	1305056

Notes:
a) Agriculture, hunting, fishing and forestry.
BEL) From 1992 onwards, data include Luxembourg.
LUX) From 1992 onwards, data are included in Belgium's.
TOT) Czech Republic excluded.

Source: OECD/OCDE, FAO

Notes :
a) Agriculture, chasse, pêche et sylviculture.
BEL) A partir de 1992, les données incluent le Luxembourg.
LUX) A partir de 1992, les données sont comprises dans celles de la Belgique.
TOT) La République Tchèque n'est pas comprise.

11.3B AGRICULTURE

TRACTORS AND COMBINED HARVESTER-THRESHERS IN USE, 1980-1994
TRACTEURS AGRICOLES ET MOISSONNEUSES-BATTEUSES EN SERVICE, 1980-1994

1 000

	1980	1981	1982	1983	1984	1985	1986	1987	1988	1989	1990	1991	1992	1993	1994
Canada	819	819	833	846	859	873	886	900	913	927	906	889	895	895	895
Mexico/Mexique	130	159	162	169	172	174	178	181	183	187	189	191	192	192	192
USA/Etats-Unis	5399	5369	5340	5341	5345	5339	5398	5456	5456	5465	5464	5463	5462	5462	5462
Japan/Japon *	2355	2329	2500	2596	2692	2963	2984	3105	3228	3307	3357	3135	3161	3199	3208
Korea/Corée	4	6	9	13	18	24	32	40	50	64	85	107	125	144	150
Australia/Australie	385	384	383	381	380	379	378	377	376	375	374	373	372	372	372
N.Zealand/N.Zélande	97	100	104	90	88	86	85	83	82	80	79	78	79	79	79
Austria/Autriche	352	354	356	356	356	356	356	356	378	378	378	378	378	367	367
Belgium/Belgique *	126	127	127	126	127	127	127	126	126	126	124	124	121	123	122
Czech Rep./R. Tchèque *	128	126	124	126	128	130	132	134	134	134	133	128	106	87	80
Denmark/Danemark *	228	220	223	213	205	201	203	199	203	199	196	193	186	186	176
Finland/Finlande	257	264	273	280	284	287	287	286	290	285	285	283	273	270	267
France	1616	1629	1641	1643	1641	1641	1635	1632	1627	1611	1593	1594	1594	1594	1594
Germany/Allemagne	1792	1796	1802	1817	1809	1813	1812	1798	1775	1750	1723	1641	1462	1436	1435
Greece/Grèce	146	159	166	175	185	190	200	210	214	219	222	231	233	233	233
Hungary/Hongrie	70	68	68	68	68	67	65	65	63	61	59	55	49	48	44
Iceland/Islande	13	14	14	14	14	13	13	13	12	11	11	11	11	11	10
Ireland/Irlande	150	153	155	157	160	163	165	167	169	170	171	172	173	173	173
Italy/Italie	1107	1143	1177	1209	1238	1268	1311	1359	1408	1446	1477	1504	1480	1514	1520
Netherl./Pays-Bas *	184	184	186	189	189	189	189	189	188	188	188	188	188	188	188
Norway/Norvège	147	153	157	162	163	168	172	169	172	171	170	168	166	165	164
Poland/Pologne	659	712	756	806	859	981	1050	1111	1173	1230	1265	1262	1256	1240	1410
Portugal	90	95	100	106	111	117	123	128	134	140	139	137	136	151	154
Spain/Espagne	565	590	614	636	656	678	705	726	752	772	789	805	815	824	839
Sweden/Suède *	232	239	237	236	234	232	231	226	222	217	213	208	205	205	205
Switzerland/Suisse	100	103	107	111	108	110	111	112	113	114	117	118	118	118	118
Turkey/Turquie	449	471	503	526	569	596	623	647	664	682	701	712	737	758	775
UK/Royaume-Uni	570	573	578	586	579	580	575	571	566	560	554	548	547	547	547
N.America/Amér.N.	6348	6346	6335	6356	6376	6386	6462	6537	6552	6578	6558	6543	6549	6549	6549
Australia/Australie-NZ	481	484	487	471	468	466	463	460	457	455	453	451	451	451	451
OECD/OCDE Europe	8981	9170	9363	9541	9683	9908	10085	10225	10384	10464	10509	10458	10235	10235	10421
EU/UE-15	7416	7524	7634	7728	7775	7843	7919	7974	8053	8060	8052	8005	7791	7810	7820
OECD/OCDE	18170	18336	18694	18978	19238	19746	20025	20367	20672	20868	20961	20694	20520	20578	20778
World/Monde	25490	25976	26660	27259	27857	28696	29197	29676	30131	30460	30496	30080	29872	29943	30097

Notes:
JPN) Data are not fully comparable with those of other countries.
BEL) Data include Luxembourg.
CZE) 1980-88 data are Secretariat estimates.
DNK) Data include garden tractors.
NLD) Data include garden tractors.
SWE) Data include tractors used in forestry.

Source: FAO, OECD/OCDE

Notes :
JPN) Les données ne sont pas entièrement comparables à celles des autres pays.
BEL) Les données incluent le Luxembourg.
CZE) Les données 1980-88 sont des estimations du Secrétariat.
DNK) Les données incluent les motoculteurs.
NLD) Les données incluent les motoculteurs.
SWE) Les données incluent des tracteurs utilisés pour les travaux en forêt.

AGRICULTURE   11.4

ENERGY CONSUMPTION BY AGRICULTURE
CONSOMMATION D'ÉNERGIE PAR L'AGRICULTURE

The following table concerns total final energy consumption by the agricultural sector.

Data cover the agricultural sector including hunting, forestry and ocean, coastal and inland fishing (ISIC Rev. 3 divisions 01, 02 and 05)

The replacement of manpower and animal power with other energy sources is a marked feature of agricultural practices and has important consequences for the environment.

When interpreting this table it should be borne in mind that in certain countries administrations find it impossible to separate energy consumption by agriculture from that by the residential sector. In these cases, the residential sector also includes energy consumption in agriculture.

The reader is also referred to the preceding tables concerning agricultural manpower and machinery in use.

Le tableau suivant concerne la consommation finale totale d'énergie par le secteur agricole.

Ces données couvrent le secteur de l'agriculture y compris la chasse, la syliculture, la pêche en haute mer, sur le littoral et dans les eaux intérieures (divisions 01, 02 et 05 de la CITI Rév. 3).

La substitution de la main-d'oeuvre et des animaux de trait par d'autres sources d'énergie est une caractéristique marquante des pratiques agricoles et a des conséquences importantes sur l'environnement.

L'interprétation de ce tableau doit tenir compte du fait que dans certains pays il est impossible pour les administrations de distinguer la consommation d'énergie du secteur agricole de celle du secteur résidentiel. Dans ce cas, le secteur résidentiel englobe également la consommation d'énergie par l'agriculture.

Il est conseillé de lire ce tableau en liaison avec les tableaux précédents qui concernent la main d'oeuvre agricole et la mécanisation de l'agriculture.

AGRICULTURE

TOTAL ENERGY CONSUMPTION BY AGRICULTURE, 1980-1995
CONSOMMATION TOTALE D'ÉNERGIE PAR L'AGRICULTURE, 1980-1995

Mtoe/Mtep

	1980	1981	1982	1983	1984	1985	1986	1987	1988	1989	1990	1991	1992	1993	1994	1995
Canada	2.46	2.48	2.43	3.90	2.72	2.79	2.82	2.73	2.96	3.28	3.41	3.37	4.19	3.72	3.70	3.82
Mexico/Mexique	2.39	2.46	2.61	2.25	2.24	2.30	2.28	2.45	2.56	2.39	2.30	2.33	2.27	2.30	2.14	2.36
USA/Etats-Unis	13.77	13.05	12.14	11.88	13.22	17.27	16.73	16.04	16.42	15.67	14.59	14.38	15.88	15.10	15.39	15.66
Japan/Japon	3.51	3.05	7.19	7.40	8.41	8.09	8.46	9.06	9.76	9.65	11.13	11.45	11.13	11.03	11.13	11.16
Korea/Corée	0.43	0.58	0.59	0.57	0.64	0.69	0.91	0.99	1.37	1.53	1.68	1.85	2.10	2.33	2.69	2.93
Australia/Australie	1.07	1.11	1.22	1.13	1.26	1.24	1.23	1.28	1.26	1.33	1.32	1.34	1.36	1.39	1.44	1.48
N.Zealand/N.Zélande	0.27	0.27	0.30	0.29	0.30	0.29	0.26	0.25	0.25	0.25	0.27	0.28	0.27	0.28	0.30	0.30
Austria/Autriche	0.09	0.10	0.10	0.10	0.10	0.11	0.50	0.57	1.15	1.02	1.04	0.92	1.08	1.09	1.08	1.09
Belgium/Belgique	0.51	0.44	0.44	0.40	0.37	0.37	0.46	0.44	0.58	0.56	0.50	0.55	0.72	0.79	1.00	1.12
Czech Rep./Rép. Tchèque	0.78	0.80	0.80	0.75	0.83	1.25	1.30	1.34	1.28	1.40	1.44	1.53	1.41	1.13	1.09	1.05
Denmark/Danemark	1.22	1.14	1.00	0.97	0.89	0.63	0.65	0.65	0.64	0.68	0.68	0.70	1.19	1.00	0.97	1.00
Finland/Finlande	0.59	0.59	0.62	0.58	0.79	0.83	0.83	0.86	0.91	0.93	0.94	0.82	0.86	0.86	0.76	0.77
France	3.25	3.12	3.11	3.05	3.08	3.06	3.04	3.05	3.08	3.09	3.12	3.27	3.25	2.95	2.86	3.05
Germany/Allemagne	3.05	3.11	3.09	3.10	3.26	3.33	3.51	3.13	3.12	3.14	3.08	3.53	3.43	2.78	2.78	2.70
w.Germany/All.occ.	2.05	2.06	2.18	2.18	2.32	2.37	2.33	2.30	2.20	2.23	2.26	..	..	..	..	..
Greece/Grèce	0.76	0.70	0.74	0.84	0.92	0.96	0.86	0.95	1.03	1.04	1.04	1.11	1.07	1.08	1.09	1.02
Hungary/Hongrie	1.73	1.61	1.67	1.53	1.60	1.54	1.50	1.58	1.52	1.19	1.18	0.84	0.64	0.59	0.61	0.59
Iceland/Islande	0.18	0.19	0.20	0.22	0.21	0.20	0.22	0.24	0.25	0.26	0.27	0.29	0.30	0.32	0.32	0.32
Ireland/Irlande	0.03	0.02	0.02	0.01	0.01	0.01	0.21	0.20	0.20	0.20	0.22	0.22	0.23	0.23	0.26	0.27
Italy/Italie	2.23	2.17	2.17	2.20	2.20	2.36	2.37	2.57	2.75	3.10	3.16	2.96	3.04	3.29	3.32	3.34
Luxembourg	0.02	0.01	0.02	0.01	0.01	0.01	0.01	0.02	0.01	0.01	0.01	0.01	0.01	0.01	0.01	0.01
Netherlands/Pays-Bas	0.56	0.41	0.51	0.45	2.38	2.54	2.87	2.99	3.01	3.07	3.37	3.75	3.69	3.92	3.68	4.19
Norway/Norvège	0.27	0.27	0.27	0.26	0.26	0.27	0.28	0.28	0.30	0.29	0.27	0.66	0.64	0.68	0.71	0.72
Poland/Pologne *	2.66	2.64	2.66	2.65	2.29	2.47	2.42	2.01	3.19	3.29	3.18	2.91	2.79	2.89	4.74	4.29
Portugal	0.33	0.34	0.35	0.39	0.39	0.41	0.41	0.41	0.43	0.45	0.47	0.47	0.47	0.47	0.48	0.48
Spain/Espagne	2.36	2.22	2.39	2.44	2.47	2.62	2.56	2.69	2.41	1.62	1.72	1.82	1.95	1.99	2.11	2.23
Sweden/Suède	0.68	0.61	0.56	0.52	0.54	0.58	0.70	0.67	0.63	0.58	0.56	0.56	0.54	0.50	0.50	0.51
Switzerland/Suisse	0.15	0.16	0.16	0.31	0.17	0.18	0.18	0.18	0.18	0.18	0.20	0.20	0.20	0.24	0.26	0.27
Turkey/Turquie	0.94	0.98	1.22	1.34	1.37	1.51	1.48	1.81	1.83	1.77	1.99	1.98	2.03	2.45	2.48	2.69
UK/Royaume-Uni	1.44	1.35	1.35	1.35	1.34	1.37	1.37	1.32	1.29	1.22	1.22	1.24	1.24	1.25	1.31	1.28
N. America/Amérique N.	18.62	17.99	17.18	18.03	18.18	22.36	21.83	21.22	21.94	21.33	20.30	20.09	22.34	21.12	21.22	21.84
Australia/Australie-NZ	1.34	1.38	1.52	1.42	1.57	1.53	1.49	1.53	1.51	1.57	1.59	1.61	1.63	1.67	1.73	1.78
OECD/OCDE Europe	23.85	22.96	23.43	23.45	25.47	26.60	27.72	27.94	29.77	29.08	29.62	30.37	30.78	30.50	32.42	32.97
EU/UE-15	17.13	16.31	16.46	16.41	18.74	19.18	20.36	20.51	21.23	20.69	21.10	21.96	22.77	22.21	22.21	23.05
OECD/OCDE	47.75	45.96	49.90	50.87	54.26	59.27	60.40	60.73	64.34	63.16	64.31	65.37	67.98	66.66	69.19	70.68

Notes:
POL) Excludes consumption of energy from combustible renewables and waste.

Notes :
POL) Exclut la consommation des énergies renouvelables combustibles et des déchets.

Source: OECD-IEA/OCDE-AIE

AGRICULTURE 11.5A/5B/5C

CONSUMPTION OF FERTILISERS
CONSOMMATION D'ENGRAIS

The following tables concern the consumption of commercial fertilisers by the agricultural sector.

The application of the three major plant nutrients (N,P,K) as synthetic chemical fertilisers has important consequences for water quality and the environment in general and reflects the specialisation and intensification of cropping practices.

The data relate to apparent consumption during the fertiliser year (generally 1 July to 30 June) except as noted. Data for 1990, for instance, refer to apparent consumption during the 12-month period from 1 July 1990 to 30 June 1991.

Table 5A concerns agricultural consumption of commercial nitrogenous fertilisers.

The data refer to the nitrogen (N) content of commercial inorganic fertilisers.

Table 5B concerns agricultural consumption of commercial phosphate fertilisers.

The data refer to commercial phosphoric acid (P_2O_5) and cover the P_2O_5 content of superphosphates, ammonium phosphate and basic slag.

Table 5C concerns total agricultural consumption of commercial fertilisers.

The data refer to the nitrogen (N) and phosphoric acid (P_2O_5) contents of nitrogenous and phosphate fertilisers (as defined above), and to the K_2O content of commercial potash, muriate, nitrate and sulphate of potash, manure salts, kainit and nitrate of soda potash.

These tables should exhibit a fairly good comparability of data among countries and over time.

Les tableaux suivants concernent la consommation d'engrais commerciaux par l'agriculture.

L'application des trois principaux éléments nutritifs des plantes (N,P,K) sous forme d'engrais chimiques synthétiques a des conséquences importantes sur la qualité de l'eau et de l'environnement dans son ensemble. Elle reflète la spécialisation et l'intensification des techniques de culture.

Les données se rapportent à la consommation apparente pendant des périodes de douze mois (généralement du 1er juillet au 30 juin) sauf exceptions (voir les notes). Ainsi, les chiffres pour 1990 se réfèrent à la consommation apparente pendant une période de douze mois allant du 1er juillet 1990 au 30 juin 1991.

Le tableau 5A concerne la consommation d'engrais azotés commerciaux par l'agriculture.

Les données se rapportent au contenu en azote (N) des engrais commerciaux inorganiques.

Le tableau 5B concerne la consommation d'engrais phosphatés commerciaux par l'agriculture.

Les données se rapportent à l'acide phosphorique commercial (P_2O_5) et englobent le contenu en P_2O_5 des superphosphates, du phosphate d'ammonium et des scories de déphosphoration.

Le tableau 5C concerne la consommation de l'ensemble des engrais commerciaux par l'agriculture.

Les données se rapportent au contenu en azote (N) et en acide phosphorique (P_2O_5) des engrais azotés et phosphatés (comme définis plus haut) et au contenu en K_2O des engrais potassiques commerciaux suivants : muriate, nitrate et sulfate de potasse, sels d'engrais, kainite et nitrate de soude potassique.

Ces tableaux devraient bénéficier d'un assez bon niveau de comparabilité entre les pays et dans le temps.

AGRICULTURE

APPARENT CONSUMPTION OF NITROGENOUS FERTILISERS (a), 1980-1994
CONSOMMATION APPARENTE D'ENGRAIS AZOTÉS (a), 1980-1994

1 000 tonnes

	1980	1981	1982	1983	1984	1985	1986	1987	1988	1989	1990	1991	1992	1993 (b)	1994 (b)
Canada	938	966	1002	1157	1255	1225	1145	1160	1160	1197	1158	1253	1318	1406	1396
Mexico/Mexique *	904	1112	1255	1088	1193	1263	1325	1378	1270	1293	1346	1130	1230	1193	1104
USA/Etats-Unis *	10817	9964	8280	10063	10426	9457	9262	9536	9609	10048	10239	10384	10304	11469	10631
Japan/Japon	614	643	683	701	697	680	693	669	640	641	612	574	572	600	581
Korea/Corée *	447	432	309	367	402	414	423	428	439	455	465	474	487	477	475
Australia/Australie	238	245	273	269	330	340	360	372	394	440	439	462	488	565	583
N.Zealand/N.Zélande	20	22	28	31	40	32	27	37	40	37	46	64	90	103	130
Austria/Autriche	160	162	146	153	161	165	138	146	141	136	135	132	124	124	124
Belgium/Belgique *	194	195	197	199	199	195	199	199	196	191	186	182	173	169	168
Czech Rep./R. Tchèque *	436	399	418	442	446	431	429	376	418	443	370	198	214	203	239
Denmark/Danemark *	374	376	391	419	398	382	381	367	377	400	395	370	333	326	316
Finland/Finlande	197	184	216	205	196	202	218	215	199	232	207	166	174	173	198
France	2147	2193	2196	2320	2337	2408	2568	2557	2605	2660	2492	2569	2154	2222	2308
Germany/Allemagne	..	..	..	..	..	..	..	..	..	..	..	1720	1680	1612	1787
w.Germany/All.occ.	1551	1323	1465	1378	1452	1516	1578	1601	1540	1487	1180	..	..	..	..
Greece/Grèce *	333	373	384	418	428	450	432	384	409	426	427	408	393	338	334
Hungary/Hongrie *	537	563	647	625	626	558	593	614	646	583	358	159	144	152	243
Iceland/Islande *	15	15	14	15	14	13	13	11	11	10	12	12	14	13	11
Ireland/Irlande	275	275	296	331	330	314	343	340	349	379	370	358	353	401	429
Italy/Italie	1006	988	968	996	1026	1055	1011	1047	924	827	879	907	910	918	879
Netherlands/Pays-Bas	483	477	457	478	505	500	504	458	456	412	390	392	390	370	406
Norway/Norvège	110	107	114	110	113	107	110	114	110	110	111	111	109	108	111
Poland/Pologne	1312	1344	1213	1245	1322	1239	1337	1388	1335	1521	1274	735	683	758	836
Portugal	137	145	139	126	123	137	150	153	157	145	150	135	127	130	128
Spain/Espagne *	902	818	799	808	917	962	1063	1148	1168	1109	1063	999	818	929	983
Sweden/Suède *	244	248	249	258	253	246	241	241	240	221	212	175	211	226	216
Switzerland/Suisse	66	63	60	67	71	72	71	73	72	70	63	63	64	63	60
Turkey/Turquie *	807	799	863	1021	955	916	952	1142	1082	1140	1200	1099	1206	1335	1007
UK/Royaume-Uni *	1240	1386	1560	1601	1580	1568	1671	1525	1462	1582	1525	1365	1219	1268	1388
N.America/Amér.N.	12659	12041	10536	12308	12874	11944	11731	12074	12039	12538	12743	12767	12851	14068	13131
Australia/Australie-NZ	259	267	301	300	370	372	387	409	434	477	485	527	578	668	713
OECD/OCDE Europe	13277	13183	13400	13910	14149	14205	14710	14872	14771	14852	13606	12255	11494	11839	12171
EU/UE-15	9994	9894	10070	10384	10603	10869	11206	11155	11097	10974	10218	9877	9058	9207	9664
OECD/OCDE	27256	26566	25228	27586	28491	27615	27945	28452	28323	28963	27911	26596	25981	27652	27071
World/Monde	60776	60452	61192	67665	70647	69830	71492	69948	79606	79142	77245	75481	74546	72535	73560

Notes:
a) Includes estimates.
b) Includes provisional data.
MEX) Fertilizer year: calendar year.
USA) Includes data for Puerto rico.
KOR) Fertilizer year: calendar year.
BEL) Data for Belgium include Luxembourg.
CZE) Data before 1992 are rough Secretariat estimates.
DNK) Fertilizer year: August-July.
GRC) Fertilizer year: calendar year.
HUN) Fertilizer year: calendar year.
ISL) Fertilizer year: calendar year.
ESP) Fertilizer year: calendar year.
SWE) Data include forest fertilization. Fertilizer year: June-May.
TUR) Fertilizer year: calendar year.
UKD) Fertilizer year: June-May.

Notes :
a) Y compris des estimations.
b) Inclut des données provisoires.
MEX) Périodes de 12 mois: année civile.
USA) Y compris les données de Porto Rico.
KOR) Périodes de 12 mois: année civile.
BEL) Les données de la Belgique incluent celles du Luxembourg.
CZE) Les données avant 1992 sont des estimations grossières du Secrétariat.
DNK) Périodes de 12 mois: août-juillet.
GRC) Périodes de 12 mois: année civile.
HUN) Périodes de 12 mois: année civile.
ISL) Périodes de 12 mois: année civile.
ESP) Périodes de 12 mois: année civile.
SWE) Y compris la fertilisation des forêts. Périodes de 12 mois: juin-mai.
TUR) Périodes de 12 mois: année civile.
UKD) Périodes de 12 mois: juin-mai.

Source: FAO, IFA.

AGRICULTURE 11.5B

APPARENT CONSUMPTION OF PHOSPHATE FERTILISERS (a), 1980-1994
CONSOMMATION APPARENTE D'ENGRAIS PHOSPHATÉS (a), 1980-1994

1 000 tonnes

		1980	1981	1982	1983	1984	1985	1986	1987	1988	1989	1990	1991	1992	1993 (b)	1994 (b)
Canada		635	636	652	713	728	703	626	635	614	609	578	592	616	637	582
Mexico/Mexique	*	255	384	487	331	382	383	410	404	395	354	374	380	298	317	340
USA/Etats-Unis	*	4930	4367	3753	4446	4225	3790	3636	3745	3735	3941	3811	3826	4024	4102	4010
Japan/Japon		690	701	721	765	777	741	753	766	726	728	690	695	699	728	703
Korea/Corée	*	173	138	149	171	181	186	192	193	194	235	228	243	219	227	222
Australia/Australie		797	754	730	773	764	685	758	831	836	791	579	640	782	770	865
N.Zealand/N.Zélande		338	327	330	375	332	300	246	258	179	253	220	269	318	379	386
Austria/Autriche		99	93	83	95	95	91	76	80	78	74	74	72	65	61	56
Belgium/Belgique	*	102	93	94	98	94	91	89	87	87	87	78	65	55	51	51
Czech Rep./R. Tchèque	*	315	315	305	335	334	341	336	285	298	288	225	46	46	53	47
Denmark/Danemark	*	111	105	113	119	111	106	107	96	92	95	89	76	64	54	51
Finland/Finlande		150	142	160	163	158	155	159	156	141	143	117	76	82	82	90
France	*	1773	1677	1631	1679	1580	1466	1425	1405	1460	1494	1349	1253	1029	1014	1030
Germany/Allemagne		..	..	..	..	..	..	..	..	..	..	..	..	519	490	415	451
w.Germany/All.occ.		837	753	740	745	732	737	683	679	644	594	381	..	..	..	..
Greece/Grèce	*	158	166	164	175	181	180	182	170	176	189	187	176	178	133	144
Hungary/Hongrie	*	390	399	392	410	431	336	355	332	322	266	127	24	14	24	27
Iceland/Islande	*	8	8	9	8	7	7	7	7	6	5	6	6	5	5	5
Ireland/Irlande		145	142	145	152	151	133	150	142	148	146	139	136	137	136	140
Italy/Italie		748	706	657	682	694	692	667	786	715	608	645	662	613	589	585
Netherlands/Pays-Bas		83	81	77	87	89	81	88	80	86	76	74	75	68	68	62
Norway/Norvège		63	62	66	60	56	54	53	45	40	37	35	34	31	32	31
Poland/Pologne		885	817	826	900	885	908	961	837	944	752	411	223	232	243	278
Portugal		81	85	81	67	61	70	79	84	89	81	80	75	77	71	73
Spain/Espagne	*	476	340	422	398	436	462	494	537	542	559	534	502	423	496	521
Sweden/Suède	*	123	122	115	112	101	86	79	76	69	70	58	44	46	53	55
Switzerland/Suisse		47	42	44	43	44	42	39	40	40	39	38	37	36	31	31
Turkey/Turquie	*	619	489	565	618	555	477	520	585	490	600	625	620	658	787	444
UK/Royaume-Uni	*	404	445	464	474	469	439	446	435	433	428	380	371	360	381	405
N.America/Amér.N.		5820	5388	4892	5490	5335	4876	4672	4784	4744	4905	4763	4799	4938	5055	4932
Australia/Australie-NZ		1135	1081	1060	1147	1096	985	1004	1089	1015	1044	799	909	1100	1149	1251
OECD/OCDE Europe		8006	7456	7457	7752	7585	7270	7346	7269	7249	6987	5879	5092	4712	4780	4577
EU/UE-15		5680	5324	5250	5378	5272	5106	5076	5137	5110	5000	4412	4102	3688	3605	3714
OECD/OCDE		15823	14763	14278	15325	14975	14059	13968	14100	13928	13899	12359	11737	11667	11939	11684
World/Monde		31700	30946	30864	33084	34022	33224	34658	36685	37989	37393	36279	35290	30919	29009	29645

Notes:
a) Includes ground rock phosphates. Includes estimates
b) Includes provisional data.
MEX) Fertiliser year: calendar year.
USA) Includes data for Puerto Rico.
KOR) Fertiliser year: calendar year.
BEL) Data for Belgium include Luxembourg. Data excludes other citrate soluble phosphates.
CZE) Data before 1992 are rough Secretariat estimates.
DNK) Fertiliser year: August-July.
FRA) Fertiliser year: May-April.
GRC) Fertiliser year: calendar year.
HUN) Fertiliser year: calendar year.
ISL) Fertiliser year: calendar year.
ESP) Fertiliser year: calendar year.
SWE) Fertiliser year: June-May.
TUR) Fertiliser year: calendar year.
UKD) Fertiliser year: June-May.

Notes :
a) Y compris les phosphates naturels broyés. Y compris des estimations.
b) Inclut des données provisoires.
MEX) Périodes de 12 mois: année civile.
USA) Y compris les données de Porto Rico.
KOR) Périodes de 12 mois: année civile.
BEL) Les données de la Belgique incluent celles du Luxembourg et excluent les autres phosphates solubles dans le citrate.
CZE) Les données avant 1992 sont des estimations grossières du Sécretariat.
DNK) Périodes de 12 mois: août-juillet.
FRA) Périodes de 12 mois: mai-avril.
GRC) Périodes de 12 mois: année civile.
HUN) Périodes de 12 mois: année civile.
ISL) Périodes de 12 mois: année civile.
ESP) Périodes de 12 mois: année civile.
SWE) Périodes de 12 mois: juin-mai.
TUR) Périodes de 12 mois: année civile.
UKD) Périodes de 12 mois: juin-mai.

Source: FAO, IFA.

11.5C AGRICULTURE

APPARENT CONSUMPTION OF COMMERCIAL FERTILISERS (NPK) (a), 1980-1994
CONSOMMATION APPARENTE D'ENGRAIS COMMERCIAUX (NPK) (a), 1980-1994

1 000 tonnes

		1980	1981	1982	1983	1984	1985	1986	1987	1988	1989	1990	1991	1992	1993 (b)	1994 (b)
Canada		1939	1946	1996	2241	2379	2325	2160	2200	2131	2166	2074	2156	2261	2359	2279
Mexico/Mexique	*	1238	1561	1825	1486	1661	1714	1826	1862	1743	1740	1799	1583	1616	1592	1534
USA/Etats-Unis	*	21480	19439	16416	19768	19688	17831	17286	17792	17733	18709	18587	18784	18991	20350	19293
Japan/Japon		1816	1879	1985	2098	2105	2034	2053	2037	1943	1938	1839	1763	1784	1817	1759
Korea/Corée	*	803	769	614	718	778	807	830	840	879	921	916	950	964	974	960
Australia/Australie		1162	1144	1126	1178	1230	1155	1254	1349	1387	1393	1164	1244	1420	1511	1667
N.Zealand/N.Zélande		464	463	478	534	516	427	352	370	316	376	362	432	533	616	651
Austria/Autriche		407	395	353	382	390	388	316	334	322	308	303	297	267	261	254
Belgium/Belgique	*	447	416	424	445	417	421	425	417	415	408	384	362	332	320	319
Czech Rep./R. Tchèque	*	1085	1082	1094	1116	1097	1082	1099	967	1005	988	797	278	290	301	342
Denmark/Danemark	*	627	618	653	694	659	634	642	606	614	651	633	580	506	485	466
Finland/Finlande		489	459	529	523	508	507	529	522	473	516	443	331	346	346	385
France	*	5609	5570	5571	5833	5780	5695	5872	5818	6000	6103	5683	5563	4531	4611	4712
Germany/Allemagne		..	..	..	..	..	..	..	..	..	..	..	..	2968	2843	2672	2906
w.Germany/All.occ.		2733	2557	2389	2453	2417	2439	2324	2318	2404	2152	1609	..	..	..	..
Greece/Grèce	*	527	580	591	640	661	685	675	607	648	688	685	652	624	526	533
Hungary/Hongrie	*	1399	1485	1528	1586	1524	1338	1383	1373	1418	1221	679	221	179	209	312
Iceland/Islande	*	29	30	30	29	27	25	25	23	22	20	22	23	23	22	21
Ireland/Irlande		601	592	616	678	678	620	691	670	691	706	692	672	665	710	750
Italy/Italie		2111	2057	2004	2064	2091	2102	2061	2303	2092	1813	1944	1984	1920	1902	1891
Netherlands/Pays-Bas		679	664	636	682	720	701	696	636	647	587	559	561	540	522	545
Norway/Norvège		259	252	268	253	252	238	232	232	218	213	201	208	201	204	204
Poland/Pologne		3468	3476	3150	3347	3363	3315	3532	3329	3440	3275	2291	1251	1193	1282	1429
Portugal		259	275	259	225	217	241	269	283	295	274	278	251	240	249	249
Spain/Espagne	*	1662	1377	1485	1456	1639	1734	1855	2021	2094	2052	1976	1882	1571	1914	1920
Sweden/Suède	*	484	485	479	481	456	419	406	401	382	363	328	265	308	333	324
Switzerland/Suisse		181	169	170	177	180	180	173	177	178	177	168	159	158	150	146
Turkey/Turquie	*	1456	1297	1460	1664	1541	1427	1519	1778	1614	1798	1888	1767	1928	2207	1507
UK/Royaume-Uni	*	2054	2301	2545	2617	2590	2524	2666	2484	2416	2535	2370	2177	1999	2086	2268
N. America/Amér. N.		24656	22946	20236	23494	23728	21869	21271	21855	21607	22615	22459	22523	22868	24301	23106
Australia/Australie-NZ		1627	1607	1604	1712	1746	1582	1606	1719	1703	1769	1526	1676	1953	2127	2318
OECD/OCDE Europe		29004	28437	28498	29483	29527	29100	29902	29791	29857	29286	25676	22452	20663	21312	21482
EU/UE-15		21126	20644	20798	21310	21544	21495	21939	21912	21964	21594	19630	18545	16692	16936	17522
OECD/OCDE		57906	55637	52937	57505	57884	55392	55663	56242	55988	56530	52417	49364	48232	50530	49625
World/Monde		116720	115147	115041	126292	130565	128613	132254	133938	145637	143420	138043	134324	126151	120815	123171

Notes:
a) Includes estimates
b) Includes provisional data.
MEX) Fertiliser year: calendar year.
USA) Includes data for Puerto Rico.
KOR) Fertiliser year: calendar year.
BEL) Data for Belgium include Luxembourg.
CZE) Data before 1992 are rough Secretariat estimates.
DNK) Fertiliser year: August-July.
FRA) Data for phosphate and potash refer to the May-April fertiliser year.
GRC) Fertiliser year: calendar year.
HUN) Fertiliser year: calendar year.
ISL) Fertiliser year: calendar year.
ESP) Fertiliser year: calendar year.
SWE) Fertiliser year: June-May.
TUR) Fertiliser year: calendar year.
UKD) Fertiliser year: June-May.

Source: FAO, IFA.

Notes :
a) Y compris des estimations
b) Inclut des données provisoires.
MEX) Périodes de 12 mois: année civile.
USA) Y compris les données de Porto Rico.
KOR) Périodes de 12 mois: année civile.
BEL) Les données de la Belgique incluent celles du Luxembourg.
CZE) Les données avant 1992 sont des estimations grossières du Sécretariat.
DNK) Périodes de 12 mois: août-juillet.
FRA) Les données pour les engrais phosphatés et potassiques se réfèrent à la période mai-avril.
GRC) Périodes de 12 mois: année civile.
HUN) Périodes de 12 mois: année civile.
ISL) Périodes de 12 mois: année civile.
ESP) Périodes de 12 mois: année civile.
SWE) Périodes de 12 mois: juin-mai.
TUR) Périodes de 12 mois: année civile.
UKD) Périodes de 12 mois: juin-mai.

AGRICULTURE 11.6A/6B

CONSUMPTION OF PESTICIDES
CONSOMMATION DE PESTICIDES

The next tables show, for selected countries, the state of and trends in the consumption of agricultural pesticides. They concern total pesticides, insecticides, fungicides and herbicides.

The application of certain pesticides may affect the quality of soil and water and have undesirable effects on flora and fauna. Moreover, residues of pesticides sometimes remain on crops after harvesting.

State data are given for amounts of active ingredients, except for some countries where figures represent the formulation weight including diluents and adjuvants.

"Active ingredients" are the substances in a commercial pesticide that cause the desired effects on agriculturally harmful fungi, plants or animals. There are additional data for "other pesticides", which include fumigants, rodenticides and anti-coagulants.

Trend data refer to pesticide consumption relative to a base year.

When interpreting these tables, the reader should be extremely careful in making comparisons among countries and over time.

Les tableaux suivants montrent l'état et l'évolution de la consommation de pesticides par l'agriculture dans des pays sélectionnés. Ils présentent les pesticides totaux, les insecticides, les fongicides et les herbicides.

L'application de certains pesticides peut avoir des incidences sur la qualité du sol et de l'eau et peut avoir des effets indésirables sur la faune et la flore. De plus, des résidus de pesticides persistent quelquefois dans les cultures après la récolte.

Les données sur l'état sont exprimées en équivalent d'éléments actifs sauf pour certains pays où elles se rapportent au poids du produit préparé (comprenant également les diluants et les adjuvants).

Le terme "éléments actifs" signifie les substances des pesticides commerciaux qui provoquent les effets desirés sur les champignons, plantes ou animaux nuisibles à l'agriculture. Des données additionnelles sont présentées sur les "autres" pesticides qui comprennent les fumigants, les produits contre les rongeurs et les anticoagulants.

Les données sur l'évolution représentent la consommation relative de pesticides par rapport à une année de référence.

En interprétant ces tableaux le lecteur devra être extrêmement prudent dans la comparaison entre les différents pays et dans le temps.

AGRICULTURE

CONSUMPTION OF PESTICIDES (a), latest year available
CONSOMMATION DE PESTICIDES (a), dernière année disponible

tonnes (active ingredients/éléments actifs)

		Year/Année	Total pesticides	Insecticides	Fungicides/Fongicides	Herbicides	Other pesticides/Autres pesticides
Canada	*	1994	29206	3426	3780	21910	90
Mexico/ Mexique		1993	36000	..	..	..	..
USA/ Etats-Unis	*	1993	367863	77564	72121	218178	..
Japan/ Japon	*	1993	64500	..	..	..	..
Korea/ Corée		1995	25834	8892	7909	5817	3216
N.Zealand/ N.Zélande		1993	3490	..	..	..	..
Austria/ Autriche		1995	3402	122	1410	1607	263
Belgium/ Belgique	*	1993	9885	1118	2781	5587	383
Czech Rep./ Rép.Tchèque		1995	3585	101	794	2411	279
Denmark/ Danemark	*	1995	4809	163	1055	3281	310
Finland/ Finlande	*	1995	1077	69	114	791	103
France	*	1995	84006	7091	42578	27416	6921
Germany/ Allemagne	*	1995	34531	4925	9652	16065	3889
Greece/ Grèce	*	1995	8525	2529	3072	2131	793
Hungary/ Hongrie		1995	7696	1077	2063	3724	832
Ireland/ Irlande		1992	1942	144	663	1001	134
Italy/ Italie	*	1994	157981	31574	83350	24917	18140
Luxembourg		1991	253	10	113	121	9
Netherlands/ Pays-Bas	*	1995	10923	497	3990	3070	3366
Norway/ Norvège	*	1995	930	20	167	689	54
Poland/ Pologne	*	1995	6962	445	2271	3940	306
Portugal	*	1995	11813	667	9078	1660	408
Spain/ Espagne	*	1995	27852	9538	9021	6326	2967
Sweden/ Suède	*	1995	1224	17	200	975	32
Switzerland/ Suisse	*	1994	1921	246	668	973	34
Turkey/ Turquie	*	1995	33243	14850	4937	7583	5873
UK/ Royaume-Uni	*	1995	34020	..	..	..	..
Slovak Rep./ Rép.Slovaque		1992	2461	119	557	1785	..

Notes:
a) Unless otherwise specified, data refer to active ingredients. Insecticides: acaricides, molluscicides and nematocides. Fungicides: bactericides and seed treatments. Herbicides: defoliants and dessicants. Other pesticides: plant growth regulators and rodenticides.
CAN) Data (1994) refer to agriculture uses only (non-agricultural uses excluded). Insecticides: data exclude Bacillus thuringiensis. Other pesticides: growth regulators, animal repellents, rodenticides, and fumigants.
USA) Agricultural pesticides only. Fungicides: include other pesticides.
JPN) Data refer to national production of pesticides.
BEL) Data include Luxembourg.
DNK) Data refer to sales for use in plant production in open agriculture.
FIN) Data include forest pesticides and insect repellents.
FRA) Data refer to quantities sold to agriculture. Fungicides: include copper and sulphur compounds but not elemental sulphur.
DEU) Data refer to sales.
GRC) Data refer to sales from wholesale trade to retail trade.
ITA) Data refer to formulation weight.
NLD) Data refer to sales of chemical pesticides. Other pesticides: include soil disinfectants which correspond, for the years presented, to about the half of the total consumption.
NOR) Data refer to sales.
POL) Other pesticides: growth regulators, rodenticides, animal repellents and other pesticides.
PRT) Data refer to sales.
ESP) Data refer to sales.
SWE) Data refer to sales.
CHE) Data refer to sales and have been estimated to represent 95% of the total market volume; Liechtenstein included.
TUR) Formulation weight. Powdered sulphur and copper sulphate excluded.
UKD) Great Britain only. Data include 13 175 tonnes of sulphuric acid (1995).

Notes :
a) Les données se rapportent aux éléments actifs. Insecticides: acaricides, mollusquicides et nématocides. Fongicides: bactéricides et traitements de semences. Herbicides: défoliants et dessicants. Autres pesticides: régulateurs de croissance et les rodenticides.
CAN) Inclut (1994) des usages agricoles uniquement (usages non agricoles exclus). Insecticides: exclut le Bacillus thuringiensis. Autres pesticides: incluent les régulateurs de croissance, les répulseurs d'animaux, les rodenticides et les fumigants.
USA) Uniquement les pesticides agricoles. Fongicides: inclut autres pesticides.
JPN) Données fondées sur la production nationale de pesticides.
BEL) Les données incluent le Luxembourg.
DNK) Les données se réfèrent aux ventes pour la production agricole en plein air.
FIN) Les données incluent les pesticides forestiers et les produits répulseurs d'insectes.
FRA) Quantités vendues pour l'usage agricole. Fongicides: comprennent les composés à base de cuivre et de soufre mais non le soufre en l'état.
DEU) Les données se réfèrent aux ventes.
GRC) Les données se réfèrent aux ventes en gros vers le commerce de détail.
ITA) Les données se rapportent au poids total de produit préparé.
NLD) Les données concernent les ventes des pesticides chimiques. Autres pesticides: incluent les désinfectants qui correspondent environ, pour les années considérées, à la moitié de la consommation totale.
NOR) Les données se réfèrent aux ventes.
POL) Autres pesticides: incluent les régulateurs de croissance, les rodenticides, les répulseurs d'animaux, et les autres pesticides.
PRT) Les données se réfèrent aux ventes.
ESP) Les données se réfèrent aux ventes.
SWE) Les données se réfèrent aux ventes.
CHE) Les données se réfèrent aux ventes et étaient estimées pour représenter 95% du volume total du marché; Liechtenstein inclut.
TUR) Les données se rapportent au poids total de produit préparé. Le soufre en poudre et le sulphate de cuivre sont exclus.
UKD) Grande Bretagne seulement. Les données incluent 13 175 tonnes d'acide sulphurique (1995).

Source: FAO, national statistical yearbooks, UNECE, UNEP, ECPA/ FAO, annuaires statistiques nationaux, CEE-ONU, PNUE, ECPA

AGRICULTURE 11.6B

TRENDS IN THE CONSUMPTION OF PESTICIDES (a), 1980-1995
EVOLUTION DE LA CONSOMMATION DE PESTICIDES (a), 1980-1995

		Tonnes		1980	1985	1986	1987	1988	1989	1990	1991	1992	1993	1994	1995
		Base year/année de réf.[a]							Index 1985 = 100 [a]						
Canada	* Insecticides	3172		..	100	90	94	86	..	57	..	..	..	108	..
	Fungicides/Fong.	2823		..	100	120	97	92	..	90	..	..	..	134	..
	Herbicides	30181		..	100	82	83	92	..	90	..	..	..	73	..
	Total pesticides	39259		..	100	84	86	90	..	87	..	..	..	74	..
USA/	* Insecticides	102150		136	100	93	80	82	67	77	78	80	76	..	..
Etats-Unis	Fungicides/Fong.	50394		86	100	117	135	135	122	131	132	132	143	..	..
	Herbicides	238350		87	100	95	96	97	99	98	94	97	92	..	..
	Total pesticides	390894		99	100	95	95	98	94	97	95	97	94	..	..
Japan/	* Insecticides	45018		100	100	..	..	..	..	..	..	..	..	..	..
Japon	Fungicides/Fong.	18622		103	100	..	..	..	..	..	..	..	..	..	..
	Herbicides	19416		133	100	..	..	..	..	..	..	..	..	..	..
	Total pesticides	83056		108	100	95	92	84	83	82	79	78	78	..	..
Korea/	Insecticides	7834	(1986)	..	..	100	103	93	101	119	134	126	98	102	114
Corée	Fungicides/Fong.	7054	(1986)	..	..	100	119	115	114	110	120	120	144	143	112
	Herbicides	4454	(1986)	..	..	100	105	103	110	124	126	121	118	124	131
	Total pesticides	21322	(1986)	..	..	100	109	103	109	118	129	125	122	123	121
N.Zealand/	Insecticides			..	..	..	..	..	..	..	..	..	..	..	..
N.Zélande	Fungicides/Fong.			..	..	..	..	..	..	..	..	..	..	..	..
	Herbicides			..	..	..	..	..	..	..	..	..	..	..	..
	Total pesticides	3191		..	100	..	100	..	..	..	..	..	109	..	..
Austria/	Insecticides	428		80	100	117	..	..	57	67	37	34	33	32	28
Autriche	Fungicides/Fong.	2072		81	100	117	..	..	72	81	89	72	76	75	68
	Herbicides	2648		83	100	115	..	..	97	73	82	70	71	58	61
	Total pesticides	5270		82	100	115	..	..	88	81	85	74	76	69	65
Belgium/	* Insecticides	1669		94	100	91	82	83	82	77	70	76	67	..	..
Belgique	Fungicides/Fong.	2123		51	100	103	105	122	124	129	134	155	131	..	..
	Herbicides	4617		99	100	100	105	112	114	113	110	111	121	..	..
	Total pesticides	8748		85	100	100	102	109	113	114	110	115	113	..	..
Czech Rep./	Insecticides	287	(1989)	..	..	..	..	..	100	143	63	67	78	52	35
Rép.Tchèque	Fungicides/Fong.	1809	(1989)	..	..	..	..	..	100	98	84	58	56	44	44
	Herbicides	7816	(1989)	..	..	..	..	..	100	80	52	40	27	31	31
	Total pesticides	9928	(1989)	..	..	..	..	..	100	89	62	47	35	36	36
Denmark/	* Insecticides	262		..	100	89	60	57	86	99	56	49	41	36	62
Danemark	Fungicides/Fong.	2199		..	100	76	51	49	58	63	65	61	47	41	48
	Herbicides	4079		..	100	93	96	92	97	77	70	69	65	66	80
	Total pesticides	6863		..	100	89	80	77	84	82	67	67	60	57	70
Finland/	* Insecticides	165		102	100	54	53	112	119	61	42	71	89	53	42
Finlande	Fungicides/Fong.	110		87	100	101	91	131	162	148	133	176	191	190	104
	Herbicides	1641		120	100	93	97	87	105	96	84	65	54	57	48
	Total pesticides	1980		117	100	94	97	95	113	104	88	72	65	67	54
France	* Insecticides	6258		77	100	114	104	106	114	123	113	98	86	73	113
	Fungicides/Fong.	48569		81	100	101	93	102	95	85	114	92	112	102	88
	Herbicides	36320		90	100	99	94	99	100	103	93	75	72	82	75
	Total pesticides	98021		81	100	102	95	101	102	100	106	86	94	91	86
Germany/	* Insecticides	3901	(1991)	..	..	..	..	..	..	..	100	105	111	103	126
Allemagne	Fungicides/Fong.	9760	(1991)	..	..	..	..	..	..	..	100	96	78	79	99
	Herbicides	18992	(1991)	..	..	..	..	..	..	..	100	82	67	78	85
	Total pesticides	36937	(1991)	..	..	..	..	..	..	..	100	91	78	81	93
Greece/	* Insecticides	2762	(1986)	..	..	100	86	99	103	..	78	83	86	112	92
Grèce	Fungicides/Fong.	2056	(1986)	..	..	100	94	80	94	..	123	133	120	152	149
	Herbicides	2158	(1986)	..	..	100	85	103	140	..	96	99	107	110	99
	Total pesticides	7346	(1986)	..	..	100	89	92	111	..	107	117	117	136	116
Hungary/	Insecticides	5577		57	100	78	53	51	60	40	28	19	27	24	19
Hongrie	Fungicides/Fong.	9157		164	100	149	120	124	180	128	57	46	28	31	23
	Herbicides	10763		127	100	120	110	97	136	102	84	57	52	43	35
	Total pesticides	26342		128	100	118	99	94	131	95	60	43	39	36	29
Ireland/	Insecticides	185	(1980)	100	..	..	..	..	..	81	88	78	..	..	..
Irlande	Fungicides/Fong.	210	(1980)	100	..	..	..	259	256	219	255	316	307	314	405
	Herbicides	1050	(1980)	100	..	..	..	104	106	94	104	95	114	139	136
	Total pesticides	1470	(1980)	100	..	..	..	123	129	119	130	132	148	188	180
Italy/	* Insecticides	34401		95	100	97	96	107	104	101	96	95	98	92	..
Italie	Fungicides/Fong.	85126		187	100	110	135	136	124	125	105	111	111	98	..
	Herbicides	28525		78	100	104	110	109	101	94	91	79	86	87	..
	Total pesticides	166839		139	100	108	120	125	117	115	103	102	103	95	..
Netherlands/	* Insecticides	634		..	100	88	79	91	118	115	94	93	74	69	78
Pays-Bas	Fungicides/Fong.	4363		..	100	82	93	95	93	95	98	96	92	89	91
	Herbicides	3977		..	100	95	98	92	84	87	81	75	70	67	77
	Total pesticides	21002		..	100	103	86	86	91	90	82	76	56	53	52
Norway/	* Insecticides	39		93	100	122	83	98	71	49	47	69	43	49	52
Norvège	Fungicides/Fong.	140		71	100	102	83	86	96	119	103	106	129	112	119
	Herbicides	1236		97	100	96	86	74	69	78	46	45	41	51	56
	Total pesticides	1531		90	100	99	87	79	68	78	50	51	50	56	61

Notes: see end of table/voir à la fin du tableau. .../...

AGRICULTURE

TRENDS IN THE CONSUMPTION OF PESTICIDES (a), 1980-1995
EVOLUTION DE LA CONSOMMATION DE PESTICIDES (a), 1980-1995

		Tonnes		Index 1985 = 100 [a]										
		Base year/année de réf.[a]	1980	1985	1986	1987	1988	1989	1990	1991	1992	1993	1994	1995
Poland/	* Insecticides	1305 (1986)	..	..	100	97	97	82	..	41	74	69	65	34
Pologne	Fungicides/Fong.	3622 (1986)	..	..	100	147	190	199	..	32	37	38	49	63
	Herbicides	9035 (1986)	..	..	100	126	154	131	..	33	46	48	47	44
	Total pesticides	14479 (1986)	64	..	100	127	161	142	52	36	47	47	51	48
Portugal	* Insecticides	763 (1984)	90	..	..	..	..	..	..	109	99	102	95	87
	Fungicides/Fong.	14021 (1984)	148	..	..	..	..	..	..	46	28	48	51	65
	Herbicides	1074 (1984)	104	..	..	..	..	..	..	168	111	122	146	155
	Total pesticides	15966 (1984)	142	..	..	..	..	..	..	59	38	56	60	74
Spain/	* Insecticides	13148 (1986)	..	..	100	121	112	102	70	70	51	45	81	73
Espagne	Fungicides/Fong.	8464 (1986)	..	..	100	130	152	153	145	137	121	110	122	107
	Herbicides	10822 (1986)	..	..	100	93	107	106	124	127	111	98	67	58
	Total pesticides	39134 (1986)	..	..	100	113	122	119	101	100	81	75	80	71
Sweden/	* Insecticides	140	122	100	108	37	74	28	19	14	21	11	29	12
Suède	Fungicides/Fong.	639	78	100	156	80	106	78	101	113	81	50	58	31
	Herbicides	2752	136	100	152	64	73	67	59	38	34	40	55	35
	Total pesticides	3660	121	100	153	66	78	66	64	50	41	40	54	33
Switzerland/	* Insecticides	385 (1988)	31	..	..	..	100	93	101	75	70	62	64	..
Suisse	Fungicides/Fong.	1120 (1988)	100	..	..	..	100	99	88	81	85	88	60	..
	Herbicides	885 (1988)	93	..	..	..	100	105	93	88	85	76	110	..
	Total pesticides	2455 (1988)	84	..	..	..	100	100	93	84	82	79	78	..
Turkey/	* Insecticides	20336	67	100	113	73	74	92	87	51	65	60	55	73
Turquie	Fungicides/Fong.	5804	76	100	102	105	110	101	95	96	102	101	84	85
	Herbicides	6839	62	100	87	109	115	90	93	105	86	134	124	111
	Total pesticides	36662	73	100	107	90	93	96	93	77	81	88	79	91
UK/	* Insecticides	1478 (1980)	100	..	..	..	..	..	..	..	..	..	..	..
Royaume-Uni	Fungicides/Fong.	4778 (1980)	100	..	..	..	..	..	..	..	..	..	..	..
	Herbicides	28116 (1980)	100	..	..	..	..	..	..	..	..	..	..	..
	Total pesticides	40229 (1980)	100	92	88	83	79	83	87	83	79	80	83	85
Slovak Rep./	Insecticides	477 (1991)	..	..	..	..	..	..	..	100	25	..	..	..
Rép.Slovaque	Fungicides/Fong.	1102 (1991)	..	..	..	..	..	..	..	100	51	..	..	..
	Herbicides	3115 (1991)	..	..	..	..	..	..	..	100	57	..	..	..
	Total pesticides	4694 (1991)	..	..	..	..	..	..	..	100	52	88	..	..

Notes:
a) Unless otherwise specified, data refer to active ingredients and the reference year is 1985. Insecticides: acaricides, molluscicides and nematocides. Fungicides: bactericides and seed treatments. Herbicides: defoliants and dessicants. Total pesticides may include other pesticides such as plant growth regulators and rodenticides.
CAN) Survey coverage has varied greatly (different active ingredients, registrants and products); survey trends therefore may not reflect actual trends but simply changes in the survey coverage. Data include non-agricultural uses, such as home and garden plants, golf course, etc; they represent, however, a small part of the total use (between 1 and 6% of the total depending on category). 1994: data refer to agriculture uses only (non-agricultural uses excluded). Insecticides: data exclude Bacillus thuringiensis.
USA) Agricultural pesticides only. Fungicides: include other pesticides.
JPN) Data refer to national production of pesticides.
BEL) Data include Luxembourg.
DNK) Data refer to sales for use in plant production in open agriculture.
FIN) Data include forest pesticides and insect repellents.
FRA) Data refer to quantities sold to agriculture. Fungicides: include copper and sulphur compounds but not elemental sulphur.
DEU) Data refer to sales.
wDEU) Data refer to sales.
GRC) Data refer to sales from wholesale trade to retail trade.
ITA) From 1981, data include only agricultural pesticides. Data refer to formulation weight. Active ingredients (in tonnes) represent in 1990 - insecticides: 10 943; fungicides: 58 473; herbicides: 10 267; and total (including others): 91 671.
NLD) Sales of chemical pesticides. Total: includes soil disinfectants which correspond, for the years presented, to about the half of the total consumption.
NOR) Data refer to sales.
POL) Total 1986-89: include estimates.
PRT) Data refer to sales. 1991-94 data do not include all sales (some entreprises trading in these substances are excluded); 1995 data refer to all sales (all entreprises included). The increase in sales for 1995 corresponding to the increase in the number of entreprises covered was about 12%. Fungicides: the decrease from 1984 to 1991 results, mainly from the replacement of sulphur with other active substances, which are used in much smaller quantities.
ESP) Data refer to sales.
SWE) A special sales tax has been applied to pesticides since 1987. Another tax was applied in 1995. Data refer to sales.
CHE) Data refer to sales and have been estimated to represent 95% of the total market volume; Liechtenstein included.
TUR) Formulation weight. Powdered sulphur and copper sulphate excluded.
UKD) Great Britain only. 1980: early 1980s. Data include sulphuric acid, which represents from 25% (1985) to approx. 40% (1995) of the total.

Notes :
a) Les données se rapportent aux éléments actifs dont l'année de référence est 1985 sauf en cas d'indication contraire. Insecticides: acaricides, mollusquicides et nématocides. Fongicides: bactéricides et traitements de semences. Herbicides: défoliants et dessicants. Le total des pesticides peut inclure d'autres pesticides tels que les régulateurs de croissance des plantes et les rodenticides.
CAN) L'extension de l'enquête varie pour les différentes années (différentes substances actives, marques et produits); l'évolution observée peut ne pas traduire une tendance réelle mais simplement des changements dus à la couverture de l'enquête. Incluent des usages non agricoles comme les plantations de jardin et d'intérieur, terrains de golf, etc.; ceci représente, cependant, une petite partie de l'utilisation totale (entre 1 et 6% du total selon les différentes catégories). 1994: inclut des usages agricoles uniquement (usages non agricoles exclus). Insecticides: exclut le Bacillus thuringiensis.
USA) Uniquement les pesticides agricoles. Fongicides: inclut autres pesticides.
JPN) Données fondées sur la production nationale de pesticides.
BEL) Les données incluent le Luxembourg.
DNK) Les données se réfèrent aux ventes pour la production agricole en plein air.
FIN) Les données incluent les pesticides forestiers et les produits répulseurs d'insectes.
FRA) Les données concernent les quantités vendues pour l'usage agricole. Fongicides: comprennent les composés à base de cuivre et de soufre mais non le soufre en l'état.
DEU) Les données se réfèrent aux ventes.
wDEU) Les données se réfèrent aux ventes.
GRC) Les données se réfèrent aux ventes en gros vers le commerce de détail.
ITA) Depuis 1981, les données ne comprennent que les pesticides agricoles. Les données se rapportent au poids total de produit préparé. Les données en substances actives (en tonnes) pour l'année 1990 représentent: insecticides: 10 943; fongicides: 58 473; herbicides: 10 267; et total (incluant autres): 91 671.
NLD) Ventes des pesticides chimiques. Total: inclut les désinfectants qui correspondent environ, pour les années considérées, à la moitié de la consommation totale.
NOR) Les données se réfèrent aux ventes.
POL) Total: 1986-89: incluent des estimations.
PRT) Les données se réfèrent aux ventes. Les données 1991-94 n'incluent pas la totalité des ventes (quelques sociétés vendant ces produits sont exclues); les données 1995 concernent la totalité des ventes (toutes sociétés comprises). L'augmentation des ventes en 1995 est due au plus grand nombre d'entreprises (environ 12%). Fong. : la diminution observée de 1984 à 1991 résulte, principalement, de la substitution du soufre par d'autres substances actives, qui sont utilisées en plus petites quantités.
ESP) Les données se réfèrent aux ventes.
SWE) Depuis 1987, une taxe spéciale est appliquée aux ventes de pesticides. Une autre taxe était appliquée en 1995. Les données se réfèrent aux ventes.
CHE) Les données se réfèrent aux ventes et étaient estimées pour représenter 95% du volume total du marché; Liechtenstein inclut.
TUR) Les données se rapportent au poids total de produit préparé. Le soufre en poudre et le sulphate de cuivre sont exclus.
UKD) Grande Bretagne seulement. 1980: début des années 80. Les données incluent l'acide sulphurique, qui représente de 25% (1985) à environ 40% (1995) du total.

Source: FAO, national statistical yearbooks, UNECE, UNEP, ECPA/ FAO, annuaires statistiques nationaux, CEE-ONU, PNUE, ECPA

AGRICULTURE 11.7

LIVESTOCK NUMBERS
CHEPTELS D'ANIMAUX D'ÉLEVAGE

The following table presents numbers of selected domestic animals: cattle; sheep and goats; horses, mules and asses; and pigs.

Domestic animals exert various types of pressures on the environment (e.g. water and soil pollution, contribution to the greenhouse effect). Herbivores, particularly ruminants, contribute to emissions of methane through their digestive process and the production of manure. In sensitive areas, overgrazing can lead to erosion and desertification.

This table should exhibit a fairly good level of comparability among countries and over time.

Le tableau suivant présente le nombre d'animaux dans des cheptels d'élevage sélectionnés : bovins ; ovins et caprins ; chevaux, mules et ânes ; et porcins.

Les animaux d'élevage exercent divers types de pressions sur l'environnement (p.ex. pollution de l'eau et des sols, contribution à l'effet de serre). Les herbivores et particulièrement les ruminants, contribuent aux émissions de méthane par leur processus de digestion et par la production de fumier et de lisier. Dans des zones sensibles le surpâturage peut provoquer des phénomènes d'érosion et de désertification.

Ce tableau devrait bénéficier d'un assez bon niveau de comparabilité entre pays et dans le temps.

AGRICULTURE

LIVESTOCK, 1980-1996
CHEPTELS D'ANIMAUX D'ÉLEVAGE, 1980-1996

1 000 head/têtes

		Cattle/Bovins			Sheep and Goats/ Ovins et Caprins			Horses, Mules and Asses/ Chevaux, Mules et Ânes			Pigs/ Porcins		
		1980	1985	1996	1980	1985	1996	1980	1985	1996	1980	1985	1996
Canada	*	12126	11330	13186	507	539	705	374	397	354	10091	10573	12097
Mexico/Mexique		27742	31489	28141	16120	17354	16397	12555	12448	12770	16890	17233	18000
USA/Etats-Unis		111242	109582	103487	14099	12266	10357	5107	5255	6130	67318	54073	58264
Japan/Japon	*	26203	22738	26952	136166	150203	126540	499	421	242	2518	2512	2663
Korea/Corée		8131	7921	9204	68825	68281	49153	70	99	85	434	454	429
Australia/Australie	*	4248	4698	4880	79	75	56	23	23	30	9998	10718	9900
N.Zealand/N.Zélande	*	1634	2944	3463	207	323	701	4	3	7	1784	2853	6950
Austria/Autriche		2548	2669	2272	230	250	435	43	41	73	4004	4027	3564
Belgium/Belgique	*	3111	3210	3369	115	157	170	38	29	23	5067	5340	7225
Czech Rep./R. Tchèque	*	3342	3502	1989	382	456	176	28	27	18	5081	4515	4016
Denmark/Danemark	*	2961	2618	2052	56	70	145	50	32	18	9957	9104	11079
Finland/Finlande	*	1753	1592	1179	108	71	121	33	38	50	1451	1256	1394
France		23919	23481	20661	13036	13782	11744	403	329	376	11446	10975	14800
Germany/Allemagne	*	20646	21536	15890	3186	3895	2527	446	471	680	34505	36808	23737
Greece/Grèce		932	725	640	12575	13074	14950	472	351	183	948	1061	1070
Hungary/Hongrie		1925	1901	928	2942	2848	1029	130	106	75	8355	9237	5032
Iceland/Islande	*	57	73	73	797	709	450	50	54	79	11	20	42
Ireland/Irlande		6171	5861	6532	2369	3091	5781	98	77	65	1120	1020	1542
Italy/Italie		8719	9106	7018	10088	12187	11988	500	401	367	8807	9041	7964
Netherlands/Pays-Bas	*	5226	5248	4557	888	848	1724	67	62	97	10138	12383	13958
Norway/Norvège	*	985	970	998	2077	2512	2489	18	16	22	664	692	768
Poland/Pologne	*	12649	11055	7396	4207	4837	552	1780	1404	620	21326	17614	18759
Portugal		1324	1297	1316	5293	5695	7011	305	288	235	3500	3127	2400
Spain/Espagne		4679	5007	5660	16647	20155	23788	643	547	410	10714	11390	18000
Sweden/Suède	*	1935	1837	1790	392	426	469	57	57	86	2714	2589	2349
Switzerland/Suisse		2031	1926	1772	434	437	494	47	48	57	2205	1988	1580
Turkey/Turquie		15567	12410	11789	64801	53491	42902	2453	2062	1400	13	12	5
UK/Royaume-Uni	*	13363	12911	11619	21609	23946	28797	155	175	183	7813	7865	7351
N.America/Amér.N.	*	151110	152401	144814	30726	30159	27459	18036	18100	19254	94299	81879	88361
Australia/Australie-NZ	*	5882	7642	8343	286	398	757	27	26	37	11782	13571	16850
OECD/OCDE Europe		133843	128935	109500	162232	162937	157742	7816	6616	5118	149839	150064	146635
EU/UE-15	*	97287	97098	84555	86592	97647	109650	3310	2898	2846	112184	115986	116433
OECD/OCDE	*	325169	319637	298813	398235	411978	361651	26449	25263	24736	258872	248480	254938
World/Monde	*	1216446	1259218	1320081	1554342	1603230	1721859	110516	114550	119822	796073	791334	923925

Notes:
CAN) Horses and mules only.
JPN) Horses only.
AUS) Horses and asses only.
NZL) Horses only.
AUT) Horses only.
BEL) Data for Belgium include Luxembourg; horses and mules only.
CZE) 1980 and 1985 data are Secretariat estimates. Horses only.
DNK) Sheep only; horses only.
FIN) Horses only.
DEU) Horses only.
ISL) Sheep only; horses only.
NLD) Horses only.
NOR) Horses only.
POL) Sheep only; horses only.
SWE) Sheep only; horses only.
UKD) Sheep only; horses and asses only.
TOT) Restrictions in preceding notes apply.

Notes :
CAN) Chevaux et mules uniquement.
JPN) Chevaux uniquement.
AUS) Chevaux et ânes uniquement.
NZL) Chevaux uniquement.
AUT) Chevaux uniquement.
BEL) Les données de la Belgique incluent celles du Luxembourg; chevaux et mules uniquement.
CZE) Les données 1980 et 1985 sont des estimations du Secrétariat. Chevaux uniquement.
DNK) Ovins uniquement; chevaux uniquement.
FIN) Chevaux uniquement.
DEU) Chevaux uniquement.
ISL) Ovins uniquement; chevaux uniquement.
NLD) Chevaux uniquement.
NOR) Chevaux uniquement.
POL) Ovins uniquement; chevaux uniquement.
SWE) Ovins uniquement; chevaux uniquement.
UKD) Ovins uniquement; chevaux et ânes uniquement.
TOT) Restreints selon les notes précédentes.

Source: FAO, OECD/OCDE

AGRICULTURE 11.8

AGRICULTURAL PRODUCTION
PRODUCTION AGRICOLE

The following table presents trends in agricultural production. Data refer to indices showing the volume of aggregate agricultural production in comparison with the base year 1991. Production indices are based on price-weighted quantities of agricultural commodities produced after deduction of quantities used as seed and feed.

The development of agricultural production through specialisation and intensification of land use may give rise to environmental effects such as physical and chemical soil degradation or degradation of water resources.

Le tableau suivant présente l'évolution de la production agricole. Les données sont des indices indiquant le volume global de la production agricole par rapport à l'année de référence 1991. Les indices de production sont fondés sur la production des divers produits agricoles, pondérée par les prix, déduction faite des quantités utilisées comme semences ou pour l'alimentation animale.

Le développement de la production agricole par la spécialisation et l'intensification des modes d'exploitation peut avoir des effets sur l'environnement tels que la dégradation physique et chimique des sols ou la dégradation de la qualité des ressources en eau.

11.8 AGRICULTURE

AGRICULTURAL PRODUCTION (a), 1980-1996
PRODUCTION AGRICOLE (a), 1980-1996

Index/Indice (1991=100)

	1980	1981	1982	1983	1984	1985	1986	1987	1988	1989	1990	1991	1992	1993	1994	1995	1996
Canada	77	83	90	85	85	89	96	91	81	90	100	100	98	99	104	107	110
Mexico/Mexique	83	86	85	89	89	92	93	95	94	89	96	100	97	103	106	112	118
USA/Etats-Unis	90	99	98	83	96	101	95	95	89	97	100	100	109	100	115	108	114
Japan/Japon	97	98	102	102	103	106	106	106	104	105	104	100	103	97	103	101	99
Korea/Corée	76	81	84	85	89	92	96	96	101	102	103	100	112	109	115	115	114
Australia/Australie	82	87	81	94	91	93	95	94	99	95	101	100	108	110	103	113	109
N.Zealand/N.Zélande	93	97	97	100	100	106	102	101	104	101	95	100	103	104	112	111	113
Austria/Autriche	94	90	101	96	98	96	98	97	103	99	99	100	99	100	101	101	98
Belgium/Belgique *	83	86	85	83	88	87	91	90	93	95	92	100	105	108	108	108	109
Denmark/Danemark	82	82	87	84	94	93	92	89	92	95	101	100	94	102	99	100	103
Finland/Finlande	100	93	103	111	108	106	106	94	97	105	110	100	94	97	99	95	96
France	95	92	98	94	102	99	98	101	100	99	100	100	105	98	97	101	104
Germany/Allemagne	93	94	99	97	103	102	107	103	104	104	104	100	97	94	91	92	94
Greece/Grèce	87	90	91	87	92	95	91	89	95	99	88	100	100	100	106	100	98
Hungary/Hongrie	95	92	102	97	101	99	100	100	105	103	96	100	75	71	71	69	72
Iceland/Islande	114	115	115	114	114	117	119	114	101	97	97	100	99	94	95	93	94
Ireland/Irlande	85	75	80	84	90	92	95	93	90	89	98	100	103	103	98	99	104
Italy/Italie	100	97	95	104	96	97	97	100	95	97	92	100	102	98	97	96	97
Netherlands/Pays-Bas	84	88	91	90	95	94	99	97	96	94	99	100	107	104	102	100	102
Norway/Norvège	93	95	99	96	100	98	96	98	98	97	104	100	96	102	101	100	100
Poland/Pologne	89	88	90	94	99	101	106	101	104	106	107	100	89	94	82	90	86
Portugal	67	62	75	64	71	74	75	85	70	89	94	100	88	85	88	89	88
Spain/Espagne	87	79	88	81	93	91	90	101	96	99	103	100	102	98	93	86	98
Sweden/Suède	109	113	117	114	124	118	114	100	103	112	117	100	94	107	102	105	108
Switzerland/Suisse	97	95	104	98	103	101	103	97	102	103	102	100	104	102	97	98	101
Turkey/Turquie	75	76	79	78	83	83	93	92	99	93	99	100	100	101	100	102	103
UK/Royaume-Uni	91	90	93	94	100	96	97	96	94	95	98	100	100	96	97	98	101

Notes:
a) Data refer to agricultural production available for any use except as seed and feed.
BEL) Data for Belgium include Luxembourg.

Notes :
a) Les données représentent la production agricole disponible pour toute autre utilisation que les semences, les pâturages et le fourrage.
BEL) Les données de la Belgique incluent celles du Luxembourg.

Source: OECD/OCDE, FAO

PART III / PARTIE III

12. GENERAL DATA

12. DONNÉES GÉNÉRALES

LIST OF TABLES	LISTE DES TABLEAUX
12.1A National populations	12.1A Populations nationales
12.1B Population density	12.1B Densité de population
12.2A Trends in gross domestic product	12.2A Évolution du produit intérieur brut
12.2B Structure of gross domestic product	12.2B Structure du produit intérieur brut
12.2C Trends in private final consumption expenditure	12.2C Évolution de la consommation finale privée
12.3 Multilateral conventions on the environment	12.3 Conventions multilatérales concernant l'environnement
12.4A Pollution abatement and control expenditure	12.4A Dépenses de lutte contre la pollution
12.4B Public R&D expenditure for environment protection	12.4B Dépenses publiques de R-D en matière de protection de l'environnement
12.5 Accidental oil spills from tankers	12.5 Déversements accidentels de pétrole dus aux pétroliers
12.6A Major floods and related losses	12.6A Principales inondations et dommages afférents
12.6B Major natural disasters of geological origin	12.6B Principales catastrophes naturelles d'origine géologique
12.6C Major climatic and meteorological disasters	12.6C Principales catastrophes d'origine climatique et metéorologique

GENERAL DATA

INTRODUCTION

This section contains general quantitative information concerning population, area, gross domestic product and private final consumption expenditure in OECD countries.

These data provide background information, as well as inputs for the calculation of derived figures (e.g. per capita figures).

It also includes information relevant to a number of the specific sections in this Compendium: a list of multilateral conventions on the environment, and data on the level of pollution abatement and control expenditure and concerning R&D expenditure for environment protection.

Finally, it includes information related to accidental oil spills, to floods and related losses and to natural disasters of geological, climatic and meteorological origin.

Cette section contient des renseignements quantitatifs généraux concernant la population, la superficie, le produit intérieur brut et la consommation finale privée dans les pays de l'OCDE.

Les tableaux qui y sont présentés fournissent des renseignements de base ainsi que les éléments pour le calcul de chiffres dérivés (e.g. données par habitant).

Elle inclut aussi des informations pertinentes pour plusieurs des sections spécifiques de ce Compendium: une liste des conventions multilatérales concernant l'environnement, et des données sur le niveau des dépenses en matière de lutte contre la pollution et en matière de R-D pour la protection de l'environnement.

Elle inclut enfin des informations relatives aux déversements accidentels de pétroles, aux inondations et dommages afférents ainsi qu'aux catastrophes naturelles d'origine géologique, climatique et météorologique.

POPULATION

Population is a major determinant of environmental conditions and trends. Population density implies density of human activity and is often correlated with the concentration of pollution and with resource use. Overall population growth may also put pressure on the available natural resources. Population affects the environment through its structural elements (age classes, active population, size of households, etc.), which largely influence consumption patterns and waste production.

Table 1A shows trends in national population in OECD countries and in the world.

- Population is defined here as all nationals present in or temporarily absent from a country, and aliens permanently settled in the country.

Table 1B presents population density calculated using the value of total land area.

The last column provides figures for total land area which includes:

- agricultural land, forest land and other areas, such as built-up land;
- inland waters (rivers, lakes, artificial waters impoundments, coastal lagoons).

La population est un facteur déterminant pour l'état de l'environnement et son évolution. La densité de population signifie densité d'activités humaines et est souvent associée à la pollution et à l'utilisation des ressources. La croissance de la population peut exercer des pressions sur les ressources naturelles disponibles. Elle affecte aussi l'environnement à travers sa structure (répartition par classes d'âge, population active, taille des ménages) qui influe sur les modes de consommation et les volumes de déchets produits.

Le tableau 1A montre l'évolution de la population nationale dans les pays de l'OCDE et dans le monde.

- La population est ici définie comme l'ensemble des nationaux présents ou temporairement absents du pays, et des étrangers établis en permanence dans le pays.

Le tableau 1B présente la densité de population calculée par rapport à la superficie totale des terres.

La dernière colonne donne cette superficie totale qui comprend:

- les terres agricoles, les forêts, et les autres terrains tels que les sols bâtis;
- les eaux intérieures (rivières, lacs, canaux et réservoirs artificiels, lagunes et plans d'eaux côtiers situés à l'intérieur des terres).

GENERAL DATA   12.1A

NATIONAL POPULATIONS, OECD countries, 1980-1996
POPULATIONS NATIONALES, pays de l'OCDE, 1980-1996

1000

		1980	1985	1986	1987	1988	1989	1990	1991	1992	1993	1994	1995	1996
Canada		24593	25942	26204	26550	26895	27379	27791	28120	28542	28947	29251	29606	29955
Mexico/Mexique		69655	77938	79570	81200	82840	84490	86150	87840	89540	91210	93010	94780	96582
USA/Etats-Unis	*	227726	238466	240651	242804	245021	247342	249911	252643	255407	258120	260682	263168	265557
Japan/Japon	*	116800	120750	121490	122090	122610	123120	123540	123920	124320	124670	124960	125570	125864
Korea/Corée		38124	40806	41214	41622	42031	42449	42869	43268	43664	44056	44642	45093	45545
Australia/Australie	*	14695	15788	16018	16264	16538	16833	17085	17284	17489	17657	17838	18049	18289
N.Zealand/N.Zélande	*	3144	3272	3277	3304	3317	3330	3363	3406	3443	3480	3526	3580	3640
Austria/Autriche		7549	7558	7566	7576	7596	7624	7718	7823	7884	7993	8031	8047	8106
Belgium/Belgique		9847	9858	9862	9870	9921	9938	9967	10005	10045	10084	10116	10137	10157
Czech Rep./Rép. Tchèque		10327	10337	10341	10349	10356	10362	10363	10309	10318	10331	10336	10331	10316
Denmark/Danemark	*	5123	5114	5121	5127	5130	5133	5141	5154	5171	5189	5205	5228	5262
Finland/Finlande		4779	4902	4918	4932	4947	4964	4986	5029	5042	5066	5088	5108	5125
France		53880	55284	55547	55824	56118	56423	56735	57055	57374	57654	57900	58143	58380
Germany/Allemagne		78303	77668	77690	77718	78115	78677	79364	79984	80595	81180	81423	81662	81877
w.Germany/Allemagne occ.		61566	61024	61066	61077	61449	62063	63253	64074	64865	65532	65859	..	..
Greece/Grèce	*	9642	9934	9964	9984	10005	10038	10089	10200	10322	10380	10426	10454	10465
Hungary/Hongrie		10707	10579	10534	10486	10443	10398	10365	10346	10324	10294	10261	10229	10193
Iceland/Islande		228	241	243	246	250	253	255	258	262	265	267	267	270
Ireland/Irlande		3401	3540	3541	3543	3538	3515	3503	3524	3549	3563	3583	3598	3621
Italy/Italie		56434	56674	56675	56674	56688	56705	56737	56760	56859	57070	57190	57269	57459
Luxembourg		365	367	369	372	376	379	384	387	395	398	401	413	418
Netherlands/Pays-Bas		14150	14491	14572	14665	14760	14849	14951	15070	15184	15290	15383	15459	15494
Norway/Norvège		4086	4153	4169	4187	4209	4227	4241	4262	4287	4312	4337	4348	4370
Poland/Pologne		35578	37200	37460	37660	37860	37960	38119	38240	38360	38459	38544	38588	38618
Portugal	*	9819	10014	10007	9981	9955	9920	9873	9860	9860	9888	9900	9918	9935
Spain/Espagne	*	37386	38419	38537	38632	38717	38792	38851	38920	39008	39086	39150	39210	39270
Sweden/Suède		8311	8350	8370	8398	8436	8493	8591	8644	8668	8718	8782	8847	8901
Switzerland/Suisse	*	6385	6533	6573	6619	6672	6647	6712	6800	6875	6938	7019	7062	7085
Turkey/Turquie		44439	50306	51433	52561	53715	54893	56203	57305	58401	59491	60573	61646	62695
UK/Royaume-Uni		56330	56685	56852	57009	57158	57358	57561	57808	58007	58293	58395	58606	58782
North America/Amérique N.		321974	342346	346425	350554	354756	359211	363852	368603	373489	378277	382943	387554	392094
Australia/Australie-NZ		17839	19060	19295	19568	19855	20163	20448	20690	20932	21137	21364	21629	21929
OECD/OCDE Europe		467069	478207	480344	482413	484965	487548	490709	493743	496790	499942	502310	504570	506799
EU/UE-15		355319	358858	359591	360305	361460	362808	364451	366223	367963	369852	370973	372099	373252
OECD/OCDE		961806	1001169	1008768	1016247	1024217	1032491	1041418	1050224	1059195	1068082	1076219	1084416	1092231
World/Monde		4447381	4847323	4933085	5020682	5109001	5196566	5282306	5365755	5447203	5527279	5607009	5687118	5767775

Notes:

- USA) Includes armed forces overseas; break in time series in 1991.
- JPN) Excludes allied military and civilian personnel and their dependents.
- AUS) Excludes national armed forces stationed abroad.
- NZL) Excludes national armed forces stationed abroad.
- DNK) Excludes Faroe Islands and Greenland.
- GRC) Excludes national armed forces stationed abroad.
- PRT) Includes Azores and Madeira Islands.
- ESP) Includes Baleares and Canary Islands.
- CHE) Excludes seasonal foreign workers.

Source: OECD/OCDE, FAO

Notes:

- USA) Inclut les forces armées stationnées outre-mer; rupture de série en 1991.
- JPN) Exclut les militaires et les civils alliés ainsi que les personnes à leur charge.
- AUS) Exclut les militaires stationnés hors du pays.
- NZL) Exclut les militaires stationnés hors du pays.
- DNK) Exclut le Groenland et les îles Feroé.
- GRC) Exclut les militaires stationnés hors du pays.
- PRT) Inclut les îles des Açores et de Madère.
- ESP) Inclut les îles Baléares et Canaries.
- CHE) Exclut les travailleurs étrangers saisonniers.

12.1B DONNÉES GÉNÉRALES

POPULATION DENSITY, OECD countries, 1980-1996
DENSITÉ DE POPULATION, pays de l'OCDE, 1980-1996

	\multicolumn{13}{c}{Inhabitants per km²/habitants par km²}	Total area/ Superficie totale (km²)
	1980	1985	1986	1987	1988	1989	1990	1991	1992	1993	1994	1995	1996	1995
Canada	2.5	2.6	2.6	2.7	2.7	2.7	2.8	2.8	2.9	2.9	2.9	3.0	3.0	9970.6
Mexico/Mexique	35.6	39.8	40.6	41.5	42.3	43.1	44.0	44.9	45.7	46.6	47.5	48.4	49.3	1958.2
USA/Etats-Unis	24.3	25.5	25.7	25.9	26.2	26.4	26.7	27.0	27.3	27.6	27.8	28.1	28.4	9363.5
Japan/Japon	309.2	319.6	321.6	323.2	324.5	325.9	327.0	328.0	329.1	330.0	330.8	332.4	333.1	377.8
Korea/Corée	384.1	411.1	415.2	419.3	423.4	427.7	431.9	435.9	439.9	443.8	449.7	454.3	458.8	99.3
Australia/Australie	1.9	2.0	2.1	2.1	2.1	2.2	2.2	2.2	2.3	2.3	2.3	2.3	2.4	7713.4
New Zealand/N. Zél.	11.6	12.1	12.1	12.2	12.3	12.3	12.5	12.6	12.8	12.9	13.1	13.3	13.5	270.0
Austria/Autriche	90.0	90.1	90.2	90.4	90.6	90.9	92.0	93.3	94.0	95.3	95.8	96.0	96.7	83.9
Belgium/Belgique	322.6	322.9	323.0	323.3	325.0	325.5	326.5	327.7	329.0	330.3	331.4	332.1	332.7	30.5
Czech Rep./R.Tchèque	130.9	131.1	131.1	131.2	131.3	131.4	131.4	130.7	130.8	131.0	131.1	131.0	130.8	78.9
Denmark/Danemark	118.9	118.7	118.9	119.0	119.1	119.1	119.3	119.6	120.0	120.4	120.8	121.3	122.1	43.1
Finland/Finlande	14.1	14.5	14.5	14.6	14.6	14.7	14.7	14.9	14.9	15.0	15.0	15.1	15.2	338.2
France	97.7	100.2	100.7	101.2	101.8	102.3	102.9	103.5	104.0	104.5	105.0	105.4	105.9	551.5
Germany/Allemagne	219.4	217.6	217.6	217.7	218.8	220.4	222.3	224.1	225.8	227.4	228.1	228.8	229.4	357.0
w.Germany/Allemagne occ.	247.7	245.5	245.7	245.7	247.2	249.7	254.5	257.8	260.9	263.6	264.9	265.7	266.4	248.6
Greece/Grèce	73.1	75.3	75.5	75.6	75.8	76.1	76.4	77.3	78.2	78.6	79.0	79.2	79.3	132.0
Hungary/Hongrie	115.1	113.7	113.2	112.7	112.3	111.8	111.4	111.2	111.0	110.7	110.3	110.0	109.6	93.0
Iceland/Islande	2.2	2.3	2.3	2.4	2.4	2.4	2.5	2.5	2.5	2.5	2.6	2.6	2.6	104.0
Ireland/Irlande	48.4	50.4	50.4	50.4	50.3	50.0	49.8	50.1	50.5	50.7	51.0	51.2	51.5	70.3
Italy/Italie	187.3	188.1	188.1	188.1	188.2	188.2	188.3	188.4	188.7	189.4	189.8	190.1	190.7	301.3
Luxembourg	141.1	141.9	142.7	143.9	145.4	146.6	148.5	149.7	152.7	153.9	155.1	159.7	161.6	2.6
Netherl./Pays-Bas *	379.5	388.1	383.8	380.0	376.3	372.5	375.1	378.1	381.0	368.2	370.4	372.3	373.1	41.5
Norway/Norvège	12.6	12.8	12.9	12.9	13.0	13.1	13.1	13.2	13.2	13.3	13.4	13.4	13.5	323.8
Poland/Pologne	113.8	119.0	119.8	120.4	121.1	121.4	121.9	122.3	122.7	123.0	123.3	123.4	123.5	312.7
Portugal	106.7	108.9	108.8	108.5	108.2	107.8	107.3	107.2	107.2	107.5	107.6	107.8	108.0	92.0
Spain/Espagne	73.9	75.9	76.2	76.3	76.5	76.7	76.8	76.9	77.1	77.2	77.4	77.5	77.6	506.0
Sweden/Suède *	18.5	18.6	18.6	18.7	18.7	18.9	19.1	19.2	19.3	19.4	19.5	19.7	19.8	450.0
Switzerland/Suisse	154.7	158.2	159.2	160.3	161.6	161.0	162.6	164.7	166.5	168.1	170.0	171.1	171.6	41.3
Turkey/Turquie	57.0	64.5	66.0	67.4	68.9	70.4	72.1	73.5	74.9	76.3	77.7	79.1	80.4	779.5
UK/Royaume-Uni	230.0	231.5	232.2	232.8	233.4	234.2	235.1	236.1	236.9	238.0	238.5	239.3	240.0	244.9
Slovak Rep./R. Slovaque	101.5	104.8	105.4	105.9	106.3	106.8	107.2	107.6	108.0	108.3	108.8	109.2	109.6	49.0
N.America/Amérique N.	15.1	16.1	16.3	16.5	16.7	16.9	17.1	17.3	17.5	17.8	18.0	18.2	18.4	21292.3
Australia/Australie-NZ	2.2	2.4	2.4	2.5	2.5	2.5	2.6	2.6	2.6	2.6	2.7	2.7	2.7	7983.4
OECD/OCDE Europe	93.9	96.2	96.6	97.0	97.5	98.0	98.6	99.2	99.8	100.4	100.9	101.4	101.8	4977.6
EU/UE-15	109.7	110.7	111.0	111.1	111.5	111.9	112.4	112.9	113.5	114.0	114.3	114.7	115.0	3244.6
OECD/OCDE	27.7	28.8	29.0	29.3	29.5	29.7	30.0	30.2	30.5	30.8	31.0	31.2	31.4	34730.4
World/Monde	33.2	36.2	36.8	37.5	38.1	38.8	39.4	40.1	40.7	41.3	41.9	42.5	43.1	133815.7

Notes:
NLD) Total area: includes areas not assigned to municipalities.
SWE) Total area: includes internal waters.

Notes:
NLD) Superficie totale: comprend les superficies non assignées aux municipalités.
SWE) Superficie totale: inclut les eaux littorales.

Source: OECD/OCDE, FAO

GENERAL DATA

ECONOMIC ACTIVITY
ACTIVITE ÉCONOMIQUE

The following tables show changes in economic activity and consumption in OECD countries.

Changes in economic activity and in related consumption and production patterns play a role in a country's environmental performance. They may have both positive and negative effects.

Table 2A shows the changes in volume of gross domestic product (GDP) since 1980 and its value in 1996.

Data are expressed as indices (1991=100) calculated from the value of GDP at constant prices. The last column provides the 1996 GDP value expressed in US$ at 1991 price levels and purchasing power parities.

Table 2B shows the structure of GDP by main economic sector, and changes since 1974. Data represent the value added by economic sector, thus showing sectoral contributions to GDP. They are expressed as a percentage of GDP.

Table 2C shows the changes in volume of private final consumption expenditure since 1980 and its value in 1996.

Data are expressed as indices (1991=100) calculated from the value of private final consumption expenditure at constant prices. The last column provides the 1996 value expressed in US$ at 1991 price levels and purchasing power parities.

Les tableaux suivants montrent l'évolution de l'activité économique et de la consommation dans les pays de l'OCDE.

L'évolution de l'activité économique et des modes de consommation et de production afférents joue un rôle dans la performance environnementale d'un pays. Elle peut avoir à la fois des effets positifs et négatifs:

Le tableau 2A montre l'évolution en volume du produit intérieur brut (PIB) depuis 1980 et sa valeur en 1996.

Les données sont exprimées en indices (1991=100) calculés à partir des valeurs du PIB aux prix constants. La dernière colonne donne la valeur en 1996 du PIB exprimée en $EU aux niveaux de prix et parités de pouvoir d'achat de 1991.

Le tableau 2B montre la structure du PIB, selon les principaux secteurs de l'économie, et son évolution depuis 1974. Les données représentent la valeur ajoutée par secteur économique et donc la contribution de chacun de ces secteurs à la création du PIB. Elles sont exprimées en pourcentage du PIB.

Le tableau 2C montre l'évolution en volume de la consommation finale privée depuis 1980 et sa valeur en 1996.

Les données sont exprimées en indices (1991=100) calculés à partir des valeurs de la consommation finale privée aux prix constants. La dernière colonne donne la valeur en 1996 exprimée en $EU aux niveaux de prix et parités de pouvoir d'achat de 1991.

12.2A DONNÉES GÉNÉRALES

TRENDS IN GROSS DOMESTIC PRODUCT (a), OECD countries, 1980-1996
ÉVOLUTION DU PRODUIT INTÉRIEUR BRUT (a), pays de l'OCDE, 1980-1996

	Index (1991=100)																	billion US$/ milliards de $EU
	1980	1981	1982	1983	1984	1985	1986	1987	1988	1989	1990	1991	1992	1993	1994	1995	1996	1996
Canada	76.5	79.3	76.7	79.2	84.2	88.2	91.1	94.9	99.6	102.1	101.8	100.0	100.8	103.0	107.2	109.7	111.3	581.7
Mexico/Mexique	80.2	87.3	86.7	82.9	85.9	88.3	85.0	86.6	87.6	91.3	95.9	100.0	103.6	105.6	110.3	103.5	108.8	523.6
USA/Etats-Unis	75.9	77.7	76.1	79.1	84.5	87.7	90.3	92.9	96.4	99.7	101.0	100.0	102.7	105.1	108.7	110.9	113.6	6722.5
Japan/Japon	65.1	67.2	69.2	70.8	73.6	76.8	79.1	82.4	87.5	91.7	96.3	100.0	101.0	101.3	102.0	103.4	107.1	2533.5
Korea/Corée	38.5	40.9	44.0	49.1	53.3	56.8	63.4	70.7	78.7	83.7	91.6	100.0	105.1	111.1	120.6	131.4	140.8	556.0
Australia/Australie	74.0	76.7	76.3	77.0	82.8	86.4	88.2	92.5	96.3	100.2	101.5	100.0	102.6	106.6	112.3	116.5	121.1	335.9
N.Zealand/N.Zélande	81.0	84.8	87.6	89.8	97.4	99.0	99.6	100.3	102.6	102.0	102.4	100.0	100.6	105.7	111.5	114.5	116.8	53.2
Austria/Autriche	78.6	78.4	79.2	80.8	81.9	83.9	84.9	86.3	89.8	93.3	97.2	100.0	102.0	102.4	105.5	107.5	108.6	147.2
Belgium/Belgique	81.9	80.1	81.3	81.5	83.3	84.1	85.7	87.5	91.8	95.0	98.5	100.0	101.7	100.3	102.7	104.6	106.2	183.2
Czech Rep./R.Tchèque	..	..	..	..	..	..	..	..	..	..	..	100.0	93.6	92.7	95.2	99.8	104.1	93.3
Denmark/Danemark	80.7	80.0	82.4	84.5	88.2	92.0	95.3	95.6	96.7	97.3	98.7	100.0	100.2	101.8	106.1	108.9	111.6	100.3
Finland/Finlande	78.9	80.2	83.0	85.5	88.1	91.1	93.2	97.1	101.8	107.6	107.6	100.0	96.4	95.3	99.7	104.1	107.5	83.5
France	78.6	79.5	81.6	82.1	83.2	84.8	86.9	88.9	92.8	96.8	99.2	100.0	101.2	99.8	102.6	104.8	106.3	1103.2
Germany/Allemagne	..	..	..	..	..	..	..	..	..	..	..	100.0	102.2	101.1	103.9	106.0	107.4	1459.6
w.Germany/All. occ.	76.2	76.3	75.6	76.9	79.1	80.7	82.6	83.8	86.9	90.1	95.2	100.0						
Greece/Grèce	82.7	82.8	83.1	83.4	85.7	88.4	89.9	89.4	93.4	97.0	97.0	100.0	100.4	99.4	100.9	102.9	105.5	105.9
Hungary/Hongrie	..	..	..	..	..	..	..	..	..	..	..	100.0	96.9	96.4	99.2	100.7	101.5	62.1
Iceland/Islande	75.3	78.5	80.2	78.5	81.7	84.4	89.7	97.4	97.3	97.6	98.7	100.0	96.7	97.5	101.0	102.1	108.0	5.0
Ireland/Irlande	68.5	70.8	72.4	72.2	75.4	77.7	77.4	81.0	84.5	90.4	97.9	100.0	104.0	107.2	114.2	125.9	135.1	57.2
Italy/Italie	79.3	79.7	80.0	81.0	83.1	85.4	87.8	90.6	94.1	96.8	98.9	100.0	100.6	99.4	101.6	104.5	105.3	1024.4
Luxembourg	60.9	60.6	61.3	63.1	67.0	69.0	74.3	76.1	84.0	92.2	94.2	100.0	104.5	113.6	118.3	122.1	126.9	11.9
Netherlands/Pays-Bas	78.8	78.4	77.5	78.8	81.4	83.9	86.2	87.4	89.7	93.9	97.8	100.0	102.0	102.8	106.3	108.6	111.5	276.3
Norway/Norvège	75.7	76.3	76.6	80.1	84.7	89.2	92.9	94.8	94.3	95.2	97.0	100.0	103.3	106.1	111.5	115.1	120.6	95.5
Poland/Pologne	..	..	..	..	..	..	..	..	..	..	..	100.0	102.6	106.5	112.1	120.0	127.2	205.4
Portugal	73.2	74.3	75.9	75.8	74.4	76.5	79.6	84.7	88.9	93.2	97.5	100.0	101.8	102.2	102.9	104.8	108.0	108.2
Spain/Espagne	72.7	72.6	73.8	75.4	76.5	78.5	81.0	85.6	90.0	94.3	97.8	100.0	100.7	99.5	101.6	104.4	106.7	529.2
Sweden/Suède	82.9	82.9	83.7	85.2	88.6	90.3	92.4	95.3	97.5	99.8	101.1	100.0	98.6	96.4	99.6	103.2	104.3	151.3
Switzerland/Suisse	81.4	82.5	81.8	82.6	84.1	87.2	89.7	91.5	94.1	97.8	100.0	100.0	99.7	98.9	99.9	100.0	99.3	147.0
Turkey/Turquie	59.6	62.5	64.7	68.0	72.5	75.6	80.9	88.6	90.5	90.7	99.1	100.0	106.0	114.5	108.3	115.9	124.2	341.3
UK/Royaume-Uni	78.4	77.4	78.7	81.6	83.6	86.5	90.3	94.7	99.4	101.6	102.0	100.0	99.5	101.5	105.4	108.1	110.4	997.5
North America/Amér.N.	75.9	77.9	76.1	79.1	84.5	87.7	90.4	93.1	96.7	99.9	101.1	100.0	102.6	104.9	108.6	110.8	113.4	7304.2
Australia/Australie-NZ	75.0	77.9	77.9	78.8	84.9	88.2	89.8	93.6	97.2	100.5	101.6	100.0	102.3	106.5	112.2	116.2	120.5	389.1
OECD/OCDE Europe *	77.1	77.3	78.0	79.5	81.4	83.6	86.2	88.9	92.4	95.5	98.6	100.0	101.2	101.1	103.6	106.3	108.3	7288.7
EU/UE-15 *	77.8	77.8	78.6	79.9	81.8	83.8	86.2	88.7	92.5	95.7	98.5	100.0	101.0	100.5	103.3	105.9	107.6	6339.1
OECD/OCDE *	74.9	76.3	76.2	78.1	81.7	84.5	86.9	89.6	93.4	96.7	99.2	100.0	101.8	102.9	105.7	107.8	110.4	18595.0

Notes:
a) GDP at 1991 price levels and purchasing power parities.
TOT) Indexes include western Germany only until 1991 and do not include Poland, Czech Republic and Hungary.

Source: OECD/OCDE

Notes:
a) PIB aux niveaux de prix et parités de pouvoir d'achat de 1991.
TOT) Les indices incluent l'Allemagne occidentale uniquement jusqu'en 1991 et n'incluent pas la Pologne, la République Tchèque et la Hongrie.

GENERAL DATA 12.2B

STRUCTURE OF GROSS DOMESTIC PRODUCT, OECD countries, 1974-1995
STRUCTURE DU PRODUIT INTÉRIEUR BRUT, pays de l'OCDE, 1974-1995

Value added as % of GDP/ Valeur ajoutée en % du PIB

	Agriculture (a)				Industry/Industrie (b)				Services (c)			
	1974	1980	1985	1995 (d)	1974	1980	1985	1995 (d)	1974	1980	1985	1995 (d)
Canada	4.6	3.8	2.8	2.1	32.9	32.9	31.4	25.7	62.5	63.3	65.8	72.2
Mexico/Mexique	..	8.2	9.1	5.0	..	32.8	33.4	25.5	..	59.0	57.6	69.5
USA/Etats-Unis	3.6	2.5	2.1	1.7	33.5	33.5	31.1	27.7	62.9	64.0	66.8	70.6
Japan/Japon	5.6	3.7	3.2	1.9	44.7	42.0	41.0	38.0	49.7	54.3	55.8	60.1
Korea/Corée	..	..	..	6.5	..	..	..	43.3	..	..	..	50.2
Australia/Australie	5.8	5.3	3.9	3.4	36.6	36.5	34.4	27.5	57.6	58.2	61.7	69.1
N.Zealand/N.Zélande	8.7	10.8	8.7	8.3	34.0	31.3	31.2	25.1	57.3	57.9	60.0	66.6
Austria/Autriche	5.3	4.5	3.3	2.2	42.8	39.5	36.9	34.3	51.9	56.0	59.8	63.5
Belgium/Belgique	3.0	2.1	2.2	1.3	41.1	34.1	31.5	28.0	55.9	63.8	66.3	70.7
Czech Rep./Rép. Tchèque	..	..	..	4.8	..	..	..	41.1	..	..	..	54.1
Denmark/Danemark	5.9	4.8	4.9	3.6	27.8	25.0	24.2	24.3	66.3	70.2	70.9	72.1
Finland/Finlande	9.3	8.8	7.3	3.7	38.9	35.6	32.7	31.4	51.8	55.6	59.9	64.9
France	5.7	4.2	3.9	2.4	37.7	33.7	30.5	26.5	56.6	62.1	65.6	71.1
w.Germany/Allemagne occ.	2.7	2.1	1.8	1.0	46.2	42.5	40.7	36.1	51.1	55.4	57.5	62.9
Greece/Grèce	17.8	15.8	15.5	12.7	27.5	27.7	26.2	21.2	54.7	56.5	58.3	66.1
Hungary/Hongrie	..	..	..	6.1	..	..	..	30.8	..	..	..	63.1
Iceland/Islande	10.6	9.7	9.5	9.6	25.5	26.3	26.7	21.9	63.9	64.0	63.8	68.5
Ireland/Irlande	14.0	10.6	9.6	5.7	34.6	34.0	34.4	36.2	51.4	55.4	56.0	58.1
Italy/Italie	6.9	5.8	4.5	2.9	41.1	39.0	35.2	31.6	52.0	55.2	60.3	65.5
Luxembourg	3.0	2.6	2.6	1.0	52.2	38.7	37.9	24.0	44.8	58.7	59.5	75.0
Netherlands/Pays-Bas	4.1	3.5	3.9	3.1	36.6	32.8	32.4	27.1	59.3	63.7	63.7	69.8
Norway/Norvège	5.0	3.8	3.0	2.5	32.9	39.6	41.3	29.9	62.1	56.6	55.7	67.6
Poland/Pologne	..	..	..	6.2	..	..	..	32.2	..	..	..	61.6
Portugal	14.0	10.3	8.0	3.7	42.0	40.2	39.6	33.4	44.0	49.5	52.4	62.9
Spain/Espagne	9.5	7.1	5.9	2.9	38.3	38.6	37.3	31.7	52.2	54.3	56.8	65.4
Sweden/Suède	4.5	3.3	3.3	2.0	37.6	30.5	30.5	27.5	57.9	66.1	66.3	70.5
Switzerland/Suisse	..	..	3.6	3.0	..	..	35.5	33.5	..	..	60.9	63.5
Turkey/Turquie	26.3	21.7	17.8	15.7	27.1	31.0	35.6	31.8	46.6	47.3	46.6	52.5
UK/Royaume-Uni	2.4	1.8	1.6	1.7	36.9	36.6	34.7	27.1	60.7	61.6	63.7	71.2
OECD/OCDE Europe *	5.9	4.8	4.2	3.2	39.4	37.1	35.1	29.8	54.7	58.1	60.7	67.1
EU/UE-15 *	5.2	4.2	3.7	2.4	39.9	37.2	34.9	30.4	54.9	58.6	61.4	67.3
OECD/OCDE *	4.9	3.9	3.4	2.6	37.4	36.0	34.1	30.2	57.6	60.1	62.5	67.2

Notes:
a) Also includes hunting, forestry and fishing.
b) ISIC groups 2 through 5.
c) Includes import duties and other adjustments; excludes imputed bank service charges.
d) Or latest year available.
TOT) Includes western Germany only; 1974: excludes Mexico; 1974 and 1980: excludes Switzerland. Korea, Czech Republic, Hungary, Poland included in 1995 only.

Notes:
a) Inclut également la chasse, la sylviculture et la pêche.
b) Catégories 2 à 5 de la CITI.
c) Inclut les droits et les taxes sur les importations et les autres ajustements; exclut la production imputée des services bancaires.
d) Ou dernière année disponible.
TOT) Inclut l'Allemagne occidentale uniquement; 1974: Mexique non compris; 1974 et 1980: Suisse non comprise. La Corée, la République Tchèque, la Hongrie et la Pologne sont comprises en 1995 uniquement.

Source: OECD/OCDE

12.2C DONNÉES GÉNÉRALES

TRENDS IN PRIVATE FINAL CONSUMPTION EXPENDITURE (a), OECD countries, 1980-1996
ÉVOLUTION DE LA CONSOMMATION FINALE PRIVÉE (a), pays de l'OCDE, 1980-1996

	Index (1991=100)																	billion US$/ milliards de $EU
	1980	1981	1982	1983	1984	1985	1986	1987	1988	1989	1990	1991	1992	1993	1994	1995	1996	1996
Canada	75.4	77.1	75.1	77.7	81.2	85.5	89.2	93.1	97.3	100.6	101.6	100.0	101.3	102.8	105.9	107.3	109.9	334.3
Mexico/Mexique	79.9	85.8	83.7	79.2	81.8	84.7	82.3	82.2	83.7	89.8	95.5	100.0	104.7	106.2	111.1	100.6	102.9	338.9
USA/Etats-Unis	73.3	74.2	75.1	78.9	83.0	86.9	90.3	93.1	96.8	99.0	100.6	100.0	102.8	105.7	108.9	111.5	114.2	4541.4
Japan/Japon	67.7	68.7	71.7	74.1	76.0	78.6	81.3	84.7	89.2	93.5	97.5	100.0	102.1	103.3	105.2	107.3	110.4	1418.4
Korea/Corée	41.9	43.9	46.6	50.9	54.9	58.5	63.2	68.4	74.5	82.5	91.3	100.0	106.6	112.7	121.2	131.2	140.3	302.7
Australia/Australie	72.6	75.7	77.7	78.8	81.1	85.2	86.1	88.2	91.8	96.6	99.1	100.0	103.9	106.4	110.5	115.3	119.3	194.8
N.Zealand/N.Zélande	83.8	85.8	86.3	87.5	92.5	93.0	97.0	99.0	101.6	102.2	101.9	100.0	99.8	102.6	108.2	112.9	117.3	33.1
Austria/Autriche	76.7	76.9	77.9	81.7	81.7	83.6	85.1	87.8	91.2	94.0	97.2	100.0	102.8	103.5	106.1	108.1	109.6	82.3
Belgium/Belgique	83.1	81.4	82.7	81.6	82.6	84.3	87.2	88.5	91.1	94.6	97.2	100.0	102.3	101.5	102.8	104.0	105.5	113.3
Czech Rep./R.Tchèque	..	..	..	78.9	80.7	83.1	85.6	88.2	90.8	93.6	96.4	100.0	115.1	118.4	124.7	132.7	140.7	56.1
Denmark/Danemark	87.2	85.2	86.4	88.7	91.7	96.2	101.7	100.2	99.2	98.8	98.8	100.0	101.9	104.2	111.0	113.4	116.3	51.8
Finland/Finlande	75.1	76.0	79.6	81.6	83.8	86.5	90.0	94.7	99.5	103.8	103.7	100.0	95.1	92.4	94.1	97.7	100.9	39.7
France	76.6	78.1	80.9	81.6	82.5	84.5	87.8	90.3	93.2	96.1	98.7	100.0	101.4	101.5	102.9	104.6	106.9	653.7
Germany/Allemagne	..	..	..	..	..	..	..	..	..	..	..	100.0	102.8	103.1	104.1	106.0	107.4	857.5
w.Ger./Allemagne occ.	77.0	76.6	75.5	76.7	78.0	79.4	82.1	84.9	87.3	89.7	94.6	100.0						..
Greece/Grèce	75.5	77.0	80.0	80.2	81.6	84.8	85.3	86.4	89.4	94.8	97.3	100.0	101.8	101.9	103.4	105.1	107.4	78.8
Hungary/Hongrie	..	..	..	..	..	..	..	..	..	..	..	100.0	100.0	101.9	101.7	94.5	91.6	39.2
Iceland/Islande	73.4	78.0	81.8	77.2	80.1	83.5	89.2	103.7	99.7	95.6	96.0	100.0	95.5	91.3	92.9	97.2	103.5	2.8
Ireland/Irlande	79.3	80.7	75.0	75.6	77.1	80.7	82.3	85.1	88.8	95.7	97.7	100.0	104.4	106.2	113.4	117.6	124.7	31.5
Italy/Italie	75.1	76.0	77.1	77.7	79.5	82.0	84.9	88.3	92.0	95.1	97.4	100.0	101.0	98.6	100.0	101.8	102.5	639.0
Luxembourg	68.5	69.7	70.0	70.3	71.4	73.2	77.4	81.0	84.7	89.0	94.1	100.0	99.1	100.7	103.2	105.7	108.7	7.0
Netherlands/Pays-Bas	83.4	80.9	80.6	81.3	82.3	84.6	86.8	89.2	89.9	93.1	97.0	100.0	102.5	103.6	105.9	108.1	111.2	167.7
Norway/Norvège	82.2	83.1	84.6	85.9	88.2	96.9	102.4	101.3	98.5	97.9	98.6	100.0	102.2	104.4	108.7	111.6	116.9	41.2
Poland/Pologne	..	..	..	..	..	..	..	..	..	..	94.0	100.0	102.3	107.6	112.3	117.3	126.9	121.6
Portugal	74.5	76.7	78.5	77.4	75.1	75.6	79.8	84.1	88.7	90.9	96.1	100.0	105.6	106.2	107.2	108.3	110.8	69.4
Spain/Espagne	75.7	74.8	74.7	74.9	74.8	77.4	80.0	84.6	88.8	93.8	97.2	100.0	102.2	99.9	100.8	102.3	104.3	312.5
Sweden/Suède	85.7	85.5	86.1	84.4	85.6	87.9	91.8	96.0	98.3	99.5	99.1	100.0	98.6	95.6	97.3	98.0	99.5	74.5
Switzerland/Suisse	84.2	84.6	84.6	86.0	87.4	88.6	91.1	93.0	95.0	97.1	98.6	100.0	99.8	99.3	100.2	100.9	101.1	84.9
Turkey/Turquie	71.9	66.5	71.0	75.8	82.0	81.5	86.2	85.9	87.0	86.1	97.4	100.0	103.2	112.1	106.1	112.2	122.5	220.3
UK/Royaume-Uni	72.7	72.8	73.5	76.8	78.4	81.4	86.9	91.5	98.4	101.6	102.2	100.0	99.9	102.3	105.0	107.0	110.2	640.2
North America/Amér.N.	73.9	75.2	75.7	78.9	82.8	86.6	89.7	92.3	95.9	98.4	100.3	100.0	102.8	105.5	108.9	110.4	113.2	5214.6
Australia/Australie-NZ	74.2	77.2	79.0	80.1	82.8	86.4	87.7	89.8	93.2	97.5	99.5	100.0	103.3	105.8	110.2	114.9	119.0	227.9
OECD/OCDE Europe *	76.5	76.4	77.3	78.6	80.0	82.2	85.6	88.6	92.0	94.8	97.9	100.0	101.6	101.9	103.2	105.2	107.6	4385.0
EU/UE-15 *	76.4	76.6	77.4	78.5	79.7	81.9	85.2	88.5	92.1	95.2	97.9	100.0	101.5	101.4	103.1	104.9	106.9	3819.0
OECD/OCDE *	73.4	74.2	75.2	77.6	80.3	83.3	86.5	89.4	93.0	96.1	98.9	100.0	102.3	104.0	106.5	108.6	111.4	11548.6

Notes:
a) Private final consumption expenditure at 1991 price levels and purchasing power parities.
TOT) Indexes include western Germany only until 1991 and do not include Poland, Czech Republic and Hungary.

Source: OECD/OCDE

Notes:
a) Consommation finale privée exprimée aux niveaux de prix et parités de pouvoir d'achat de 1991.
TOT) Les indices incluent l'Allemagne occidentale uniquement jusqu'en 1991 et n'incluent pas la Pologne, la République Tchèque et la Hongrie.

GENERAL DATA 12.3

MULTILATERAL CONVENTIONS ON THE ENVIRONMENT
CONVENTIONS MULTILATÉRALES SUR L'ENVIRONNEMENT

The following table lists multilateral conventions concerning the environment over the past 60 years.

It includes conventions on marine and inland waters pollution, nuclear activities, fauna and flora, global and regional air pollution and other topics. The number of OECD and other country signatures and ratifications, and the date of entry into force, are given. Only multilateral conventions signed or ratified by at least one OECD country are included.

Efforts to improve the environment have been made at the international level. The international dimensions of environmental problems (regional problems, transboundary problems, global problems, trade problems) are increasingly recognised.

Le tableau suivant présente la liste des conventions multilatérales des soixante dernières années concernant l'environnement.

Il comprend des conventions sur la pollution de la mer et des eaux intérieures, sur les activités nucléaires, la faune et la flore, la pollution mondiale et régionale de l'air et divers autres sujets. Le nombre de signatures et de ratifications des pays de l'OCDE et des autres pays ainsi que la date d'entrée en vigueur sont donnés. La liste ne contient que les conventions multilatérales signées ou ratifiées par au moins un pays de l'OCDE.

Des efforts pour améliorer l'environnement ont été faits au niveau international. Les dimensions internationales des problèmes environnementaux (problèmes régionaux, problèmes transfrontaliers, problèmes globaux, problèmes commerciaux) sont de plus en plus reconnues.

MULTILATERAL CONVENTIONS ON THE ENVIRONMENT

No.		Subject	Place and date	OECD Signed	OECD Ratified (a)	Total Signed	Total Ratified (a)	Entry into Force
GENERAL								
1.01	Treaty -	Antarctic	Washington, 1959	24	24	43	43	23.06.1961
1.01.1		Protocol to the Antarctic treaty (environmental protection)	Madrid, 1991	23	6	37	8	pending
1.02	Conv. -	Nordic environmental protection	Stockholm, 1974	4	4	4	4	05.10.1976
1.03	Conv. -	Transfrontier co-operation between territorial communities or authorities	Madrid, 1980	17	17	19	19	22.12.1981
1.04	Conv. -	Control of transboundary movements of hazardous wastes and their disposal	Basel, 1989	29 +EC	28 +EC	114	108	05.05.1992
1.05	Agrmt. -	Transboundary co-op. with a view to preventing or limiting harmful effects for human beings, property or the environment in the event of accidents	Stockholm, 1989	4	4	4	4	09.08.1989
1.06	Conv. -	Environmental impact assessment in a transboundary context	Espoo, 1991	23 +EC	9	33	13	pending
1.07	Conv. -	Protection of Alps	Salzburg, 1991	5 +EC	3 +EC	8	6	06.03.1995
1.07.1		Protocol (nature protection and landscape conservation)	Chambery, 1994	3 +EC	-	6	-	..
1.07.2		Protocol (town and country planning and sustainable development)	Chambery, 1994	3 +EC	-	7	-	..
1.07.3		Protocol (mountain agriculture)	Chambery, 1994	3 +EC	-	6	-	..
1.07.4		Protocol (mountain forests)	Brdo, 1996	3	-	5	-	..
1.08	Conv. -	Transboundary effects of industrial accidents	Helsinki, 1992	20 +EC	5	28	9	pending
1.09	Agrmt -	Forecast, prevention and mitigation of natural and technological disasters	Vienna, 1992	4	-	5	-	..
1.10	Conv. -	Civil liability for damage resulting from activities dangerous to the environment	Lugano, 1993	6	-	8	-	pending
1.11		North American agreement on environmental co-operation	1993	3	3	3	3	01.01.1994
1.12	Conv. -	Prevention of major industrial accidents (ILO 174)	Geneva, 1993	1	1	..	..	pending
1.13	Conv. -	Prohibition of the development, production, stockpiling and use of chemical weapons and their destruction	Paris, 1993	29	22	161	61	29.04.1997
1.14	Treaty -	Energy Charter	Lisbon, 1994	20 +EC	-	42	-	..
1.14.1		Protocol (energy efficiency and related environmental aspects)	Lisbon, 1994	19 +EC	-	39	-	..
1.15	Conv. -	Combat desertification in those countries experiencing serious drought and/or desertification, particularly in Africa	Paris, 1994	23 +EC	23 +EC	118	118	26.12.1996
1.16	Conv. -	Regional convention on hazardous and radioactive wastes (Waigani Convention) (b)	Port Moresby, 1995	2	-	15	..	..
ATMOSPHERIC POLLUTION								
2.01	Agrmt. -	Adoption of unif. cond. of approv. and recipr. recogn. of approv. for motor veh. equip. and parts	Geneva, 1958	18	18	23	23	20.06.1959
2.02	Conv. -	Protection against hazards of poisoning arising from benzene (ILO 136)	Geneva, 1971	9	9	34	34	27.07.1973
2.03	Conv. -	Prev. and control of occup. hazards caused by carcinog. subst. and agents (ILO 139)	Geneva, 1974	13	13	31	31	10.06.1976
2.04	Conv. -	Protec. of workers against occup. hazards in the working env. due to air poll., noise and vibrat. (ILO 148)	Geneva, 1977	13	13	37	37	11.07.1979
2.05	Conv. -	Long-range transboundary air pollution	Geneva, 1979	24 +EC	24 +EC	41	39	16.03.1983
2.05.1		Protocol (financing of EMEP)	Geneva, 1984	23 +EC	23 +EC	35	35	28.01.1988
2.05.2		Protocol (reduction of sulphur emissions or their transboundary fluxes by at least 30%)	Helsinki, 1985	15	15	21	21	02.09.1987
2.05.3		Protocol (control of emissions of nitrogen oxides or their transboundary fluxes)	Sofia, 1988	21 +EC	18 +EC	28	25	14.02.1991
2.05.4		Protocol (control of emissions of volatile organic compounds or their transboundary fluxes)	Geneva, 1991	19 +EC	10	23	11	pending
2.05.5		Protocol (sulphur emission ceilings and percentage emission reduction)	Oslo, 1994	20 +EC	-	28	..	pending
2.06	Conv. -	Protection of the ozone layer	Vienna, 1985	29 +EC	29 +EC	163	163	22.09.1988
2.06.1		Protocol (substances that deplete the ozone layer)	Montreal, 1987	29 +EC	29 +EC	161	161	01.01.1989
2.06.2		Amendment to protocol	London, 1990	27 +EC	27 +EC	112	112	10.08.1992
2.06.3		Amendment to protocol	Copenhagen, 1992	25 +EC	25 +EC	65	65	14.06.1994
2.07	Conv. -	Framework convention on climate change	New York, 1992	28 +EC	28 +EC	181	165	21.03.1994
INLAND WATERS POLLUTION								
3.01	Agrmt. -	Protection of Lake Constance against pollution	Steckborn, 1960	3	3	3	3	10.11.1960
3.01.1		Regulation (water withdrawal)	Bern, 1966	3	3	3	3	25.11.1967
3.02	Prot. -	Constitution of an int'l commission for the protection of the Mosel against pollution	Paris, 1961	3	3	3	3	01.07.1962
3.02.1		Complementary protocol (int'l commi. for the protection of Mosel and Sarre)	Brussels, 1990	3	3	3	3	01.01.1993
3.02.2		2d compl.prot. (to int'l commi. protec. of Mosel and Sarre, and to first compl. prot.)	Maria Laach, 1992	3	3	3	3	pending
3.03	Agrmt. -	International commission for the protection of the Rhine against pollution	Bern, 1963	5 +EC	5 +EC	6	6	01.05.1965
3.03.1		Supplementary agreement	Bonn, 1976	5 +EC	5 +EC	6	6	01.02.1979
3.03.2	Conv. -	Protection of the Rhine against chemical pollution	Bonn, 1976	5 +EC	5 +EC	6	6	01.02.1979
3.03.3	Conv. -	Protection of the Rhine from pollution by chlorides (modif. by exchanges of letters)	Bonn, 1976	5	5	5	5	05.07.1985
3.03.3.1		Protocol	Brussels, 1991	5	5	5	5	pending
3.04	Agrmt. -	Restriction of the use of certain detergents in washing and cleaning products	Strasbourg, 1968	10	10	10	10	16.02.1971
3.04.1		Protocol	Strasbourg, 1983	7	5	7	5	01.11.1984
3.05	Conv. -	Protection and use of transboundary water courses and international lakes	Helsinki, 1992	18 +EC	11 +EC	28	18	06.10.1996
3.06	Conv. -	Co-operation for the protection and sust. use of the Danube river	Sofia, 1994	3	-	9	-	pending
3.07	Agrmt. -	Protection of the Meuse	Charleville-Mézières, 1994	3	-	3	-	..
3.08	Agrmt. -	Protection of the Scheldt	Charleville-Mézières, 1994	3	-	3	-	..
MARINE POLLUTION								
4.01	Conv. -	Prevention of pollution of the sea by oil	London, 1954	25	25	72	72	20.01.1978
4.01.1		Amendments to convention (protection of the Great Barrier Reef)	London, 1971	13	13	27	27	..
4.02	Conv. -	Limitation of the liability of owners of sea-going ships	Brussels, 1957	8	6	51	45	31.05.1968
4.02.1		Protocol	Brussels, 1979	9	7	13	8	06.10.1984
4.03	Conv. -	International council for the exploration of the sea	Copenhagen, 1964	16	16	17	17	22.07.1968
4.03.1		Protocol	Copenhagen, 1970	16	16	17	17	12.11.1975
4.04	Conv. -	Intervention on the high seas in cases of oil pollution casualties (INTERVENTION)	Brussels, 1969	23	21	75	69	06.05.1975
4.04.1		Protocol (pollution by substances other than oil)	London, 1973	19	18	39	38	30.03.1983
4.05	Conv. -	Civil liability for oil pollution damage (CLC)	Brussels, 1969	25	24	100	97	19.06.1975

Notes: see end of table.

.../...

GENERAL DATA 12.3

MULTILATERAL CONVENTIONS ON THE ENVIRONMENT

No.		Subject	Place and date	OECD Signed	OECD Ratified (a)	Total Signed	Total Ratified (a)	Entry into Force
4.05.1		Protocol	London, 1976	23	23	54	54	08.04.1981
4.05.2		Protocol	London, 1992	15	14	22	20	30.05.96
4.06	Conv. -	International fund for compensation for oil pollution damage (FUND)	Brussels, 1971	24	23	74	72	16.10.1978
4.06.1		Protocol	London, 1976	20	20	34	34	22.11.1994
4.06.2		Protocol	London, 1992	15	14	20	19	30.05.96
4.07		Agrmt - Co-operation in taking measures against pollution of the sea by oil	Copenhagen, 1971	4	4	4	4	16.10.1971
4.08	Conv. -	Prevention of marine pollution by dumping of wastes and other matter (LC)	London, Mexico, Moscow, Washington, 1972	26	26	75	75	30.08.1975
4.08.1		Amendments to Annexes (incineration at sea)	1978	24	24	73	73	11.03.1979
4.08.2		Amendments to convention (settlement of disputes)	1978	17	17	20	20	pending
4.08.3		Amendments (annexes)	1980	24	24	73	73	11.03.1981
4.09	Conv. -	Prevention of marine pollution by dumping from ships and aircraft	Oslo, 1972	13	13	13	13	07.04.1974
4.09.1		Protocol	1983	13	13	13	13	01.09.1989
4.10	Conv. -	Prevention of marine pollution from land-based sources	Paris, 1974	13 +EC	12 +EC	14	13	06.05.1978
4.10.1		Protocol	Paris, 1986	12 +EC	12 +EC	13	13	01.09.1989
4.10.2	Conv. -	Protection of North-East Atlantic marine env. (ex Oslo-1972 and Paris-1974)	Paris, 1992	15 +EC	8	16	8	pending
4.11	Conv. -	Protection of the marine environment of the Baltic Sea area	Helsinki, 1974	5 +EC	5 +EC	10	10	03.05.1980
4.11.1	Conv. -	Protection of the marine environment of the Baltic Sea area (amendment)	Helsinki, 1992	5 +EC	4 +EC	10	7	pending
4.12	Conv. -	Protection of the Mediterranean Sea against pollution	Barcelona, 1976	5 +EC	5 +EC	22	22	12.02.1978
4.12.1		Protocol (dumping from ships and aircraft)	Barcelona, 1976	5 +EC	5 +EC	22	22	12.02.1978
4.12.2		Protocol (pollution by oil and other harmful substances in cases of emergency)	Barcelona, 1976	5 +EC	5 +EC	22	22	12.02.1978
4.12.3		Protocol (pollution from land-based sources)	Athens, 1980	5 +EC	5 +EC	22	22	17.06.1983
4.12.4		Protocol (specially protected areas)	Geneva, 1982	5 +EC	5 +EC	22	22	23.03.1986
4.12.5		Protocol (pollution from exploitation of continental shelf, seabed and subsoil)	Madrid, 1994	3	-	12	-	pending
4.13	Conv. -	Limitation of liability for maritime claims (LLMC)	London, 1976	17	17	28	28	01.12.1986
4.13.1		Amendment to convention	London, 1996	1	-	1	-	..
4.14		Protocol - Prevention of pollution from ships (MARPOL PROT)	London, 1978	28	28	97	97	02.10.1983
4.14.1		Annex III	London, 1978	23	23	78	78	02.10.1983
4.14.2		Annex IV	London, 1978	17	17	64	64	..
4.14.3		Annex V	London, 1978	26	26	80	80	02.10.1983
4.15	Conv. -	Law of the sea	Montego Bay, 1982	26 +EC	16	169	106	16.11.1994
4.15.1	Agrmt -	relating to the implementation of part XI of the convention	New York, 1994	27 +EC	23 +EC	140	133	28.07.1996
4.15.2	Agrmt -	Implementation of the provisions of the convention relating to the conservation and management of straddling fish stocks and highly migratory fish stocks	New York, 1995	20 +EC	1	55	5	..
4.16	Memo. -	Memorandum of understanding on port state control	Paris, 1982	14	14	14	14	01.07.1982
4.17	Conv. -	Protection and development of the marine environment of the wider Caribbean region	Cartagena, 1983	5 +EC	5	22	19	11.10.1986
4.17.1		Protocol (oil spills)	Cartagena, 1983	5	5	21	19	11.10.1986
4.17.2		Protocol (specially protected areas and wildlife)	Kingston, 1990	5	1	16	3	pending
4.18	Agrmt -	Co-operation in dealing with pollution of the North Sea by oil and other harmful subst.	Bonn, 1983	8 +EC	8 +EC	9	9	01.09.1989
4.18.1		Amendment	Bonn, 1989	8 +EC	8 +EC	9	9	01.04.1994
4.19	Conv. -	Protection, management and development of the marine and coastal environment of the Eastern African region	Nairobi, 1985	1 +EC	1	6	4	30.05.1996
4.19.1		Protocol (protected areas and wild fauna and flora in the Eastern African region)	Nairobi, 1985	1 +EC	1	5	4	..
4.19.2		Protocol (co-operation in combating marine pollution in cases of emergency in the Eastern African region)	Nairobi, 1985	1 +EC	1	5	4	..
4.20	Conv. -	Protection of the natural resources and environment of the South Pacific region	Noumea, 1986	5	4	15	11	22.08.1990
4.20.1		Protocol (prevention of pollution by dumping)	Noumea, 1986	5	3	15	10	22.08.1990
4.20.2		Protocol (co-operation in combating pollution emergencies)	Noumea, 1986	5	4	15	11	22.08.1990
4.20.3	Agrmt -	South Pacific Regional Environment Programme (SPREP)	Apia, 1993	4	2	15	9	pending
4.21	Conv. -	Salvage	London, 1989	16	11	28	22	14.07.96
4.22	Conv. -	establishing a marine scientific organization for the North Pacific Region (PICES)	1990	3	3	5	5	24.03.1992
4.23	Conv. -	Oil pollution preparedness, response and co-operation (OPRC)	London, 1990	18	16	43	30	13.05.1995
4.24	Agrmt -	Co-op. for the protection of the coasts and waters of the North-East Atlantic	Lisbon, 1990	3 +EC	2 +EC	5	3	pending
4.25	Conv. -	Protection of the Black Sea against pollution	Bucharest, 1992	1	1	6	6	15.01.1994
4.26	Memo. -	Memorandum of understanding on port state control in the Asia-Pacific region	Tokyo, 1993	4	4	..	..	in force
FLORA AND FAUNA								
5.01	Conv. -	Preservation of fauna and flora in their natural state	London, 1933	6	4	11	9	14.01.1936
5.02	Conv. -	Nature protection and wild life preservation in the Western Hemisphere	Washington, 1940	2	2	22	19	01.05.1942
5.03	Conv. -	Regulation of whaling	Washington, 1946	19	19	48	48	10.11.1948
5.03.1		Protocol	Washington, 1956	18	18	43	43	04.05.1959
5.04	Conv. -	Protection of birds	Paris, 1950	13	9	16	10	17.01.1963
5.05	Agrmt -	Plant protection for the Asia and Pacific region	Rome, 1956	7	7	25	25	02.07.1956
5.06	Conv. -	Conservation of North Pacific fur seals	Washington, 1957	3	3	4	4	14.10.1957
5.06.1		Extension	Washington, 1969	3	3	..	..	in force
5.07	Agrmt -	Measures for the conservation of Antarctic Fauna and Flora	Brussels, 1964	10	10	17	17	in force
5.08	Conv. -	Wetlands of international importance especially as waterfowl habitat	Ramsar, 1971	28	27	94	91	21.12.1975
5.08.1		Protocol	Paris, 1982	27	26	86	85	01.10.1986
5.09	Conv. -	Conservation of Antarctic seals	London, 1972	12	11	17	16	11.03.1978
5.10	Conv. -	International trade in endangered species of wild fauna and flora (CITES)	Washington, 1973	27	26	134	129	01.07.1975
5.11	Agrmt -	Conservation of polar bears	Oslo, 1973	4	4	5	5	26.05.1976
5.12	Conv. -	Conservation of nature in the South Pacific	Apia, 1976	3	3	7	7	28.06.1990
5.13	Conv. -	Conservation of migratory species of wild animals	Bonn, 1979	20 +EC	19 +EC	57	49	01.11.1983
5.13.1	Agrmt -	Conservation of bats in Europe	London, 1991	13	10	13	10	16.01.1994
5.13.2	Agrmt -	Conservation of small cetaceans of the Baltic and the North Seas	New York, 1992	7 +EC	6	7	5	29.03.1994
5.13.3	Agrmt -	Conservation of cetaceans of the Black Sea, Mediterranean Sea and contiguous Atlantic area	Monaco, 1996	6 +EC	-	18	-	..
5.14	Conv. -	Conservation of European wildlife and natural habitats	Bern, 1979	21 +EC	21 +EC	36	34	01.06.1982

Notes: see end of table.

MULTILATERAL CONVENTIONS ON THE ENVIRONMENT

No.		Subject	Place and date	OECD Signed	OECD Ratified (a)	Total Signed	Total Ratified (a)	Entry into Force
5.15	Conv. -	Conservation of Antarctic marine living resources	Canberra, 1980	18 +EC	18 +EC	28	28	07.04.1982
5.16	Agrmt -	Tropical timber	Geneva, 1983	23 +EC	23 +EC	52	52	01.04.1985
5.16.1		Revised agreem.	New York, 1994	21 +EC	21 +EC	50	50	01.01.1997
5.17	Agrmt -	Conservation of wetlands and their migratory birds	1988	3	3	3	3	..
5.17.1	Conv. -	Biological diversity	Rio de Janeiro, 1992	29 +EC	27 +EC	183	164	29.12.1993
5.17.2	Agrmt -	Conservation of African-Eurasian migratory waterbirds	The Hague, 1996	3	-	3	-	..
5.18	Memo. -	Memorandum of understanding to establish trilateral committee for wildlife, plants and ecosystem management	1996	3	3	3	3	..
FISHERIES								
6.01	Conv. -	Establishment of an inter-American tropical tuna commission	Washington, 1949	3	3	10	10	03.03.1950
6.02	Conv. -	High seas fisheries of the North Pacific Ocean	Tokyo, 1952	3	3	3	3	12.06.1953
6.02.1		Protocol	Tokyo, 1978	3	3	3	3	15.02.1979
6.02.2	Conv. -	Conservation of anadromous stocks (North Pacific Ocean)	Moscow, 1992	3	1	4	1	pending
6.03	Conv. -	Fishing and conservation of the living resources of the high seas	Geneva, 1958	16	12	57	36	20.03.1966
6.04	Agrmt -	Protection of the salmon in the Baltic Sea	Stockholm, 1962	4	4	4	4	01.03.1966
6.04.1		Protocol	Stockholm, 1972	4	4	4	4	24.11.1976
6.05	Conv. -	Fisheries	London, 1964	13	12	13	12	15.03.1966
6.06	Conv. -	International convention for the conservation of Atlantic tunas (ICCAT)	Rio de Janeiro, 1966	7	7	24	23	21.03.1969
6.07	Conv. -	Conduct of fishing operations in the North Atlantic	London, 1967	16	12	17	13	26.09.1976
6.08	Conv. -	Conservation of the living resources of the Southeast Atlantic	Rome, 1969	7	7	17	17	24.10.1971
6.09	Conv. -	Fishing and conservation of the living resources in the Baltic Sea and the Belts	Gdansk, 1973	3 +EC	3 +EC	7	7	28.07.1974
6.10	Conv. -	Future multilateral co-operation in the Northwest Atlantic fisheries (NAFO)	Ottawa, 1978	7 +EC	7 +EC	17	17	01.01.1979
6.11	Conv. -	South Pacific Forum Fisheries Agency	Honiara, 1979	2	2	16	16	10.07.1979
6.12	Conv. -	Multilateral co-operation in North-East Atlantic fisheries	London, 1980	7 +EC	7 +EC	11	10	17.03.1982
6.13	Conv. -	Conservation of salmon in the North Atlantic Ocean	Reykjavik, 1982	7 +EC	7 +EC	9	9	01.10.1983
6.14	Treaty -	South Pacific fisheries	Port Moresby, 1987	3	3	13	13	..
6.15	Conv. -	Prohibition of fishing with long driftnets in the South Pacific	Wellington, 1989	4	3	15	7	17.05.1991
6.16	Treaty -	Cooperation in fisheries surveillance and law enforcement in the South Pacific region	Honiara, 1992	1	1	..	..	..
6.17	Conv. -	Conservation of Southern Pacific bluefin tuna	Canberra, 1993	3	3	3	3	in force
6.18	Agrmt -	Establishment of the Indian Ocean Tuna Commission	1993	4	4	11	11	..
6.19	Agrmt -	Promote compliance with international conservation and management measures by fishing vessels on the high seas	1993	3	3	7	7	..
6.20	Conv. -	Conservation and management of pollock resources in the Central Bering Sea	Washington, 1994	4	-	6	-	pending
NUCLEAR								
7.01	Conv. -	Third party liability in the field of nuclear energy	Paris, 1960	17	14	17	14	01.04.1968
7.01.1		Supplementary convention	Brussels, 1963	14	11	14	11	04.12.1974
7.01.2		Additional protocol to the convention	Paris, 1964	17	14	17	14	01.04.1968
7.01.3		Additional protocol to the supplementary convention	Paris, 1964	14	11	14	11	04.12.1974
7.01.4		Protocol amending the convention	Brussels, 1982	17	14	17	14	07.10.1988
7.01.5		Protocol amending the supplementary convention	Brussels, 1982	14	11	14	11	01.08.1991
7.01.6		Joint protocol relating to the application of the Vienna Convention and the Paris Convention	Vienna, 1988	18	9	30	18	27.04.1992
7.02	Conv. -	Liability of operators of nuclear ships	Brussels, 1962	5	2	17	3	pending
7.03	Conv. -	Civil liability for nuclear damage	Vienna, 1963	6	4	28	24	12.11.1977
7.03.1		Joint protocol relating to the application of the Vienna Convention and the Paris Convention	Vienna, 1988	18	9	30	18	27.04.1992
7.04	Treaty -	Banning nuclear weapon tests in the atmosphere, in outer space and under water	Moscow, 1963	28	27	130	118	10.10.1963
7.05	Treaty -	Prohibition of nuclear weapons in Latin America	Mexico, 1967	1	1	..	..	..
7.06	Conv. -	Civil liability in maritime carriage of nuclear material	Brussels, 1971	12	10	18	14	15.07.1975
7.07	Conv. -	Prohib. emplacement of nuclear and mass destruct. weapons on sea-bed, ocean floor and subsoil	London, Moscow, Washington, 1971	28	28	108	86	18.05.1972
7.08	Conv. -	South Pacific nuclear free zone treaty	Rarotonga, 1985	5	2	11	11	11.12.1986
7.09	Conv. -	Early notification of a nuclear accident	Vienna, 1986	29	27	95	74	23.10.1987
7.10	Conv. -	Assistance in the case of a nuclear accident or radiological emergency	Vienna, 1986	28	23	94	70	10.09.1987
7.11	Conv. -	Nuclear safety	Vienna, 1994	26	2	54	1	pending
MISCELLANEOUS								
8.01	Conv. -	Road traffic	Geneva, 1949	27	26	91	90	26.03.1952
8.02	Agrmt -	International carriage of dangerous goods by road (ADR)	Geneva, 1957	19	19	25	25	29.01.1968
8.02.1		Protocol	New York, 1975	17	17	18	18	19.04.1985
8.03	Conv. -	Protection of animals during international transport	Paris, 1968	19	19	22	22	20.02.1971
8.03.1	Conv. -	Protocol	Strasbourg, 1979	18	18	21	21	07.11.1989
8.04		Protection of the archaeological heritage	London, 1969	14	14	23	23	20.11.1970
8.05	Conv. -	Transport of goods by rail (CIM)	Bern, 1970	21	21	33	33	01.01.1975
8.06	Conv. -	Safe container (CSC)	Geneva, 1972	28	25	66	63	06.09.1977
8.07	Conv. -	International liability for damage caused by space objects	London, Moscow, Washington, 1972	26	24	101	74	01.09.1972
8.08	Conv. -	Protection of the world cultural and natural heritage	Paris, 1972	27	27	139	139	17.12.1975
8.09	Conv. -	Civil liab. for damage caused during carriage of dang. goods by road, rail, and inland navig. (CRTD)	Geneva, 1989	1	-	2	-	pending

Notes:
a) Includes accessions, acceptances, approvals and successions.
b) In full: Convention to ban the importation into Forum island countries of hazardous wastes and radioactive wastes and to control the transboundary movement and management of hazardous wastes within the South Pacific.

Source: UNECE, Council of Europe, IAEA, ILO, IMO, IUCN - Environmental Law Centre, OECD, UN, UNEP.

GENERAL DATA 12.3

CONVENTIONS MULTILATÉRALES SUR l'ENVIRONNEMENT

N°	Sujet		Lieu et date	OCDE Signé	OCDE Ratifié (a)	Total Signé	Total Ratifié (a)	Entrée en vigueur
GÉNÉRAL								
1.01	Traité -	Antarctique	Washington, 1959	24	24	43	43	23.06.1961
1.01.1		Protocole au traité Antarctique (protection de l'environnement)	Madrid, 1991	23	6	37	8	en cours
1.02	Conv. -	Protection de l'environnement nordique	Stockholm, 1974	4	4	4	4	05.10.1976
1.03	Conv. -	Coopération transfrontalière des collectivés ou autorités territoriales	Madrid, 1980	17	17	19	19	22.12.1981
1.04	Conv. -	Contrôle des mouvements transfrontières de déchets dangereux et leur élimination	Bâle, 1989	29 +EC	28 +EC	114	108	05.05.1992
1.05	Accord -	Coopération transfrontière pour prévenir et limiter, en cas d'accident, les conséquences dangereuses pour la santé, la propriété et l'environnement	Stockholm, 1989	4	4	4	4	09.08.1989
1.06	Conv. -	Evaluation de l'impact sur l'environnement dans un contexte transfrontière	Espoo, 1991	23 +EC	9	33	13	en cours
1.07	Conv. -	Protection des Alpes	Salzburg, 1991	5 +EC	3 +EC	8	6	06.03.1995
1.07.1		Protocole (dans le domaine de la protection de la nature et l'entretien des paysages)	Chambéry, 1994	3 +EC	-	6	-	..
1.07.2		Protocole (dans le domaine de l'aménagement du territoire et du développ. durable)	Chambéry, 1994	3 +EC	-	7	-	..
1.07.3		Protocole (dans le domaine de l'agriculture de montagne)	Chambéry, 1994	3 +EC	-	6	-	..
1.07.4		Protocole (dans le domaine des forêts de montagne)	Brdo, 1996	3	-	5	-	..
1.08	Conv. -	Effets transfrontières des accidents industriels	Helsinki, 1992	20 +EC	5	28	9	en cours
1.09	Accord -	Prévision, prévention et atténuation des désastres naturels et technologiques	Vienne, 1992	4	-	5	-	..
1.10	Conv. -	Responsabilité civile des dommages résultant d'activités dangereuses pour l'environn.	Lugano, 1993	6	-	8	-	en cours
1.11	Accord	nord américain de coopération dans le domaine de l'environnement	1993	3	3	3	3	01.01.1994
1.12	Conv. -	Prévention des accidents industriels majeurs (OIT 174)	Genève, 1993	1	1	..	..	en cours
1.13	Conv. -	Interdiction de la mise au point, de la fabrication, du stockage et de l'emploi des armes chimiques et sur leur destruction	Paris, 1993	29	22	161	61	29.04.1997
1.14	Traité -	Charte sur l'énergie	Lisbonne, 1994	20 +EC	-	42	-	..
1.14.1		Protocole (efficacité énergétique et les aspects environnementaux connexes)	Lisbonne, 1994	19 +EC	-	39	-	..
1.15	Conv. -	Sur la lutte contre la désertification dans les pays gravement touchés par la sécheresse et/ou la désertification, en particulier en Afrique	Paris, 1994	23 +EC	23 +EC	118	118	26.12.1996
1.16	Conv. -	Convention régionale sur les déchets dangereux et radioactifs (Conv. de Waigani) (b)	Port Moresby, 1995	2	-	15	..	..
POLLUTION ATMOSPHÉRIQUE								
2.01	Accord -	Adoption de conditions uniformes d'homologation et reconnaissance réciproque de l'homologation des équipements et pièces des véhicules	Genève, 1958	18	18	23	23	20.06.1959
2.02	Conv. -	Protection contre les risques d'intoxication dus au benzène (OIT 136)	Genève, 1971	9	9	34	34	27.07.1973
2.03	Conv. -	Prévention et contrôle des risques professionnels causés par les substances et agents cancérogènes (OIT 139)	Genève, 1974	13	13	31	31	10.06.1976
2.04	Conv. -	Protection des travailleurs contre les risques profess. dus à la pollution de l'air, au bruit et aux vibrations (OIT 148)	Genève, 1977	13	13	37	37	11.07.1979
2.05	Conv. -	Pollution atmosphérique transfrontière à longue distance	Genève, 1979	24 +EC	24 +EC	41	39	16.03.1983
2.05.1		Protocole (financement du programme EMEP)	Genève, 1984	23 +EC	23 +EC	35	35	28.01.1988
2.05.2		Protocole (réduction des émissions de soufre ou de leurs flux transfrontières d'au moins 30 pour cent)	Helsinki, 1985	15	15	21	21	02.09.1987
2.05.3		Protocole (lutte contre les émissions d'oxydes d'azote ou de leurs flux transfrontières)	Sofia, 1988	21 +EC	18 +EC	28	25	14.02.1991
2.05.4		Protocole (lutte contre les émissions des composés organiques volatils ou de leurs flux transfrontières)	Genève, 1991	19 +EC	10	23	11	en cours
2.05.5		Protocole (plafonds relatifs aux émissions de soufre et pourcentages de réduction)	Oslo, 1994	20 +EC	-	28	..	en cours
2.06	Conv. -	Protection de la couche d'ozone	Vienne, 1985	29 +EC	29 +EC	163	163	22.09.1988
2.06.1		Protocole (substances qui appauvrissent la couche d'ozone)	Montréal, 1987	29 +EC	29 +EC	161	161	01.01.1989
2.06.2		Amendement au protocole	Londres, 1990	27 +EC	27 +EC	112	112	10.08.1992
2.06.3		Amendement au protocole	Copenhague, 1992	25 +EC	25 +EC	65	65	14.06.1994
2.07	Conv. -	Convention-cadre sur les changements climatiques	New York, 1992	28 +EC	28 +EC	181	165	21.03.1994
POLLUTION DES EAUX INTÉRIEURES								
3.01	Accord -	Protection du lac de Constance contre la pollution	Steckborn, 1960	3	3	3	3	10.11.1960
3.01.1		Réglementation (prélèvements d'eau)	Berne, 1966	3	3	3	3	25.11.1967
3.02	Prot. -	Constitution d'une commission internat. pour la prot. de la Moselle contre la pollution	Paris, 1961	3	3	3	3	01.07.1962
3.02.1		Protocole complémentaire (commission internat. pour la protection de la Moselle et de la Sarre)	Bruxelles, 1990	3	3	3	3	01.01.1993
3.02.2		Deuxième prot. complém. (à la comm. de protection de la Moselle et de la Sarre, et au premier prot. compl.)	Maria Laach, 1992	3	3	3	3	en cours
3.03	Accord -	Commission internationale pour la protection du Rhin contre la pollution	Berne, 1963	5 +EC	5 +EC	6	6	01.05.1965
3.03.1		Accord additionnel	Bonn, 1976	5 +EC	5 +EC	6	6	01.02.1979
3.03.2	Conv. -	Protection du Rhin contre la pollution chimique	Bonn, 1976	5 +EC	5 +EC	6	6	01.02.1979
3.03.3	Conv. -	Protection du Rhin contre la poll. par les chlorures (modif. par échanges de lettres)	Bonn, 1976	5	5	5	5	05.07.1985
3.03.3.1		Protocole	Bruxelles, 1991	5	5	5	5	en cours
3.04	Accord -	Limitation de l'emploi de certains détergents ds les produits de lavage et de nettoyage	Strasbourg, 1968	10	10	10	10	16.02.1971
3.04.1		Protocole	Strasbourg, 1983	7	5	7	5	01.11.1984
3.05	Conv. -	Protection et utilisation des cours d'eau transfrontières et des lacs internationaux	Helsinki, 1992	18 +EC	11 +EC	28	18	06.10.1996
3.06	Conv. -	Coopération pour la protection et l'utilisation durable du Danube	Sofia, 1994	3	-	9	-	en cours
3.07	Accord -	Protection de la Meuse	Charleville-Mézières,1994	3	-	3	-	..
3.08	Accord -	Protection de l'Escaut	Charleville-Mézières,1994	3	-	3	-	..
POLLUTION MARINE								
4.01	Conv. -	Prévention de la pollution des mers par les hydrocarbures	Londres, 1954	25	25	72	72	20.01.1978
4.01.1		Amendements à la convention (protection du Récif de la Grande-Barrière)	Londres, 1971	13	13	27	27	..
4.02	Conv. -	Limitation de la responsabilité des propriétaires de navires de mer	Bruxelles, 1957	8	6	51	45	31.05.1968
4.02.1		Protocole	Bruxelles, 1979	9	7	13	8	06.10.1984
4.03	Conv. -	Conseil international pour l'exploration de la mer	Copenhague, 1964	16	16	17	17	22.07.1968
4.03.1		Protocole	Copenhague, 1970	16	16	17	17	12.11.1975
4.04	Conv. -	Interv. en haute mer en cas d'accident entraînant ou pouvant entr. poll. par les hydrocarbures (INTERVENTION)	Bruxelles, 1969	23	21	75	69	06.05.1975
4.04.1		Protocole (substances autres que les hydrocarbures)	Londres, 1973	19	18	39	38	30.03.1983
4.05	Conv. -	Responsabilité civile pour les dommages dus à la poll. par les hydrocarbures (CLC)	Bruxelles, 1969	25	24	100	97	19.06.1975
4.05.1		Protocole	Londres, 1976	23	23	54	54	08.04.1981
4.05.2		Protocole	Londres, 1992	15	14	22	20	30.05.96

Notes: voir à la fin du tableau.

.../...

CONVENTIONS MULTILATÉRALES SUR l'ENVIRONNEMENT

N°		Sujet	Lieu et date	OCDE Signé	OCDE Ratifié (a)	Total Signé	Total Ratifié (a)	Entrée en vigueur
4.06	Conv. -	Fonds international d'indemnisation pour les dommages dus à la poll. par les hydrocarbures (FUND)	Bruxelles, 1971	24	23	74	72	16.10.1978
4.06.1		Protocole	Londres, 1976	20	20	34	34	22.11.1994
4.06.2		Protocole	Londres, 1992	15	14	20	19	30.05.96
4.07	Accord -	Coopération concernant les mesures prises contre la pollution des eaux de mer par les hydrocarbures	Copenhague, 1971	4	4	4	4	16.10.1971
4.08	Conv. -	Prévention de la pollution des mers résultant de l'immersion de déchets (LC)	Londres, Mexico, Moscou, Washington, 1972	26	26	75	75	30.08.1975
4.08.1		Amendements aux annexes (incinération en mer)	1978	24	24	73	73	11.03.1979
4.08.2		Amendements à la convention (règlement des différends)	1978	17	17	20	20	en cours
4.08.3		Amendements aux annexes	1980	24	24	73	73	11.03.1981
4.09	Conv. -	Prévention de la pollution marine par les opérations d'immersion effectuées par les navires et aéronefs	Oslo, 1972	13	13	13	13	07.04.1974
4.09.1		Protocole	1983	13	13	13	13	01.09.1989
4.10	Conv. -	Prévention de la pollution marine d'origine tellurique	Paris, 1974	13 +EC	12 +EC	14	13	06.05.1978
4.10.1		Protocole	Paris, 1986	12 +EC	12 +EC	13	13	01.09.1989
4.10.2	Conv. -	Prévention de la pollution marine de l'Atlantique nord-est (ex Oslo 1972 et Paris 1974)	Paris, 1992	15 +EC	8	16	8	en cours
4.11	Conv. -	Protection du milieu marin dans la zone de la mer Baltique	Helsinki, 1974	5	5 +EC	10	10	03.05.1980
4.11.1	Conv. -	Protection du milieu marin dans la zone de la mer Baltique (amendements)	Helsinki, 1992	5 +EC	4 +EC	10	7	en cours
4.12	Conv. -	Protection de la mer Méditerranée contre la pollution	Barcelone, 1976	5 +EC	5 +EC	22	22	12.02.1978
4.12.1		Protocole (immersion effectuées par les navires et aéronefs)	Barcelone, 1976	5 +EC	5 +EC	22	22	12.02.1978
4.12.2		Protocole (pollution par les hydrocarbures et autres substances nuisibles en cas de situation critique)	Barcelone, 1976	5 +EC	5 +EC	22	22	12.02.1978
4.12.3		Protocole (d'origine tellurique)	Athènes, 1980	5 +EC	5 +EC	22	22	17.06.1983
4.12.4		Protocole (aires spécialement protégées)	Genève, 1982	5 +EC	5 +EC	22	22	23.03.1986
4.12.5		Protocole (pollution due à l'exploration et l'exploitation du plateau continental, du fond et du sous sol marin)	Madrid, 1994	3	-	12	-	en cours
4.13	Conv. -	Limitation de la responsabilité en matière de créances maritimes (LLMC)	Londres, 1976	17	17	28	28	01.12.1986
4.13.1		Amendement à la convention	Londres, 1996	1	-	1	-	..
4.14		Protocole - Prévention de la pollution par les navires (MARPOL PROT)	Londres, 1978	28	28	97	97	02.10.1983
4.14.1		Annexe III	Londres, 1978	23	23	78	78	02.10.1983
4.14.2		Annexe IV	Londres, 1978	17	17	64	64	..
4.14.3		Annexe V	Londres, 1978	26	26	80	80	02.10.1983
4.15	Conv. -	Droit de la mer	Montego Bay, 1982	26 +EC	16	169	106	16.11.1994
4.15.1	Accord -	relatif à la mise en oeuvre de la partie XI de la convention	New York, 1994	27 +EC	23 +EC	140	133	28.07.1996
4.15.2	Accord -	Aux fins des dispositions de la convention sur la conservation et la gestion des stocks chevauchants et de poissons grands migrateurs	New York, 1995	20 +EC	1	55	5	..
4.16	Memo. -	Memorandum d'entente sur le contrôle par l'Etat du port	Paris, 1982	14	14	14	14	01.07.1982
4.17	Conv. -	Protection et mise en valeur du milieu marin dans la région des Caraïbes	Cartagène, 1983	5 +EC	5	22	19	11.10.1986
4.17.1		Protocole (déversements d'hydrocarbures)	Cartagène, 1983	5	5	21	19	11.10.1986
4.17.2		Protocole (zones et vie sauvage spécialement protégées)	Kingston, 1990	5	1	16	3	en cours
4.18	Accord -	Coop. contre la poll. mer du Nord par les hydrocarbures et autres subst. dangereuses	Bonn, 1983	8 +EC	8 +EC	9	9	01.09.1989
4.18.1		Amendement	Bonn, 1989	8 +EC	8 +EC	9	9	01.04.1994
4.19	Conv. -	Protection, gestion et mise en valeur du milieu marin et des zones côtières de la région de l'Afrique orientale	Nairobi, 1985	1 +EC	1	6	4	30.05.1996
4.19.1		Protocole (zones protégées et faunes et flore sauvages dans la région de l'Afrique orientale)	Nairobi, 1985	1 +EC	1	5	4	..
4.19.2		Protocole (coopération en matière de lutte contre la pollution des mers en cas de situation critique)	Nairobi, 1985	1 +EC	1	5	4	..
4.20	Conv. -	Protection des ressources naturelles et de l'environn. de la région du Pacifique Sud	Nouméa, 1986	5	4	15	11	22.08.1990
4.20.1		Protocole (prévention de la pollution résultant de l'immersion des déchets)	Nouméa, 1986	5	3	15	10	22.08.1990
4.20.2		Protocole (coop. dans les interventions d'urgence contre les incidents générateurs de pollution)	Nouméa, 1986	5	4	15	11	22.08.1990
4.20.3	Accord -	Programme environnemental pour la région du Pacifique Sud (SPREP)	Apia, 1993	4	2	15	9	en cours
4.21	Conv. -	Assistance	Londres, 1989	16	11	28	22	14.07.96
4.22	Conv. -	Création d'une organisation marine scientifique pour la région du Pacifique Nord	1990	3	3	5	5	24.03.1992
4.23	Conv. -	Préparation, lutte et coopération en matière de pollution par les hydrocarbures (OPRC)	Londres, 1990	18	16	43	30	13.05.1995
4.24	Accord -	Coopération pour la protection des côtes de l'Atlantique du Nord-Est contre la pollution	Lisbonne, 1990	3 +EC	2 +EC	5	3	en cours
4.25	Conv. -	Protection de la Mer Noire contre la pollution	Bucarest, 1992	1	1	6	6	15.01.1994
4.26	Memo. -	Memorandum d'entente sur le contrôle par l'Etat du port dans la région de l'Asie-Pacifique	Tokyo, 1993	4	4	..	..	en force

FAUNE ET FLORE

N°		Sujet	Lieu et date	OCDE Signé	OCDE Ratifié (a)	Total Signé	Total Ratifié (a)	Entrée en vigueur
5.01	Conv. -	Conservation de la faune et de la flore à l'état naturel	Londres, 1933	6	4	11	9	14.01.1936
5.02	Conv. -	Protection de la flore, de la faune et des beautés panoramiques naturelles des pays de l'Amérique	Washington, 1940	2	2	22	19	01.05.1942
5.03	Conv. -	Réglementation de la chasse à la baleine	Washington, 1946	19	19	48	48	10.11.1948
5.03.1		Protocole	Washington, 1956	18	18	43	43	04.05.1959
5.04	Conv. -	Protection des oiseaux	Paris, 1950	13	9	16	10	17.01.1963
5.05	Accord -	Protection des végétaux dans la région de l'Asie et du Pacique	Rome, 1956	7	7	25	25	02.07.1956
5.06	Conv. -	Conservation des phoques à fourrure du Pacifique nord	Washington, 1957	3	3	4	4	14.10.1957
5.06.1		Prolongation	Washington, 1969	3	3	..	..	en force
5.07	Accord -	Mesures convenues pour la conservation de la faune et de la flore de l'Antarctique	Bruxelles, 1964	10	10	17	17	en force
5.08	Conv. -	Zones humides d'importance internat. particul. comme habitats des oiseaux d'eau	Ramsar, 1971	28	27	94	91	21.12.1975
5.08.1		Protocole	Paris, 1982	27	26	86	85	01.10.1986
5.09	Conv. -	Protection des phoques de l'Antarctique	Londres, 1972	12	11	17	16	11.03.1978
5.10	Conv. -	Commerce international des espèces de faune et de flore sauvages menacées d'extinction (CITES)	Washington, 1973	27	26	134	129	01.07.1975
5.11	Accord -	Protection des ours blancs	Oslo, 1973	4	4	5	5	26.05.1976
5.12	Conv. -	Protection de la nature dans le Pacifique Sud	Apia, 1976	3	3	7	7	28.06.1990
5.13	Conv. -	Conservation des espèces migratrices appartenant à la faune sauvage	Bonn, 1979	20 +EC	19 +EC	57	49	01.11.1983
5.13.1	Accord -	Conservation des chauves-souris en Europe	Londres, 1991	13	10	13	10	16.01.1994

Notes: voir à la fin du tableau.

.../...

GENERAL DATA 12.3

CONVENTIONS MULTILATÉRALES SUR l'ENVIRONNEMENT

N°	Sujet		Lieu et date	Nombre de parties OCDE Signé		Ratifié (a)		Total Signé	Ratifié (a)	Entrée en vigueur
5.13.2	Accord -	Préservation des petits cétacés de la mer Baltique et de la mer du Nord	New York, 1992	7	+EC	6		7	5	29.03.1994
5.13.3	Accord -	Préservation des cétacés de la mer Noire, de la mer Méditerranée et de la zone Atlantique contiguë	Monaco, 1996	6	+EC	-		18	-	..
5.14	Conv. -	Conservation de la vie sauvage et du milieu naturel de l'Europe	Berne, 1979	21	+EC	21	+EC	36	34	01.06.1982
5.15	Conv. -	Conservation de la faune et flore marines de l'Antarctique	Canberra, 1980	18	+EC	18	+EC	28	28	07.04.1982
5.16	Accord -	Bois tropicaux	Genève, 1983	23	+EC	23	+EC	52	52	01.04.1985
5.16.1		Accord revisé - bois tropicaux	New York, 1994	21	+EC	21	+EC	50	50	01.01.1997
5.17	Accord -	Conservation des zones humides et de leurs oiseaux migrateurs	1988	3		3		3	3	..
5.17.1	Conv. -	Diversité biologique	Rio de Janeiro, 1992	29	+EC	27	+EC	183	164	29.12.1993
5.17.2	Accord -	Conservation des oiseaux d'eau migrateurs africains et eurasiens	La Haye, 1996	3		-		3	-	..
5.18	Memo. -	Memorandum d'entente sur la création d'un comité trilatéral pour la faune, la flore et la gestion des écosystèmes	1996	3		3		3	3	..
PÊCHE										
6.01	Conv. -	Création d'une commission interaméricaine du thon tropical	Washington, 1949	3		3		10	10	03.03.1950
6.02	Conv. -	Pêcheries hauturières de l'océan Pacifique nord	Tokyo, 1952	3		3		3	3	12.06.1953
6.02.1		Protocole	Tokyo, 1978	3		3		3	3	15.02.1979
6.02.2	Conv. -	Conservation des ressources d'anadromes (océan Pacifique nord)	Moscou, 1992	3		1		4	1	en cours
6.03	Conv. -	Pêche et conservation des ressources biologiques de la haute mer	Genève, 1958	16		12		57	36	20.03.1966
6.04	Accord -	Protection du saumon dans la mer Baltique	Stockholm, 1962	4		4		4	4	01.03.1966
6.04.1		Protocole	Stockholm, 1972	4		4		4	4	24.11.1976
6.05	Conv. -	Pêche	Londres, 1964	13		12		13	12	15.03.1966
6.06	Conv. -	Convention internationale pour la conservation des thonidés de l'Atlantique (ICCAT)	Rio de Janeiro, 1966	7		7		24	23	21.03.1969
6.07	Conv. -	Exercice de la pêche dans l'Atlantique Nord	Londres, 1967	16		12		17	13	26.09.1976
6.08	Conv. -	Conservation des ressources biologiques de l'Atlantique Sud-Est	Rome, 1969	7		7		17	17	24.10.1971
6.09	Conv. -	Pêche et conservation des ressources vivantes dans la mer Baltique et les Belts	Gdansk, 1973	3	+EC	3	+EC	7	7	28.07.1974
6.10	Conv. -	Future coop. multilatérale dans les pêches de l'Atlantique du Nord-Ouest (NAFO)	Ottawa, 1978	7	+EC	7	+EC	17	17	01.01.1979
6.11	Conv. -	Agence arbitrale des pêches du Pacifique Sud	Honiara, 1979	2		2		16	16	10.07.1979
6.12	Conv. -	Future coopération multilatérale dans les pêches de l'Atlantique du Nord-Est	Londres, 1980	7	+EC	7	+EC	11	10	17.03.1982
6.13	Conv. -	Conservation du saumon dans l'Atlantique Nord	Reykjavik, 1982	7	+EC	7	+EC	9	9	01.10.1983
6.14	Traité -	Pêcheries du Pacifique Sud	Port Moresby, 1987	3		3		13	13	..
6.15	Conv. -	Interdiction de la pêche au filet maillant dérivant de grande dimension ds le Pacif. Sud	Wellington, 1989	4		3		15	7	17.05.1991
6.16	Traité -	Coopération dans la surveillance et l'application de la loi des Pêcheries du Pacif. Sud	Honiara, 1992	1		1		..	..	..
6.17	Conv. -	Protection du Thon Rouge du Pacifique Sud	Canberra, 1993	3		3		3	3	en force
6.18	Accord -	Création d'une commission du thon de l'Océan Indien	1993	4		4		11	11	..
6.19	Accord -	Favoriser le respect par les navires de pêche en haute mer des mesures internationales de conservation et de gestion	1993	3		3		7	7	..
6.20	Conv. -	Conservation et gestion des ressources en Lieu Jaune dans la mer de Béring	Washington, 1994	4		-		6	-	en cours
NUCLÉAIRE										
7.01	Conv. -	Responsabilité civile dans le domaine de l'énergie nucléaire	Paris, 1960	17		14		17	14	01.04.1968
7.01.1		Conv. complémentaire	Bruxelles, 1963	14		11		14	11	04.12.1974
7.01.2		Protocole additionnel à la convention	Paris, 1964	17		14		17	14	01.04.1968
7.01.3		Protocole additionnel à la convention complémentaire	Paris, 1964	14		11		14	11	04.12.1974
7.01.4		Protocole portant modification de la convention	Bruxelles, 1982	17		14		17	14	07.10.1988
7.01.5		Protocole portant modification de la convention complémentaire	Bruxelles, 1982	14		11		14	11	01.08.1991
7.01.6		Protocole commun relatif à l'application de la Conv. de Vienne et de la Conv. de Paris	Vienne, 1988	18		9		30	18	27.04.1992
7.02	Conv. -	Responsabilité des exploitants de navires nucléaires	Bruxelles, 1962	5		2		17	3	en cours
7.03	Conv. -	Responsabilité civile en matière de dommage nucléaire	Vienne, 1963	6		4		28	24	12.11.1977
7.03.1		Protocole commun relatif à l'application des Conventions de Vienne et de Paris	Vienne, 1988	18		9		30	18	27.04.1992
7.04	Traité. -	Interdisant les essais nucléaires dans l'atmosphère, dans l'espace extra-atmosphérique et sous l'eau	Moscou, 1963	28		27		130	118	10.10.1963
7.05	Traité. -	Interdisant les armes nucléaires en Amérique latine	Mexico, 1967	1		1		..	..	..
7.06	Conv. -	Responsabilité civile dans le domaine du transport maritime de matières nucléaires	Bruxelles, 1971	12		10		18	14	15.07.1975
7.07	Traité. -	Interdisant de placer des armes nucléaires et d'autres armes de destruction massive sur le fond des mers et des océans, ainsi que dans leur sous-sol	Londres, Moscou, Washington, 1971	28		28		108	86	18.05.1972
7.08	Conv. -	Sur une zone nucléaire libre dans le Pacifique Sud	Rarotonga, 1985	5		2		11	11	11.12.1986
7.09	Conv. -	Notification rapide d'un accident nucléaire	Vienne, 1986	29		27		95	74	23.10.1987
7.10	Conv. -	Assistance en cas d'accident nucléaire ou de situation d'urgence radiologique	Vienne, 1986	28		23		94	70	10.09.1987
7.11	Conv. -	Sûreté nucléaire	Vienne, 1994	26		2		54	1	en cours
DIVERS										
8.01	Conv. -	Circulation routière	Genève, 1949	27		26		91	90	26.03.1952
8.02	Accord -	Transport international des marchandises dangereuses par route (ADR)	Genève, 1957	19		19		25	25	29.01.1968
8.02.1		Protocole	New York, 1975	17		17		18	18	19.04.1985
8.03	Conv. -	Protection des animaux en transport international	Paris, 1968	19		19		22	22	20.02.1971
8.03.1		Protocole	Strasbourg, 1979	18		18		21	21	07.11.1989
8.04	Conv. -	Protection du patrimoine archéologique	Londres, 1969	14		14		23	23	20.11.1970
8.05	Conv. -	Transport des marchandises par chemins de fer (CIM)	Bern, 1970	21		21		33	33	01.01.1975
8.06	Conv. -	Sécurité des conteneurs (CSC)	Genève, 1972	28		25		66	63	06.09.1977
8.07	Conv. -	Responsabilité internationale pour les dommages causés par les objets spatiaux	Londres, Moscou, Washington, 1972	26		24		101	74	01.09.1972
8.08	Conv. -	Protection du patrimoine mondial, culturel et naturel	Paris, 1972	27		27		139	139	17.12.1975
8.09	Conv. -	Resp. civile pour dommages causés au cours du transp. de march. dangereuses par route, rail ou bateaux de navig. intérieure (CRTD)	Genève, 1989	1		-		2	-	en cours

Notes:
a) Comprend les adhésions, les acceptations, les approbations et les successions.
b) Convention pour interdire l'importation de déchets dangereux et radioactifs dans les pays insulaires du Forum et pour contrôler les mouvements transfrontières et la gestion des déchets dangereux au sein du Pacifique Sud.

Source: CEE-NU, Conseil de l'Europe, AIEA, BIT, OMI, UICN - Centre du droit de l'environnement, OCDE, NU, PNUE.

POLLUTION ABATEMENT AND CONTROL EXPENDITURE
DEPENSES DE LUTTE CONTRE LA POLLUTION

Table 4A presents pollution abatement and control expenditure by the public sector, the business sector and private households. The sum of investment and current expenditure is related to GDP.

Pollution abatement and control expenditure covers purposeful activities aimed at the prevention, reduction and elimination of pollution or nuisances that could have a harmful effect on the environment. This definition excludes activities such as the protection of endangered species, the establishment of natural parks and green belts, natural resource management and activities to exploit natural resources, such as the supply of drinking water. Also excluded is expenditure intended either for workplace protection or for the improvement of production processes for commercial or technical reasons, even though these may have environmental benefits. In total, the expenditure comprises the flow of investment and current expenditure that is directly aimed at pollution abatement and control and is incurred by the public sector, the business sector and private households. The level of total expenditure provides a general indication of a country's financial efforts directed at pollution abatement and control.

In interpreting this table, it should be borne in mind that data are not fully comparable across countries and international comparisons should therefore be limited to orders of magnitude.

Table 4B shows data concerning public research and development (R&D) financing for environmental protection. Figures refer to related government budget appropriations expressed in US$ at 1991 prices and purchasing power parities, and as percentages of total R&D budget appropriations. Footnote a) defines the concept of environmental protection related to R&D.

Le tableau 4A présente les dépenses de lutte contre les pollutions pour le secteur public, le secteur des entreprises, ainsi que pour les ménages. La somme des dépenses d'investissement et des dépenses courantes est rapportée au PIB.

Les activités de lutte contre la pollution ont pour objectif de prévenir, réduire et éliminer les pollutions ou nuisances qui pourraient avoir un effet négatif sur l'environnement. Cette définition exclut les activités visant la protection des espèces menacées, la mise en place de parcs naturels et de ceintures vertes, ainsi que les activités de gestion et d'exploitation des ressources naturelles comme par exemple l'approvisionnement en eau potable. Sont également exclus les dépenses de protection du lieu de travail et les dépenses d'amélioration des processus de production pour des raisons commerciales ou techniques, même si celles-ci peuvent avoir des bénéfices pour l'environnement. La dépense comprend les investissements et les dépenses courantes du secteur public, du secteur des entreprises et des ménages destinés à lutter directement contre la pollution. Le niveau de la dépense totale donne une indication générale sur les efforts financiers d'un pays en matière de lutte contre la pollution.

Lors de l'interprétation du tableau il faut garder à l'esprit que les données ne sont pas totalement comparables d'un pays à l'autre, et que les comparaisons internationales devraient se limiter aux ordres de grandeur.

Le tableau 4B fournit des chiffres concernant le financement public en matière de recherche et développement (R-D) dans le domaine de la protection de l'environnement. Les données représentent les crédits budgétaires gouvernementaux dans ce domaine, exprimés en $EU aux prix et parités de pouvoir d'achat de 1991 et en pourcentage des crédits budgétaires totaux en R-D. La note a) du tableau définit le concept de protection de l'environnement dans le cadre de la R-D.

GENERAL DATA 12.4A

POLLUTION ABATEMENT AND CONTROL EXPENDITURE, as a percentage of GDP (a), 1985-1995
DÉPENSES DE LUTTE CONTRE LA POLLUTION, en pourcentage du PIB (a), 1985-1995

	1985	1986	1987	1988	1989	1990	1991	1992	1993	1994	1995
PUBLIC SECTOR ONLY/SECTEUR PUBLIC UNIQUEMENT											
Canada ♦	0.6	0.5	0.5	0.5	0.6	0.7	0.7	..	..	..	..
Mexico/Mexique ♦	0.4	0.4	0.2	0.2	0.3	0.3	0.3	0.4	0.4	0.4	0.3
USA/Etats-Unis	0.5	0.6	0.6	0.6	0.6	0.6	0.7	0.7	0.6	0.7	..
Japan/Japon	0.4	0.4	0.4	0.4	0.4	0.4	0.4	0.4	0.5	0.5	..
Korea/Corée ♦	..	..	..	..	..	..	..	0.8	0.8	0.8	0.8
Australia/Australie	..	..	..	..	..	..	0.4	0.5	0.6	0.5	..
Austria/Autriche ♦	1.0	..	1.0	1.0	..	1.1	1.2	1.1	1.2	..	..
Belgium/Belgique ♦	..	..	..	..	..	..	..	..	..	0.4	0.4
Czech Rep./Rép. Tchèque ♦	..	..	..	..	..	..	..	..	0.6	0.9	..
Denmark/Danemark ♦	0.7	..	0.8	0.9	0.5	0.5	0.6	..	..	..	..
Finland/Finlande	..	..	..	..	..	..	..	..	0.7	0.6	..
France ♦	0.6	0.6	0.6	0.8	0.8	0.8	0.8	0.8	0.9	0.9	0.9
w.Germany/Allemagne occ. ♦	0.7	0.8	0.8	0.8	0.8	0.8	0.9	0.9	0.9	0.8	..
Greece/Grèce ♦	0.6	0.5	0.4	0.4	0.4	0.4	0.2	0.2	..	..	..
Iceland/Islande ♦	0.3	0.3	0.3	0.3	0.3	0.3	0.4	0.4	0.4	0.4	0.4
Italy/Italie ♦	..	..	..	..	0.5	..	..	..	..	..	..
Netherlands/Pays-Bas	1.0	..	0.9	..	0.9	0.9	1.1	1.2	..	..	..
Poland/Pologne ♦	..	..	..	..	..	0.2	0.2	0.4	0.4	0.3	0.3
Portugal ♦	..	..	..	0.4	0.4	0.7	0.6	0.7	0.7	0.6	..
Spain/Espagne	..	..	0.5	0.5	0.6	0.6	0.6	0.4	0.5	..	..
Sweden/Suède	..	0.6	..	..	..	..	0.8	..	..	..	..
Switzerland/Suisse	0.7	..	..	0.7	0.8	..	..	1.0	..	..	..
UK/Royaume-Uni ♦	0.7	..	..	..	..	0.4	..	..	..	..	..
Slov. Rep./Rép. Slov.	..	..	..	..	..	..	..	..	2.0	1.4	..
PUBLIC AND PRIVATE SECTORS/SECTEURS PUBLIC ET PRIVÉ (b)											
Canada ♦	..	..	..	..	0.9	..	..	..	..	..	..
USA/Etats-Unis	1.4	1.4	1.4	1.4	1.4	1.5	1.5	1.5	1.5	1.6	..
Japan/Japon ♦	0.5	..	0.5	0.5	0.5	0.5	..	0.5	0.6	0.6	..
Korea/Corée ♦	..	..	..	..	..	..	..	1.5	1.5	1.5	1.6
Australia/Australie	..	..	..	..	..	..	0.6	0.8	0.9	0.8	..
Austria/Autriche ♦	..	..	1.8	1.7	..	2.0	2.1	..	..	..	..
Czech Rep./Rép. Tchèque ♦	..	..	..	..	..	..	..	..	2.1	2.7	..
Finland/Finlande ♦	..	..	..	..	..	..	..	..	1.3	1.1	..
France	0.9	0.9	0.9	1.1	1.1	1.2	1.2	1.2	1.3	1.4	1.4
w.Germany/Allemagne occ. ♦	1.5	1.6	1.6	1.6	1.6	1.6	1.6	1.6	1.5	1.4	..
Hungary/Hongrie ♦	..	..	..	..	..	..	0.4	0.6	0.5	0.7	..
Italy/Italie ♦	..	..	..	..	0.9	..	..	..	..	..	..
Netherlands/Pays-Bas	1.5	..	1.5	..	1.4	1.7	1.8	1.9	..	..	..
Norway/Norvège ♦	..	..	..	..	..	1.2	..	..	..	..	..
Poland/Pologne ♦	..	..	..	..	..	0.7	1.0	1.0	1.0	1.0	1.1
Portugal ♦	..	..	..	0.5	0.5	0.8	0.7	..	..	0.7	..
Spain/Espagne ♦	..	..	..	..	..	..	..	..	0.5	..	..
Sweden/Suède ♦	0.2	..	..	0.4	..	..	1.2	..	..	..	..
Switzerland/Suisse ♦	..	..	..	..	..	..	..	..	1.6	..	..
UK/Royaume-Uni ♦	1.3	..	..	..	..	1.0	..	..	..	0.3	..
PUBLIC AND PRIVATE SECTORS, including households /SECTEURS PUBLIC ET PRIVÉ, y compris les ménages											
USA/Etats-Unis	1.7	1.7	1.6	1.6	1.6	1.6	1.6	1.7	1.7	1.7	..
Korea/Corée ♦	..	..	..	..	..	..	..	1.6	1.6	1.7	1.7
Australia/Australie	..	..	..	..	..	..	..	0.9	0.9	0.8	..
Austria/Autriche ♦	..	..	1.8	1.8	..	2.1	2.2	..	..	..	..
France ♦	1.0	1.0	1.0	1.2	1.2	1.3	1.3	1.3	1.4	1.5	1.5
Netherlands/Pays-Bas	1.5	..	1.5	..	1.5	1.8	1.9	2.0	..	..	..
Switzerland/Suisse ♦	..	..	..	..	..	..	..	..	2.1	..	..
UK/Royaume-Uni	..	..	..	..	..	1.1	..	..	..	..	..

Notes: see following page / voir page suivante

12.4A/4B — DONNÉES GÉNÉRALES

Notes: (Table 12.4A):
a) Based on the abater principle (Expenditure 1). For some countries, this includes receipts from by-products. NB: all significant changes in PAC expenditure shares must be reviewed with care, as the reason for an increase may be improved sectoral coverage and data availability.
b) Based on public and business sectors, unless otherwise noted.
CAN) Public sector: includes subsidies to private sector; in principle, does not include fees from the private sector.
MEX) Public sector: partial figures; 1993-95: preliminary data.
JPN) Business sector: partial figures; data refer to investments by large companies only.
KOR) Trial estimate by the Bank of Korea; 1995: preliminary data.
AUT) Excludes expenditure concerning protection of nature and landscape and R&D; estimates were made in such a way as to eliminate double counting of fees for waste water and waste.
BEL) Data refer to regional administrations only, including Brussels (1994: estimates); federal and local (municipalities and provinces) administrative levels are excluded.
CZE) The methodology used to calculate expenditure may differ from those of other OECD countries. Public and private sectors: investment expenditure only.
DNK) Public sector: 1985-88 and 1989-91 data are not comparable (break in series).
FIN) Business sector: ISIC 10 to 40 only (excludes expenditure by private firms specialising in PAC).
FRA) Public sector: break in time series in 1988; all sectors: 1994 and 1995 data are provisional.
wDEU) 1993 and 1994: preliminary data.
GRC) Public sector: data before 1991 are estimates of investment expenditure (may include some non-PAC exp.); 1991 onwards: realised investments and current PAC expenditure.
HUN) Public and private sectors: investment expenditure only; investments made by organisations with 50 or fewer employees are included.
ISL) Public sector: expenditure on waste and waste water only.
ITA) Public sector: includes estimates of municipal expenditure; business sector: Secretariat estimate.
NOR) Public and private sectors: Secretariat estimate.
POL) Public and private sectors: investment expenditure only; 1992 data are estimated.
PRT) Public sector: includes central government expenditure from 1990 onward; business sector until 1991: investment expenditure only.
ESP) Business sector: partial figure.
SWE) Public and private sectors 1985 and 1988: business sector expenditure only.
CHE) Public and private sectors: public sector figure for 1993 refers to 1992.
UKD) Public and private sectors: 1985, 1990 and 1994 data not comparable. 1994 figure refers only to business sector and excludes expenditure by private firms specialising in PAC.

Notes (Tableau 12.4A):
a) Fondées sur le principe d'exécution (Dépenses 1). Inclut les recettes des sous-produits pour certains pays. NB: tout changement significatif des pourcentages doit être interprété avec précaution; il peut s'expliquer par une amélioration de la couverture sectorielle et à une meilleure disponibilité des données.
b) Secteur public et des entreprises, sauf indication contraire.
CAN) Secteur public: les subventions au secteur privé sont incluses et en principe, les redevances du secteur privé sont exclues.
MEX) Secteur public: données partielles; 1993-95: données préliminaires.
JPN) Secteur des entreprises: données partielles; les données se réfèrent aux investissements des grandes sociétés uniquement.
KOR) Essai d'estimation par la Banque de Corée; 1995: données préliminaires.
AUT) Exclut les dépenses concernant la protection de la nature et des paysages et la R-D; des estimations ont été faites pour éviter le double comptage des redevances sur les eaux usées et les déchets.
BEL) Les données se réfèrent aux administrations régionales uniquement et incluent Bruxelles (1994: estimations); les niveaux administratifs fédéral et local (municipalités et provinces) sont exclus.
CZE) La méthodologie utilisée pour le calcul des dépenses peut différer de celles des autres pays de l'OCDE. Secteurs public et privé: investissements uniquement.
DNK) Secteur public: les données 1985-88 et 1989-91 ne sont pas comparables (rupture de série).
FIN) Secteur des entreprises: CITI 10 à 40 uniquement (exclut les dépenses des entreprises privées spécialisées dans la fourniture de services LCP).
FRA) Secteur public: rupture de série en 1988; tous secteurs: les données 1994 et 1995 sont provisoires.
wDEU) 1993 et 1994: données préliminaires.
GRC) Secteur public: avant 1991: estimations des investissements (peut inclure des dépenses autres que LCP), après 1991: investissements et dépenses courantes LCP réalisées.
HUN) Secteurs public et privé: investissements uniquement; les investissements des entreprises de 50 ou moins de 50 employés sont compris.
ISL) Secteur public: dépenses relatives aux eaux usées et aux déchets uniquement.
ITA) Secteur public: inclut des estimations pour les dépenses des municipalités; secteur des entreprises: estimation du Secrétariat.
NOR) Secteurs public et privé: estimation du Secrétariat.
POL) Secteurs public et privé: investissements uniquement; 1992: estimations.
PRT) Secteur public: inclut les dépenses du gouvernement central à partir de 1990; secteur des entreprises jusqu'en 1991: investissements uniquement.
ESP) Secteur des entreprises: donnée partielle.
SWE) Secteurs public and privé 1985 et 1988: dépenses des entreprises uniquement.
CHE) Secteurs public and privé: le chiffre du secteur public pour 1993 se réfère à 1992.
UKD) Secteurs public and privé: les données 1985, 1990 et 1994 ne sont pas comparables. Le chiffre 1994 inclut le secteur des entreprises uniquement, qui exclut les dépenses des entreprises privées spécialisées dans la fourniture de services LCP.

GENERAL DATA 12.4B

PUBLIC R&D EXPENDITURE FOR ENVIRONMENT PROTECTION, (a) selected countries, 1985-95
DÉPENSES PUBLIQUES DE R-D EN MATIÈRE DE PROTECTION DE L'ENVIRONNEMENT, (a) pays séléctionnés, 1985-95

	Million US$ at 1991 price levels and PPPs/ en millions de $EU aux niveaux de prix et PPA de 1991								as % of total R&D budget appropriations/ en % des crédits budgétaires publics totaux de R-D							
	1980	1985	1990	1991	1992	1993	1994	1995	1980	1985	1990	1991	1992	1993	1994	1995
Canada	34.8	55.9	58.0	63.4	76.3	83.8	86.2	75.3	1.6	1.9	1.9	2.0	2.4	2.6	2.7	2.5
Mexico/Mexique	..	..	12.7	11.8	4.4	7.0	7.5	6.2	..	..	1.4	1.1	0.4	1.7	1.7	0.6
USA/Etats-Unis	385.3	320.1	409.8	440.0	474.0	482.8	512.9	496.7	0.8	0.5	0.6	0.7	0.7	0.7	0.8	0.8
Japan/Japon	..	..	48.2	55.5	57.7	61.1	64.5	70.8	..	..	0.5	0.5	0.5	0.5	0.5	0.6
Australia/Australie	40.6	30.0	46.9	57.8	56.8	56.5	53.5	..	2.9	1.9	2.9	3.3	3.0	2.9	2.7	..
N.Zealand/N.Zélande	..	..	6.7	8.8	8.3	9.3	..	..	..	..	2.6	3.4	3.2	3.4	..	..
Austria/Autriche	2.5	5.4	14.0	20.6	19.2	30.4	29.0	23.1	0.5	0.9	1.9	2.4	2.2	3.2	2.9	2.4
Belgium/Belgique	22.8	21.8	9.3	27.7	17.3	16.6	16.6	17.1	2.8	2.5	0.9	2.6	1.7	1.5	1.5	1.5
Denmark/Danemark	6.9	6.8	25.6	22.7	27.7	28.1	29.4	30.6	2.1	1.5	3.8	3.3	4.5	4.5	4.5	4.1
Finland/Finlande	2.9	7.2	9.9	20.2	24.2	24.2	19.1	20.8	0.8	1.5	1.4	2.7	3.1	3.0	2.4	2.5
France	99.3	59.9	95.9	98.3	147.8	166.3	176.9	237.7	1.1	0.5	0.7	0.7	1.1	1.3	1.4	2.0
Germany/Allemagne	220.3	369.2	438.4	478.1	526.2	513.7	484.2	456.4	2.0	3.1	3.5	3.4	3.7	3.8	3.7	3.5
Greece/Grèce	2.9	6.3	6.2	4.4	3.6	8.3	7.3	8.0	2.6	3.4	2.8	2.1	1.9	4.1	3.3	3.2
Iceland/Islande	..	0.0	..	0.3	0.4	1.2	1.4	1.5	..	0.1	..	1.3	1.7	3.5	3.7	3.9
Ireland/Irlande	0.7	1.0	1.4	1.3	0.9	1.1	1.9	2.2	0.6	0.8	1.2	1.0	0.6	0.7	1.3	1.3
Italy/Italie	29.5	56.6	158.8	207.2	172.4	159.4	149.8	142.9	1.0	1.0	2.2	2.8	2.2	2.4	2.4	2.4
Netherlands/Pays-Bas	..	61.2	86.8	80.7	75.3	98.6	93.3	88.7	..	3.2	3.4	3.8	3.5	4.6	4.4	3.9
Norway/Norvège	13.0	11.9	21.3	25.9	28.5	25.7	22.4	22.3	3.0	2.4	2.9	3.3	3.3	3.0	2.6	2.6
Portugal	..	..	11.5	14.2	13.1	14.2	8.7	..	..	..	3.2	3.3	2.9	2.5	1.7	..
Spain/Espagne	5.1	5.4	111.8	96.9	50.9	56.3	59.1	69.2	0.6	0.4	4.3	3.6	1.9	2.3	2.4	2.6
Sweden/Suède	24.0	24.4	57.1	57.8	65.6	61.6	65.6	41.8	1.7	1.5	3.2	3.1	3.6	3.4	3.8	2.3
Switzerland/Suisse	..	..	18.9	22.3	..	..	..	..	..	..	4.0	4.6	..	..	..	..
UK/Royaume-Uni	64.5	116.8	117.4	112.9	104.3	158.1	167.3	157.8	0.7	1.2	1.4	1.4	1.4	2.0	2.3	2.1

Notes:
a) Data refer to government budget appropriations or outlays for research and development (R&D) for the control and care of the environment, covering pollution related to air, water, soil and substrata, noise, solid waste, and radiation. The data refer both to the prevention of pollution and to the identification and treatment of pollution.

Source: OECD/OCDE

Notes:
a) Les données se réfèrent aux crédits budgétaires publics de Recherche et Développement (R-D) destinés au contrôle et à la protection de l'environnement. Elles comprennent les pollutions relatives à l'air, l'eau, le sol et le sous-sol, le bruit, les déchets solides et les radiations. Les données incluent d'une part, la prévention de la pollution, et d'autre part, l'identification et le traitement de la pollution.

ACCIDENTAL OIL SPILLS FROM TANKERS
DÉVERSEMENTS ACCIDENTELS DE PÉTROLE DUS AUX PÉTROLIERS

This table lists world accidental oil spills from tankers involving more than 25 000 tonnes of oil or more than US$ 5 million of indemnity since 1975. For each spill the following information is provided: date of accident, name of ship, flag, country affected and quantity spilled.

Hydrocarbons reach the marine environment not only from accidental oil spills but also from streams and coastal industries as well as from the transport sector and from operational discharges of ballast waters at sea. The release of hydrocarbons at sea exerts pressure not only on the marine environment itself but also on coastal zones (e.g. impact on tourism aquaculture).

When reading this table it should be borne in mind that only accidents which meet the above criteria are included.

Ce tableau énumère les déversements accidentels de pétrole dus aux pétroliers dans le monde entier, depuis 1975. Soit ces déversements sont supérieurs à 25 000 tonnes, soit ils impliquent des indemnités supérieures à 5 millions de $EU. Pour chacun, les spécifications suivantes sont données : date de l'accident, nom du navire, pavillon, pays affecté et quantités déversées.

Les hydrocarbures atteignent l'environnement marin non seulement par les déversements accidentels mais aussi de différentes manières : par les fleuves, par les rejets des industries côtières ainsi que par le secteur des transports maritimes, par les eaux de ballast déversées en mer au cours des opérations de nettoyage. Les déversements d'hydrocarbures en mer exercent une pression non seulement sur l'environnement marin proprement dit mais aussi sur les zones côtières (par exemple, impacts sur le tourisme et sur l'aquaculture).

A la lecture de ce tableau, il convient de se rappeler que seuls les accidents correspondant aux critères ci-dessus ont été pris en compte.

GENERAL DATA 12.5

ACCIDENTAL OIL SPILLS FROM TANKERS, (a)
DÉVERSEMENTS ACCIDENTELS DE PÉTROLE DUS AUX PÉTROLIERS, (a)

Year/ Année (b)	Date	Name of ship/ Nom du navire	Flag/ Pavillon	Country affected/ Pays concerné	Quantity spilled/ Quantité déversée (tonnes)	Indemnity/ Indemnités million/s $ (estimates)
1975	6.1	Showa Maru	Japan/Japon	Singapore/Singapour	3 800	10.9
	10.1	British Ambassador	..	Japan/Japon (Pacif.)	45 000	..
	29.1	Jakob Maersk	Denmark/Danemark	Portugal	84 000	2.8
	31.1	Corinthos/E.M.Queeny	USA/E.Unis-Lib.	USA/Etats-Unis (Delaware)	40 000	5.9
	4.4	Spartan Lady	Liberia	USA/Etats-Unis	25 000	..
	4	Shell Barge No 2	USA/Etats-Unis	USA/Etats-Unis	..	5.7
	-	Epic Colocoltroni	Greece/Grèce	Dominican Rep./Rép/ Dominicaine	57 000	..
	-	Mitsu Maru 3	Japan/Japon	Japan/Japon	500	5.7
1976	6.2	Saint Peter	Liberia	Colombia/Colombie	33 000	0.9
	12.5	Urquiola	Spain/Espagne	Spain/Espagne	101 000	19.7
	23.6	Nepco 140	USA/Etats-Unis	Canada - USA/Etats-Unis	1 200	11.1
	12.7	Cretan Star	Cyprus/Chypre	Indian Ocean/Océan Indien	28 600	..
	14.10	Boehlen	GDR/RDA	France	11 000	20.3
	15.12	Argo Merchant	Liberia	USA/Etats-Unis (Massach.)	28 000	2.5
1977	18.1	Irenes Challenge	Liberia	Pacific/Pacifique	34 000	..
	7.1	Borag	Liberia	East China/Chine orientale	4 000	15.6
	25.2	Hawaiian Patriot	Liberia	Honolulu (Pacif.)	99 000	..
	27.5		Panama	Nicaragua	30 000	..
	16.12	Venoil/Venpet	Liberia	South Africa/Afrique du Sud	26 000	5.4
	30.12	Grand Zenith	Panama	USA/Etats-Unis (Massach.)	29 000	..
1978	16.3	Amoco Cadiz	Liberia	France	228 000	..
	6.5	Eleni V	Greece/Grèce	UK/Royaume-Uni	3 000	10.6
	7.7	Cabo Tamar	Chile/Chili	Chile/Chili	60 000	4.2
	12.10	Christos Bitas	Greece/Grèce	UK/Royaume-Uni	5 000	13.1
	30.12	Esso Bernica	UK/Royaume-Uni	UK/Royaume-Uni (Shetland)	1 160	9.8
	31.12	Andros Patria	Greece/Grèce	Spain/Espagne	47 000	6.4
1979	8.1	Betelgeuse	France	Ireland/Irlande	27 000	36.2
	28.2	Antonio Gramsci	USSR/URSS	Sweden, Finland, USSR/Suède, Finlande, URSS	6 000	54.1
	2.3	Messlaniki Frontis	Liberia	Greece/Grèce	6 000	11.5
	15.3	Kurdistan	UK/Royaume-Uni	Canada	7 000	5.1
	28.4	Gino	Liberia	France	42 000	0.8
	28.6	Aviles	Liberia	Arabian Sea/Mer d'Arabie	25 000	..
	29.7	Atlantic Express	Greece/Grèce	Tobago	276 000	1.5
	16.8	Ionnis Angelicoussis	Greece/Grèce	Angola	30 000	..
	1.9	Chevron Hawaii	USA/Etats-Unis	USA/Etats-Unis	2 000	12.0
	1.11	Burmah Agate	Liberia	USA/Etats-Unis (Texas)	40 000	11.5
	15.11	Independenta	Romania/Roumanie	Turkey/Turquie	94 600	17.2
1980	28.1	Princess Anne Marie	Greece/Grèce	Cuba	6 000	51.7
	24.2	Irenes Serenade	Greece/Grèce	Greece/Grèce	102 000	12.5
	7.3	Tanio	Madagascar	France, UK/Royaume-Uni	13 500	40.0
	29.12	Juan A. Lavalleja	Uruguay	Algeria/Algérie	40 000	..
1981	7.1	Jose Marti	USSR/URSS	Sweden/Suède	6 000	6.7
	3.3	Ondina	Dubai	Germany/Allemagne	5 00	7.0
	5.7	Cavo Cambanos	Greece/Grèce	France	18 000	..
	22.11	Globe Assimi	Gibraltar	USSR/URSS	16 000	..
1983	6.8	Castillo de Bellver	Spain/Espagne	South Africa/Afrique du Sud	255 525	1.0
	27.9	Sivand	Iran	UK/Royaume-Uni	6 000	5.0
	25.11	Feoso Ambassador	China/Chine	China/Chine	4 000	10.0
1984	7.1	Assimi	..	Oman	51 431	..
	10.12	Pericles GC	..	Qatar	46 631	..
1985	14.2	Neptunia	Liberia	Iran	60 000	..
	6.12	Nova	Liberia	Iran	71 120	..
1989	24.3	Exxon Valdez	USA/Etats-Unis	USA/Etats-Unis (Alaska)	35 000	2000
	19.12	Kharg 5	..	Morocco/Maroc	70 000	37
	29.12	Aragon	Spain/Espagne	Madeira/Madère	25 000	..
1991	9/11.4	Le Haven	Cyprus/Chypre	Italy/Italie	30 000	..
	-	ABT Summer	..	..	260 000	..
1992	21.1	Maersk Navigator	Singapore/Singapour	Sumatra	> 25 000	..
1993	5.1	Braer	Liberia	UK/Royaume-Uni	84 000	..
1994	6.1	Red Star	..	Portugal	..	14.0
	8.2	Albinoni	Bahamas	Carribbean/Caraibes	..	50.0
1995	21.1	Maersk Navigator	Denmark/Danemark-	Indonesia/Indonesie	..	33.0
1996	15.2	Sea Empress	..	UK/Royaume-Uni	72 000	30.0

Notes:
a) Over 25 000 tonnes or over US$5 million of indemnity, world, 1975-1996
b) 1986-1988: no major oil spills over 25 000 tonnes.
Source: IMO, IOPC-Fund, ACOPS, IFP, TAC, TOVALOP, SIGMA

Notes :
a) Déversements de plus de 25 000 tonnes, ou indemnités de plus de 5 millions de $EU, monde, 1975-1996
b) 1986-1988 : pas de déversements de plus de 25 000 tonnes.

MAJOR NATURAL DISASTERS
PRINCIPALES CATASTROPHES NATURELLES

The following tables list major natural disasters in OECD countries since 1980. They concern:

- major floods, their causes, and related losses expressed in the number of recorded deaths and by type of damage; only floods causing more than 12 deaths or involving indemnity of more than US$ 18 million have been selected;

- major natural disasters of geological origin, i.e. volcanic eruptions, earthquakes and landslides; only disasters causing more than 20 deaths, involving indemnity of more than US$ 75 million or leaving more than 4 000 homeless have been selected;

- major natural disasters of climatic or meteorological origin (i.e. hurricanes, storms, snowstorms, tornadoes, hail, typhoons, cyclones, avalanches); only disasters involving more than 20 deaths or indemnity of more than US$ 8 million have been selected.

Some events may appear in more than one table.

These lists are indicative and not exhaustive; they are drawn from the best available insurance records.

Les tableaux suivants donnent la liste des principales catastrophes naturelles dans les pays de l'OCDE depuis 1980. Ils présentent :

- les principales inondations, leurs causes, et les pertes qui y sont liées exprimées en nombre de morts et par type de dommage ; seules les inondations impliquant plus de 12 morts ou plus de 18 millions de $EU d'indemnités ont été sélectionnées ici ;

- les principales catastrophes d'origine géologique, c'est-à-dire les éruptions volcaniques, les tremblements de terre et les glissements de terrain ; seules les catastrophes impliquant plus de 20 morts ou plus de 75 millions de $EU d'indemnités ou plus de 4 000 sans-abri ont été sélectionnées ici ;

- les principales catastrophes d'origine climatique ou météorologique (c'est-à-dire ouragans, tempêtes, tempêtes de neige, tornades, grêle, typhons, cyclones, avalanches) ; seules les catastrophes impliquant plus de 20 morts ou plus de 8 millions de $EU d'indemnités ont été sélectionnées ici.

Certains événements peuvent apparaître dans plus d'un tableau.

Ces listes sont indicatives et non exhaustives ; elles ont été établies à partir des meilleures sources disponibles auprès des compagnies d'assurance.

GENERAL DATA 12.6A

MAJOR FLOODS AND RELATED LOSSES, OECD countries, 1980-1996 (a)
PRINCIPALES INONDATIONS ET DOMMAGES AFFERENTS, pays de l'OCDE, 1980-1996 (a)

Year/ Année	Date	Country/ Pays	Type (b)	Extent of damage/Étendue des dommages		
				Number of deaths/ Nombre de morts	Monetary Damage	
					Million US$ (c)	Type
1980	16-25.2	USA	B (d)	36	500	property/biens (e)
1981	5.8	AUS	A	..	230	agriculture
	12	FRA	A	..	166	total
1982	3- 5.1	USA	B	..	40	insured/assurés
	1	UKD	F	..	175	insured/assurés
	1	FRA	F	..	152	total
	3	USA	D (f)	8	40	total
	2- 7.12	USA	D (f)	>20	47	insured/assurés
	12	USA	F	..	200	total
1983	26-27.1	USA	D	11	25	insured/assurés
	28.2-3.3	USA	F	..	66	insured/assurés
	4/5	FRA	F(g)	..	599	total
	27-28.8	ESP	E	42	223	total
	3.1	USA	A	10	100	property/biens
	19.11	PRT	A	12	..	..
	2- 6.12	USA	D	..	18	insured/assurés
1984	28.1	NZL	F	..	22	insured/assurés
	3- 7.4	USA	D	..	68	insured/assurés
	5- 9.5	USA	D	..	98	insured/assurés
	25.5-1.6	USA	C	>10	94	insured/assurés
	13-14.6	USA	D	..	277	insured/assurés
	20-26.10	USA	D	..	75	insured/assurés
	9.11	AUS	B	15	..	..
1985	25-30.4	USA	D	..	55	insured/assurés
	10-14.5	USA	D	..	80	insured/assurés
	19.7	ITA	G	>200	..	..
	5.11	USA	E	>42	..	..
1986	13-22.2	USA	B	13	125	insured/assurés
	15.3	NZL	A	1	20	insured/assurés
	24.5	USA	D	..	55	insured/assurés
	16.6	CHE	F	..	23	insured/assurés
	10-14.9	USA	A	6	25	insured/assurés
	22.9	USA	H	..	45	insured/assurés
	1- 9.10	USA	A	..	76	insured/assurés
	10.10	USA	A	..	21	insured/assurés
1987	27.2-1.3	USA	D	7	37	insured/assurés
	1- 3.7	CHE	F	2	35	insured/assurés
	14.7	CAN	A	1	174	total
	18.7	ITA	A	24	626	insured/assurés
	3- 4.8	USA	F	..	40	insured/assurés
	13-15.8	USA	F	..	150	insured/assurés
	17-18.8	USA	F	..	35	insured/assurés
	28-31.8	JPN	A	24	123	insured/assurés
	19.10	USA	F	..	20	insured/assurés
	15-16.11	USA	F	..	63	insured/assurés
1988	28-29.3	USA	F	..	100	insured/assurés
	5- 7.4	USA	F	..	60	insured/assurés
	30-31.5	USA	F	..	20	insured/assurés
	3.10	FRA	A	9	500	..
1989	3-5.4	USA	F	..	95	insured/assurés
	4.4	AUS	D	10	94	insured/assurés
	28-30.4	USA	F	..	95	insured/assurés
	3-6.5	USA	F	<21	380	insured/assurés
	13-19.5	USA	F	2	120	insured/assurés
	24-26.5	USA	F	..	100	insured/assurés
	6-9.6	USA	F	5	115	insured/assurés
	10.7	USA	F	..	92	insured/assurés
	15-16.11	USA	E	<27	225	insured/assurés
1990	27.1	UKD	F	..	540	insured/assurés
	7-15.2	UKD, DEU, FRA	F	..	730	..
	13-17.3	USA	E	8	100	insured/assurés
	5-6.4	USA	D	..	35	insured/assurés
	24-28.4	USA	D	..	60	insured/assurés
	1-9.5	USA	D	13	45	insured/assurés
	14-21.5	USA	D	..	250	insured/assurés
	1-3.6	USA	D	10	150	insured/assurés
	14-20.6	USA	D	21	80	insured/assurés
	25.6	JAP	C	24	36	insured/assurés
	20-30.6	USA	D	24	160	insured/assurés
	17-20.9	JAP	C	40	270	insured/assurés
	18-19.10	USA	D	..	50	insured/assurés

Notes: see end of table/voir à la fin du tableau.

.../...

12.6A   DONNÉES GÉNÉRALES

MAJOR FLOODS AND RELATED LOSSES, OECD countries, 1980-1996 (a)
PRINCIPALES INONDATIONS ET DOMMAGES AFFERENTS, pays de l'OCDE, 1980-1996 (a)

Year/ Année	Date	Country/ Pays	Type (b)	Number of deaths/ Nombre de morts	Million US$ (c)	Type
	27-28.11	USA	D	..	35	insured/assurés
1991	21.1	AUS	F	..	43	insured/assurés
	18-19.2	USA	F	..	50	insured/assurés
	27-28.2	USA	F	..	65	insured/assurés
	1-4.3	USA	F	..	160	insured/assurés
	21-23.3	USA	F	..	85	insured/assurés
	26-29.3	USA	F	..	280	insured/assurés
	8-14.4	USA	F	..	140	insured/assurés
	18-20.4	USA	F	..	100	insured/assurés
	26-29.4	USA	F	>33	350	insured/assurés
	2-6.5	USA	F	..	60	insured/assurés
	10-13.5	USA	F	..	50	insured/assurés
	15-18.5	USA	F	..	85	insured/assurés
	21.5	USA	F	..	85	insured/assurés
	23-26.5	USA	F	..	80	insured/assurés
	30.5-2.6	USA	F	..	130	insured/assurés
	17-18.6	USA	F	..	30	insured/assurés
	21-23.6	USA	F	..	100	insured/assurés
	7-8.7	USA	F	..	75	insured/assurés
	1-5.8	DEU	C	5	56	total
	1-6.8	AUT	C	..	82	total
	16-20.11	USA	F	..	45	insured/assurés
	18-22.12	USA	F	15	30	insured/assurés
1992	1-10.1	USA	A	..	850	total
	9-12.2	JAP	F	8	35	insured/assurés
	3-7.3	USA	F	..	75	insured/assurés
	8-11.3	USA	F	..	55	insured/assurés
	24-25.3	USA	F	..	610	insured/assurés
	19-20.4	USA	F	..	60	insured/assurés
	10-15.5	USA	F	..	55	insured/assurés
	22-28.5	USA	F	..	50	insured/assurés
	24-28.6	USA	F	..	220	insured/assurés
	2-3.7	USA	F	..	30	insured/assurés
	5-15.7	USA	F	..	190	insured/assurés
	22-23.9	FRA	F	>38	178	insured/assurés
	3-4.10	USA	F	..	100	insured/assurés
	15-16.10	USA	F	..	35	insured/assurés
	31.10-2.11	ITA	F	..	687	total
	12-13.11	USA	F	..	45	insured/assurés
	21-23.11	USA	F	27	425	insured/assurés
	10-13.12	USA	C	12	650	insured/assurés
1993	5-16.1	USA, MEX	B	>34	31	insured/assurés
	12-18.1	USA	D	..	125	insured/assurés
	15-18.1	UK	A	..	37	insured/assurés
	19-20.1	USA	F	..	175	insured/assurés
	28.2	USA	C	..	190	total
	4-5.3	USA	F	..	100	insured/assurés
	10-15.3	USA, MEX	F	>180	1 800	insured/assurés
	1.6-10.8	USA	C	45	755	insured/assurés
	2-5.6	USA	F	..	150	insured/assurés
	7-9.6	USA	D	1	220	insured/assurés
	8-10.8	JPN, KOR	F	47	225	insured/assurés
	3-4.9	JPN	F	42	896	insured/assurés
	22-25.9	ITA, CHE, FRA	C	18	700	total
	7-17.10	ITA, CHE, FRA	C	>17	167	total
	12-13.10	USA	D	..	60	insured/assurés
	20-31.12	FRA, DEU, NLD, BEL, LUX	F	>10	900	total
1994	7-12.1	UKD, FRA, DEU	C	9	1 900	total
	26-27.3	USA	F	>44	245	insured/assurés
	1-30.4	IRL	A	..	270	total
	14-20.4	DEU	C	2	194	total
	17-25.5	CHE	C	..	99	insured/assurés
	3-8.7	USA	F	32	95	insured/assurés
	16-25.10	USA	A	37	700	insured/assurés
	4-7.11	FRA, ITA, ESP	C	>73	9 314	total
	7-12.12	UKD	C	..	47	insured/assurés
1995	3-5.1	USA	F	2	110	insured/assurés
	21.1-2.2	BEL, DEU, FRA, CHE, LUX, NDL	F	>37	1 000	insured/assurés
	6-7.3	USA	F	..	85	insured/assurés
	9-13.3	USA	F	>33	666	insured/assurés
	10-11.4	USA	H	..	95	insured/assurés

Notes: see end of table/voir à la fin du tableau.   .../...

OECD Environmental Data 1997   - 275 -   Données OCDE sur l'environnement 1997

GENERAL DATA 12.6A

MAJOR FLOODS AND RELATED LOSSES, OECD countries, 1980-1996 (a)
PRINCIPALES INONDATIONS ET DOMMAGES AFFERENTS, pays de l'OCDE, 1980-1996 (a)

Year/Année	Date	Country/Pays	Type (b)	Extent of damage/Étendue des dommages Number of deaths/Nombre de morts	Monetary Damage Million US$ (c)	Type
1996	16-18.4	USA	F	..	85	insured/assurés
	7-10.5	USA	F	27	360	insured/assurés
	16-19.5	USA	F	>5	360	insured/assurés
	22-25.5	USA	D	3	50	insured/assurés
	31.5-6.6	NOR	C	>1	127	insured/assurés
	9.6	CAN	C	..	60	insured/assurés
	1.7-30.9	JPN	C	..	74	total
	2-4.7	USA	F	..	75	insured/assurés
	16-18.10	USA	C	..	75	insured/assurés
	8-10.2	USA	F	5	80	insured/assurés
	5-7.3	USA	F	6	110	insured/assurés
	16-21.3	USA	F	..	210	insured/assurés
	30-31.3	USA	F	..	80	insured/assurés
	12-16.4	USA	F	..	140	insured/assurés
	27-30.4	USA	F	6	70	insured/assurés
	3-11.5	USA	F	..	300	insured/assurés
	13-14.5	USA	F	..	55	insured/assurés
	17-21.5	USA	F	..	150	insured/assurés
	24-29.5	USA	F	..	375	insured/assurés
	1-2.6	USA	F	..	40	insured/assurés
	19-23.6	ITA	C	..	33	insured/assurés
	22.6	USA	D	..	35	insured/assurés
	16-19.7	USA	F	..	110	insured/assurés
	18-25.7	CAN	F	10	255	insured/assurés
	25-28.7	USA	F	..	40	insured/assurés
	8-15.9	USA, CAN, FRA (h)	E	26	150	insured/assurés
	7-8.10	USA	F	..	65	insured/assurés
	18-23.10	USA	F	..	205	insured/assurés
	20-22.12	ESP	F	..	577	insured/assurés
	26.12-1.1	USA	C	28	1 500	total

Notes: (Table 12.6A)
a) Over 12 dead or US$18 million of indemnity.
b) Types: Flooding (A); flooding and landslide (B); heavy rain (C); tornado (D); heavy weather (E); storm (F); dam (G); hail (H).
c) Damage is expressed in US$, at current prices, and exchange rates, and refers to total damage, insured damage or property damage.
d) 15 000 houses damaged.
e) US$18 million covered by insurance.
f) 15 000 homeless.
g) 36 000 evacuated.
h) Martinique and Guadaloupe.

Notes : (Tableau 12.6A)
a) Plus de 12 morts ou indemnités de plus de 18 millions $EU.
b) Types: Inondations (A); inondations et glissement de terrain (B); fortes pluies (C); tornade (D); gros temps (E); tempête (F); barrage (G); grêle (H).
c) Les montants des dommages sont exprimés en $EU, aux prix et taux de change courant. Les données se rapportent à des dommages totaux, des dommages assurés ou des dommages aux biens.
d) 15 000 habitations endommagées.
e) 18.0 millions $EU assurés.
f) 15 000 sans-abri.
g) 36 000 évacués.
h) Martinique et Guadaloupe.

Source: SIGMA, UNDRO

MAJOR NATURAL DISASTERS OF GEOLOGICAL ORIGIN, OECD countries, 1980-1996 (a)
PRINCIPALES CATASTROPHES NATURELLES D'ORIGINE GÉOLOGIQUE, pays de l'OCDE, 1980-1996 (a)

Year/Année	Date	Country/Pays	Type of disaster/Type de catastrophe	Dead/Morts	Injured/Blessés	Homeless/Sans-abri	Million US$/$EU (b)	Type
1980	1.1	PRT(Azores)	Earthquake/Tremblement de terre	56	86	..	400	-
	16-25.2	USA	Landslide/Glissement de terrain (c)	36	..	..	500	property/biens
	28.3	TUR	Landslide/Glissement de terrain	>60	..	..	15	agriculture
	18.5	USA	Volcanic/Eruption volcanique	62	..	..	2 700	total
	8	JPN	Landslide/Glissement de terrain	20	..	..	..	-
	23.11	ITA	Earthquake/Tremblement de terre	3 000	7 700	..	..	-
1981	2.-3	GRC	Earthquake/Tremblement de terre	20	(d)	80 000 (d)	800	total
	28.12	PRT	Landslide/Glissement de terrain	26	..	..	..	..
1982	10	ITA	Earth tremors/Tremblements du sol	-	..	5 000(e)	4	..
	12	ITA	Landslide/Glissement de terrain	-	..	4 000	700	total
1983	26.5	JPN	Tidal wave/Raz de marée	100	..	..	610	total
	23-24.7	JPN	Landslide/Glissement de terrain	>70	..	..	..	-
	30.10	TUR	Earth tremors/Tremblements du sol	1 330	..	..	..	..
1984	29.4	ITA	Earthquake/Tremblement de terre	..	200	4 000	..	..
	14.9	JPN	Earthquake/Tremblement de terre	>20	..	..	..	..
1985	26.7	JPN	Landslide/Glissement de terrain	26	..	..	..	..
1986	13.9	GRC	Earthquake/Tremblement de terre	>20	..	..	..	..
1987	2.3	NZL	Earthquake/Tremblement de terre	..	..	..	200	insured/assurés
	28.7	ITA	Landslide/Glissement de terrain	44	..	..	..	..
	28-31.8	JPN	Landslide/Glissement de terrain	24	..	..	..	..
	1.1	USA	Earthquake/Tremblement de terre	7	..	..	137	.. (f)
1988	23.6	TUR	Landslide/Glissement de terrain	>63	..	..	..	..
1989	17.10	USA	Earthquake/Tremblement de terre	>63	..	..	7 000	total
	28.12	AUS	Earthquake/Tremblement de terre	>10	..	..	792	total
1990	19-22.6	TUR	Landslide/Glissement de terrain (g)	50	..	..	..	..
	13.12	ITA	Earthquake/Tremblement de terre	20	..	..	500	insured/assurés
1991	3.6	JPN	Volcanic/Eruption volcanique	>30	..	..	..	..
	23.5-15.9	JPN	Volcanic/Eruption volcanique	37	..	..	2	insured/assurés
1992	13.3	TUR	Earthquake/Tremblement de terre	479	..	100 000	3 (h)	insured/assurés
	10-14.4	DEU, NDL, BEL	Earthquake/Tremblement de terre	1	20	..	22 (i)	insured/assurés
	22.4	USA	Earthquake/Tremblement de terre	..	..	..	11 (j)	..
	25.4	USA	Earthquake/Tremblement de terre	..	..	..	5 (k)	..
	28-29.6	USA	Earthquake/Tremblement de terre	1	>300	..	40 (l)	..
1993	15.1	JPN	Earthquake/Tremblement de terre	2	722	..	358	total
	12.7	JPN	Earthquake/Tremblement de terre	>200	233	..	16	insured/assurés
1994	17.1	USA	Earthquake/Tremblement de terre	>60	8 500	25 000	10 400	insured/assurés
1995	17.1	JPN	Earthquake/Tremblement de terre	>6 000	33 222	300 000	2 472	insured/assurés
	13.5	GRC	Earthquake/Tremblement de terre	26	100	..	104	total
	15.6	GRC	Earthquake/Tremblement de terre	>26	100	1 500	423	total
	13-15.7	TUR	Landslide/Glissement de terrain	>50	>40	..	17	total
	1.10	TUR	Earthquake/Tremblement de terre	>89	200	..	206	total
	9.10	MEX	Earthquake/Tremblement de terre	>66	100	..	..	..
1996	10.2	JPN	Falling rock/Chute de rocher	20	..	..	..	..

Notes:
a) Over 20 dead, 4 000 homeless, or US$75 million indemnity.
b) Damage is expressed in US$ at current prices and exchange rates, and refers to total damage (total), insured damage (insured), or property damage (property).
c) Landslide and flood.
d) Hundreds injured; 80 000-100 000 homeless.
e) Temporary homeless.
f) US$30 million in insured damage.
g) Landslide and heavy rain.
h) US$14 million in total damage.
i) US$198 million in total damage.
j) US$100 million in total damage.
k) US$75 million in total damage.
l) US$100 million in total damage.

Notes :
a) Plus de 20 morts, 4 000 sans-abri, ou 75 millions $EU.
b) Les montants des dommages sont exprimés en $EU, aux prix et taux de change courants. Ils font référence au montant des dommages totaux (total), des dommages assurés (assurés) et aux biens (biens).
c) Glissement de terrain et inondation.
d) Des centaines de blessés; 80 000-100 000 sans-abri.
e) Temporairement sans-abri.
f) 30 millions $EU de dommages assurés.
g) Glissement de terrain et grosse pluie.
h) 14 millions $EU de dommages totaux.
i) 198 millions $EU de dommages totaux.
j) 100 millions $EU de dommages totaux.
k) 75 millions $EU de dommages totaux.
l) 100 millions $EU de dommages totaux.

Source: SIGMA, UNDRO

GENERAL DATA 12.6C

MAJOR CLIMATIC AND METEOROLOGICAL DISASTERS, OECD countries, 1980-1996 (a)
PRINCIPALES CATASTROPHES D'ORIGINE CLIMATIQUE ET MÉTÉOROLOGIQUE, pays de l'OCDE, 1980-1996 (a)

Year/ Année	Date	Country/ Pays	Type of Disaster/ Type de catastrophe	Deaths/ Morts	Insured US$/ Assurés $EU (b)	
1980	27.1	REU (FRA)	Hurricane/Ouragan	40 (c)	..	
	3.3	USA	Snowstorm/Tempête de neige	34	..	
	2.4	USA	Tornado/Tornade	-	62	
	7-8.4	USA	Tornado/Tornade	-	23	
	11.5	USA	Hailstorm/Tempête de grêle	-	51	
	4.6	USA	Hurricane/Ouragan	>40	..	
	4-11.8	USA, MEX (d)	Hurricane/Ouragan	250	58	(e)
	19-20.9	USA	Hailstorm/Tempête de grêle	-	35	
	25-27.10	USA	Storm, flood/Tempête, inondation	-	17	
1981	3-4.1	Europe	Storm/Tempête	-	44	
	8.1	JPN	Snowstorm/Tempête de neige	>33	..	
	4.2	JPN	Snowstorm/Tempête de neige	83	..	
	9-10.5	USA	Hailstorm/Tempête de grêle	-	125	(f)
1982	8-14.1	USA	Snowstorm/Tempête de neige	130	220	
	1	UKD	Storm, flood/Tempête, inondation	-	175	
	1	FRA	Storm, flood/Tempête, inondation	-	152	(g)
	16-20.1	USA	Storm/Tempête	-	60	
	17.1	USA	Hurricane/Ouragan	-	20	
	15-16.3	USA	Tornado/Tornade	-	55	
	1-4.4	USA	Snowstorm/Tempête de neige	46	243	
	27-31.5	USA	Tornado/Tornade	20	100	(h)
	5-10.6	USA	Tornado/Tornade	-	100	
	28-19.6	USA	Hailstorm/Tempête de grêle	-	113	(h)
	23-25.7	JPN	Torrential rain/Pluies diluviennes	400	30	(i)
	1-2.8	JPN	Typhoon/Typhon	-	27	(i)
	12.9	JPN	Typhoon/Typhon	44	55	(i)
	19.1	ESP	Heavy weather/Gros temps	70	..	
	7-8.11	CHE	Storm/Tempête	-	>15	
	23-24.11	USA	Hurricane/Ouragan	-	137	
	29-30.11	USA	Storm, flood/Tempête, inondation	11	30	
	2-7.12	USA	Tornado, flood/Tornade, inondation	20	47	
	22-30.12	USA	Snowstorm/Tempête de neige	>28	38	
	12	UKD, DEU, FRA	Storm, flood/Tempête, inondation	-	..	
1983	17.1	DNK	Storm/Tempête	-	38	
	1-2.2	Europe (j)	Hurricane/Ouragan	>20	..	
	28.02-3.3	USA	Storm, flood/Tempête, inondation	-	66	
	1-2.4	USA	Hail, tornado/Grêle, tornade	-	40	
	22-23.4	USA	Hail, tornado/Grêle, tornade	-	18	
	4./5	FRA	Storm, flood/Tempête, inondation	-	656	(g)
	2-3.5	USA	Tornado/Tornade	21	..	
	13-16.5	USA	Tornado, storm, hail/Tornade, tempête, grêle	-	22	
	18-23.5	USA	Storm/Tempête	31 (i)	82	
	1.8	CHE	Hail/Grêle	-	24	(k)
	17-20.8	USA	Hurricane/Ouragan	20	675	
	29.9	JPN	Typhoon/Typhon	40	..	
	22-23.11	USA	Snowstorm/Tempête de neige	56	25	
	2-6.12	USA	Tornado, flood/Tornade, inondation	-	18	
	3.12	USA	Storm/Tempête	-	28	
	12	USA, CAN	Snowstorm/Tempête de neige (l)	500	510	
1984	1	Europe (j)	Storm/Tempête	20	..	
	26-28.1	USA	Hurricane/Ouragan (m)	-	30	
	28.1	NZ	Storm, flood/Tempête, inondation	-	26	
	1	UK	Snowstorm/Tempête de neige	>24	93	
	1	USA	Cold wave/Vague de froid	46	..	
	8-13.2	Alpes (n)	Snowstorm/Tempête de neige	>30	..	
	11-14.2	USA	Tornado, storm, hail/Tornade, tempête, grêle	-	18	
	11-12.3	USA	Tornado, storm, hail/Tornade, tempête, grêle	-	20	
	27-30.3	USA	Tornado/Tornade	>80	204	
	3-7.4	USA	Tornado, hail, flood/Tornade, grêle, inondation	-	68	
	20-23.4	USA	Hurricane/Ouragan (r)	19	41	
	26-29.4	USA	Tornado, hail/Tornade, grêle	-	92	
	1-3.5	USA	Tornado/Tornade	-	79	
	5-9.5	USA	Tornado, hail, flood/Tornade, grêle, inondation	-	98	
	25.05-1.6	USA	Rain, flood/Pluie, inondation	>10	94	
	13-14.6	USA	Tornado, hail, flood/Tornade, grêle, inondation	-	277	
	12.7	DEU (o)	Thunderstorm, hail/Orage, grêle	-	527	
	11-14.9	USA	Hurricane/Ouragan	-	36	

Notes: see end of table/voir à la fin du tableau.

12.6C DONNÉES GÉNÉRALES

MAJOR CLIMATIC AND METEOROLOGICAL DISASTERS, OECD countries, 1980-1996 (a)
PRINCIPALES CATASTROPHES D'ORIGINE CLIMATIQUE ET METÉOROLOGIQUE, pays de l'OCDE, 1980-1996 (a)

Year/ Année	Date	Country/ Pays	Type of Disaster/ Type de catastrophe	Deaths/ Morts	Insured US$/ Assurés $EU (b)	
	20-26.10	USA	Tornado, hail, flood/Tornade, grêle, inondation	-	75	
	9-10.11	USA	Storm/Tempête	-	40	
	26-27.12	BEL	Storm/Tempête	-	26	
1985	18.1	AUS	Hail, storm/Grêle, tempête	-	88	
	19-22.1	USA	Storm, snow, cold/Tempête, neige, froid	145	400	
	1	USA	Cold wave/Vague de froid	-	22	
	1	FRA	Cold wave/Vague de froid	-	114	
	4	USA	Tornado/Tornade	-	90	
	19-23.4	USA	Hail, tornado/Grêle, tornade	-	55	
	25-30.4	USA	Tornado, hail, flood/Tornade, grêle, inondation	-	55	
	10-14.5	USA	Storm, tornado, flood/Tempête, tornade, inondation	-	80	
	24.05	USA	Hail, storm/Grêle, tempête	-	30	
	29.05-01.06	USA, CAN	Tornado, hail/Tornade, grêle	104	321	
	6	JPN	Typhoon/Typhon	20	..	
	30.08-01.09	JPN	Typhoon/Typhon	30	84	
	30.08-03.09	USA	Hurricane/Ouragan	-	543	
	27.09	USA	Hurricane/Ouragan	16	41	
	27-31.10	USA	Cyclone	>23	44	
	5.11	USA	Heavy weather, flood/Gros temps, inondation	>42	..	
	11	USA	Snowstorm/Tempête de neige	>26	..	
1986	1	Europe (p)	Snow, heavy weather/Neige, gros temps	>34	..	
	5.2	USA	Storm, hail, tornado/Tempête, grêle, tornade	-	40	
	10.3	USA	Storm/Tempête	4	67	
	11-13.3	USA	Storm, hail, tornado/Tempête, grêle, tornade	-	35	
	19.3	USA	Tornado/Tornade	-	20	
	4-6.4	USA	Storm/Tempête	-	30	
	11-12.4	USA	Storm, hail, tornado/Tempête, grêle, tornade	-	75	
	19-20.4	USA	Storm/Tempête	1	20	
	14-15.5	USA	Hurricane/Ouragan	-	50	
	24.5	USA	Hurricane, flood/Ouragan, inondation	-	55	
	16.6	CHE	Thunderstorm, flood/Orage, inondation	-	22	
	17-18.6	USA	Storm/Tempête	-	20	
	26.6	USA	Hurricane/Ouragan	2	21	
	10-13.7	JPN	Torrential rain/Pluies diluviennes	20	..	
	7/8	USA	Heatwave/Vague de chaleur	48	>1 500	(g)
	29-30.7	USA	Storm/Tempête	-	20	
	31.07-2.8	USA	Hurricane/Ouragan	-	80	
	3-6.8	AUS	Torrential rain/Pluies diluviennes	8	67	
	4.8	JPN	Typhoon/Typhon	-	98	
	18.8	CHE	Hail/Grêle	-	78	
	26-28.8	JPN etc. (q)	Typhoon/Typhon	>28	..	
	22.9	USA	Hail, flood/Grêle, inondation	-	45	
	3.10	AUS	Hail/Grêle	-	>10	
1987	1	Europe (r)	Cold spell/Vague de froid	200	..	(s)
	20.1	USA	Snowstorm/Tempête de neige	35	..	
	27.2-1.3	USA	Tornado/Tornade	7	37	
	3	Europe (r)	Cold spell/Vague de froid	78	428	
	16-18.3	USA	Hail, tornado/Grêle, tornade	-	40	
	22.5	USA	Tornado/Tornade	29	1	(g)
	17.6	USA	Tornado/Tornade	-	25	
	23-24.6	USA	Hail, tornado/Grêle, tornade	-	55	
	1-3.7	CHE	Storm, flood/Tempête, inondation	2	35	
	4-5.7	USA	Storm/Tempête	-	20	
	6.7	USA	Storm/Tempête	-	40	
	6	USA	Heatwave/Vague de chaleur	67	..	
	6	GRC, ITA	Heatwave/Vague de chaleur	750	..	
	18.7	CHE	Storm/Tempête	1	139	
	23-24.7	USA	Storm/Tempête	-	58	
	31.7	CAN	Whirlwind/Cyclone	26	190	
	3-4.8	USA	Storm, flood/Tempête, inondation	-	40	
	13-15.8	USA	Storm, flood/Tempête, inondation	-	150	
	17-18.8	USA	Storm, flood/Tempête, inondation	-	35	
	19-20.8	USA	Storm/Tempête	-	43	
	28-31.8	JPN	Typhoon/Typhon	24	123	
	7.9	USA	Storm/Tempête	-	20	
	16-17.10	UKD	Storm/Tempête	13	870	(t)
	16-17.10	FRA	Storm/Tempête	-	102	(u)
	19.10	USA	Storm, flood/Tempête, inondation	-	20	

Notes: see end of table/voir à la fin du tableau. .../...

OECD Environmental Data 1997 — Données OCDE sur l'environnement 1997

GENERAL DATA   12.6C

MAJOR CLIMATIC AND METEOROLOGICAL DISASTERS, OECD countries, 1980-1996 (a)
PRINCIPALES CATASTROPHES D'ORIGINE CLIMATIQUE ET MÉTÉOROLOGIQUE, pays de l'OCDE, 1980-1996 (a)

Year/ Année	Date	Country/ Pays	Type of Disaster/ Type de catastrophe	Deaths/ Morts	Insured US$/ Assurés $EU (b)	
	15-16.11	USA	Storm, flood/Tempête, inondation	-	63	
	13-16.12	USA	Snowstorm/Tempête de neige	61	115	
	12-13.12	USA	Storm/Tempête	-	25	
	31.12-1.1	USA	Storm/Tempête	-	29	
1988	5-8.1	USA	Storm/Tempête	>26	46	
	17-20.1	USA	Storm/Tempête	-	35	
	16-18.2	USA	Storm/Tempête	-	25	
	1-2.3	USA	Storm/Tempête	-	36	
	28-29.3	USA	Storm, flood/Tempête, inondation	-	100	
	5-7.4	USA	Storm, flood/Tempête, inondation	-	60	
	25-26.4	USA	Storm/Tempête	-	90	
	6-10.5	USA	Storm/Tempête	>1	130	
	15-16.5	USA	Storm/Tempête	-	75	
	19-21.5	USA	Storm/Tempête	-	33	
	23-24.5	USA	Storm/Tempête	-	35	
	30-31.5	USA	Storm, flood/Tempête, inondation	-	20	
	2-3.6	USA	Storm/Tempête	-	130	
	9.6	USA	Storm/Tempête	-	20	
	3-9.7	GRC	Heatwave/Vague de chaleur	56	..	
	11-15.7	YUG	Heatwave/Vague de chaleur	38	..	
	15-16.7	USA	Storm/Tempête	-	37	
	10-17.9	USA, MEX	Hurricane/Ouragan	>350	1 100	(g)
	15-16.11	USA	Storm/Tempête	-	75	
	22-23.11	USA	Tropical storm/Tempête tropicale	-	30	
	25-28.11	USA	Storm/Tempête	-	95	
	7-9/14-15.12	USA	Storm/Tempête	-	75	
	28.12	USA	Storm/Tempête	-	25	
1989	7.1	USA	Storm/Tempête	-	22	
	18.1-8.2	USA	Cold spell/Vague de froid	-	100	
	29.1	REU, MAU (FRA)	Cyclone	5	50	
	25-26.2	FRA, ESP, PRT	Storm/Tempête	>40	..	
	4-6.3	USA	Storm/Tempête	-	25	
	16.3	DEU	Storm/Tempête	-	30	
	3-5.4	USA	Storm/Tempête	-	95	
	4.4	AUS	Cyclone	>10	94	
	25-27.4	USA	Storm/Tempête	-	60	
	28-30.4	USA	Storm/Tempête	-	95	
	1.5	USA	Storm/Tempête	-	30	
	3-6.5	USA	Storm/Tempête	>21	380	
	11.5	USA	Storm/Tempête	-	20	
	13-19.5	USA	Storm/Tempête	2	120	
	24-26.5	USA	Storm/Tempête	-	100	
	27.5	USA	Storm/Tempête	-	18	
	3-4.6	USA	Storm/Tempête	-	30	
	6-9.6	USA	Storm/Tempête	5	115	
	10-11.6	USA	Storm/Tempête	-	25	
	14-16.6	USA	Storm/Tempête	-	60	
	25-27.6	USA	Storm/Tempête	-	45	
	2-3.7	USA	Storm/Tempête	-	45	
	7.7	FRA	Storm/Tempête	-	23	
	10.7	USA	Storm/Tempête	-	92	
	1-2.8	USA	Hurricane/Ouragan	-	80	
	27-28.8	DEU	Storm/Tempête	-	18	
	12.9	USA	Storm/Tempête	-	50	
	15-22.9	MAR (FRA), USA	Hurricane/Ouragan	>61	4 300	
	15-16.10	USA	Hurricane/Ouragan	2	35	
	7-8.11	USA	Storm/Tempête	-	20	
	15-16.11	USA	Storm/Tempête	>27	225	
	21-24.11	USA	Storm/Tempête	-	55	
	21-26.12	USA	Cold spell/Vague de froid	84	500	
1990	7-8.1	USA	Storm, floods/Tempête, inondations	3	45	
	25-26.1	Europe (v)	Storm/Tempête	95	4 600	
	27.1	UKD	Storm/Tempête	-	150	
	3-4.2	UKD, LUX, DEU	Storm/Tempête	28	850	
	7-8.2	Europe (w)	Storm/Tempête	10	100	
	9-10.2	USA	Tornado, flood, hail/Tornades, inondations, grêle	3	140	
	11-12.2	IRL, FRA, UKD	Storm/Tempête	-	80	
	13-17.2	Europe (x)	Storm/Tempête	>30	350	

Notes: see end of table/voir à la fin du tableau.   ../...

MAJOR CLIMATIC AND METEOROLOGICAL DISASTERS, OECD countries, 1980-1996 (a)
PRINCIPALES CATASTROPHES D'ORIGINE CLIMATIQUE ET MÉTÉOROLOGIQUE, pays de l'OCDE, 1980-1996 (a)

Year/Année	Date	Country/Pays	Type of Disaster/Type de catastrophe	Deaths/Morts	Insured US$/Assurés $EU (b)	
	25-27.2	Europe (y)	Storm/Tempête	64	>2 000	
	28.2-1.3	Europe (z)	Storm/Tempête	15	770	
	3	GRC	Drought/Sécheresse	-	..	
	3-4.3	DEU, FRA, LUX	Hurricane/Ouragan	-	850	
	13-17.3	USA	Flood, hail, hurricane/Inondations, grêle, ouragan	>8	100	
	18.3	AUS	Hailstorm/Tempête de grêle	-	389	
	5-6.4	USA	Flood, hail, tornado/Inondations, grêle, tornade	-	85	
	24-28.4	USA	Flood, hail, tornado/Inondations, grêle, tornade	-	60	
	1-9.5	USA	Flood, hail, tornado/Inondations, grêle, tornade	13	45	
	14-21.5	USA	Flood, hail, tornado/Inondations, grêle, tornade	-	250	
	22.5	AUT	Heavy rain, hail/Grosse pluie, grêle	-	28	
	1-3.6	USA	Flood, hail, tornado/Inondations, grêle, tornade	10	150	
	14-20.6	USA	Flood, hail, tornado/Inondations, grêle, tornade	21	80	
	19-22.6	TUR	Heavy rain, storm, landslide/Grosse pluie, tempête, glissement de terrain	50	..	
	25.6	JPN	Heavy rain, flood/Grosse pluie, inondations	24	36	
	28-30.6	USA	Flood, hail, tornado/Inondations, grêle, ouragan	24	160	
	25.6-2.7	USA	Heatweave, drought, fire/Vague de chaleur, sécheresse, feu	11	265	
	28.6-3.7	JPN	Heavy rain/Grosse pluie	27	..	
	11.7	USA	Storm, hail, tornado/Tempête, grêle, tornade	-	625	
	29.7	CHE	Thunderstorm/Orage	-	78	
	13.8	FRA	Hailstorm/Tempête de grêle	-	31	
	17-20.9	JPN	Typhoon, flood/Typhon, inondations	40	270	
	18-19.10	USA	Flood, hail, tornado/Inondations, grêle, ouragan	-	50	
	27-28.11	USA	Flood, hail, tornado/Inondations, grêle, ouragan	-	35	
	8-9.12	UKD, FRA, ESP	Snowstorm/Tempête de neige	14	200	
	18-25.12	USA	Snow, hail, tornado/Neige, grêle, tornade	75	400	
	27-30.12	USA	Storm, snow, cold/Tempête, neige, froid	-	40	
1991	1.1-5.7	USA	Drought/Sécheresse	-	1 000	(g)
	5-10.1	Europe (aa)	Storm/Tempête	30	480	(ab)
	21.1	AUS	Thunderstorm, wind, hail, floods/Tempête orageuse, vent, grêle, inondations	-	43	
	14.2	UKD	Cold spell/Vague de froid	-	200	
	18-19.2	USA	Storm, hail, tornadoes, floods/ Tempête, grêle, tornades, inondations	-	50	
	27-28.2	USA	Storm, hail, tornadoes, floods/ Tempête, grêle, tornades, inondations	-	65	
	1-4.3	USA	Storm, hail, tornadoes, floods/ Tempête, grêle, tornades, inondations	-	60	
	11-12.3	USA	Storm, hail, tornadoes, floods/ Tempête, grêle, tornades, inondations	-	30	
	21-23.3	USA	Storm, hail, tornadoes, floods/ Tempête, grêle, tornades, inondations	-	85	
	26-29.3	USA	Storm, hail, tornadoes, floods/ Tempête, grêle, tornades, inondations	-	280	
	8-14, 18-20.4	USA	Storm, hail, tornadoes, floods/ Tempête, grêle, tornades, inondations	-	240	
	20-21.4	FRA	Severe frost in wine-growing regions/Gel dévastateur dans régions viticoles	-	772	
	24-29.4	USA	Storm, hail, tornadoes, floods/ Tempête, grêle, tornades, inondations	-	383	
	2-6.5	USA	Storm, hail, tornadoes, floods/ Tempête, grêle, tornades, inondations	-	60	
	10-13.5	USA	Storm, hail, tornadoes, floods/ Tempête, grêle, tornades, inondations	-	135	
	23-26.5	USA	Storm, hail, tornadoes, floods/ Tempête, grêle, tornades, inondations	-	80	
	30.5-2.6	USA	Storm, hail, tornadoes, floods/ Tempête, grêle, tornades, inondations	-	130	
	17-18.6	USA	Storm, hail, tornadoes, floods/ Tempête, grêle, tornades, inondations	-	30	
	21-26.6	USA	Storm, hail, tornadoes, floods/ Tempête, grêle, tornades, inondations	-	130	
	7-8.7	USA	Storm, hail, tornadoes, floods/ Tempête, grêle, tornades, inondations	-	75	
	13-14.7	AUT	Thunderstorm, hail, lightning/Orage, grêle, foudre	-	28	(g)
	27.7	USA	Loss of harvest following drought/Pertes de récoltes dues à la sécheresse	-	335	(g)
	26-29.7	JPN	Typhoon/Typhon	-	82	(ac)
	1-6.8	AUT	Heavy rain, floods, landslide/Forte pluie, inondations, glissement de terrain	-	82	(g)
	18-20.8	USA	Hurricane/Ouragan	13	620	
	7.9	CAN	Hailstorm/Tempête de grêle	-	>347	
	14.9	JPN	Typhoon/Typhon	>6	272	
	19-20.9	JPN	Typhoon/Typhon	>15	54	
	27-28.9	JPN	Typhoon/Typhon	51	5 200	(ad)
	2-4.10	USA	Storm, hail, tornadoes/Tempête, grêle, tornades	-	35	
	29.10-1.11	USA	Hurricane/Ouragan	2	60	
	16-20.11	USA	Storm, hail, tornadoes, floods/Tempête, grêle, tornades, inondations	-	45	
	7-12.12	TUR, GRC, ITA	Storm, snow, flood, cold spell/Tempête, neige, inondation, froid	41	..	
	18-22.12	USA	Storm, floods/Tempête, inondations	15	30	
1992	1.1	NOR	Storm/Tempête	-	134	
	1.1-7.2	TUR	Heavy snowfall, avalanches, cold/Fortes chutes de neige, avalanches, froid	223	..	
	22-24.1	FRA	Heavy snowfall/Fortes chutes de neige	1	74	
	31.1	JPN	Winter storm, heavy snowfall/Tempête hivernale, violentes chutes de neige	-(ae)	8	
	9-12.2	USA	Storm, hail, floods/Tempête, grêle, inondations	8	35	
	12.2	AUS	Hailstorm/Tempête de grêle	-	48	
	3-11.3	USA	Storm, hail, tornadoes, floods/Tempête, grêle, tornades, inondations	-	130	

Notes: see end of table/voir à la fin du tableau. .../...

GENERAL DATA 12.6C

MAJOR CLIMATIC AND METEOROLOGICAL DISASTERS, OECD countries, 1980-1996 (a)
PRINCIPALES CATASTROPHES D'ORIGINE CLIMATIQUE ET MÉTÉOROLOGIQUE, pays de l'OCDE, 1980-1996 (a)

Year/ Année	Date	Country/ Pays	Type of Disaster/ Type de catastrophe	Deaths/ Morts	Insured US$/ Assurés $EU (b)	
	24-25.3	USA	Storm, hail, tornadoes, floods/Tempête, grêle, tornades, inondations	-	610	
	19-20.4	USA	Storm, hail, tornadoes, floods/Tempête, grêle, tornades, inondations	-	60	
	28-29.4	USA	Storm, hail, tornadoes/Tempête, grêle, tornades	-	760	
	10-15.5	USA	Storm, hail, tornadoes, floods/Tempête, grêle, tornades, inondations	-	55	
	22-28.5	USA	Storm, hail, tornadoes, floods/Tempête, grêle, tornades, inondations	-	50	
	11-20.6	USA	Storm, hail, tornadoes/Tempête, grêle, tornades	-	815	
	24-28.6	USA	Storm, hail, tornadoes/Tempête, grêle, tornades	-	220	
	2-15.7	USA	Storm, hail, tornadoes, floods/Tempête, grêle, tornades, inondations	-	220	
	23-27.8	USA	Hurricane/Ouragan	-	15 500	(af)
	24-28.8	NZL	Snowstorms, cold/Tempêtes de neige, froid	-	40	
	28-30.8	DEU	Storms/Tempêtes	-	30	
	5-7.9	USA	Storm, hail, tornadoes/Tempête, grêle, tornades	-	70	
	11-12.9	USA	Hurricane/Ouragan	4	1 600	
	22-23.9	FRA	Storm, floods/Tempêtes, inondations	>38	178	
	3-4.10	USA	Storm, hail, tornadoes, floods/Tempête, grêle, tornades, inondations	-	100	
	15-16.10	USA	Storm, hail, tornadoes, floods/Tempête, grêle, tornades, inondations	-	100	
	31.10-2.11	ITA	Storm, floods, landslides/Tempête, inondations, glissements de terrain	-	687	(g)
	12-13.11	USA	Storm, floods/Tempête, inondations	-	45	
	21-23.11	USA	Storm, hail, tornadoes, floods, snow/Tempête, grêle, tornades, inondations, neige	27	425	
	1-2.12	USA	Heavy storms/Fortes tempêtes	-	35	
	7.12	USA	Storms, heavy rainfall/Tempêtes, forte pluie	-	100	(g)
	10-13.12	USA	Rain, snowstorms, floods/Pluie, tempêtes de neige, inondations	12	650	
	18-20.12	AUS	Storm, hail, tornadoes, floods/Tempête, grêle, tornades, inondations	2	275	
1993	5-16.1	USA	Flood, landslide/Inondation, glissement de terrain	>34	31	
	12-18.1	USA	Tornado, hail, flood, snow/Tornade, grêle, inondation, neige	-	125	
	13-14.1	Europe (ag)	Hurricane/Ouragan	>55	..	
	15-18.1	UKD	Flood/Inondation	-	37	
	19-20.1	USA	Heavy weather, flood/Gros temps, inondation	-	175	
	21-22.2	USA	Tornado, hail/Tornade, grêle	3	75	
	28.2	USA	Rain, flood/Pluie, inondation	-	190	(g)
	4-5.3	USA	Storm, flood, snow/Tempête, inondation, neige	-	100	
	10-15.3	USA	Storm, snow, tornado, flood/Tempête, neige, tornade, inondation	>180	1 800	
	25-26.3	USA	Storm, hail/Tempête, grêle	-	125	
	28.3	USA	Storm, hail/Tempête, grêle	-	35	
	5.4	USA	Tornado, hail/Tornade, grêle	-	65	
	19.4	USA	Storm, hail, tornado/Tempête, grêle, tornade	-	60	
	28-29.4	USA	Hurricane, hail/Ouragan, grêle	-	45	
	1-4.5	USA	Storm, tornado, hail/Tempête, tornade, grêle	-	40	
	5-10.5	USA	Hurricane/Ouragan	3	165	
	1.6-10.8	USA	Heavy rain, flood, storm, hail, tornado/Forte pluie, inondat., tempête, grêle, tornade	45	12 000	(g)
	4-5.7	Europe (al)	Thunderstorm, hail/Orage, grêle	2	148	
	28-29.7	USA	Storm, hail/Tempête, grêle	-	45	
	1-3.8	JPN	Heavy rain, flood, landslide/ Forte pluie, inondation, glissement de terrain	44	210	
	4.8	USA	Storm, hail/Tempête, grêle	-	45	
	6.8	USA	Tornado/Tornade	4	30	
	8-10.8	JPN	Typhoon, flood, landslide/Typhon, inondation, glissement de terrain	47	225	
	31.8-1.9	USA	Hurricane/Ouragan	1	30	
	3-4.9	JPN	Typhoon, rain, landslide/Typhon, pluie, glissement de terrain	42	100	
	21-22.9	USA	Tornado, hail/Tornade, grêle	-	35	
	22-25.9	ITA, CHE, FRA	Heavy rain, flood/Forte pluie, inondation	>18	700	(g)
	7-17.10	ITA, CHE, FRA	Heavy rain, flood, landslide/Forte pluie, inondation, glissement de terrain	>17	>167	(g)
	12-13,17-20.10	USA	Storm, rain, tornado, flood/Tempête, pluie, tornade, inondation	-	90	
	20-31.12	Europe (w)	Storm, heavy rain, flood/Tempête, forte pluie, inondation	>10	900	(g)
1994	1-9.1	AUS	Heavy rain, flood/Forte pluie, inondation	-	1 008	(g)
	6-9.1	USA	Cold spell, storm, snow/Vague de froid, tempête, neige	-	100	
	7-12.1	Europe (ai)	Heavy rain, snow, flood/Forte pluie, neige, inondation	9	1 900	(g)
	14-20.1	USA	Cold spell, snowstorm/Vague de froid, tempête de neige	69	975	
	19-20.1	AUS	Hurricane/Ouragan	>13	..	
	27-29.1	USA	Wind, cold spell, flood/Vent, vague de froid, inondation	-	130	
	27-29.1	Europe (aj)	Hurricane/Ouragan	>10	129	
	6-18.2	Europe (ak)	Cold spell/Vague de froid	>50	..	
	10-12.2	USA	Snowstorm, cold spell, frost/Tempête de neige, vague de froid, verglas	>6	475	
	12.2	JPN	Snowstorm/Tempête de neige	-	..	
	1-3.3	USA	Winter storms, snow, ice, floods/Tempêtes hivernales, neige, glace, inondations	-	75	
	26-27.3	USA	Storm, hail, tornado, flood/Tempête, grêle, tornade, inondation	44	245	
	31.3-4.4	UKD, ESP	Hurricane, Ouragan	>15	..	
	14-16.4	USA	Wind, hail, tornado/Vent, grêle, tornade	3	70	
	17-25.5	CHE, DEU	Rain, flood, landslide/Pluie, inondation, glissement de terrain	-	99	

Notes: see end of table/voir à la fin du tableau.   .../...

MAJOR CLIMATIC AND METEOROLOGICAL DISASTERS, OECD countries, 1980-1996 (a)
PRINCIPALES CATASTROPHES D'ORIGINE CLIMATIQUE ET METÉOROLOGIQUE, pays de l'OCDE, 1980-1996 (a)

Year/Année	Date	Country/Pays	Type of Disaster/Type de catastrophe	Deaths/Morts	Insured US$/Assurés $EU (b)	
	22-25.5	AUS	Sandstorm/Tempête de sable	-	77	
	2.6	CHE	Hail/Grêle	-	32	
	3-8.7	USA	Tropical storm, rain, flood, lightning, dam bursting/Tempête tropicale, pluie, inondation, éclairs, rupture de digue	32	250	(g)
	3-5.7	DEU	Windstorm, hail, thunderstorm/Tempête, grêle, orage	5	645	(g)
	10.8	CHE	Hail/Grêle	-	46	
	15-17.8	USA	Tropical storm, heavy rainfall/Tempête tropicale, fortes précipitations	1	80	
	24-26.8	ITA	Storms, hail, heavy rainfall/Tempête, grêle, fortes précipitations	>3	..	
	29-30.9	JPN	Typhoon/Typhon	3	199	
	1.1	USA	Hailstorm/Tempête de grêle	-	77	
	21.1	GRC	Heavy rainfall, floods/Fortes précipitations, inondations	>9	35	
	4-7.11	ITA, FRA, ESP	Heavy rainfall, floods, landslides/Fortes précipitations, inondations, glissements de terrains	73(ap)	9 314	(g)
	13-18.11	USA	Whirlwind, floods/Cyclone, inondations	>800(aq)	500	(g)
	7-12.12	UKD	Heavy rainfall, floods/Fortes précipitations, inondations	-	46	
1995	3-10.1	USA	Winter storms, tornado, floods/Tempêtes hivernales, tornade, inondations	>22	>900	(g)
	21.1-2.2	Europe	Storms, floods, whirlwinds/Tempêtes, inondations, cyclones	>37(ar)	3 000	(g)
	15-18.2	USA	Storms, tornadoes, floods/Tempêtes, tornades, inondations	>5	..	
	6-13.3	USA	Storms, floods/Tempêtes, inondations	>33	>2 085	(g)
	25-26.3	USA	Wind, hailstorm/Vent, tempête de grêle	-	150	
	3-5.4	USA	Wind, hailstorm/Vent, tempête de grêle	-	95	
	10-11.4	USA	Wind, hailstorm, floods/Vent, tempête de grêle, inondations	-	95	
	16-18.4	USA	Storm, hailstorm, floods/Tempête, grêle, inondations	-	85	
	19-22.4	USA	Tornadoes, hailstorms/Tornades, tempêtes de grêle	-	80	
	28-30.4	USA	Hailstones/Grêlons	-	327	
	5-6.5	USA	Hailstones/Grêlons	17	1 100	
	7-10.5	USA	Storms, floods/Tempêtes, inondations	27	360	
	13-15.5	USA	Whirlwinds, hailstorms, floods/Cyclones, tempêtes de grêle, inondations	-	90	
	16-19.5	USA	Whirlwinds, floods/Cyclones, inondations	>5	360	
	22-25.5	USA	Tornado, hailstorms, floods/Tornade, tempêtes de grêle, inondations	3	50	
	27.5-1.6	USA	Whirlwind, hailstorm, floods/Cyclone, tempête de grêle, inondations	-	100	
	31.5-6.6	NOR	Rain, floods/Pluie, inondations	>1	127	
	1.6-9.7	MEX	Drought/Sécheresse	-	100	
	9.6	CAN	Rain, floods/Pluie, inondations	-	73	(g)
	1.7-30.9	JPN	Rain, floods, landslides/Pluie, inondations, glissements de terrain	-	74	(g)
	2-4.7	USA	Storm, floods/Tempête, inondations	-	75	
	21-22.7	DEU	Hailstorm/Tempête de grêle	-	210	(g)
	23-24.7	USA	Wind, hail/Vent, grêle	-	70	
	1-4.8	USA	Hurricane/Ouragan	11	390	
	3-7.9	USA (ao)	Hurricane/Ouragan	>16	1 000	
	14-19.9	USA (ao)	Hurricane/Ouragan	>8	3 000	(g)
	27.9	USA	Wind, tornadoes, hail/Vent, tornades, grêle	-	35	
	4-5.10	USA, MEX	Hurricane/Ouragan	>59	3 000	(g)
	10-13.10	MEX	Hurricane/Ouragan	8	241	
	16-18.10	USA	Heavy rain, floods/Forte pluie, inondations	-	75	
	9-13.12	USA	Cold spell, storms/Vague de froid, tempêtes>46		40 000	
1996	6.1-6.2	USA	Snowstorms, wind, hail, floods, frost/Tempêtes de neige, vent, grêle, inondat. gel	243	2 235	(g)
	6-8.2	FRA, ESP	Storms/Tempêtes	>4	38	
	8-10.2	USA	Storms, rain, floods/Tempêtes, pluie, inondations	5	80	
	24-25.2	USA	Drought, bush fire/Sécheresse, feu de brousse	1	..	
	24-25.2	USA	Wind/Vent	-	65	
	5-7.3	USA	Storm, hail, floods/Tempête, grêle, inondations	6	110	
	16-21.3	USA	Storm, hail, floods/Tempête, grêle, inondations	-	210	
	24-25.3	USA	Storms, hail/Tempête, grêle	-	80	
	30-31.3	USA	Storms, hail, floods/Tempêtes, grêle, inondations	-	80	
	12-16.4	USA	Storms, hail, floods/Tempêtes, grêle, inondations	-	140	
	19-22.4	USA, CAN	Tornadoes, storms/Tornades, tempêtes	6	305	
	27-30.4	USA	Wind, hail, floods/Vent, grêle, inondations	6	70	
	3-11.5	USA	Storms, hail, floods/Tempêtes, grêle, inondations	-	300	
	13-14.5	USA	Wind, hail, floods/Vent, grêle, inondations	-	55	
	17-29.5	USA	Wind, hail, floods, tornadoes/ Vent, grêle, inondations, tornades	-	660	
	1-2.6	USA	Wind, hail/Vent, grêle	-	40	
	19-23.6	ITA	Rain, floods, landslides/Pluie, inondations, glissements de terrain	>13	33	
	22.6	USA	Wind, hail, floods, tornadoes/Vent, grêle, inondations, tornades	-	35	
	24-28.6	MEX	Hurricanes/Ouragans	>4(ap)	..	
	24.6	USA	Tornado, heavy rains/Tornade, fortes pluies	-	70	
	3.7	JPN	Strong rain, hail/Forte pluie, grêle	-	86	
	9-14.7	USA	Hurricane/Ouragan	>6	194	

Notes: see end of table/voir à la fin du tableau. .../...

GENERAL DATA 12.6C

MAJOR CLIMATIC AND METEOROLOGICAL DISASTERS, OECD countries, 1980-1996 (a)
PRINCIPALES CATASTROPHES D'ORIGINE CLIMATIQUE ET MÉTÉOROLOGIQUE, pays de l'OCDE, 1980-1996 (a)

Year/ Année	Date	Country/ Pays	Type of Disaster/ Type de catastrophe	Deaths/ Morts	Insured US$/ Assurés $EU (b)	
	16.7	CAN	Hailstorm/Tempête de grêle	-	61	
	16-19.7	USA	Wind, hail, floods, tornadoes/Vent, grêle, inondations, tornades	-	110	
	18-25.7	CAN	Storms, floods, dams bursting/Tempêtes, inondations, rupture de digues	10(aq)	730	(g)
	25-28.7	USA	Wind, hail, floods, tornadoes/Vent, grêle, inondations, tornades	-	40	
	7.8	ESP	Rain, mudslide/Pluie, coulée de boue	>85	..	
	14.8	USA	Wind, hail, tornadoes/Vent, grêle, tornades	-	160	
	14-15.8	JPN	Typhoon/Typhon	6	..	
	5-8.9	USA	Hurricane/Ouragan	39	3 400	(g)
	8-15.9	USA, CAN, FRA (ap)	Hurricane/Ouragan	26	150	
	29.9	AUS	Heavy rain, hailstorms/Forte pluie, tempêtes de grêle	-	79	
	7-8.10	USA	Tropical storm, floods/Tempête tropicale, inondations	-	65	
	18-21.10	USA	Wind, floods/Vent, inondations	-	170	
	20-23.10	USA	Wind, hail, tornadoes, snow, floods/Vent, grêle, tornades, neige, inondations	-	135	
	27-30.10	UKD, FRA, DEU	Hurricane/Ouragan	6	240	
	29-30.10	USA	Wind, hail/Vent, grêle	-	85	
	6-8.12	USA	Wind, ice, snow/Vent, glace, neige	-	45	
	14-16.12	USA	Wind/Vent	-	45	
	20-22.12	ESP	Storm, floods/Tempête, inondations	1	577	
	17.12-5.1	Europe	Freezing weather, snowstorms, sleet, avalanches/ Temps glacial, tempêtes de neige, verglas, avalanches	>200	..	
	26.12-1.1	USA	Rain, floods/Pluie, inondations	28	1 500	

Notes:
a) Over 20 dead, or over US$8 million indemnity.
b) Damage is expressed in millions of US$ at current prices and exchange rates.
c) 6 000 homeless.
d) USA, MEX, and Carribean.
e) Total damage: US$1 billion.
f) US$125-150 million of insured damage.
g) Total damage.
h) Damage from fire.
i) Property damage.
j) DEU, NLD, UKD, BEL, Scandinavia.
k) Damage to motor vehicles.
l) Cold wave.
m) Hurricane and bushfires.
n) CHE, FRA, AUT, YUG.
o) Munich area.
p) AUT, ESP, UKD, GRC, FRA, ITA.
q) JPN, N. Korea, China.
r) CHE, DEU, FRA, UKD.
s) US$171.3 million total damage in Great Britain.
t) US$1 565 million total damage.
u) US$ 423.7 million total damage.
v) BENELUX, DEN, DEU, FRA, UKD.
w) BENELUX, DEU, UKD, FRA.
x) BENELUX, CHE, DEU, FRA.
y) footnote v) + AUT, CHE, FIN, NOR, SWE.
z) footnote r) + AUT, NLD, ITA.
aa) DEN, UKD, ESP, FRA, BEL, DEU.
ab) US$480 million insured damage in Great Britain.
ac) Plus at least 9 dead in Philippines.
ad) Damage assessed on 30.3.92.
ae) 348 injured.
af) US$30 billion total damage. Florida: 15 dead, 55 injured, 250 000 homeless.
ag) DEU, FRA, BEL, DEN, NLD.
ah) FRA, CHE, DEU, AUT.
ai) UKD, FRA, DEU, ITA, CHE.
aj) UKD, NLD, DEU, CHE, AUT, FRA, BEL.
ak) 11 countries.
al) 8 000 homeless.
am) Haiti, Cuba, Jamaica, USA (10 000 homeless).
an) 240 000 evacuated in Netherlands.
ao) Caribbean, USA (VI), France (DOM).
ap) 10 000 homeless.
aq) 1 300 buildings destroyed, 3 000 homeless.
Source: SIGMA, UNDRO

Notes :
a) Plus de 20 morts, ou indemnités de plus de 8 millions $EU.
b) Les dommages sont exprimés en millions de $EU, aux prix et taux de change courants.
c) 6 000 de sans-abri.
d) USA, MEX, et Caraïbes.
e) Dommages globaux: 1 milliard de $EU.
f) 125-150 millions de $EU de dommages assurés.
g) Dommages totaux.
h) Dommages dus à un incendie.
i) Dommages aux biens.
j) Nord-ouest de l'Europe: DEU, NLD, UKD, BEL, Scandinavie.
k) Dommages aux véhicules à moteur.
l) Vague de froid.
m) Ouragan et feux de brousse.
n) CHE, FRA, AUT, YUG.
o) Région de Munich.
p) AUT, ESP, UKD, GRC, FRA, ITA.
q) JPN, N. Corée, Chine.
r) CHE, DEU, FRA, UKD.
s) 171.3 millions de $EU de dommages en Grande Bretagne.
t) 1 565 millions de $EU pour l'ensemble des dommages.
u) 423.7 millions de $EU pour l'ensemble des dommages.
v) BENELUX, DEN, DEU, FRA, UKD.
w) BENELUX, DEU, UKD, FRA.
x) BENELUX, CHE, DEU, FRA.
y) note v) + NOR, SWE, FIN, CHE, AUT.
z) note r) + AUT, NLD, ITA.
aa) DEN, UKD, ESP, FRA, BEL, DEU.
ab) 480 million $EU des dommages assurés en Grande Bretagne.
ac) En plus : Philippines, au moins 9 morts.
ad) Dommages estimés au 30.3.92.
ae) 348 blessés.
af) 30 milliards de $EU de dommages totaux. Floride: 15 morts, 55 blessés, 250 000 sans-abri.
ag) DEU, FRA, BEL, DEN, NLD.
ah) FRA, CHE, DEU, AUT.
ai) UKD, FRA, DEU, ITA, CHE.
aj) UKD, NLD, DEU, CHE, AUT, FRA, BEL.
ak) 11 pays.
al) 8 000 sans-abri.
am) Haiti, Cuba, Jamaïque, USA (10 000 sans-abri).
an) 240 000 évacués aux Pays-Bas.
ao) Caraïbes, USA (VI), France (DOM).
ap) 10 000 sans-abri.
aq) 1 300 immeubles détruits, 3 000 sans-abri.

REFERENCES
RÉFÉRENCES

Most of the data in this Compendium were provided to the Secretariat by Member countries by means of the OECD questionnaire (see general introduction). Further data are drawn from OECD Databases and other sources quoted in the Compendium or below.

La plupart des données présentées dans ce compendium ont été fournies au Secrétariat par les pays Membres au moyen du questionnaire OCDE (voir l'introduction générale). Des données complémentaires proviennent des bases de données OCDE et d'autres sources citées dans ce compendium ou ci-dessous.

AAMA	World Motor Vehicle Data, American Automobile Manufacturers Association, Detroit,
CEPI	Confederation of European Paper Industries
ECMT/CEMT*	Trends in Investment; infrastructure, rolling stock and traffic
ECPA	European Crop Protection Association
EMEP-COC	Cooperative Programme for Monitoring and Evaluation of Long-Range Transmission
FAO*	Yearbook of Forest Products, Rome, annual publication
FAO*	Production Yearbook, Rome, annual publication
FAO*	Fertilizer Yearbook, Rome, annual publication
FAO*	Yearbook of Fishery Statistics, Rome, annual publication
FEVE	Fédération Européenne du Verre d'Emballage, Bruxelles
IFA	World Fertilizer Consumption Statistics, Paris, annual publication
IMO/OMI	Secretariat of the International Maritime Organization, London
IRF/FRI*	World Road Statistics, Washington, D.C./Geneva, annual publication
IUCN/UICN*	United Nations List of National Parks and Protected Areas, periodic publication
OECD/OCDE*	OECD Economic Outlook, twice-yearly publication
OECD/OCDE*	Main Economic Indicators, Paris, monthly publication
OECD/OCDE*	National Accounts, volume 1, Main Aggregates, Paris, annual publication
OECD/OCDE	Indicators of Industrial Activity, quarterly publication
OECD/OCDE*	Tourism Policy and International Tourism in OECD Member Countries, Paris, annual
OECD-IEA /OCDE-AIE*	Energy Balances of OECD Countries, International Energy Agency, Paris, annual
OECD-IEA /OCDE-AIE*	Energy Statistics and Balances in Non-OECD Countries, International Energy Agency,
OECD-IEA /OCDE-AIE*	Energy Statistics and Balances in Non-OECD Countries, International Energy Agency,
OECD-NEA /OCDE-AEN	Nuclear energy data, annual publication
UNECE/CEENU*	Standard International Classification of Land Use, Geneva, 1989
UNECE/CEENU	Forest Fire Statistics, Geneva, periodic publication
UNECE/CEENU	The Environment in Europe and North America, Annotated Statistics, Geneva, 1992
UNECE/CEENU*	Actual state of ECE's data and database on air emissions, Geneva, 1997
UNEP/PNUE	Environmental Data Report, New York, biennial publication
UNO/ONU*	Statistics Yearbook, New York, annual publication
UNO/ONU*	Index to the International Standard Classification of All Economic Activities, New York
UNO/ONU	Population and Vital Statistics Report, New York, quarterly publication
World Bank/Banque Mondiale*	World Development Report, Washington, D.C., annual publication
WRI	World Resources, New York

---

* publication also available in French / publication également disponible en français.

ANNEX 2 / ANNEXE 2

General Abbreviations / Abréviations générales

BOD/DBO	- biochemical oxygen demand	/ demande biochimique en oxygène
Cap/hab	- capita	/ habitant
Cd	- cadmium	/ cadmium
CFC	- chlorofluorocarbons	/ hydrocarbures chlorofluorés
CO	- carbon monoxide	/ monoxyde de carbone
CO_2	- carbon dioxide	/ dioxyde de carbone
COD/DCO	- chemical oxygen demand	/ demande chimique en oxygène
Cr	- chromium	/ chrome
Cu	- copper	/ cuivre
DO/OD	- dissolved oxygen	/ oxygène dissous
Exp	- export	/ exportation
GDP/PIB	- gross domestic product	/ produit intérieur brut
HC	- hydrocarbons	/ hydrocarbures
Hg	- mercury	/ mercure
Imp	- import	/ importation
Inh/hab	- inhabitant	/ habitant
ISIC/CITI	- International Standard Industrial classification	/ Classification Internationale Type par Industrie
K	- potassium	/ potassium
Mtoe/Mtep	- million tonnes oil equivalent	/ millions de tonnes équivalent pétrole
N	- nitrogen	/ azote
NO_x	- nitrogen oxides	/ oxydes d'azote
NO_3^-	- nitrates	/ nitrates
Part.	- particulate matter	/ particules
Pb	- lead	/ plomb
PCBs/PCB	- polychlorinated biphenyls	/ diphényles polychlorés
pH	- hydrogen power	/ pouvoir hydrogène
SO_x	- sulphur oxides	/ oxydes de soufre
SO_4^{--}	- sulphates	/ sulphates
Toe/Tep	- tonnes of oil equivalent	/ tonnes équivalent pétrole
TWh	- terawatt hour	/ terawatt heure
VOC/COV	- volatile organic compounds	/ composés organiques volatils
CH_4	- methane	/ méthane
PPPs/PPA	- purchasing power parities	/ parités de pouvoir d'achat
P	- phosphorous	/ phosphore

Country Codes / Codes des pays

AUS	- Australia	/ Australie
AUT	- Austria	/ Autriche
BEL	- Belgium	/ Belgique
CAN	- Canada	/ Canada
CZE	- Czech Republic	/ Rép. Tchèque
DEN	- Denmark	/ Danemark
FIN	- Finland	/ Finlande
FRA	- France	/ France
DEU	- Germany	/ Allemagne
GRC	- Greece	/ Grèce
HUN	- Hungary	/ Hongrie
ICE	- Iceland	/ Islande
IRL	- Ireland	/ Irlande
ITA	- Italy	/ Italie
JPN	- Japan	/ Japon
KOR	- Korea	/ Corée
LUX	- Luxembourg	/ Luxembourg
MEX	- Mexico	/ Mexico
NLD	- Netherlands	/ Pays-Bas
NOR	- Norway	/ Norvège
NZL	- New Zealand	/ N. Zélande
POL	- Poland	/ Pologne
PRT	- Portugal	/ Portugal
ESP	- Spain	/ Espagne
SLO	- Slovak Rep.	/ R. Slovaque
SWE	- Sweden	/ Suède
CHE	- Switzerland	/ Suisse
TUR	- Turkey	/ Turquie
UKD	- United Kingdom	/ Royaume Uni
USA	- United States	/ Etats Uni

Signs / Signes

..	=	not available	/ non disponible	>	=	more than / plus que
-	=	nil or negligible	/ nul ou négligeable	<	=	less than / moins que
.	=	decimal point	/ point décimal	%	=	percentage / pourcentage
				$	=	dollar / dollar

Units/Unités

µg	- micrograms	/ microgrammes	($1\ \mu g = 10^{-6}$ g)
mg	- milligrams	/ milligrammes	($1\ mg = 10^{-3}$ g)
g	- grams	/ grammes	(1 g = 0.0353 oz.)
kg	- kilograms	/ kilogrammes	(1 kg = 1 000 g = 2.2046 lb.)
tonnes	- metric tons	/ tonnes métriques	(1 tonne = 1 000 kg = 0.9842 tn.l. = 1.1023 tn.sh)
kt	- kilotonne	/ kilotonne	(1 000 tonnes)
Mt	- million tonnes	/ millions de tonnes	(1 000 000 tonnes)
km	- kilometres	/ kilomètres	(1 km = 1 000 m = 0.6214 mi.)
km²	- square kilometres	/ kilomètres carrés	(1 km² = 0.3861 mi.²)
ha	- hectares	/ hectares	(1 ha = 0.01 km²)
m³	- cubic metres	/ mètres cubes	(1 m³ = 1.3079 cu.td.)
TWh	- terawatt hour	/ terawatt heure	(1 TWh = 10^{12} Wh = 859.8×10^6 kcal)
Toe/Tep	- tonnes of oil equivalent	/ tonnes équivalent pétrole	(1 Toe = 10^7 kcal = $41.868 \cdot 10^9$ J)

ANNEX 2 — ANNEXE 2

Country Aggregations

EU (European Union)	Austria, Belgium, Denmark, Finland, France, Germany, Greece, Ireland, Italy, Luxembourg, Netherlands, Portugal, Spain, Sweden, United Kingdom
OECD Europe	All European Member countries of OECD, i.e. EU countries plus Czech Republic, Hungary, Iceland, Norway, Poland, Switzerland, Turkey
OECD	All Member countries of OECD, i.e. countries of OECD Europe plus Canada, Mexico, United States, Japan, Korea, Australia, New Zealand
North America	Canada, Mexico, United States

N.B.:
- In this publication "Germany" refers to the entire country, i.e. to the western plus the eastern part. The term "w. Germany" refers to western Germany; the term "e. Germany" refers to eastern Germany only. Country aggregations presented in this publication include Germany whenever possible. Country aggregations including western Germany only are marked with an asterisk.
- More generally, asterisks indicate that the notes contain information qualifying individual country data or totals.

Groupes de pays

UE (Union Européenne)	Autriche, Belgique, Danemark, Finlande, France, Allemagne, Grèce, Irlande, Italie, Luxembourg, Pays-Bas, Portugal, Espagne, Suède, Royaume-Uni
OCDE Europe	Ensemble des pays européens membres de l'OCDE, c.à.d. pays de l'UE plus la Hongrie, l'Islande, la Norvège, la Pologne, la République Tchèque, la Suisse et la Turquie
OCDE	Ensemble des pays membres de l'OCDE, c.à.d. pays de l'OCDE Europe plus Canada, Mexique, Etats-Unis, Japon, Corée, Australie et Nouvelle Zélande
Amérique du Nord	Canada, Mexique, Etats-Unis

N.B.:
- Dans cette publication l'utilisation du terme "Allemagne" se rapporte à l'ensemble du pays, c.à.d. la partie occidentale plus la partie orientale. Le terme "Allemagne occ." se rapporte à l'Allemagne occidentale uniquement ; le terme "Allemagne or." se rapporte a l'Allemagne orientale uniquement. Les groupes de pays présentés dans cette publication incluent l'Allemagne dans son ensemble à chaque fois que cela est possible. Les groupes de pays incluant l'Allemagne occidentale uniquement sont marqués d'un astérisque.
- Plus généralement, les précisions relatives aux données ou totaux sont signalées par ce symbole.

ANNEX 2 / ANNEXE 2

LIST OF THE MEMBERS OF THE GROUP ON THE STATE OF THE ENVIRONMENT
LISTE DES MEMBRES DU GROUPE SUR L'ÉTAT DE L'ENVIRONNEMENT
1996/1997
PRESIDENT: MR. K. TIETMANN

♦ AUSTRALIA / AUSTRALIE	Mr. G. Oakley Mr. A. Haines (Vice-Chairman)	♦ JAPAN / JAPON	Mr. N. Tsukamoto Mr. Y. Moriguchi
♦ AUSTRIA / AUTRICHE	Mr. G. Simhandl	♦ LUXEMBOURG	M. J.P. Feltgen
♦ BELGIQUE / BELGIUM	M. E. Sterckx Ms. A. Teller	♦ MEXICO / MEXIQUE	Mr. G. Gonzales-Davila Mr. F. Guillen Martin Mr. Y. Rogriguez (Vice-Chairman)
♦ CANADA	Ms. A. Kerr Mr. D. O'Farrell Mr. M. Bordt	♦ NETHERLANDS / PAYS-BAS	Mr. P. Klein
♦ CZECH Republic / Rép. TCHÈQUE	Mr. E. Lippert	♦ NEW ZEALAND / NOUVELLE-ZÉLANDE	Mr. J. Sherrin Mr. R. Taylor
♦ DENMARK / DANEMARK	Mr. M. R. Heideman Mr. L. Mortensen	♦ NORWAY / NORVÈGE	Mr. O. Nesje Mr. F. Brunvol
♦ FINLANDE / FINLAND	Mr. J. Muurman Mr. H. Sisula	♦ POLAND / POLOGNE	Ms. L. Dygas-Ciolkowska Ms. D. Dziel
♦ FRANCE	M. T. Lavoux Mme. F. Nirascou Mme C. Rechatin M. J.L. Weber	♦ PORTUGAL	Mme. L. Gomes M. P. Nunes Liberato
		♦ SPAIN / ESPAGNE	M. N. Olmedo
♦ GERMANY / ALLEMAGNE	Ms. U. Lauber Mr. K. Tietmann (Chairman)	♦ SWEDEN / SUÈDE	Ms. E. Hellsten Ms. M. Notter
♦ GREECE / GRÈCE	Ms. A. Zografou	♦ SWITZERLAND / SUISSE	Mr. M. Kammermann Mr. P. Ruch
♦ HUNGARY / HONGRIE	Ms. S. Flachner Mr. T. Laszlo Mr. E. Szabo	♦ TURQUIE / TURKEY	Ms. S. Guven
♦ ICELAND / ISLANDE	Ms. E. Hermannsdottir	♦ UNITED KINGDOM / ROYAUME-UNI	Mr. A. Brown Mr. C. Morrey (Vice-Chair)
♦ IRELAND / IRLANDE	Mr. L. Stapleton	♦ UNITED STATES / ÉTATS-UNIS	Mr. P. Ross (Vice-Chair)
♦ ITALY / ITALIE	Mr. C. Constantino Mr. P. Soprano	♦ CEC / CCE	Ms. I. Ohman Mr. T. Van Cruchten

OECD SECRETARIAT / SECRÉTARIAT OCDE

Ms. M. LINSTER
Ms. F. ZEGEL

Consultants: Ms. T. COSTA PEREIRA, Mr. A. YANEZ

MAIN SALES OUTLETS OF OECD PUBLICATIONS
PRINCIPAUX POINTS DE VENTE DES PUBLICATIONS DE L'OCDE

AUSTRALIA – AUSTRALIE
D.A. Information Services
648 Whitehorse Road, P.O.B 163
Mitcham, Victoria 3132   Tel. (03) 9210.7777
Fax: (03) 9210.7788

AUSTRIA – AUTRICHE
Gerold & Co.
Graben 31
Wien I   Tel. (0222) 533.50.14
Fax: (0222) 512.47.31.29

BELGIUM – BELGIQUE
Jean De Lannoy
Avenue du Roi, Koningslaan 202
B-1060 Bruxelles   Tel. (02) 538.51.69/538.08.41
Fax: (02) 538.08.41

CANADA
Renouf Publishing Company Ltd.
5369 Canotek Road
Unit 1
Ottawa, Ont. K1J 9J3   Tel. (613) 745.2665
Fax: (613) 745.7660

Stores:
71 1/2 Sparks Street
Ottawa, Ont. K1P 5R1   Tel. (613) 238.8985
Fax: (613) 238.6041

12 Adelaide Street West
Toronto, QN M5H 1L6   Tel. (416) 363.3171
Fax: (416) 363.5963

Les Éditions La Liberté Inc.
3020 Chemin Sainte-Foy
Sainte-Foy, PQ G1X 3V6   Tel. (418) 658.3763
Fax: (418) 658.3763

Federal Publications Inc.
165 University Avenue, Suite 701
Toronto, ON M5H 3B8   Tel. (416) 860.1611
Fax: (416) 860.1608

Les Publications Fédérales
1185 Université
Montréal, QC H3B 3A7   Tel. (514) 954.1633
Fax: (514) 954.1635

CHINA – CHINE
Book Dept., China National Publications
Import and Export Corporation (CNPIEC)
16 Gongti E. Road, Chaoyang District
Beijing 100020   Tel. (10) 6506-6688 Ext. 8402
(10) 6506-3101

CHINESE TAIPEI – TAIPEI CHINOIS
Good Faith Worldwide Int'l. Co. Ltd.
9th Floor, No. 118, Sec. 2
Chung Hsiao E. Road
Taipei   Tel. (02) 391.7396/391.7397
Fax: (02) 394.9176

**CZECH REPUBLIC –
RÉPUBLIQUE TCHÈQUE**
National Information Centre
NIS – prodejna
Konviktská 5
Praha 1 – 113 57   Tel. (02) 24.23.09.07
Fax: (02) 24.22.94.33
E-mail: nkposp@dec.niz.cz
Internet: http://www.nis.cz

DENMARK – DANEMARK
Munksgaard Book and Subscription Service
35, Nørre Søgade, P.O. Box 2148
DK-1016 København K   Tel. (33) 12.85.70
Fax: (33) 12.93.87

J. H. Schultz Information A/S,
Herstedvang 12,
DK – 2620 Albertslung   Tel. 43 63 23 00
Fax: 43 63 19 69
Internet: s-info@inet.uni-c.dk

EGYPT – ÉGYPTE
The Middle East Observer
41 Sherif Street
Cairo   Tel. (2) 392.6919
Fax: (2) 360.6804

FINLAND – FINLANDE
Akateeminen Kirjakauppa
Keskuskatu 1, P.O. Box 128
00100 Helsinki

Subscription Services/Agence d'abonnements :
P.O. Box 23
00100 Helsinki   Tel. (358) 9.121.4403
Fax: (358) 9.121.4450

***FRANCE**
OECD/OCDE
Mail Orders/Commandes par correspondance :
2, rue André-Pascal
75775 Paris Cedex 16   Tel. 33 (0)1.45.24.82.00
Fax: 33 (0)1.49.10.42.76
Telex: 640048 OCDE
Internet: Compte.PUBSINQ@oecd.org

Orders via Minitel, France only/
Commandes par Minitel, France exclusivement :
36 15 OCDE

OECD Bookshop/Librairie de l'OCDE :
33, rue Octave-Feuillet
75016 Paris   Tel. 33 (0)1.45.24.81.81
33 (0)1.45.24.81.67

Dawson
B.P. 40
91121 Palaiseau Cedex   Tel. 01.89.10.47.00
Fax: 01.64.54.83.26

Documentation Française
29, quai Voltaire
75007 Paris   Tel. 01.40.15.70.00

Economica
49, rue Héricart
75015 Paris   Tel. 01.45.78.12.92
Fax: 01.45.75.05.67

Gibert Jeune (Droit-Économie)
6, place Saint-Michel
75006 Paris   Tel. 01.43.25.91.19

Librairie du Commerce International
10, avenue d'Iéna
75016 Paris   Tel. 01.40.73.34.60

Librairie Dunod
Université Paris-Dauphine
Place du Maréchal-de-Lattre-de-Tassigny
75016 Paris   Tel. 01.44.05.40.13

Librairie Lavoisier
11, rue Lavoisier
75008 Paris   Tel. 01.42.65.39.95

Librairie des Sciences Politiques
30, rue Saint-Guillaume
75007 Paris   Tel. 01.45.48.36.02

P.U.F.
49, boulevard Saint-Michel
75005 Paris   Tel. 01.43.25.83.40

Librairie de l'Université
12a, rue Nazareth
13100 Aix-en-Provence   Tel. 04.42.26.18.08

Documentation Française
165, rue Garibaldi
69003 Lyon   Tel. 04.78.63.32.23

Librairie Decitre
29, place Bellecour
69002 Lyon   Tel. 04.72.40.54.54

Librairie Sauramps
Le Triangle
34967 Montpellier Cedex 2   Tel. 04.67.58.85.15
Fax: 04.67.58.27.36

A la Sorbonne Actual
23, rue de l'Hôtel-des-Postes
06000 Nice   Tel. 04.93.13.77.75
Fax: 04.93.80.75.69

GERMANY – ALLEMAGNE
OECD Bonn Centre
August-Bebel-Allee 6
D-53175 Bonn   Tel. (0228) 959.120
Fax: (0228) 959.12.17

GREECE – GRÈCE
Librairie Kauffmann
Stadiou 28
10564 Athens   Tel. (01) 32.55.321
Fax: (01) 32.30.320

HONG-KONG
Swindon Book Co. Ltd.
Astoria Bldg. 3F
34 Ashley Road, Tsimshatsui
Kowloon, Hong Kong   Tel. 2376.2062
Fax: 2376.0685

HUNGARY – HONGRIE
Euro Info Service
Margitsziget, Európa Ház
1138 Budapest   Tel. (1) 111.60.61
Fax: (1) 302.50.35
E-mail: euroinfo@mail.matav.hu
Internet: http://www.euroinfo.hu//index.html

ICELAND – ISLANDE
Mál og Menning
Laugavegi 18, Póstholf 392
121 Reykjavik   Tel. (1) 552.4240
Fax: (1) 562.3523

INDIA – INDE
Oxford Book and Stationery Co.
Scindia House
New Delhi 110001   Tel. (11) 331.5896/5308
Fax: (11) 332.2639
E-mail: oxford.publ@axcess.net.in

17 Park Street
Calcutta 700016   Tel. 240832

INDONESIA – INDONÉSIE
Pdii-Lipi
P.O. Box 4298
Jakarta 12042   Tel. (21) 573.34.67
Fax: (21) 573.34.67

IRELAND – IRLANDE
Government Supplies Agency
Publications Section
4/5 Harcourt Road
Dublin 2   Tel. 661.31.11
Fax: 475.27.60

ISRAEL – ISRAËL
Praedicta
5 Shatner Street
P.O. Box 34030
Jerusalem 91430   Tel. (2) 652.84.90/1/2
Fax: (2) 652.84.93

R.O.Y. International
P.O. Box 13056
Tel Aviv 61130   Tel. (3) 546 1423
Fax: (3) 546 1442
E-mail: royil@netvision.net.il

Palestinian Authority/Middle East:
INDEX Information Services
P.O.B. 19502
Jerusalem   Tel. (2) 627.16.34
Fax: (2) 627.12.19

ITALY – ITALIE
Libreria Commissionaria Sansoni
Via Duca di Calabria, 1/1
50125 Firenze   Tel. (055) 64.54.15
Fax: (055) 64.12.57
E-mail: licosa@ftbcc.it

Via Bartolini 29
20155 Milano   Tel. (02) 36.50.83

Editrice e Libreria Herder
Piazza Montecitorio 120
00186 Roma   Tel. 679.46.28
Fax: 678.47.51

Libreria Hoepli
Via Hoepli 5
20121 Milano   Tel. (02) 86.54.46
Fax: (02) 805.28.86

Libreria Scientifica
Dott. Lucio de Biasio 'Aeiou'
Via Coronelli, 6
20146 Milano　　　　　　　Tel. (02) 48.95.45.52
　　　　　　　　　　　　　Fax: (02) 48.95.45.48

JAPAN – JAPON
OECD Tokyo Centre
Landic Akasaka Building
2-3-4 Akasaka, Minato-ku
Tokyo 107　　　　　　　　Tel. (81.3) 3586.2016
　　　　　　　　　　　　　Fax: (81.3) 3584.7929

KOREA – CORÉE
Kyobo Book Centre Co. Ltd.
P.O. Box 1658, Kwang Hwa Moon
Seoul　　　　　　　　　　Tel. 730.78.91
　　　　　　　　　　　　　Fax: 735.00.30

MALAYSIA – MALAISIE
University of Malaya Bookshop
University of Malaya
P.O. Box 1127, Jalan Pantai Baru
59700 Kuala Lumpur
Malaysia　　　　　　　　Tel. 756.5000/756.5425
　　　　　　　　　　　　　Fax: 756.3246

MEXICO – MEXIQUE
OECD Mexico Centre
Edificio INFOTEC
Av. San Fernando no. 37
Col. Toriello Guerra
Tlalpan C.P. 14050
Mexico D.F.　　　　　　　Tel. (525) 528.10.38
　　　　　　　　　　　　　Fax: (525) 606.13.07
E-mail: ocde@rtn.net.mx

NETHERLANDS – PAYS-BAS
SDU Uitgeverij Plantijnstraat
Externe Fondsen
Postbus 20014
2500 EA's-Gravenhage　　　Tel. (070) 37.89.880
Voor bestellingen:　　　　　Fax: (070) 34.75.778

Subscription Agency/　Agence d'abonnements :
SWETS & ZEITLINGER BV
Hereweg 347B
P.O. Box 830
2160 SZ Lisse　　　　　　Tel. 252.435.111
　　　　　　　　　　　　　Fax: 252.415.888

NEW ZEALAND – NOUVELLE-ZÉLANDE
GPLegislation Services
P.O. Box 12418
Thorndon, Wellington　　　Tel. (04) 496.5655
　　　　　　　　　　　　　Fax: (04) 496.5698

NORWAY – NORVÈGE
NIC INFO A/S
Ostensjoveien 18
P.O. Box 6512 Etterstad
0606 Oslo　　　　　　　　Tel. (22) 97.45.00
　　　　　　　　　　　　　Fax: (22) 97.45.45

PAKISTAN
Mirza Book Agency
65 Shahrah Quaid-E-Azam
Lahore 54000　　　　　　Tel. (42) 735.36.01
　　　　　　　　　　　　　Fax: (42) 576.37.14

PHILIPPINE – PHILIPPINES
International Booksource Center Inc.
Rm 179/920 Cityland 10 Condo Tower 2
HV dela Costa Ext cor Valero St.
Makati Metro Manila　　　Tel. (632) 817 9676
　　　　　　　　　　　　　Fax: (632) 817 1741

POLAND – POLOGNE
Ars Polona
00-950 Warszawa
Krakowskie Prezdmiescie 7　Tel. (22) 264760
　　　　　　　　　　　　　Fax: (22) 265334

PORTUGAL
Livraria Portugal
Rua do Carmo 70-74
Apart. 2681
1200 Lisboa　　　　　　　Tel. (01) 347.49.82/5
　　　　　　　　　　　　　Fax: (01) 347.02.64

SINGAPORE – SINGAPOUR
Ashgate Publishing
Asia Pacific Pte. Ltd
Golden Wheel Building, 04-03
41, Kallang Pudding Road
Singapore 349316　　　　Tel. 741.5166
　　　　　　　　　　　　　Fax: 742.9356

SPAIN – ESPAGNE
Mundi-Prensa Libros S.A.
Castelló 37, Apartado 1223
Madrid 28001　　　　　　Tel. (91) 431.33.99
　　　　　　　　　　　　　Fax: (91) 575.39.98
E-mail: mundiprensa@tsai.es
Internet: http://www.mundiprensa.es

Mundi-Prensa Barcelona
Consell de Cent No. 391
08009 – Barcelona　　　　Tel. (93) 488.34.92
　　　　　　　　　　　　　Fax: (93) 487.76.59

Libreria de la Generalitat
Palau Moja
Rambla dels Estudis, 118
08002 – Barcelona
　　　　(Suscripciones) Tel. (93) 318.80.12
　　　　(Publicaciones) Tel. (93) 302.67.23
　　　　　　　　　　　　　Fax: (93) 412.18.54

SRI LANKA
Centre for Policy Research
c/o Colombo Agencies Ltd.
No. 300-304, Galle Road
Colombo 3　　　　　　　Tel. (1) 574240, 573551-2
　　　　　　　　　　　　　Fax: (1) 575394, 510711

SWEDEN – SUÈDE
CE Fritzes AB
S–106 47 Stockholm　　　Tel. (08) 690.90.90
　　　　　　　　　　　　　Fax: (08) 20.50.21

For electronic publications only/
Publications électroniques seulement
STATISTICS SWEDEN
Informationsservice
S-115 81 Stockholm　　　Tel. 8 783 5066
　　　　　　　　　　　　　Fax: 8 783 4045

Subscription Agency/Agence d'abonnements :
Wennergren-Williams Info AB
P.O. Box 1305
171 25 Solna　　　　　　Tel. (08) 705.97.50
　　　　　　　　　　　　　Fax: (08) 27.00.71

Liber distribution
Internatinal organizations
Fagerstagatan 21
S-163 52 Spanga

SWITZERLAND – SUISSE
Maditec S.A. (Books and Periodicals/Livres et périodiques)
Chemin des Palettes 4
Case postale 266
1020 Renens VD 1　　　　Tel. (021) 635.08.65
　　　　　　　　　　　　　Fax: (021) 635.07.80

Librairie Payot S.A.
4, place Pépinet
CP 3212
1002 Lausanne　　　　　Tel. (021) 320.25.11
　　　　　　　　　　　　　Fax: (021) 320.25.14

Librairie Unilivres
6, rue de Candolle
1205 Genève　　　　　　Tel. (022) 320.26.23
　　　　　　　　　　　　　Fax: (022) 329.73.18

Subscription Agency/Agence d'abonnements :
Dynapresse Marketing S.A.
38, avenue Vibert
1227 Carouge　　　　　　Tel. (022) 308.08.70
　　　　　　　　　　　　　Fax: (022) 308.07.99

See also – Voir aussi :
OECD Bonn Centre
August-Bebel-Allee 6
D-53175 Bonn (Germany)　Tel. (0228) 959.120
　　　　　　　　　　　　　Fax: (0228) 959.12.17

THAILAND – THAÏLANDE
Suksit Siam Co. Ltd.
113, 115 Fuang Nakhon Rd.
Opp. Wat Rajbopith
Bangkok 10200　　　　　Tel. (662) 225.9531/2
　　　　　　　　　　　　　Fax: (662) 222.5188

TRINIDAD & TOBAGO, CARIBBEAN
TRINITÉ-ET-TOBAGO, CARAÏBES
Systematics Studies Limited
9 Watts Street
Curepe
Trinidad & Tobago, W.I.　Tel. (1809) 645.3475
　　　　　　　　　　　　　Fax: (1809) 662.5654
E-mail: tobe@trinidad.net

TUNISIA – TUNISIE
Grande Librairie Spécialisée
Fendri Ali
Avenue Haffouz Imm El-Intilaka
Bloc B 1 Sfax 3000　　　　Tel. (216-4) 296 855
　　　　　　　　　　　　　Fax: (216-4) 298.270

TURKEY – TURQUIE
Kültür Yayinlari Is-Türk Ltd.
Atatürk Bulvari No. 191/Kat 13
06684 Kavaklidere/Ankara
　　　　　　　　　　　　　Tel. (312) 428.11.40 Ext. 2458
　　　　　　　　　　　　　Fax : (312) 417.24.90
Dolmabahce Cad. No. 29
Besiktas/Istanbul　　　　　Tel. (212) 260 7188

UNITED KINGDOM – ROYAUME-UNI
The Stationery Office Ltd.
Postal orders only:
P.O. Box 276, London SW8 5DT
Gen. enquiries　　　　　　Tel. (171) 873 0011
　　　　　　　　　　　　　Fax: (171) 873 8463

The Stationery Office Ltd.
Postal orders only:
49 High Holborn, London WC1V 6HB
Branches at: Belfast, Birmingham, Bristol, Edinburgh, Manchester

UNITED STATES – ÉTATS-UNIS
OECD Washington Center
2001 L Street N.W., Suite 650
Washington, D.C. 20036-4922 Tel. (202) 785.6323
　　　　　　　　　　　　　Fax: (202) 785.0350
Internet: washcont@oecd.org

Subscriptions to OECD periodicals may also be placed through main subscription agencies.

Les abonnements aux publications périodiques de l'OCDE peuvent être souscrits auprès des principales agences d'abonnement.

Orders and inquiries from countries where Distributors have not yet been appointed should be sent to: OECD Publications, 2, rue André-Pascal, 75775 Paris Cedex 16, France.

Les commandes provenant de pays où l'OCDE n'a pas encore désigné de distributeur peuvent être adressées aux Éditions de l'OCDE, 2, rue André-Pascal, 75775 Paris Cedex 16, France.

12-1996

OECD PUBLICATIONS, 2, rue André-Pascal, 75775 PARIS CEDEX 16
PRINTED IN FRANCE
(97 97 19 3 P) ISBN 92-64-05539-8 – No. 49780 1997